宋人著録金文叢刊初編

中華書局

圖書在版編目(CIP)數據

宋人著録金文叢刊初編/中華書局編 .–影印本.–北京：中華書局,2005

ISBN 7-101-04215-5

Ⅰ. 宋…　Ⅱ. 中…　Ⅲ. 金文–匯編–宋代　Ⅳ.K877.33

中國版本圖書館 CIP 數據核字(2004)第 058261 號

責任編輯：李聰慧

宋人著録金文叢刊初編

中華書局編

*

中華書局出版發行

(北京市豐臺區太平橋西里 38 號 100073)

http://www.zhbc.com.cn

E-mail:zhbc@zhbc.com.cn

北京瑞古冠中印刷廠印刷

*

787×1092 毫米·1/16·49¼ 印張

2005 年 7 月第 1 版　2005 年 7 月北京第 1 次印刷

印數 1-2000 冊　定價：110.00 元

ISBN 7-101-04215-5/H·201

出版説明

二十世紀八十年代，中華書局擬定《宋人著録金文叢刊》出版計劃，選擇宋人所著金文著作中比較重要且影響較大者陸續擇善本影印，先後出版了《考古圖》等七種。這些著作中所收諸器和銘文以及所作的考釋，對於今天的考古學、歷史學、古文字學的研究，仍有着重要的意義。

所收七書及所據底本分別爲：呂大臨《考古圖》十卷、《考古圖釋文》一卷、趙九成《續考古圖》五卷，皆據《四庫全書》本影印。薛尚功《歷代鐘鼎彝器款識法帖》二十卷，據明朱謀垔刻本影印。張掄《紹興內府古器評》二卷，據明毛晉汲古閣刻本影印。王厚之《鐘鼎款識》一卷，據清阮元原刻琉球紙本影印。王俅《嘯堂集古録》二卷，據宋刻原本影印。

此次再版，我們把七種書合於一冊，總其名為《宋人著録金文叢刊初編》。容庚先生爲這七種書分別撰寫過《述評》，對作者、版本及其價值論述甚詳，現將其分別置於各書卷首，以便讀者參閲。其他相關著作，我們將以《宋人著録金文叢刊續編》的形式，陸續編輯出版。

中華書局編輯部

二〇〇五年一月

總目

考古圖

〔宋〕呂大臨 撰

考古圖述評

容庚

呂大臨字與叔，京兆藍田人，大防弟。學于程頤，與謝良佐、游酢、楊時在程門，號四先生。通六經，尤邃於禮，每欲掇習三代遺文舊制令可行，不爲空言以拂世駭俗。元祐中，爲大學博士，遷秘書省正字。范祖禹薦其好學修身如古人，可備勸學。未及用而卒（《宋史》卷三四〇《呂大防傳》）。

此書前列所藏姓氏：自秘閣、太常、内藏以外，目列凡三十七家。然按之本書，東平王氏、京兆孫氏默、廬江高氏三家均無一器。漏列者有河南劉氏、京兆苏氏、蘇臺蔣氏、河東王氏四家，共三十八家。計秘閣九器，太常六器，内藏十六器。各家以廬江李氏爲最多，四十九器，玉器十三器，河南文氏十六器，臨江劉氏、新平張氏均十三器，河南張氏十器，開封劉氏九器，睢陽王氏、京兆呂氏均七器，丹陽蘇氏五器，京兆田氏四器，扶風乞伏氏、東平榮氏、京兆孫氏、成都大慈寺僧均三器，京兆薛氏、洛陽曾氏、河南許氏均二器，其餘眉山蘇氏等二十家各一器，缺名者二十二器，扶風王氏石一器，共銅器二百二十四，石器一，玉器十三。卷一鼎屬十八器，卷二鬲、甗、鬶十九器，卷三簋屬三十器（原目祇列二十五器），卷四彝、卣、尊、壺、罍四十七器，卷五爵屬、豆屬、雜食器十八器，卷六盤、匜、盂、弩機、戈、削十一器，卷七鐘、石磬、錞十五器（原目祇列十器），卷八玉器十三器，卷九秦、漢器三十九器，卷十秦、漢器二十八器（原目祇列二十四器）。每器備載大小、容量、重量，及出土之地，收藏之人。中多引《李氏錄》語，薛氏《彝器款識》作《李氏古器錄》，即《籀史》所載之李伯時《考古圖》五卷也。

其所定器名多舛：如父己鬲、方乳曲文大鬲、父癸方彝乃鼎也，單𦅫從彝一乃斷足方鼎也，三牛敦乃鼎蓋也，單𦅫從彝五乃甗也，七旅鬲、四足鬲、單𦅫從彝四乃盉也，圜乳方文尊乃敦也，中朝事後中尊、象尊乃壺也，單伯彝（銘乃品伯）、龍文三耳卣、三耳大壺乃罍也，商兄癸彝、單䵼癸彝、父辛旅彝、祖丁彝、父己人形彝，主父己足迹彝，挈壺乃卣也，單䵼從彝二、癸舉乃觚也，持戈父癸卣、父乙卣、木父己卣、父己足跡卣乃觶也，從單彝、師艅象彝乃尊也，非有圖孰從而知之。

卷八《琥》按語引《復齋漫錄》謂元祐八年（公元一〇九三年），伯時仕京師，居紅橋，子弟得陳峽州馬臺石，斵石爲沼，號曰洗玉池。所謂玉者，凡十有六。伯時既沒，池亦湮晦。徽宗嘗即其家訪之，得於積壤中。十六玉惟鹿盧環從葬龍眠，餘者咸歸内府。此書自序作於元祐七年，而所記乃及徽宗取玉事，若非後人所增，則其成書乃在作序十年以後矣。

錢曾藏《考古圖》十卷，《續考古圖》五卷，《釋文》一卷，謂系北宋鏤板。其《續圖》及《釋文》，《文獻通考》未載。間以元刻讎校，牴牾脱落，幾不成書。後爲季振宜借去不還。振宜殁，此書歸之徐乾學。曾復從乾學借來，索自摹寫，其圖象命良工繪畫，不失毫髮，楮墨更精於槧本（《讀書敏求記》二：十七，小琅嬛仙館本）。此影宋鈔本曾歸清内府，《天祿琳琅書目》（四：一九）著錄。今與原刻本俱未見。據《四庫總目》（一一五：六四，存古齋石印本）所記錢曾所手錄，以較世所行本云：

卷一多《孔文父飲鼎》圖一，銘十四字，說五十一字。卷三《邢敦》圖多一蓋圖。卷四開封劉氏《小方壺》圖，乃秘閣《方文方壺》圖；秘閣《方文方壺》圖乃開封劉氏《小方壺》圖，今本互相顛倒。卷六目錄多標題「盤、匜、盉、弩、戈、削」一行。卷八多《玉鹿盧劍具》圖三，說一百五十五字。又多《白玉雲鉤》、《玉環》、《玉玦》圖各一。卷九多京兆田氏《鹿盧鐙》圖一，說四十七字。又《犀鐙》第二圖與今本迥别。又内藏《環耳鬳》多一蓋圖。卷十新平張氏《連環壺鼎》無「右所從得及度量銘識皆缺失無可考，惟樣存於此」二十字。又多廬江李氏《鐎斗》圖一，又《獸鑪》第二圖後多說三十五字。

又卷末多邛州天寧寺僧捧敕佩圖二，說四十六字。卷首大臨自序本題曰後記，附載卷末。其餘字句行款之異同不可縷舉，而參驗文義，皆以此本爲長。①

由此可知北宋刻本與今通行本異同之大概。

公元一九二六年八月，余曾借觀北京圖書館藏黑字本，謂是元刻，圖識皆極劣。陳才子謹序云：「汲郡呂公彙諸大家所藏尊、卣、敦、盉之屬繪爲巨編，兵後多磨滅。吾弟翼備又賡呂公好古素志，屬羅兄更翁臨本，且更翁刻以傳世，並採諸老辯證附左方」。器目前有「默齋羅更翁考訂」一，器目下不注銘若乾字，銘文不依原字數分行，而黑字相連直下。每半頁八行，每行低一格，十六字至二十字不等。卷一有《孔文父飲鼎》，目下注「京兆田氏」四字。圖形製似尊罍，圈足無耳。銘文一行，釋文「佳（惟）三月孔文父作此鄧（飲）鼎，子孫寶用」亦一行。說云：「右銘文十有四字，余未考。按此器銘謂之鼎，而制度乃類尊壺之屬，疑古人製器規模亦有出入不一者。不然，或文同而音異，皆未考也」。考此器形製、花紋、文字皆不合，乃僞器。他本器目有之，下注「闕」字，而無圖說。卷三《張中簋》銘文後云：「薛尚功編《鼎彝款識》有此釋文五十一字，附見於此」兩行，又於圖前每注薛編作某者，即陳翼子序所云「採諸君子辯證附其下也」。吾邱衍《學古編》言此書「有黑白兩樣，黑字者後有韻，圖中欠《璘玉琫》」。此即黑字者，惟後無韻，或缺失也。

傳世較佳之明刻本，當推泊如齋及寶古堂。泊如齋祗刻《考古》《博古》兩種。寶古堂並及朱德潤《考玉圖》，合稱《三古圖》。泊如齋本前有程士莊《重修考古圖題辭》，呂大臨《考古圖記》，陳才子、陳翼子兩序。「《考古圖》所藏姓氏」，每行兩家。姓氏之末，有「元默齋羅更翁考訂，明新都丁雲鵬，吳廷羽，汪耕繪圖，吳元滿篆銘，劉然書錄，汪景補錄，黃德時、德懋刻」八行。丁雲鵬、吳廷羽皆休寧名畫家，以白描人物、佛像著稱。劉然字子矜，歙縣諸生，楷書學趙孟頫。得其繪圖、書錄，故圖說皆勝於元刻。寶古齋重刻泊如齋本，重刻之精善，幾不易辯其優劣。前刪去程士莊題辭而易以歐陽序篆書焦竑序。「所藏姓氏」，每行一家。姓氏之末，有「考訂，默齋羅更翁，黃德時刻」三行，而刪去丁雲鵬等人名。卷第一器目，「鼎屬」二字之下寶古本有「匜鐘二」三字，而書内實無此器，泊如本無之。泊如本器目每二器名作一行，而寶古本器名下增「銘若乾字」，每器作一行。泊如本銘文錯誤甚多，變易行款，近於黑字本。寶古本則大加修正。如《王子吳鼎》銘文，泊如本作四行，寶古本作六行；《虢叔鬲》及《叔殷毁》（寶古本改作毁）、《鬲》，泊如本作兩行，寶古本作一行，試一校勘，可知寶古本乃據薛氏《款識》修改。《庚甗》寶古本於釋文之左增入兩行云：「薛尚功云，此器藏開封劉氏，銘文極古，惟辨庚、玄二字」。解說亦有改正，如泊如本《伯勛父圓旅甗》云，「愚按甗《說文》云，『無底甑也』。魚軒、語偃，口蹇、魚無四切」。寶古本末六字改作「語蹇、魚蹇四切」。寶古本吳萬化跋云：「乃諦加參考，壹以呂氏、歐氏、薛氏爲標準，期還舊觀」，寧知參考之足以失其舊觀耶。

洎如齋縮刻此書及《博古圖録》，以《博古》之圖摹入此書中。有《博古》之圖與此全同者，如《癸鼎》、《晉姜鼎》、《公諴鼎》、《宋君夫人餗釪鼎》等是也。有與此異者，如《庚鼎》、《媜氏鼎》、《隲彝》、《仲姞旅匜》、《季姜盉》是也。有此器而同於《博古》他器者，如《鄭方鼎》同於《博古》之《亞虎父丁鼎》，《太公缶》同於《博古》之《叔邦父簠》，《虎彝》同於《博古》之《己舉彝》，《秦銘勛鐘》同於《博古》之《齊侯鎛鐘》，《楚邛仲孎南和鐘》同於《博古》之《蛟篆鐘》是也。《某父鬲》同於《博古》之《仲父鬲》，當是一器，乃其一銘文十二字，其一銘文十六字，薛氏《款識》兩收之。《散季敦》「惟九年大統未集」之下據薛氏《款識》所引，尚有「武王以明年改元，十三年開紂乃壬午歲，實」一行十七字，《籀史》所引略同。非二書互校，不知此書之改摹，脱誤失真也。

寶古本《三古圖》板，乾隆間爲天都黄晟所得，修補爲亦政堂。黄氏《重刊考古圖序》云：「顧自原本刊行二百餘年，茶陵陳氏更梓之。茶陵距今又四百餘年，竊恐是書之泯沒無聞也；爰檢家藏古本，倩工繕寫，參互考證，重付鏟（剞之誤）劂，以廣流傳」，一若不知明萬曆間有寶古堂本，而已所重刊者實即修補寶古堂本而成，不亦誣乎！

鄭樸本楊明時刻，後有萬曆庚子（公元一六〇〇年）吴廷後序。略稱遂州鄭公博學多識，以元本《考古圖》剝蝕刓缺，命楊不棄重梓云。

注釋

① 《總目提要》乃翁方綱所作，别見於《續考古圖跋》。翁氏時官文淵閣校理、翰林院編修、四庫全書纂修官。《王鹿盧劍具》説一百五十五字，跋本作一百一十五字，當以跋本爲是。

欽定四庫全書

子部九

考古圖

譜録類 器物之屬

提要

臣等謹案考古圖十卷續考古圖五卷釋文一卷宋呂大臨撰大臨字與叔藍田人元祐中官秘書省正字事跡附載宋史呂大防傳案陳振孫書録解題載大臨考古圖十卷錢曾讀書敏求記則稱十卷之外尚有續考五

卷釋文一卷乃北宋鏤板得于無錫顧宸家後歸泰興季振宜又歸崑山徐乾學曾復從乾學借鈔其圖亦令良工繪畫不失毫髪紙墨更精于槧本云云此本勘驗印記即曾所手録以校世所行本卷一多孔文父飲鼎圖一銘十四字說五十一字卷三多邢敦圖多一盖圖卷四開封劉氏小方壺圖乃秘閣方文方壺圖秘閣方文方壺圖乃開封劉氏小方

壺圖今本互相顛倒卷六目録多標題盤匜盂弩戈削一行卷八多玉鹿盧劍具圖三說一百一十五字又多白玉雲鉤玉環玉玦圖各一卷九多京兆田氏鹿盧鐙圖一說四十七字又犀鐙第二圖與今本迥別又內藏環耳鬲多一盖圖卷十新平張氏連環舄壺無右所從得及度量銘識皆闕失無可考惟樣存于此二十字又多廬江李氏鐎斗圖一又

獸鐶第二圖後有說三十五字又卷末多邛州天寧寺僧捧勑佩圖二說四十六字卷首大臨自序本題曰後記附載卷末其餘字句行欵之異同不可縷舉而參驗文義皆以此本為長信為善本也乾隆四十九年十一月恭校上

總纂官臣紀昀臣陸錫熊臣孫士毅

總校官臣陸費墀

考古圖序

莊周氏謂儒者逐迹喪真學不善變故爲輪扁之説芻狗之論重以漁父盗跖詩禮發冢之言極其詆訾夫學不知變信有罪矣變而不知止於中其敝殆有甚焉以學爲僞以智爲鑿以仁爲姑息以禮爲虚飾蕩然不知聖人之可尊先王之可法克己從義謂之失性是古非今謂之亂政至於坑殺學士燔爇典籍盡愚天下之民而後慊由是觀之二者之學其害孰多堯舜禹皋陶之

言皆曰稽古孔子自道亦曰好古敏以求之所謂古者雖先王之陳迹稽之好之者必求其所以迹也制度法象之所寓聖人之精義存焉有古今之所同然百代所不得變者豈芻狗輪扁之謂哉漢承秦火之餘上視三代如更晝夜夢覺之變雖遺編斷簡僅存二三然世移俗革人亡書殘不復想見先王之緒餘至人謦欬不意數千百年後尊彝鼎敦之器猶出於山巖屋壁隴畝墟墓之間形制文字且非世所能知況能知所用乎當天下無事時好事者蓄之徒爲耳目奇異玩好之具而已噫天之果喪斯文也則是器也胡爲而出哉予於士大夫之家所閲多矣每得傳摹圖寫寖盈卷軸尚病窾啓未能深考暇日論次成書非敢以器爲玩也觀其器誦其言形容髣髴以追三代之遺風如見其人矣以意逆志或探其制作之原以補經傳之闕亡正諸儒之謬誤天下後世之君子有意於古者亦將有攷焉元祐七年二月

汲郡吕大臨序

考古圖所藏姓氏

秘閣

太常

内藏 皇祐中降付修文伏樂所

河南文氏 潞公

丹陽蘇氏 子容

臨江劉氏 逵父

河南張氏 景先

睢陽王氏 仲至

新平張氏 舜民芸叟

廬江李氏 麟伯時

開封劉氏 頊伯玉

京兆田氏 槩

扶風乙伏氏

京兆呂氏

京兆薛氏 紹彭道祖

眉山蘇氏 子瞻

潁川韓氏 持正

京兆范氏 巽之

洛陽魯氏

東平榮氏 啟道

河南寇氏 準

丹陽蔡氏 肇天啟

河南許氏

河南

扶風王氏 詧子真

京兆孫氏 求祖修

鄜郡竇氏

河南王氏 康功師文

鄱陽法相院

河南李氏

東平王氏 禹玉

京兆毋氏 沅 清臣

京兆李氏 庠 彭

東明劉氏 槩 仲平

京兆陳氏

華陰宋氏 子安 道卿

京兆孫氏 默

成都大慈寺僧

廬江髙氏

淮陽趙氏

考訂

默齋羅更翁

考古圖卷一

宋　呂大臨　撰

鼎屬匜鐙上

[illegible]鼎 銘十字

[illegible]鼎 銘一字

癸鼎 銘一字

晉姜鼎 銘一百二十一字

公諴鼎 銘四十一字

蠆鼎 銘一字

敔氏鼎 銘十字

東宮方鼎 銘二字

孔文父飲鼎

鄭方鼎

牛鼎

雲鼎

直耳饕餮鼎

直耳篆帶鼎

王子吴飤鼎 銘三十一字

宋君夫人餗釪鼎 銘八字

乙鼎三 銘二字

饕餮鼎 銘一字

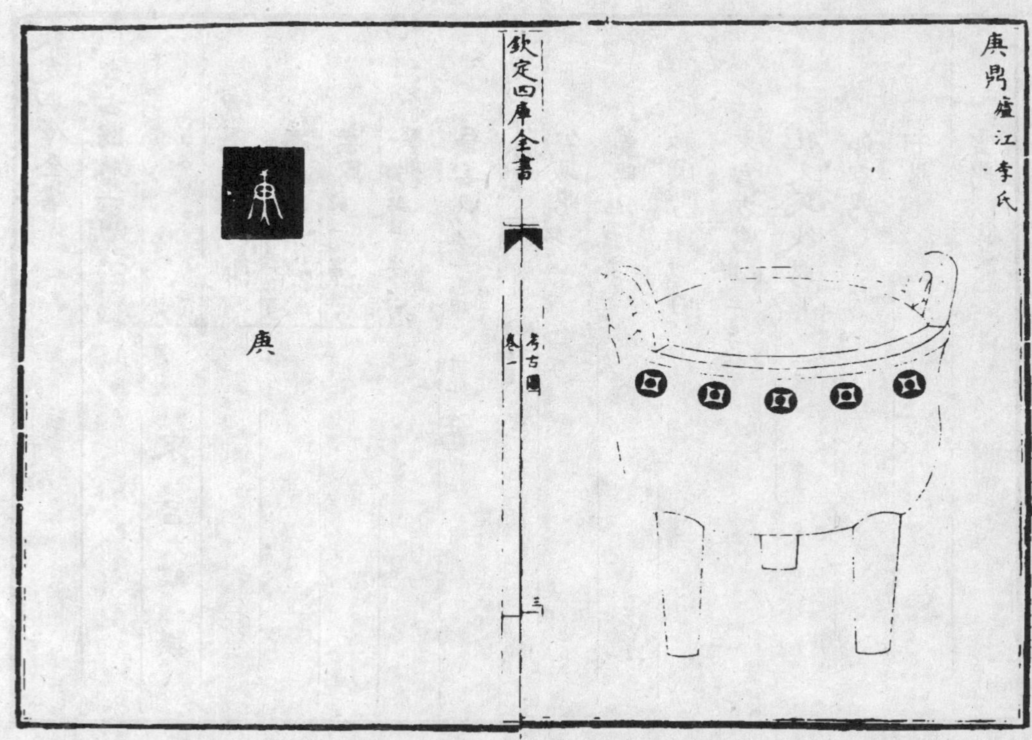
庚鬲 廬江李氏
庚
欽定四庫全書
考古圖 卷一
三

辛鬲 同上
辛
欽定四庫全書
考古圖 卷一
四

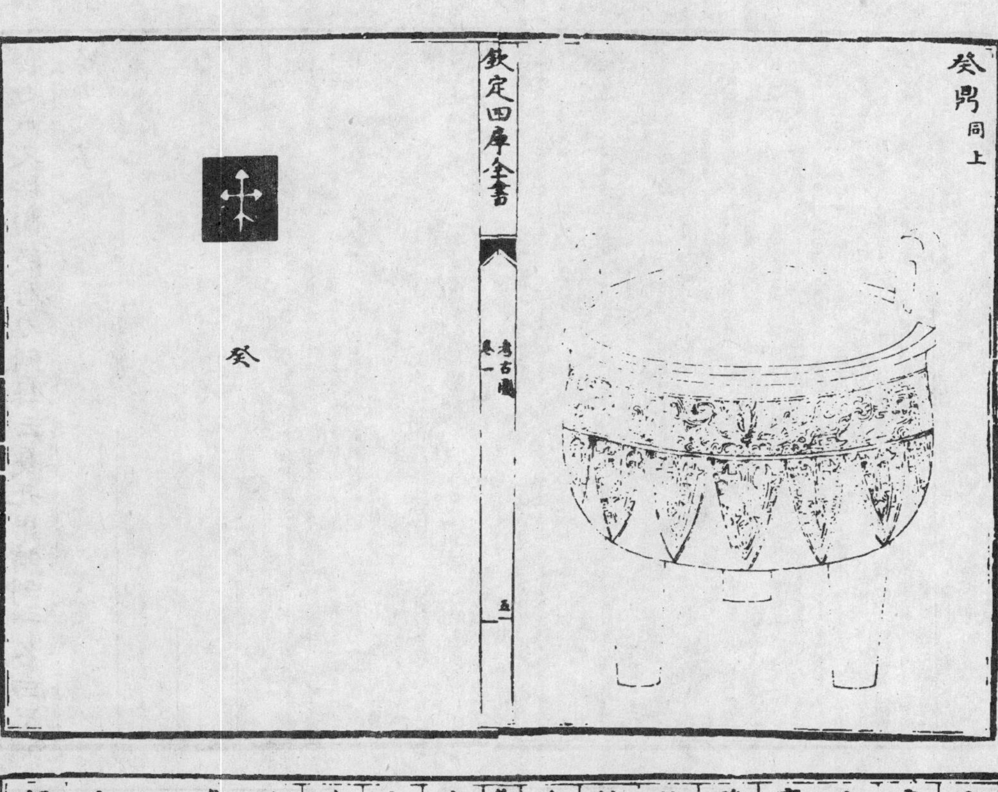

右三鼎皆得於京師

庚鼎高六寸有半深三寸有半徑五寸三分容二升有半

辛鼎高八寸深四寸有半徑七寸容五升

癸鼎高九寸有半深五寸徑八寸容一斗

銘皆有一字在其腹權度量皆用今太府法有云黍尺黍量者各識其下

按史記夏商未有謚其君皆以甲乙爲號則此三鼎疑皆夏商之器

李氏録云自庚至癸一體每變以大而文有加庚癸二字與說文小異許慎云庚者秋時萬物庚庚有實今庚作甬無垂實之象此甬字乃有之今癸作癸具四中而此宋字一三包癸次丑而居寅之前有紐而未引達之象又癸鼎文作龍虎中有獸面蓋饕餮之象呂氏春秋曰周鼎著饕餮有首無身食人未咽害及其身春秋左氏傳縉雲氏傳不才子貪于飲食冒于貨賄天下之民謂之饕餮古者鑄鼎象物以知神姦鼎有此象蓋示飲

食之戒又按陶隱居刀劍録云夏孔甲鑄劍一名曰甲
銘止一字

晉姜鼎 集古作韓城鼎 臨江劉氏

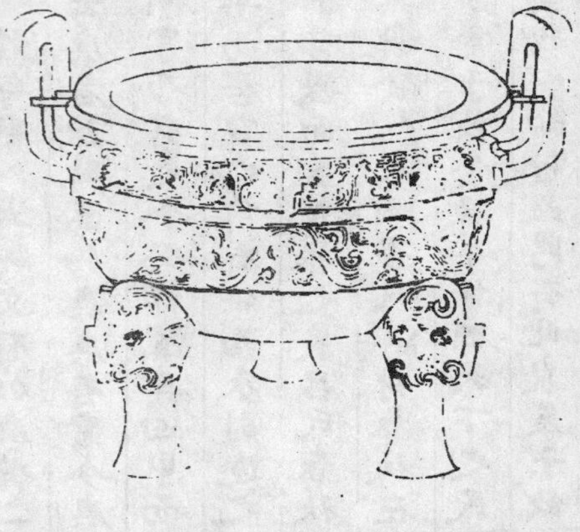

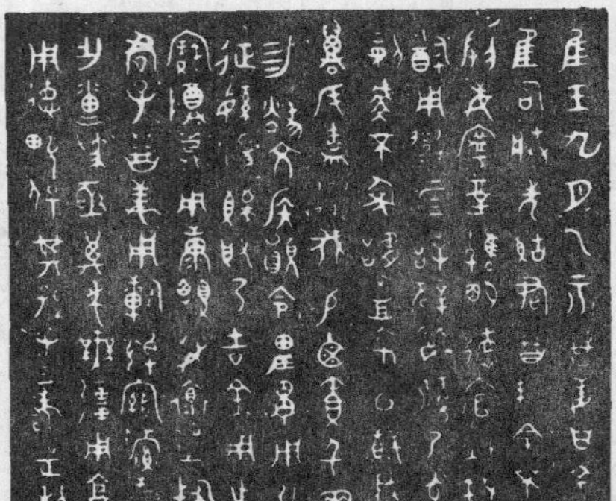

隹惟王九月乙亥晉姜曰余
惟司朕先姑君晉邦余不
暇妄寧巠經雝雍明德宣卹我
猷用召匹君辝辟每揚乃先
剌隹虔不家墜譖覃京師乂辥我
萬民嘉遣我易鹵責千兩
勿廢文侯顯命俾貫通弘
征繇緐湯原取乃吉金用作
寶尊鼎用康䝼妥褱遠邇
君子晉姜用祈綽綰眉壽
作惠為亟萬年無疆用享
用德畯保其孫子三壽是利

集古本

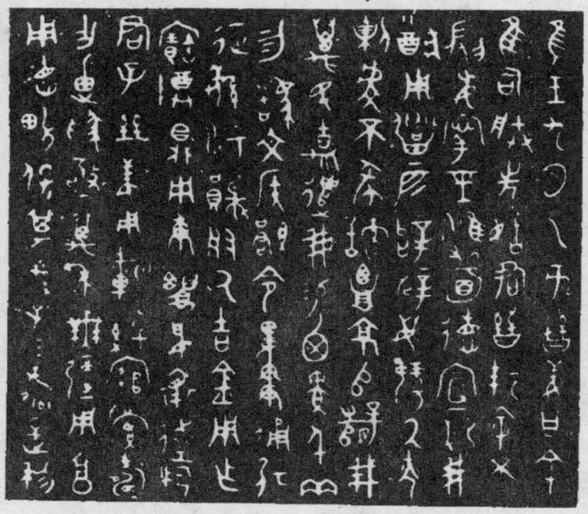

劉原父釋

惟王九月乙亥晉姜曰余
惟司朕先姑君晉邦余不
○安寧巠雖明德宣○我
猷用○所辟辟○○○○
剌虔不○○○○已龍我
萬民嘉 我○闈賚千兩
彡 文 ノ○○○○
征綏○○ ○吉金用作
寶尊鼎用康 安 遠邦
君子晉姜用蘄○○康壽
作忠○丞萬年無疆用享
用德畯保其孫子三壽是利

大常博士豫章楊南仲釋

隹惟古字多省偏旁鄭司農説周禮云四者書二二但為義又云立位同字古文春秋經位為立是也

王九月乙亥晉姜曰余隹上同司嗣朕先姑君晉邦余

不叚叙今作敢者鍜文者從取也从父故叟疑為敢妄寧巠經諡疑明德宣

郢疑鄭者諫作卯我獻用鬯庅辟辟妣疑作母敕从女而系乳子形故疑為母而毋讀

為然鬄夊充剌虔不豕疑家字讀為墜譖諸魯字古作表即旅字古文旅作米而省者

字川來為聲蓋古文晉旅者二字通用故疑譖為諸粤畢隼享㠯師臂我萬民嘉

遷我㳄疑易字易者篆文蜥蜴形故為易而借為錫賜皆以聲假借也匃疑肉或胃字省中象盤

形皆胃上象胃中穀形故疑肉胃二字䜌千兩勿灋文侯顜令是疑畢字畢

者从斗甲下斗今但用左右者尚右故斗在甲下為畢故畢疑為畢亦忠借為俾讀毌疑毋字讀為貫毋音

冠象穿貫寶貨形貫字从二串或即毋字今毛詩有串夷字俗用為串穿之串說文不載豈非串字之省也故

疑讀為貫佣通凡从之亻古字多通用弘征緐疑緐字湯驥叡受久吉金用

𠳿作寶噂噂䴠用康頵疑西憂字古語二字相屬者多為一字書之若秦鐘銘有字二

二方四方之字是也而古西字故疑為西字㫊安安讀為綏說文無安蓋古綏字者糸下夊後相承讀

如婿故疑為綏褱遂䟭君子晉姜用䡅疑旂字讀為祈𥘅音僱石鼓文皆作䡅古之

旌旂悉載於車故疑䡅即旂字而从車借讀為旂近旨

有得敦田者二銘皆用䡅壽之文故知其然也歟

鯙窮纂疑纂字讀為眉纂令幡為許刃而纂芑之纂音門用之為聲詩鳧鷖在纂又省為纂易係辭又

亰明纂門尾眉聲相近又古者字音多與今異徐鉉所謂如皀亦音㫖纂亦音門乃辨音仍它皆徵此是也

宜纂眉古亦同音皺秦鐘銘亦有此字䖒丮𩫃為為者毋猴也从爪而象其形故疑為爲

𢀛極萬年無疆彊用享享用德畯疑允字字書所無而於文勢宜為允蓋用

叫省聲也保奠其孫子三壽是利它字不可識者猶十一二皆今所不傳以小篆參求

之不能彷彿以今揆之其間或當時書者鑄器者不能無謬誤矣

右得於韓城徑尺有七寸四分高尺有二寸半深七寸

六分容四斗二升銘百有二十一字

公誠鼎 臨江劉氏

集古作商雒鼎

隹（惟）十（古文如本字）又（有）三四月既（疑死）字霸（魄）王个（在）二（下）呆（疑作保侍）龖合（公）誠作尊鼎田追享丁（考疑作丁）于皇且（祖）考田乞眉壽萬年無疆子子孫孫永寶用

右得于上雒徑尺有七分高八寸八分深五寸八分容斗有八升銘四十有一字

按惟王十有四月古器多有是文或云十有三月或云十有九月疑嗣王居憂雖踰年未改元故以月數也呆雖或宮名如西雝之類集古云雝公不知為何人原父謂古丁寧通用蓋古字簡略以意求之則得爾

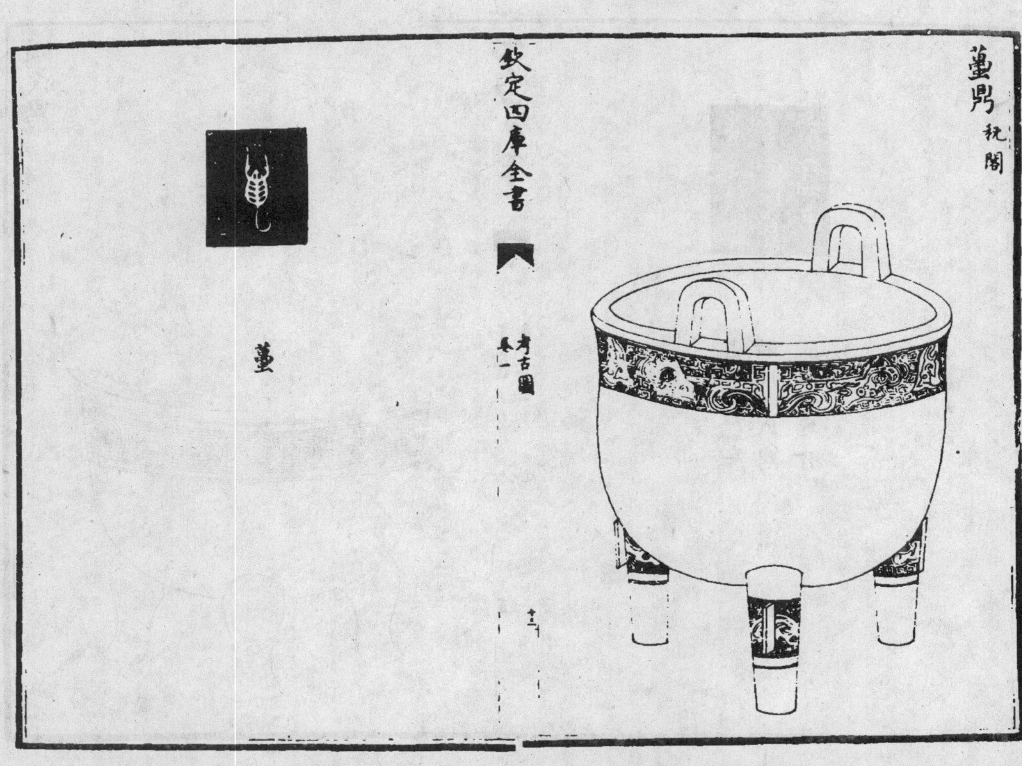

右銘一字餘未考古蠆字全象蠆形疑人名若公孫蠆之類周景王十三年鄭獻公蠆立

娟氏鼎 河南

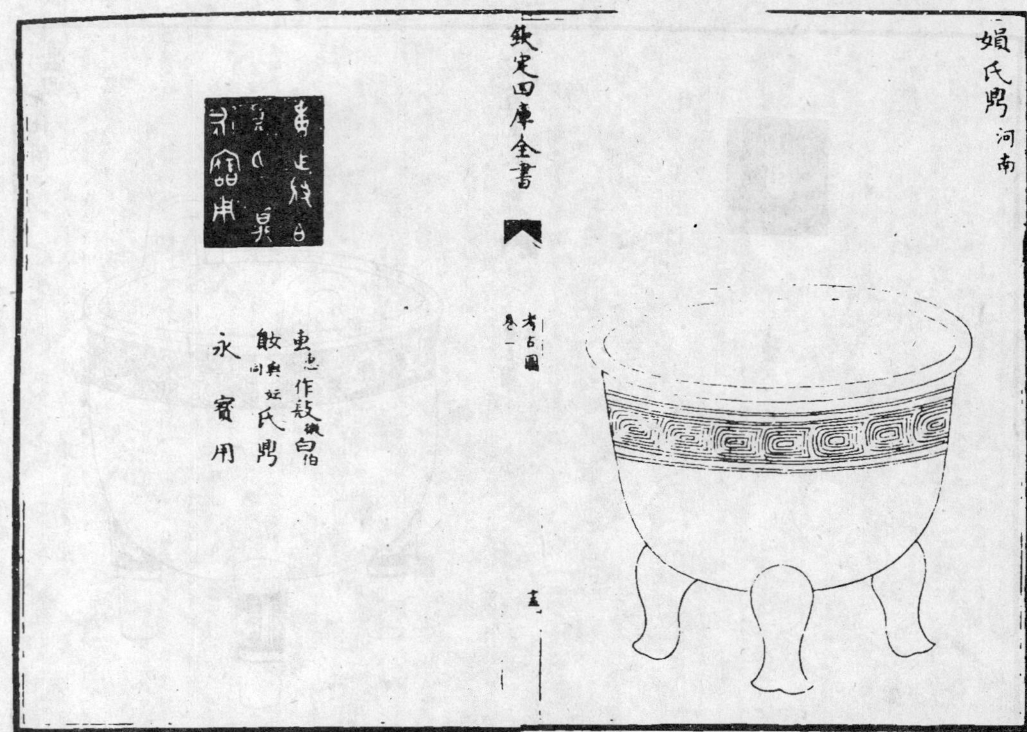

右銘十字餘未考

按娟姓祝融之後亦作妘説文云籀文作

東宮方鼎 扶風乞伏氏

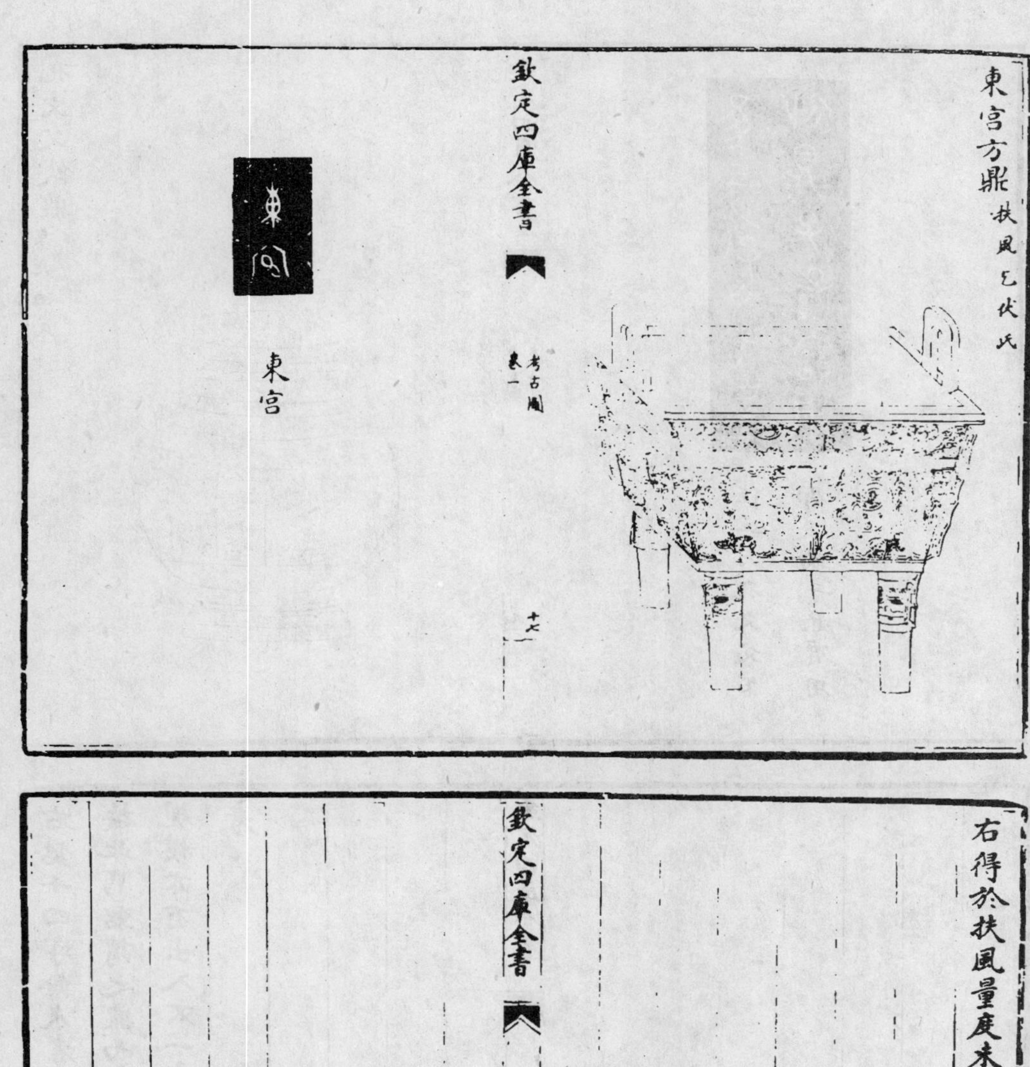

東宮

右得於扶風量度未考銘二字曰東宮

孔文父歆鼎 京兆田氏

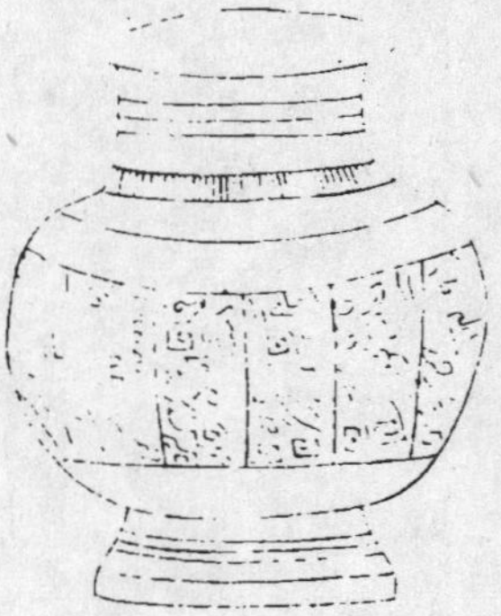

隹三月孔文父作
𨟻鈘鼎子孫寶用

右銘十四字餘未考

按此器銘謂之鼎而制度乃類尊壺之屬疑古人制器規模亦有出入不一者不然則或文同而音異皆未可考

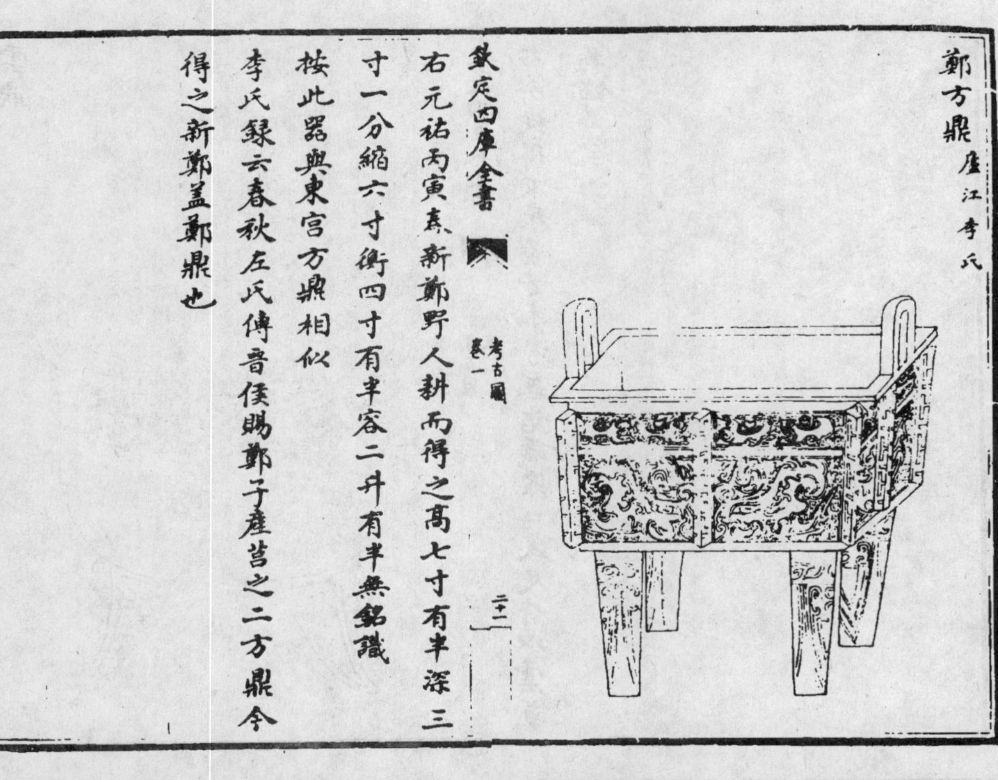

鄭方鼎 廬江李氏

右元祐丙寅春新鄭野人耕而得之高七寸有半深三寸一分縮六寸衡四寸有半容二升有半無銘識

按此器與東宮方鼎相似

李氏録云春秋左氏傳晉侯賜鄭子產莒之二方鼎今得之新鄭盖鄭鼎也

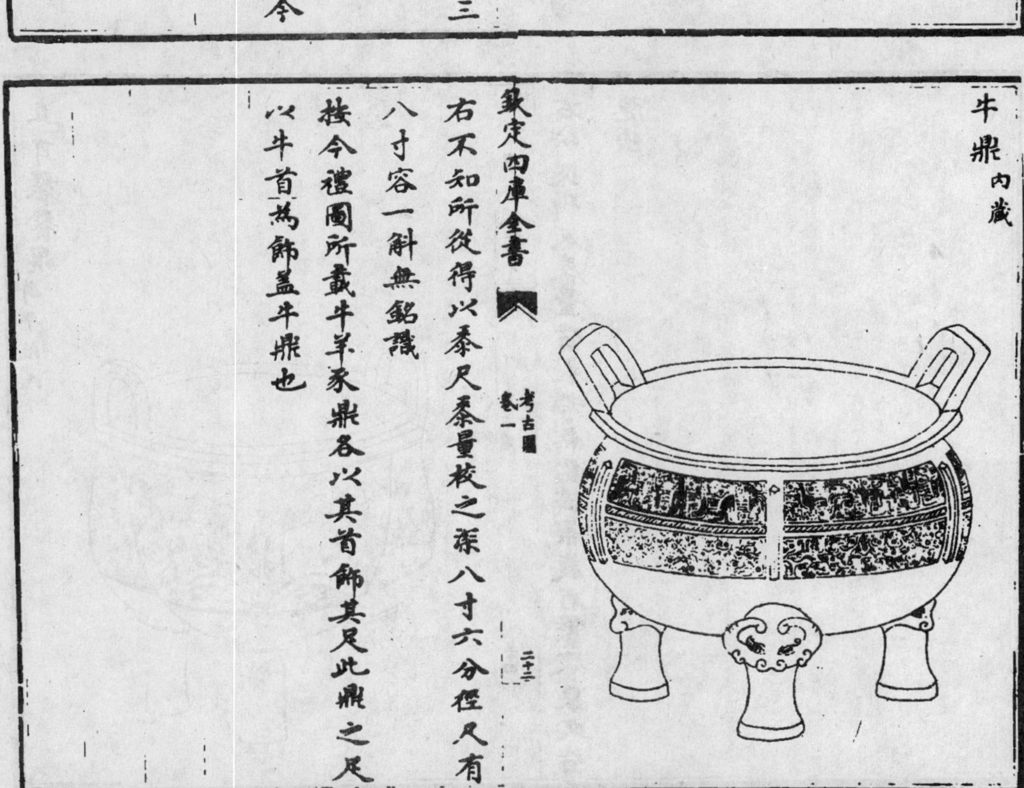

牛鼎 内藏

右不知所從得以黍尺黍量校之深八寸六分徑尺有八寸容一斛無銘識

按今禮圖所載牛羊豕鼎各以其首飾其足此鼎之足以牛首為飾盖牛鼎也

雲鼎

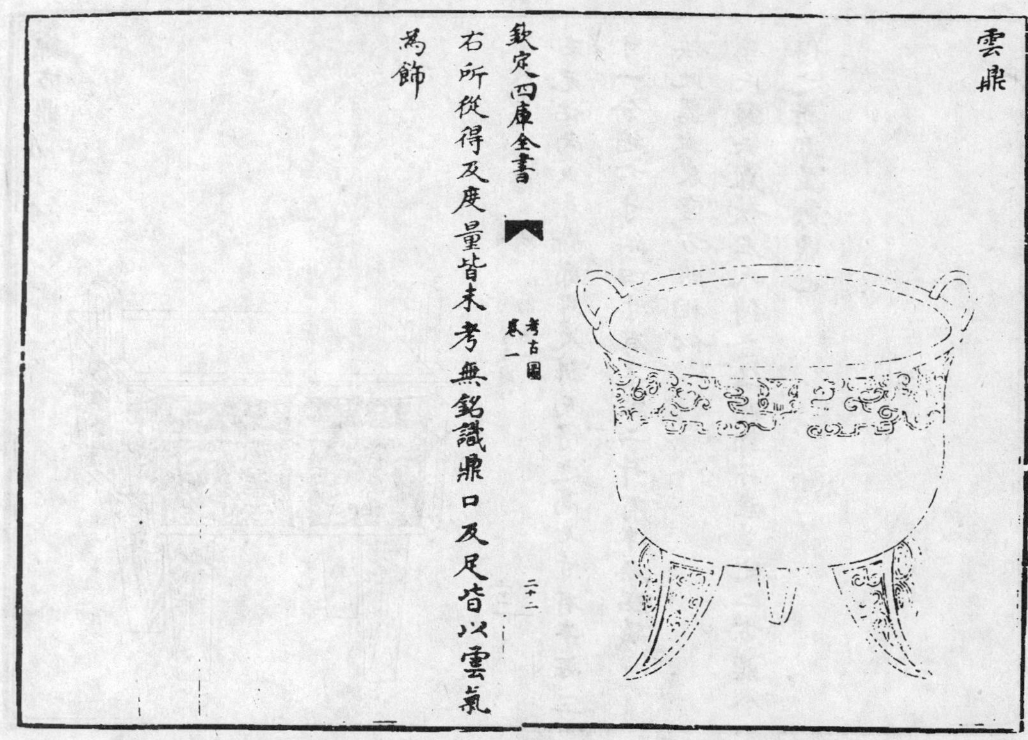

右所從得及度量皆未考無銘識鼎口及足皆以雲氣爲飾

直耳饕餮鼎 新平張氏

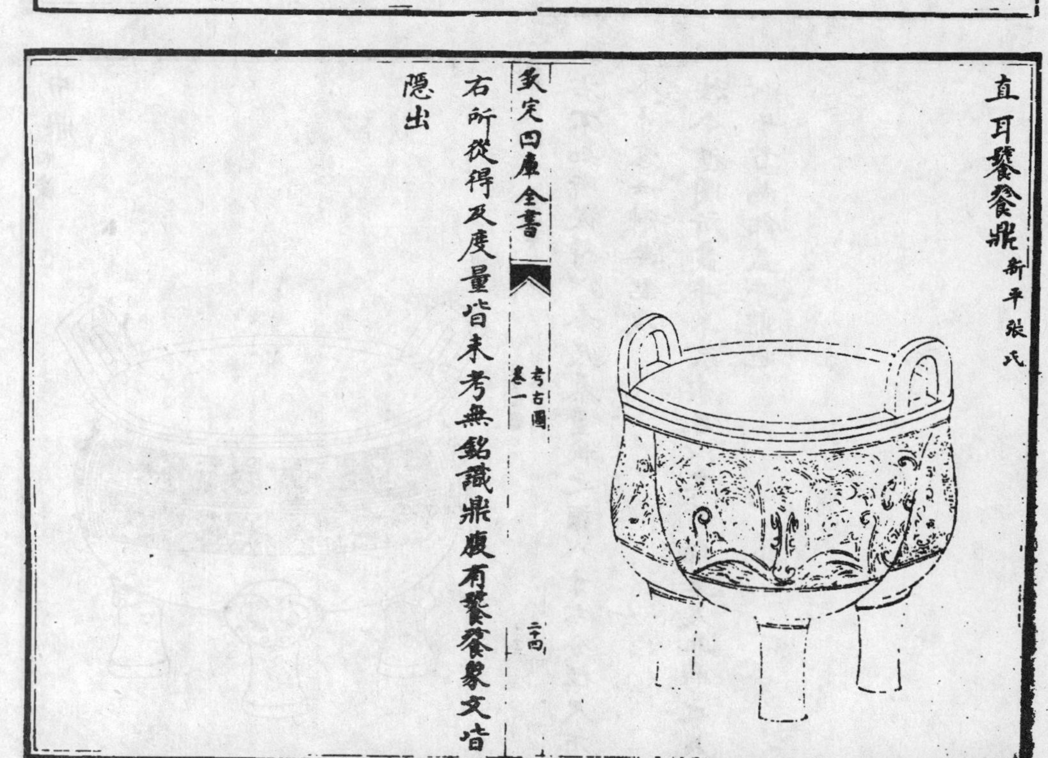

右所從得及度量皆未考無銘識鼎腹有饕餮象文皆隱出

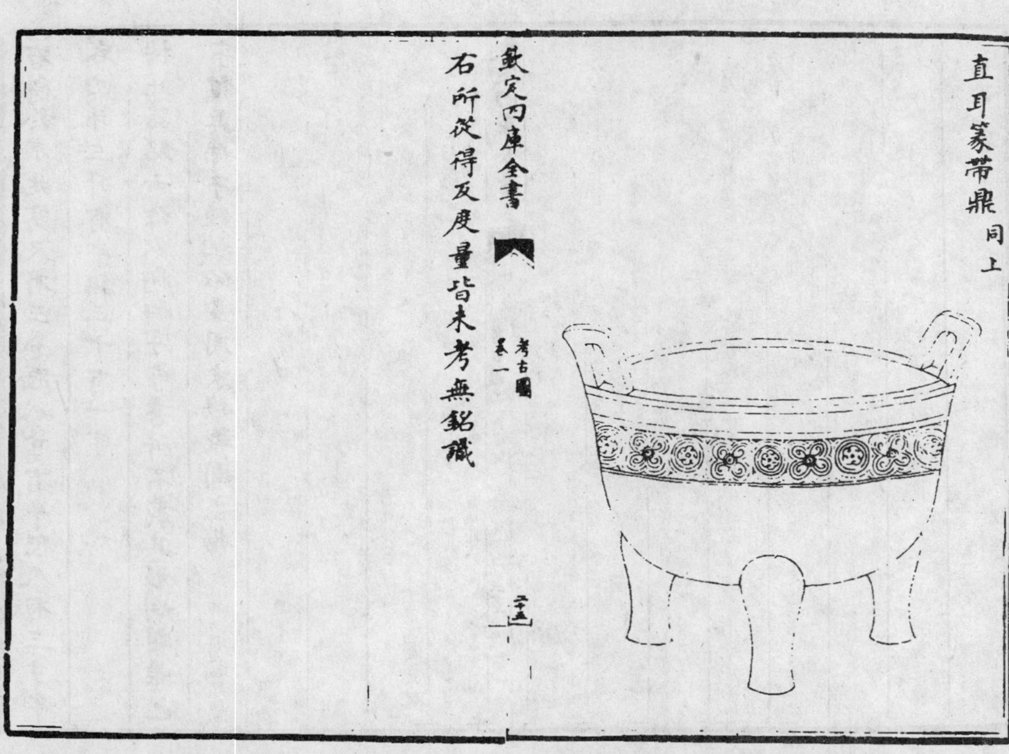

直耳篆帶鼎　同上

右所從得及度量皆未考無銘識

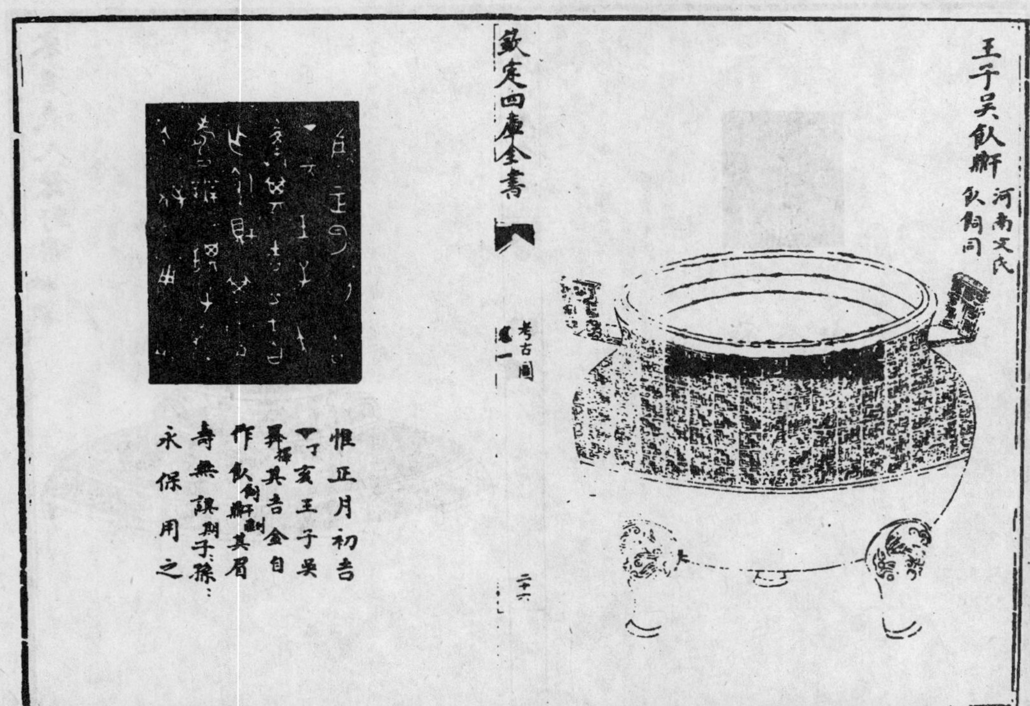

王子吴飤鼾　河南文氏　飤飼同

惟正月初吉丁亥王子吴擇其吉金自作飤飼鼾其眉壽無諆子子孫孫永保用之

右得於京兆高尺有三分深八寸有半徑尺有三寸半容四斗三升有半銘三十有一字

按此器銘云作飤鼾鼾字字書所不載其形制則鼎也字體與邾子鍾相似蓋周末接戰國之物

宋君夫人餗釪鼎　秘閣

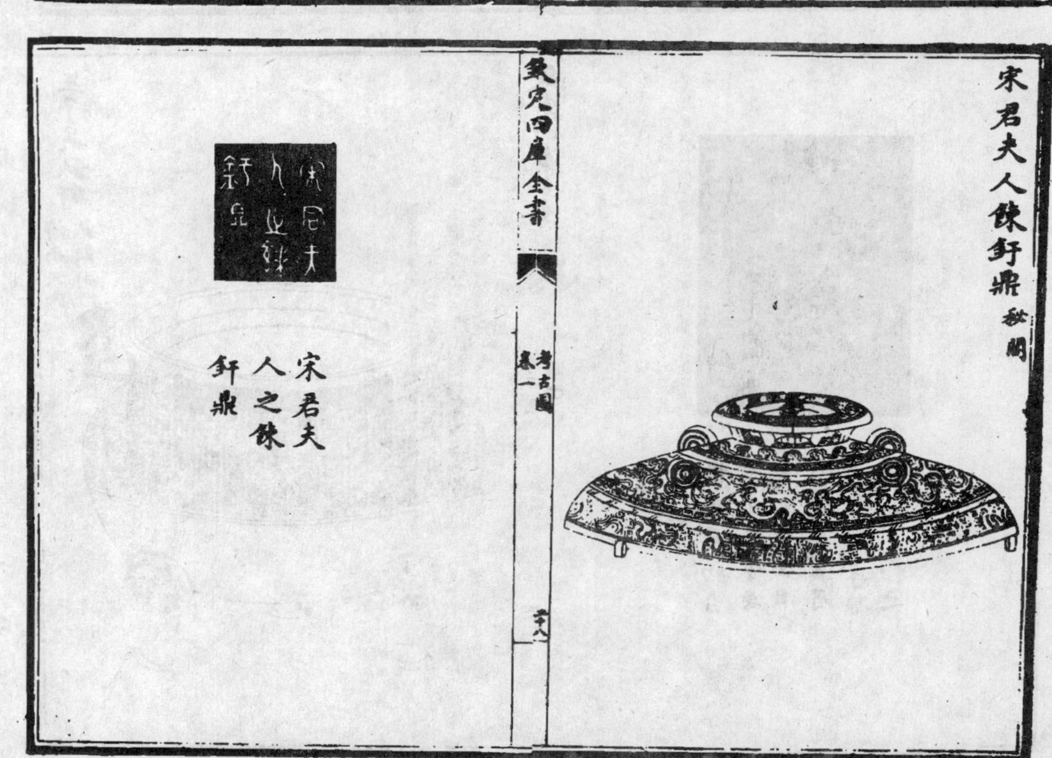

宋君夫人之餗釪鼎

右得於京兆惟蓋存徑七寸高二寸銘八字

按鈃字疑作鈃省音刑王子吴飤鼾從鼎此從金乂干字與幵字筆畫相似而不類亦未可考

乙鼎 河南文氏

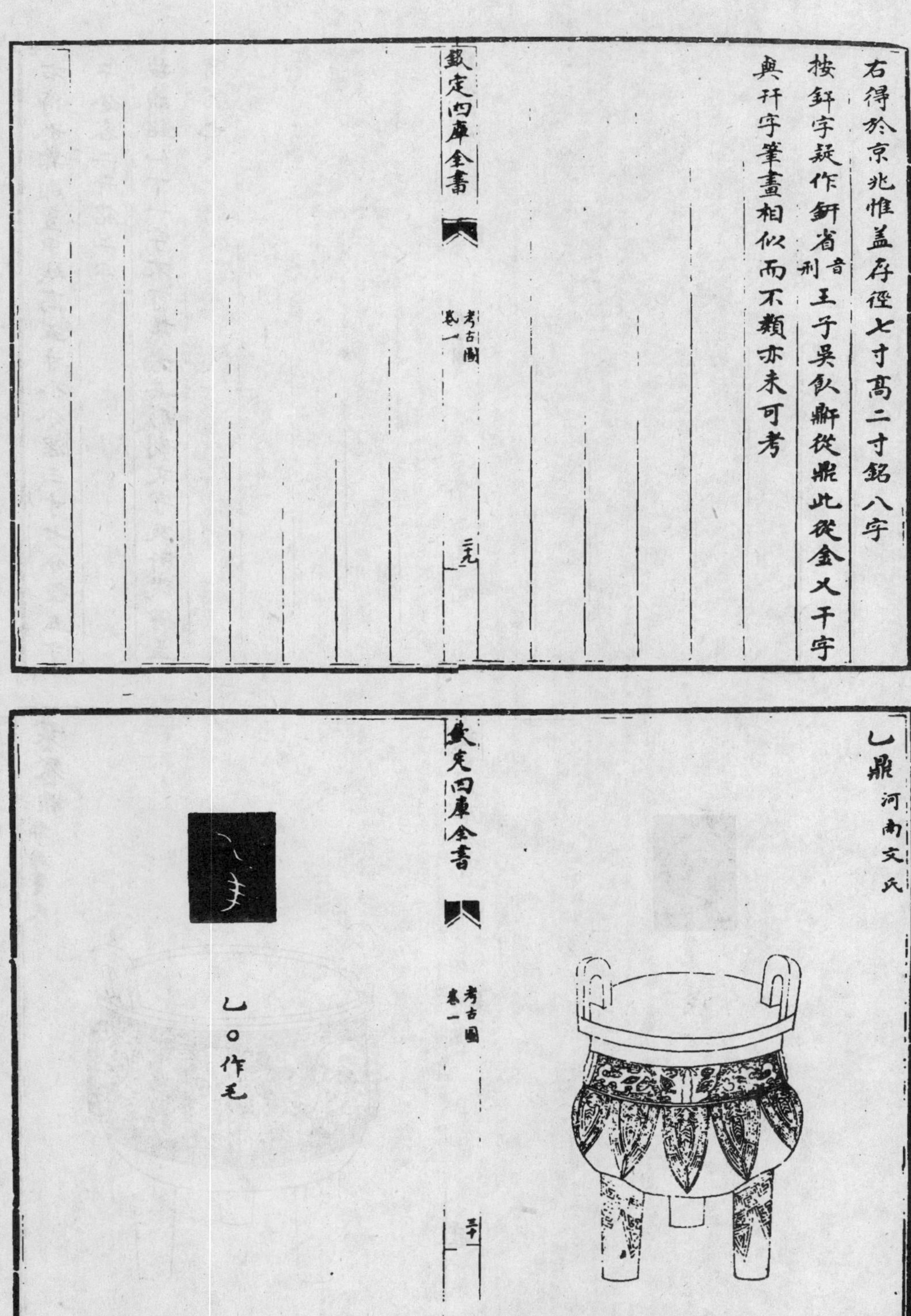

乙○作毛

右得於鄴郡亶甲城高五寸八分深三寸七分徑五寸二分容二升銘二字

按鼎銘乙下一字不可識考其形制文字及所從得蓋商器也

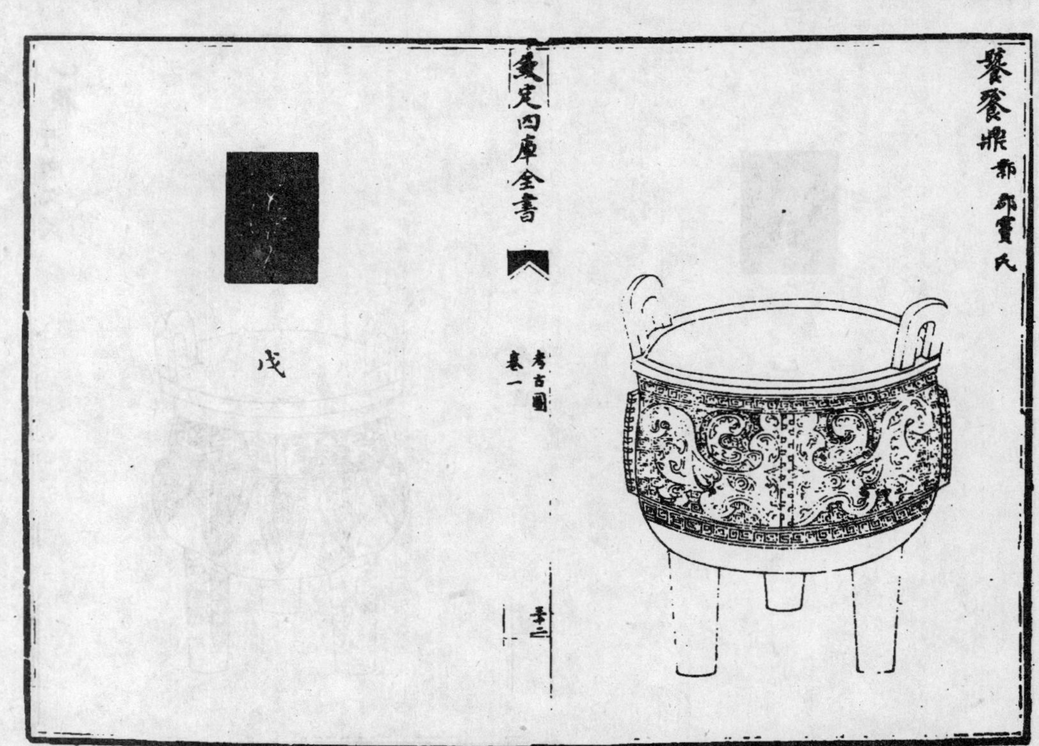

饕餮鼎　鄴郡亶氏

戊

右得於鄴郡漳河之濵高五寸有半深三寸四分徑四寸有半容二升一合銘一字

按鼎銘一字奇古不可識亦商器也愚謂銘字疑作戊葢乙鼎庚鼎之屬

欽定四庫全書

考古圖卷二

宋　呂大臨　撰

鬲甗鬵

丁父鬲銘三字

弇口鬲

父己鬲銘三字

𤕌叔鬲銘五字

某父鬲銘十二字

匸旅鬲銘二字

方乳曲文大鬲

方乳曲文次鬲

垂環鬲

直耳鬲

四足鬲

叔殷敎鬲銘八字

伯㷱父圜旅甗銘六字

仲信父方旅甗銘二十一字

圜篆甗

文尺甗

圜甗

庚甗銘六字

細文鬵

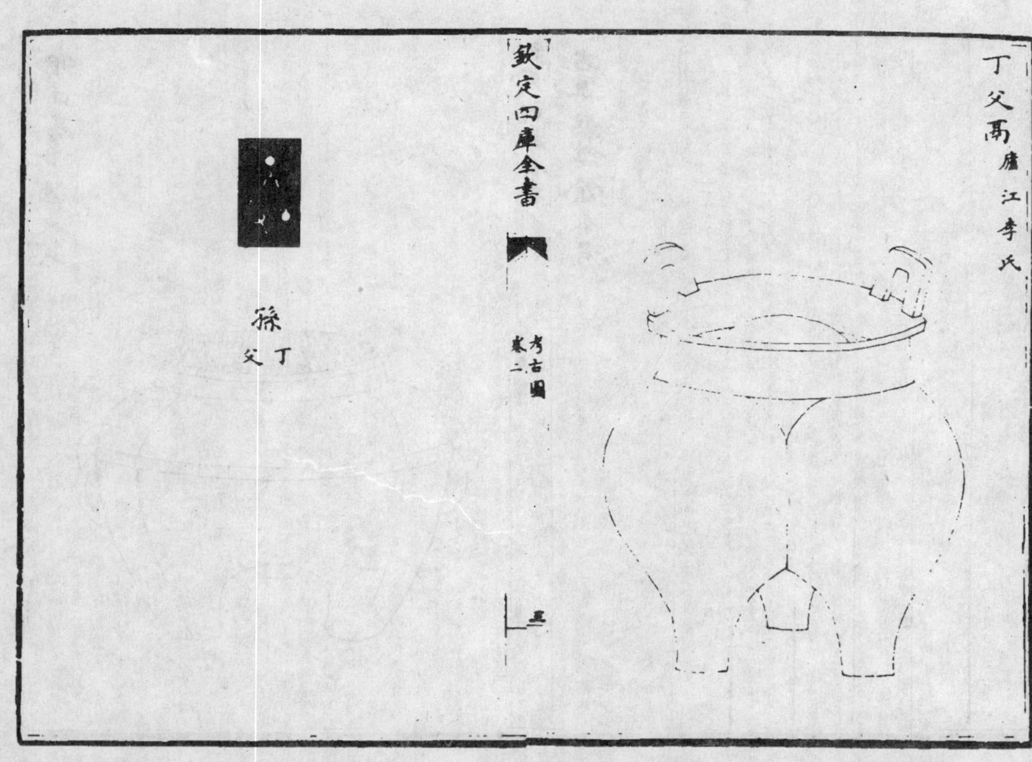

右不知所從得高五寸有半深三寸二分徑四寸有半容二升銘三字

李氏錄云爾雅款足曰鬲此器自腹所容通足間若股脾然三體合為一丁父所作商器也鄉叔鬲及祕閣所藏二周高鬲有闘足為款者有自下空為款者皆圓而不分三體與此少異

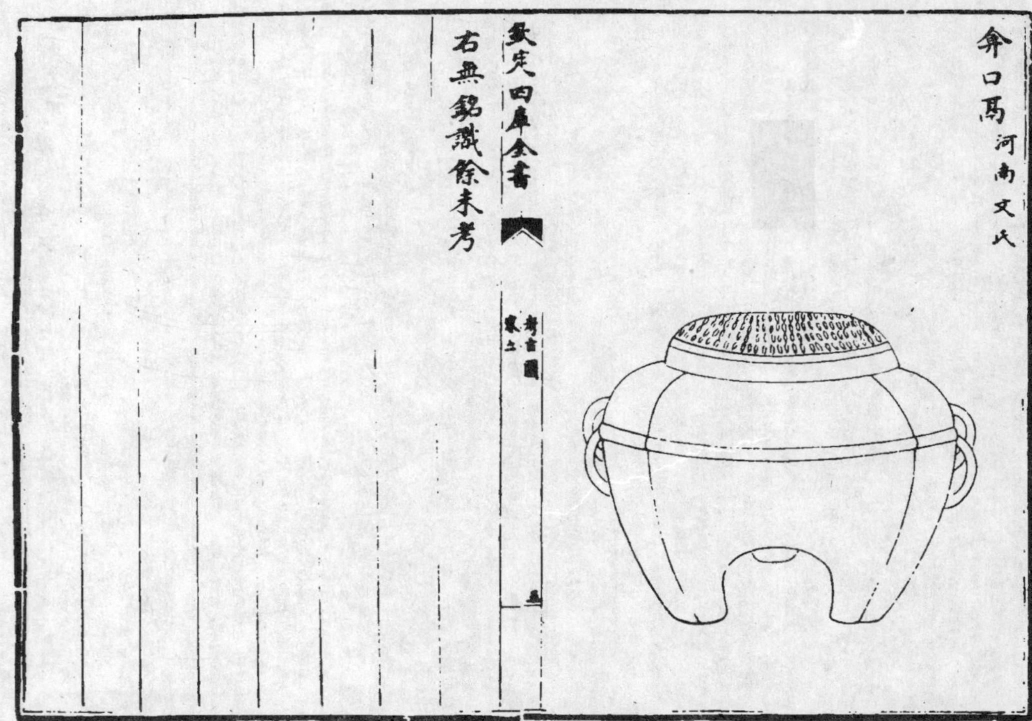
弇口鬲 河南文氏
欽定四庫全書
右無銘識餘未考

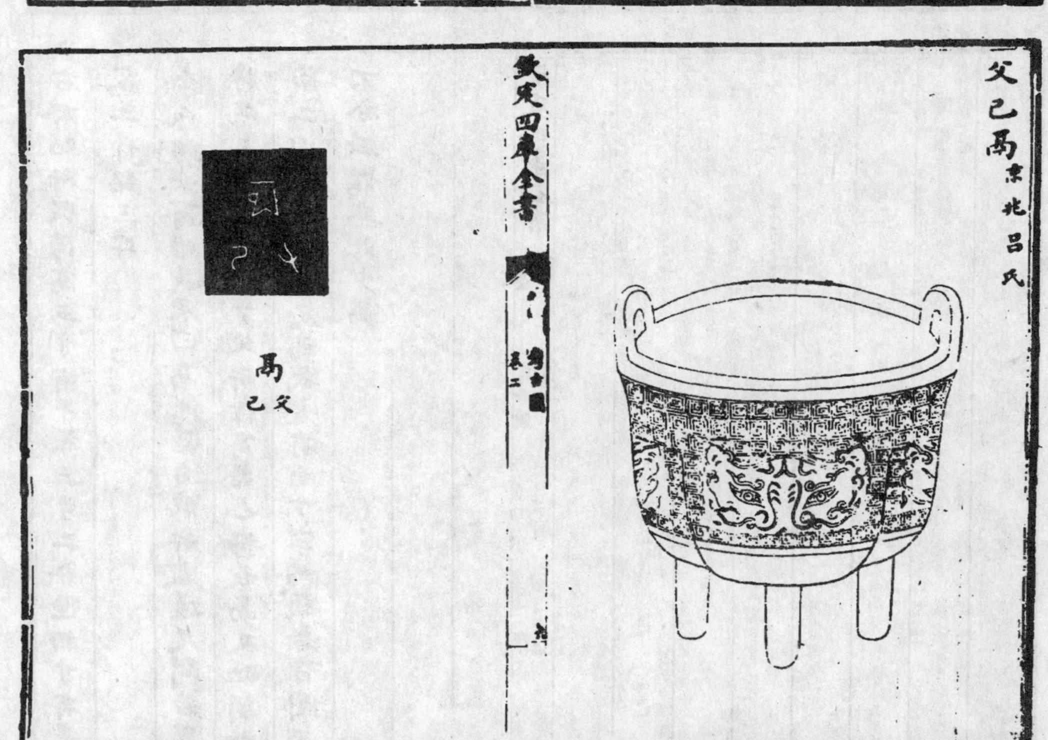
父己鬲 京兆吕氏
欽定四庫全書
鬲
父己

右得於郟城高五寸七分深二寸九分徑二寸有半容

二升有半銘三字

掃叔鬲

欽定四庫全書

考古圖 卷二

掃叔作尊鬲

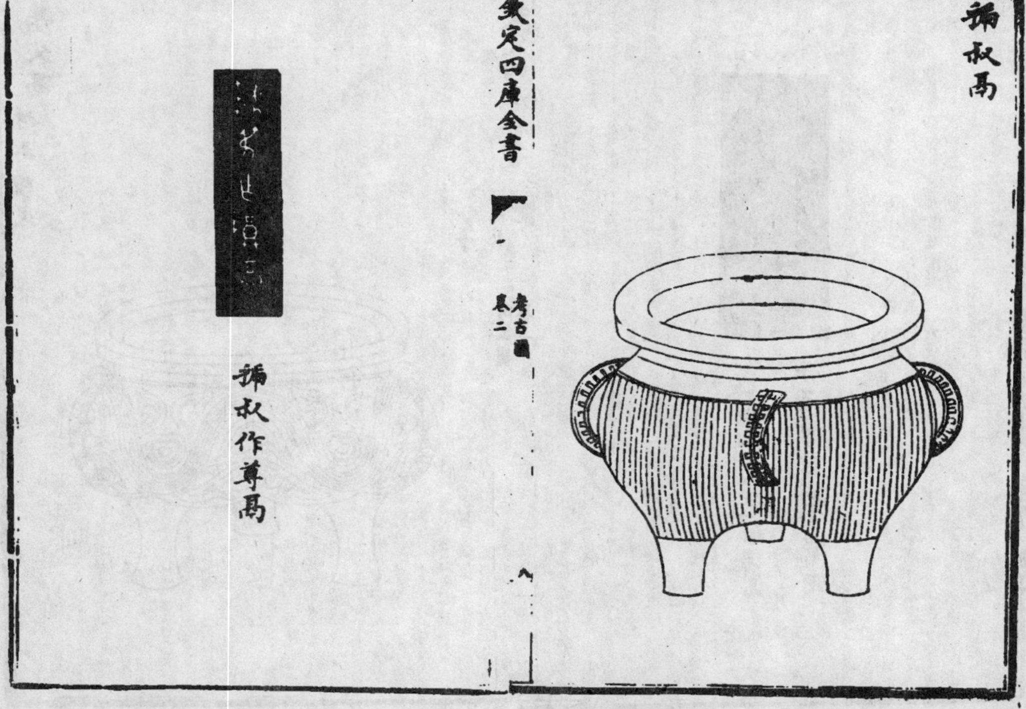

右不知所從得高四寸有半深二寸六分徑五寸有半容升有七合重二斤十兩銘五字

某父鬲 河南張氏

仲殷九字父乍作𨽍尊鬲

子子孫孫永寶用

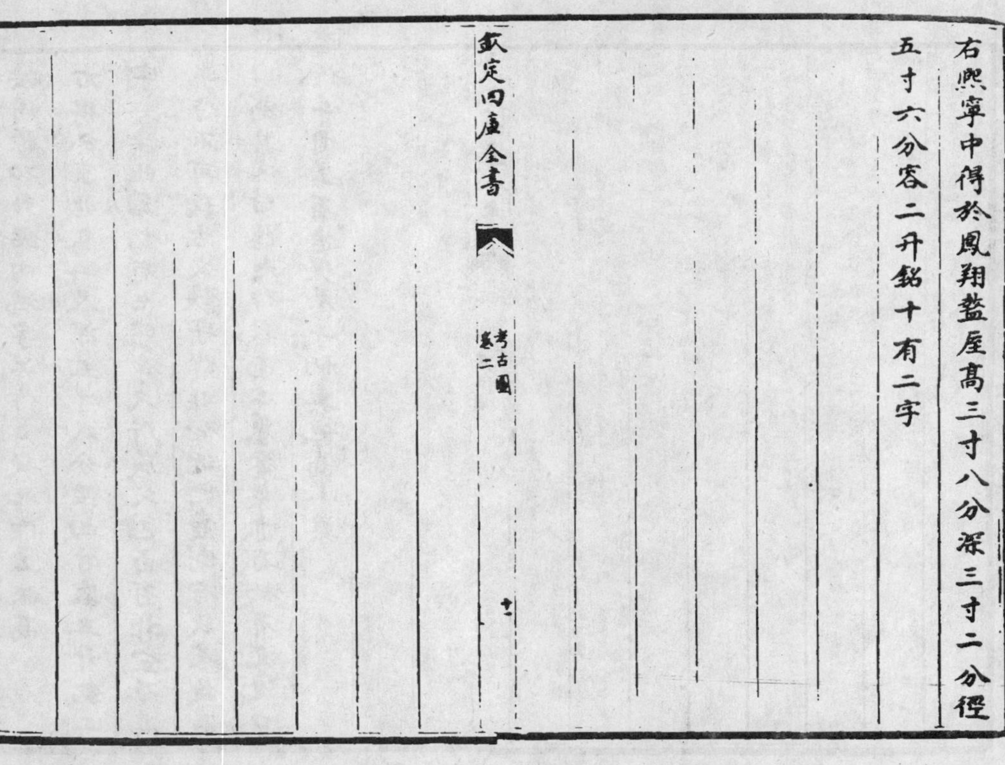

右熙寧中得於鳳翔盩厔高三寸八分深三寸二分徑五寸六分容二升銘十有二字

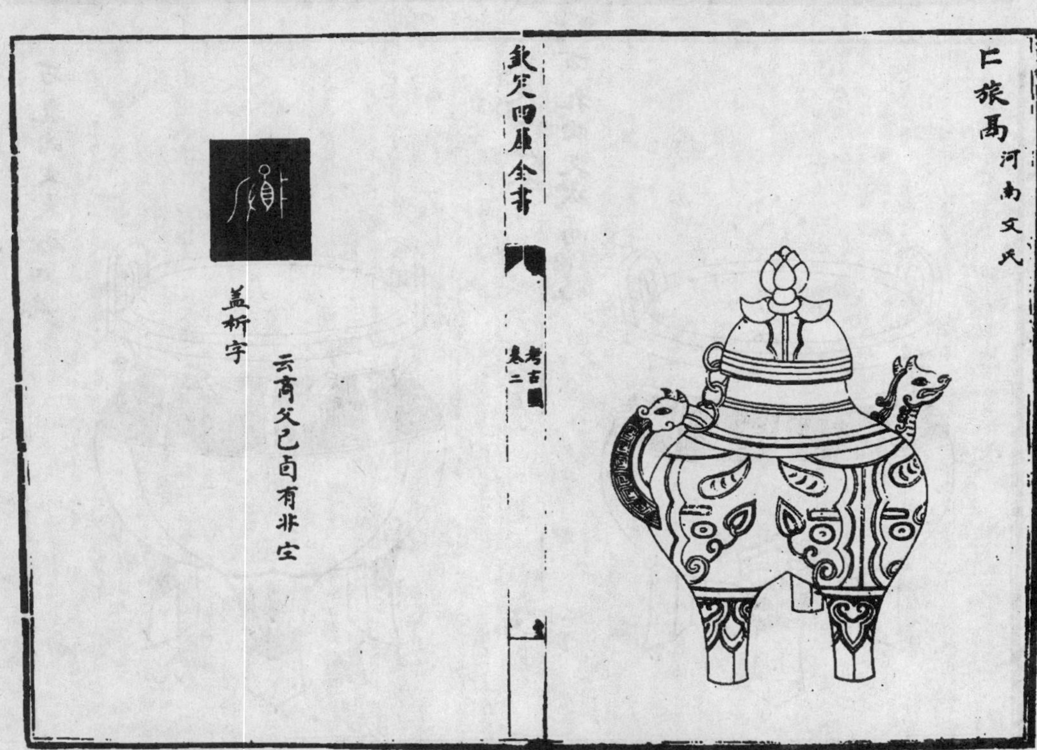

亾旅鬲 河南文氏

蓋析字

云商父己卣有非空

按周愫功勲銘内鴻字工作匕疑此作匕旅鬲

右得於京兆高一尺深五寸八分徑四寸容五升銘二字　按此器銘有匕字李氏所藏父己卣有非字乃其半皆不可攷古文鐃字作非似近之壺制有款足故名曰鬲其文皆隱起作獸面亦饕餮象亦有柄有流流口作牛首蓋有連環系于柄與他鬲小異

方乳曲文大鬲　内藏

方乳曲文次鬲　同上

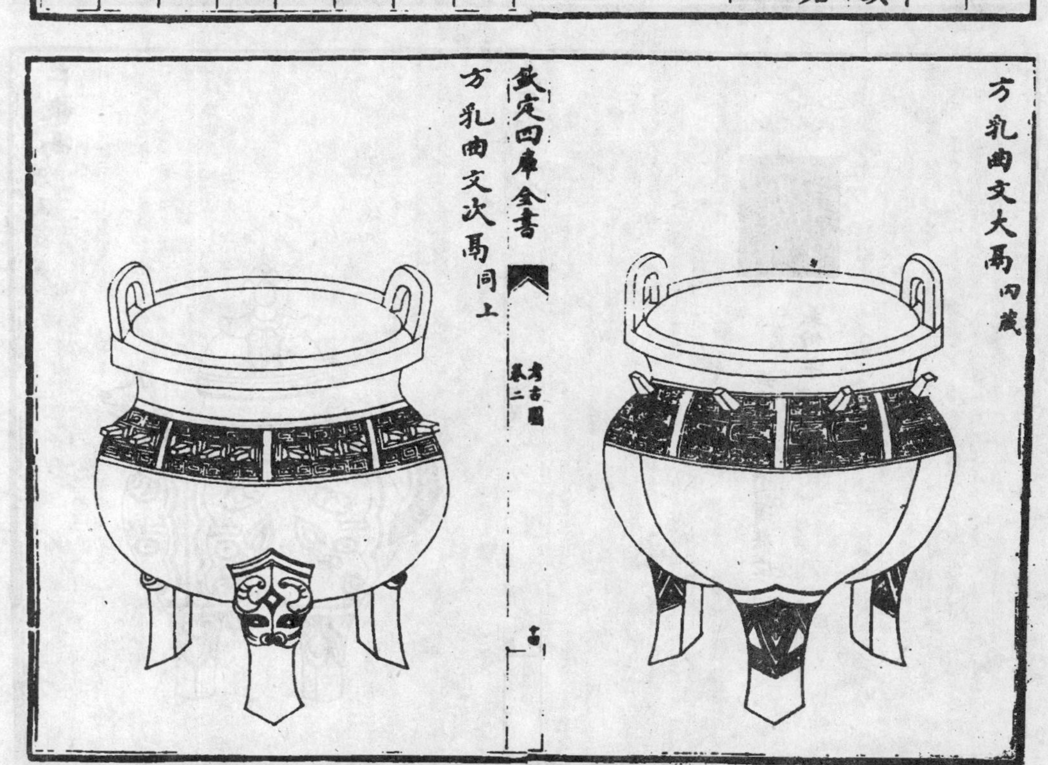

右二器不知所從得以黍尺黍量校之大者深尺有一分徑尺有四寸耳高四寸圜脣厚半寸容一斛次者深八寸九分徑尺有二寸半耳高三寸厚五分足皆中空有界篆方乳曲文爲飾無銘識

按周禮陶人爲甗鬲實五轂又豆實三而成轂四升爲豆轂容斗二升五之則六斗皇祐中詔定大樂有司校之皆與周官不合

垂環鬲 河南文氏

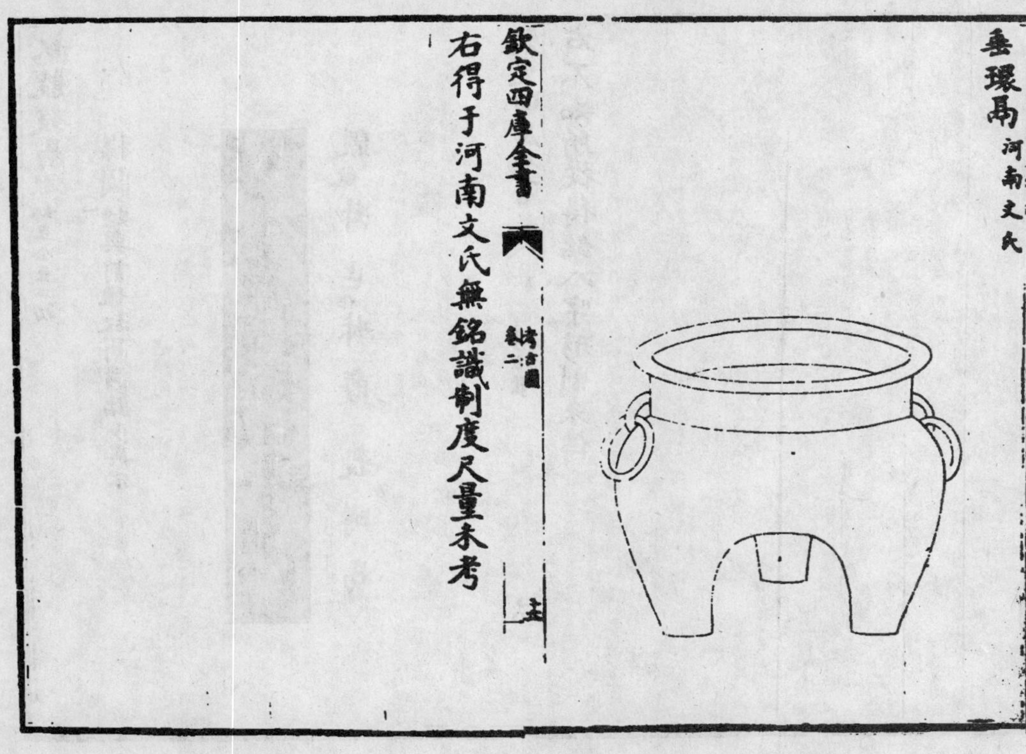

右得于河南文氏無銘識制度尺量未考

直耳鬲河南張氏

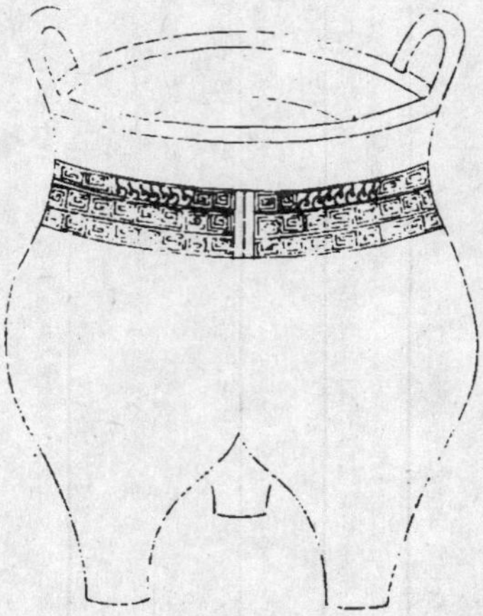

右得於河南河清鬲四寸七分深三寸二分徑四寸六分容一升六合

叔殷穀鬲穀奴豆公豆二切

樣闕疑與前號叔鬲同銘少異爾

虢叔 作叔殷穀尊鬲

右不知所從得銘八字形制未傳

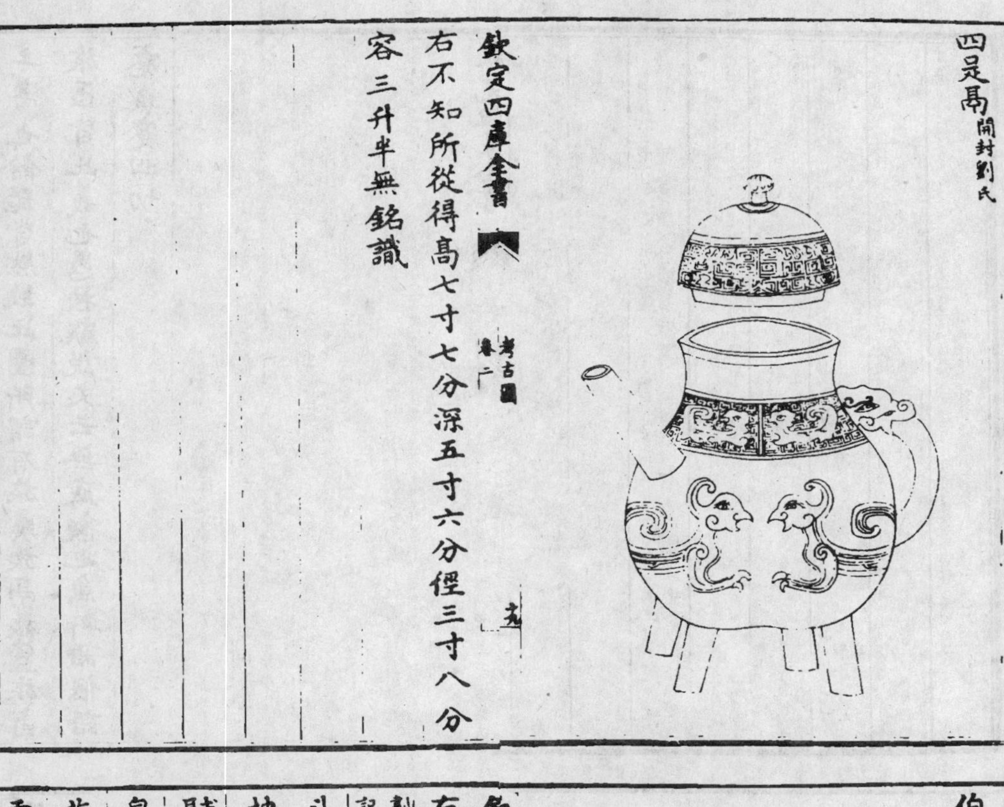
四足鬲 開封劉氏

右不知所從得高七寸七分深五寸六分徑三寸八分容三升半無銘識

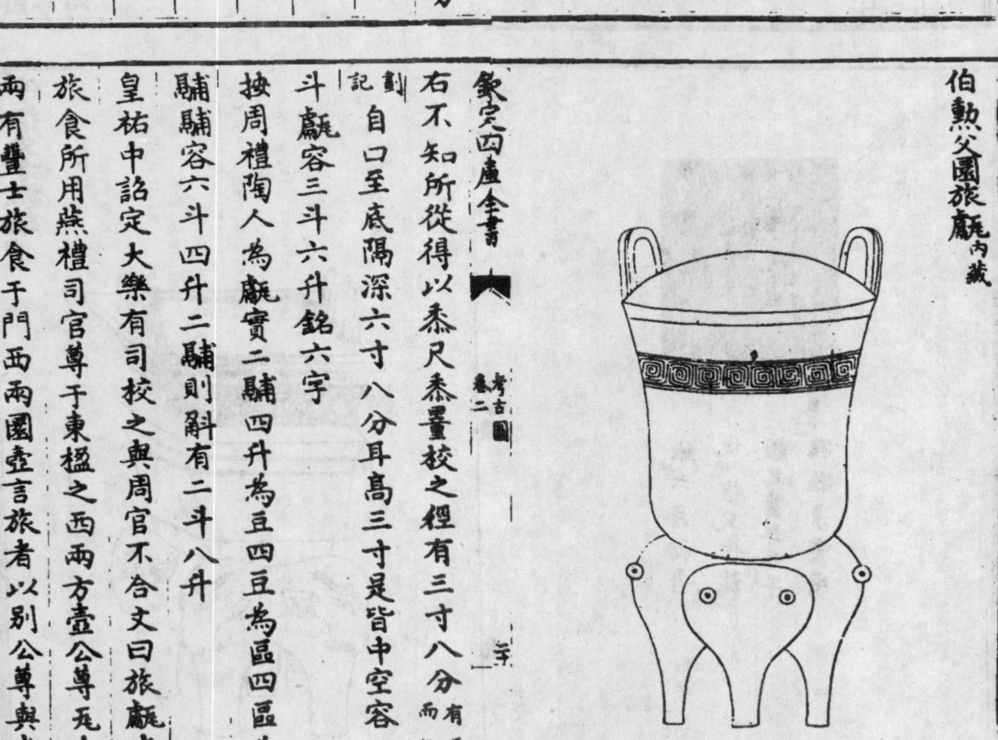
伯勳父圜旅甗 內藏

右不知所從得以黍尺黍量校之徑有三寸八分有脣而無劉記自口至底隔深六寸八分耳高三寸足皆中空容二斗甗容三斗六升銘六字

按周禮陶人為甗實二鬴四升為豆四豆為區四區為鬴鬴容六斗四升二鬴則斛有二斗八升

皇祐中詔定大樂有司校之與周官不合又曰旅甗者旅食所用燕禮司宮尊于東楹之西兩方壺公尊瓦大兩有豐士旅食于門西兩圜壺言旅者以別公尊與堂

上尊也餘罍皆然故此圖所謂有旅彝旅鬲旅簋旅卣旅匜皆此義也愚按甗説文云無底甑也魚軒語偃語蹇魚蹇四切

仲信父方旅甗同上

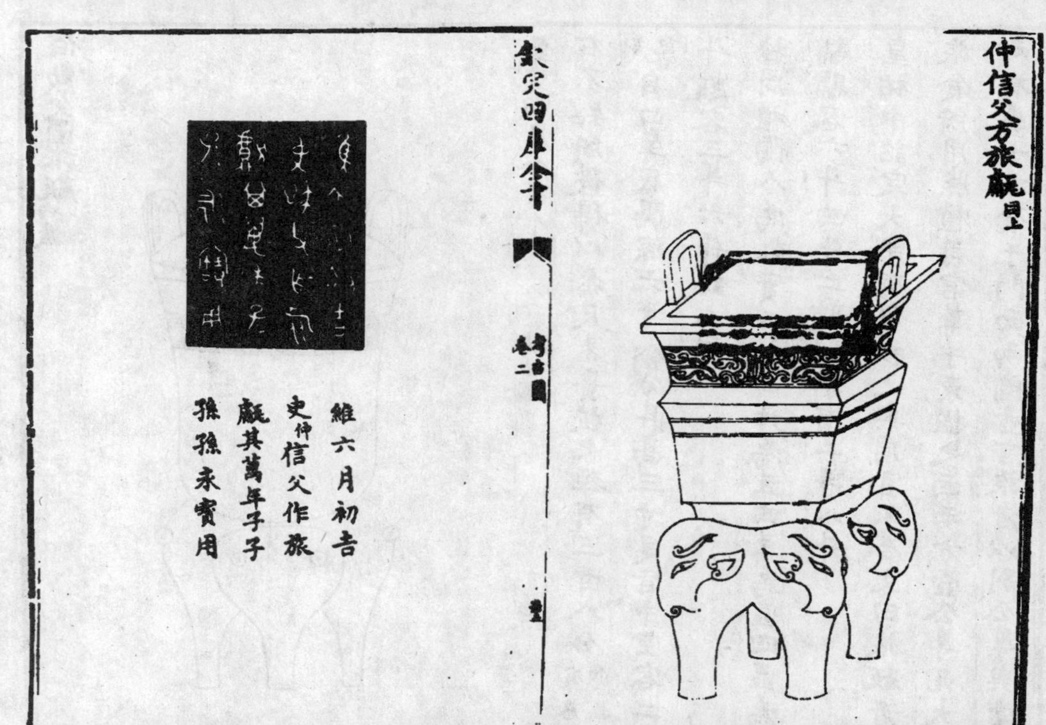

維六月初吉史仲信父作旅甗其萬年子子孫孫永寶用

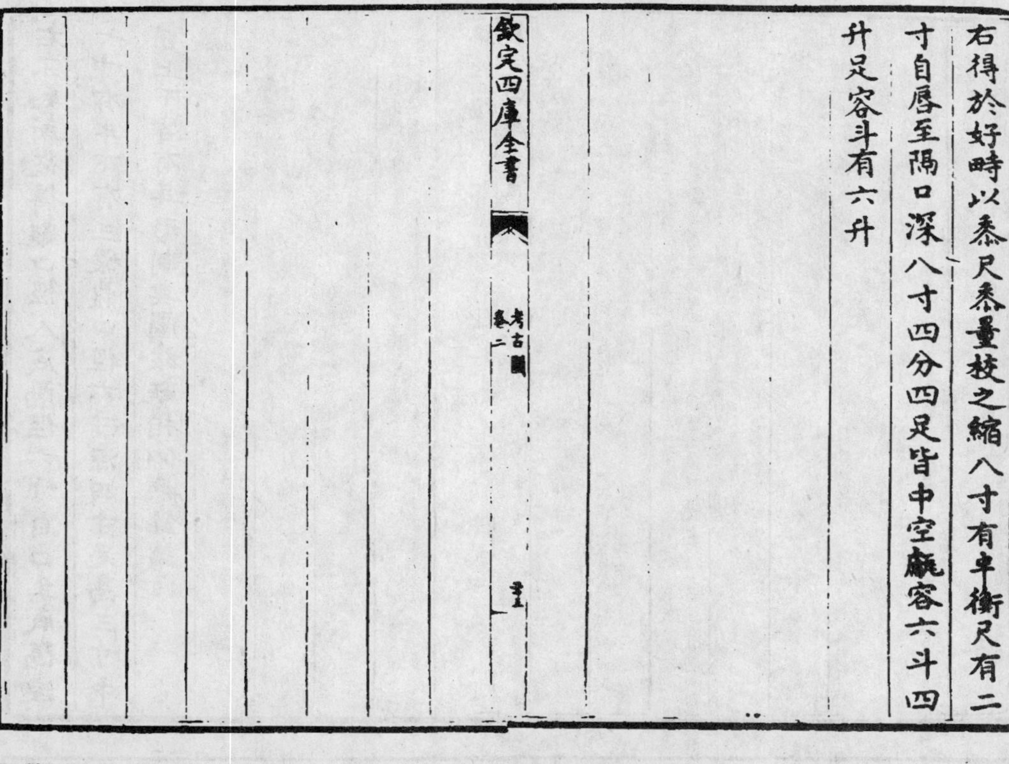

欽定四庫全書　考古圖　卷二

右得於好時以黍尺黍量校之縮八寸有半衡尺有二寸自唇至隔口深八寸四分四足皆中空甗容六斗四升足容斗有六升

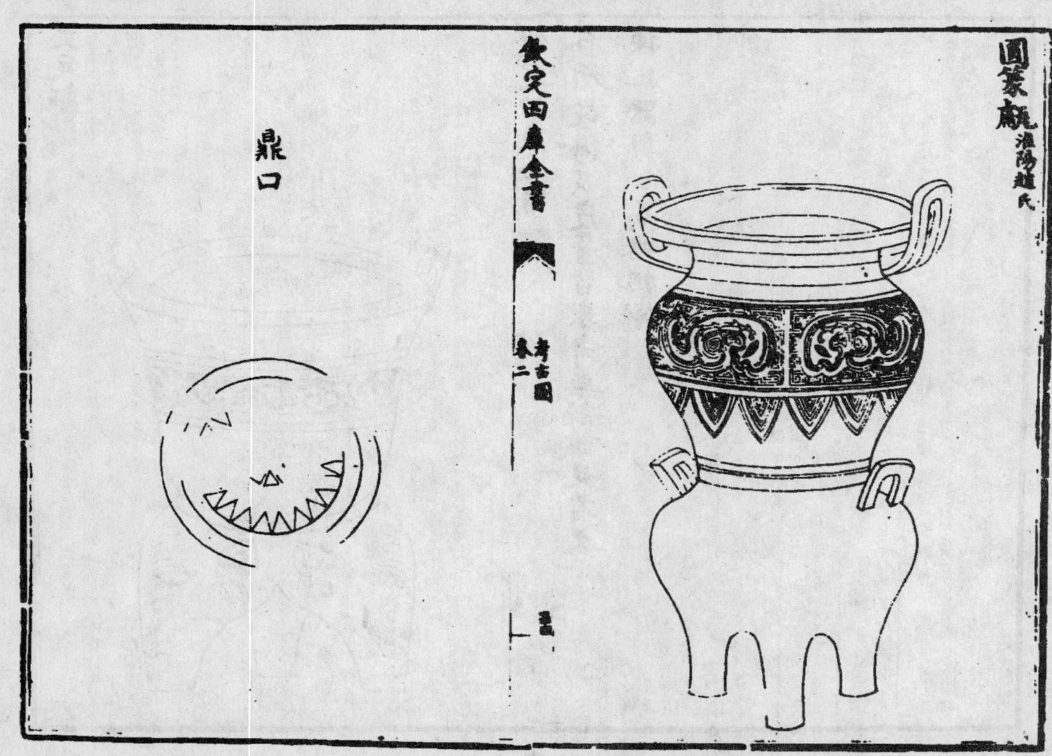

右不知所從得甗口徑人底隔徑六寸自口至底隔深七寸有半下有三環鼎口徑六寸深四寸足高三寸中實上下皆有耳形制與圜旅甗相似無銘識

文足甗 河南文氏

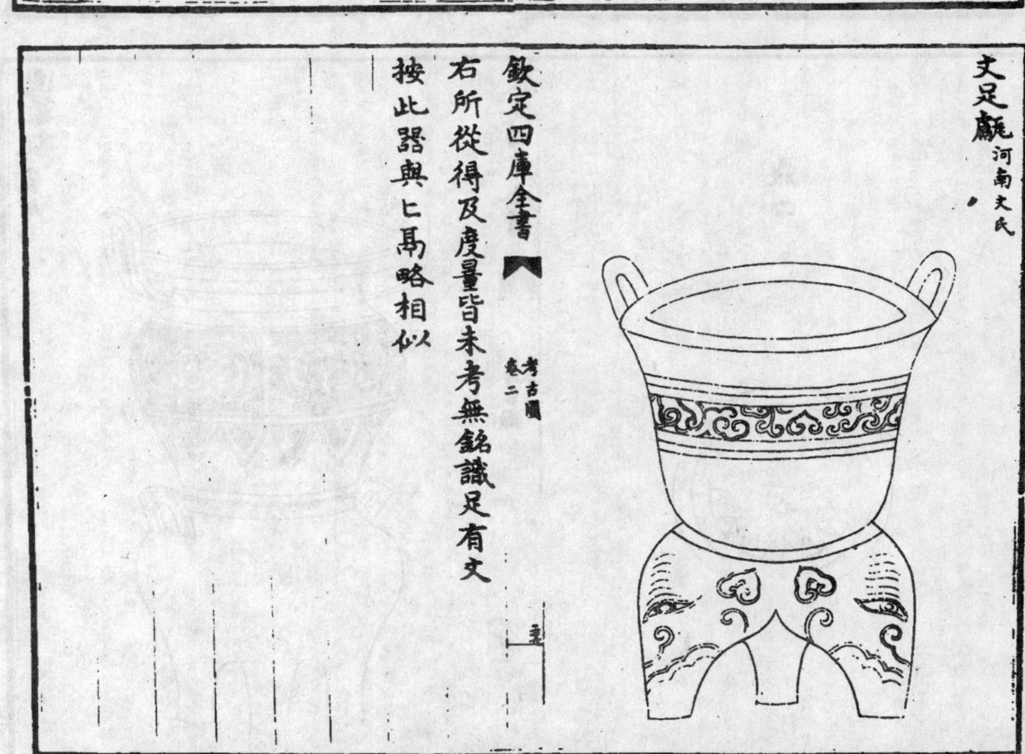

右所從得及度量皆未考無銘識足有文

按此器與匕鬲略相似

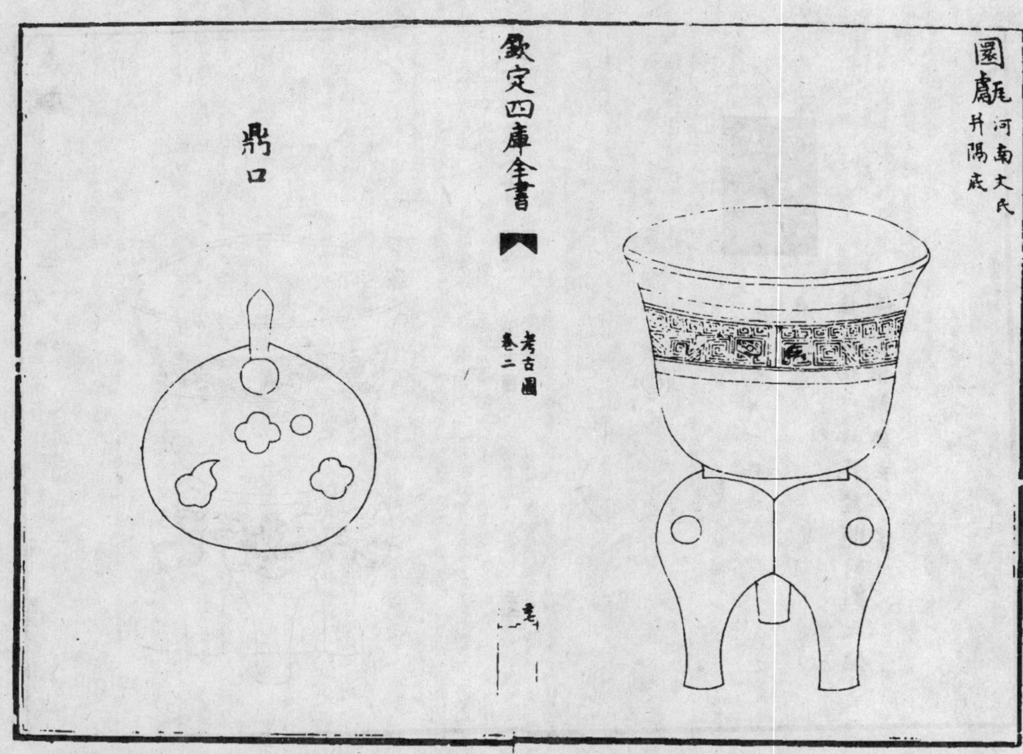

右所從得及度量皆未攷無銘識

按此器與伯勲父圜旅甗相似

庚甗

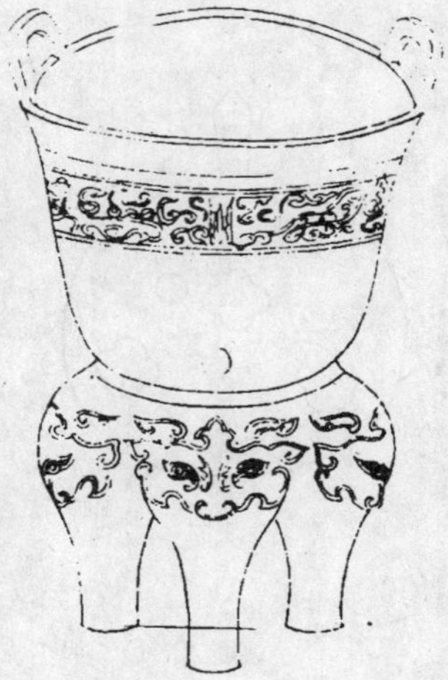

庚午爲午一作古

甗婦𪴯

薛尚功云此甗藏開封劉氏銘文極古惟辨庚亞二字

右得於京師高六寸有半深五寸徑五寸容二升一合銘六字　按古甗皆下體連鬲此器殊小未知所用銘文惟辨字餘不可訓釋

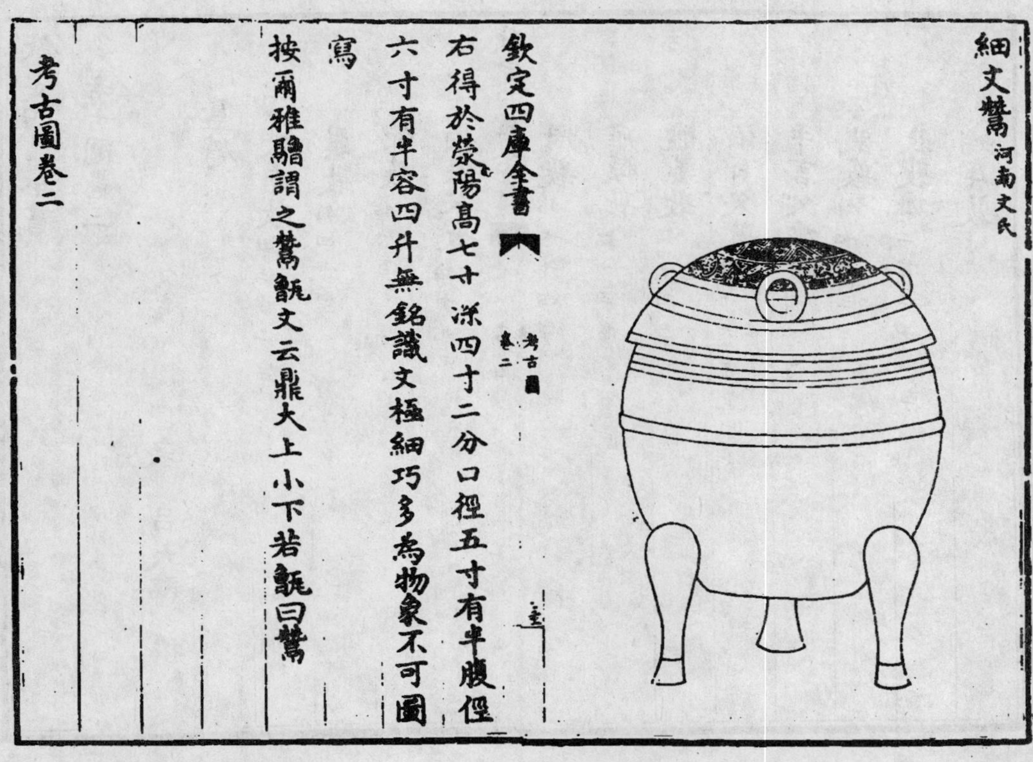

細文鬵 河南文氏

右得於滎陽高七寸深四寸二分口徑五寸有半腹徑六寸有半容四升無銘識文極細巧多為物象不可圖寫

按爾雅驓謂之鬵甑文云鼎大上小下若甑曰鬵

欽定四庫全書

考古圖卷三

宋　呂大臨　撰

簋屬

散季敦　銘三十二字

㬩敦　銘四十字

邿敦　銘一百字

伯庶父敦　銘十九字

周敦　銘七十四字

雁侯敦　銘十四字

虢姜敦　銘四十四字

伯百父敦　銘十六字

中言父旅敦　銘六字

戠敦　銘七十三字

牧敦　銘二百二十一字

螭耳敦

彖口耳足敦

四足疏盖小

三牛敦

己丁敦　銘二字

叔高父旅簋　銘十六字

寅簋　銘一百五十七字

師奐父旅簋　銘六字

小子師簋　銘九字

太　乍　銘十

弡中簠

史刹簠　銘

杜嬬鋪　銘十字

簋盖

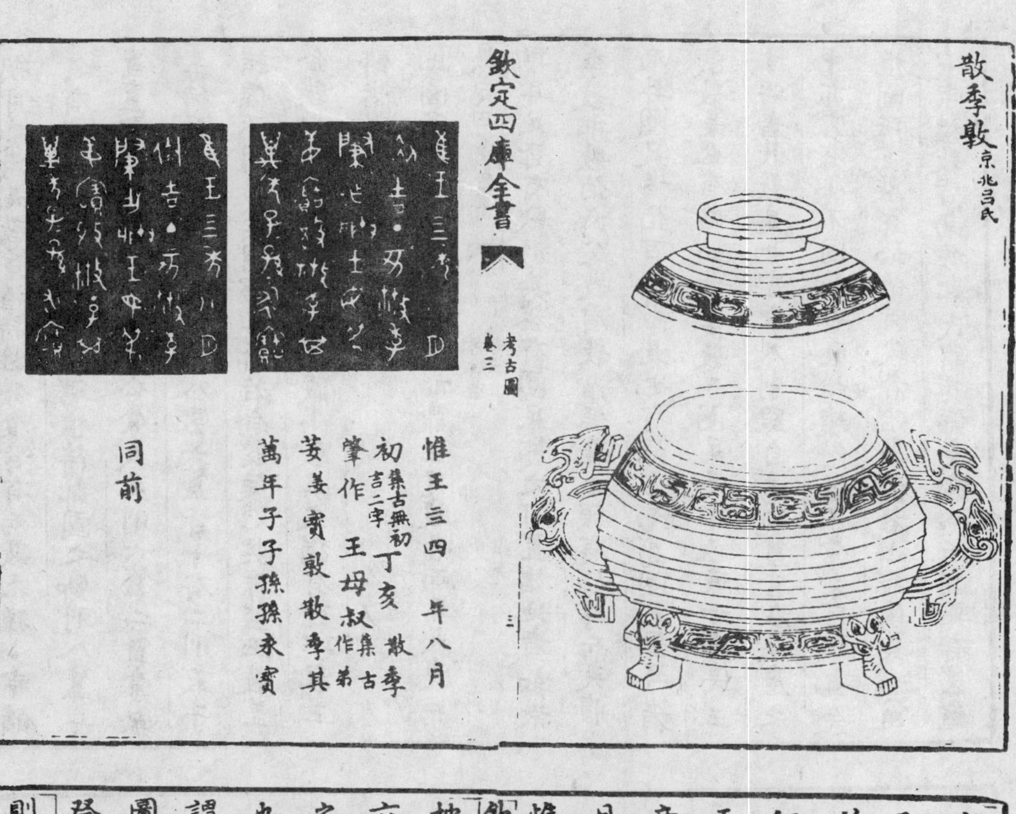
散季敦京兆吕氏

欽定四庫全書 考古圖 卷三 三

惟王三四年八月初吉集古無初吉二字丁亥散季肇作王母叔集古作弟芟姜寶敦散季其萬年子子孫孫永寶

同前

右得於乾之永壽高六寸深四寸徑六寸三分容九升三合蓋高五寸銘三十有二字

以太初歷推之文王受命歲在庚午九年而終歲在己卯書曰惟九年大統未集武王即位之四年敦文曰惟王四年蓋武王也是年一月辛卯朔書曰惟一月壬辰旁死魄旁死魄二日也是歲二月後有閏自一月至八月小盡者四故八月丁亥朔與敦文合武王之時散氏惟聞散宜生季疑其字也永壽在幽岐之間皆周地

欽定四庫全書 考古圖 卷三 四

按禮記明堂位云有虞氏之兩敦夏后氏之四璉殷之六瑚周之八簋敦簋屬也所以實黍稷上古以瓦亦謂之土簋見韓非子中古始用金少牢禮主婦執一金敦黍是也古敦形制尚質未有耳足士喪禮所用廢敦是也又謂之敦牟見內則冠亦象之所謂毋追夏后氏之冠今禮圖所傳毋追全似敦形敦牟毋追聲轉耳周人以簋為祭器乃以有虞氏之敦為用器士喪禮用器兩敦士大夫祭器則有之以文為貴則貴者用文而賤者用質故士喪禮

朔月奠用瓦敦虞禮特牲饋食皆有兩敦黍稷少牢饋食有四敦黍稷而一金敦聘禮待鄰國之卿則八簋二簠簋實黍稷簠加稻粱也公食大夫則六簋二簠掌客主待諸侯上公簋十侯伯八男六簋皆十有二則天子諸侯不用敦矣周官玉府若合諸侯則共珠盤玉敦蓋金敦而以玉飾令李氏所藏小敦其文猶有可以容玉飾者蓋玉敦也

此圖所載敦形制不一有如鼎三足腹旁兩耳大腹而

卑耳足皆有獸形其蓋有圈足郤之可置諸地者如散季敦郱敦伯庶父敦周敦雁侯敦之類有如尊而夾腹兩耳圈足者伯百父敦是也有如盂而高圈足無耳者戠敦是也有略如散季敦而圈足足下又連一圈高三寸許者牧敦是也豈古人制器自為規摹皆在法度之中亦容有小不同抑世衰禮壞僭偪不常未可攷也令禮圖所畫敦正如伯百父者殆學禮者止能傳其一爾少牢禮敦皆南首鄭氏謂其飾象龜令所圖無有象龜者則其首當以足文獸形之首為正

㚔敦 臨江劉氏

㚔作皇祖益公
文公武伯皇考
龔白䵼㚔㚔其
泀二萬年無疆霝
終霝令令其子二孫二
永寶用享于宗室

右得於盩厔徑七寸三分深四寸容八升銘四十字
按此器乃敦而銘云鼎㚔鼎㚔者舉器之揔名故不言
敦㚔必大夫也祭及四世則知古之大夫惟止三廟而
祭必及高祖（大傳云大夫士子祫及其高祖）武伯龔伯其祖考之為大
夫者以謚配字如文仲穆伯之類益公文公其曾高之
為諸侯者大夫祖諸侯末世之僭亂也

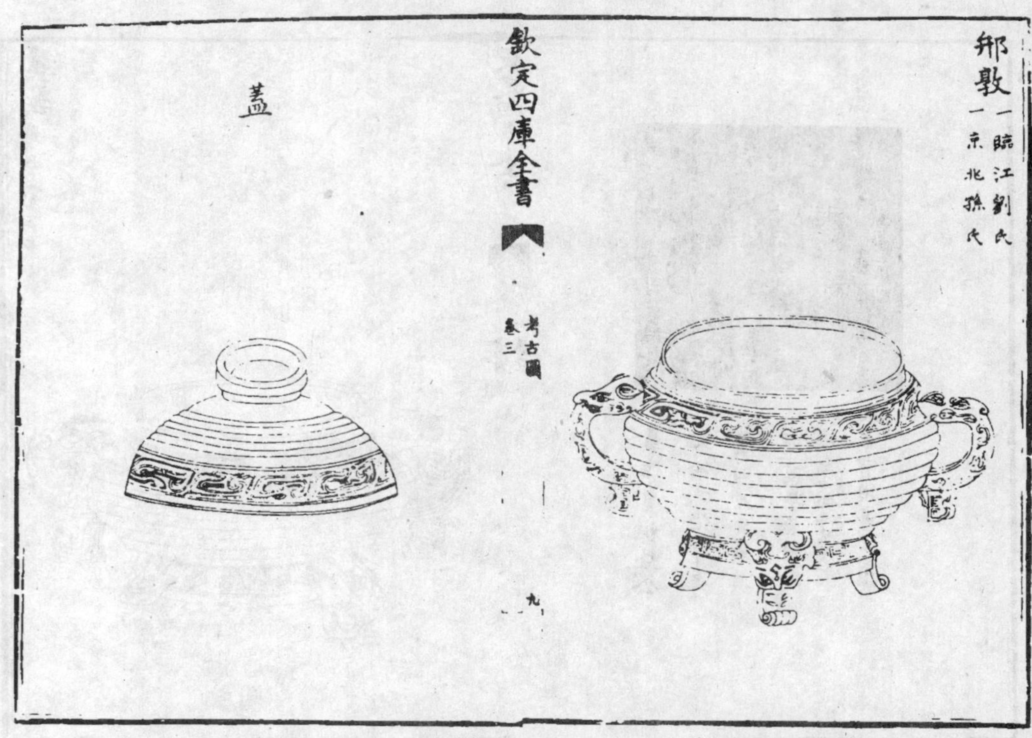
欽定四庫全書
考古圖 卷三
九
邢敦一 臨江劉氏
一 京兆孫氏
蓋

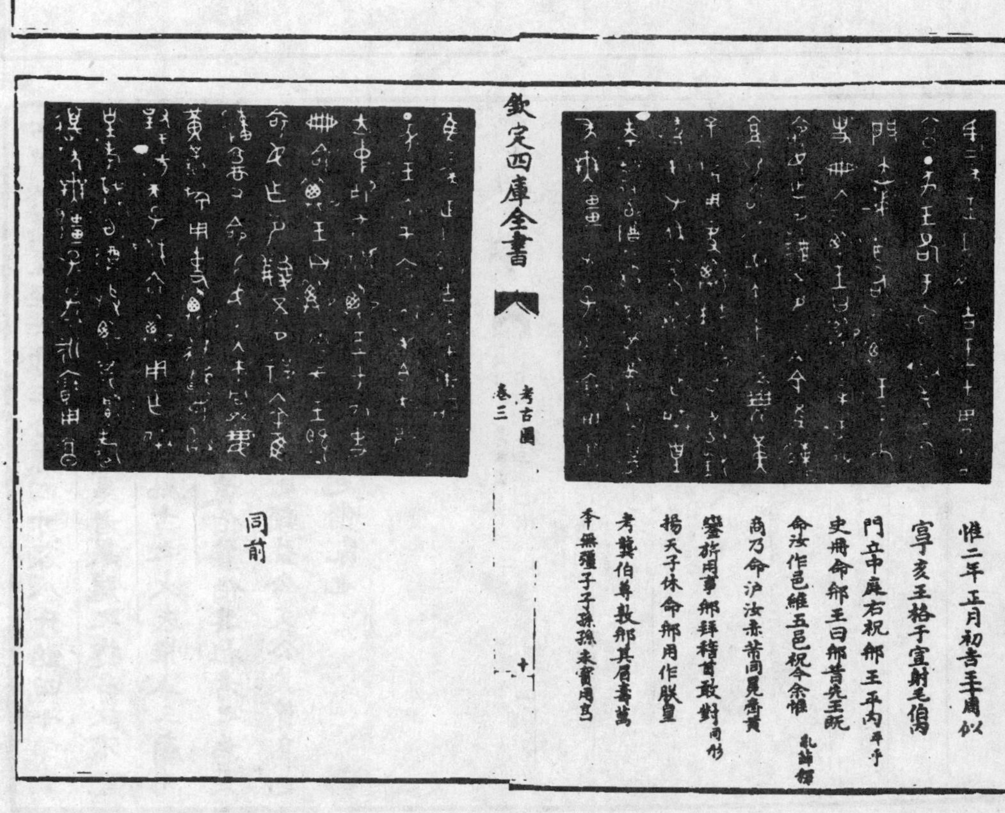
欽定四庫全書
考古圖 卷三
十

惟二年正月初吉王在周似
宮丁亥王格于宣射毛伯
門立中庭右祝鄦王乎内乎乎
史冊命鄦王曰鄦昔先王既
命汝作邑維五邑祝今余惟乱綸緟
商乃命汝汝赤芾冋冕齊黃
鑾旂用事鄦拜稽首敢對同彤
揚天子休命鄦用作朕皇
考龔伯尊敦鄦其眉壽萬
年無彊子子孫孫永寶用享

同前

右二敦得於扶風惟蓋存蔵於臨江劉氏後又得一敦敦蓋具全蔵於京兆孫氏制度款識悉同高五寸有半深四寸口徑五寸九分容六升一合蓋徑六寸六分高二寸四分銘皆百有七字

按此敦二器同制同文則知古人作器勒銘非一物器皆有是銘也邾周大夫也有功錫命為其考作祭器也宣榭者盖宣王之廟也榭射堂之制也其文作𠭘古射字執弓矢以射之象因名其堂曰射音謝後以木其堂無

室以便射事故凡無室者皆謂之榭爾雅云宣王之廟制如榭故謂之宣榭春秋記成周宣榭火以宗廟之重而書之如咸僖公之比二傳云蔵禮樂之器非也後有戠敦云王格于大室牧敦云格大室亦廟也古者爵有德而禄有功必賜於太廟示不敢專也祭之旦獻君行立於阼階之南南鄉所命北面史由君右執策命之再拜稽首受書以歸而舍奠于其廟毛伯内門右中庭右祝邾者毛伯執政之上卿也入廟門中其庭立祝與邾皆在其右也王呼内史策命邾者内史掌諸侯孤卿大夫之策命也王曰者史執策賛王命以告邾也赤芾同冕齊黄鑾旂所錫車服齊黄者馬齊色也邾拜稽首用作皇考龔伯寶尊敦者所謂受書以歸奠于其廟也此策命之禮所圖器多有是辭故詳釋之　按集古作毛伯敦云劉原父孜按其事謂史記武王克商尚父牽牲毛叔鄭奉明水則此銘謂鄭者毛叔鄭也銘稱伯者爵也史稱叔者字也敦乃武王時器此云宣榭為宣王之榭

則非矣

伯庶父敦 臨江劉氏

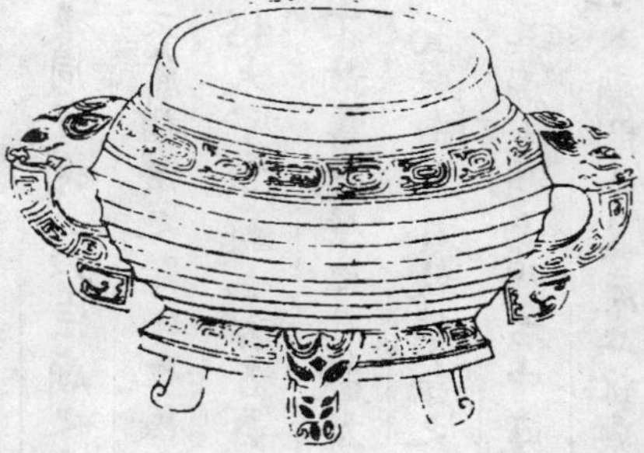

隹惟二月戊寅
白伯庶父作
王姑月舟婦周姜尊
毁敦其永寶用

右得於扶風徑六寸深四寸容六升有半銘十有九字

按此簋稱王姑舟姜稱姑婦辭也王姑夫之母也作簋者乃庶父未詳或謂王姑者王父之姊妹然王父姊妹當從人否則有歸宗及殤祔祭可也亦不容制簋以祭

原闕一頁

右不知所從得以黍尺黍量校之徑八寸四分深五寸二分容二斗銘七十有四字

雁侯敦 扶風乞伏氏

雁𠨘侯作𣪕姬遵

母𩰫尊𣪕敦其萬

年永寶用

右不知所從得量度未考銘十有四字

按雁古鴈字謂雁侯或其名士婦人以字配姓如伯姬仲子之類此云姬遵母者疑雁侯之妾母遵必字也姓加字上與伯姬仲子不同母字又在其下不知何義

虢姜敦 睢陽王氏

虢虢姜作寶尊敦用
禪追孝于皇考叀惠
中仲斳此康𢉜慶蒔釋辭屯純右祐
通稟祿永命虢姜其
萬年眉壽叜受福無
彊子子孫孫永寶用享

欽定四庫全書 考古圖 卷三 二十

右不知所從得惟蓋存徑尺九分高四寸六分銘四十
有四字

伯百父敦 臨江劉氏

白(伯)百首(集古作同)父作周姜
寶敦用夙夕享
用蘄萬壽

同前

右得於驪山白鹿原皆徑六寸五分深三寸容二升半

銘十有六字

按此敢與諸敢形制全異底一作匽蓋一作目皆當作百字

集古云尚書冏命序曰穆王命伯冏為周太僕正則此敦周穆王時器也

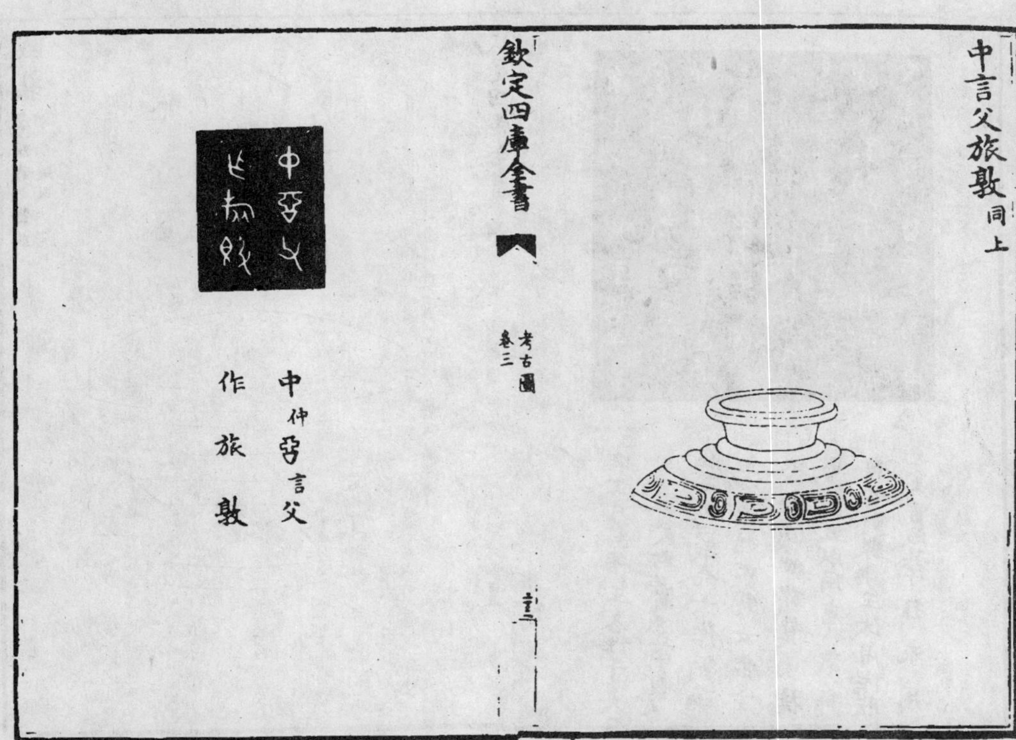
中言父旅敦 同上

中仲𠭯言父作旅敦

右不知所從得惟蓋存徑四寸六分容升有一合銘六字

欽定四庫全書

考古圖 卷三

戠敦

廣韻戠之纂物

河南張氏

惟正月乙子王各(格)于大
室(室)蘇公入右(佑)戠(戠)立中囙(庭)
壯嚮王曰戠命女作嗣(治)
土官治籍田錫女戠玄
衣赤環市(芾)䜌旂楚(楚)徒
馬取五取用事戠拜
稽首對䫇(揚)王休用作朕
文考寶敦其子孫永用

右得於扶風惟蓋存高二寸有半深一寸四分徑七寸有半銘七十有三字

按此𣪕形制與伯百父者略相似而無者其銘與郇相似文云正月乙子及商癸彝亦曰丁子日辰剛柔不相配疑乙子即甲子丁子即丙子世質人滛取其同類未甚區别不然殆不可攷蔡博士肇云晉文公城濮之戰楚俘於周駟(四)分百乘徒兵千而𣪕文有曰楚徒者乃以楚之徒兵錫之禮諸侯不相遺俘天王得以錫侯國

欽定四庫全書　考古圖 卷三

愚按前云惟蓋存又云形制與伯百父者略相似而無耳圖象亦非蓋形必是謬誤

牧敦 京兆范氏

隹王十年又三月既生霸十
寅王十周十師汙父宮各大
室即立公令入右牧立中
王乎內史吳冊令牧王
曰牧昔先王既令女作𤔲土
令余唯或𣪕改令女辟百𡨦
有同事 囟多亂不用先
王作井亦多虐庶民厥
右𤔲不井不中 乃侯止之
以今𤔲司匐厥辠召故王曰
牧女毋敢 先王作明井

用孚乃𧨼庶右𡨦毋敢不明不
中不刑乃申政事毋敢不尹其不
中不刑今余惟𤕌京乃命
女鬯一卣金車賁較畫輴
朱虢𩊒 虎冟熏裏旂余
四匹服 孚敬夙夕勿
灋朕命牧拜稽首敢對揚王
不顯休用作朕皇文考益
伯寶尊敦牧其萬年壽考
子子孫孫永寶用

右得於扶風量度未考銘二百二十有一字

按此敦形制與諸敦不類其銘與郲敦散敦相似所錫有秬鬯一卣及虎冕練裏之類與寅簋相似司服所掌五冕無虎冕先儒釋毳冕之章宗彝為首宗彝有虎蜼故謂之毳以是考之虎冕即毳冕也如荀卿云天子山冕山冕即龍衮也有山龍之文故或曰山冕或曰龍衮皆舉一物以名其服（蜼音誄）

螭耳敦 内藏

欽定四庫全書 卷八 考古圖 卷二

右不知所從得以黍尺黍量校之深四寸一分徑尺有八寸容二升無銘識

按此𣪘與散季敦郱敦相似但圈足爲異而百百父敦亦有圈足當銘爲𣪘

篆口耳足敦 河南文氏

欽定四庫全書 卷八 考古圖 卷三

右所從得及度量皆未考無銘識

按此[illegible]與散季敦郱敦相似

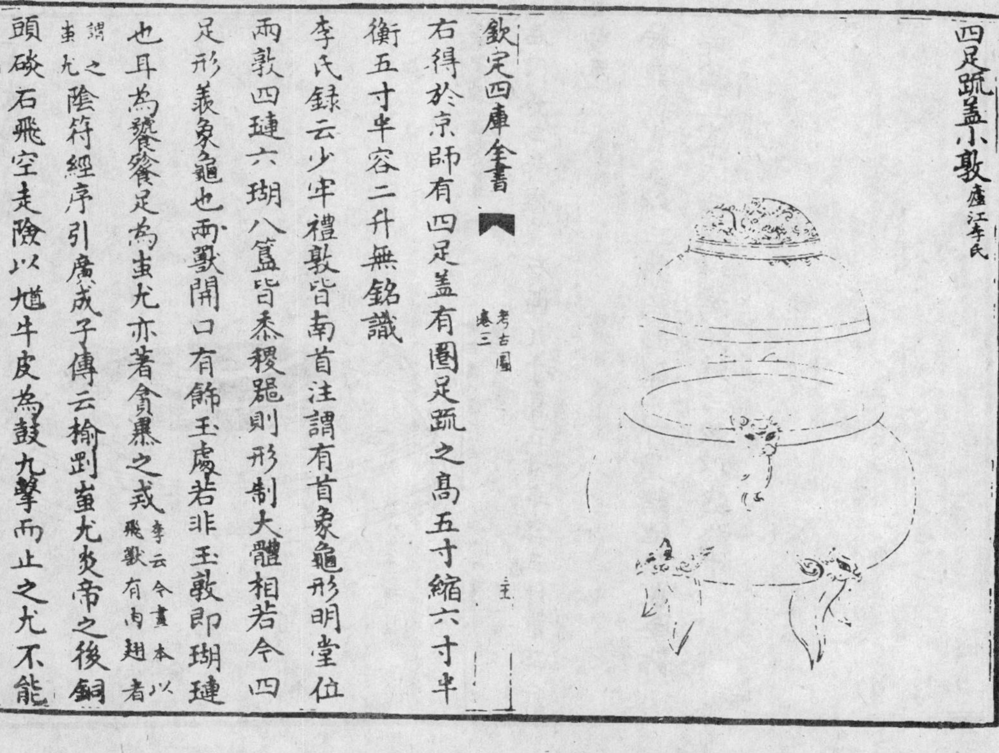

四足疏蓋小敦 廬江李氏

右得於京師有四足蓋有圈足疏之高五寸縮六寸半
衡五寸半容二升無銘識

李氏録云少牢禮敦皆南首注謂有首象龜形明堂位
兩敦四璉六瑚八簋皆黍稷器則形制大體相若今四
足形蓋象龜也兩獸開口有飾王處若非王敦即瑚璉
也耳為饕餮足為蚩尤亦著貪𢇁之戒李云今畫本以飛獸有肉翅者謂之蚩尤
陰符經序引黃成子傳云榆罔蚩尤炎帝之後銅
頭啖石飛空走險以馗牛皮為鼓九擊而止之尤不能
飛走乃礫之

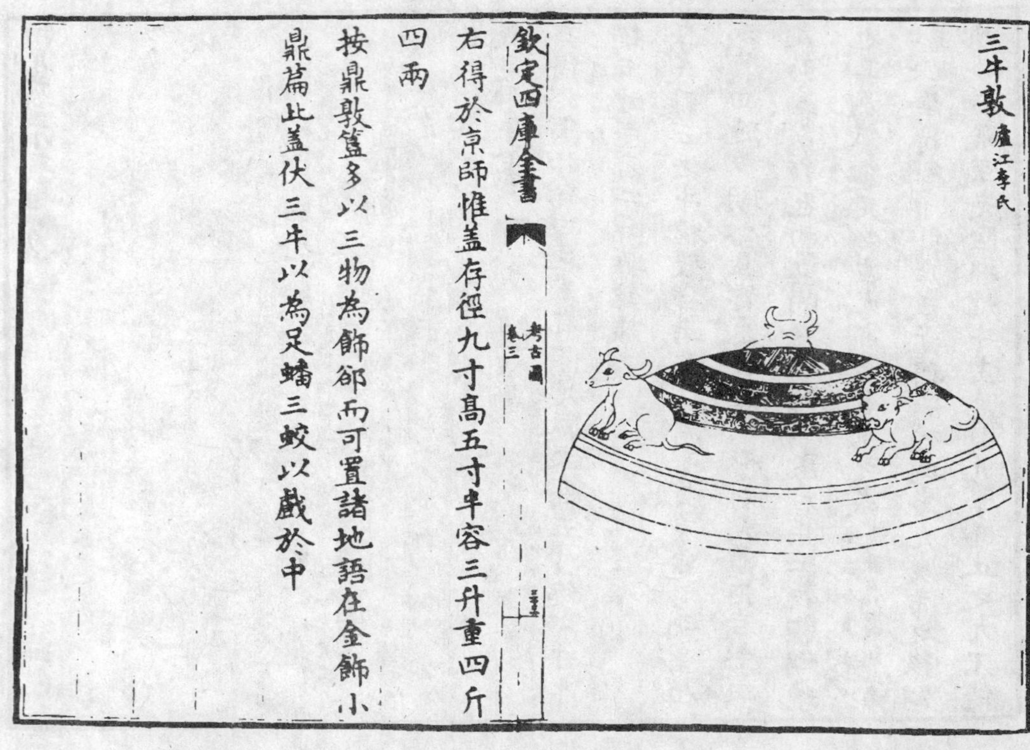

三牛敦 廬江李氏
欽定四庫全書
考古圖 卷三
右得於京師惟蓋存徑九寸高五寸半容三升重四斤四兩
按鼎敦簋多以三物為飾郤而可置諸地語在金飾小鼎篇此蓋伏三牛以為足蟠三蛟以戲於中

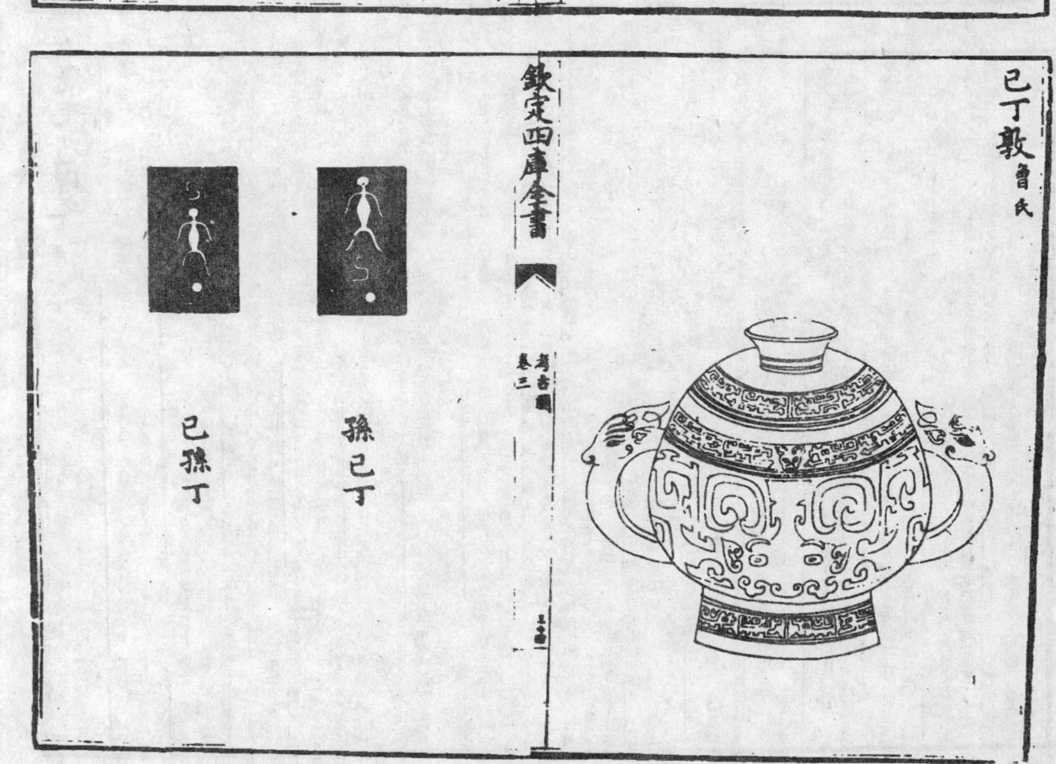

己丁敦 曾氏
欽定四庫全書
考古圖 卷三
孫己丁
己孫丁

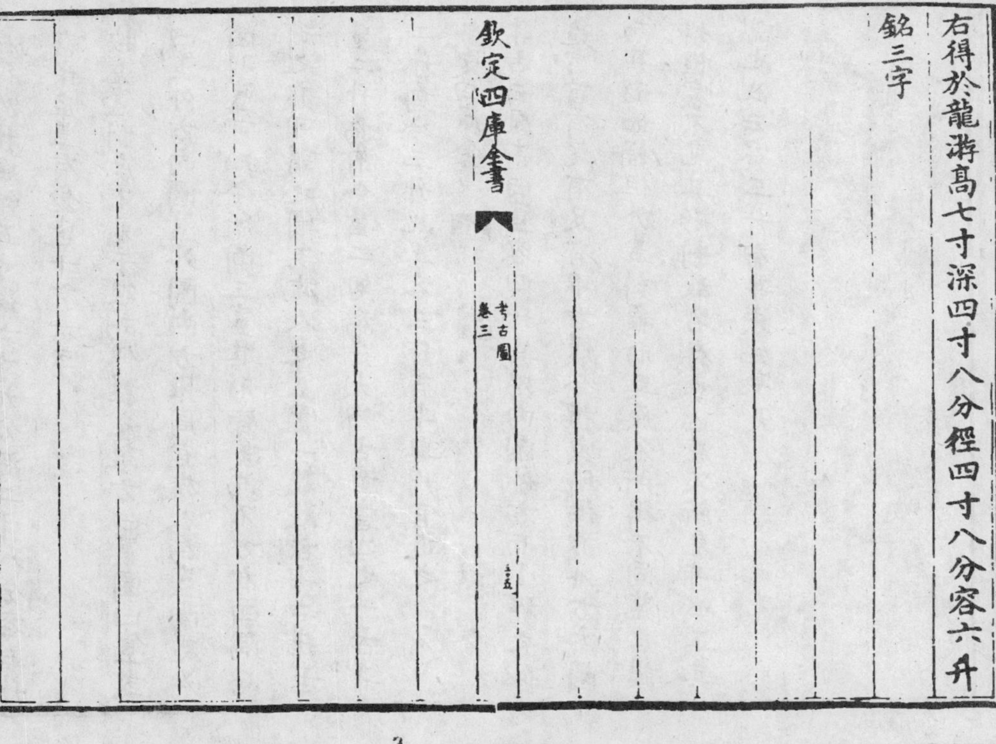

右得於龍游高七寸深四寸八分徑四寸八分容六升

銘三字

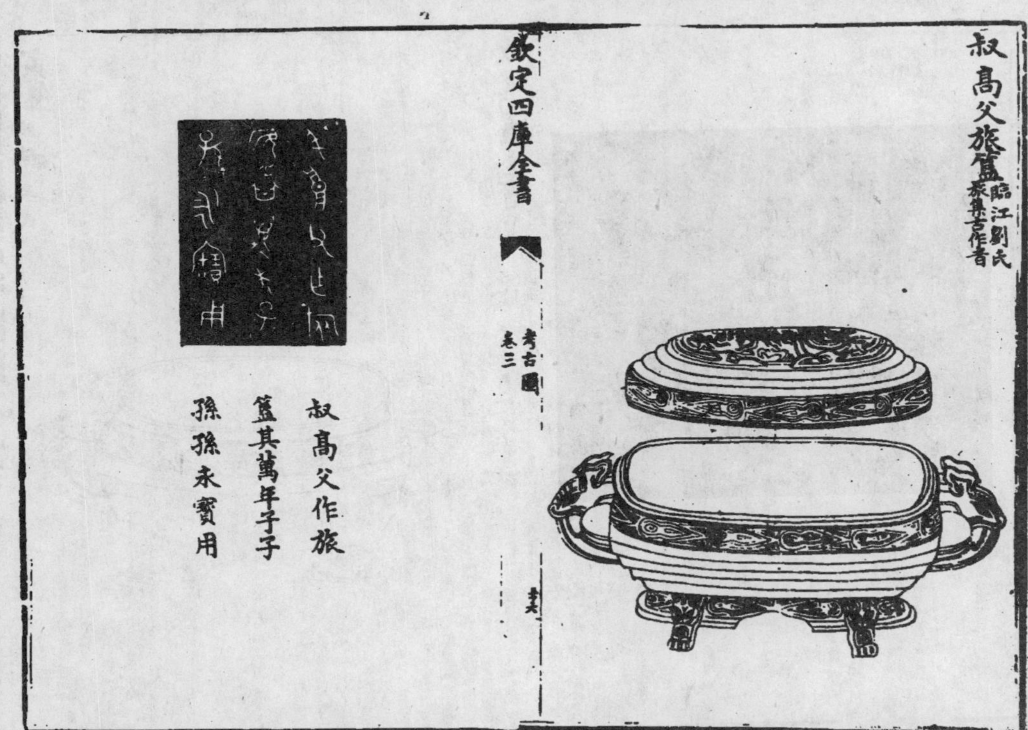

叔高父旅簋臨江劉氏 旅集古作者

叔高父作旅

簋其萬年子子

孫孫永寶用

右得於扶風綰五寸衡六寸九分深二寸八分容三升有半庢盖有銘皆十有六字

按簠簋制度不見于經而傳註之説方曰簠圜曰簋或曰簠外方内圜簋外圜内方惟周官旊人為簋陶瓬必圜則簋可知今所圖三簋其形皆美而不方有四隅而刓之亦可謂之圜矣旊人之簋實一觳觳容斗二升古量二升為匊今量二匊為升大略古量當四之一古斗二升為今三升此止容三升有半與周官近之

集古云原甫曰簋容四升其形内圜外方而小堕之似龜有首有尾有足有甲有腹今禮家所作亦外方内圜而其形如桶但於盖刻龜形與原父所得不同蔡君謨謂禮家不見其形制故名存實亾原父所見可以正其謬也此云容三升有半未知孰是

寅簋　睢陽王氏

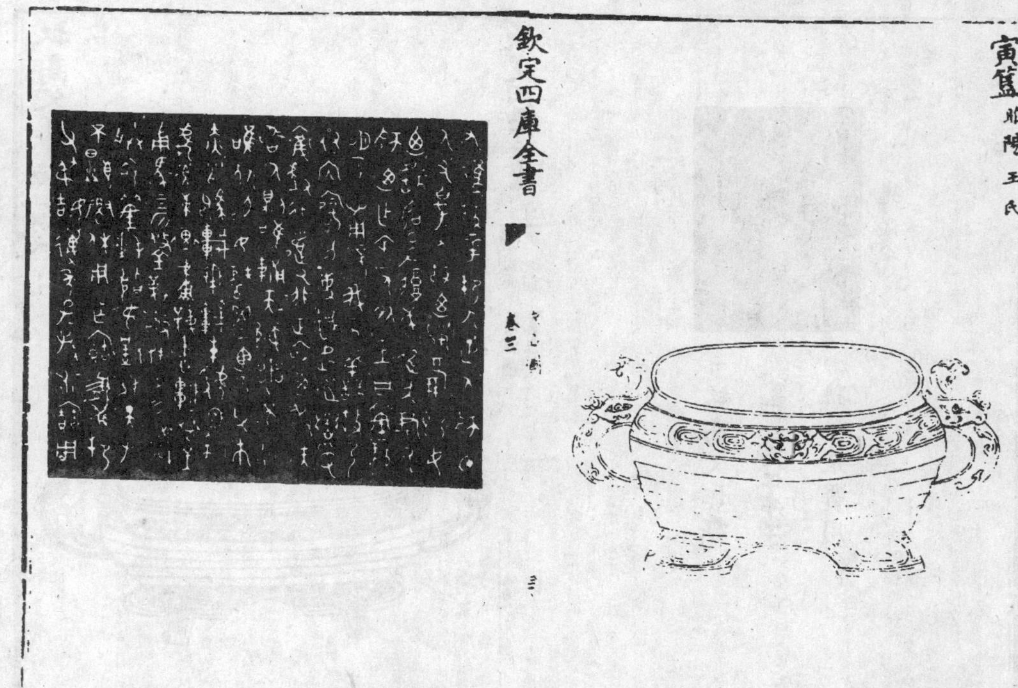

又有進復退雩邦人正人師氏
人又有𡐓又有故遹遹聞馭冢服即女汝䋣明
𨒅繇繇宕畧優優虐從遂故君故
師𨒅作余一人朕服王曰曩寅敬
明了心用辟我一人䕃善效故
乃友內辟辟勿事䖒虐從獄究
貿雖獻行道故非正命𨒅敢疾疾疾矣肆
僕人勵則唯輔天降喪不廷
唯死汝錫女秬鬯一卣及又爷市常
㳄赤舄鳴馬騶華綦轡朱虢回鞃
虎冟熏裏𨪛真輩爵金
甬馬三四匹攸勒敬夙夕勿灋法三匹
朕命寅拜稽首對揚天子
丕顯魯休用作寶簋叔邦
父叔故萬年子子孫孫永寶用

右得於京兆高四寸有半深三寸六分縮尺有一寸衡七寸半容斗有二升四合銘一百五十七字

按此簋容受亦與旅人不同

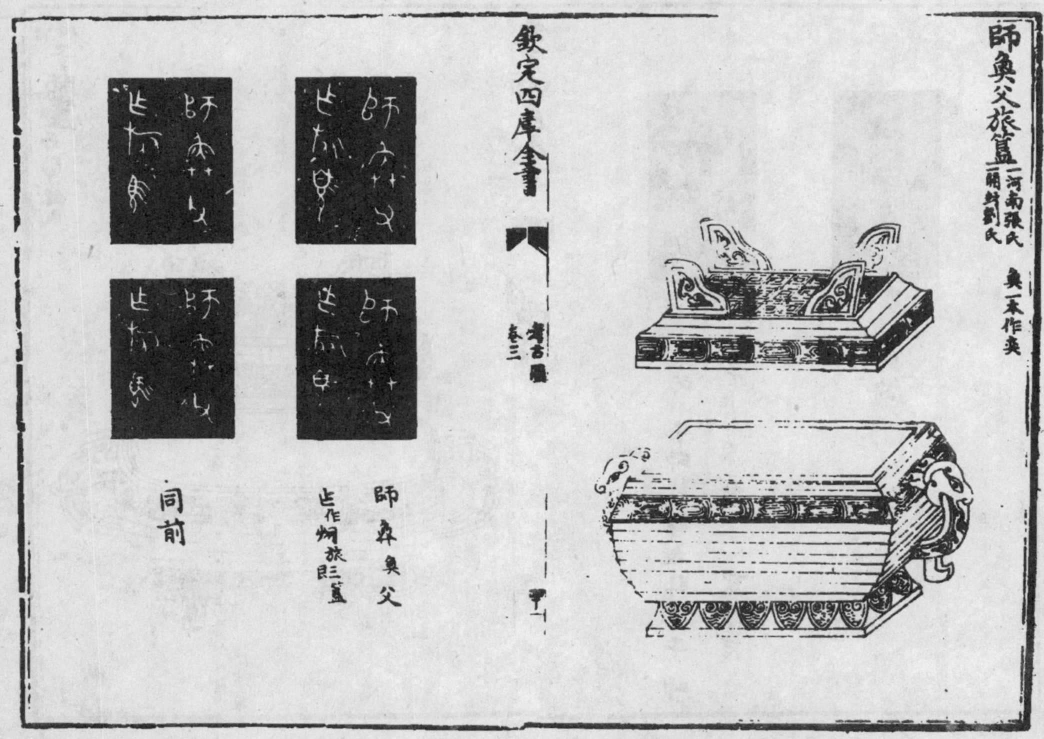
師奐父旅簋 河南張氏 開封劉氏

奐一本作奐

師奐父 乍作旅簋

同前

右張氏簋得於扶風高六寸深三寸有半縮八寸六分衡五寸有半容四升七合底蓋有銘銘皆六字

劉氏簋不知所從得高七寸深三寸三分縮五寸七分衡七寸七分容五升半銘及形制與張同而銘筆畫小異

小子師簋 丹陽蘇氏

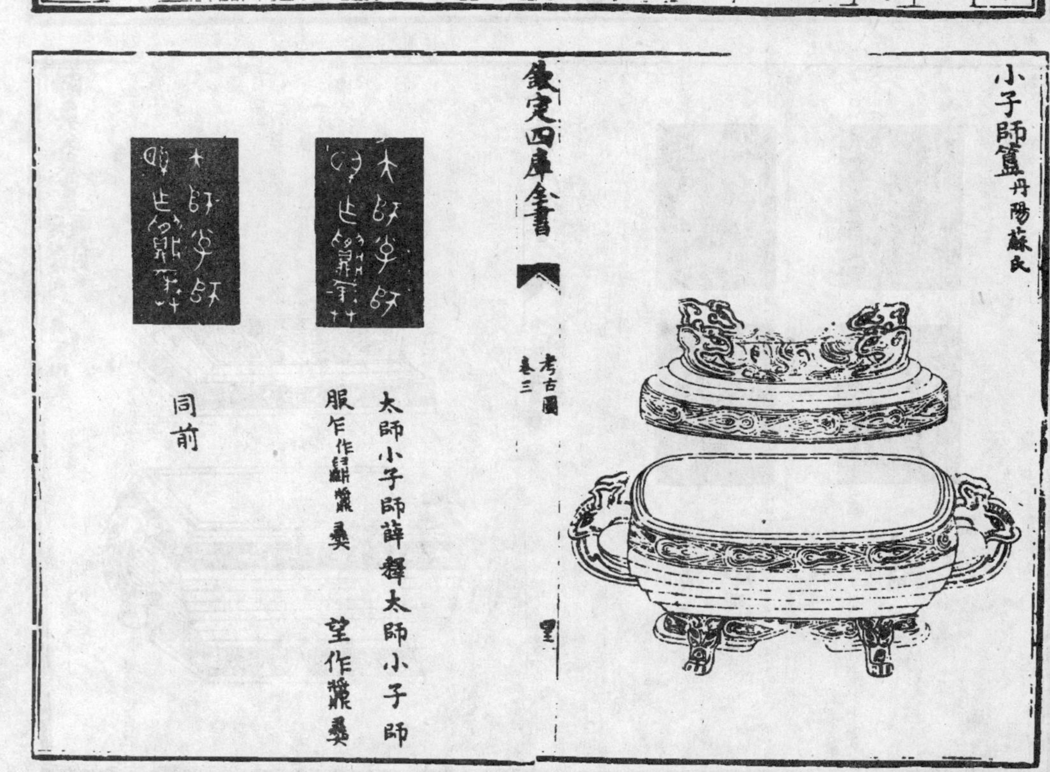

太師小子師辥 釋 太師小子師服乍作䵼簋彝

望作簋彝

同前

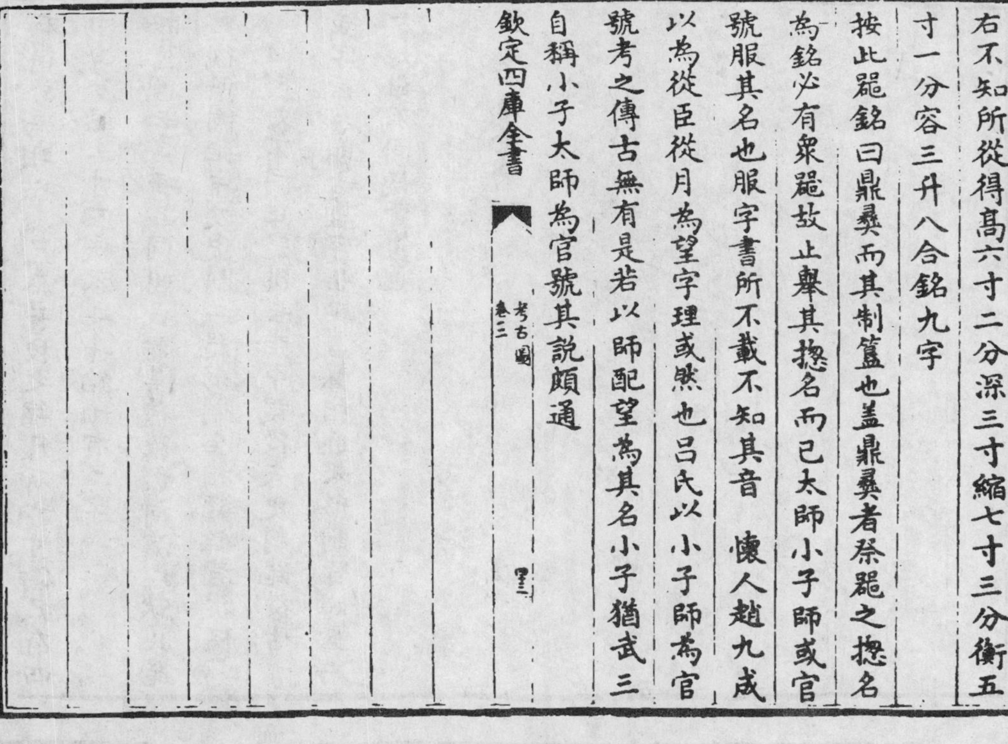

右不知所從得高六寸二分深三寸縮七寸三分衡五寸一分容三升八合銘九字

按此䍙銘曰鼎𩏂而其制簠也盖鼎𩏂者祭䍙之揔名為銘必有衆䍙故止舉其揔名而已太師小子師或官號服其名也服字書所不載不知其音　懷人趙九成以為從臣從月為望字理或然也呂氏以小子師為官號考之傳古無有是若以師配望為其名小子猶武三自稱小子太師為官號其説頗通

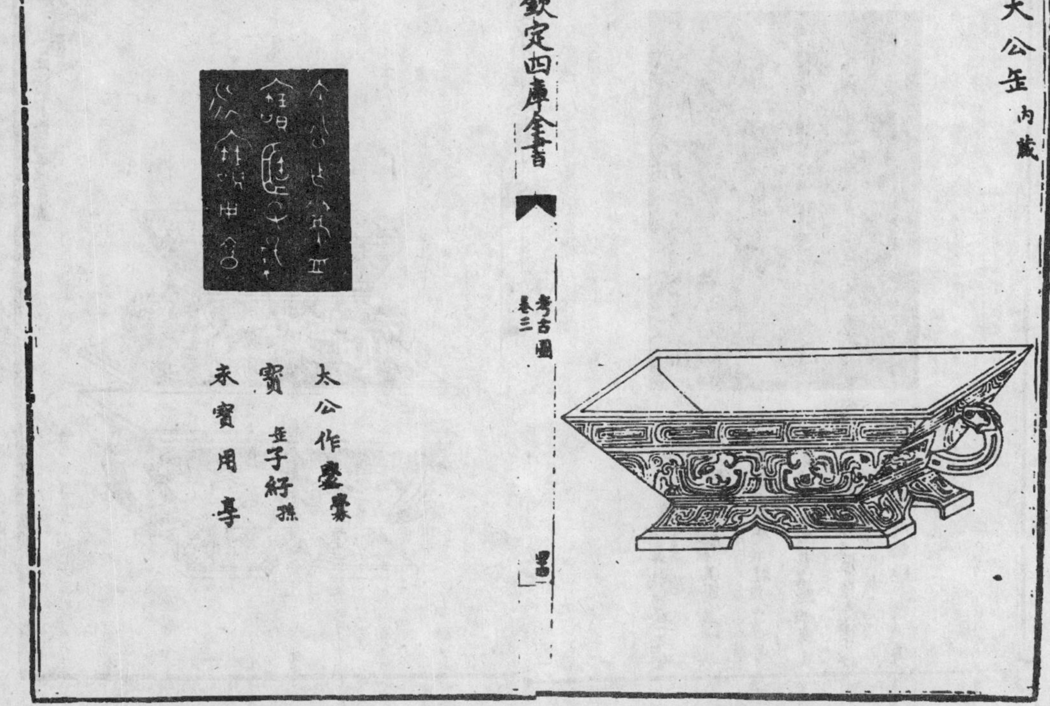

大公缶 內藏

大公作盥（盥）寶缶子紆孫（孫）永寶用享

右得於馮翊以黍尺黍量校之縮尺有六寸衡尺有四寸四分深三寸下狹容二斗銘十有二字

按舊圖云咸平年同州民湯善德獲於河濱以獻此䀇與後所圖弡中及史剌二䀇形制全相類銘皆從匩（與匚同音）而文不同此䀇從㚔弡中䀇從夫史剌䀇從古亦㚔字匩字即古簠字㚔與簠聲相近又形制皆如簠而方大雖不同疑皆簠也

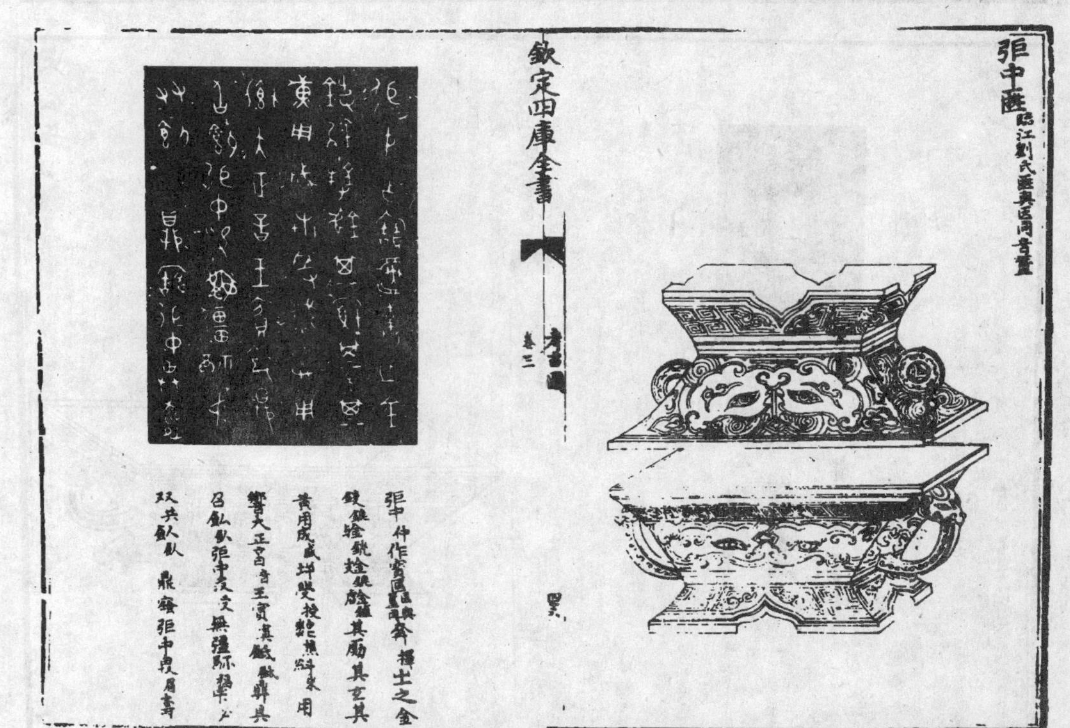

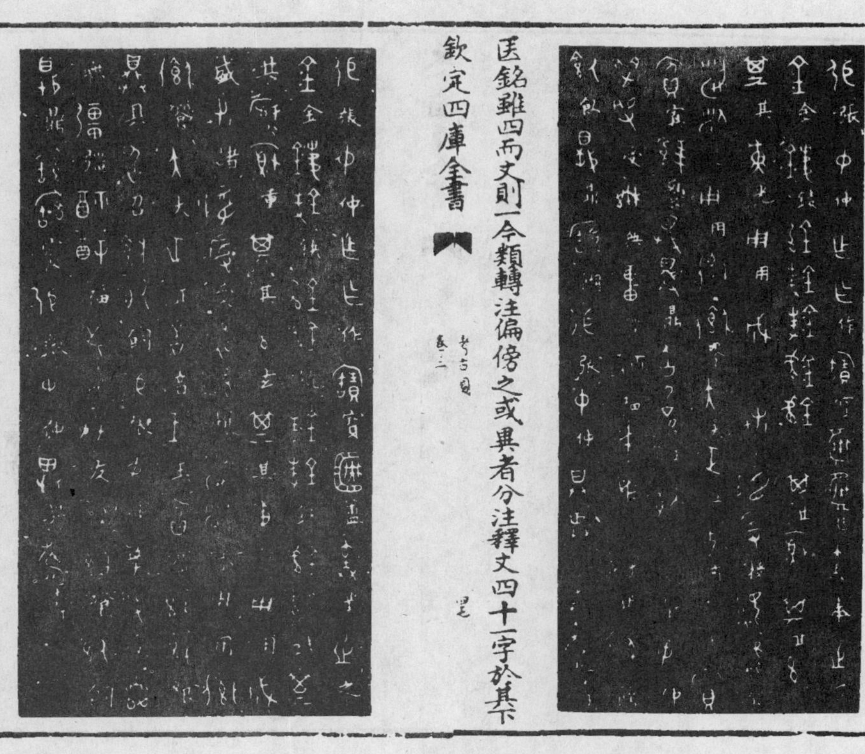

集古本

匧銘雖四而文則一今類轉注偏傍之或異者分注釋文四十一字於其下

薛尚功編鼎彝款識有此釋文五十一字附見于此

右得於藍田形制皆同縮七寸有半衡九寸有半深二寸容四升脣蓋有銘銘皆五十有一字

按原父新得者蓋二簠四銘字有不同今附于前詩六月卒章曰侯誰在矣張仲孝友蓋周宣王時人也

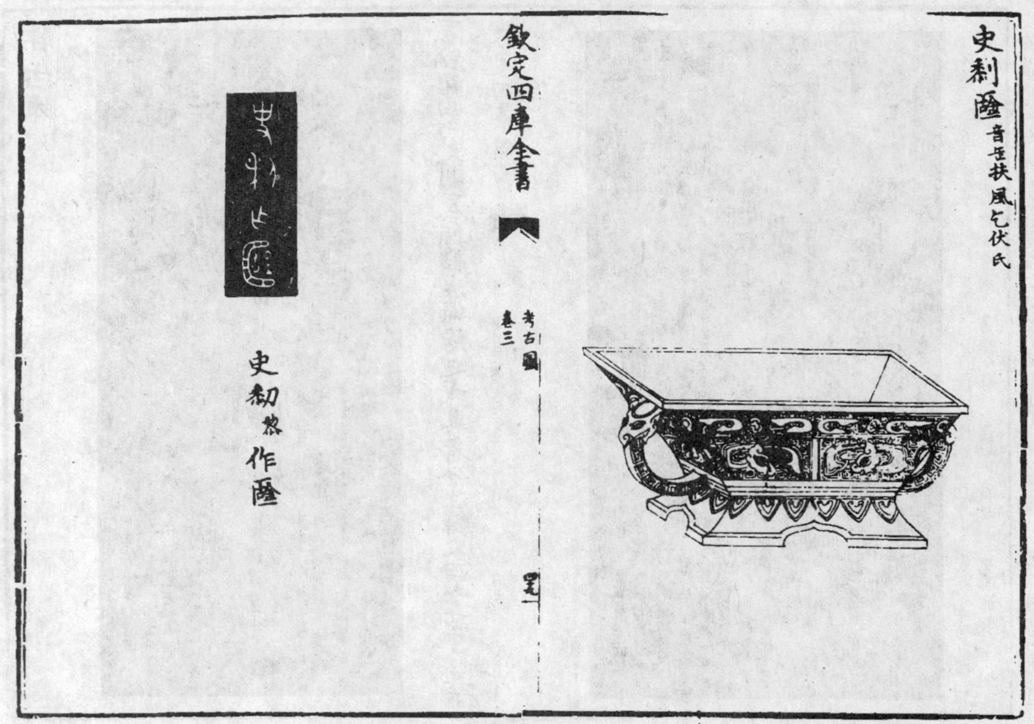

史刹匜音舌扶風乞伏氏

史刹𥩈作匜

右得於扶風量度未考銘四字

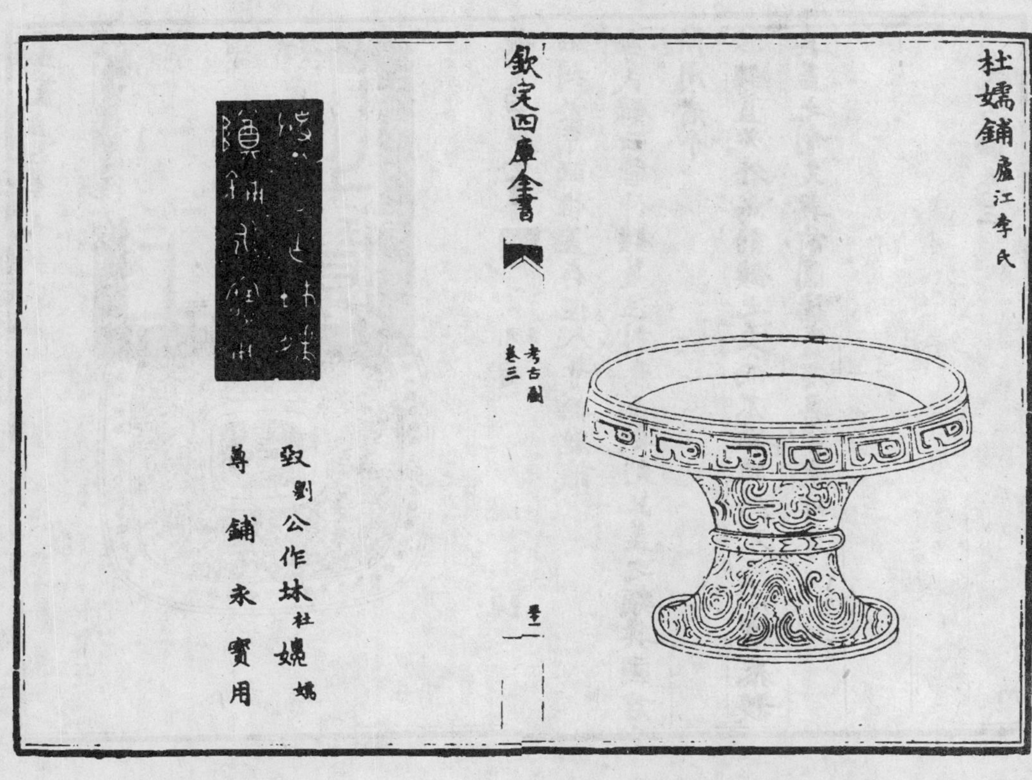
杜嬬鋪 廬江李氏

欽定四庫全書 考古圖 卷三

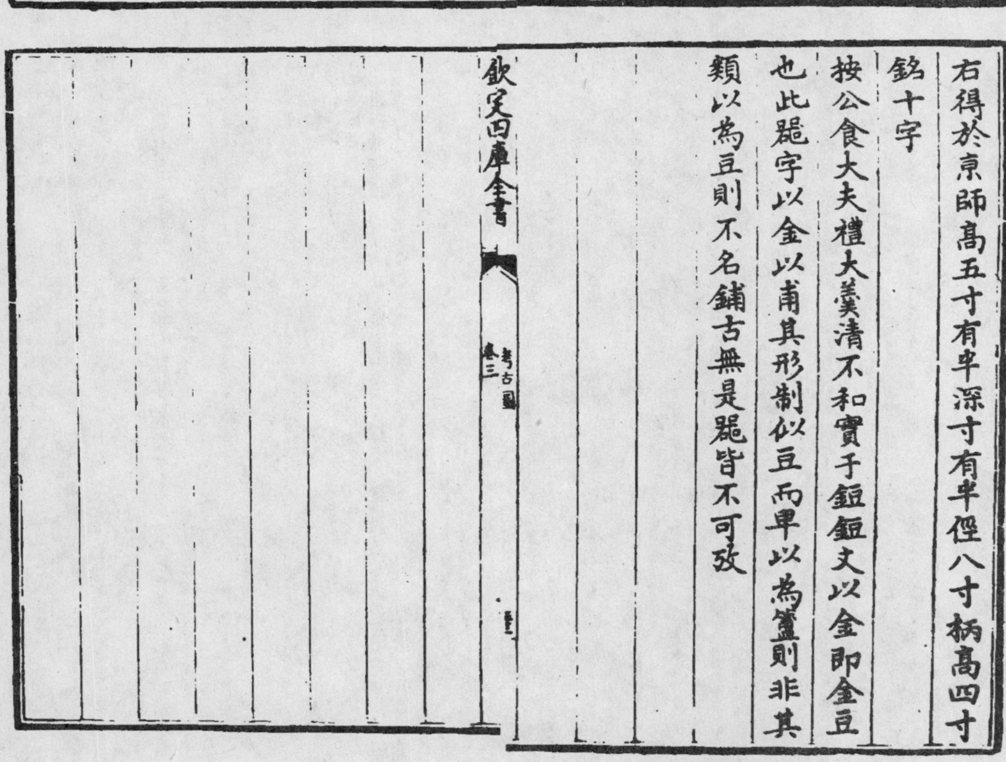
右得於京師高五寸有半深寸有半徑八寸柄高四寸

銘十字

按公食大夫禮大羹湆不和實于鐙鐙文以金即金豆也此鋪字以金以甫其形制似豆而卑以為簠則非其類以為豆則不名鋪古無是鋪皆不可攷

欽定四庫全書 考古圖 卷三

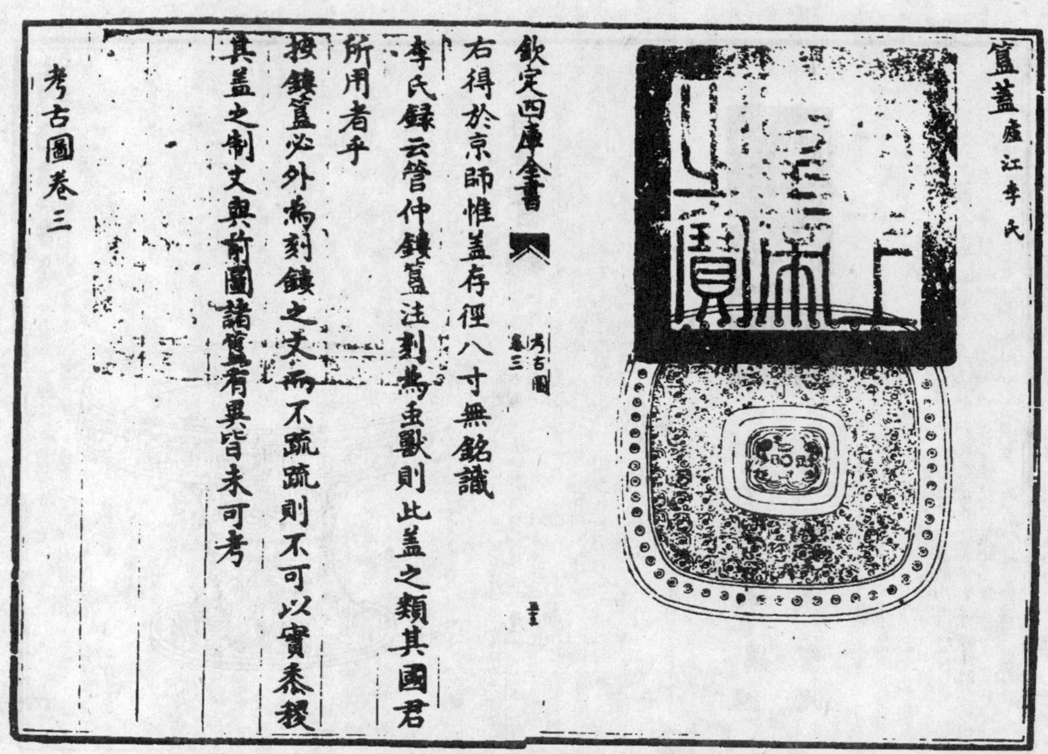

簠蓋　廬江李氏

右得於京師惟蓋存徑八寸無銘識

李氏録云管仲鏤簋法刻為五獸則此蓋之類其國君所用者乎

按鏤簋必外為刻鏤之文而不疏疏則不可以實黍稷其蓋之制文與前圖諸簠有異皆未可考

考古圖卷三

欽定四庫全書

考古圖卷四

宋 呂大臨 撰

彝卣尊壺罍

商兄癸彝 銘二十六字

單彝癸彝 銘二十九字

單從彝一 銘五字

單從彝二 銘五字

單從彝三 銘五字

單從彝四 銘五字

單從彝五 銘五字

從單彝 銘三字

父辛旅彝 銘七字

單伯彝 銘六字

師艅象彝 三十二字

䧹彝 銘五字

五彝 銘一字

虎彝 銘三字

篆帶彝 銘四字

祖丁彝 銘六字

父己人形彝 銘五字

主父己足跡彝 銘四字

虢叔彝 銘三字

父癸方彝 銘六字

父丁彝 銘四十字

欒司徒從卣 銘二十一字

田卣 銘一字

立戈父己卣 銘三字

持戈父癸卣 銘三字

父乙卣 銘五字

木父己卣 銘三字

父己足跡卣 銘五字

龍文三耳卣
中朝事後中尊 銘五十七字
象尊
圜乳方文尊
足跡罍 銘一字
方壺
獸環細文壺一
獸環細文壺二

壺尊
挈壺
獸環大腹四廛壺
㠯中考父壺 銘三十五字
小方壺
方文方壺
三耳大壺
獸環壺一

獸環壺二
三耳壺

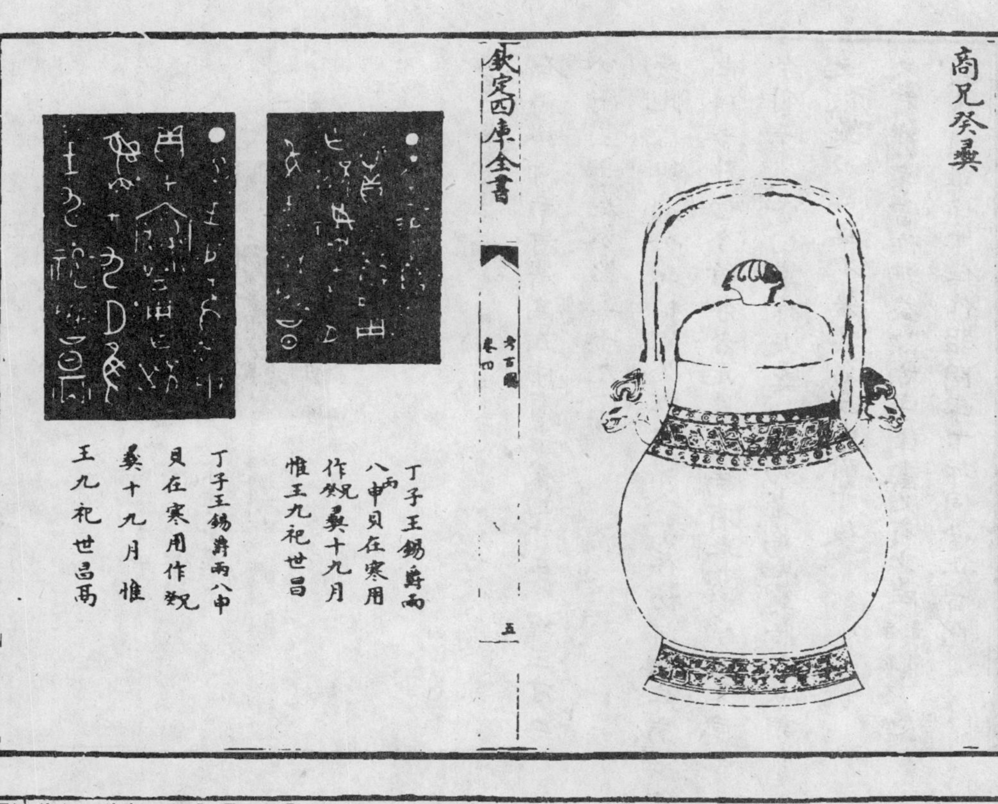

右得於鄴高七寸腹徑三寸有奇口徑少差蓋底皆有銘銘皆廿有六字

按河亶甲居相即鄴郡其文又稱九祀爲商器無疑云兄癸者商以兄弟相及之辭也故祀其先王或稱祖如祖丁卣之類或稱父若父辛旅彝之類或稱兄若此彝之類商人無謚皆以甲乙記之

囙 遝單冏
癸 夕饗爾
宗尊彝其以父
子萱作父癸旅車
文考日癸乃

右得於河南河清高五寸有半深四寸三分縮三寸二分衡三寸九分銘二十九字

按此器與商癸彝相似必有提梁今不存初河濵岸崩聞得十數物今所存者此彝外尚有五物形制多不同今列于後皆曰單作從彝疑五物者為此彝陪設故謂之從彝以器銘不著其名故皆附于後

又有[illegible]字當作䀠蓋隷古字筆畫必有少差音雜又音冏愚按廣韻詛字下但作䀠冏字下却同當止音冏

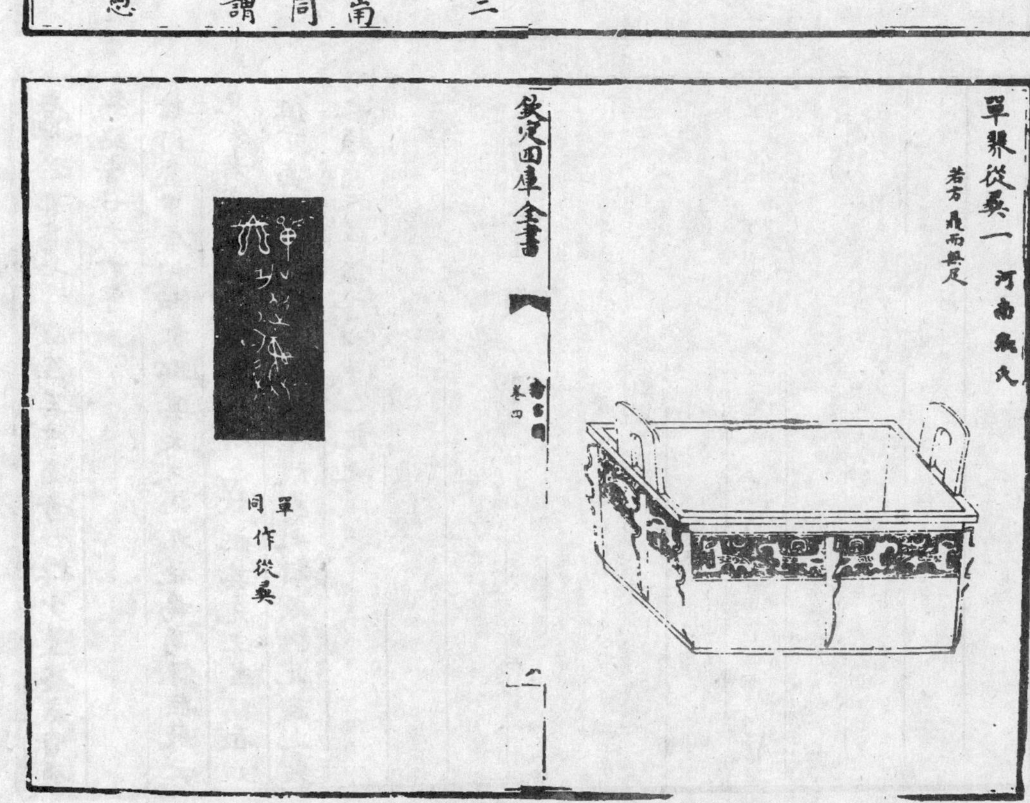

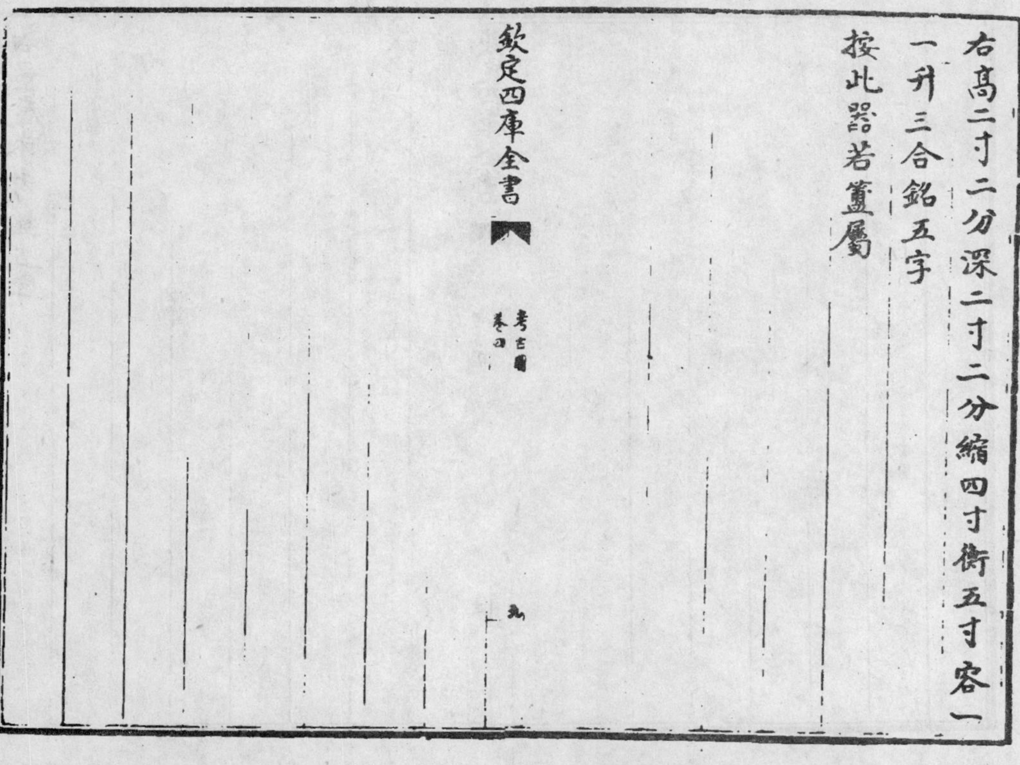

右高二寸二分深二寸二分縮四寸衡五寸容一
一升三合銘五字
按此器若簋屬

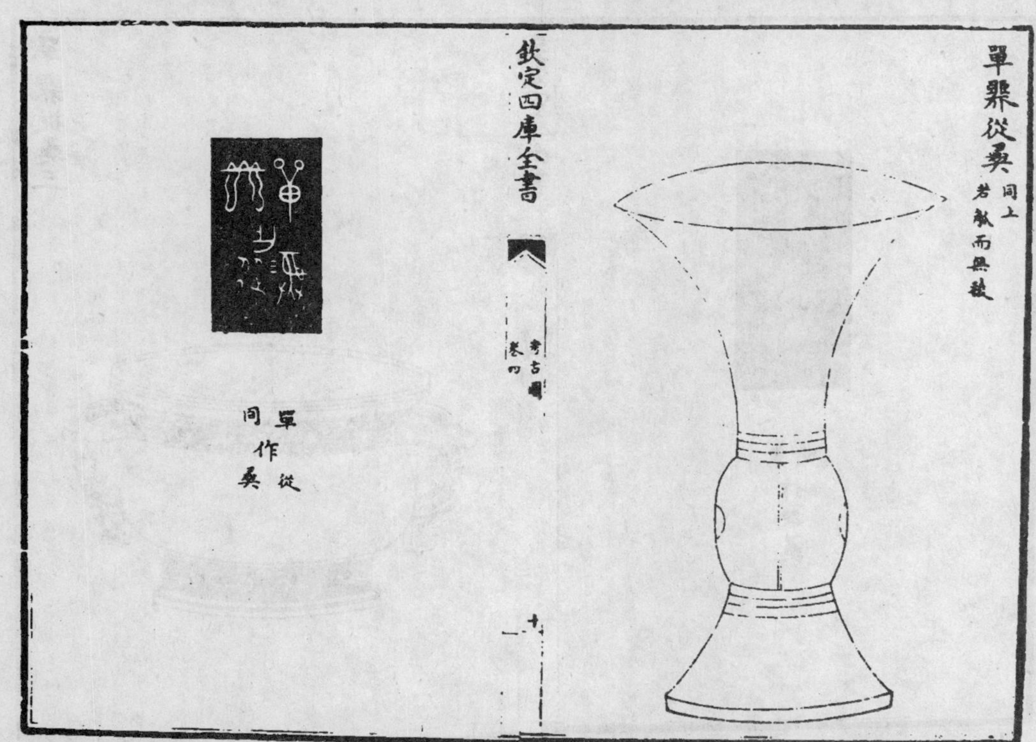

單鼎從彝 同上
若敔而無款

右量度未考銘五字
欽定四庫全書
考古圖
卷四
十

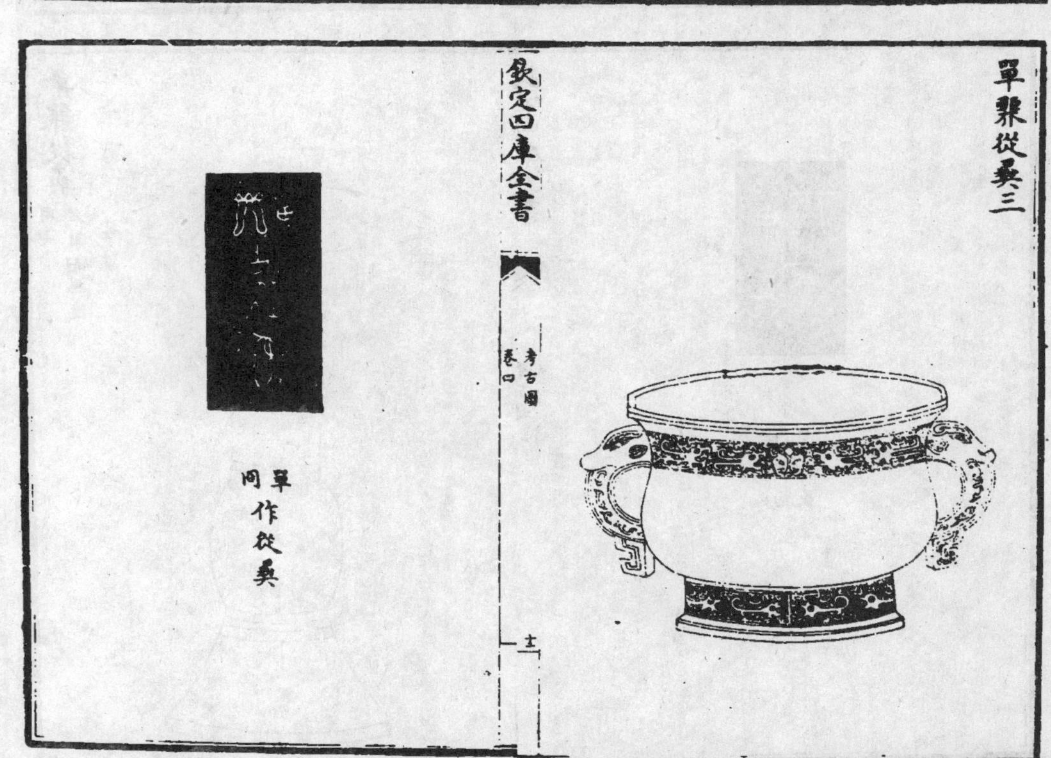
單𦤎從彝三
欽定四庫全書
考古圖
卷四
十
單
作從彝
冋

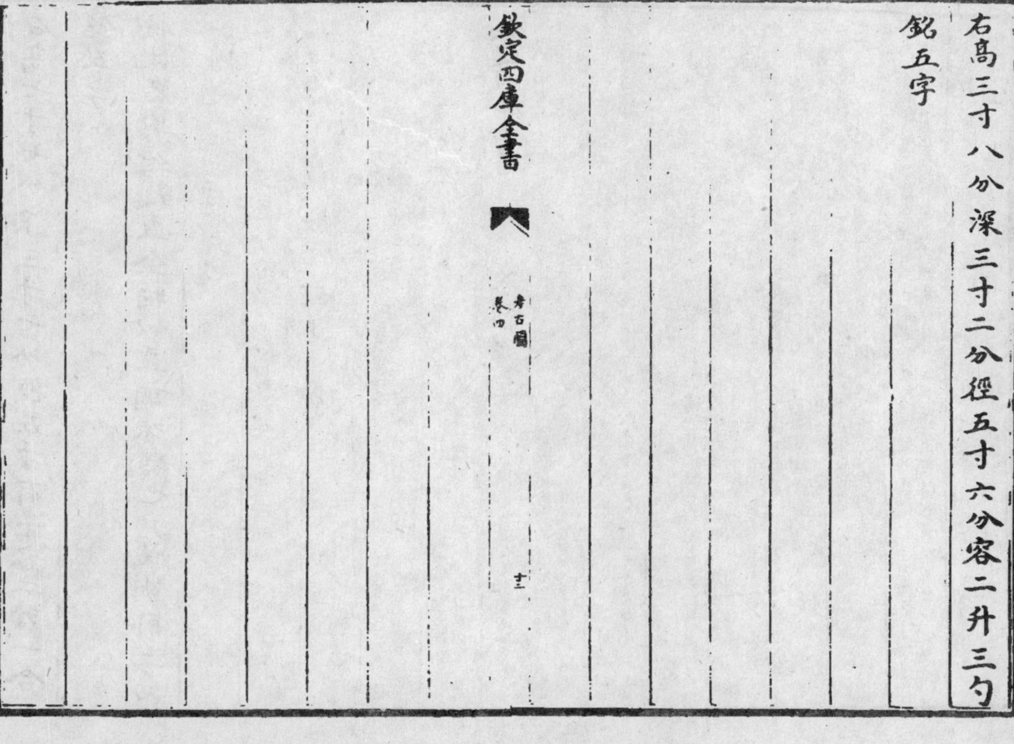

右高三寸八分深三寸二分徑五寸六分容二升三勺

銘五字

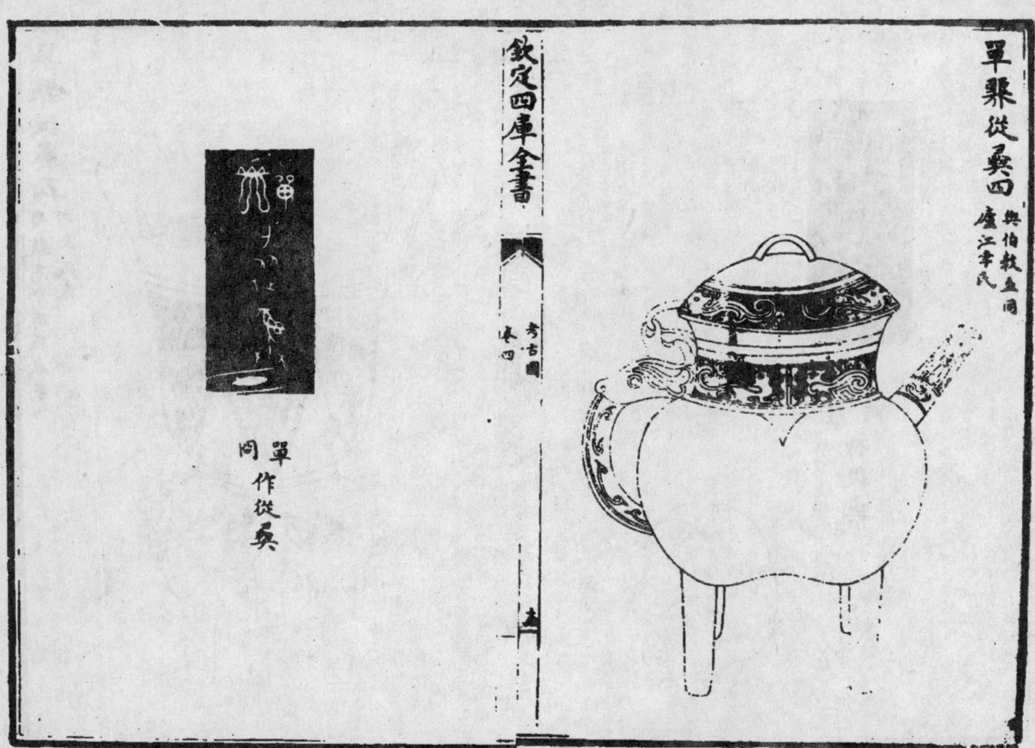

單𦤶從彝四 與伯教盉同 盧江李氏

單作從彝 同

右高七寸七分深三寸七分徑五寸有半容二升一合

銘五字

按此器與伯敎盉全相似盉調味器也户戈胡卧二切

單𢑚從彝五 乃獻高中有瓶底藏 河南張氏

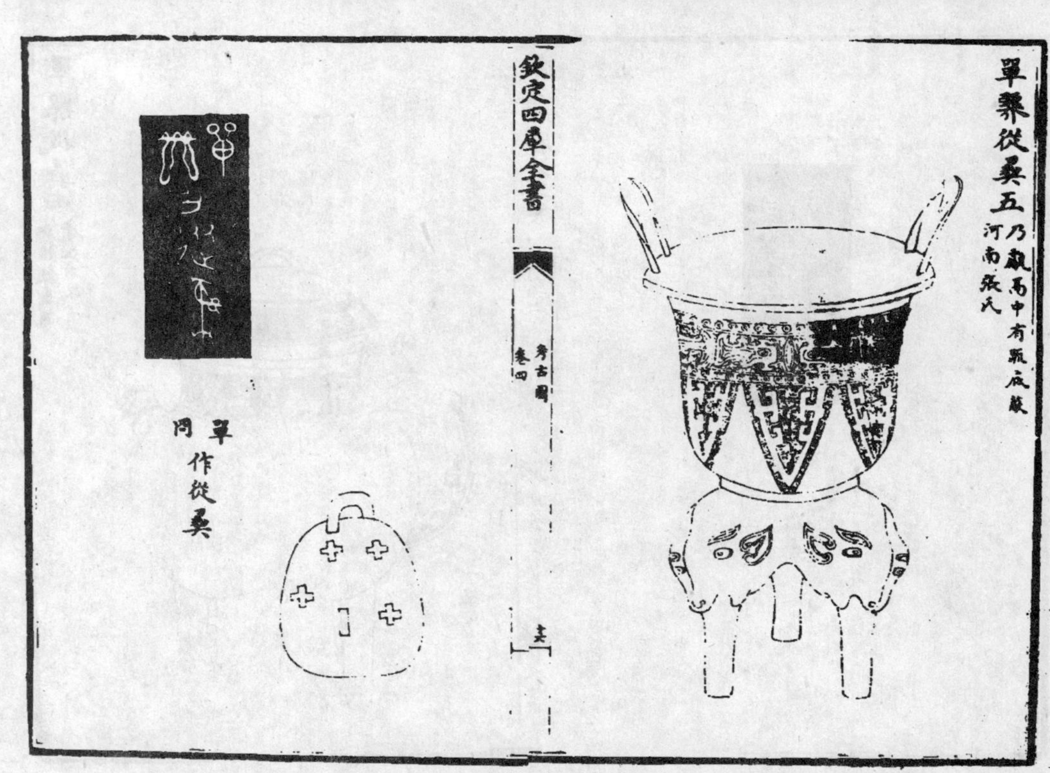

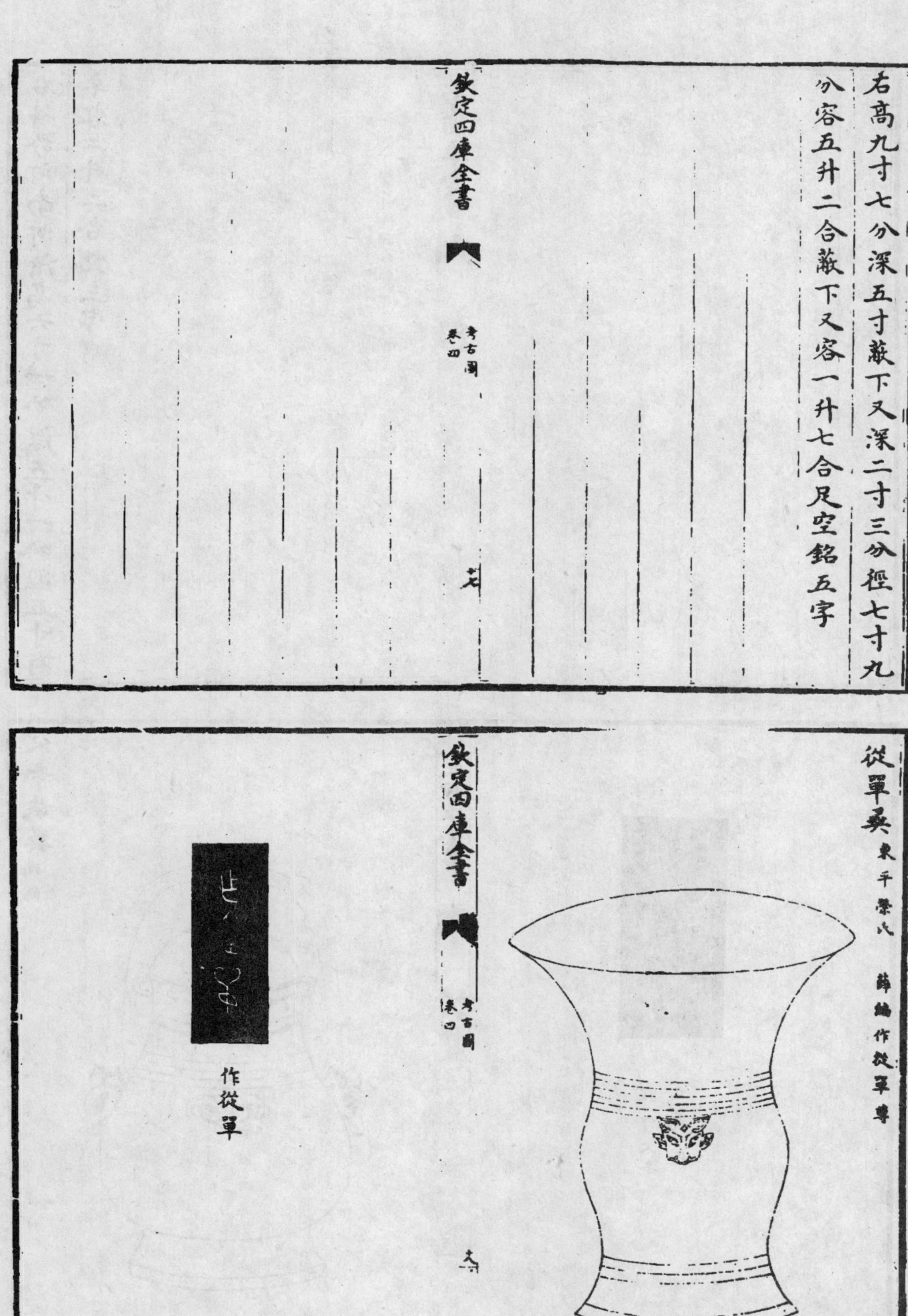

右高九寸七分深五寸蔽下又深二寸三分徑七寸九分容五升二合蔽下又容一升七合足空銘五字

從單彝 東平榮氏 薛綸作從單尊

作從單

右得於河南河清高六寸一分深五寸一分徑五寸有
半容二升二合銘三字

父辛旅彝 秘閣

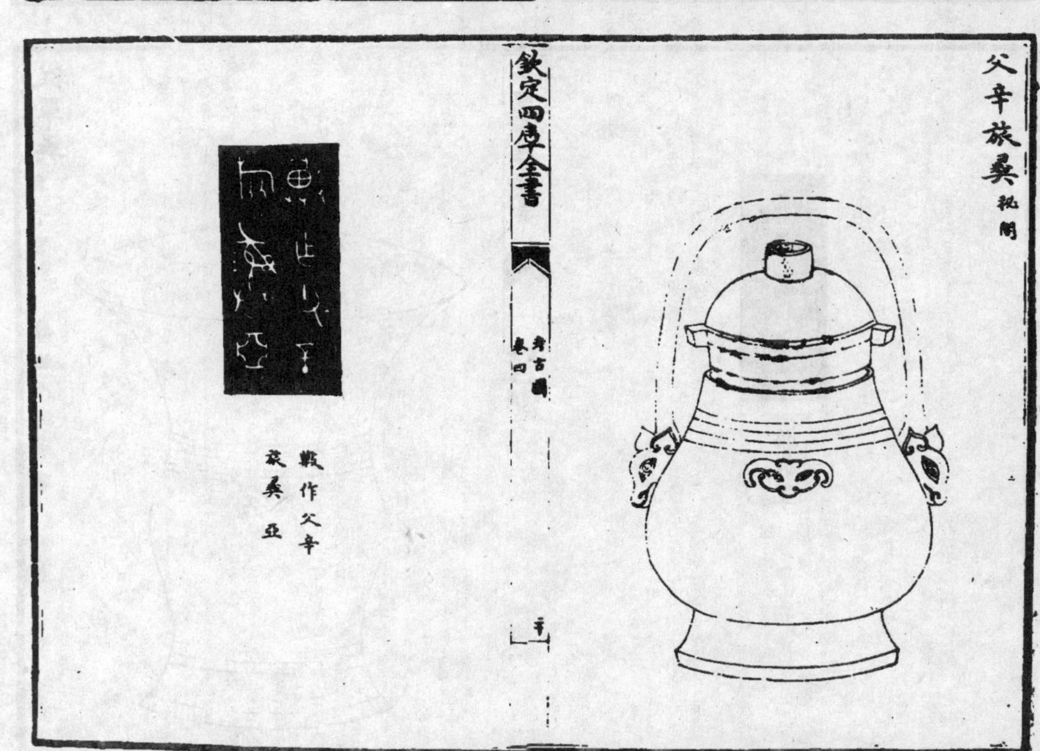

戰作父辛
旅彝亞

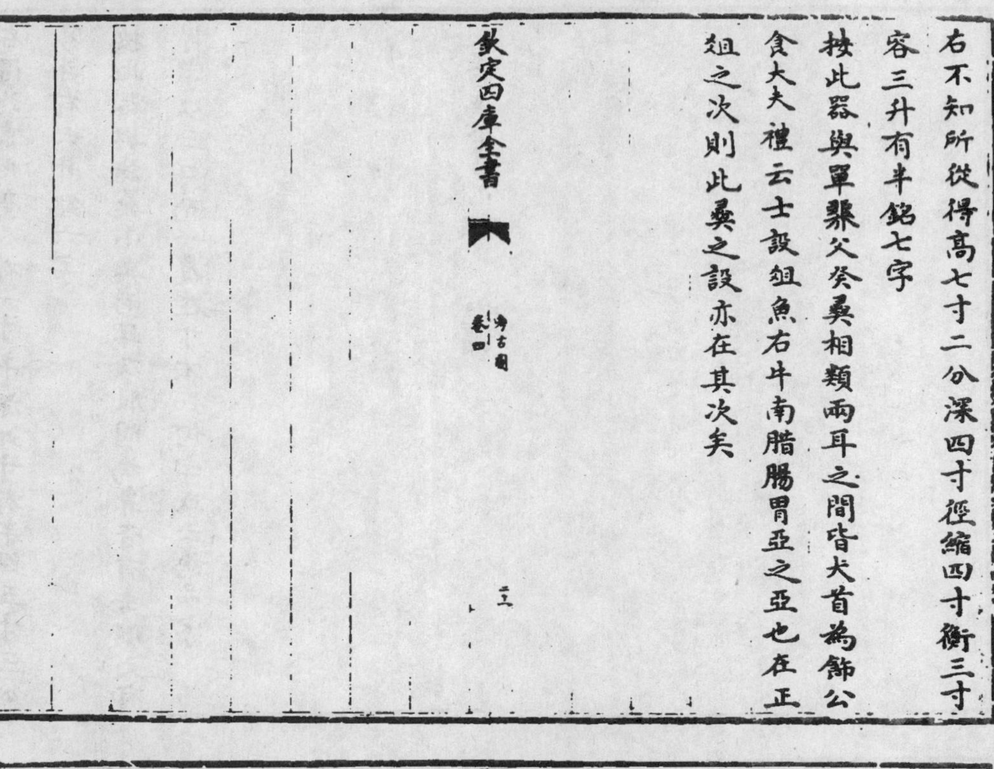
右不知所從得高七寸二分深四寸徑縮四寸衡三寸容三升有半銘七字

按此器與單𦉢父癸彝相類兩耳之間皆犬首為飾公食大夫禮云士設俎魚右牛南腊腸胃亞之亞也在正俎之次則此彝之設亦在其次矣

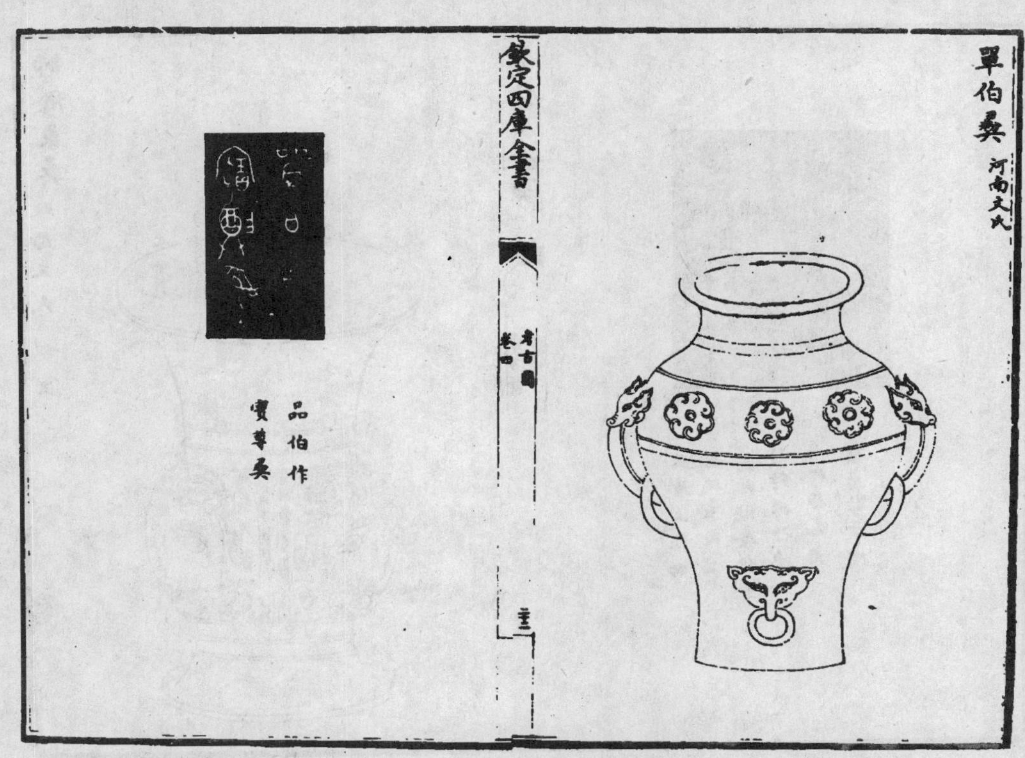
單伯彝　河南文氏

品伯作寶尊彝

右得於京兆高尺有一寸半深九寸有半徑五寸三分容斗有六升銘六字

按此器與諸彝小異兩耳及腹間爲鼻皆有垂環文有胄字从三口而一覆在下不知何字或云爲品字

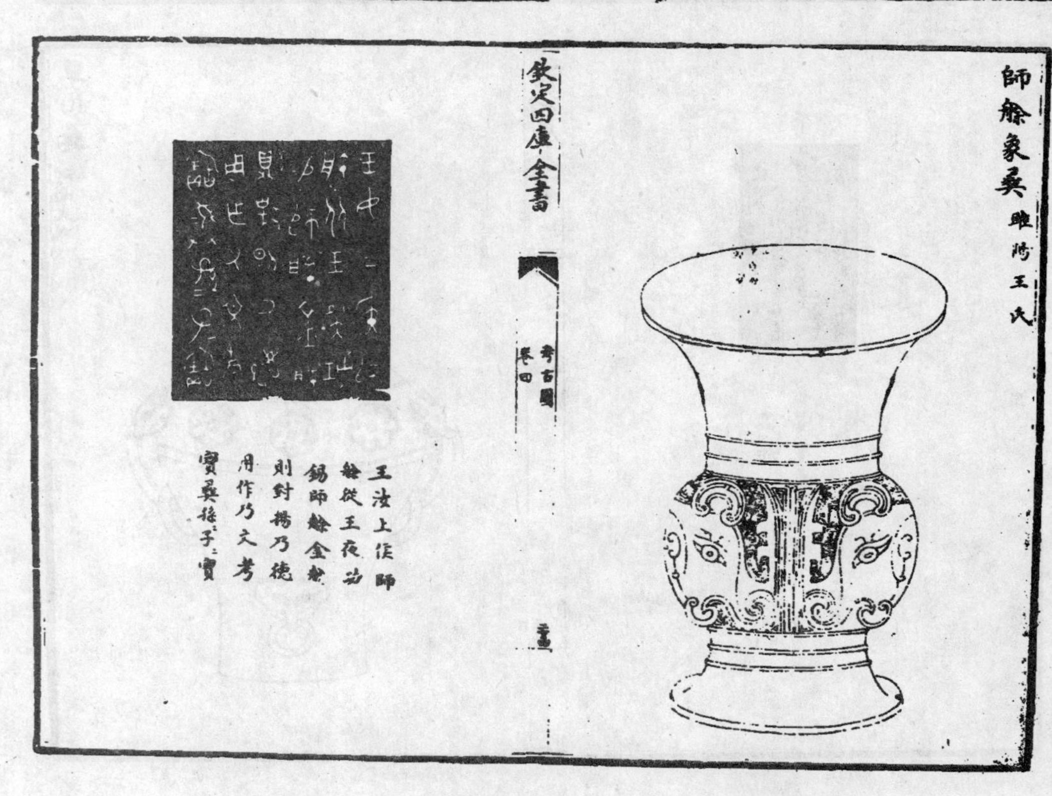

師艅象彝 雕陽王氏

王洛上侯師艅從王夜功錫師艅金艅則對揚乃德用作乃文考寶彝孫子寶

右得於京兆高六寸七分深五寸三分徑六寸二分容二升七合銘三十有二字

按此器略如今禮圖所載其腹文爲象禮有象尊而不聞象彝疑記有脱略

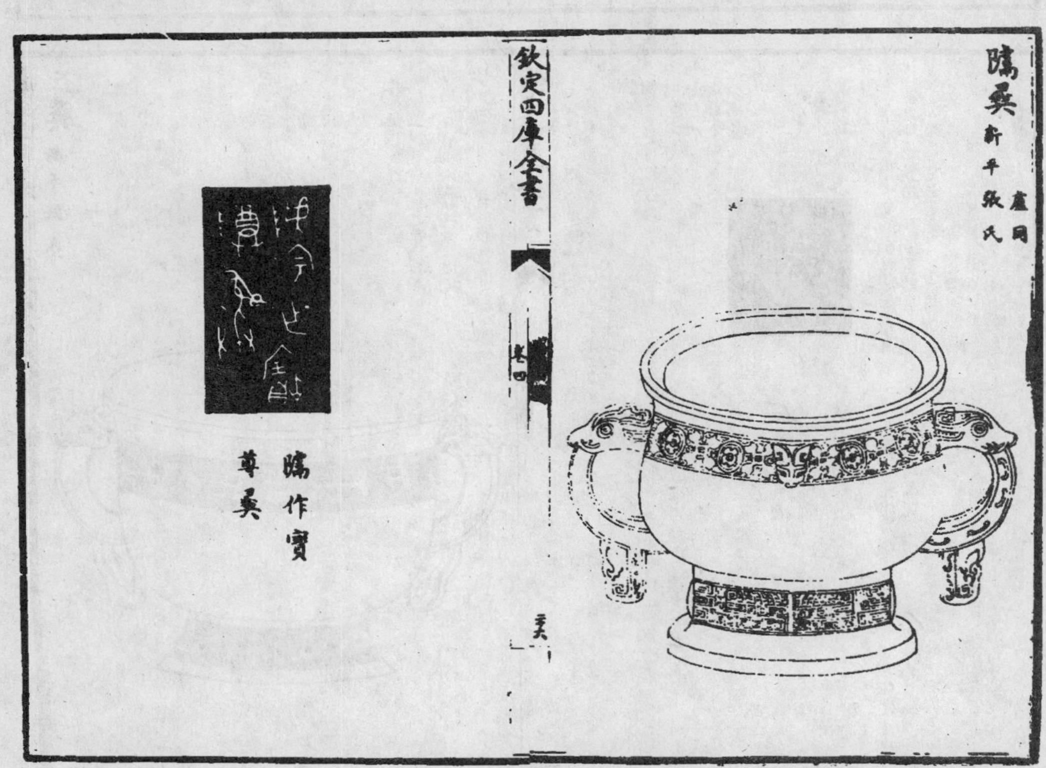

右不知所從得高五寸有半徑七寸四分容五升七合銘五字

五敦 新平張氏

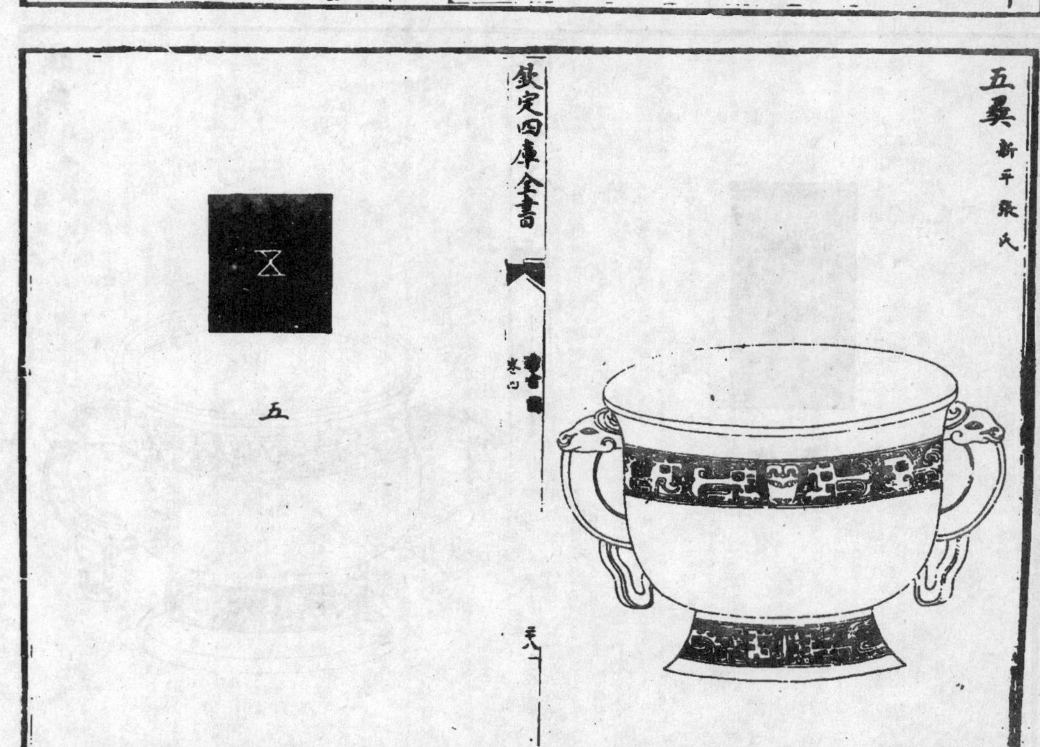

五

右不知所從得高五寸徑八寸容四升銘一字
按此器與前相類

虎彝 廬江李氏

作寶彝

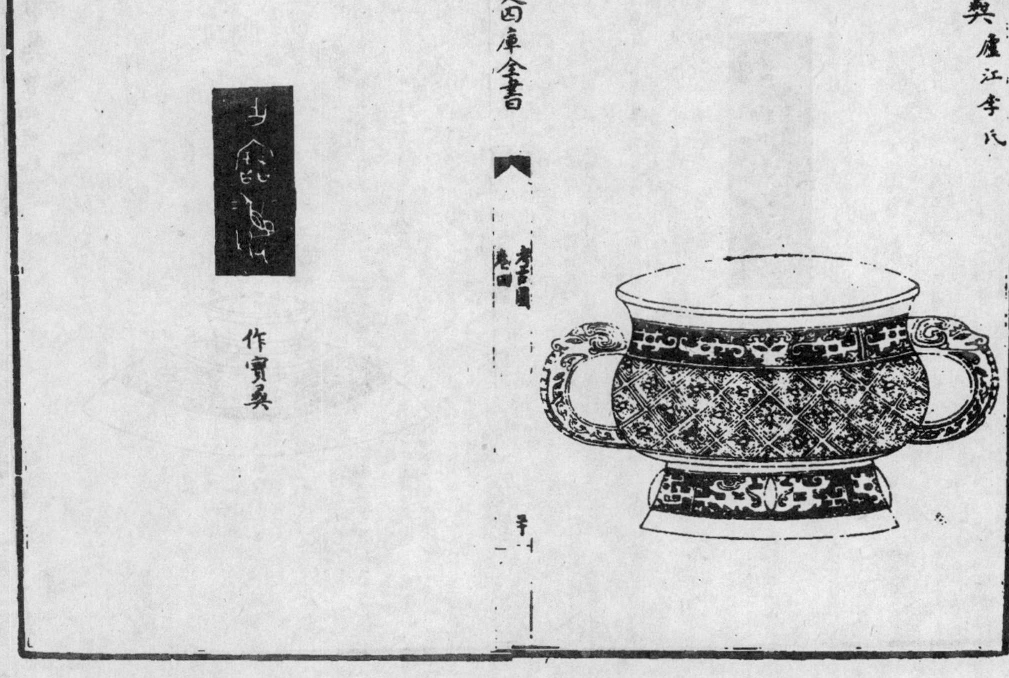

右得於新鄭高四寸四分深三寸五分徑六寸容三升六合銘三字

按此器與犧彝五彝相類兩耳飾以虎首蓋虎彝也司尊彝四時之間祀追享朝享祼用虎彝蜼彝皆有舟

象帶彝 京兆田氏

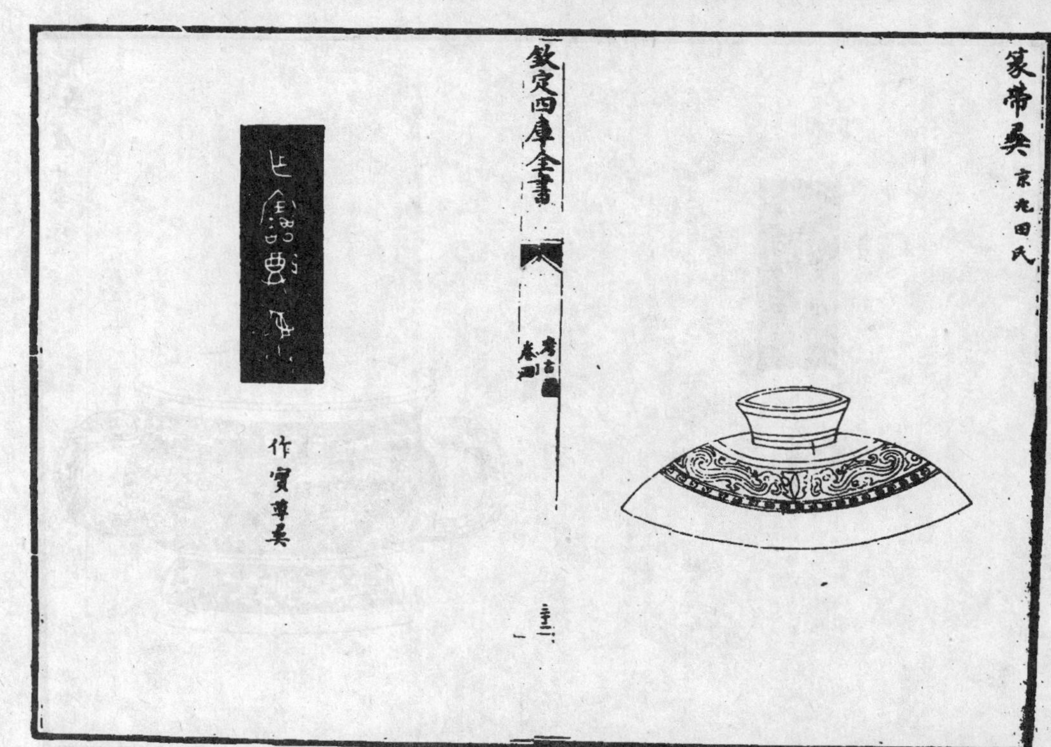

作寶尊彝

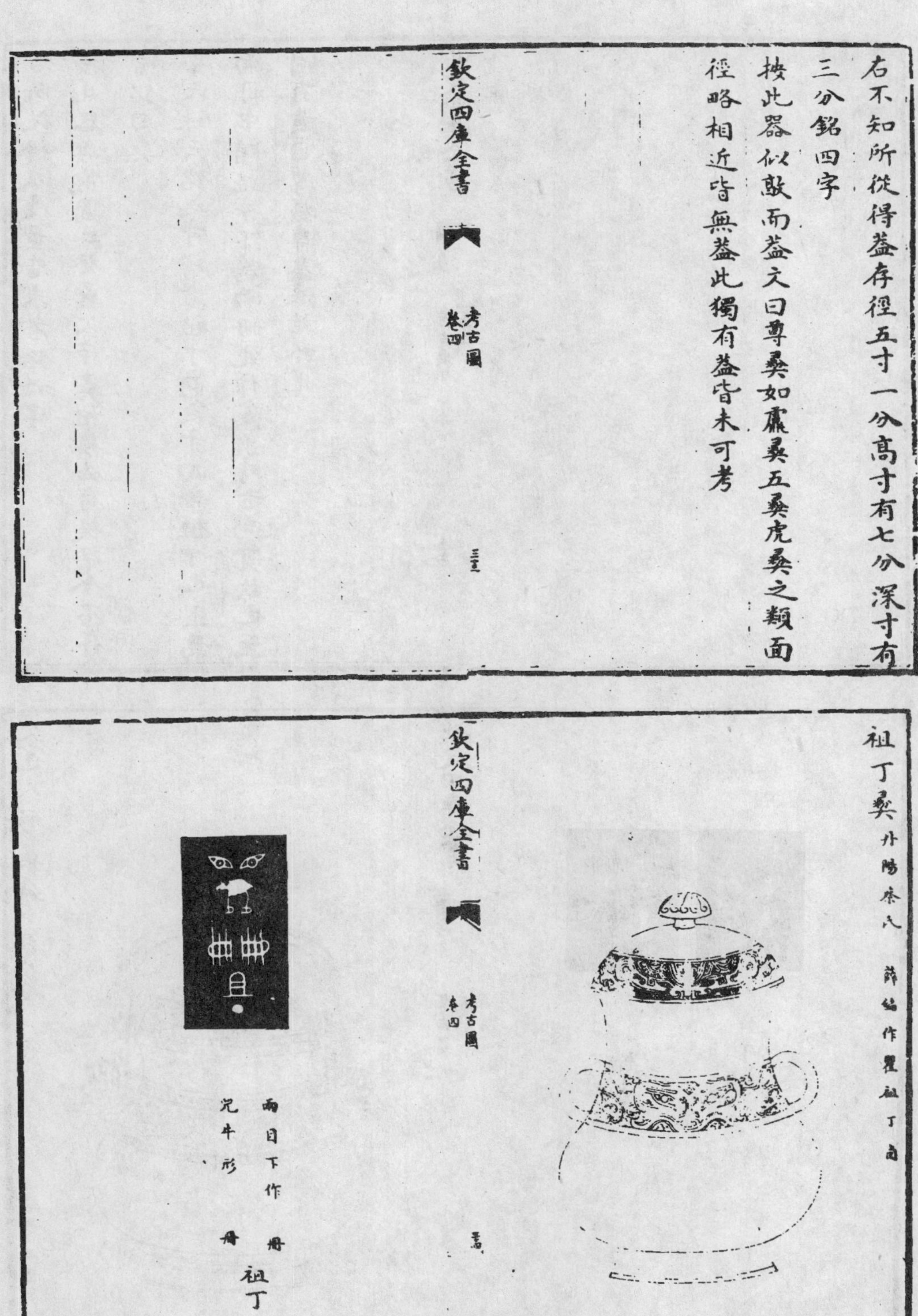

右不知所從得葢存徑五寸一分高寸有七分深寸有三分銘四字

按此器似𣪘而葢文曰尊彝如鬳彝五彝虎彝之類面徑略相近皆無葢此獨有葢皆未可考

欽定四庫全書　考古圖　卷四　三三

祖丁彝 丹陽蔡氏

薛銘作豐祖丁角

欽定四庫全書　考古圖　卷四　三四

兩目下作毌

兕牛形　毌

祖丁

右所從得及度量皆未考銘六字

按此器與前圖二癸彝父辛彝相類必有提梁今不存

當銘曰彝

李氏録云銘之可辨者祖丁商之十四帝祖丁也上爲兩目中間兕牛下爲兩冊紘作畫象時方尚質故也至周有黄目尊犧尊蓋法始於此

父己人形彝　廬江李氏

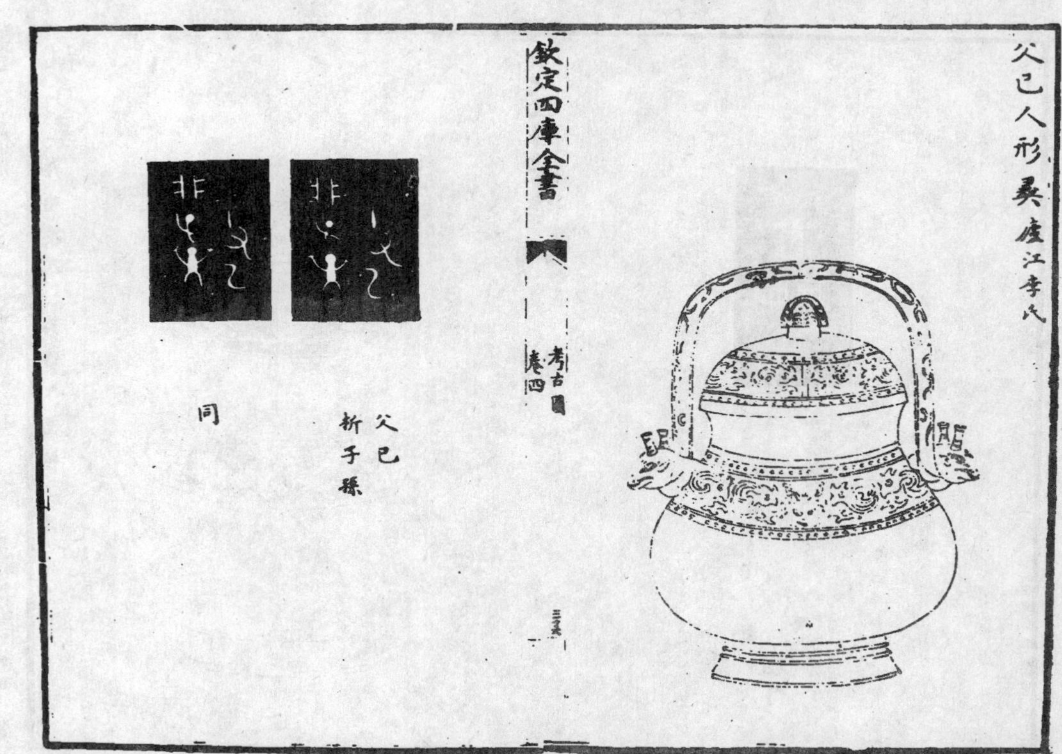

父己

祈子孫

同

右得於壽陽紫金山其蓋得於維之硖石下縮六寸衡八寸高尺有一寸深六寸五分容一升五合銘五字

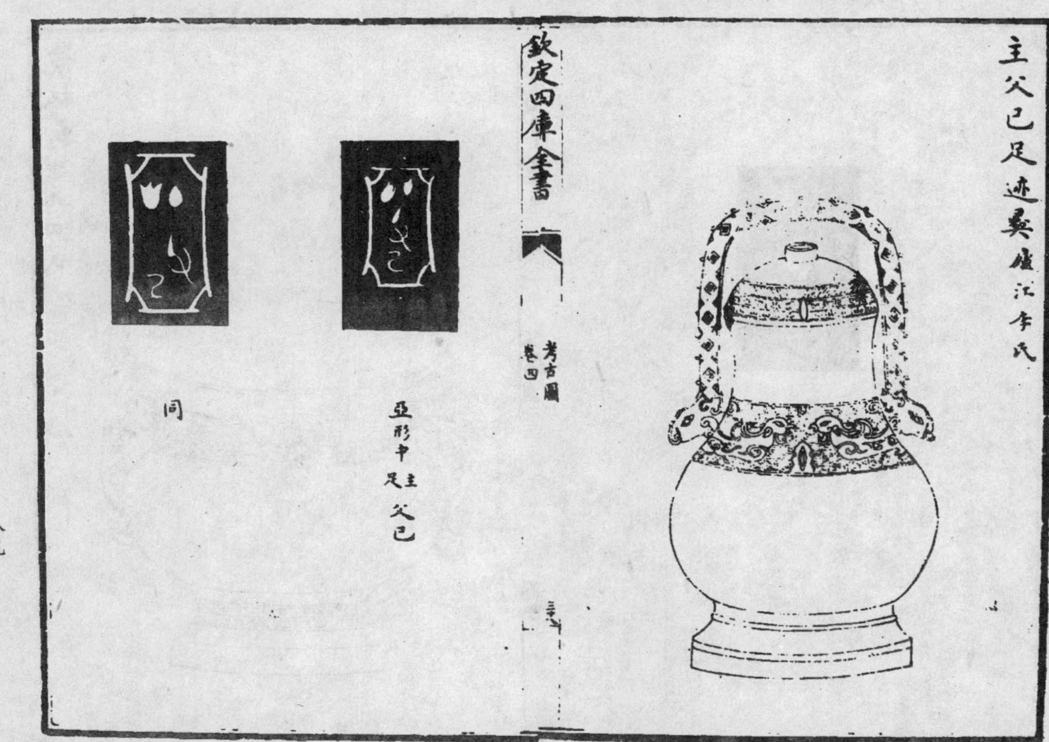

主父已足迹卣 廬江李氏

亞形中足迹主父已

同

右得於京兆高尺有二寸深九寸七分徑三寸四分容六升一合銘四字

按以上二器雖大小不同其形制與二癸彝父辛彝相類當名曰彝推父己之稱皆商器也語在父己鬲篇自祖丁彝而下三彝字純作畫象葢造書之始其象形者如此後世尚文漸更筆畫以便於書其文有若大小人形者葢謂孫與子小者孫大者子如稱子孫永寶冊之類未詳若足迹者如以尸又手形之為左右也李氏又有一壘為左足跡疑古之左右字如此

虢叔彝 京兆田氏

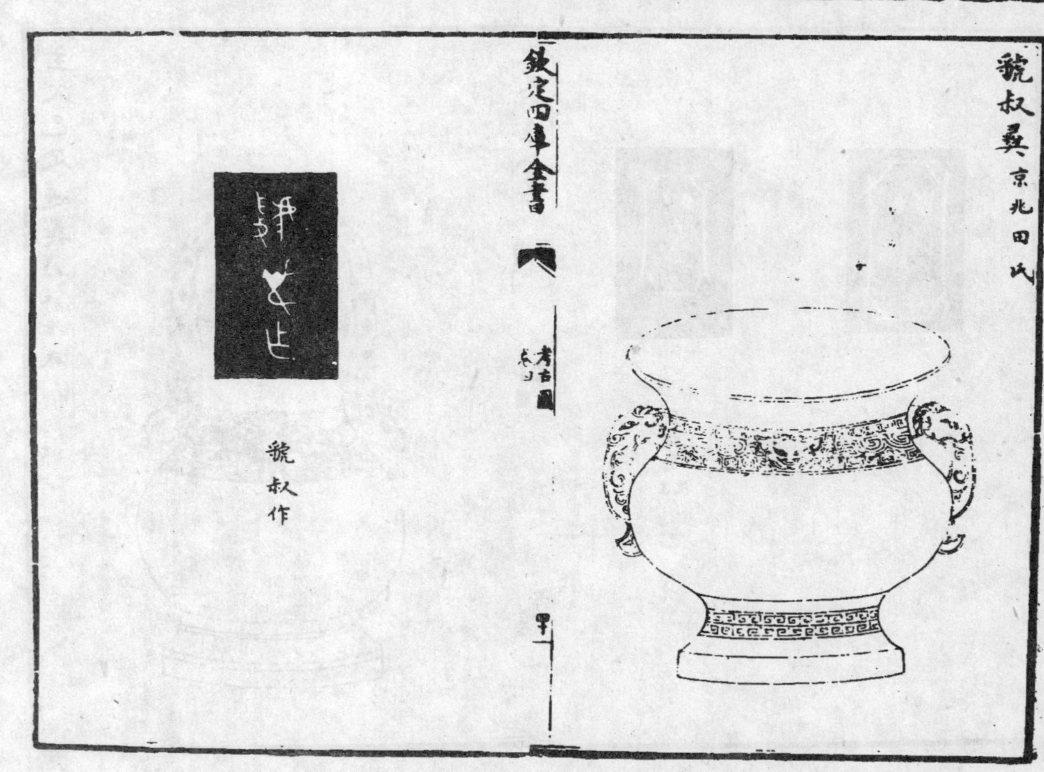

右得於京兆高四寸四分深三寸徑五寸半容二升有半銘三字

父癸方彝 京兆 田氏

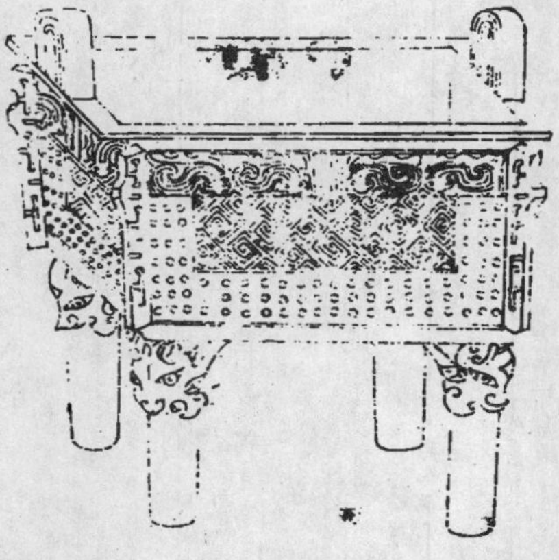

言
作父癸
尊彝

右得於京兆高七寸六分深三寸縮五寸三分衡四寸六分容二升二合銘六字

父丁彝 形制未傳

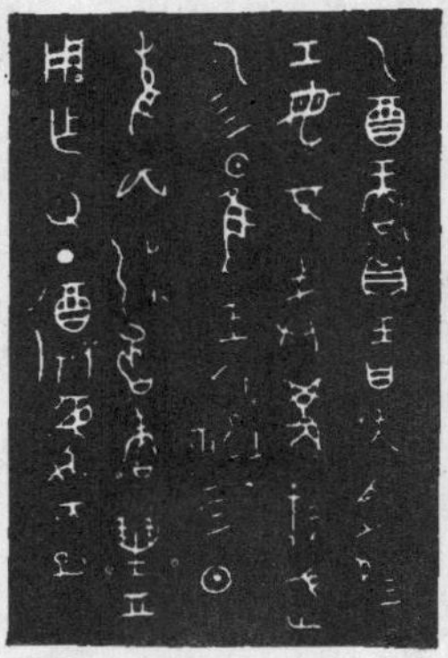

乙酉商貝王曰市錫工母不戒遺敌弍乙四日惟王六祀四日

麿內　　　　　　庚壹

用作父丁尊彝市子

右得於洛郊銘四十字

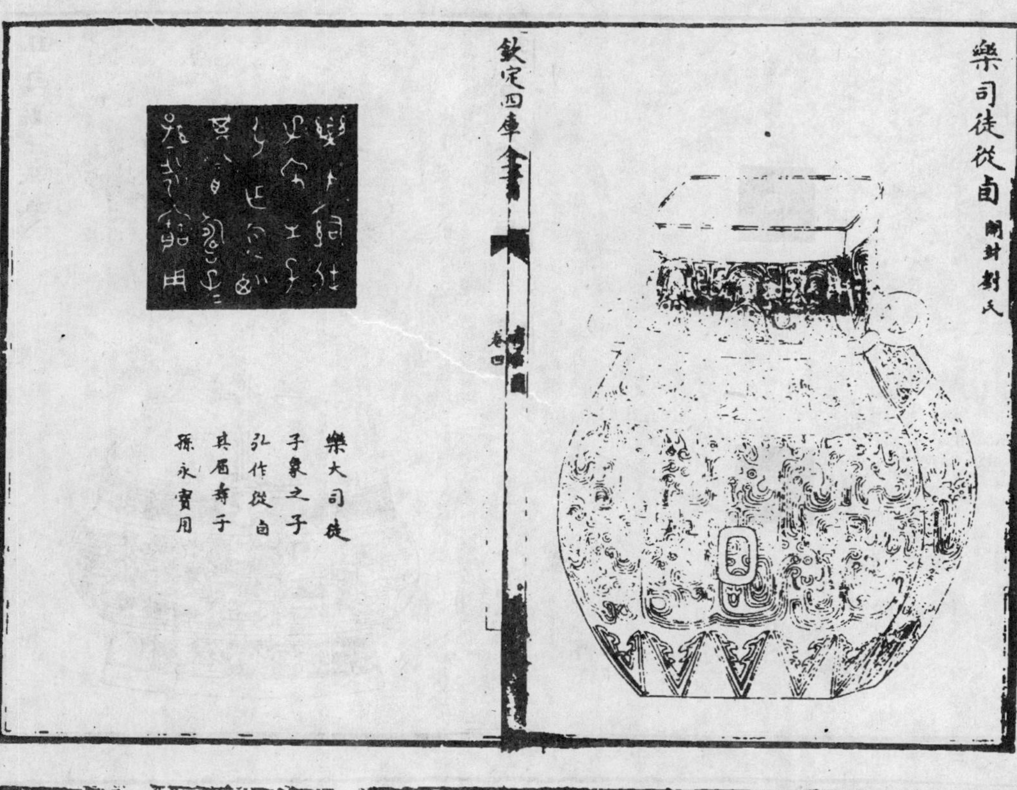

右不知所從得高八寸九分深八寸八分縮四寸衡三寸有半容八升七合銘二十有一字

按此器三耳必有提梁今不存其文作[illegible][illegible]二字上从㫃从從下字从卣从比未知何字推其義當作從卣所加於比未詳欒氏宋大夫則宋器也詩書所稱卣所以盛鬯也爾雅曰卣中尊也其制大於彝彝亦盛鬯如癸彝父辛彝之類皆與卣相似

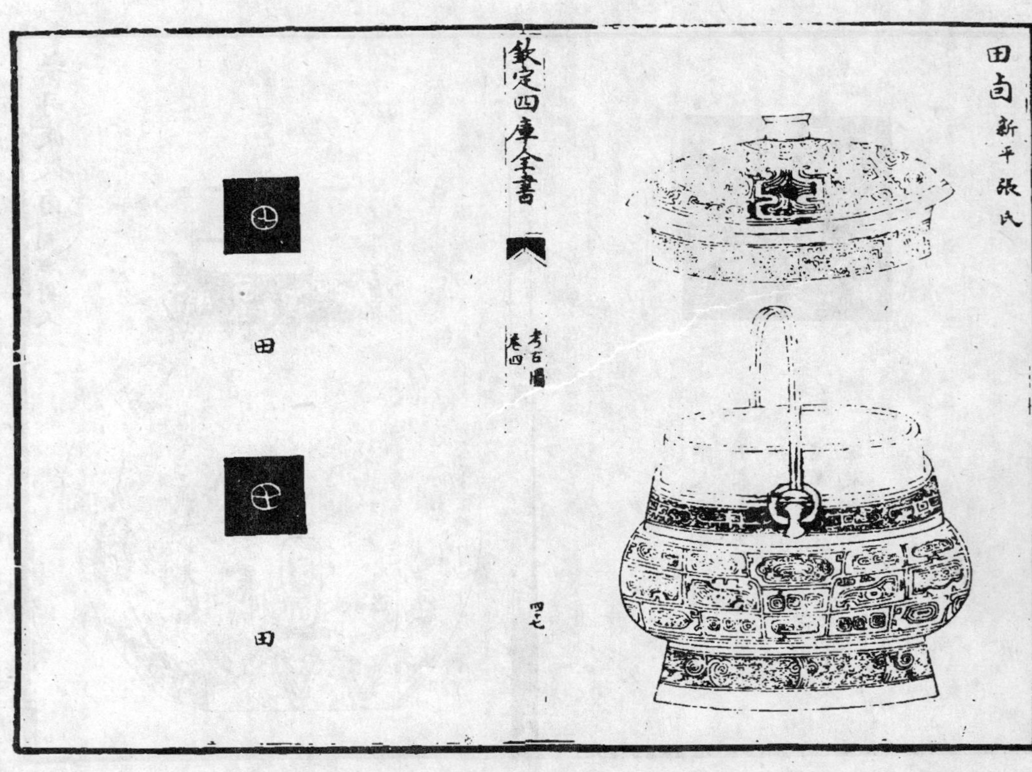

欽定四庫全書　考古圖 卷四　四八

右不知所從得高八寸有半徑五寸容三升四合蓋底

有銘銘皆一字

按此器文飾與樂司徒相似而有提梁其異者兩耳而

已銘曰田疑人名

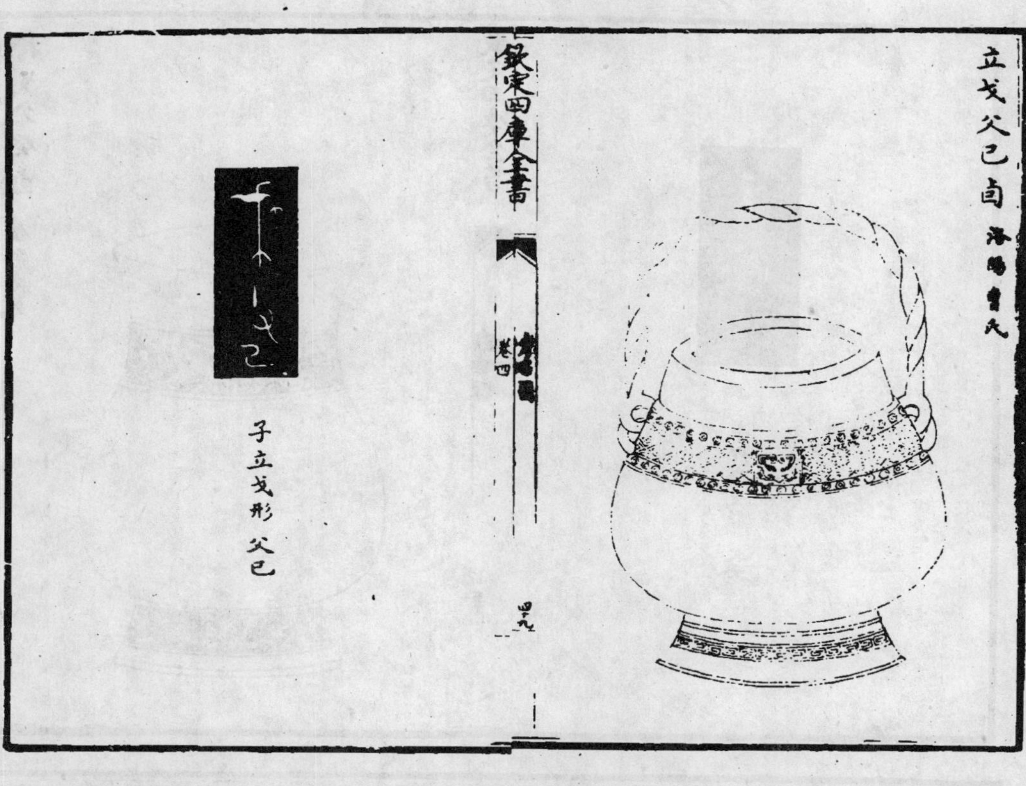

右得於龍游高七寸徑三寸衡四寸有半容六升銘三字

按此器文作立戈狀未詳

持戈父癸卣 廬江李氏

子作持戈形 父癸

右得於京師高五寸七分徑縮三寸衡一寸有半容六
合銘三字
按此器作人持戈形人如己丁敦文戈如父己卣文未
詳其義

欽定四庫全書 考古圖 卷四

父乙卣

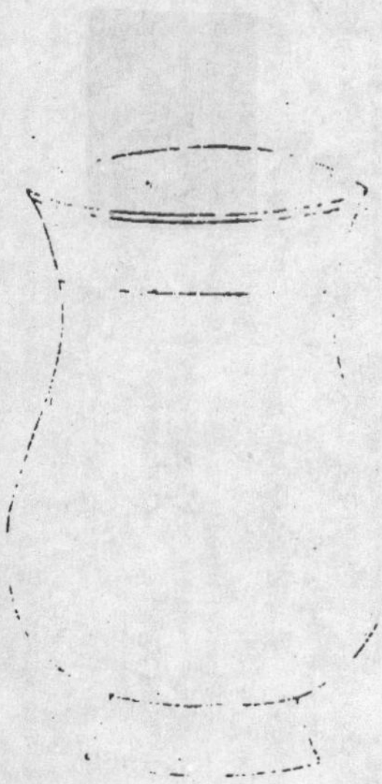

析 作析 愚謂當 子孫父乙

右不知所從得高五寸九分徑縮三寸衡二寸有半容六合銘五字

按廬江李氏所藏人形父已卣文作北字又爲大小二人形相重此器亦然惟改非爲䨻疑是析字父已之文省也彼曰父已此曰父乙蓋兄弟也

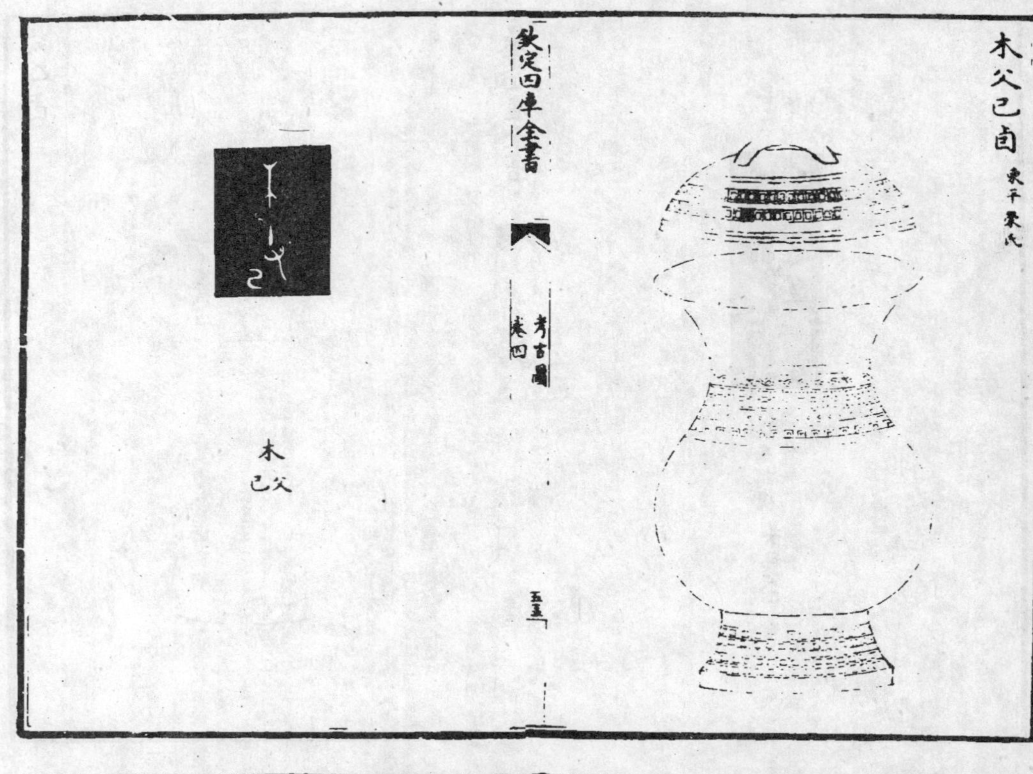
木父己卣 東平榮氏

木
父己

欽定四庫全書 考古圖 卷四 五五

欽定四庫全書 考古圖 卷四 五六

右不知所從得高七寸深四寸一分徑衡三寸三分縮二寸八分容八合有半銘三字

按父己即其名或字云木者恐氏族也

父己足跡卣 廬江李氏

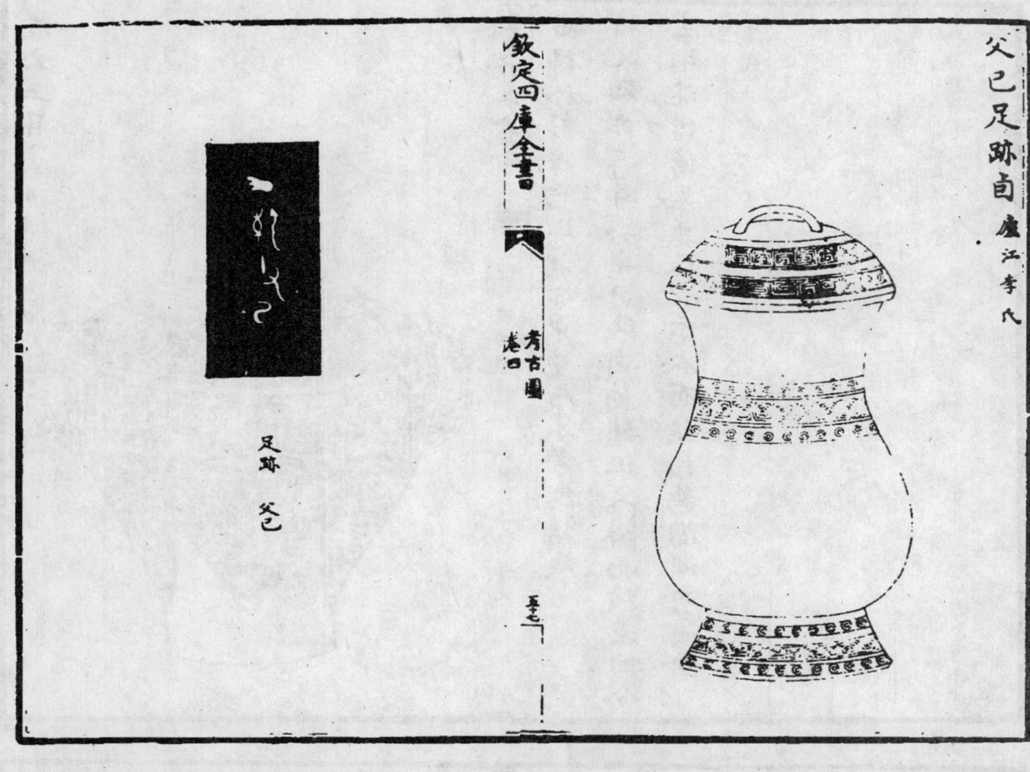

右銘五字餘未考

按所圖古器有歎作父辛旅彝有單棐作父癸旅彝有鬲文曰父丁有彝文曰父己曰主父己曰父丁有卣文曰祖丁又有鬲文曰父己而李氏又録記所傳有曰父甲者有曰父乙者如父丁又稱惟王六祀則凡稱甲乙以祖父加之者疑皆商器也商人尚質為其祖考作祭器者猶稱父也李氏所藏主父己彝有足跡此卣亦然疑一人所作也其形制與丁父鬲略相似

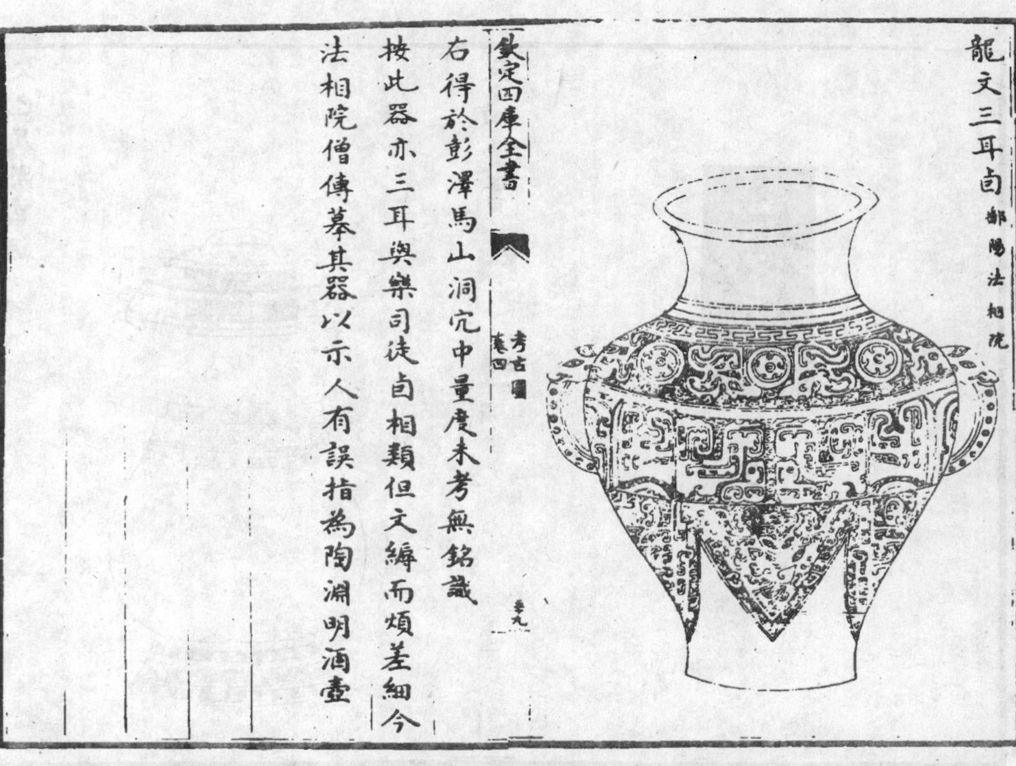

龍文三耳卣　鄱陽法相院

右得於彭澤馬山洞穴中量度未考無銘識

按此器亦三耳與欒司徒卣相類但文縟而煩差細今法相院僧傳摹其器以示人有誤指為陶淵明酒壺

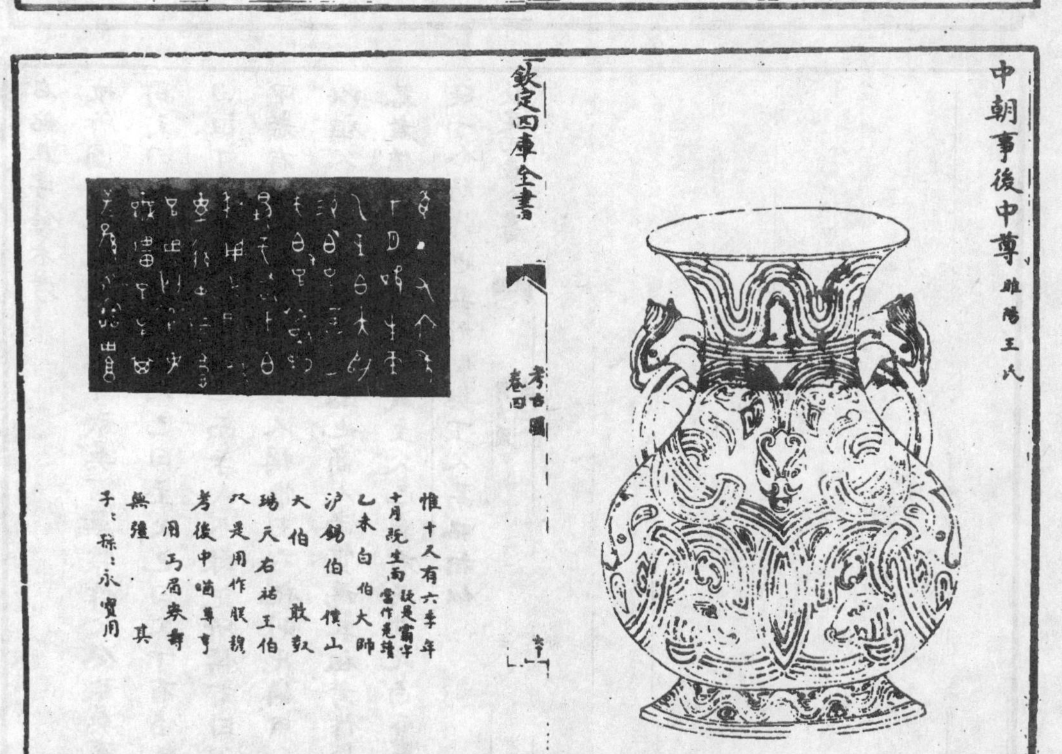

中朝事後中尊　睢陽王氏

惟十又有六季年
十月既生霸（鈠是霸字 當作覓讀）
乙未白伯大師
沪錫伯 僕山
大伯 敢數
瑒天右祐王伯
以是用作朕皇
考後中嫡尊亨
用丐眉𡪞壽
無疆 其
子子孫孫永寶用

右得於岐山高尺有六寸深尺有二寸半徑五寸有半容二斗三升銘五十有七字

按周禮籩人掌朝事之籩醢人掌朝事之豆司尊彝祼皆用彝春祠夏禴朝踐兩獻尊秋嘗冬烝朝獻用兩著追享朝踐用兩大尊再獻用兩山尊四時之祀惟烝嘗饋食祠禴追朝皆不饋食止有籩豆之薦故謂之朝踐詩云籩豆有踐踐行列也朝踐即朝事也其籩加麷蕡故知不饋食也既祼然後迎尸尸入乃薦朝事之籩豆

而有獻此朝事所用尊也祠禴朝踐用獻尊追朝朝踐用大尊先儒謂獻讀為犧音娑云飾以翡翠不知何所據大尊為瓦尊即瓦大也今觀此尊環頸飾以山而腹文若龍蛇相蟠糾謂之山尊則追朝再獻所用非朝事也又非犧尊瓦大皆不可考竊意獻尊不以為飾名尊則斯尊也或是其物中中者二仲也後中者尊在後列而居中也

象尊　廬江李氏

右不知所從得高尺有一寸徑三寸有半深七寸有半容九升四合無銘識

按司尊彝春祠夏禴再獻用兩象尊鄭衆謂象尊以象鳳凰或曰以象骨飾之阮諶禮圖曰畫象形於尊腹王肅以為犧象尊為牛象之形背上負尊魏大和中青州掘得齊大夫送女器為牛形背上負尊先儒之說既不同乃為立象之形于蓋上又與先儒之解不同

圜乳方文尊 新平張氏

欽定四庫全書　考古圖卷四　六十三

右所從得及度量皆未考無銘識

按此器形制與隱𤇾虎𤇾相似而無耳蓋尊屬

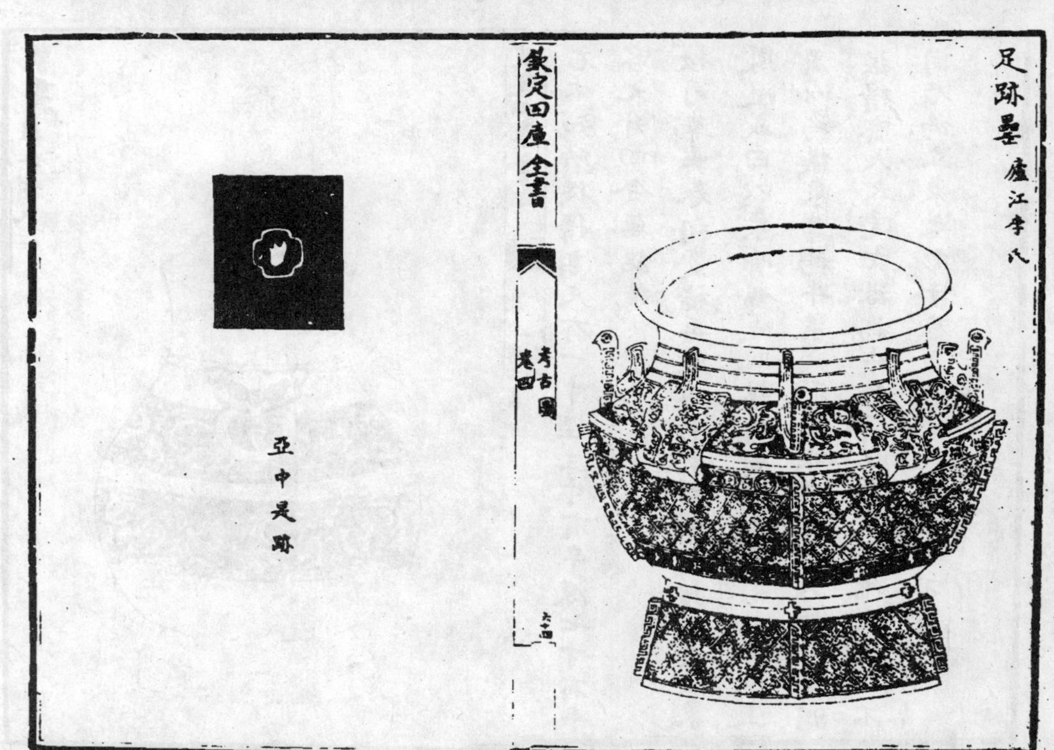

足跡罍 廬江李氏

欽定四庫全書　考古圖卷四　六十四

亞中足跡

右得於鄠高九寸分分徑九寸六分深七寸六分容六升二合有足跡文一

聞此器在洹水之濵亶甲墓旁得之司尊彞祭祀祼皆有彞獻皆有尊酢皆有罍彞為上尊罍為下尊上者宜小下者宜大此器形制與師艅彞略相似而容受加大益罍屬也詩云我姑酌彼金罍罍亦用金也環頸之文與後所圖獸環細文三壺相似或以為象山形謂之山罍然亾之中中朝事尊之頸文則彼之山形著此不甚似也但其文極細物象頗多中右足跡又圜之與主父已足跡彞相似語在本篇

方壺 河南文氏

右所從得及度量皆未考無銘識

按周禮司宮尊於東楹之西兩方壺此器無文飾扶腹兩鼻皆銜方環

獸環細文壺一 廬江李氏

右得於壽陽紫金山高尺有一寸四分徑三寸七分深九寸容斗有一升無銘識

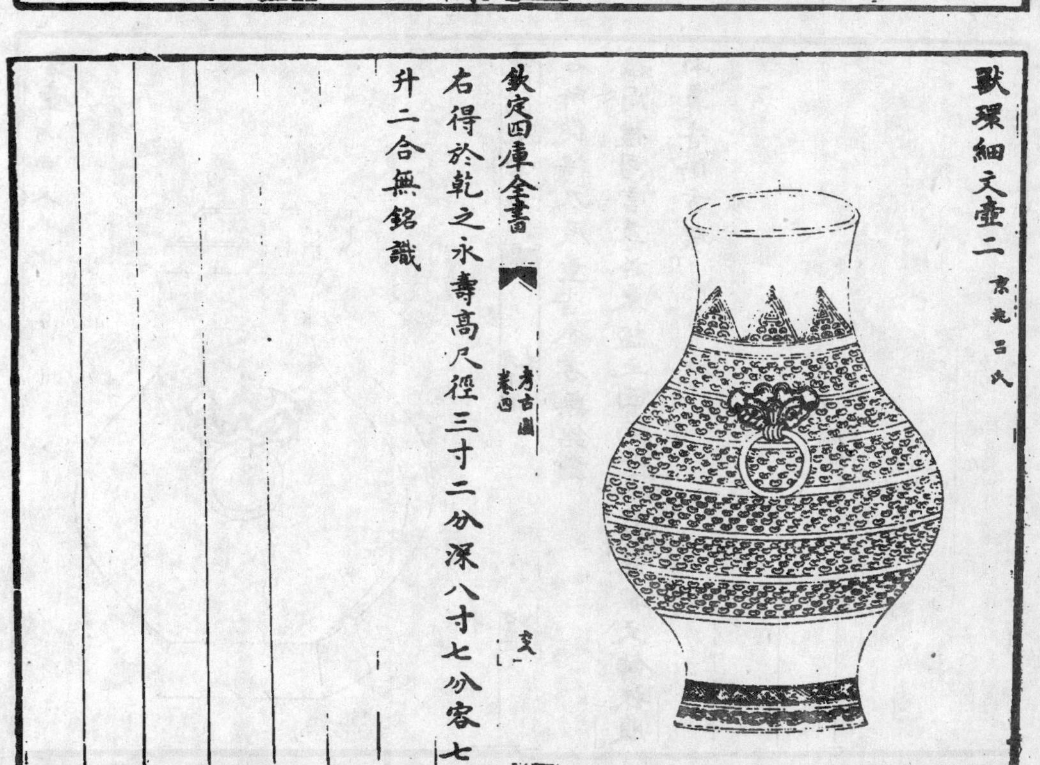

獸環細文壺二 京兆呂氏

右得於乾之永壽高尺徑三寸二分深八寸七分容七升二合無銘識

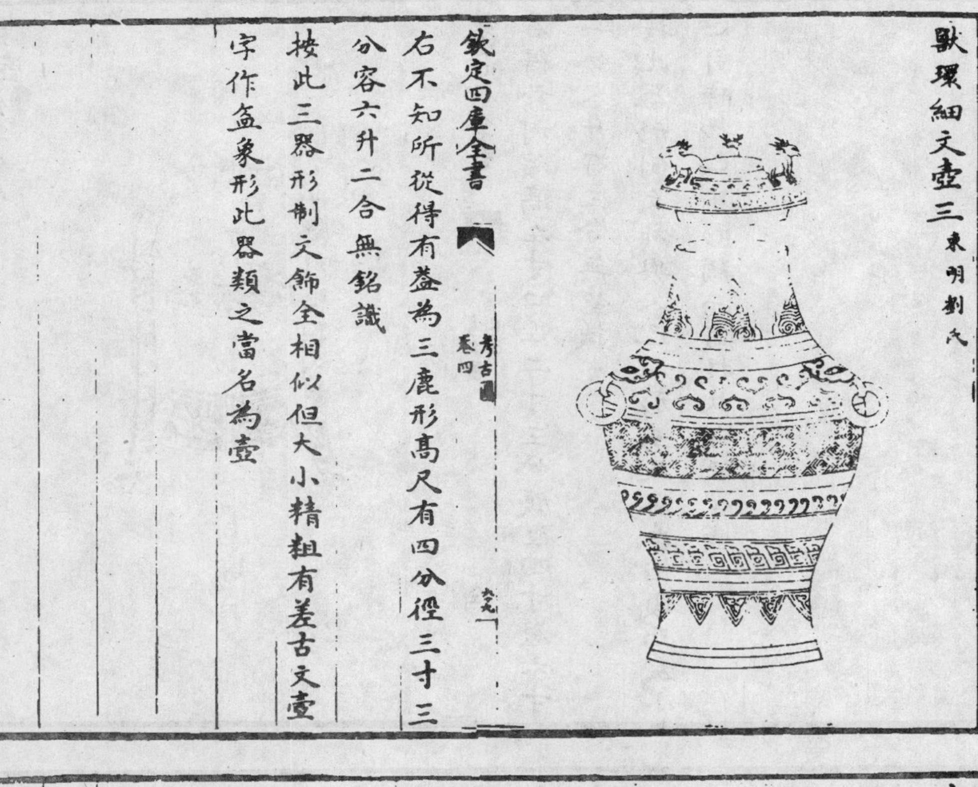

獸環細文壺三 東明劉氏

右不知所從得有蓋為三鹿形高尺有四分徑三寸三分容六升二合無銘識

按此三器形制文飾全相似但大小精粗有差古文壺字作𠀌象形此器類之當名為壺

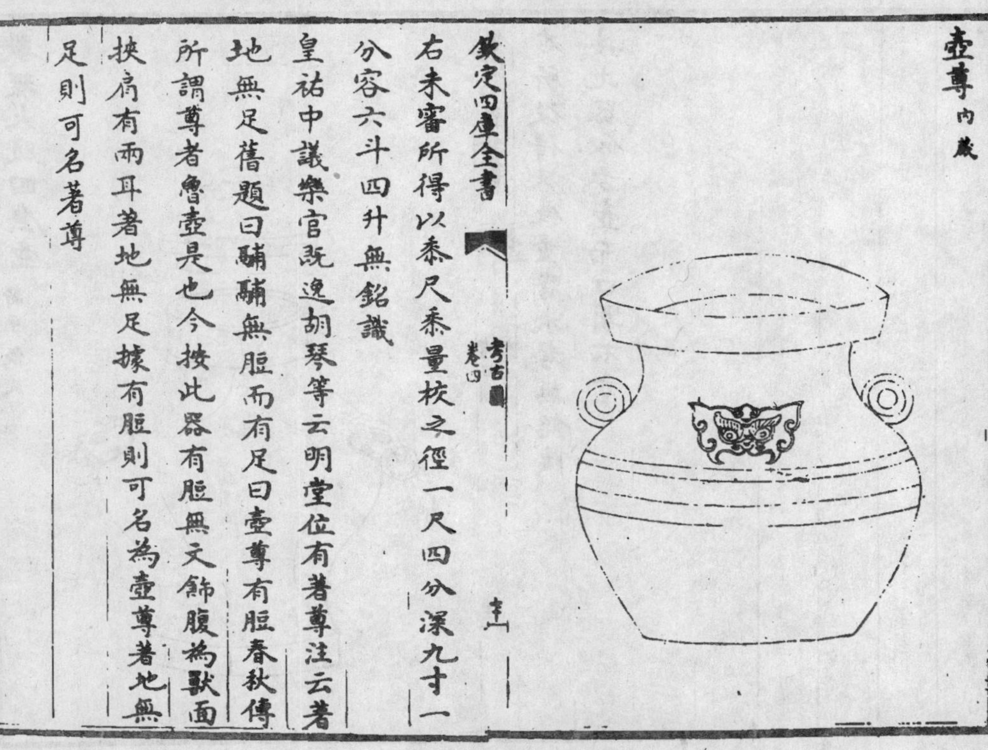

壺尊 内藏

右未審所得以黍尺黍量校之徑一尺四分深九寸一分容六斗四升無銘識

皇祐中議樂官既逸胡琴等云明堂位有著尊注云著地無足舊題曰驌驦無脰而有足曰壺尊有脰春秋傳所謂尊者魯壺是也今按此器有脰無文飾腹為獸面挾肩有兩耳著地無足據有脰則可名為壺尊著地無足則可名著尊

挈壺

廬江李氏

欽定四庫全書　考古圖 卷四　十二

右得於河濱高九寸口徑二寸三分腹徑四寸深六寸二分容升有三合無銘識

按此器形制文飾與父已人形彝足跡彝相類而差小必同時物也其形類而有提故謂之挈壺

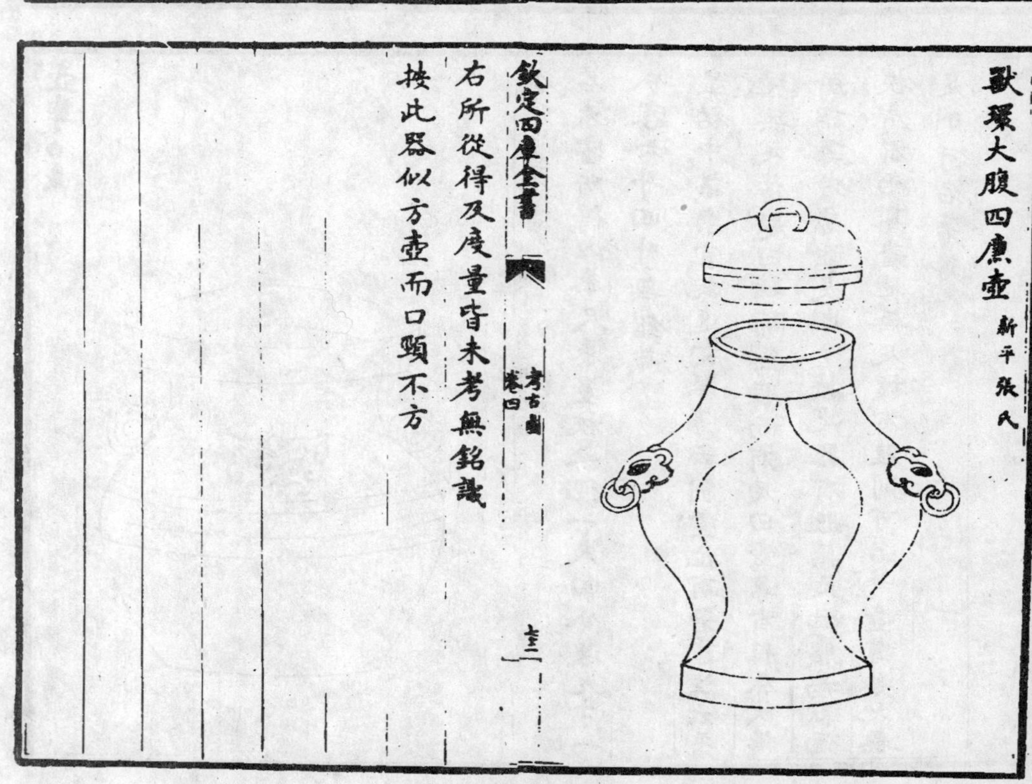

獸環大腹四廉壺

新平張氏

欽定四庫全書　考古圖 卷四　十三

右所從得及度量皆未考無銘識

按此器似方壺而口頸不方

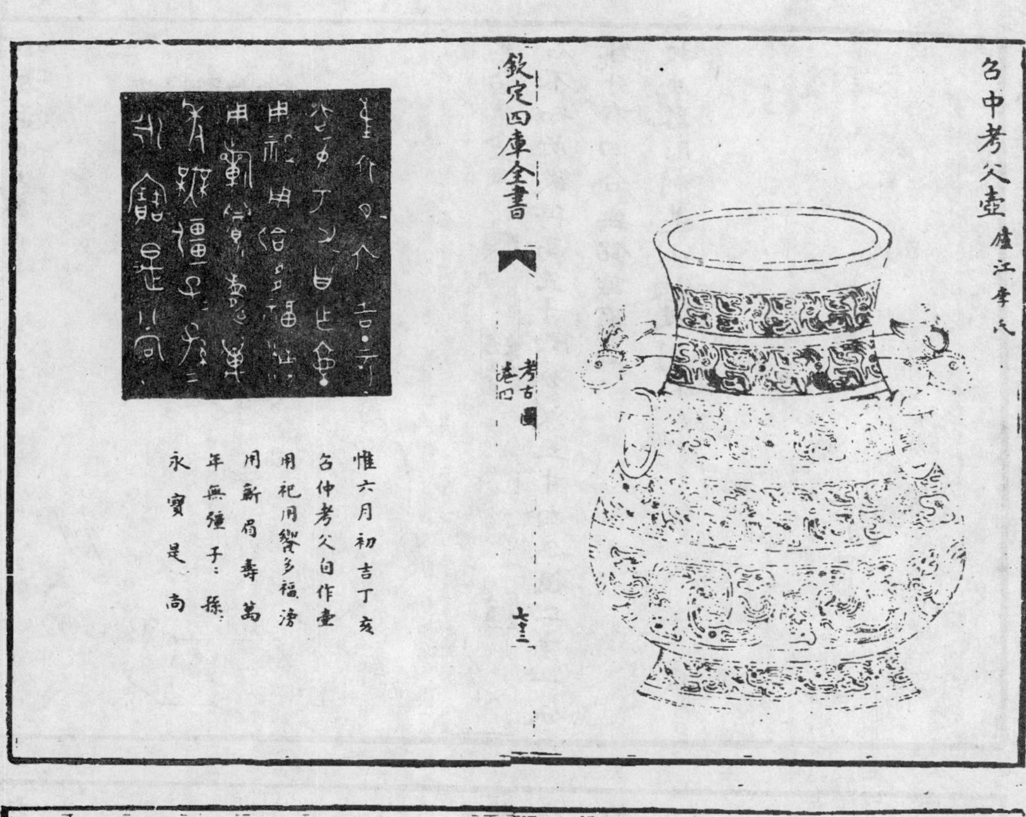

右得於京師高尺有四寸半深尺有二寸半徑七寸六分容二斗七升銘三十五字

李氏錄云周景王燕晉文伯尊以魯壺用饗也周官司尊彝烝嘗饋獻用兩壺尊用祀也公食大夫禮門內用兩圜壺坊記曰敬則用祭器故祀饗兼用也

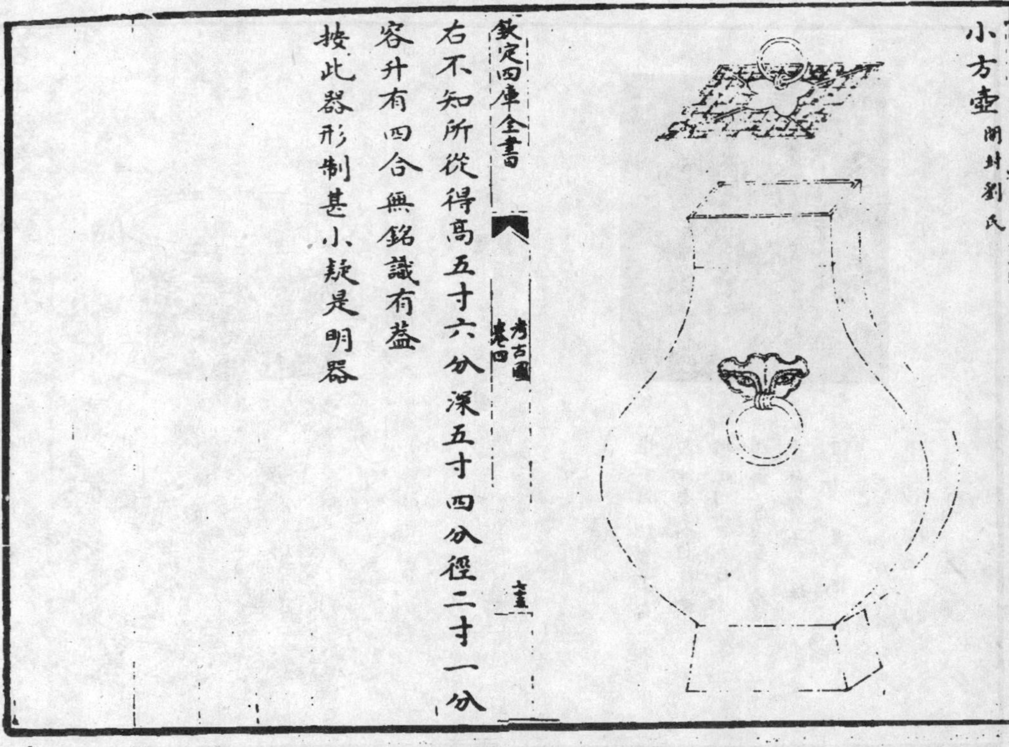

右不知所從得高五寸六分深五寸四分徑二寸一分容升有四合無銘識有蓋

按此器形制甚小疑是明器

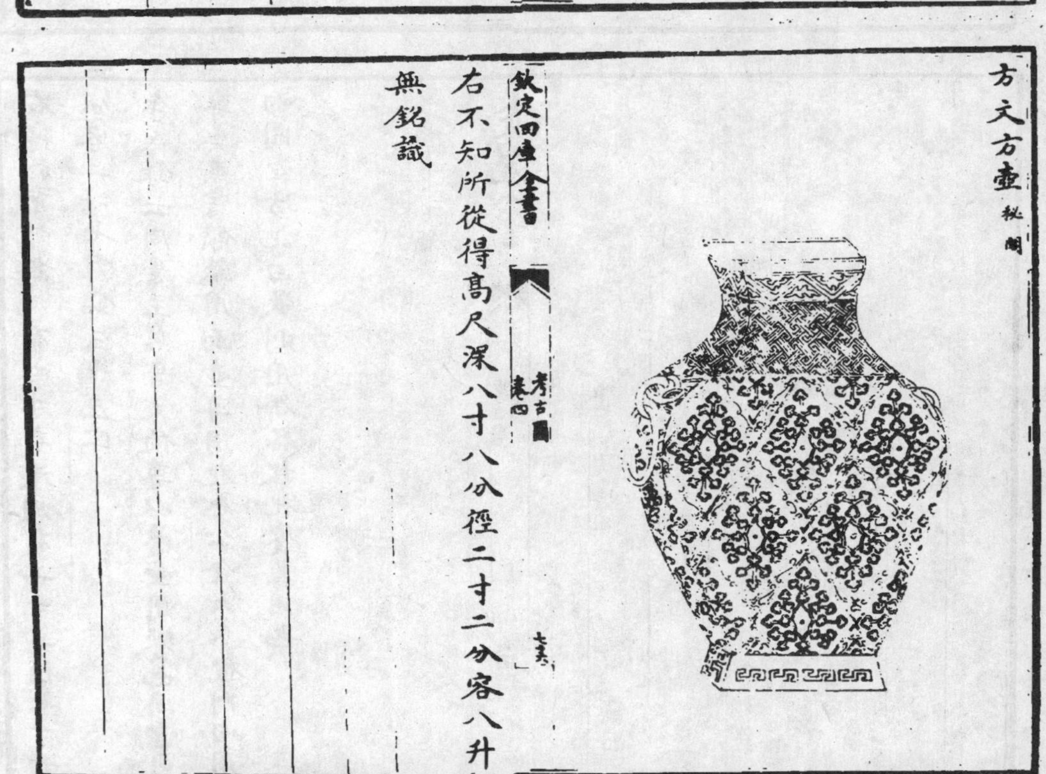

右不知所從得高尺深八寸八分徑二寸二分容八升無銘識

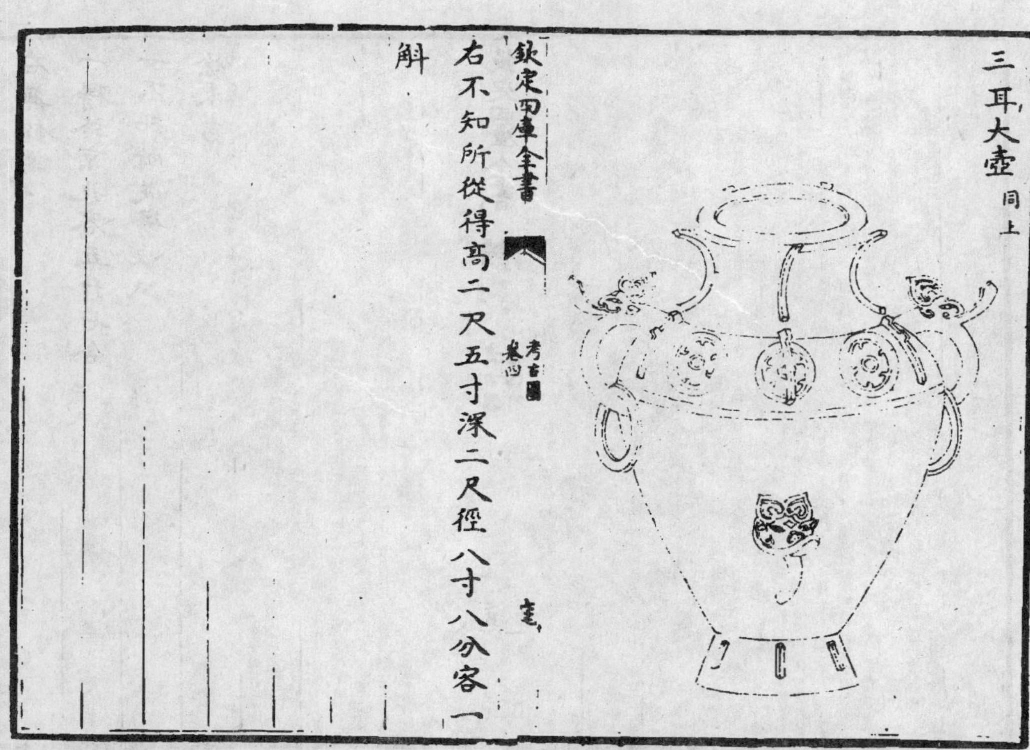

三耳大壺 同上

欽定四庫全書 考古圖 卷四 壺

右不知所從得高二尺五寸深二尺徑八寸八分容一斛

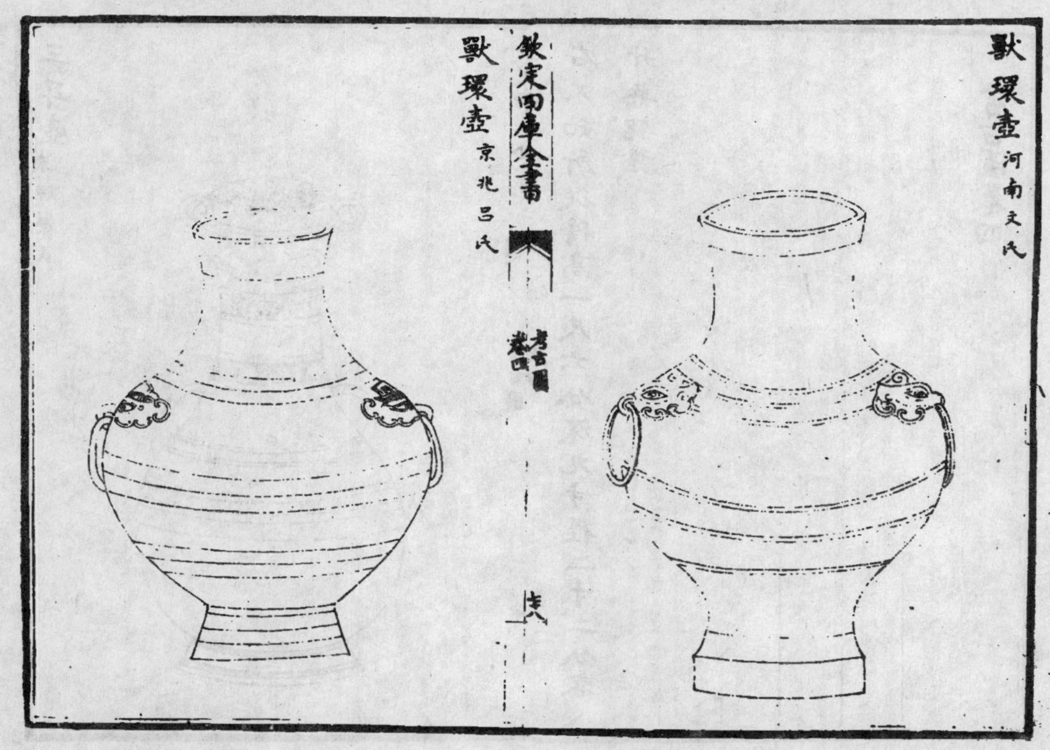

獸環壺 河南文氏

欽定四庫全書 考古圖 卷四 十八

獸環壺 京兆呂氏

右無銘識
一得於京兆容五升七合 呂氏
一不知所從得 文氏
餘未考

三耳壺 東平榮氏

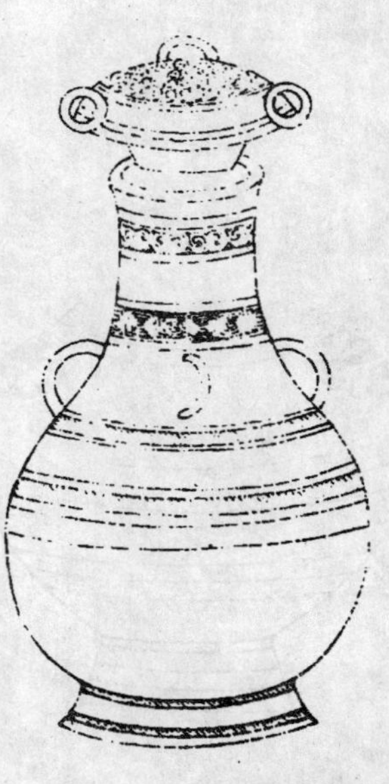

右不知所從得高一尺六分深九寸徑二寸二分容八升無銘識

考古圖卷四

考古圖卷五

爵屬豆屬雜食器

宋 吕大臨 撰

父丁爵 廬江李氏

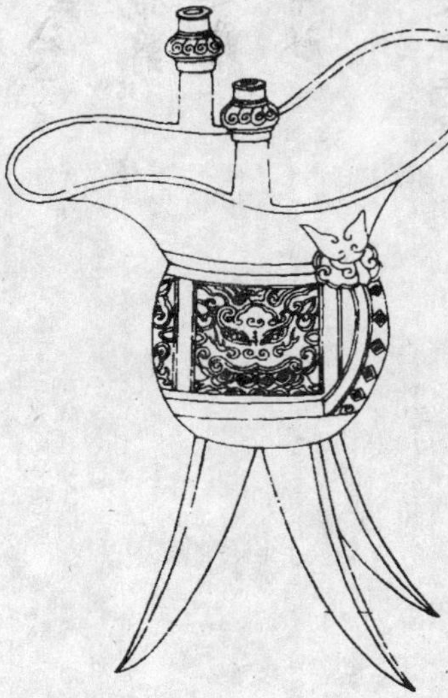

子丁

父

右得於新鄭高七寸五分縮五寸有半衡二寸有半深三寸柱高二寸足高三寸容一合有半銘一字在左柱二字在腹當耳上一字人形者與父已彝同亦疑為子字

己舉爵 同上

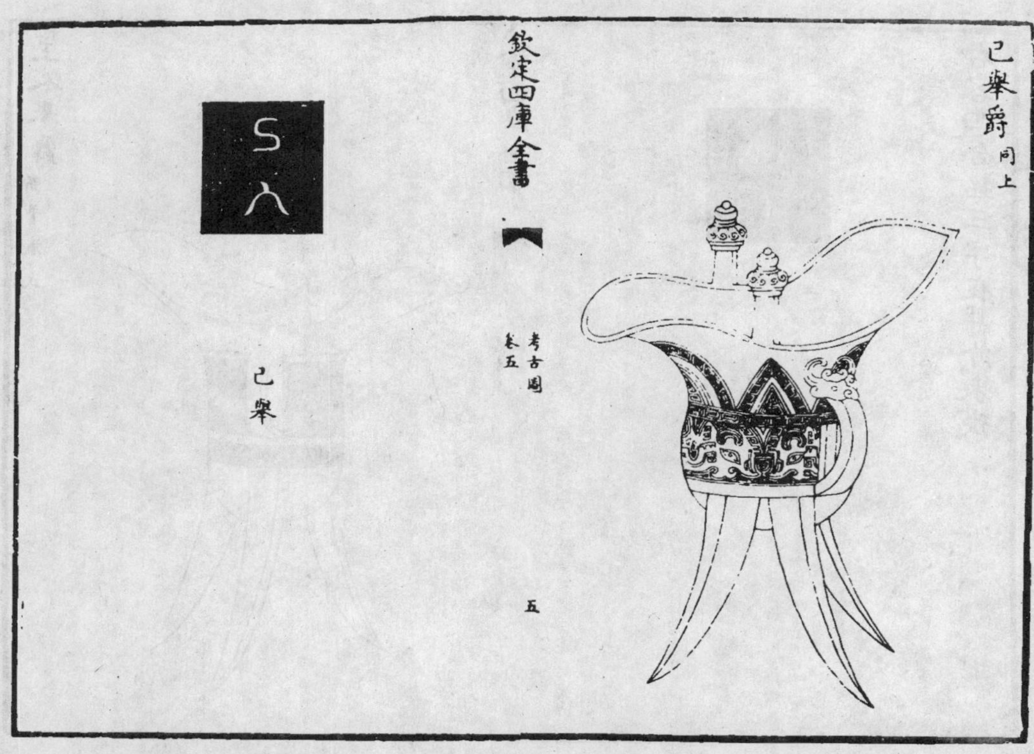

右得於壽陽紫金山高七寸縮六寸衡二寸有半足高三寸容四合銘二字在腹當耳亘下有八亦恐是舉字

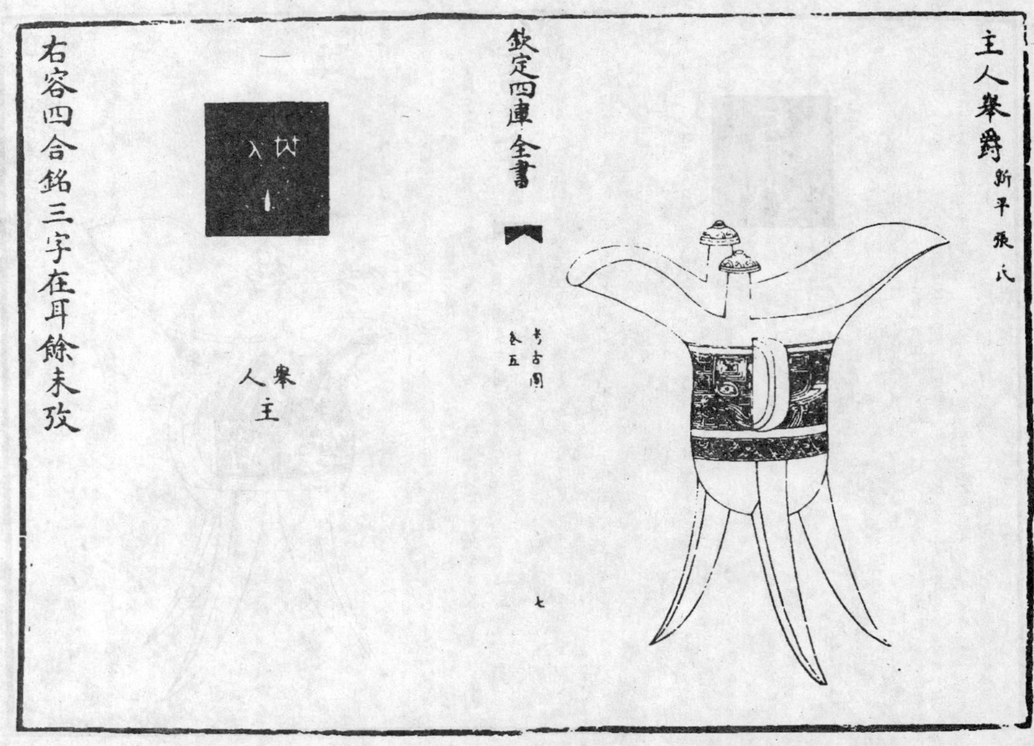
主人舉爵
新平張氏
欽定四庫全書
考古圖
卷五
七
右容四合銘三字在耳餘未攷
舉
人
主

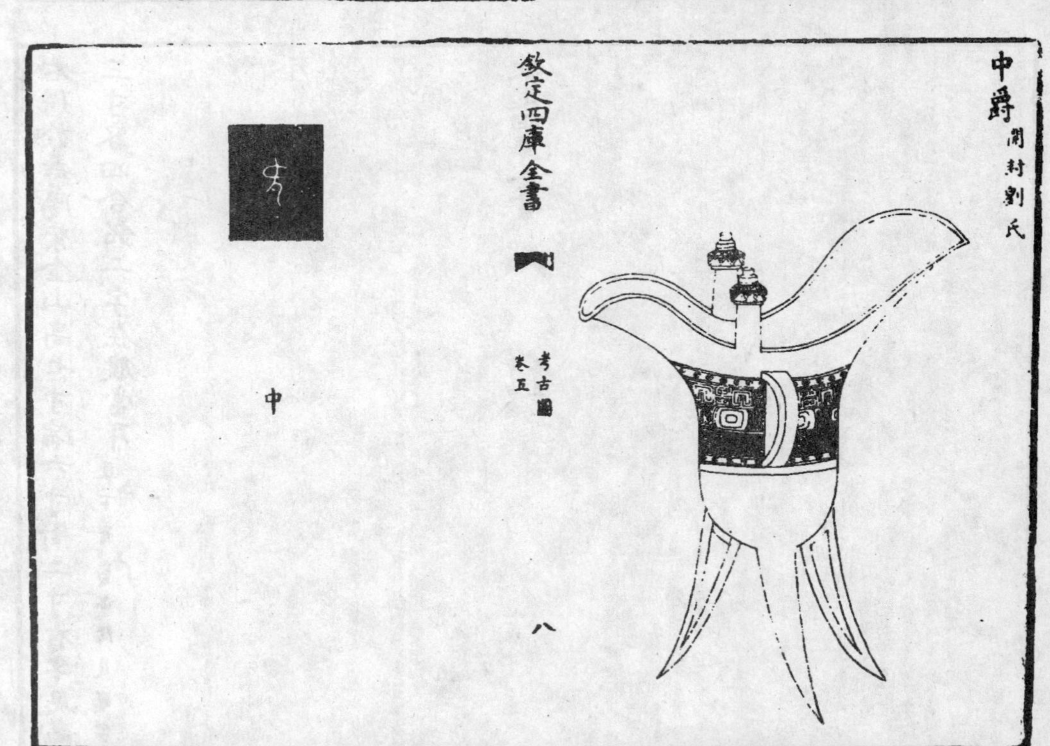
中爵
開封劉氏
欽定四庫全書
考古圖
卷五
八
中

右不知所從得寸七分深三寸縮四寸九分衡二寸六分銘一字在腹當耳

以上四器形制文飾相似謂之舉者舉亦爵觶之名因獻酬而舉之故名其器曰舉如杜蕢洗而揚觶以飲平公因謂之杜舉是也鄉飲酒記凡舉爵三作而不從爵知獻必舉爵也主人舉者主人所舉獻賓之爵也今禮圖所載爵皆於雀背負琖經傳所不見固疑不然今觀是器前若噣後若尾足修而鋭其全體有象於雀其名

又曰舉其量有容升者則可謂之爵無疑梓人為飲器爵一升父丁爵容二合半乃古一升今兩柱為耳所以反爵於坫如鼎敦簠以二物為足也

言父爵

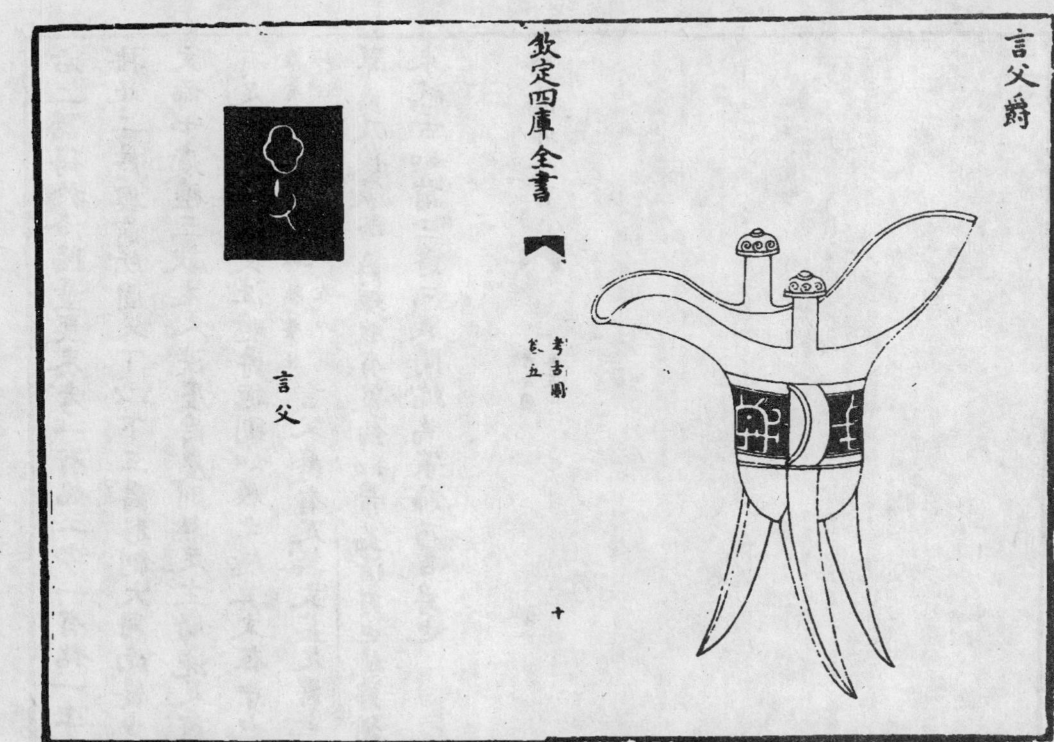

言父

單爵 河南劉氏

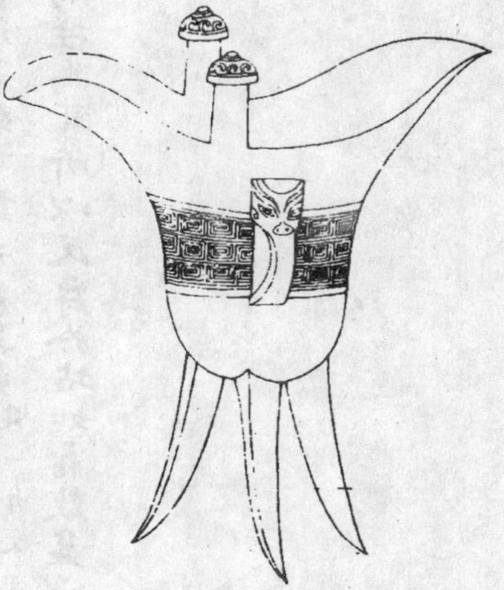

單

右二器得於洛陽量度未考一有銘二字一有銘一字按此二爵與前所圖父丁以下三爵形制大同而質少文飾士虞禮三獻主人洗廢爵廢則無足主婦洗足爵有足而無文賓長洗繶爵繶則如屨之繶其文在中也屨有約繶純約以絲繫純緣口繶中底縫故在中　言父爵有足無文蓋足爵也單爵及後冡帶爵環腹有篆飾如帶蓋清爵也繶爵猶未純古如前三爵口腹間編為篆飾乃吉爵也

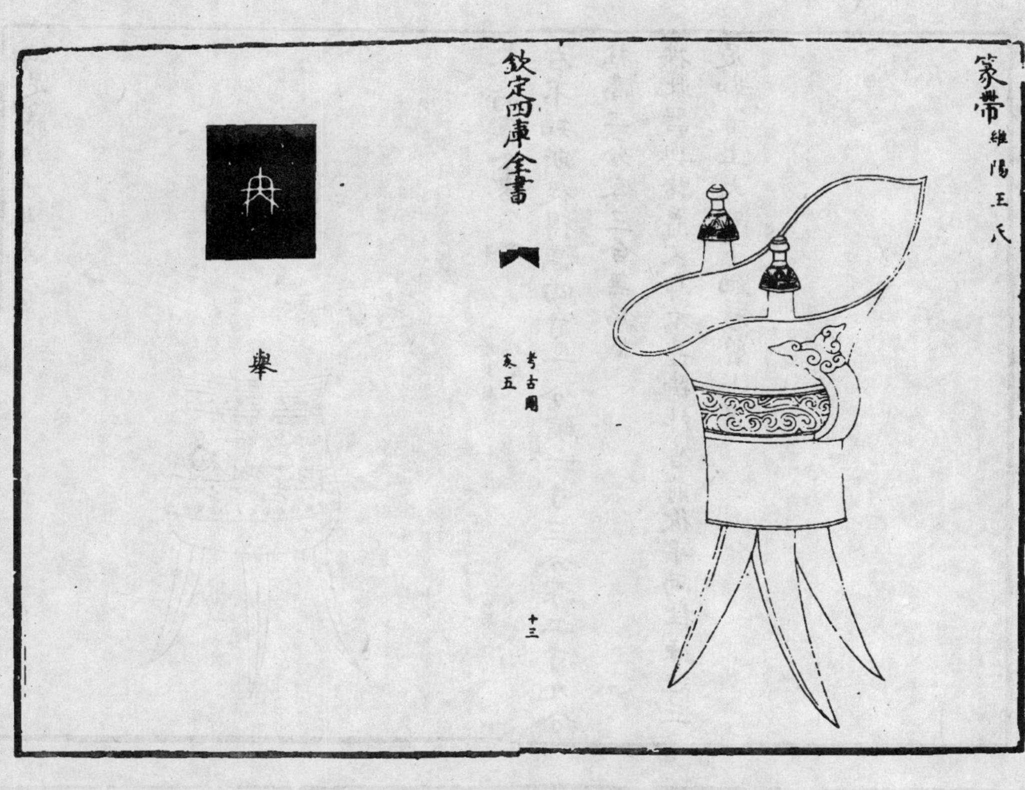

右不知所從得高五寸四分深三寸二分縮五寸三分衡二寸有半柱高寸有二分足高二寸有半容三合有半銘一字在左柱解見前

細足爵 京兆薛氏

右不知所從得高四寸一分縮六寸三分深二寸九分柱高二分容三合無銘識

按此器與諸爵文飾不甚精外唇前後平兩柱極短三足如箸上大而下細形質小異

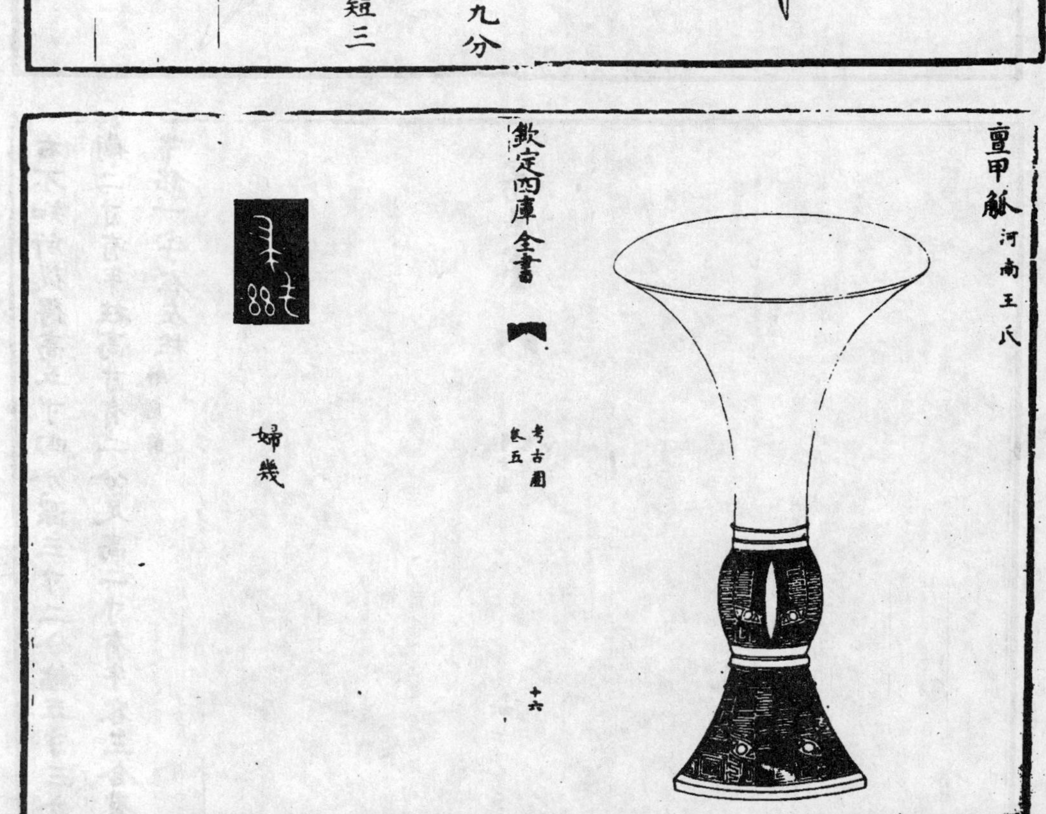

亶甲觚 河南王氏

婦幾

右得於鄭郡亶甲城高八寸四分深五寸六分徑四寸四分容一升無銘識

觚 廬江李氏

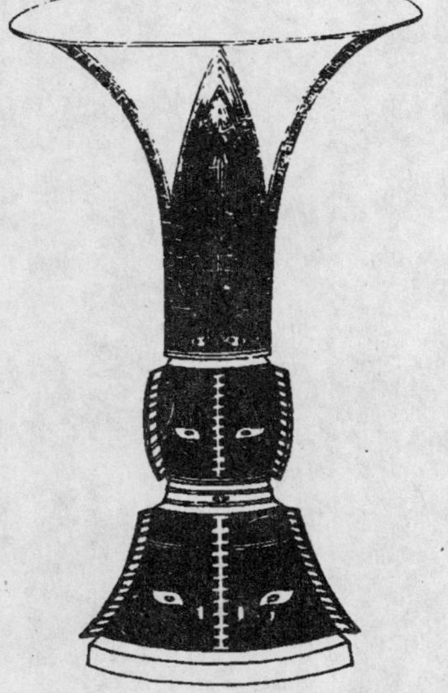

右得於京師高尺有一分口徑五寸有[illegible]深六寸有半足二寸深三寸有半容六合足半之 李氏録云此器口可容二爵前所圖父丁爵足容一爵禮圖所謂二升曰觚也腹作四稜削之可以為圜故曰破觚為圜出韓詩外傳足之四稜漢宮鳳闕取以為角隅今四隅乃安獸處故曰上觚稜而棲金爵下為四象禮所謂象觚也愚按論語子曰觚不觚觚哉觚哉疑即此也

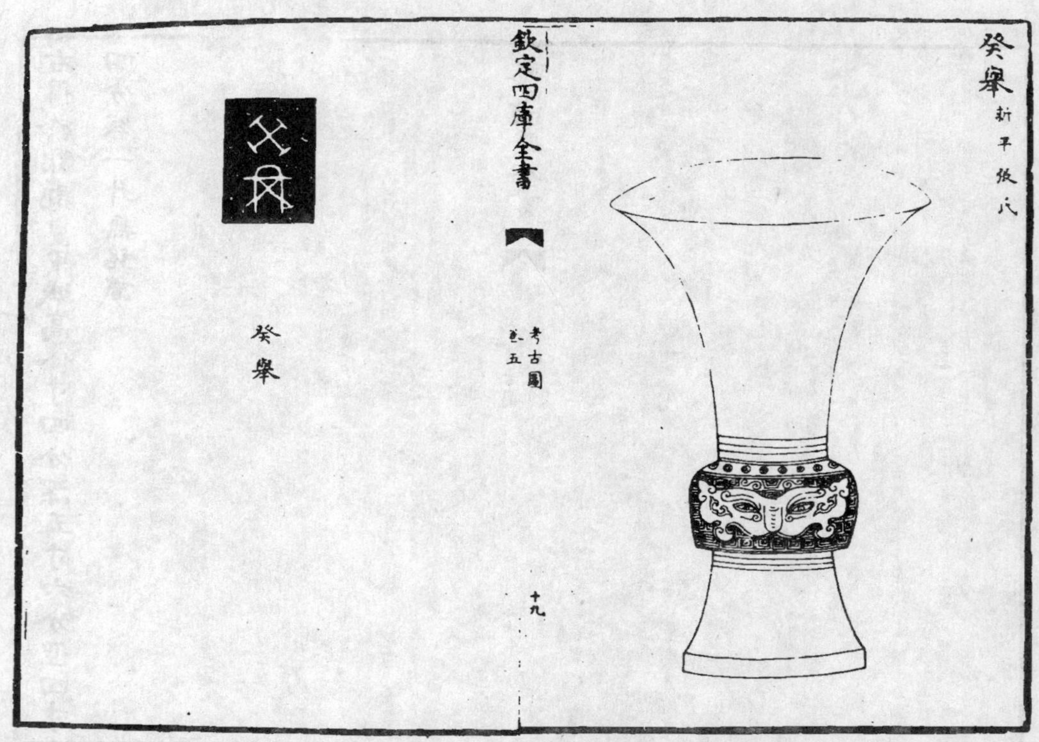

癸舉 新平張氏

癸舉

右容三升銘二字在足餘未考

按此器與前觚形制畧相似其容受有加與禮書不合姑附于後

齊豆 河南張氏

姬寧母作太公鄘公 公魯
中覽伯孝公靜公 豆用蘄
眉壽永命多福 永寶用

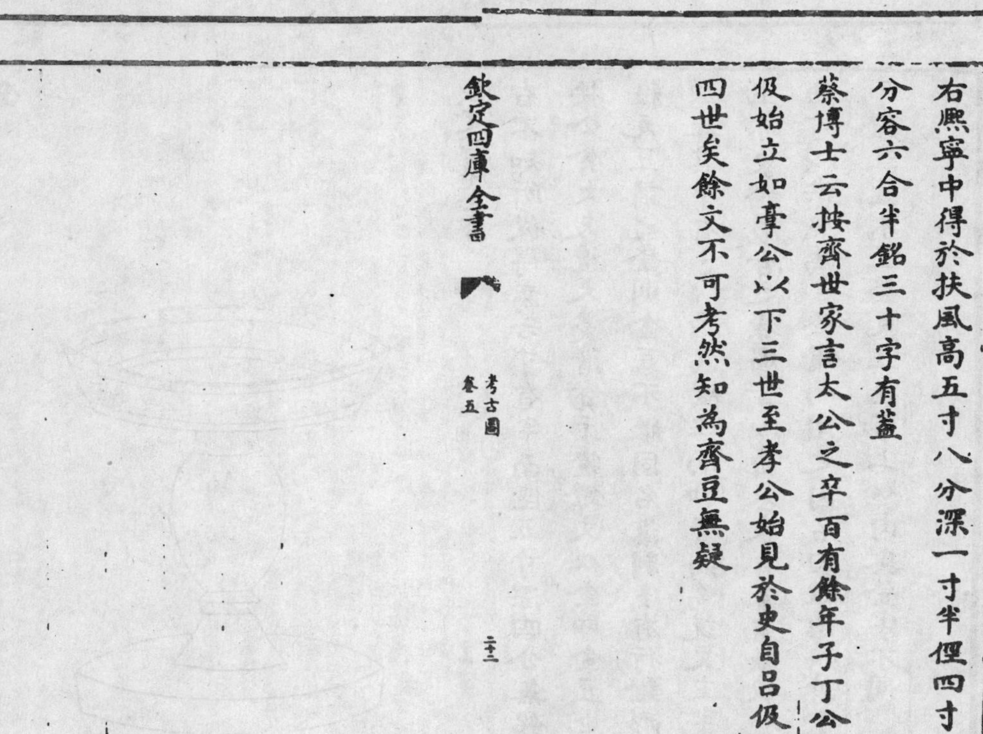

右熙寧中得於扶風高五寸八分深一寸半徑四寸八分容六合半銘三十字有蓋

蔡博士云按齊世家言太公之卒百有餘年子丁公呂伋始立如韋公以下三世至孝公始見於史自呂伋十四世矣餘文不可考然知為齊豆無疑

篆足豆 秘閣

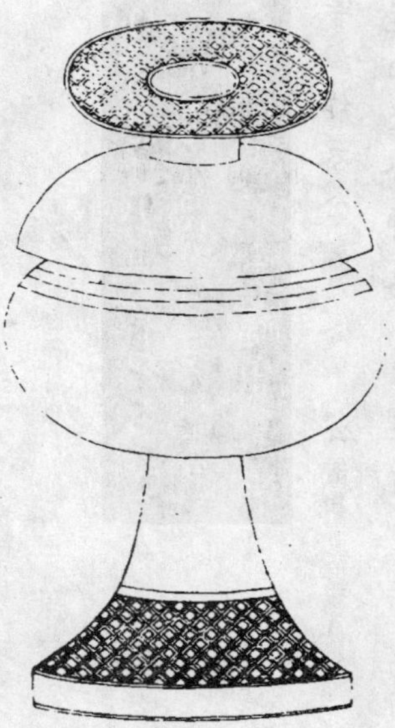

欽定四庫全書 考古圖 卷五 二十三

右不知所從得并蓋高九寸深三寸有半徑五寸有半容二升無銘識

按此豆其蓋與齊豆異

鐙 京兆蘇氏

欽定四庫全書 考古圖 卷五 二十四

右不知所從得高六寸有半面徑五寸深四分無銘識

按公食大夫禮大羮湆實于鐙鐙文从金即金豆也爾雅瓦豆謂之登則金豆不嫌同名漢制多有行鐙形制類此其中有丶音主以為燈炷而加膏油為說文主字作𡳿亦象鐙形古之燎燭皆以薪蒸未有膏蜜厥後知膏油可以供照為丶於鐙而用之因名曰鐙愚按詩于豆于鐙注豆木豆登瓦豆也字上从肉與登字不同

伯玉敦盉 河南文氏

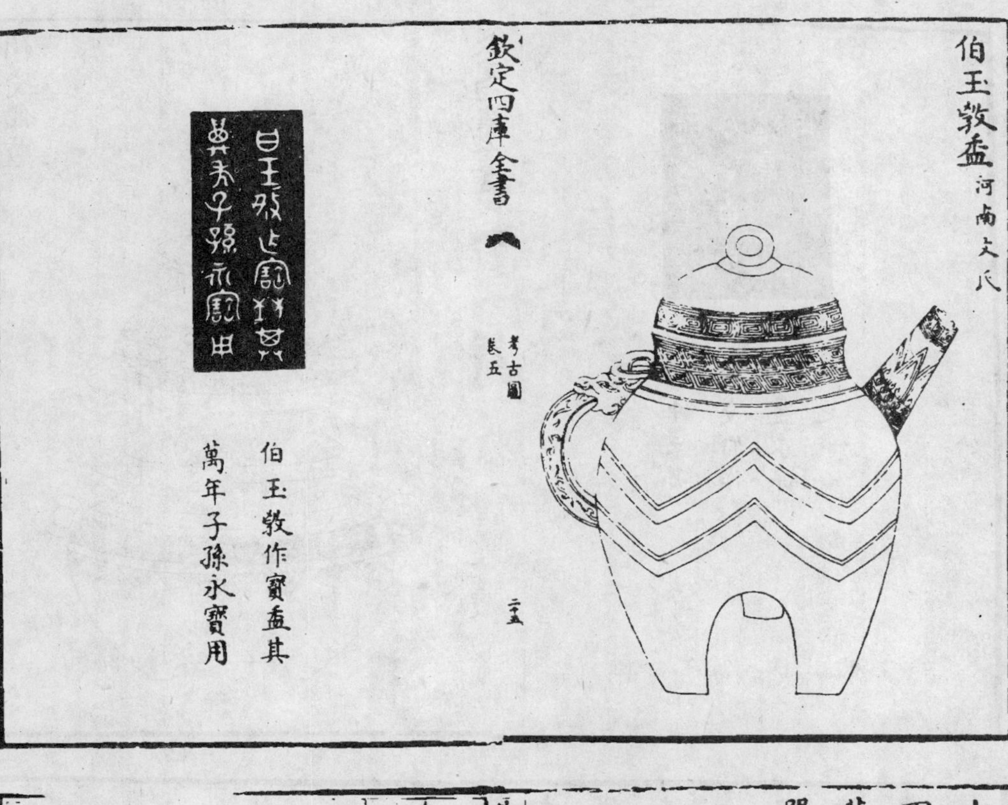

伯玉敦作寶盉其萬年子孫永寶用

右得於京兆高五寸八分深四寸徑五寸二分容三升四合銘十有四字　按盉不見於經說文曰盉調味也蓋整和五味以共調也洛陽匠獲一器形制類此名曰單㮚作從彝盉爲彝陪設是器已附見于彝屬

伯戔饋盦　河南許氏

蓋

邛中之孫
伯戔自作
饋盦永保
用之

右得於河內太行石室中有蓋高五寸有半徑七寸有半容四升有半銘三十有一字在脣十有四字在蓋李氏録云說文邛在濟陰（玉篇云在山陽）饋滫飯也甂㼜也大口而卑用食又皿部有盦（烏合切）覆蓋也徐鉉謂今俗作箁非是細詳盦字音頭酉足而加於皿定非甂字乃是饋盦以捧連湯飯而加覆蓋爾商末器以字非模範中來故也

龍文瓿 廬江李氏

右得於京師高五寸有半深四寸八分徑五寸二分可容六升有半無銘識

按此器文銘有圜乳龍文獸面與孔文父飲鬲似內有二鼻必以貫提梁不知何器說文云瓿甂也大口而卑用食疑為此器姑以瓿名之

獸環細文瓿 秘閣

右不知所從得高九寸深八寸徑三寸七分容斗有一升無銘識

按秘閣所藏此器及小方壺皆二器謂之壺瓿則比常器為小疑皆明器也此器制度亦大口而卑與龍文瓿畧相似但二環在外為異

考古圖卷五

欽定四庫全書

考古圖卷六

宋 呂大臨 撰

盤匜盂[illegible]附

伯戔𩠹盤 銘十三字

走[illegible]盤 銘五字

[illegible]伯旅匜 銘廿二字

季姬匜 銘四字

仲姞旅匜 銘十七字

牛匜

季姜盂 銘十五字

獸環盂

弩機

戈 銘六字

削

伯戔𩠹盤 河南許氏

惟正月初吉日丁亥邛仲之孫伯戔自作𩠹盤用蘄眉壽萬年無彊子孫孫永寶用之

右得於河内徑尺深二寸足高寸半銘三十有三字
按此器與饋盦二物皆曰邛仲之孫伯戔自作同得於
河内太行山石室中

史孫鍑盤 京兆田氏
校闕

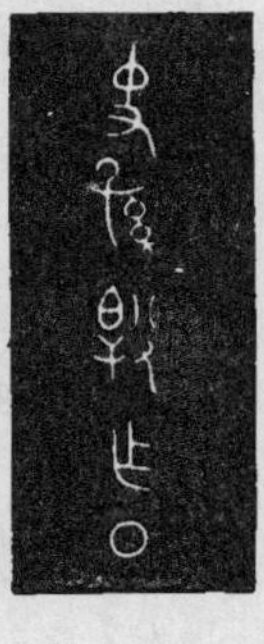

史孫鍑作盤

右不所從得銘五字形制未傳
按此器盤也文云作○疑古盤字象形

張伯旅匜 臨江劉氏

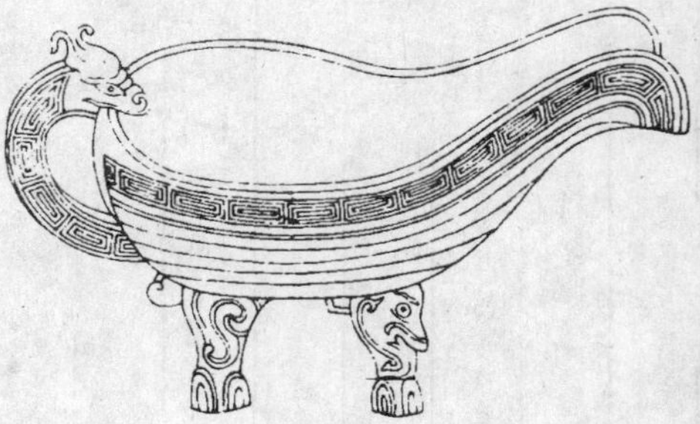

張伯作旅匜
子子孫孫永寶用

右得於藍田徑四寸有半深二寸七分容二升銘十有二字

按張字依前張仲簠當作張匜弋支移爾二切左傳奉匜沃盥盥器也説文杯匜有柄

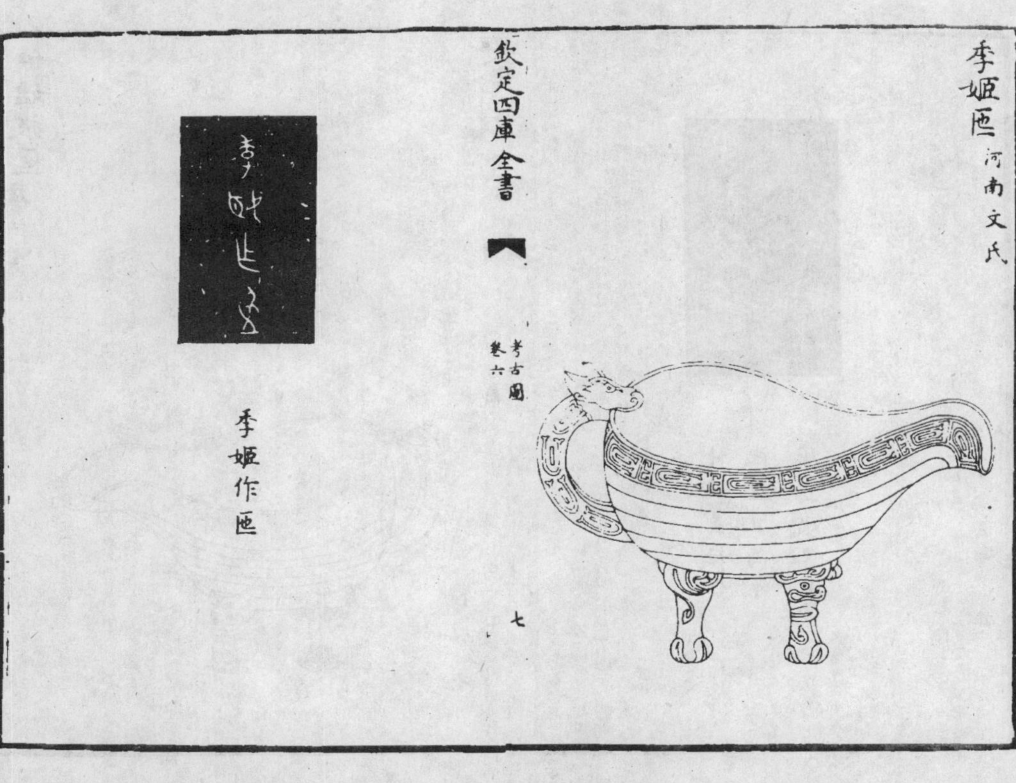

右得於京兆高三寸八分深二寸七分縮八寸六分容一升五合銘四字

仲姞旅匜 廬江李氏

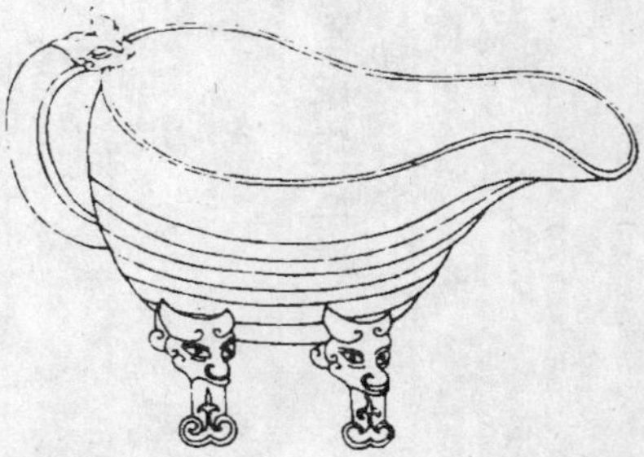

仲姞義母作
旅匜其萬年
子子孫孫永寶用

右得於京兆高四寸八分縮尺衡六寸一分深三寸有半足二寸有半容四升銘十有七字

牛匜 丹陽蘇氏

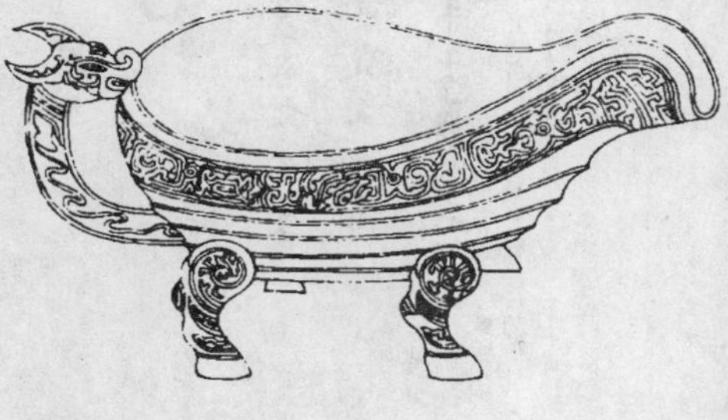

右不知所從得高四寸七分深二寸七分縮九寸三分衡五寸一分容三升二合無銘識

為牛首銜柄下為四牛足

按公食大夫禮具盤匜君尊不就洗也士虞禮特牲少牢饋食皆設盤匜尸尊不就洗也匜水錯于盤中南流流匜所以注水也沃尸盥者一人奉盤者東面執匜者西面淳沃此用匜之事也婦人之侍君子亦用之晉公子重耳使懷嬴奉匜沃盥今所圖數匜有季姬仲姞者是也有謂之旅匜者少者賤者為所尊貴執事非一人共用斯器故曰旅足多象牛順事也

季姜盂 睢陽王氏

伯索史作季姜寶盂其萬年子孫永用

欽定四庫全書

考古圖 卷六

右不知所從得深六寸徑尺有二寸半容斗有六升銘十有五字

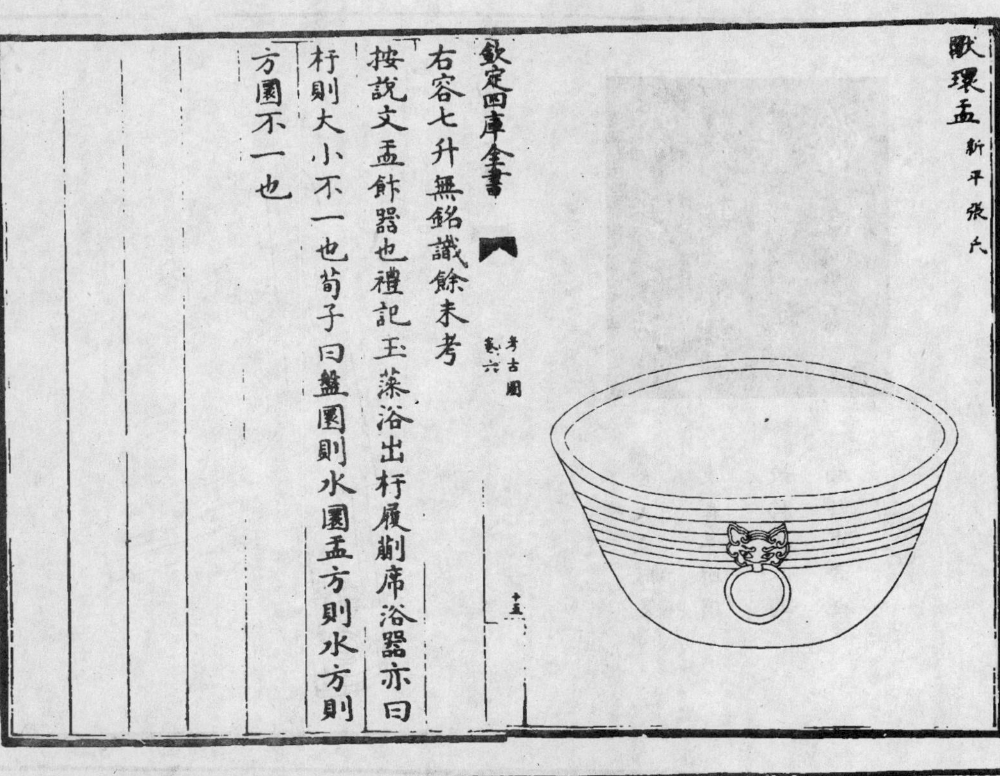

獸環盂　新平張氏

右容七升無銘識餘未考

按說文盂飯器也禮記玉藻浴出杅履蒯席浴器亦曰杅則大小不一也荀子曰盤圓則水圓盂方則水方則方圓不一也

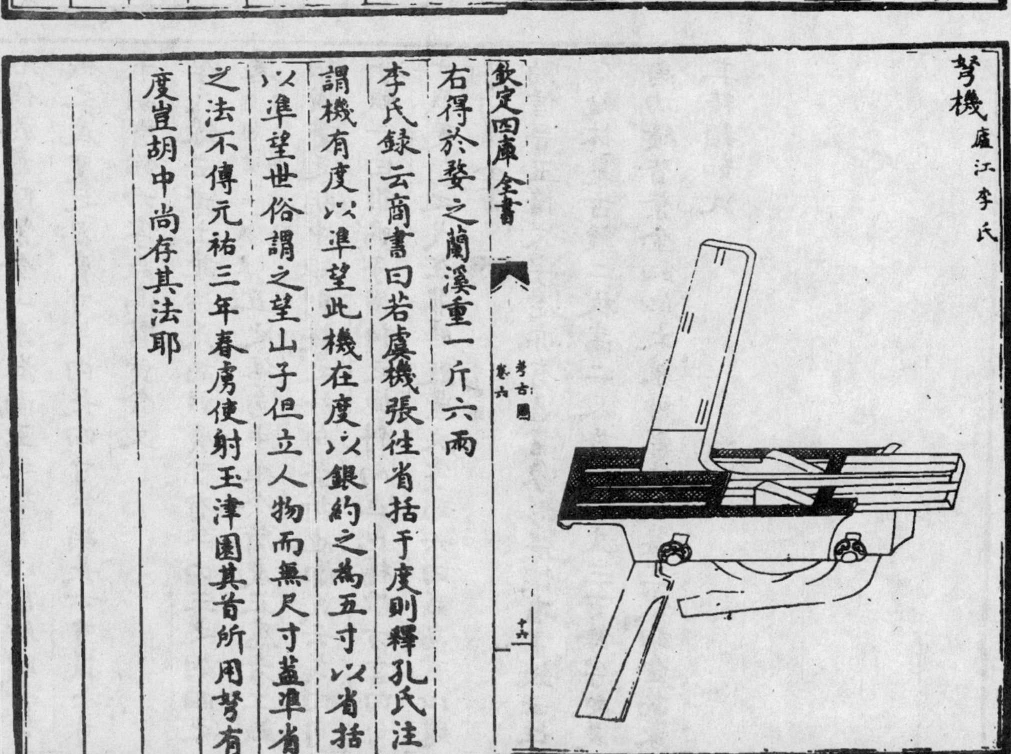

弩機　廬江李氏

右得於婺之蘭溪重一斤六兩

李氏録云商書曰若虞機張往省括于度則釋孔氏注謂機有度以準望此機在度以銀約之爲五寸以省括以準望世俗謂之望山子但立人物而無尺寸葢準省之法不傳元祐三年春虜使射玉津園其首所用弩有度豈胡中尚存其法耶

戈 同上

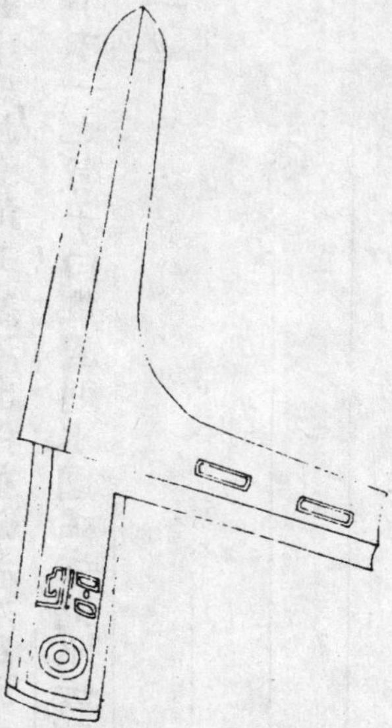

金文象形篆
庚肩吾所謂
蛟脚旁低鵠
頭仰立者也

右得於壽陽紫金山漢淮南王之故宫以前所圖古弩機之度度之刃廣寸半内長四寸半胡長六寸援七寸半胡有銘六字蟲鳥書黄金文

李氏録云考工記冶氏為戟廣寸有半内三之胡四之援（鄭司農云援直刃也胡其子）五之倨句中矩今所度正應考工戟胡横貫之胡中矩則援之外句磬折也鄭氏云戈曰句子戟一曰雞鳴子横揷之微斜向上也楊雄方言曰句子戟楚謂之戈王莽時甄豐文字部六曰蟲鳥書以題

幡信晉王愔文字志亦有蟲書象形張懷瓘書録云往在翰林見古鍾二枚高二尺許有古文三百餘字紀夏禹功績皆紫金鈿似大篆神彩驚人蓋三代鈿金為篆其精類如此

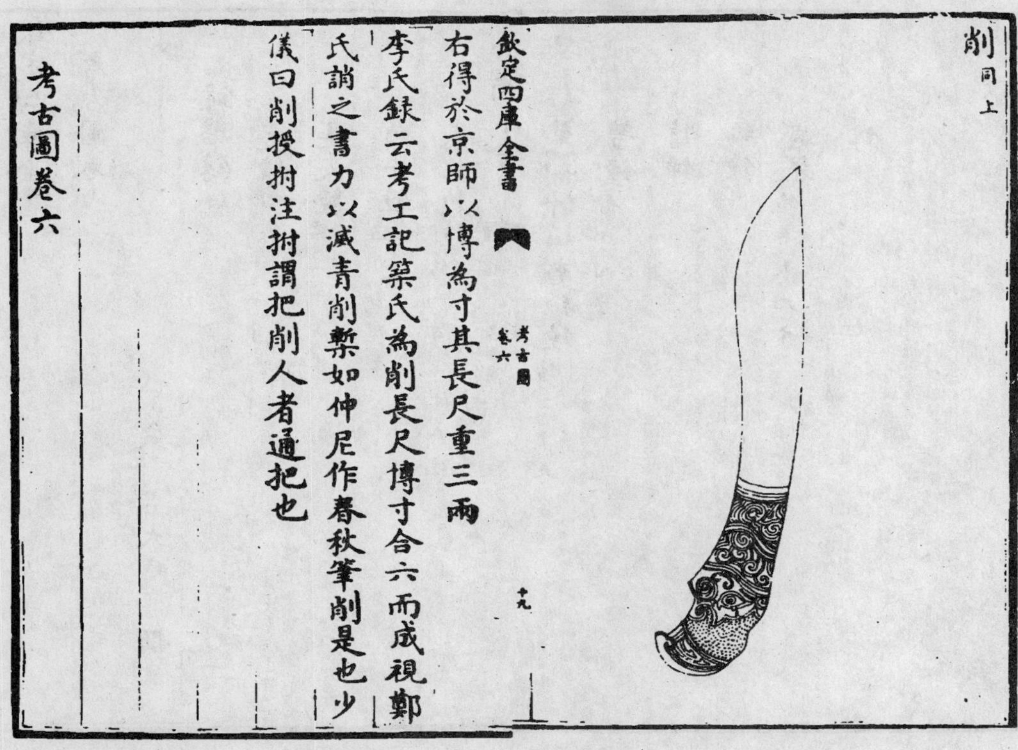
削 同上
欽定四庫全書 考古圖 卷六 十九
右得於京師以博為寸其長尺重三兩
李氏録云考工記築氏為削長尺博寸合六而成規鄭氏謂之書力以滅青削槧如仲尼作春秋筆削是也少儀曰削授拊注拊謂把削人者通把也
考古圖卷六

欽定四庫全書

考古圖卷七

宋 呂大臨 撰

鐘磬錞

走鐘 銘二十二字

遲父鐘 銘三十七字

鄦子鐘 銘六十五字

秦銘勳鐘 銘一百三十九字

楚邛仲嬭南和鐘 銘二十九字

𨦫鐘 銘十四字

特鐘

編鐘

遅磬 銘五十九字

錞

走鐘 大常

五鐘皆劃異銘文同

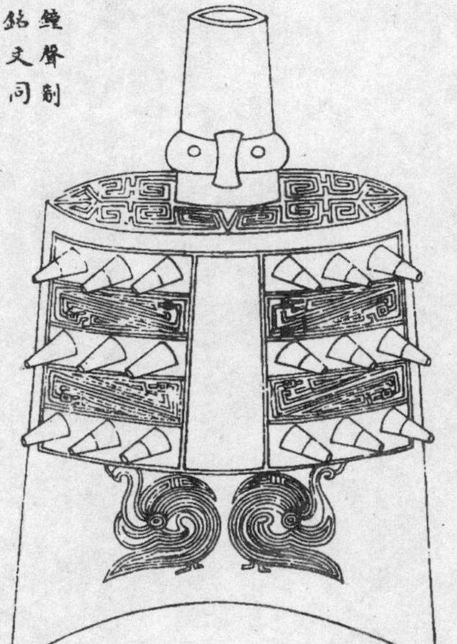

走作朕皇祖文考寶和鐘

走其萬年子子孫孫永寶用享

右五鐘不知所從得其銘同文皆二十有二字

一鐘中令黄鐘下二律長尺有九寸八分内甬衡長六寸九分兩舞相距尺有三寸七分横七寸三分兩彎相距縱尺有六寸横九寸三分今律即景祐中李照等所定不同

一鐘中令甤賓下二律長尺有八寸八分内甬横長六寸八分兩舞相距縱尺有五分横七分兩彎相距縱尺有五寸横七寸

一鐘中令太簇下二律長尺有九寸五分内甬衡長六

寸八分兩舞相距縱尺有二寸一分横八寸六分兩彎相距縱尺有七寸三分横九寸七分

一鐘特懸中令林鐘律長二尺二寸五分内甬衡長八寸一分兩舞相距縱尺有二寸一分横九寸兩彎相距縱尺有八寸四分横九寸有半

一鐘特懸中令太簇律長二尺八分内甬衡長七寸三分兩舞相距縱尺有一寸一分兩彎相距縱尺有七寸半横尺有九寸半

按集古云景祐中修大樂治工給銅更鑄編鐘得古鐘有銘于腹因存而不毁即寶龢鐘也余知太常禮院時嘗於太常寺按樂命工扣之與王朴夷則清聲合初王朴作編鐘皆不圜至李照等奉詔修樂皆以朴鐘為非及得寶龢其狀與朴鐘同乃知朴為有法也

遅父鐘 同上

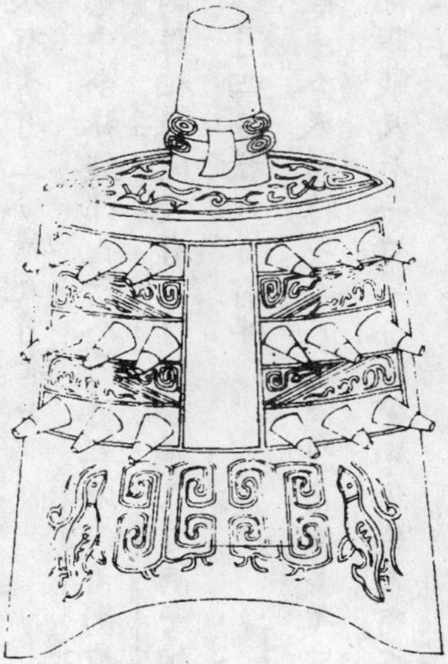

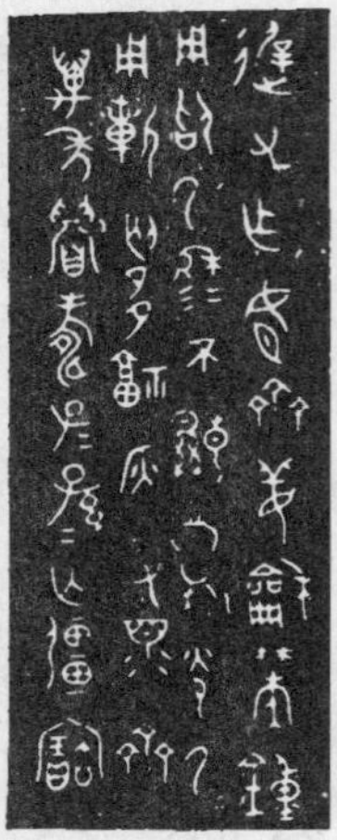

遅父作姬齊姜和林夾鐘
用昭乃穆丕顯龍光乃
用祈匄多福侯父眔齊
萬年眉壽子孫日寶

右不知所從得中今太簇下二律長二尺一寸有半內甬亦長八寸八分兩舞相距縱尺有二寸一分橫八寸六分兩欒相距縱尺有八寸四分橫九寸有半銘三十有七字

按考工記鳧氏為鐘兩欒謂之銑銑間謂之于于謂之鼓鼓上謂之鉦鉦上謂之舞舞上謂之甬甬上謂之衡注云銑鐘口兩角于鐘脣之上袪也鼓所擊處甬與衡鐘柄也人鐘帶謂之篆篆間謂之枚枚謂之景注云帶

所以介其名也介在于鼓鉦舞甬衡之間凡四又云枚鐘乳也今時鐘乳俠鼓與舞每處有九面三十六以此制考古鐘皆合古之樂鐘美而不圜皆有篆間之枚故其聲一定而不游與衆樂不相奪今鐘多圜而無枚故其聲與古相反又此鐘銘云林夾鐘今攷其聲甚下蓋不可考

鄦子鐘 汁陽蘇氏

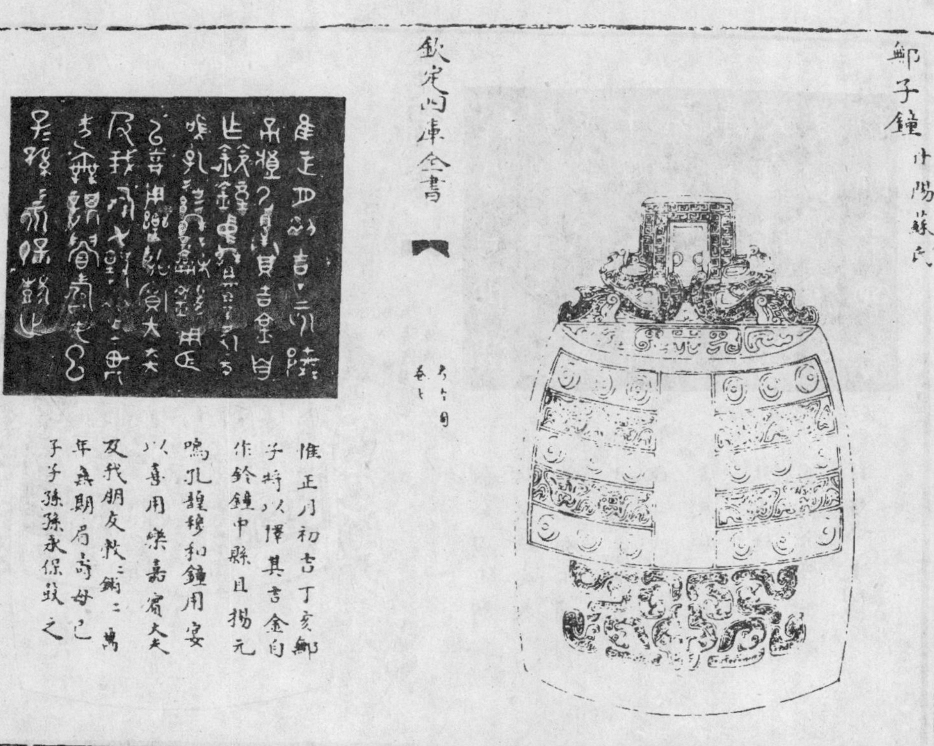

隹正月初吉丁亥鄦
子特以擇其吉金自
作鈴鐘中縣且揚元
鳴孔諻穆和鐘用宴
以喜用樂嘉賓大夫
及我朋友敉〻鍸〻萬
年無期眉壽毋已
子子孫孫永保鼓之

欽定四庫全書

考古圖 卷七

右得於潁川高寸七分縮五寸衡三寸八分重四斤十二兩聲未考銘六十有五字

按史記鄭悼公元年鄦公惡鄭於楚徐廣曰鄦音許許公靈公也左氏傳魯成公五年許靈公愬鄭伯于楚鄭悼公如楚訟不勝以是推之許靈公即鄦公鄦許文異而音義同

秦銘勲鐘 內藏

薛編作盄和鐘

欽定四庫全書

考古圖 卷七

九

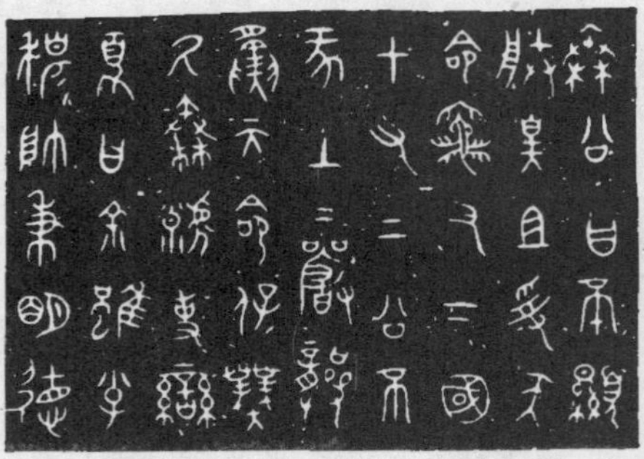

秦公曰丕顯
朕皇祖受天
命奄有下國
十有二公不
墜上帝嚴公
寅天命保業
故秦虩事蠻
夏曰余雖小子
穆穆帥秉明德

欽定四庫全書

考古圖 卷七

十

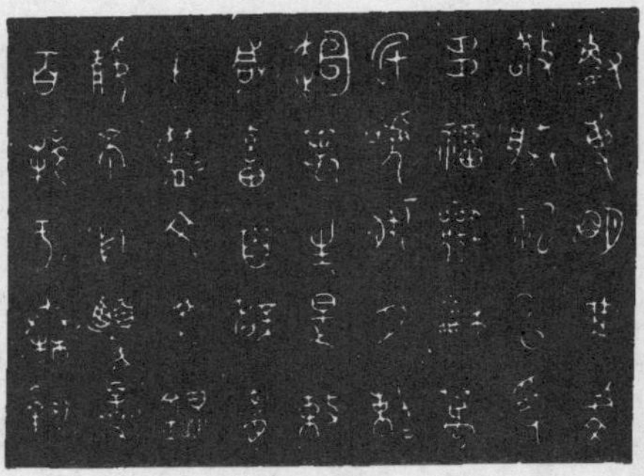

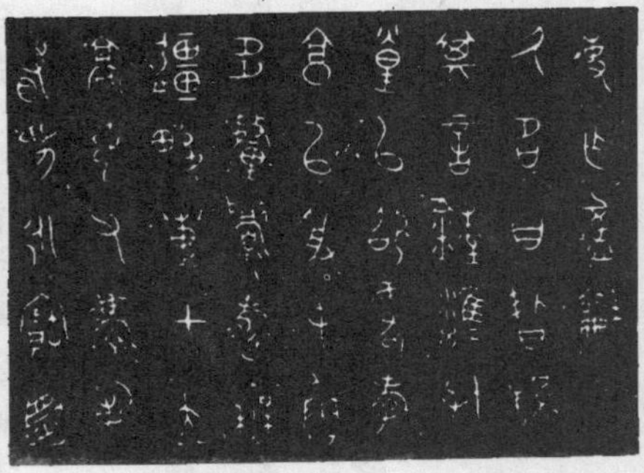

叡尃明刑虔
敬朕祀以受
多福協龢萬
民呼夙夕剌剌
趄趄萬生是頡 頟作釋執
咸畜百辟胤
士 文武鎮 士字下薛獨有
靜不廷顁燮
百邦于秦執

事作盄和
故名曰𦫳邦 舊釋皆邦
其音鉠鉠雝雝孔
煌以昭格孝
享以受純魯
多釐眉壽無
疆畯疐在位
高弘有慶溥
宥四方永寶宜

右不知所從得口徑衡尺有五寸縮尺有三寸九分深二尺二寸六分頂徑衡尺有二寸縮尺有一寸柄高八寸𤰞柄四垂為卷雲落文之飾聲未考銘百有三十九字

楊南仲云秦鐘其銘云十有二公按秦自周平王始邑非子于秦為附庸平王始封襄王為諸侯非子至宣為十二世自襄公至桓公為十二世莫可攷知矣

集古云按史記本紀自非子邑秦而秦仲始為公襄公

始為諸侯於諸侯年表則以秦仲為始今據年表始秦仲則至康公為十二公此鐘為諸侯作也據本紀自襄公始則至桓公為十一公而銘鐘者當為景公也未知孰是姑俟博識君子定之

楚邛仲嬭南和鐘

眉山蘇氏

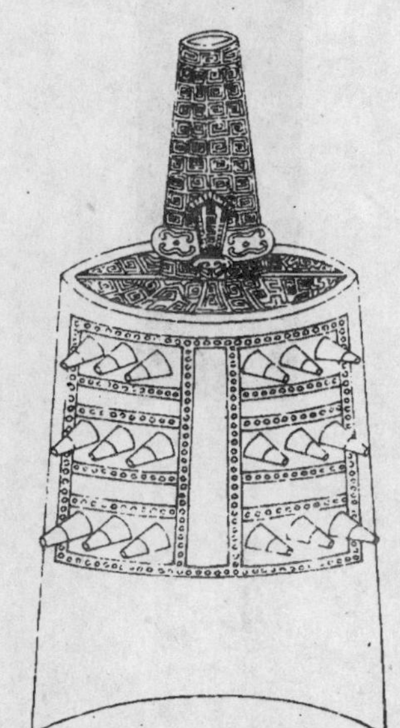

惟正月初吉丁亥楚王媵邛仲嬭南龢鐘其眉壽無疆子子孫孫永保用之

右得於錢塘量度幷未考銘二十九字
按類編云勝送也媵姊也蓋楚之送女之器謂之南和
鐘者樂縣在南也儀禮大射禮云阼階東笙磬西南其
南笙鐘西階之西頌磬東西其南鐘

咢鐘 河南寇氏

宫令宰僕錫肸鐘
十有二肸敢拜稽首

右不知所從得高尺有九分兩舞相距縱七寸兩篔相距縱八寸八分銘十有四字聲未考

特鍾京兆呂氏

編鐘同上

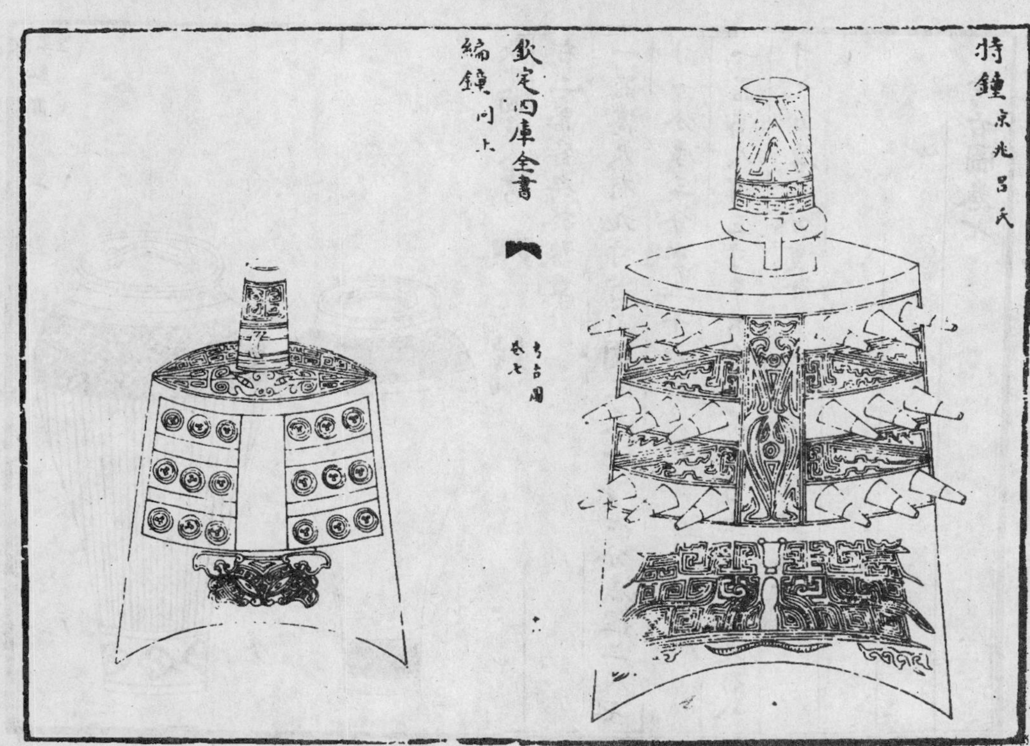

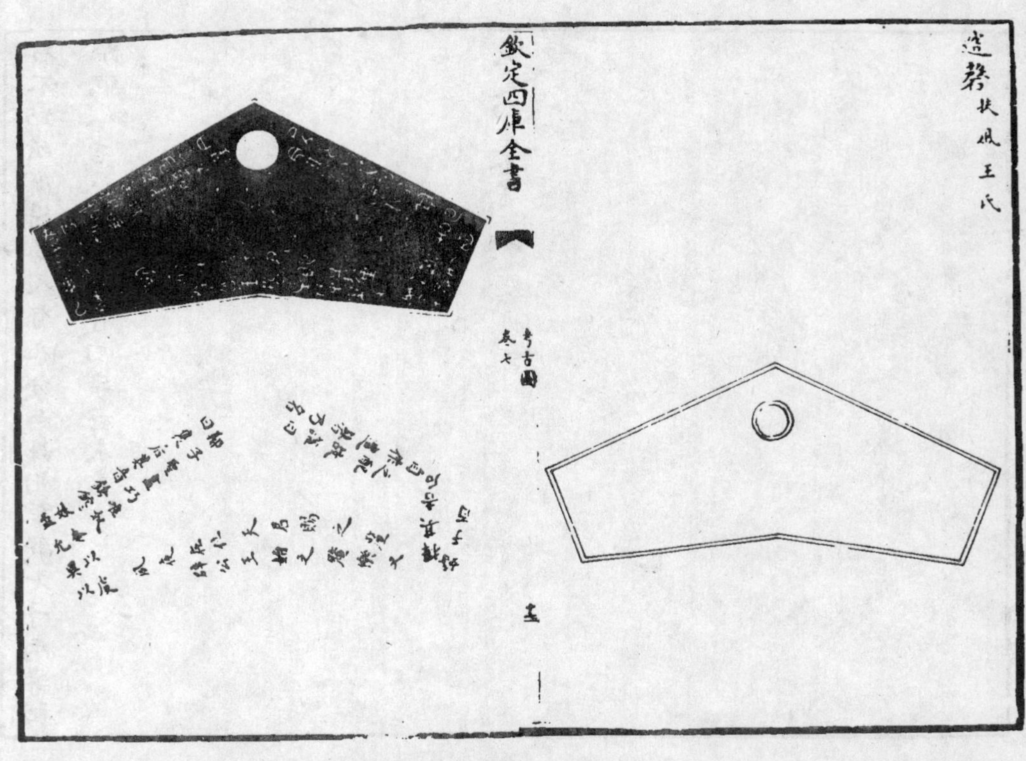
遣磬　扶風王氏

欽定四庫全書

考古圖　卷七

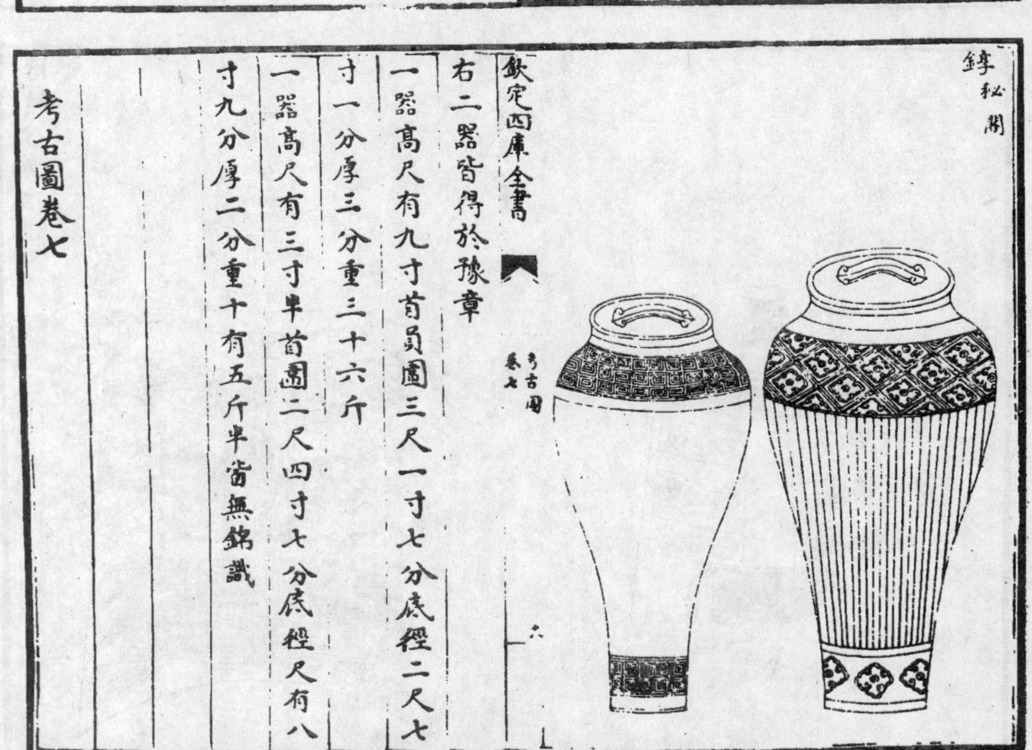
錞　秘閣

欽定四庫全書

考古圖　卷七

六

右二器皆得於豫章

一器高尺有九寸首員圍三尺一寸七分底徑二尺七寸一分厚三分重三十六斤

一器高尺有三寸半首圍二尺四寸七分底徑尺有八寸九分厚二分重十有五斤半皆無銘識

考古圖卷七

考古圖卷八

宋　呂大臨　撰

玉器皆廬江李氏所藏

琥銘三字

琫珌

璧

瑞玉瓛

水蒼珮

玉帶鉤

玉杯

玉鹿盧

白玉雲鉤

玉環

玉玦

琱玉蟠螭

玉環玦

琥一 虎江字六

欽定四庫全書

考古圖 卷八

伞十三

三

右得於京師博二寸六分長八寸三分前足之旁銘三字

按大宗伯以玉作六器以白琥禮西方覲禮諸侯覲于天子天子為壇祀方明加方明於其上設六玉西方琥小行人合六幣以和諸侯之好琥以繡禮器云珪璋特琥璜爵蓋珪璋璧琮琥璜之器以象天地四方天子以是禮神諸侯以是享天子而已說文曰琥發兵瑞玉為虎文不見于經不知許慎何所據然漢用虎符發兵雖

欽定四庫全書 考古圖 卷八 四

以銅為之其原疑出于此文曰年十三者亦兵符之次第年字蓋以日辰為號或云年與五同發兵遣將高威以待如虎之將博卷尾屈足俯地而伏此器之虎形則然魯哀公疾賜子家子雙琥一璞而為二物是以可以為得矣嘗見世有得古含玉者旁側汙蠛有若塗漆不可磨洗蓋親身之久雖玉亦渝此器亦然又疑如與瑞所載琥璜之渠眉也

按東坡洗玉池銘維伯時父弔古啜泣道逢玉佩解驂

維食劍璏鉞秘錯落具室復齋湯録云李伯時石刻謂元祐八年伯時仕京師居紅橋子弟得陳峽州馬臺石愛而置之山中一日東坡過而謂曰斲石為沼當以所藏玉時出而浴之具刻其形于四旁予為子銘其居而號曰洗玉池所謂玉者凡十有六雙琥璏三鹿盧帶鉤琫珌璣球杯水蒼珮螳蜋帶鉤佩刀柄珈瑱拱璧是也伯時既没池亦湮晦徽宗嘗即其家訪之得於積壤中其子碩以時禁蘇文因背磨其銘文以授使者十六玉

惟鹿盧環從葬龍眠餘者咸歸内府矣

琫珌 廬江李氏

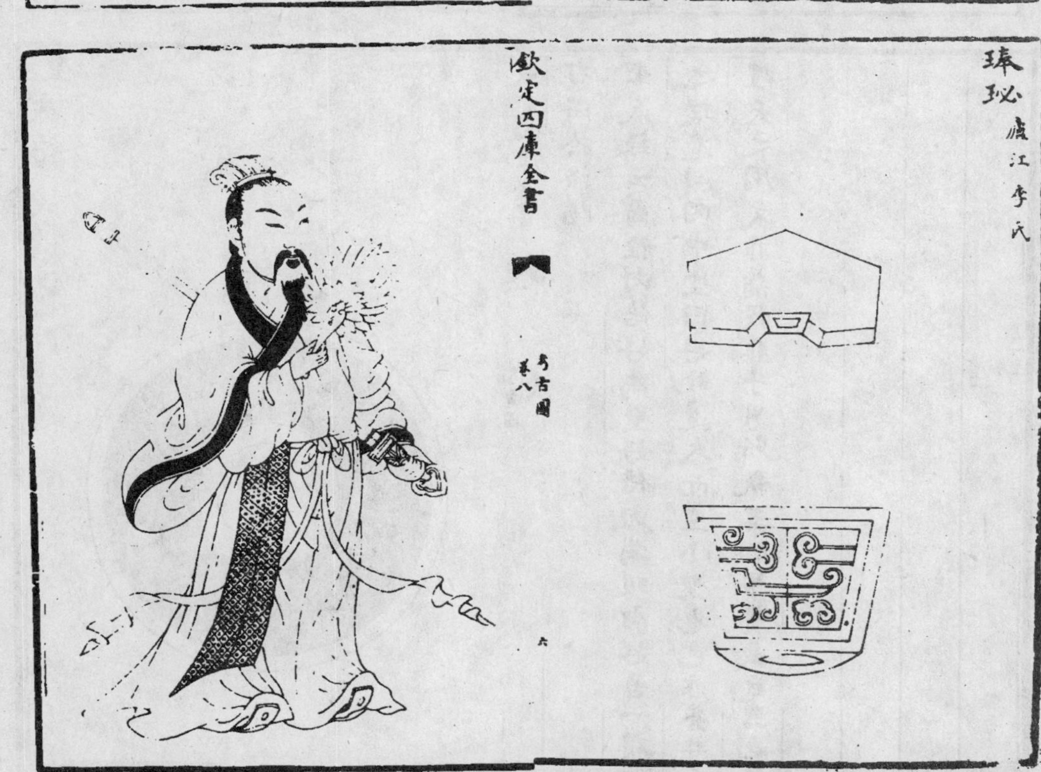

右得於京師

李氏録云詩曰鞞琫有珌又曰鞞琫容刀春秋傳曰藻率鞞鞛皆注為佩刀之上下飾乃刀削具裝之首尾觀顧長康所畫烈女圖有楚武王所佩刀如是是以知其為上下飾者名曰琫珌

璧　廬江李氏

右得於洛陽

李氏録云爾雅肉倍好為璧好倍肉為瑗肉好若一謂之環邉曰肉中空曰好此邉大而空小璧也色非蒼非禮天之用文非蒲榖非子男所執其加幣贊藏之器也

璊玉璏　廬江李氏

右得於壽陽

李氏録云璊玉䞓色也禾之赤苗謂之虋言璊玉色如之璏劒鼻也徒例切又音衛王莽進休玉具劒休不受莽曰美玉可以滅瘢即解其璏碎而獻之蜀張恶之廟有唐禧宗解賜玉具裝劒其室之上下雙綴以管縚正此物非劒鼻而何

水蒼珮　廬江李氏

右得於京師

李氏録云禮玉藻云公侯佩山玄玉大夫佩水蒼玉注云山玄水蒼玉之文也此琱玉水中亦有魚尾文

玉帶鉤　盧江李氏

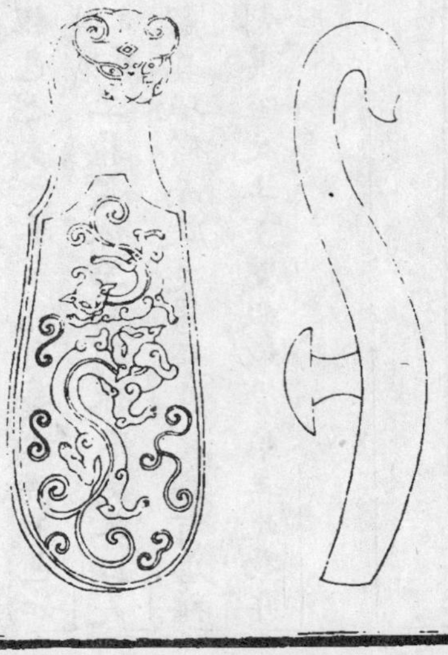

右得於長垣

李氏録云聶宗義引古衣服令大裘革帶玉鉤䚢五列切䚢也虎盧玉具劍以祀天地至於服袞冕祭宗廟冠通天袍絳紗朝元會并用之此三代珮玉鉤也說者謂蟾肪昆吾刀能治之如蠟覩其鏤文深妙琢飾高下委曲圓平盡滿人意信其說之非妄自秦漢以來無其法

玉杯　盧江李氏

右不知所從得

李氏録云漢高祖以玉杯為太上皇壽以橫長故後人謂之玉東西

按淮南子闚面於盤水則圓於杯隨面形不變其故有所圜有所隨者所自闚之異也隨當讀橢他果切狹長也蓋古杯之形皆狹長又聞使虜士大夫言遼主燕用玉杯狹長有舟其世子亦用之形制少殺

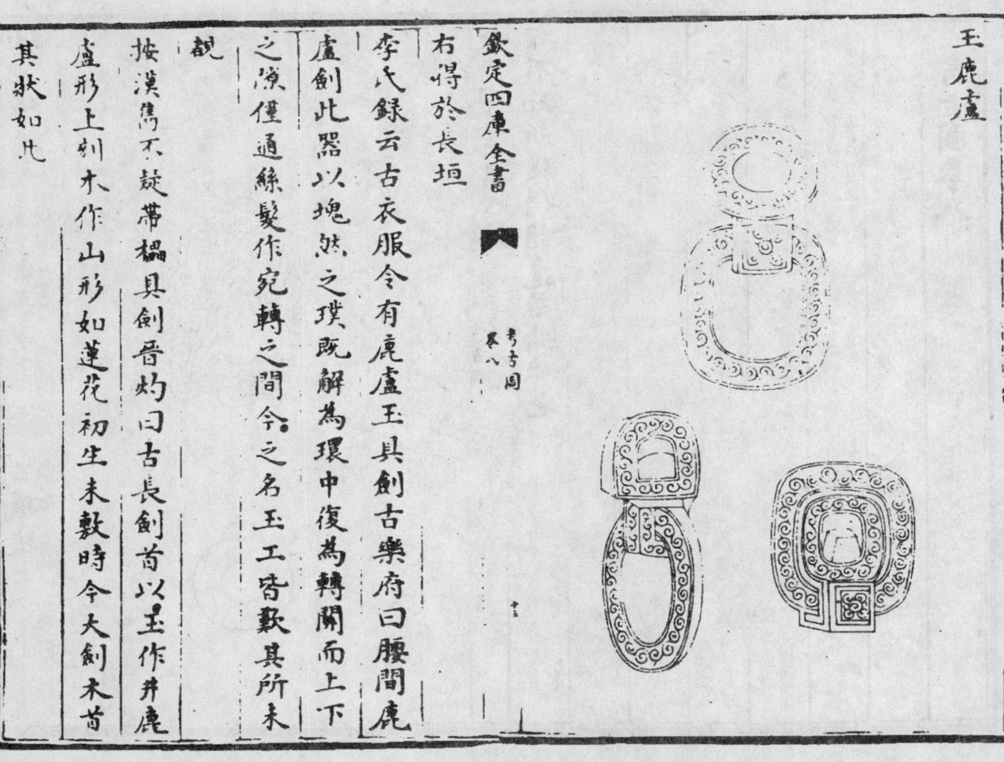

王鹿盧

右得於長垣

李氏録云古衣服令有鹿盧玉具劍古樂府曰腰間鹿盧劍此器以塊然之璞既解為環中復為轉關而上下之須僅通絲髮作宛轉之間今之名玉工皆歎其所未覩

按漢雋不疑帶櫑具劍晉灼曰古長劍首以玉作井鹿盧形上刋木作山形如蓮花初生未敷時今大劍木首其狀如此

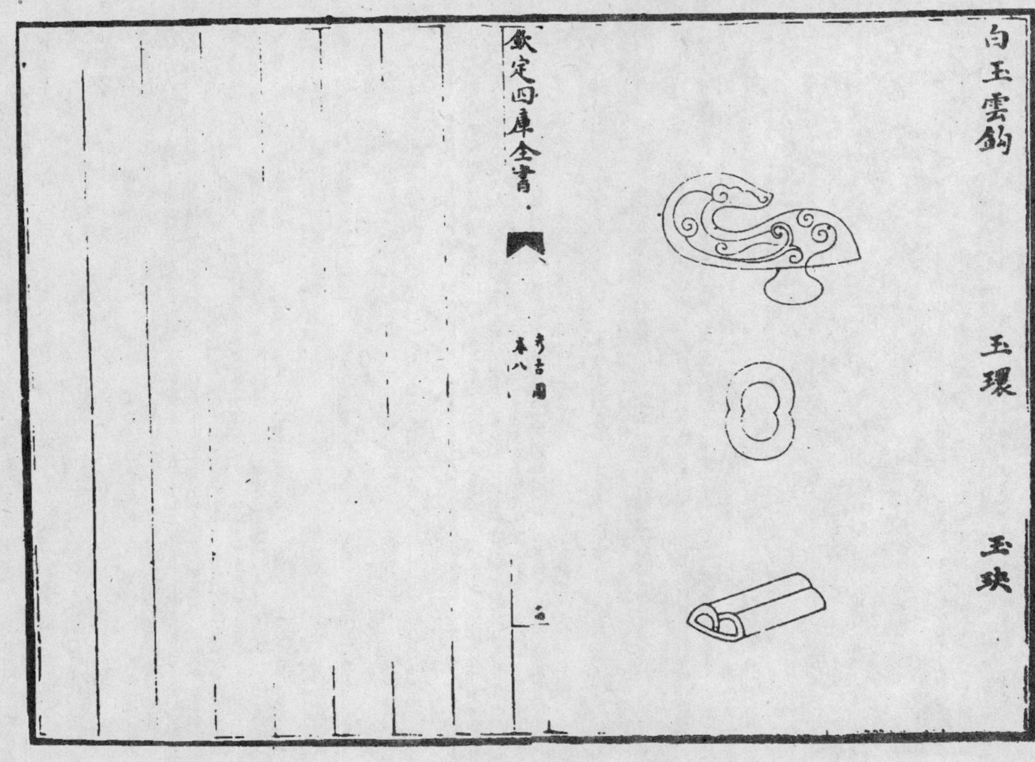

白玉雲鈎

玉環

玉玦

琱玉蟠螭
玉環玦
欽定四庫全書
考古圖 卷八
右不知所從得諸遺帶鈎玦也
考古圖卷八

欽定四庫全書

考古圖卷九

宋 呂大臨 撰

秦漢器

首山宮鴈足燈 銘二十四字

甘泉上林宮行鐙 銘三十一字

甘泉内者鐙 銘三十字

車宮承燭槃 銘十七字

漢鐙

有柄行鐙

有柄鳳龜鐙 銘一字

蚊鐙

一華雞足鐙

辟邪鐙

鹿盧鐙 二器

龍虎鹿盧燈 銘四字

犀燈

羊燈

雙魚四錢大洗 銘七字

雙魚洗 四器一器銘三字一器銘二字

秦權 二器銘一百五字

丞相府漏壺 銘二十一字

大官銅鍊 銘三十二字

周陽侯甗鍑 銘三十一字

好畤共廚鼎 銘二十六字

軹家釜 銘二十一字

軹家甑 銘十七字

熏爐 銘三十六字

金飾小鼎

曲耳小鼎

方耳鼎

環耳鼎

直耳鼎

侈耳匾鼎

欽定四庫全書 考古圖 卷九 二

甘泉上林宫行鐙 同上

欽定四庫全書 考古圖 卷九

河東爲甘泉上林宫造行鐙重六斤十兩五鳳二年王同夫山工譊作第二

右不知所從得惟承槃存徑七寸有半深寸有二分銘三十有一字弇鴈足燈共重三斤一十四兩

首山宮鴈足燈 京兆李氏

蒲反首山宮銅鴈足八寸並重六斤永始四年二月工貫慶造

右不知所從得高六寸三分面徑四寸有半足縮四寸衡三寸七分銘廿有四字

甘泉內者鐙 京兆陳氏

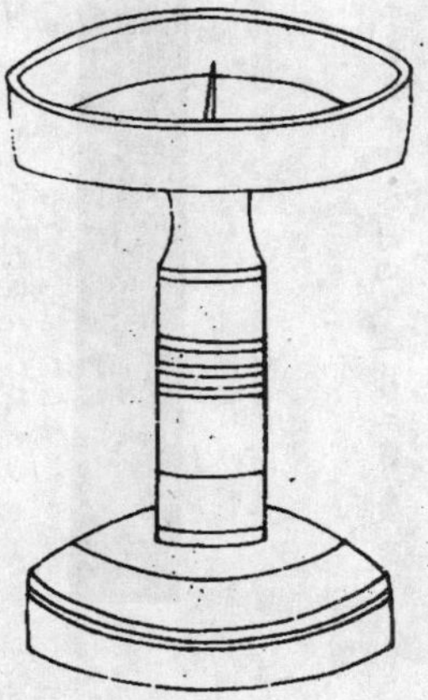

甘泉 內者

內者元康二年三月河東安邑守者宦王軒造重廿五斤十一兩

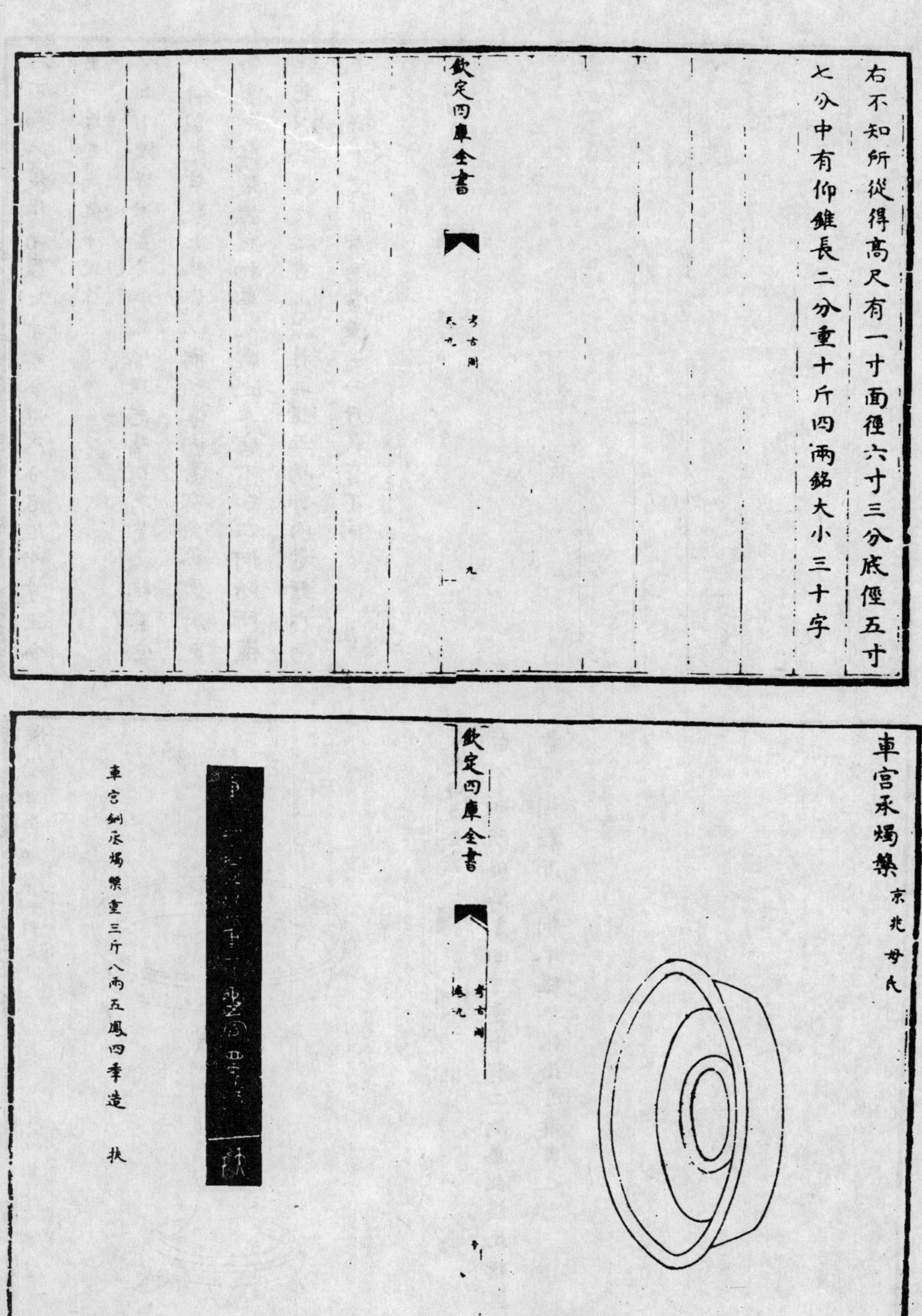

右不知所從得高尺有一寸面徑六寸三分底徑五寸七分中有仰錐長二分重十斤四兩銘大小三十字

車宮承燭槃

京兆毋氏

車宮銅承燭槃重三斤八兩五鳳四季造　扶

右不知所從得面徑七寸六分深八分底徑四寸三分重一斤五兩銘十七字

以上四鐙皆漢宣帝時器地理志蒲坂有首山祠其宫即祠宫也甘泉上林皆以衛所掌内者有令丞少府之屬掌中存張諸衣物奄人職也車宫不知在何所所權輕重以今權校之首山上林二鐙五兩奇内者鐙六兩半有奇車宫㮡六兩當漢之一斤數皆不同

漢鐙　新平張氏

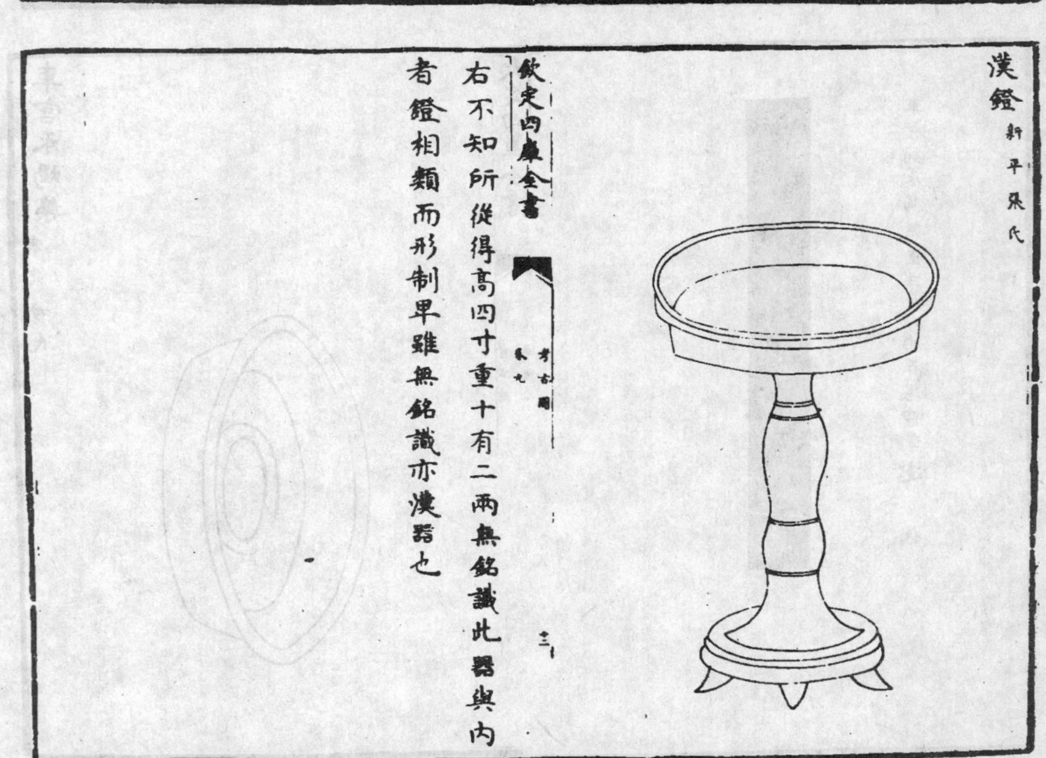

右不知所從得高四寸重十有二兩無銘識此器與内者鐙相類而形制卑雖無銘識亦漢器也

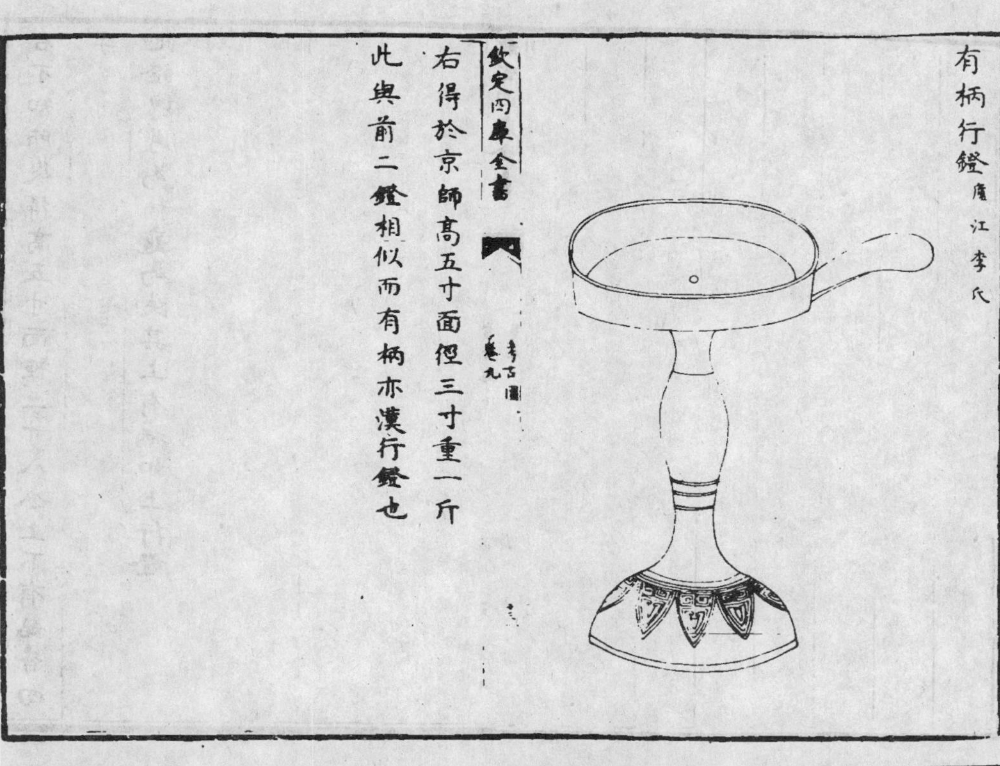

有柄行鐙　廬江李氏

右得於京師高五寸面徑三寸重一斤

此與前二鐙相似而有柄亦漢行鐙也

有柄鳳龜鐙　京兆薛氏

右不知所從得高五寸面徑二寸八分上下有銘皆四字

此鐙以鳳爲柄蹟爲趺其上有柄如上行鐙

蛟鐙 蘋臺蔣氏

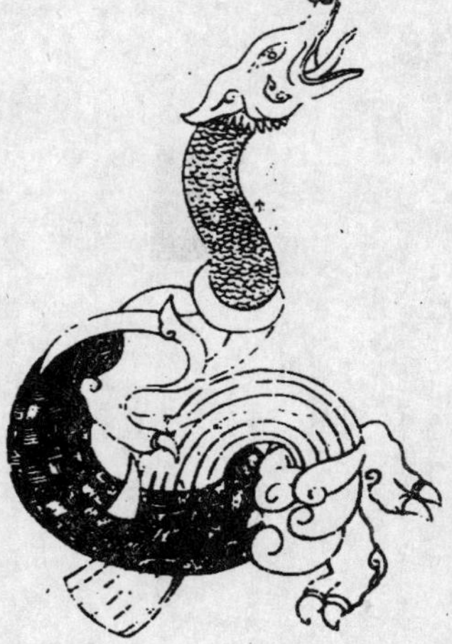

右不知所從得高三寸八分口縱三寸横二寸無銘識

一華雞足鐙 開封劉氏

右不知所從得度量未考無銘識

辟邪鐙 廬江李氏

右得於河濱

李氏録云古人以盤貯油五獸其中負娃于背穴使火氣吸油肖竅入作明無窮後漢李尤金羊鐙銘曰金羊載輝作明以續

鹿盧燈　京兆田氏

欽定四庫全書　考古圖　卷九

右不知所從得高七分徑縮四寸半衡二寸一分容七合重一斤無銘識有爲轉關鹿盧以開闔蓋上貯油有仰錐以爲炷

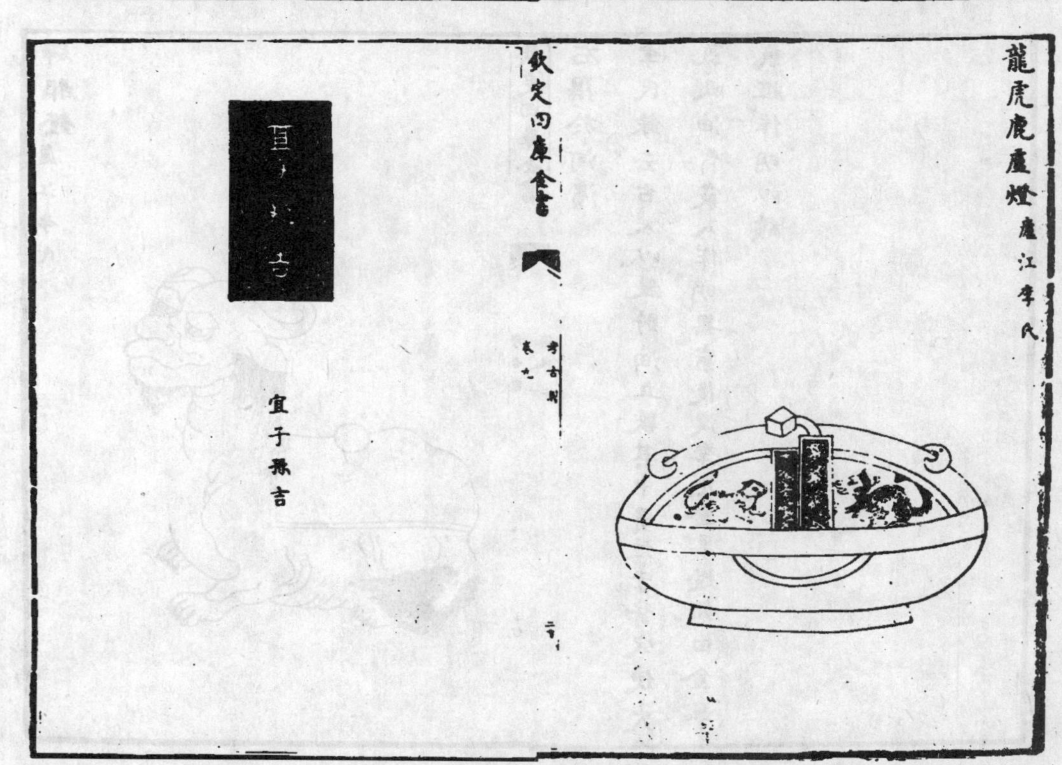
龍虎鹿盧燈　廬江李氏

欽定四庫全書　考古圖　卷九

宜子孫吉

右不知所從得量度未考銘四字

以上二燈形制一體此有龍虎文爲飾

犀燈 成都大慈寺僧

羊燈 同上

右不知所從得量度未考無銘識亾其蓋以上二燈與鹿盧燈略相似但其蓋不為鹿盧形亦無仰錐以為炷但於蓋背有圓空負炷如辟邪之比也

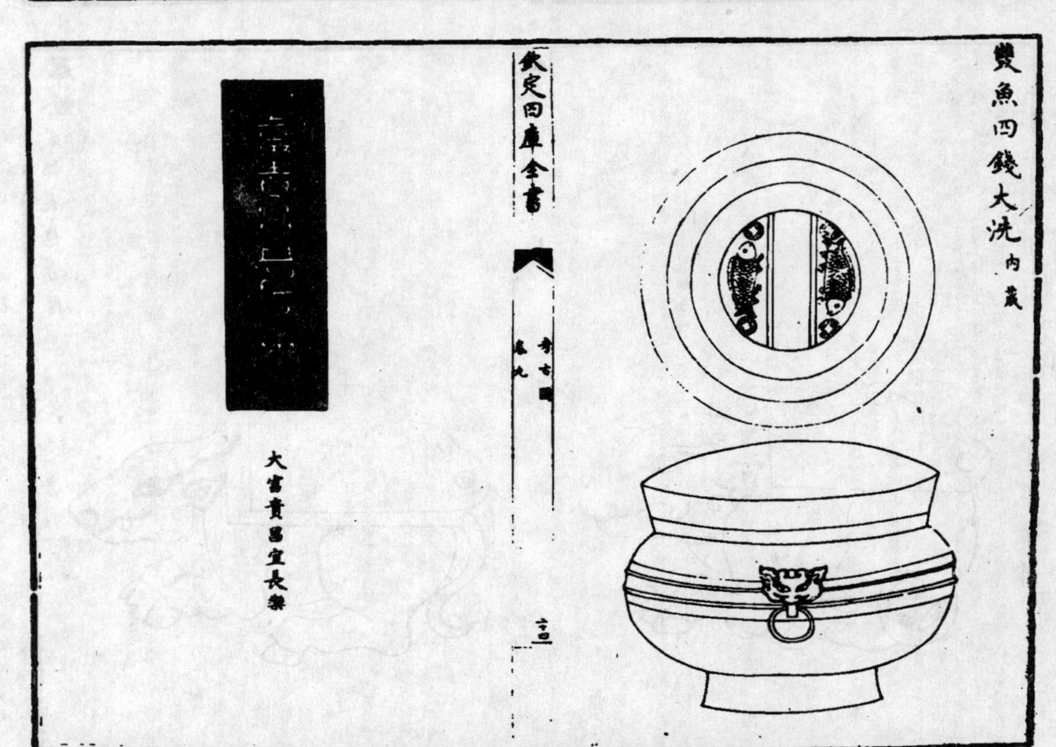

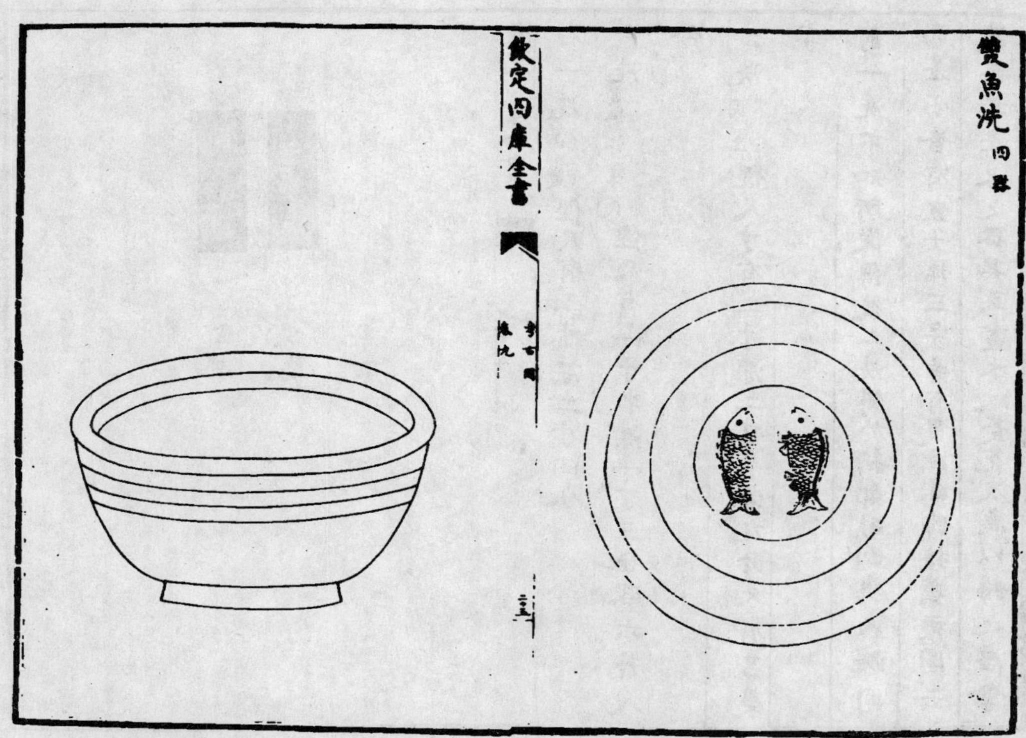
雙魚洗 四器
欽定四庫全書
考古圖
卷九
三五

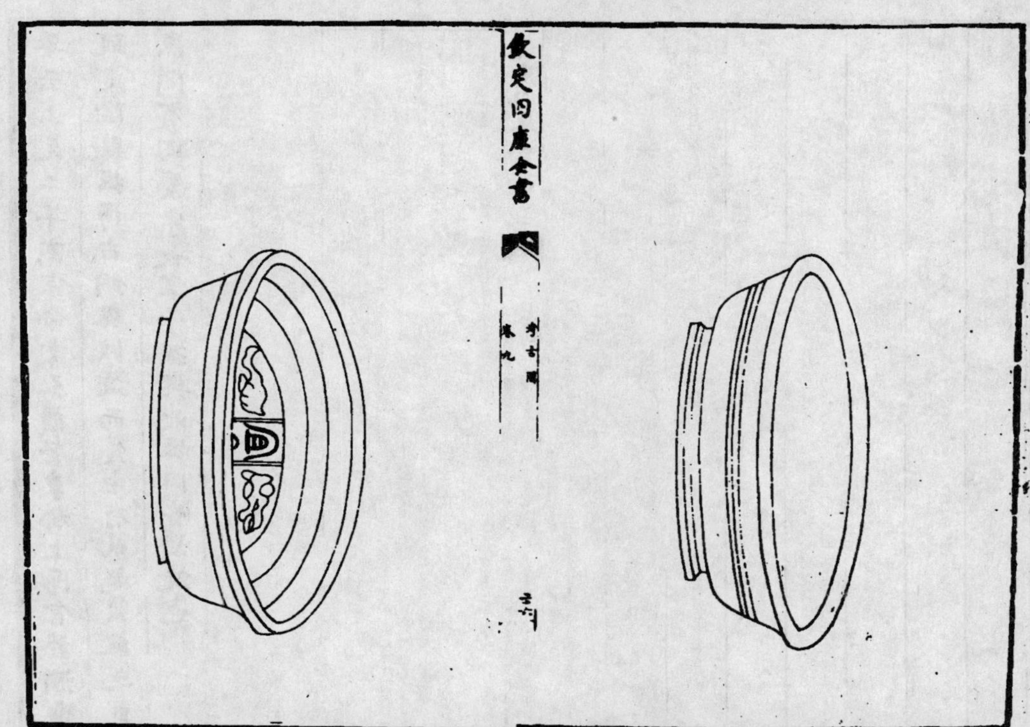
欽定四庫全書
考古圖
卷九
三六

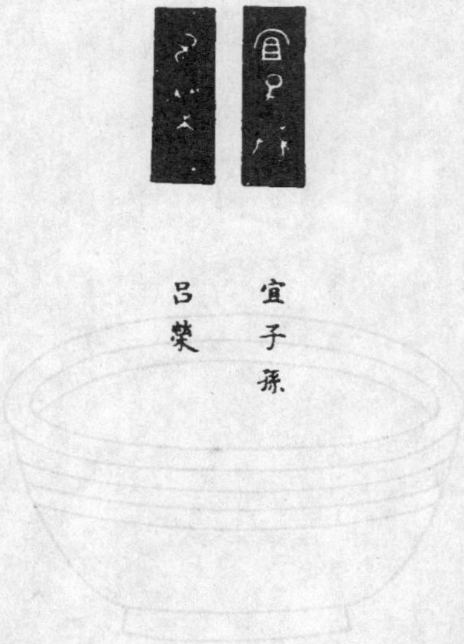

宜子孫

呂榮

右一洗內藏徑尺有五寸深二寸四分

一洗廬江李氏徑尺有一寸半深一寸三分容六升八合

一洗同上徑尺寸有二寸深二寸半容九升又有呂榮字

前一洗不知所從得後二洗得於新鄭形制與大洗同而差小皆有宜子孫三字旁有雙魚為飾按舊禮圖云洗乘槃棄水之器其為畫水紋菱花及魚以飾之唐會要云上元二年高宗命韋弘機營東都上陽宮於澗曲疏建陰殿掘得古銅器似盆而淺中有蹙起雙鯉之象魚間有四篆字長宜子孫與此器同皆漢洗也

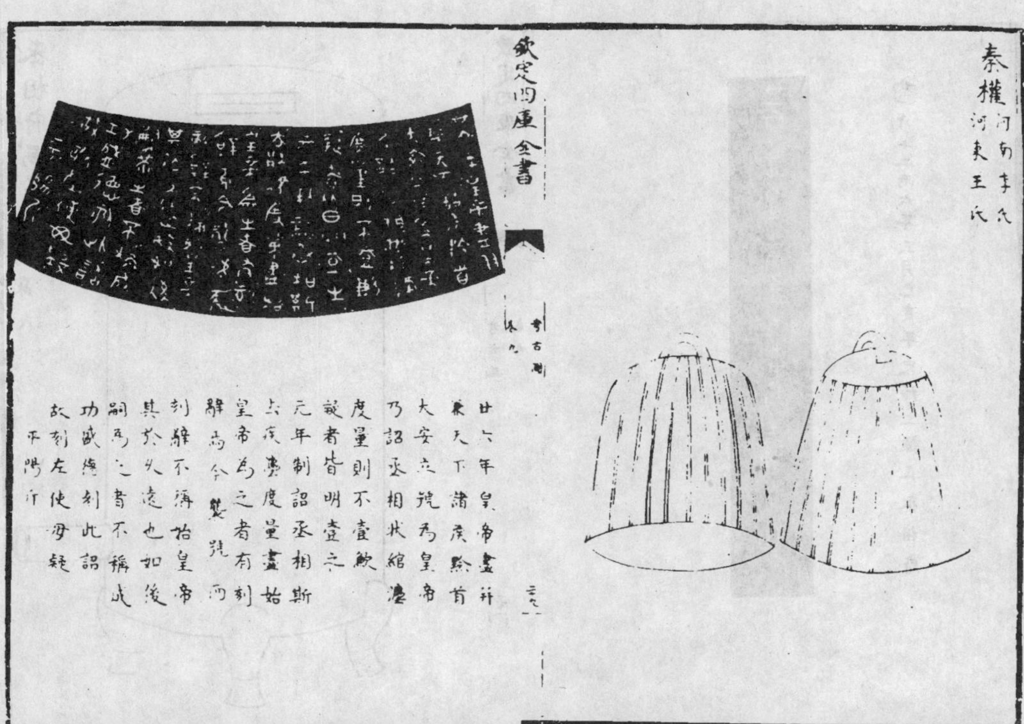

右不知所從得各高二寸徑寸有九分容合重六兩銘一百有二字又有三字曰平陽斤 王氏同

按秦本紀始皇廿六年平六國號皇帝一法度衡石丈尺丞相綰者王綰也二世元年皇帝曰金石刻盡始皇帝所為也今襲號而金石刻辭不稱始皇帝其於久遠也如後嗣為之者不稱成功盛德丞相臣斯臣去疾御史大夫臣德言請具刻詔書刻石因明白矣臣昧死請制曰可始言金石刻而卒止言刻石據權之文云故刻

左則史記石字當為左字丞相去疾徐廣作應非曰姓馮

丞相府漏壺 丹陽蘇氏

廿一斤十二兩六年三月己亥年史神工譚正丞相府

右不知所從得高九寸有半深七寸有半徑五寸六分容五升有蓋銘廿有一字

按此器制度其蓋有長方孔而壺底之上有流筩乃漏壺也視其銘文則漢器也

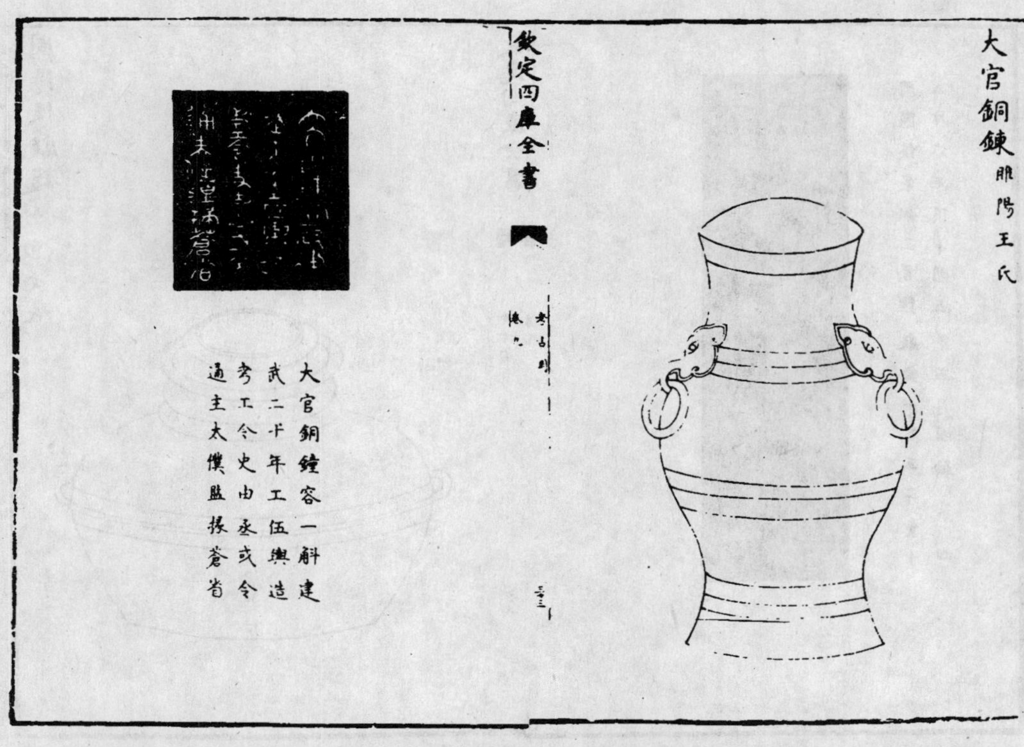

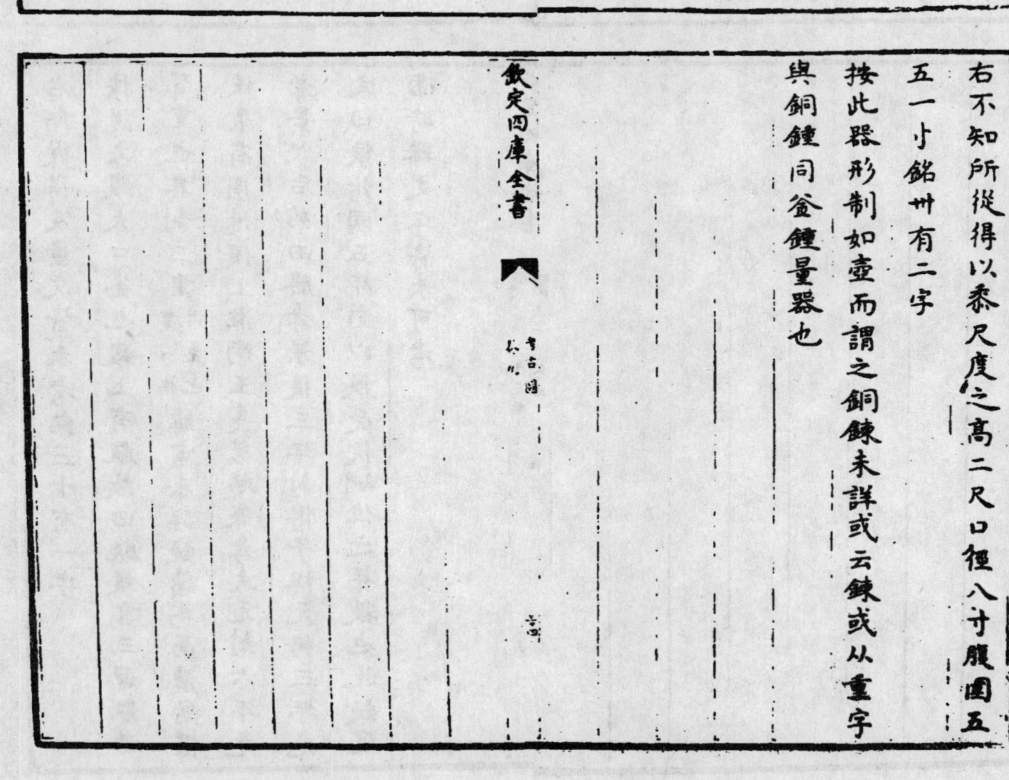

欽定四庫全書　考古圖 卷九　三十四

右不知所從得以黍尺度之高二尺口徑八寸腹圍五
五一寸銘卅有二字
按此器形制如壺而謂之銅錬未詳或云錬或从重字
與銅鍾同瓮鍾量器也

周陽侯甗鍑 河南文氏

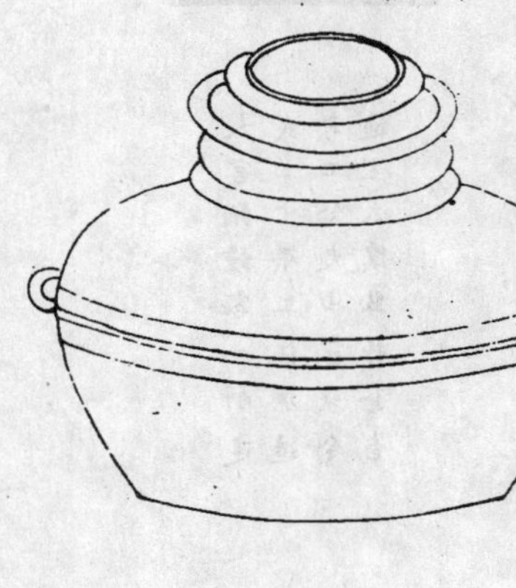

周陽侯家銅三習雖甗鍑一容五斗重十八斤六兩侯治國五年五月國輸第四

右所從得及量度皆未考銘三十有一字

按説文鍑大口釜也鍑上有甗故曰甗鍑言三習疊者習重也其制三重習一作摺疊也雖字未詳疑讀爲禹漢恩澤侯表有周陽侯上淮南王長舅趙兼孝文元封六年免孝景太后弟田勝孝景後三年封傳子祖元狩三年免文曰侯治國五年自以侯受侯嗣位之年數也此疑宣帝時器文字皆未可考

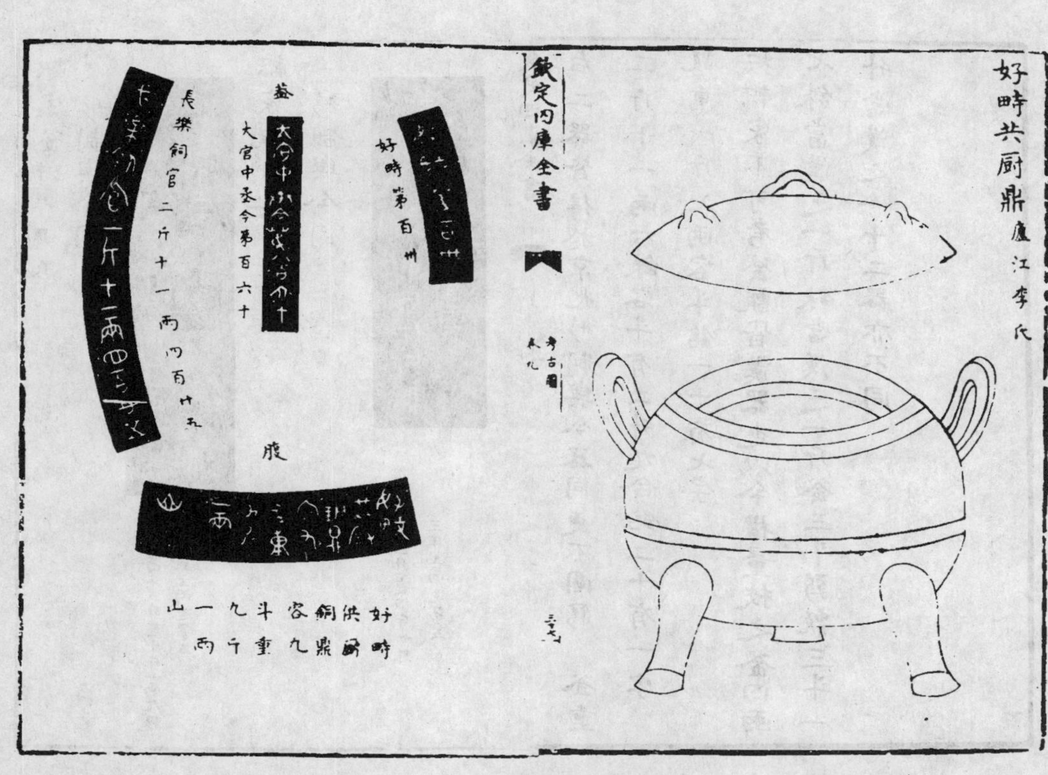

右不知所從得高五寸深三寸徑五寸有半容三升一合重三斤六兩有銘十五字在腹二十有一字在蓋下據解廿有六字

按此器文曰好畤共厨鼎又曰好畤第百三十又曰長樂宮第四百二十五大回中第八百六十好畤在雍東泰以東郊祀上帝長樂未央建章皆在長安回中宮三輔黄圖云太宮從帝行幸移用其器而次第不一皆刻以記之備淆錯也此器刻云重九斤一兩今重三斤六兩今六兩當漢之一斤與車宮槃之法同

軹家釜 京兆孫氏

形制與今同

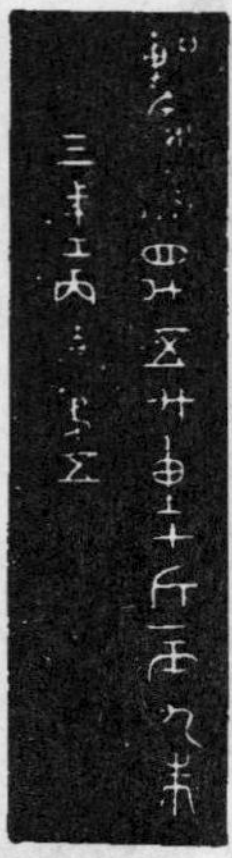

軹家容四斗五升重十斤一兩九銖
三年工丙造第五

軹家甑 同上

形制與今同

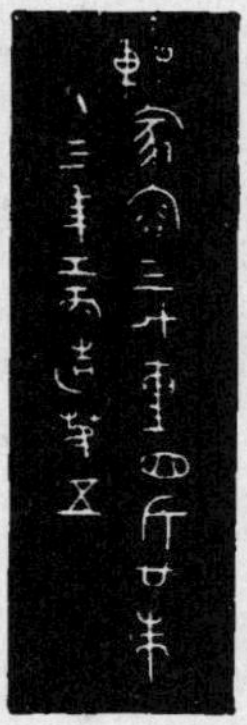

軹家容三升重四斤廿銖
三年工丙造第五

右二器皆得於京兆形制與今器同更不圖寫　釜重二斤十一兩六銖容斗有二升九合銘二十有一字甑重一斤七兩容斗銘一十有七字

按軹家不可考釜甑皆漢器也以今權量校之釜四兩七銖當漢之一斤銖當漢之一斤釜三斗弱甑三斗一升當漢之一十二器亦不同

熏爐 廬江李氏

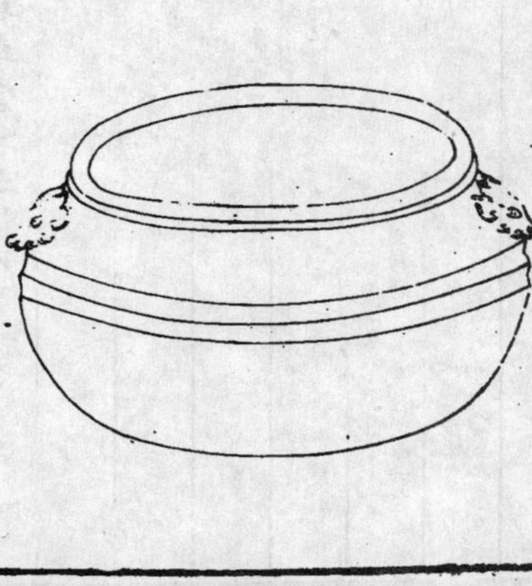

緐安宮銅熏鑪容五升具盎重五斤六兩神爵四年
與宮嗇夫忠佐史工司馬誕造第一百卌一　廿三

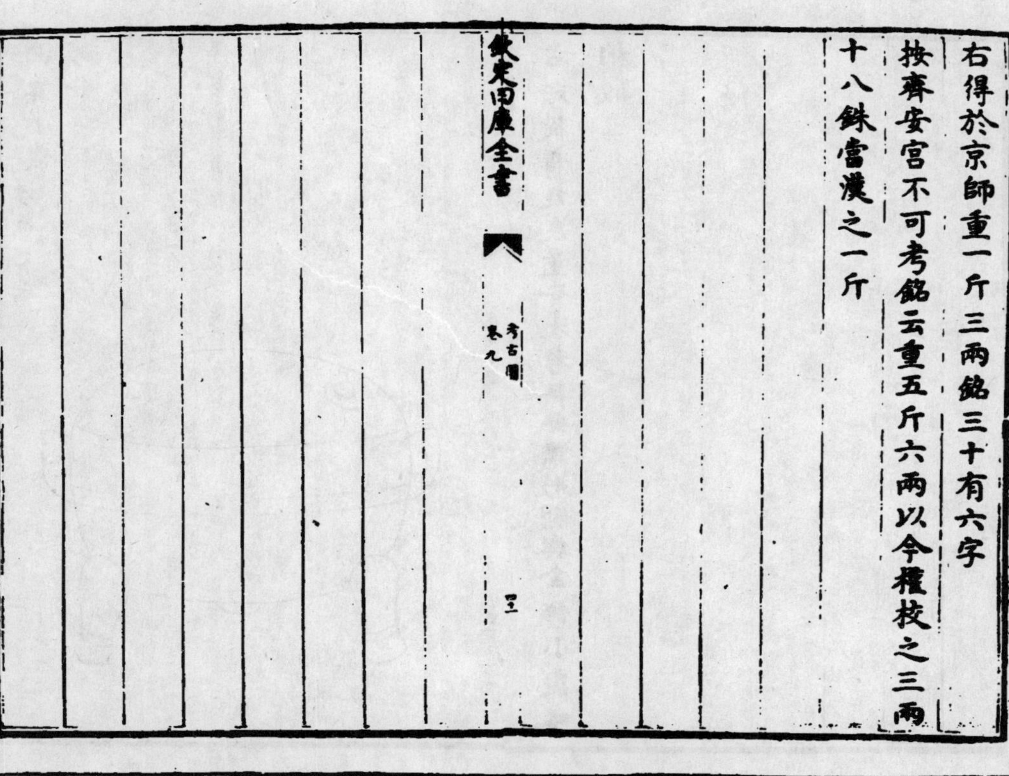
右得於京師重一斤三兩銘三十有六字

按齊安宮不可考銘云重五斤六兩以今權校之三兩十八銖當漢之一斤

金飾小鼎 内藏

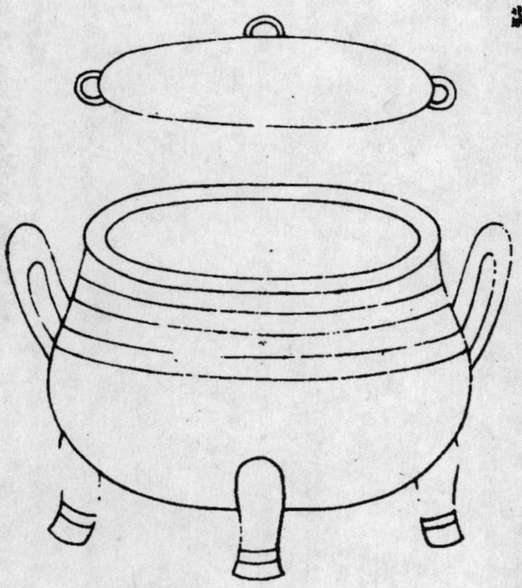

右不知所從得以黍尺黍量校之深二寸一分徑三寸有半耳高一寸容二升有黃金飾無銘識

按舊禮圖云鼎士以鐵爲之大夫以銅爲之諸侯飾以白金天子飾以黃金聘禮牢鼎之次有陪鼎羞鼎皆小鼎也古鼎數之益多以三物爲飾却而置諸地如鼎足然亦可以盛公食大夫禮賓卒食會飯特牲饋食禮將饕佐食分簋鉶皆分盛於益會亦益也饕與餕同

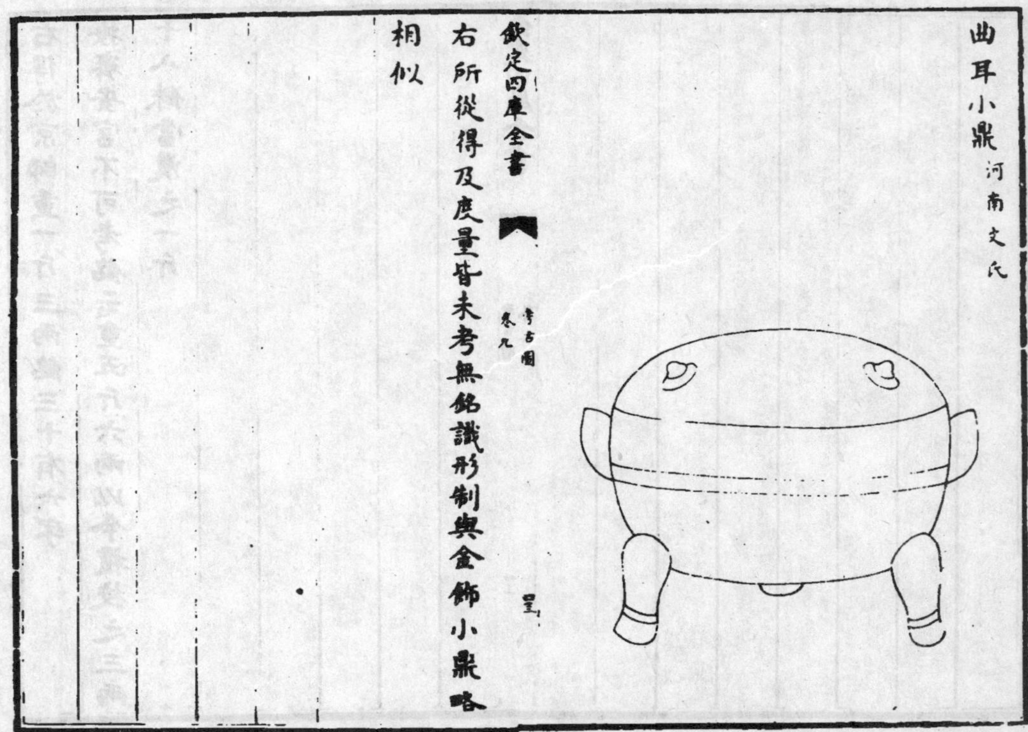
曲耳小鼎 河南文氏
欽定四庫全書
考古圖 卷九
右所從得及度量皆未考無銘識形制與金飾小鼎略
相似

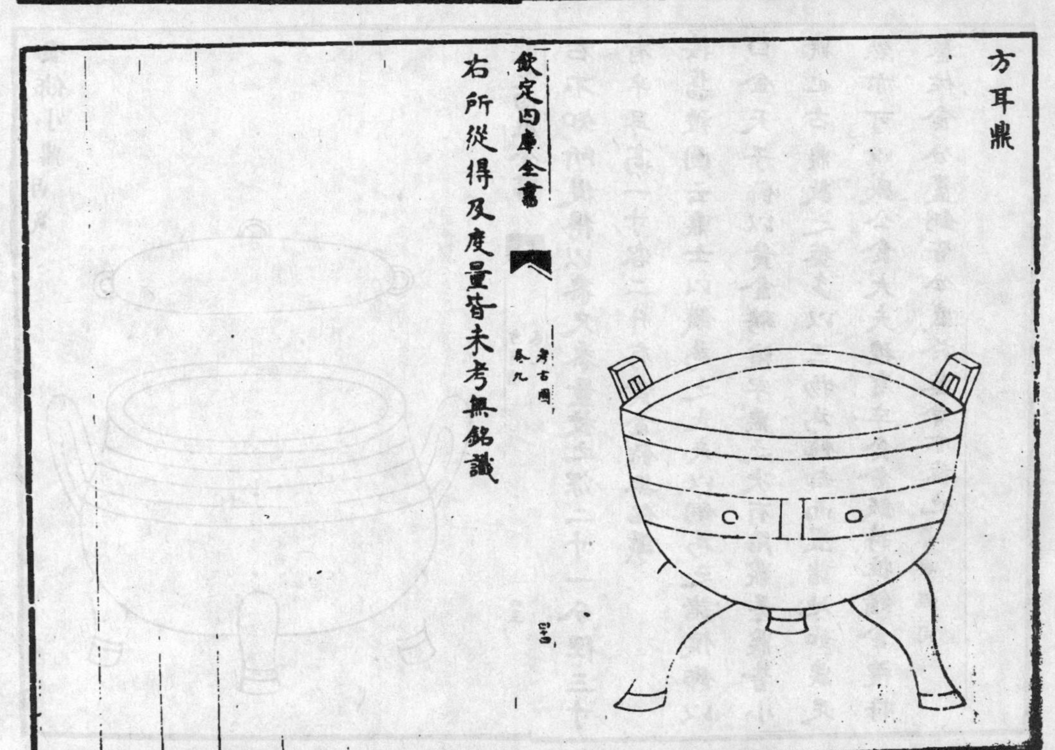
方耳鼎
欽定四庫全書
考古圖 卷九
右所從得及度量皆未考無銘識

方耳鼎内藏

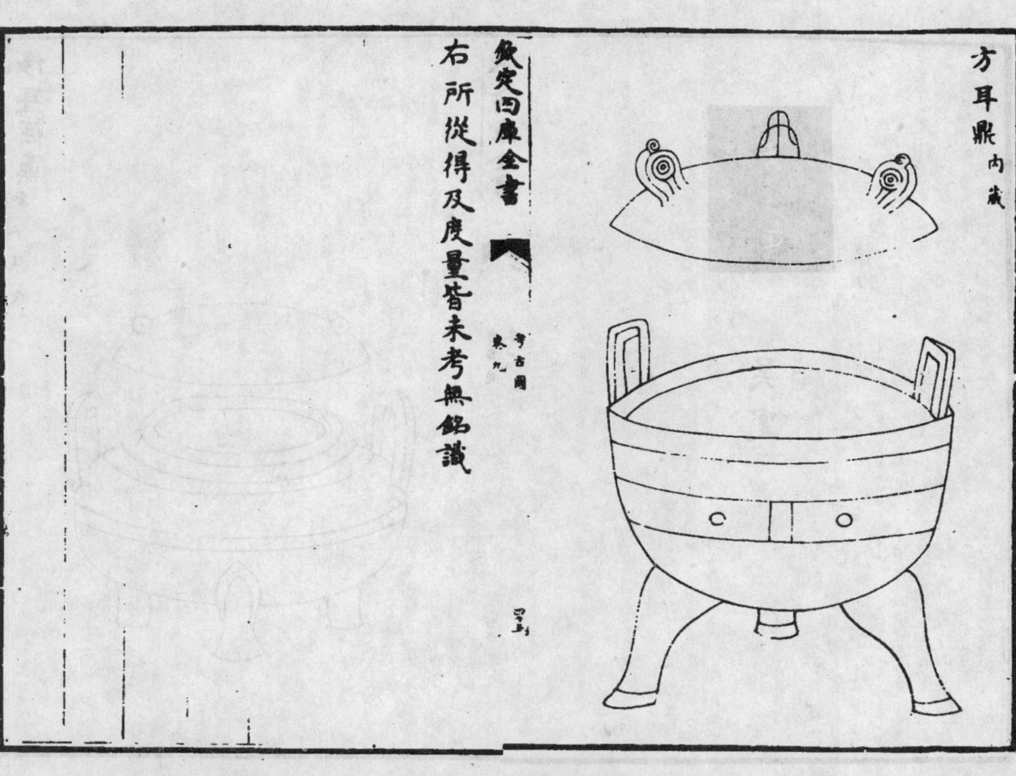

右所從得及度量皆未考無銘識

直耳鼒同上

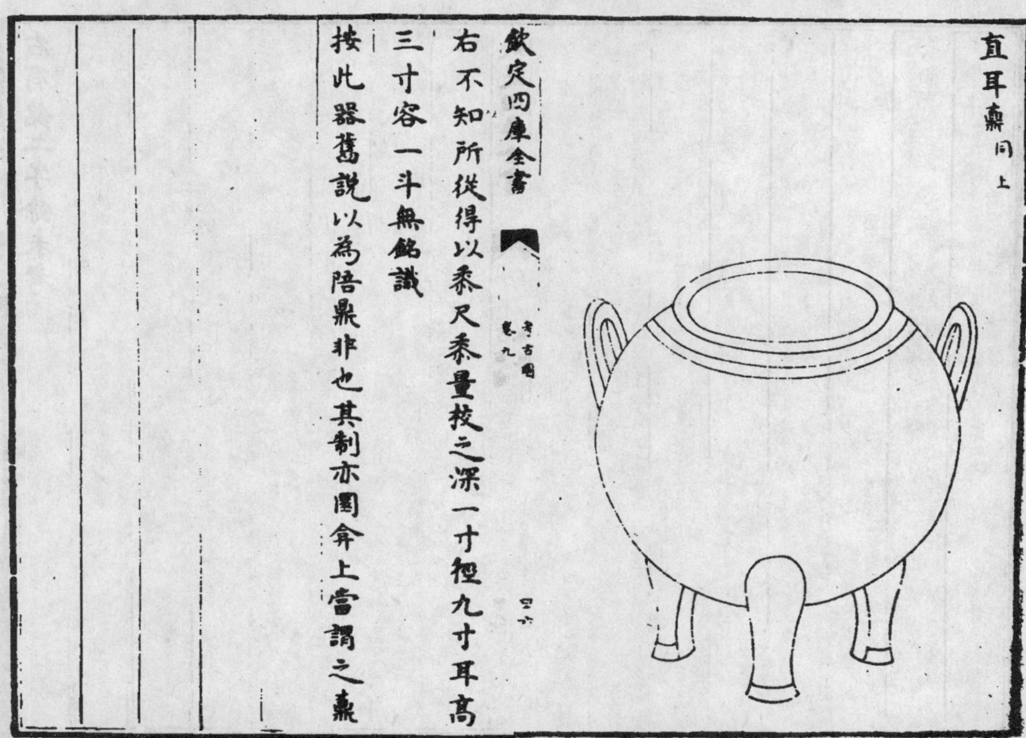

右不知所從得以黍尺黍量校之深一寸徑九寸耳高三寸容一斗無銘識

按此器舊說以為陪鼎非也其制亦圜弇上當謂之鼒

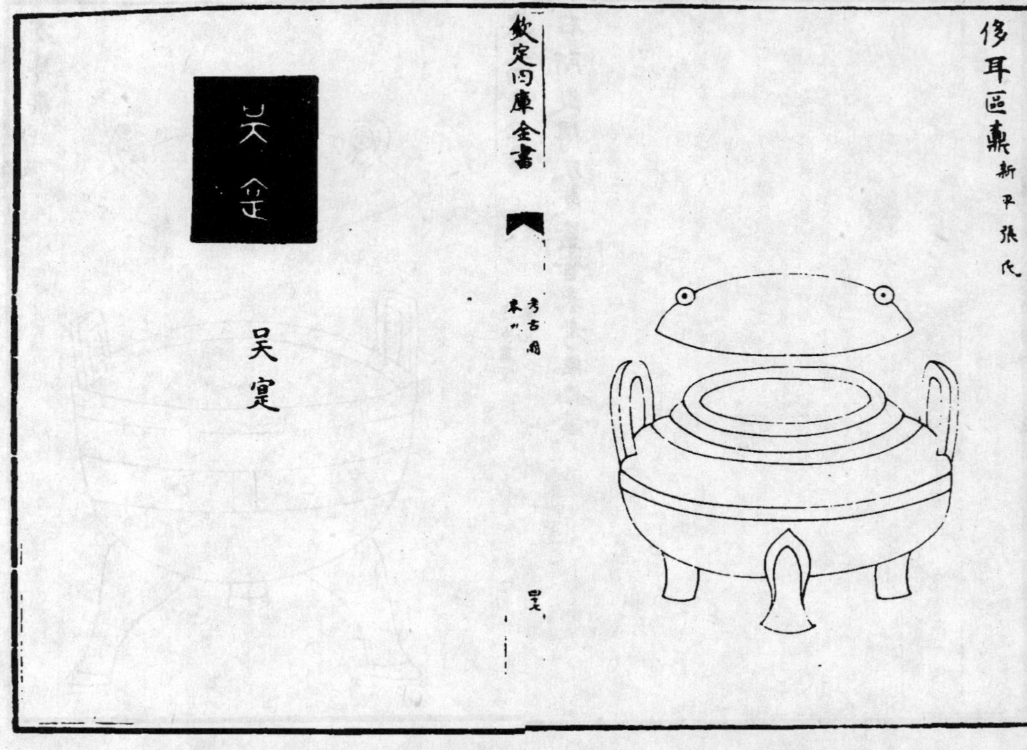
修耳匜鼎 新平張氏

欽定四庫全書 考古圖 卷九 四七

吳寔

右有銘二字餘未考

欽定四庫全書 考古圖 卷九 四八

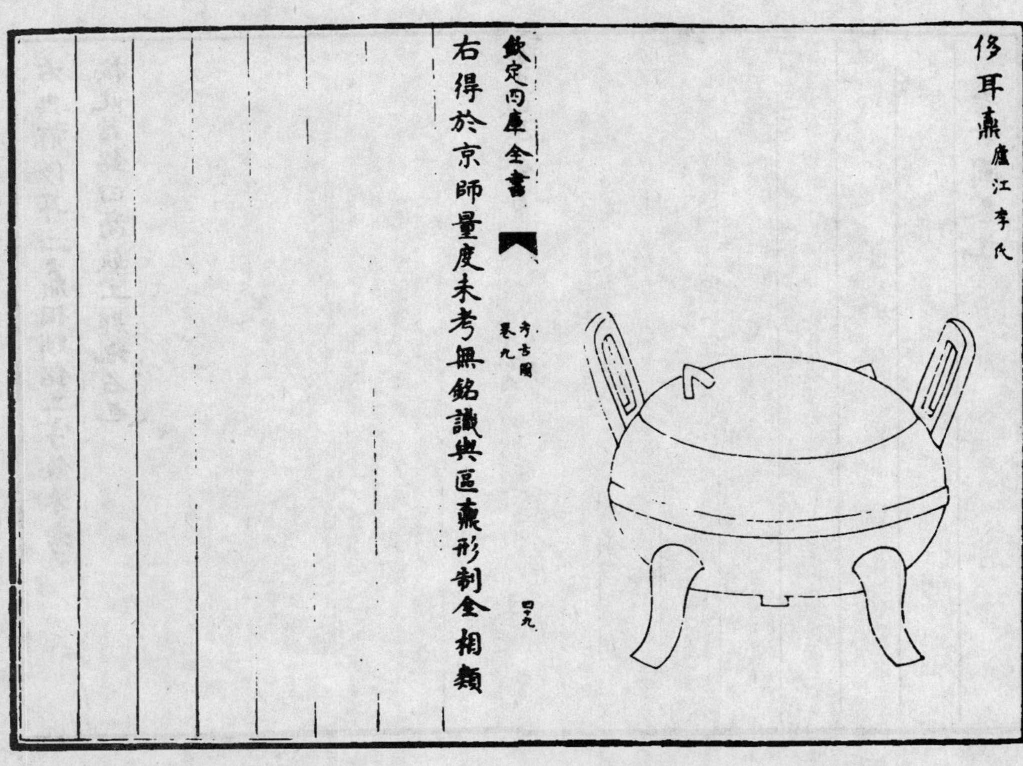
侈耳鼎廬江李氏
欽定四庫全書
考古圖 卷九
四九
右得於京師量度未考無銘識與匜鼎形制全相類

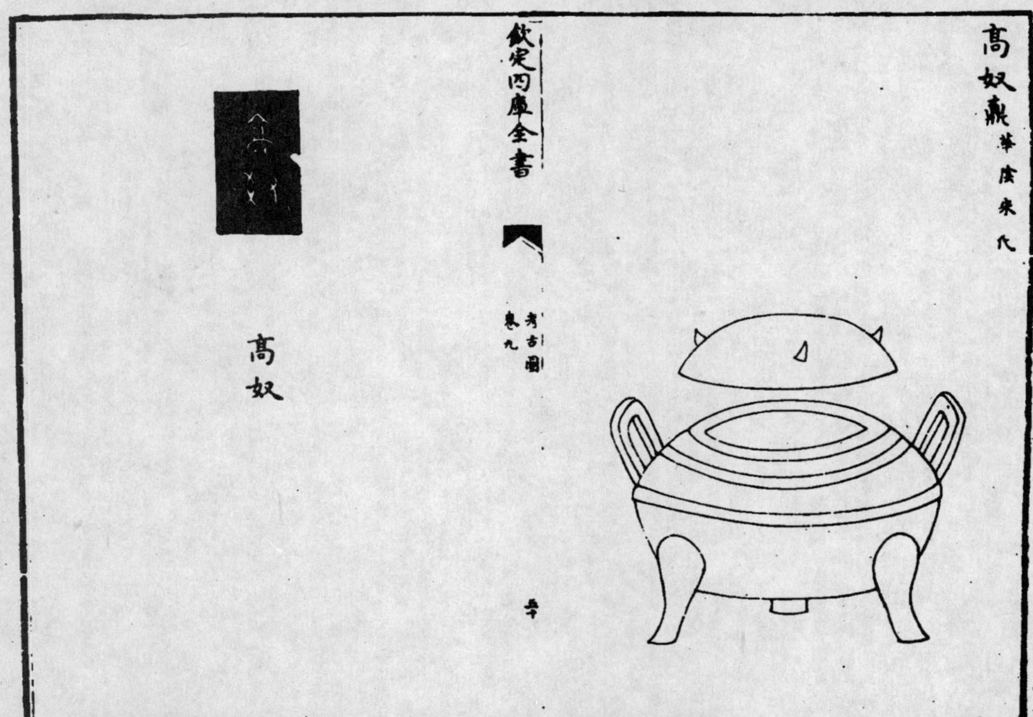
高奴鼎華陰宋氏
欽定四庫全書
考古圖 卷九
五十
高奴

右與前仿耳二鼎相類銘二字餘未考

按此器銘曰高奴工郡地名也

考古圖卷九

欽定四庫全書

考古圖卷十

宋 呂大臨 撰

秦漢器

連環壺鼎

鐎斗

弁上象斗

螭首平底斗 二器

攜瓶

温壺

一耳巵

兩耳杯

球槃

有柄温爐

博山香爐

三足香爐

獸鑪

攜奩

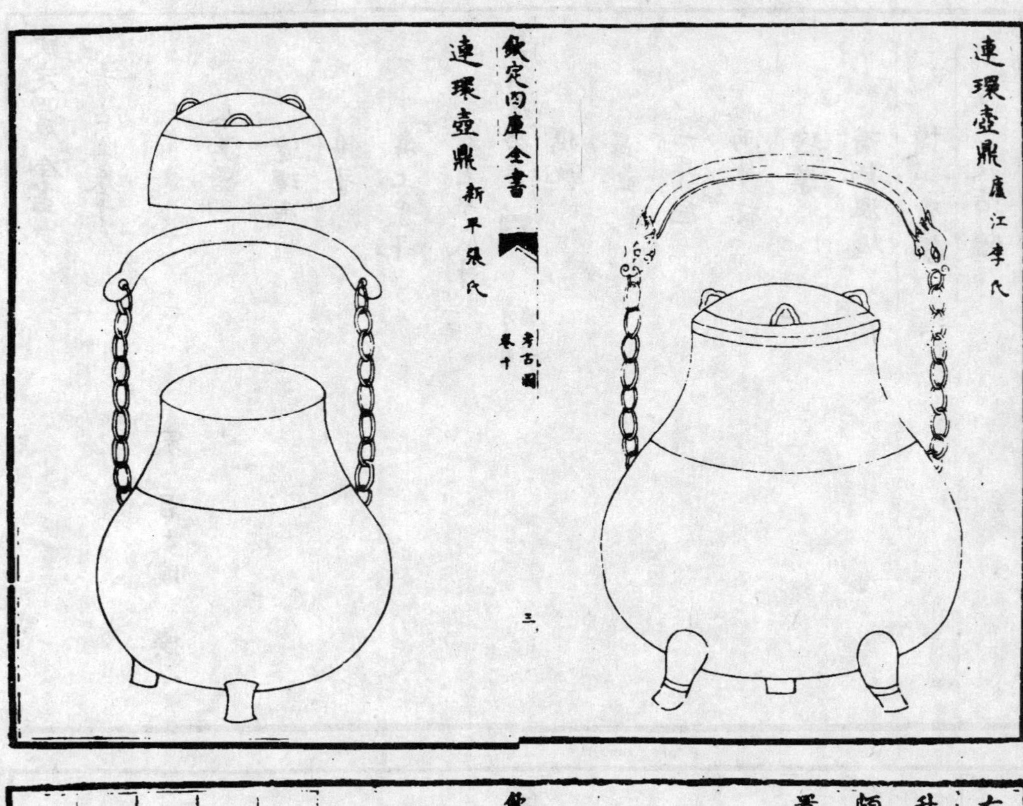

右一器得於壽陽高五寸深四寸六分徑二寸半容二升有半一器不知所從得量度未考皆無銘識其形制頗同如壺而三足其蓋皆為三環如鼎敦蓋卻之可以置諸地皆有連環以為提

鐎斗 廬江李氏

右得於京師高四寸深三寸徑五寸二分容升有二合

無銘識

李氏錄云詩云維北有斗不可以挹酒漿此斗乃可挹者也又曰挹彼注兹此有流乃可注也於文斟从斗即此器酌从勺則用勺也聞長安有人收一器刻曰杜陵馮氏銅鐎廣韻云鐎刀斗也溫器三足而有柄蓋謂之斗者有魁有柄取象於北斗也

按史記趙襄子使厨人操銅斗以食代王及從者行斟

陰令宰人各一作惟以料擊殺代王及從官古者行食以料所以盛羹湆也其形制雖不同凡有柄有流三足可以溫物而斟之者皆料也下有二器雖亂然象是例

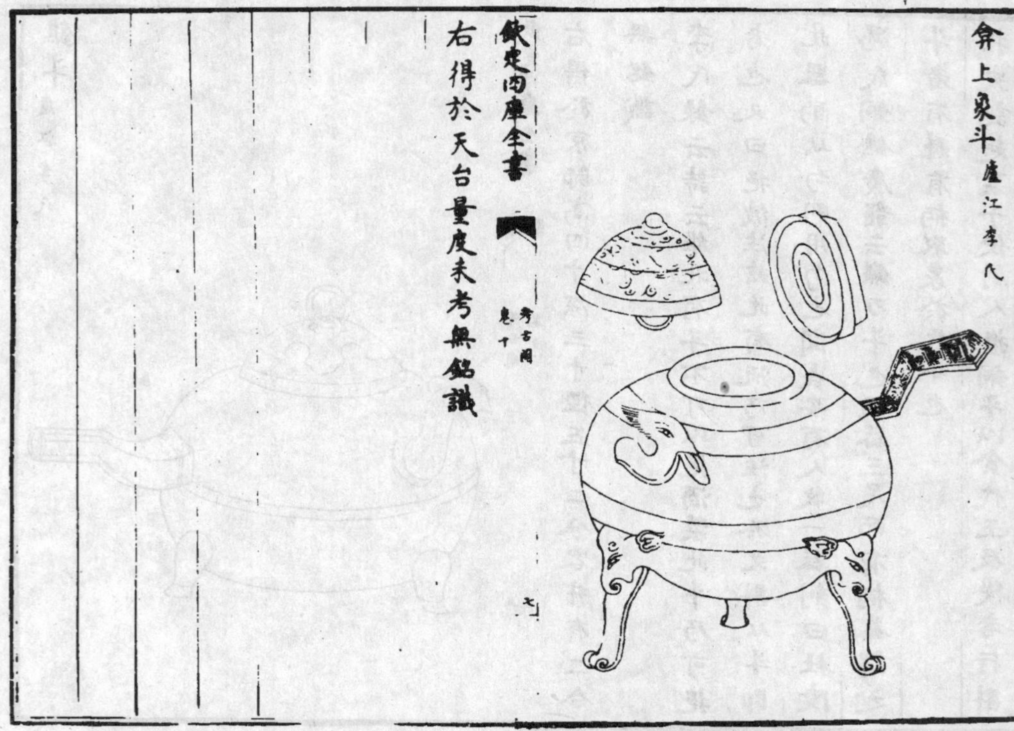
弇上象斗 廬江李氏
欽定四庫全書
考古圖 卷十
右得於天台量度未考無銘識
七

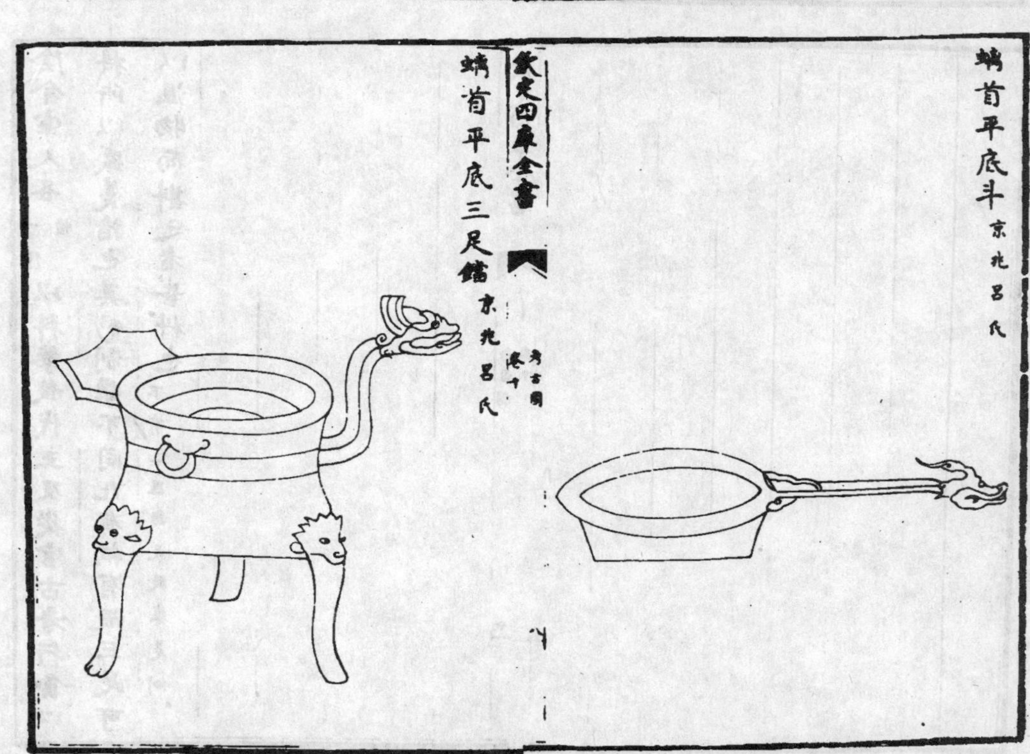
螭首平底斗 京兆吕氏
欽定四庫全書
考古圖 卷十
螭首平底三足鐎 京兆吕氏
八

右得於郟城高四寸八分深二寸半徑五寸三分容升

有半無銘識

攜瓶 廬江李氏

右得於京師高八寸有半深七寸有半徑寸有三分容

二升二合無銘識

李氏録云吏部燕尚書子容頃使敵中於帳中嘗見之

温壺 同上

右得於京師高一尺三寸深一尺二寸三分徑 寸容七升無銘識

李氏録云温器也以貼湯而窒其口自環以上手主之環以下足主之

一耳卮 同上

右得於扶予山深二寸徑四寸有半容一升無銘識

按此器傍一耳乃古酒卮

兩耳杯 閣外劉氏

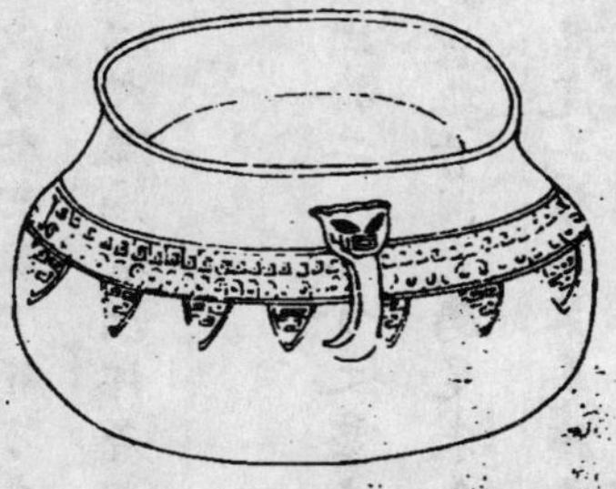

右不知所從得高二寸二分深二寸一分縮三寸六分衡二寸分分容八合無銘識

按古杯多狹長事見淮南子見玉杯門

琖槃 內藏

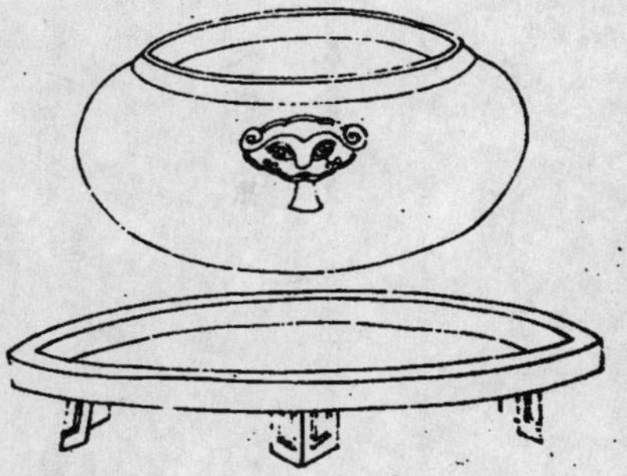

右不知所從得深二寸三分縮四寸九分衡六寸有半旁一耳有承盤如舟有足黍量校之容三升四龠

按古之杯形皆橢狹長也此器亦然周禮尊彝皆有舟注云若今承盤則漢之杯琖亦有承槃其形如舟即古舟也

有柄温爐 廬江李氏

右不知所從得重二斤三兩無銘識

李氏錄云上爐圜而長周以鏤座四獸下箱方底為風竅承以一板四夷人負之以火温湯煮酒杯者也規模乃漢器與登柄同

按四獸之名始見於曲禮出於二十八舍之象東方壽星大火析木蒼龍之象鶉首鶉首賜火鶉尾朱鳥之象西方北方亦然交龍為旂熊虎為旗鳥隼為旟龜蛇為旐亦此義也

博山香爐 同上

天興子孫

富貴昌宜

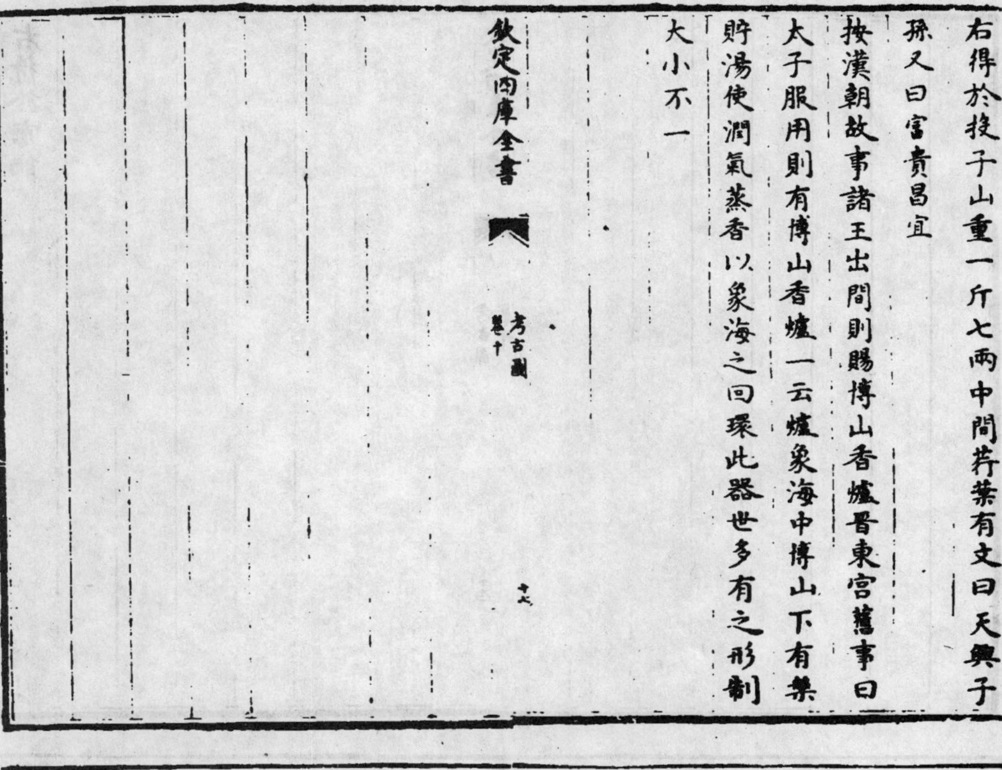

右得於投子山重一斤七兩中間荇葉有文曰天興子孫又曰富貴昌宜

按漢朝故事諸王出閤則賜博山香爐晉東宮舊事曰太子服用則有博山香爐一云爐象海中博山下有槃貯湯使潤氣蒸香以象海之回環此器世多有之形制大小不一

欽定四庫全書　考古圖 卷十　十七

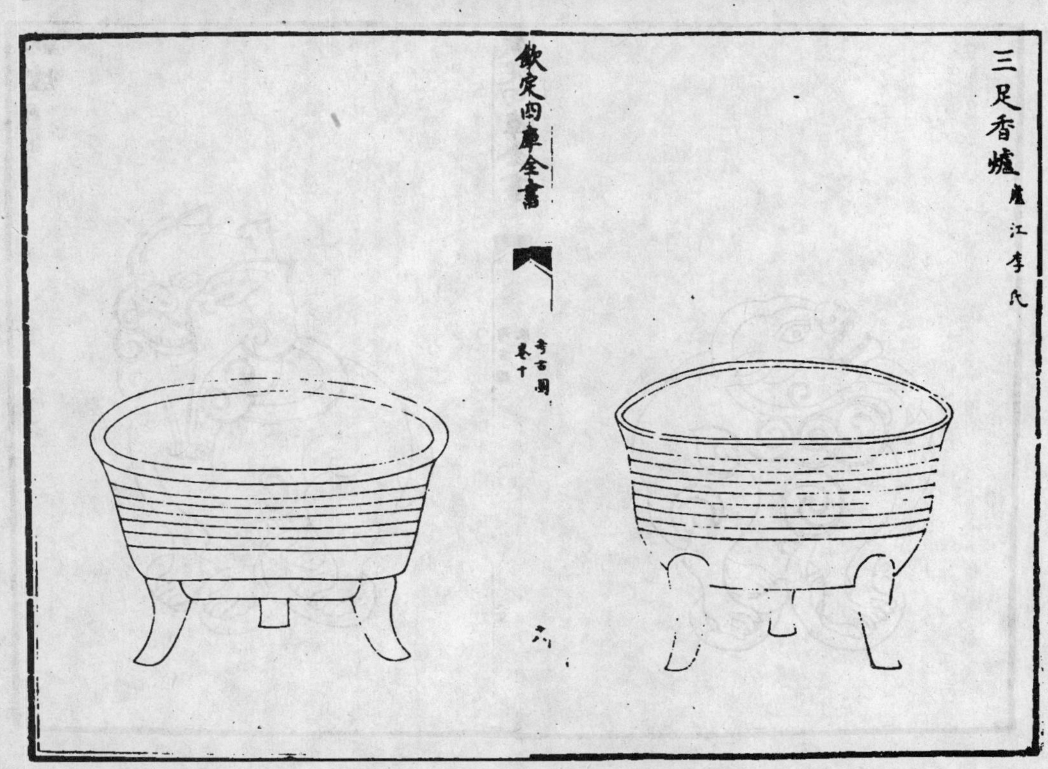

三足香爐　廬江李氏

欽定四庫全書　考古圖 卷十　十八

右得於京師

欽定四庫全書

考古圖 卷十

三九

獸爐 同上

欽定四庫全書

考古圖 卷十

四十

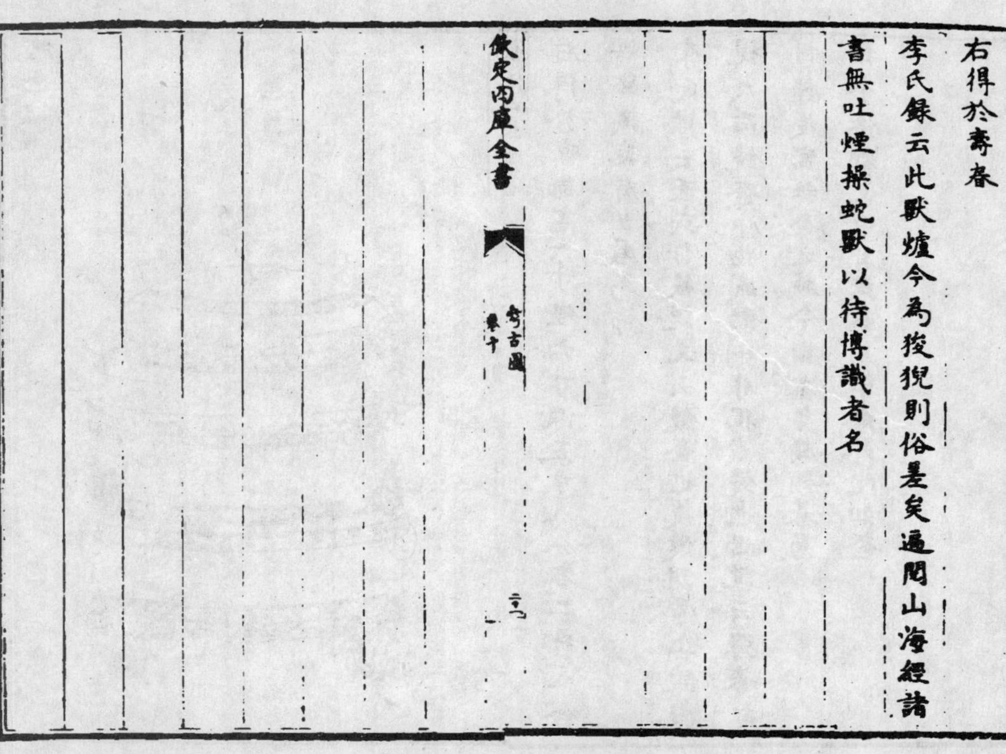

右得於壽春

李氏録云此獸爐今爲狻猊則俗差矣遍閲山海經諸書無吐煙摽蛇獸以待博識者名

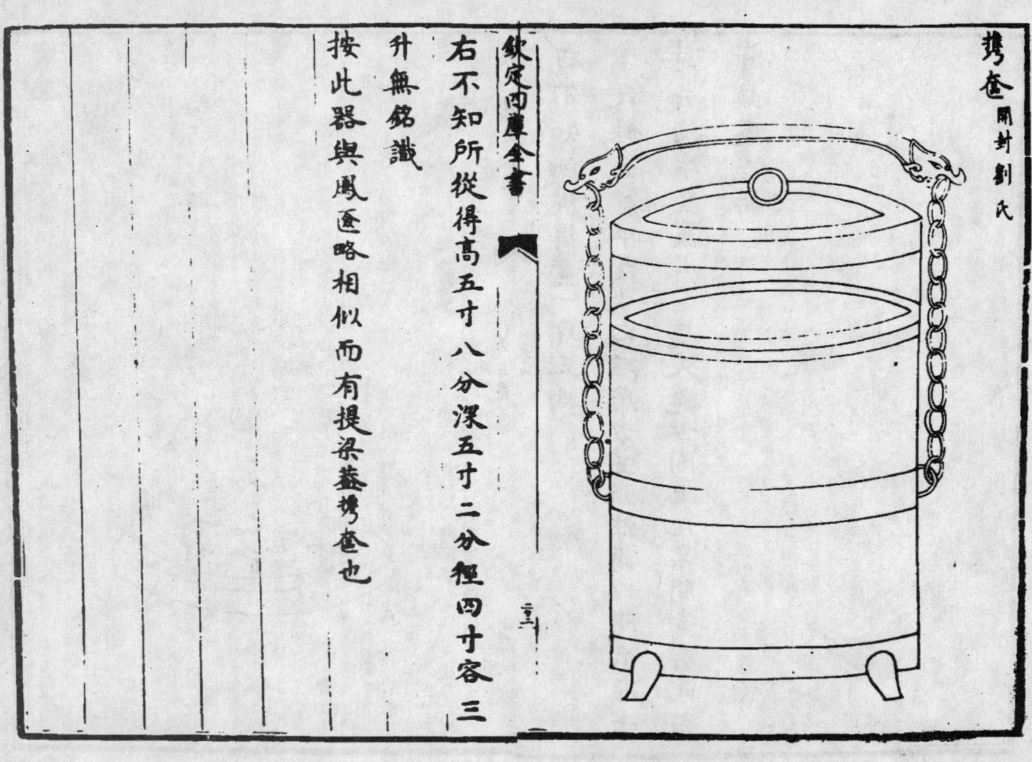

𢧐奩 開封劉氏

右不知所從得高五寸八分深五寸二分徑四寸容三升無銘識

按此器與鳳奩略相似而有提梁葢𢧐奩也

鳳匜 廬江李氏

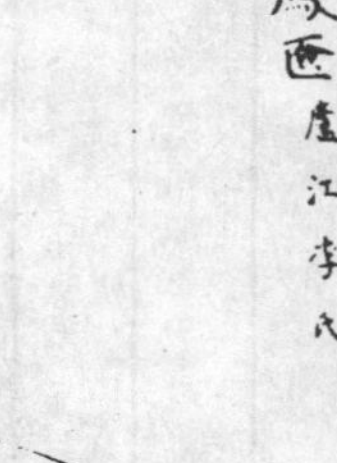

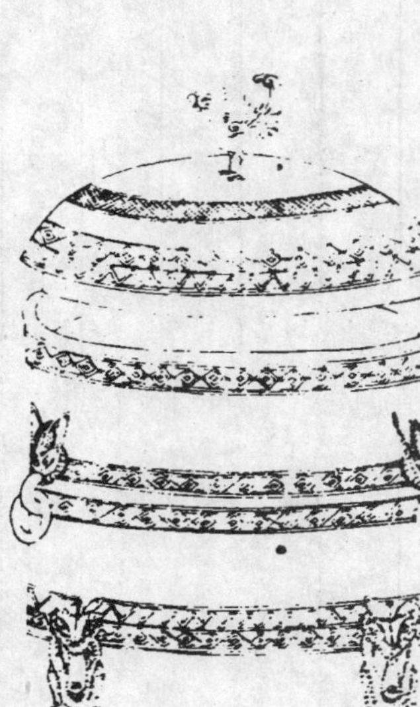

右得於京師高六寸徑六寸深五寸八分容二升八合

無銘識蓋有立鳳爲飾

李氏録云匜或作簽說文云鏡奩也後漢明帝上陵親視太后鏡奩中物感動則非獨藏鏡也世說云彈棊起自魏後宮粧奩之戯今觀蓋勢頗類棊局

按今洛都宮中有彈棊局中隆外阤如奩

書鎮 同上

右不知所從得重一斤五兩

李氏録云屈平九歌曰瑶席方玉鎮注謂以鎮坐席古詩云海牛壓簾風不起又觀古圖画几案間多有此類皆鎮壓之飾

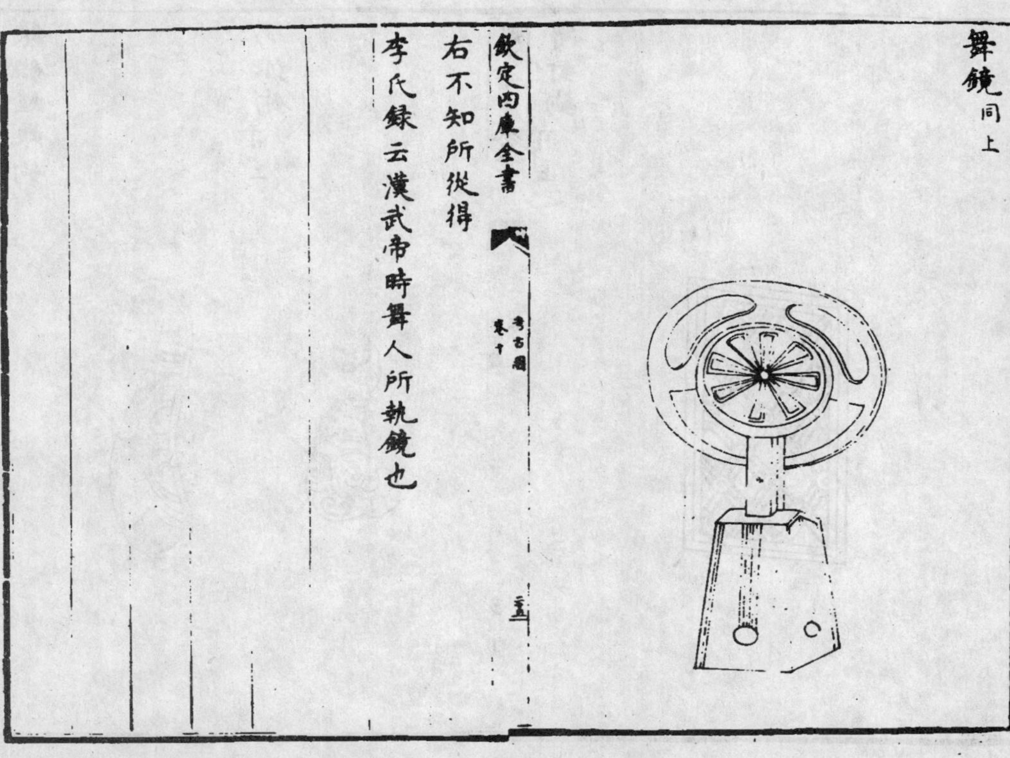

舞鏡 同上

欽定四庫全書　考古圖 卷十

右不知所從得

李氏録云漢武帝時舞人所執鏡也

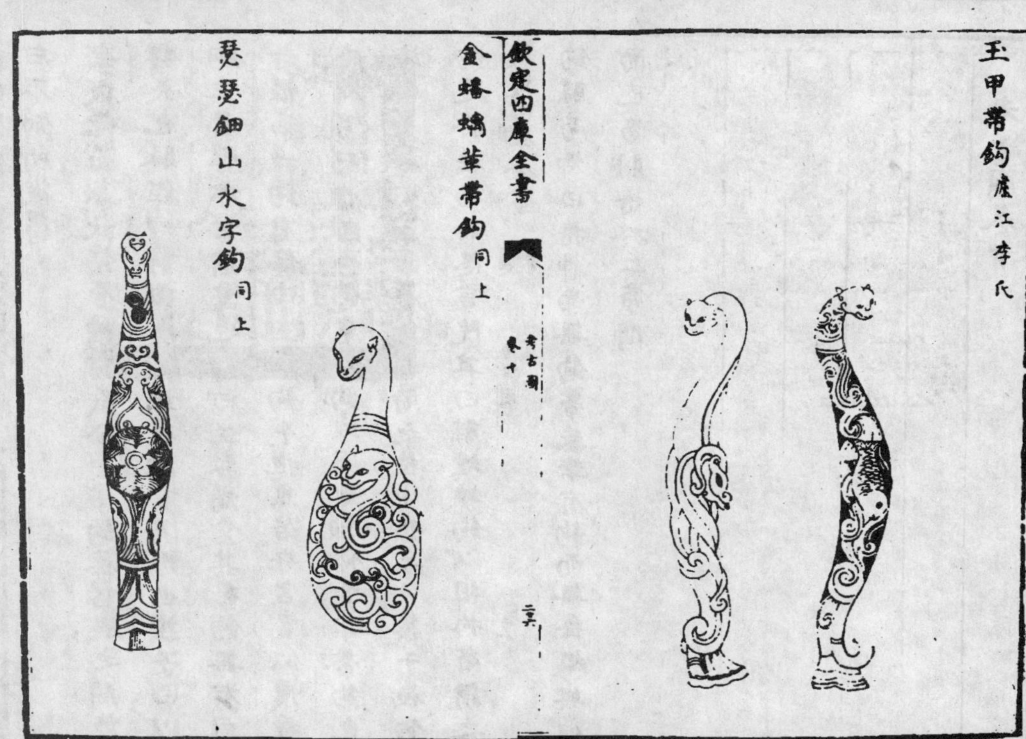

玉甲帶鉤 廬江李氏

欽定四庫全書　考古圖 卷十

金蟠螭華帶鉤 同上

琵琶鈿山水字鉤 同上

銀錯螳蜋鉤 同上

鵰狐鉤 同上

寶釘鉤 同上

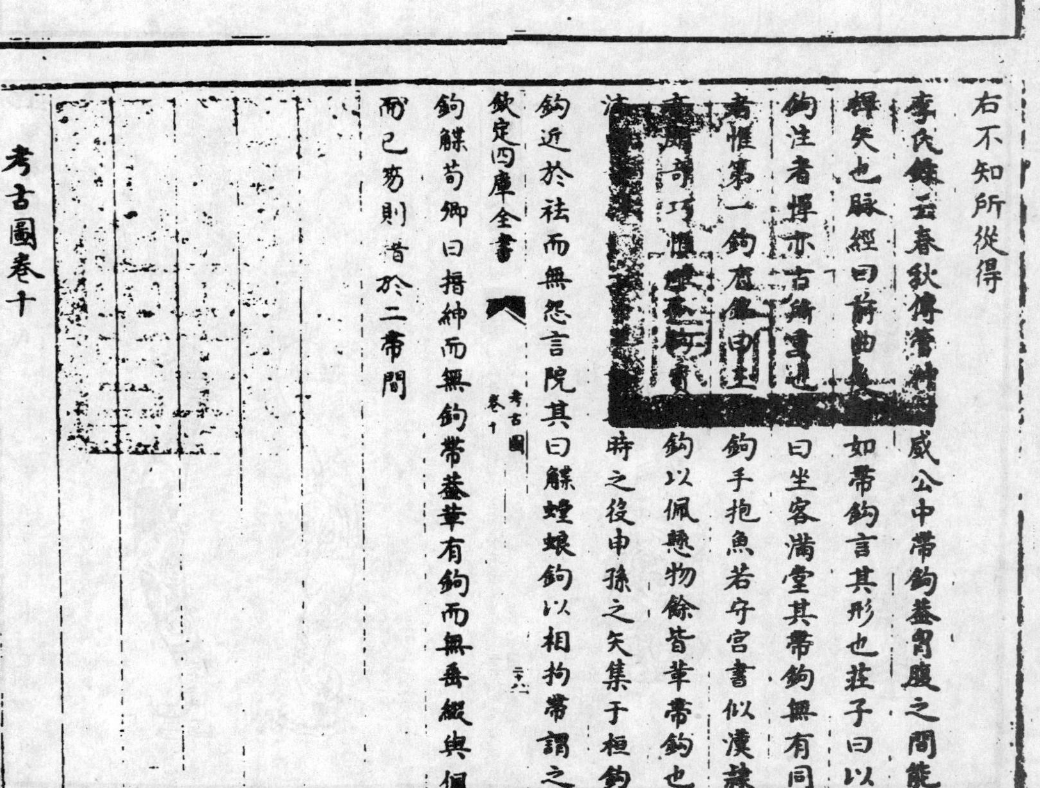

右不知所從得

李氏録云春秋傳管仲射威公中帶鉤甚胷腹之間能捍矢也脉經曰前曲後[illegible]如帶鉤言其形也莊子曰以鉤注者憚亦古鑄書進[illegible]曰坐客滿堂其帶鉤無有同者惟第一鉤底像中[illegible]鉤手抱魚若守宮書似漢隸[illegible]鉤以佩懸物餘皆革帶鉤也[illegible]時之役申孫之矢集于桓鉤鉤近於袪而無怨言阮其曰觽螳蜋鉤以相拘帶謂之

鉤觽荀卿曰搢紳而無鉤帶蓋革有鉤而無垂綬與佩而已矜則著於二帶間

考古圖卷十

續考古圖

〔宋〕趙九成 撰

續考古圖述評

容庚

案《四庫》所收乃錢曾重摹本，附於《考古圖》十卷之後者。錢曾謂：

《續圖》五卷，《釋文》一卷，《文獻通考》俱不載……間以元刻讎校，牴牾脱落，幾不成書。此系北宋鏤板，予得之梁溪顧修遠（宸）。……後爲季滄葦（振宜）借去。……滄葦歿，此書歸之徐健菴（乾學）。余復從健菴借來，躬自摹寫，其圖象命良工繪畫，不失毫髮，楮墨更精於槧本（《讀書敏求記》二：一七）

《四庫總目》（一一五：六五）以其中第二卷《丁舉卣》引呂與叔云云，又《螭形卣蓋》、《乙鼎》引《考古》云云，第三卷《刁斗》有紹興壬午在巢山見一器正類此云云，遂斷謂「其書在紹興三十二年之後，與大臨遠不相及；蓋南宋人續大臨之書而佚其名氏。錢曾並以爲大臨作，蓋考之未審也」。余案《秦權》、《旅簋》，亦見於《考古圖》中。《秦權》失摹兩詔。《旅簋》與《考古》銘文同而形製殊異，《考古》得於扶風而此得於西洛，乃偶器也。其所用周尺，漢量，與《考古》所云「權、度、量皆用今太府法，有云黍尺、黍量者，各識其下」者不同，亦足證其非大臨所作，不僅如《總目》所舉「其收藏名姓皆載圖說之首，云右某人所得，與前圖註姓名於標目下者，例亦小殊」已也。陸心源據《嘯堂集古錄》李邴序云：「呂大臨、趙九成二家《考古圖》，雖略有典型，辨釋不容無舛」，謂此爲九成所輯（《儀顧堂續跋》十：十九），其言可信。《籀史》云：「趙九成著呂氏考古圖釋」，當是脱去一續字。

所收卷一：二十一器，卷二：二十二器，卷三：二十六器，卷四：二十器，卷五：十二器，凡百器（數器一圖者以一器計）。其中有玉器三，瓦當四，瓦鼎一，非盡銅器。編次雜亂，銘文不依原行款，圖識皆失真。所藏姓氏：范忠獻、河南李著、東明王氏、潘勉之、咸陽張詢、楊興權、長安王懷慶、張才元愭、王師文康功、王晉玉玠祖孟廣傅、張伯均埴、李元均宰、呂子功峄、榮詢之咨道、趙承規茂曾、松島吳衍、丁伯容宏，楚朝宗、榮子雍輯、姚義夫雄、趙仲忽周臣、邢和叔恕、藏仲修大年、李仲明誠、程之奇、其性克中、克一及其自藏，凡二十九家。① 以榮咨道所藏爲多，其卷三有云：「榮氏所收古器最盛，凡百餘種，除已收入《考古圖》外，有文刻及形製佳者，取二十六種續編於此」。榮氏疑即著《榮氏考古録》十五卷見於《籀史》者也。又有各地所出而獻之朝廷者，如《熊足盤》、《公䛫鐘》、《䜌鼎》是也。

其中定名之誤者：如父癸彝，王宮匜，非鬲乃鼎也，父乙罍、伯丁罍、父辛、父己二罍，乃尊也，父乙彝乃觶也，彝蓋文乃卣蓋也，香毬乃熏爐也，商舉乃斝也，觥乃匜也，吉金敦乃盤也，寶尊彝乃卣也，父乙斗乃尉斗也。惟兕觥之名，王國維先生謂爲至當不可易，並作《說觥》一文以疏通證明之（《觀堂集林》三：十二）。

此書所收有銘之器六十四，其見於《考古》者，有秦權、虎彝二器。見於《博古》者，有湯官黃金塗壺、父乙罍（《博古》作尊）、母乙鬲（原無名）、中鬲（《博古》作鼎）、乙鼎、伯丁罍（《博古》作祖丁尊）、父乙彝（《博古》作雉尊）、彝蓋文（《博古》作尹卣蓋）、𧶠口鼎、爵、父乙鼎、父丁卣、公䛫鐘、季娟鼎（原無名）、周䖒敦、旅車敦、王伯齋（《博古》作鼎）、注水匜、父癸鼎、中姜敦、叀敦鬲（原無名）、母辛卣、非鬲（《博古》作鼎）、伯鮴父敦、父辛罍、父己罍（《博古》均作尊）、寶尊壺（《博古》作卣）、宋公餗鼎（《博古》乃蓋，此器蓋全）二十八器。銘文見於《薛氏》、《嘯堂》兩書者，有銅鈁、館陶釜、父癸彝（薛作尊）、蝸形卣蓋、雙魚洗、兕觥（薛作匜）、大夫始鼎、父丁盉（薛誤作彝）、吉金敦（薛作冀師盤）、寶鼎、父辛鼎、䜌鼎、叔夜鼎、寶敦十四器。其未見於他書者，祇有二十器，其中旅簋形製不合，《王宮匜》、《德子盤》（原無名）銘文不通，均疑僞作。試將此書圖識與《博古》等書比較，便可確知此書失真情況。陸本從錢本出，錢氏前所云云，未免夸張失實。翁方綱跋云：「此書僅得見館寫副本，或謄録手寫多誤，抑或錢氏影寫原本有誤，皆未可知也」。亦已疑之矣。

陸氏刻本前有陸心源序，後有翁方綱跋，乃據潘祖陰藏本，從翁方綱手抄過録者。翁氏所據即錢曾影摹之本，余言取陸氏刻本以校文津閣四庫本，互有譌奪：閣本每卷之首有「宋呂大臨撰」五字。卷一第十一葉圖前有「心釜甑寅」四字。十五葉「前後漢」作「何時作」。十六葉圖前有「銅龜」二字。卷二第二葉圖上無篆文四字。第四葉圖三足非二足，第十四葉「父」字上下空四格，乃「與《父乙彝》同」。第十七葉上缺七字，乃「右不知所從得蓋」，無「云缺九字大形」六字。卷三第二十一葉闕銘文。第二十八葉圖無「昆」字，說「二口八斗」乃「二斗八升許」。卷四第七葉無「按處當作虔」五字。第十二葉圖識闕，說三行誤入《寶鼎》下。陸本有圖識，其說均已改正在後半葉，不必再云「此半葉釋文闕一」。第二十葉「乃周鼎也」下缺「尋上之朝廷」五字。第二十一葉圖前有一「觚」字。卷五第一葉圖前缺「母辛卣」三字。又十五葉《叔夜鼎》銘文在十三葉《單》圖之後。

注釋

① 范雍字伯純，河南人。中進士第，官至禮部尚書，謚忠獻（《宋史》卷二八八）。

張詢字仲謀，襄陽人。元祐三年（公元一〇八八年），知越州、福州。元符元年（公元一〇九八年）知施州，與黄庭堅昆兄弟交，唱和甚多（見《豫章文集》）。

王玠字晉玉，黄長睿官於洛，玠爲跋《法帖刊誤》（見《東觀余論》）。

榮咨道字詢之，東平人。嘗以二十萬錢買虞世南《孔子廟堂碑》，乃未劃去大周字時墨本（見《豫章文集》二八：一四）。

榮輯字子雍（京誤注），官吏部郎（《游宦紀聞》十：二）。黄庭堅有《奉答謝公静與榮子邕論狄元規孫少述詩長韻》（《豫章文集》二：一四）。

雄字君夫，五原人。少勇鷙有謀，年十八，即佐父兄徵關。官至檢校司空，奉寧軍節度使（《宋史》卷三四九作字毅夫）。

邢恕字和叔，鄭州陽武人。博貫經籍，能文章，登進士第。徽宗時，仕至顯謨閣待制。卒年七十

（《宋史》卷四七一）。

李試字仲明。陸心源以爲即李明仲誡，鄭州管城人，著有《營造法氏》二十四卷（《金石學録補》上十三）。餘未詳。

欽定四庫全書

續考古圖卷一

宋 吕大臨 撰

玉尺

此玉尺范忠獻家所收以秬黍合周制乃周尺也

按書曰同律度量衡度所以度長短凡五謂分寸丈尺引也凡世惟用尺者取其五度之中析之可以見分寸積之可以見丈引所以歷世因而不改也按度以周制為準後世因革不同增損或異周制以子谷秬黍中者一黍之廣為分十分為寸十寸為尺十尺為丈十丈為引而五度審矣晉泰始中中書監荀勗按太樂八音不和始知後漢至魏尺丈於古尺四分有餘荀乃依周

禮

欽定四庫全書

續考古圖　卷一

三

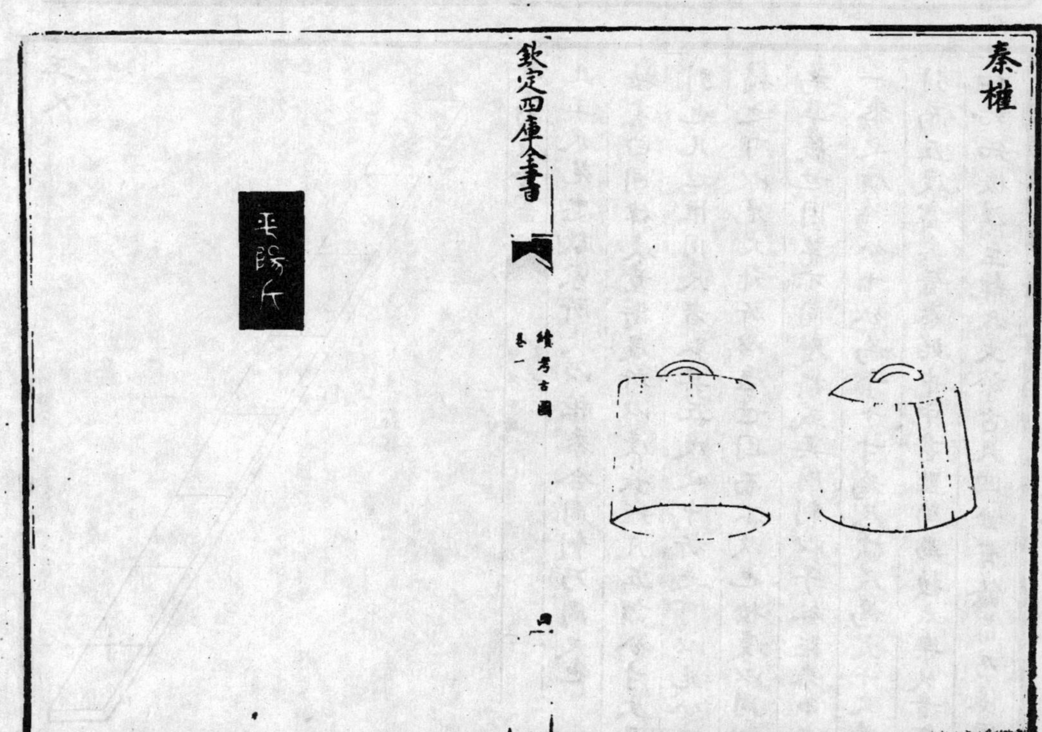
秦權

欽定四庫全書

續考古圖　卷一

四

銅權二一在河南李善初家一東明王氏所藏形製畧同權高二寸徑寸有九分容合重六兩名百有二字王氏權又有平陽斤三字考此權刻詞則秦二世所刻丞相綰者王綰也斯李斯也去病馮去病也

按權所以施於衡然後稱物平施知輕重也五權謂銖兩斤鈞石也以小大輕重為差圜而圜之令肉倍好周旋無端周而復始無窮已也五權之制各有差次按此權乃斤權也故有刻平陽斤者所用斤權也內外八稜

而好圜外皆刻詞所以防磨鑢也

銅虎符

銅虎符得之於咸陽以黍尺校之長二寸五分頭高一寸身高八分重一兩五分半虎形背文云與濟陰太守為合符肚肋上云濟陰右二皆篆書陷銀其陰面有二[illegible]分司處也按漢文帝二年九

月初與郡守為銅虎符竹使符代圭璋從簡易也銅虎符第一至第五國家當發兵遣使至郡合符符合乃聽受之鐫刻篆書與郡守為合符者各分其半右留京師左以與之按曹州漢為濟陰此文即漢銅虎符也

銅魚符

銅魚符得之於潘勉之驗之乃唐銅魚符也以今黍尺校之長一寸六分濶五分重二錢符之雄者其陽刻作魚鱗形其陰面上隱起一同字下刻廬州第一皆楷書也按唐書志高祖入長安罷竹使符班銀菟符其後改為銅魚符以起軍旅易守長京都留守折衝府捉兵鎮守之所及左右金吾宮苑揔監皆給之畿内則左三右一畿外則左五右一左者進内右者進外始第一周而復始

行硯

右得之於西洛片寺井中龜身長黍尺之二寸半容漢二合半長四寸徑三寸半

按此龜以貯墨汁穿以接筆細處可以懸繫疑行路所用硯也或云軍行所用然觀其制作似非上古所為但適用為可取爾

旅簋

右得之於西洛有名刻字云叔高作旅簋其萬年子子孫孫永永保用凡十五字

按簋深周尺七寸腹徑九寸口徑四寸半耳濶一寸刻銘於上容漢一斗八升

竈釜甑突

右得之與平竈釜甑突凡四物以黍尺校之竈長八寸半口徑三寸甑口徑六寸深三寸四分足高二寸突為龍頭高四寸釜徑六寸深二寸半無銘識

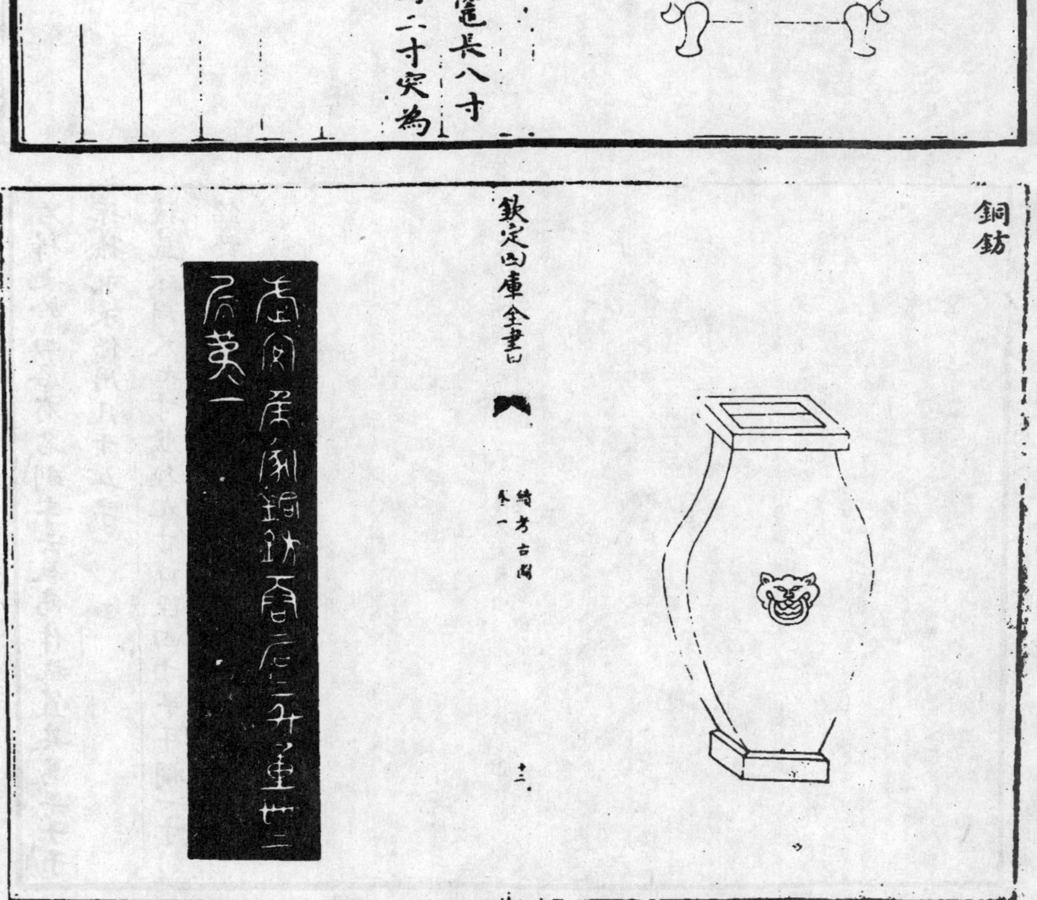

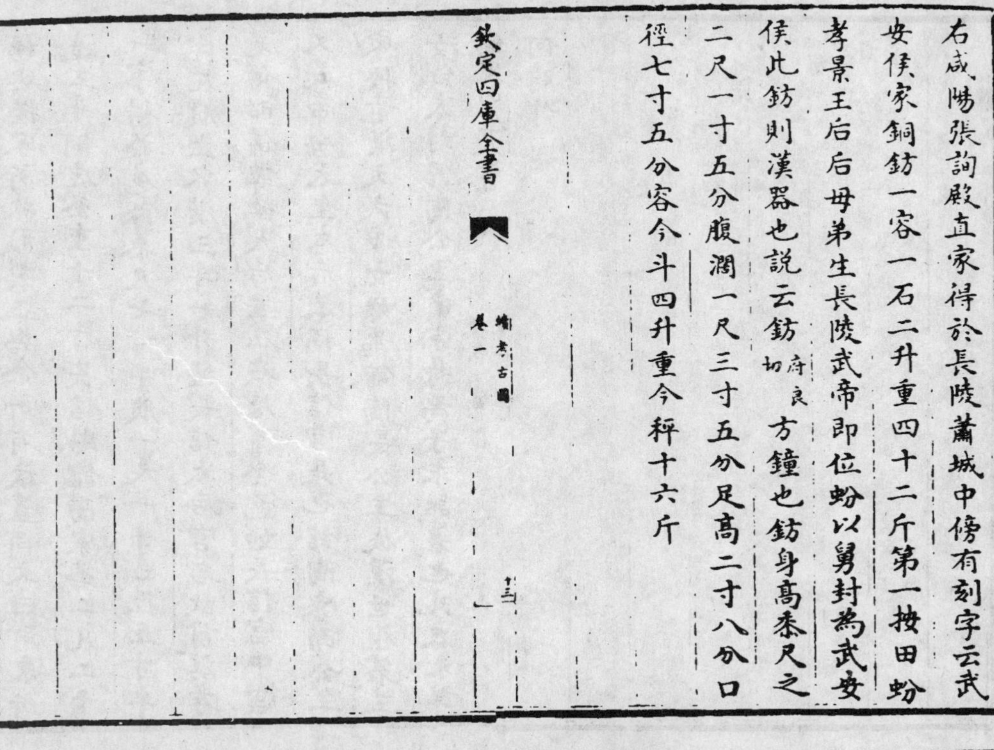

右咸陽張詢殿直家得於長陵蕭城中傍有刻字云武安侯家銅鈁一容一石二升重四十二斤第一按田蚡孝景王后后母弟生長陵武帝即位蚡以舅封為武安侯此鈁則漢器也說云鈁府良切方鐘也鈁身高黍尺之二尺一寸五分腹潤一尺三寸五分足高二寸八分口徑七寸五分容今斗四升重今秤十六斤

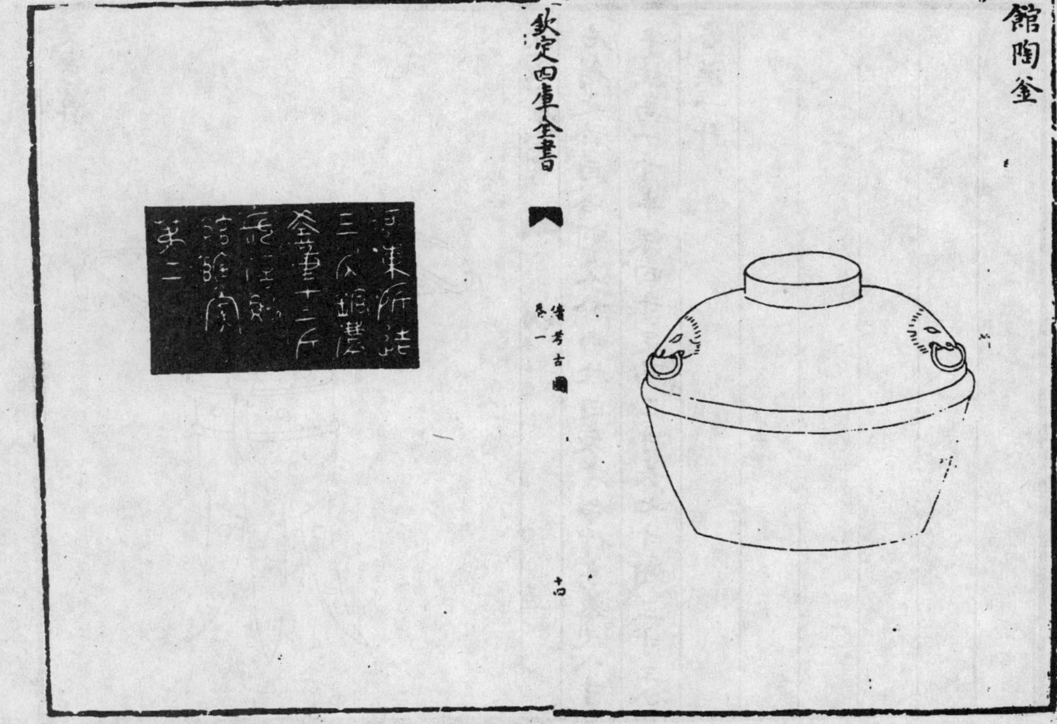

館陶釜

楊與權家所收形製正與余所有旅簋同文曰河東所造三斗銅鹿釜重十二斤長信賜館陶家第二凡二十一字得於亳深泰尺七寸半腹一尺一寸口徑五寸半字在腹上容漢三斗一升按長信太后宫名故前漢孝元傅昭儀尊為太后置左右詹事食邑如長信宫中宫又成帝母太皇太后本稱長信宫是也館陶家即公主家按前漢文武帝女嫖為館陶長公主後漢世祖第三女紅夫封館陶公主肅宗時為子求郎者也此器未詳何時作

文考爵

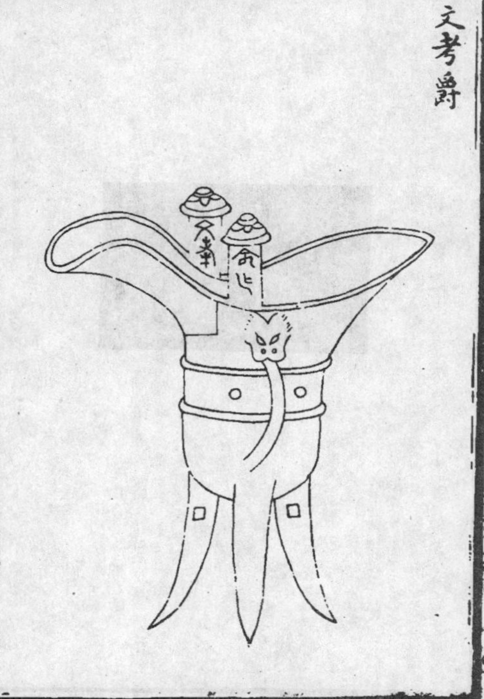

右得之於西洛刻文於兩柱曰文考命作高泰尺八寸半柱高一寸半深四寸足高三寸長七寸濶三寸三分容漢一升

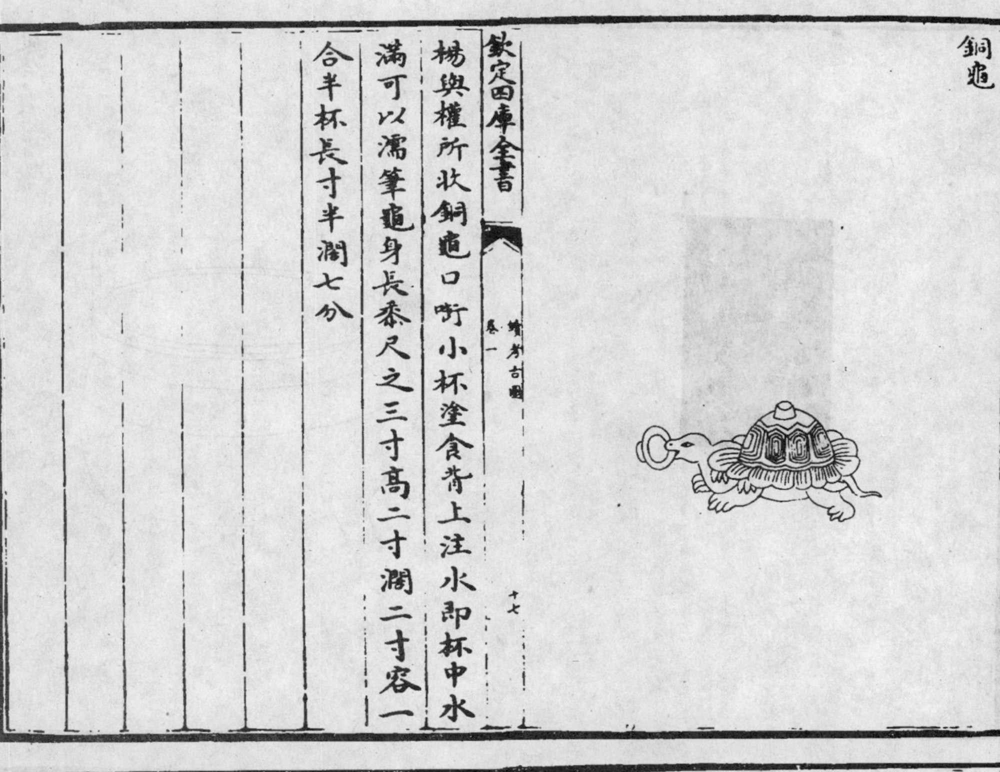

銅龜

楊與權所收銅龜口啣小杯塗金背上注水即杯中水滿可以濡筆龜身長黍尺之三寸高二寸濶二寸容一合半杯長寸半濶七分

玉奩

長安百姓王懷慶得之底蓋全白玉為之廬江李伯時所收銅鳳奩形製畧同碾作雲龍異獸之狀三足熊負之高黍尺一尺一寸當今省尺八寸五分也身深六寸蓋高四寸口徑七寸八分當今六寸以今秤校之重八十四兩

父癸彝

張才元頫所得銅彝刻文於腹内旁口徑泰尺之八寸五分耳高二寸腹深四寸五分足高二寸五分容漢一斗五升

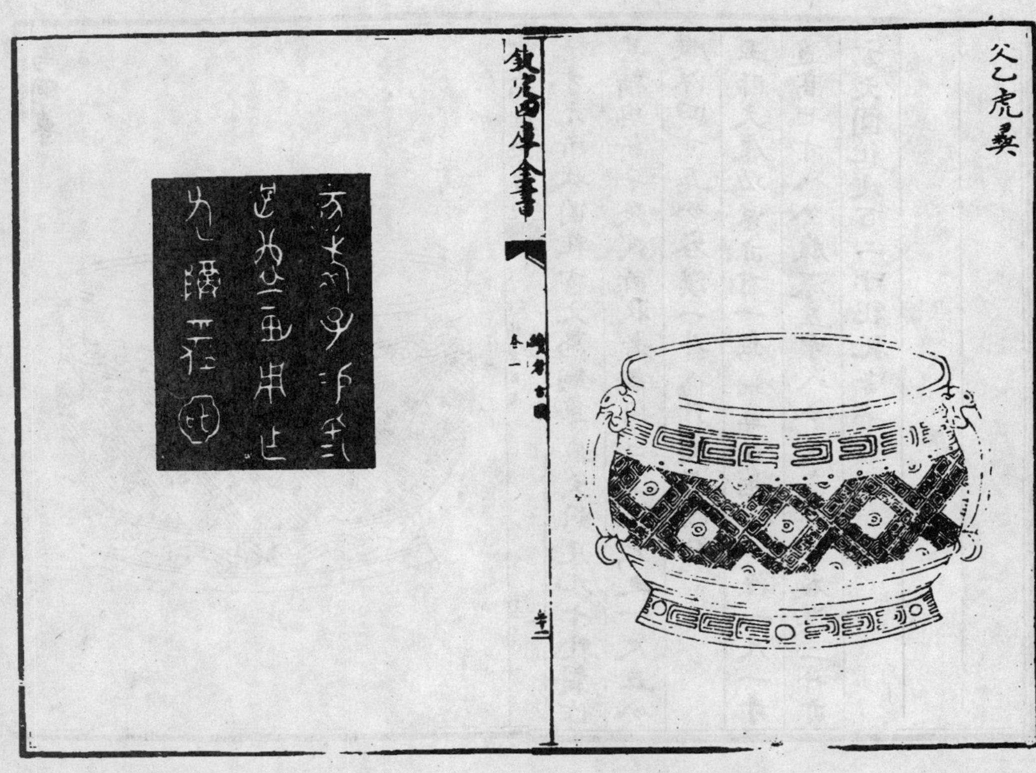

張才元所得銅虎彝刻文於底内口徑黍尺之八寸高五寸八分容漢一斗三升兩邊作虎頭腹方文圓乳

烏銅尊

張才元所收圜乳方文烏銅尊無文刻凡九十乳製作甚精與新平張氏所收者畧同口徑叅尺之一尺五分腹深四寸五分容漢一斗八升足容四升

王師文康功家亦有一烏銅尊正相似口徑一尺一寸通高七寸八分腹深五寸八分足高二寸容漢二斗亦方文圜乳凡百二十乳乳皆平

湯官黃金圖壺

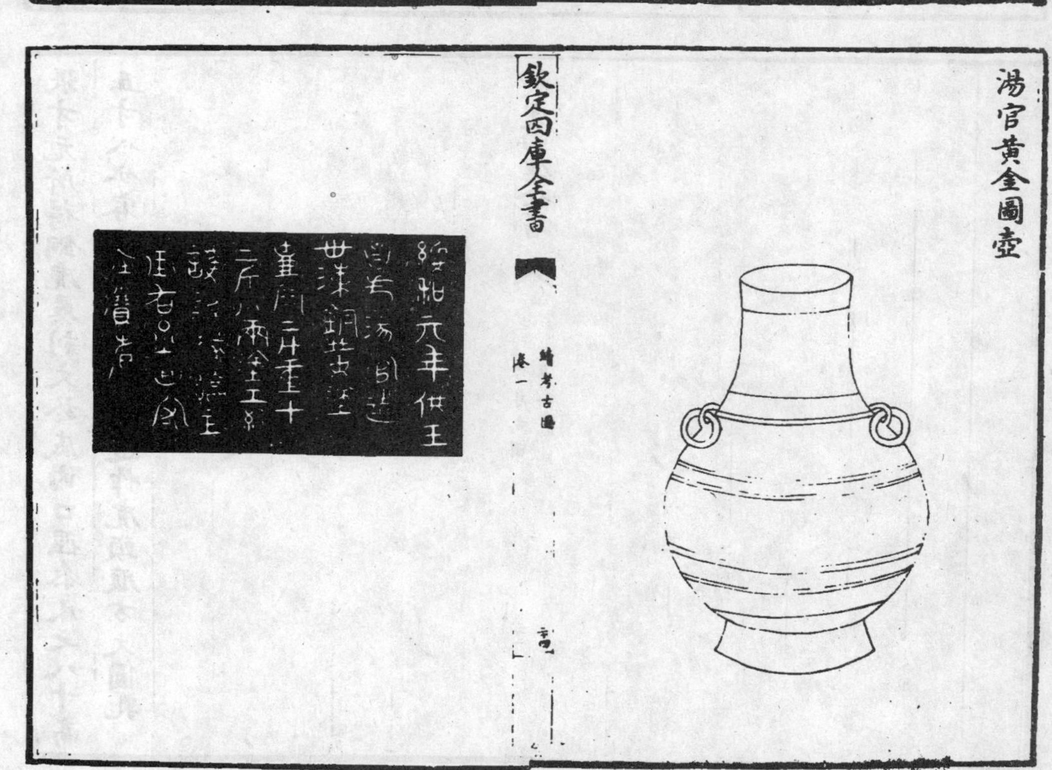

張才元所收黄金塗刻文於腹外凡四十二字文曰綏和元年供王昌爲湯官造三十湅銅黄塗壷容二斗重十二斤八兩塗工記護　掾臨主帀右丞同守令寳省口徑黍尺之五寸腹徑一尺高一尺足高二寸腹容如所刻足容三升前漢成帝二十五叚綏和元年

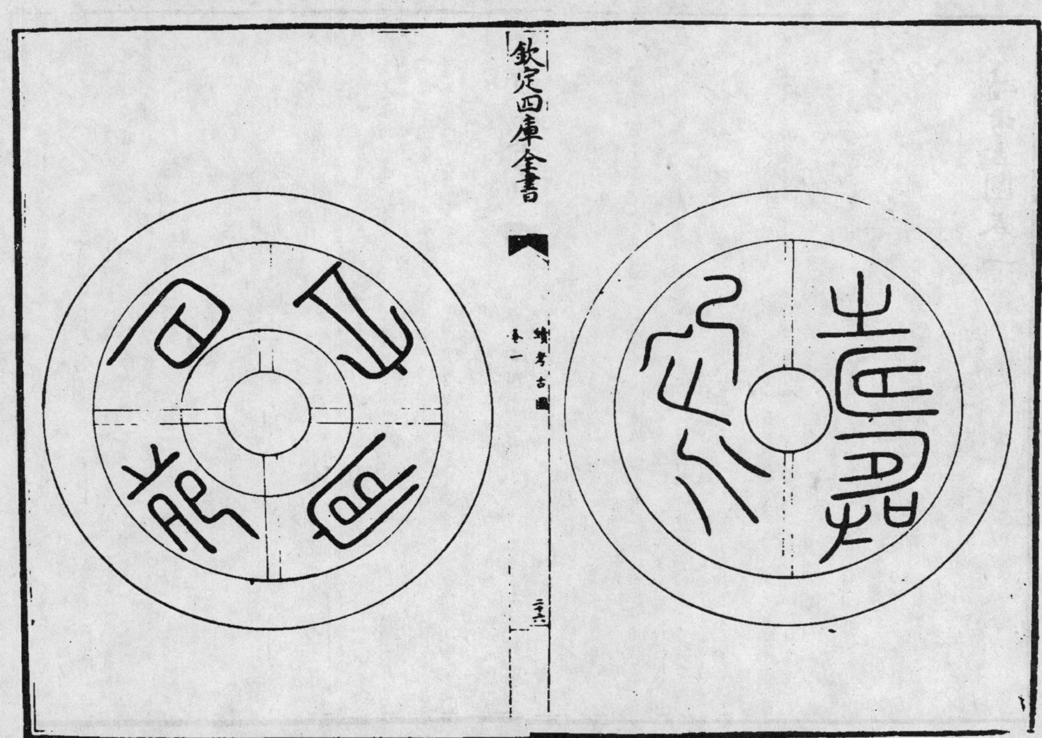

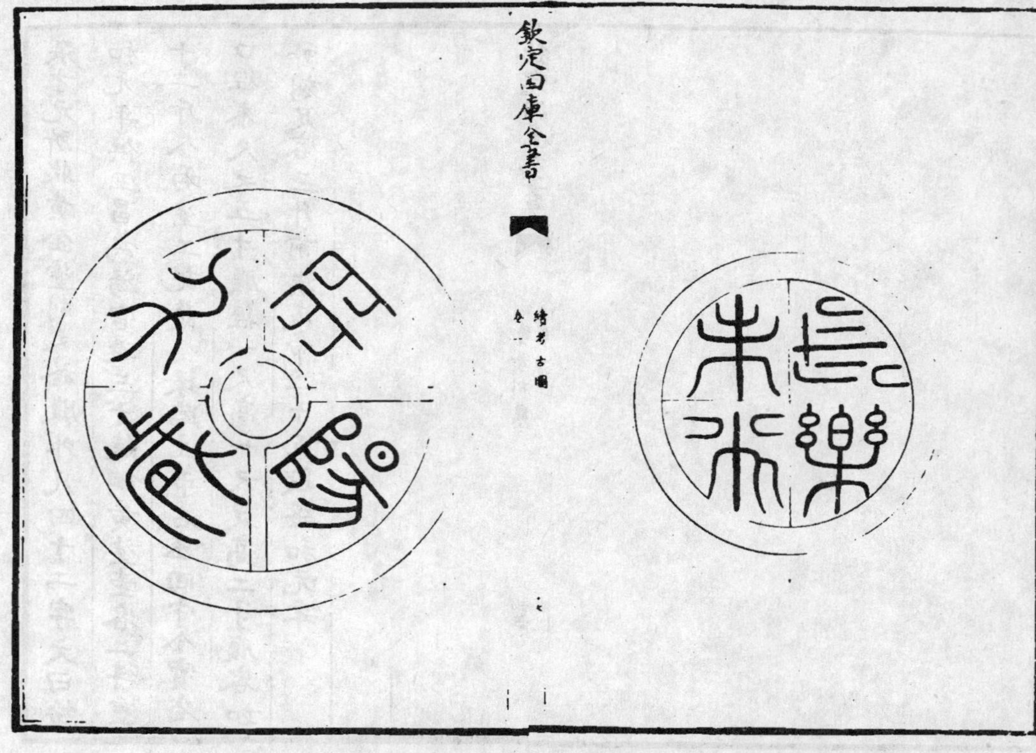

續考古圖卷一

欽定四庫全書

續考古圖卷二

宋 呂大臨 撰

丁舉卣

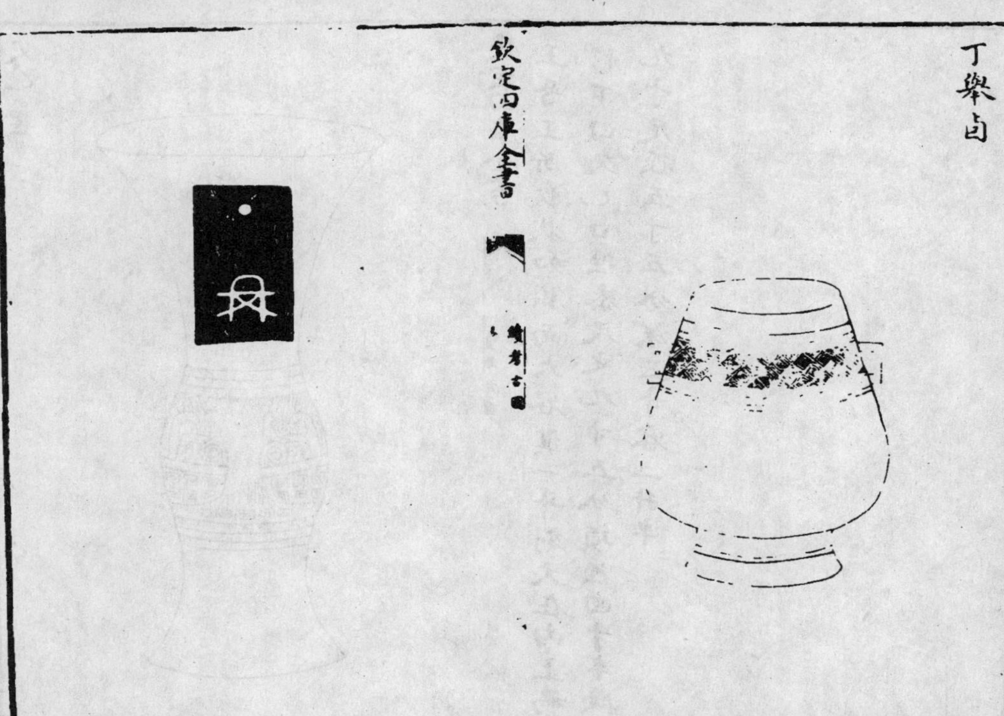

王晉玉玠所收形扁而上銳實卣也而刻文於底内曰丁舉新平張氏所得如觚形三升刻文曰癸舉雖陽王氏所得刻文曰舉吕與叔謂舉者亦爵觶之名若杜舉是也然此卣似非飲器亦謂之舉也并足高黍尺之七寸腹深五寸足高二寸口從四寸三分濶二寸五分腹徑五寸半濶三寸半容漢六升

父乙罍

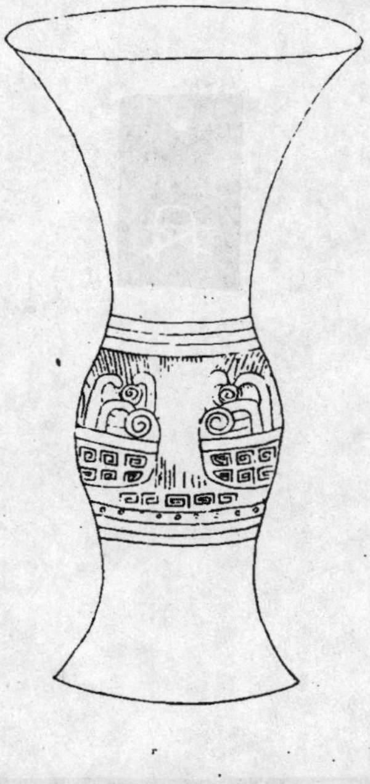

王晉玉所收狀如觚而大容漢一斗刻文在内上為人形下曰父乙口徑黍尺之九寸五分項徑四寸半腹深九寸足徑五寸五分深三寸容二升半

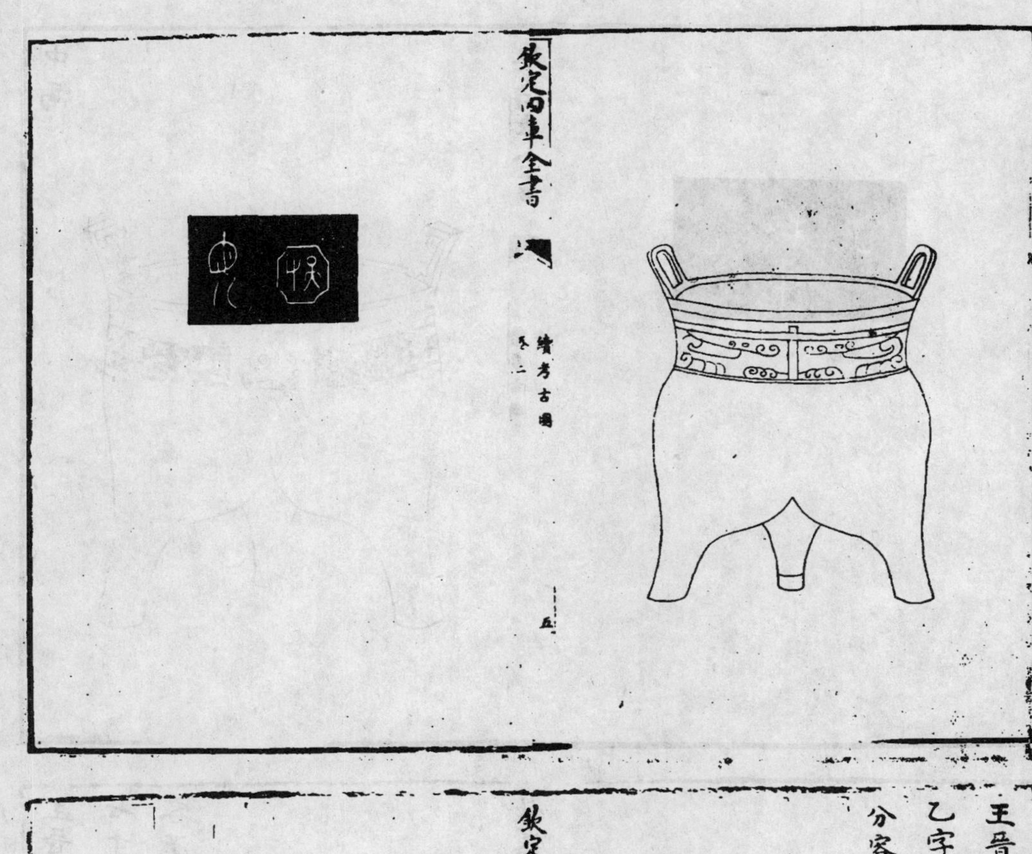

王晉玉所收鬲刻文在腹內旁作人形持戈左銘為母乙字口徑五寸五分腹深三寸足高二寸中空耳高八分容漢五升

中鬲

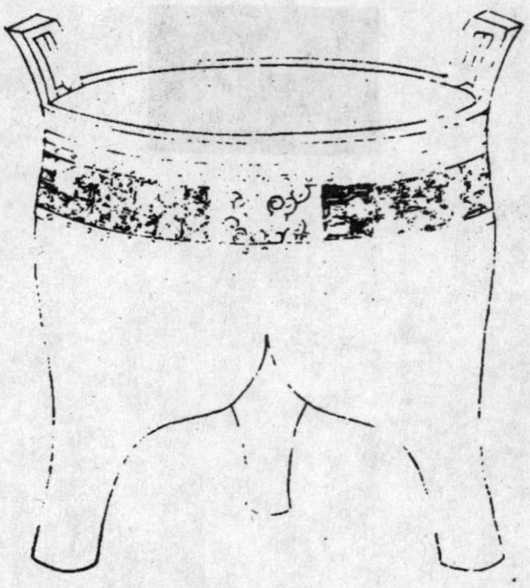

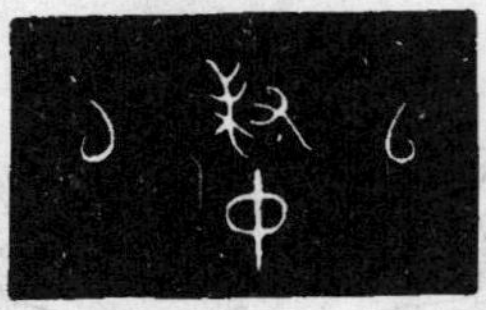

欽定四庫全書　　續考古圖　卷二　七

欽定四庫全書　　續考古圖　卷二　八

王晉玉所收刻文於腹内旁惟可辨中字口徑黍尺之七寸五分腹深四寸半足高三寸耳高一寸半足中實容漢八升

蟜形卣益

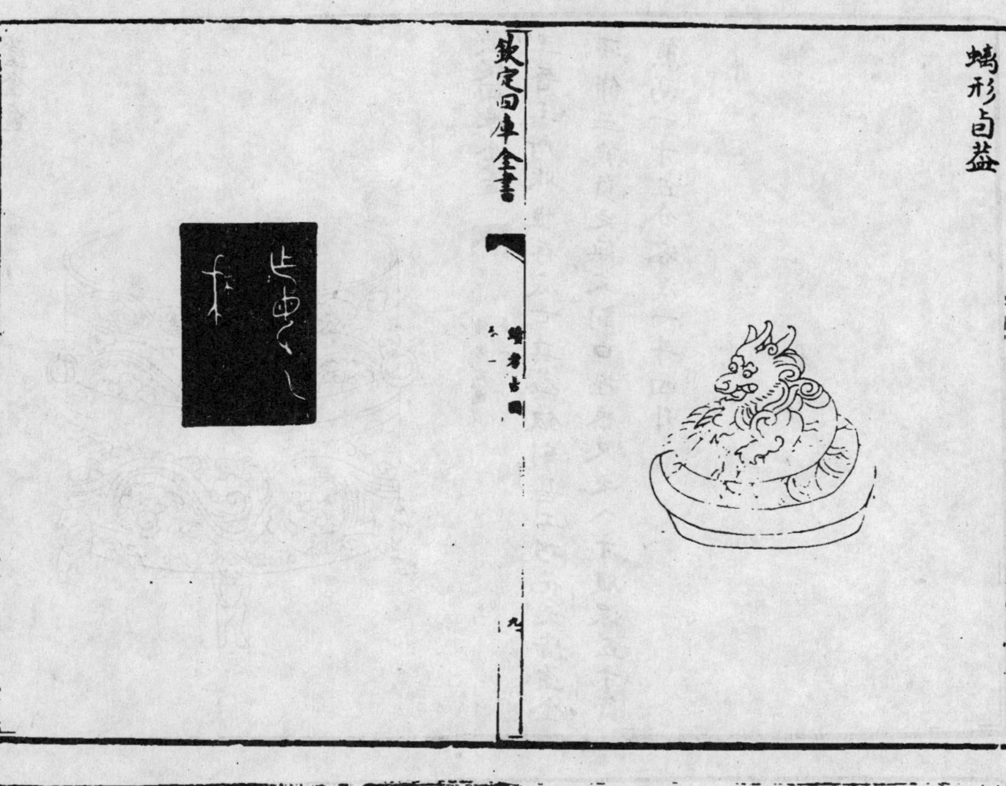

王晉玉所收卣益盤蟜製作甚工刻文在益内四字曰作母乙口徑四寸五分高四寸五分　按考古載庚鼎辛鼎癸鼎止作一字云按史記夏商未有謚其君皆以甲乙為號則此三器疑夏商之器又載祖丁彝李氏録云名之可辯者祖丁商之十四王帝祖丁也又有父巳彝父丁彝又有父巳父乙卣母乙鬲母乙卣然恐未必皆夏商君號恐止是用於父母祖考之器器不一故以甲乙為次第之號也

塗金奩

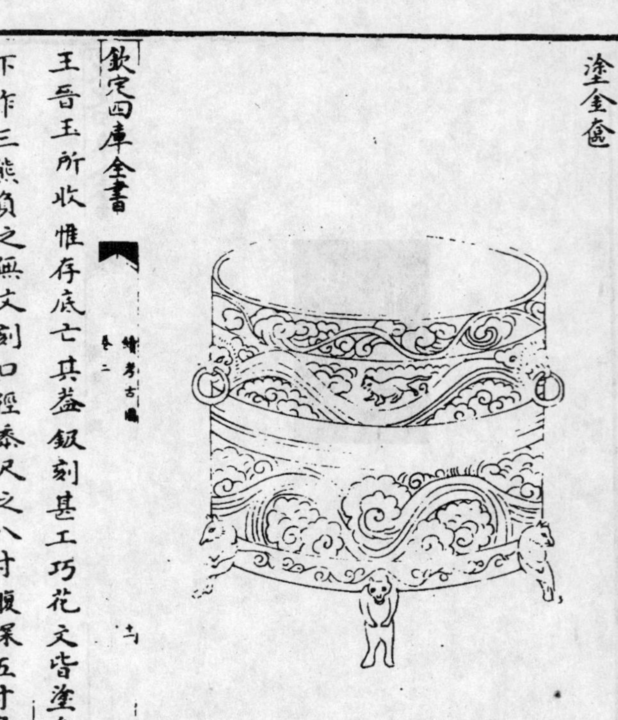

王晉玉所收惟存底亡其蓋鈒刻甚工巧花文皆塗金下作三熊負之無文刻口徑黍尺之八寸腹深五寸負熊高一寸五分容漢一斗四升

兕觥

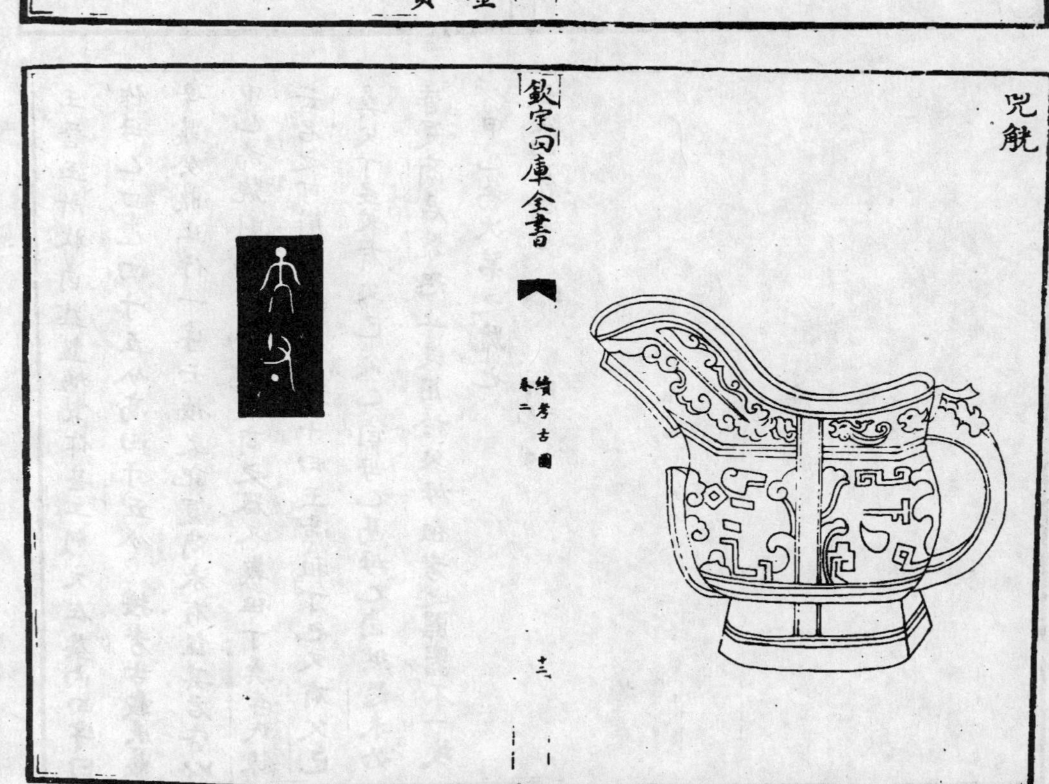

王師文所收刻文在底内作人形父丁得於太原盂縣流徑黍尺二寸五分腹徑四寸長七寸前高七寸後高五寸腹深三寸五分容漢三升并黍尺寸爾雅云兕似牛毛詩疏亦云兕似牛一角青色器上獸形似之而此器銅色青黑故以兕觥目之觥容七升按廣雅云一升曰爵二升曰觚三升曰觶四升曰角五升曰散舊禮圖云凡諸觴皆形同升數則異觥之所用正禮所無不在五爵之列然則觥既非正爵則所容多少亦或不等也

牛彝

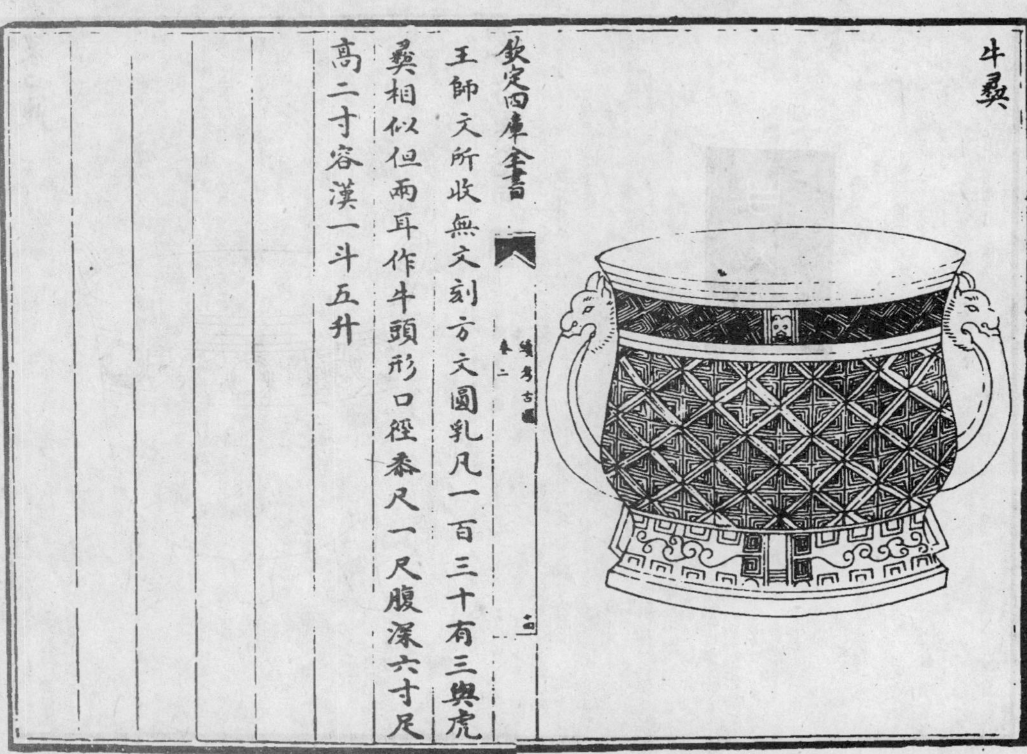

王師文所收無文刻方文圖乳凡一百三十有三與虎彝相似但兩耳作牛頭形口徑黍尺一尺腹深六寸尺高二寸容漢一斗五升

獸面細文瓿

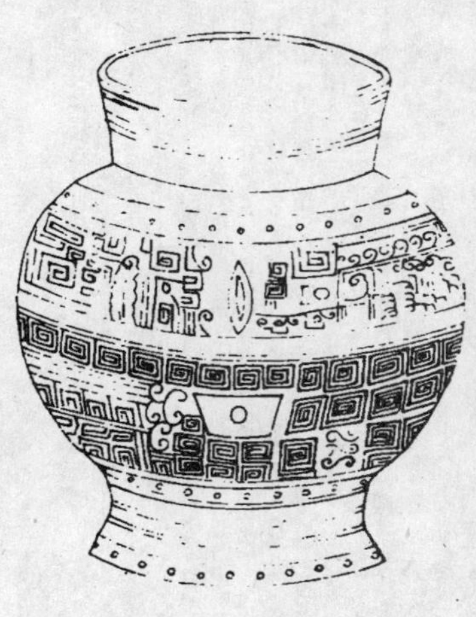

王師文所收無文刻得於太原盂縣口徑黍尺之九寸五分足口徑亦然腹徑一尺五寸通高一尺二寸腹深一尺容漢六斗五升

按形與制與秘閣獸環細文瓿李氏龍文瓿相類而細文瓿雖大止容一斗五升此瓿甚雄壯說文云瓿甂也大口而卑用食

篆口鼎

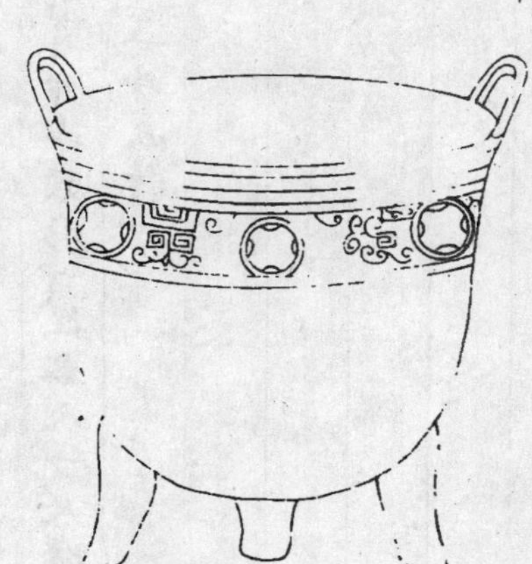

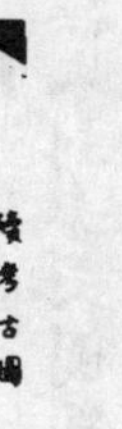

王師之所收小鼎刻二字於口内口徑黍尺之八寸五分耳高二寸腹深六寸足高二寸五分容漢一斗三升

乙鼎

王師文所收刻二字於口内篆口腹足皆作蟬文考古
已收模刻少異爾口徑黍尺之七寸耳高二寸腹深五
寸足高三寸容漢七升得於鄴郡亶甲城

伯丁罍

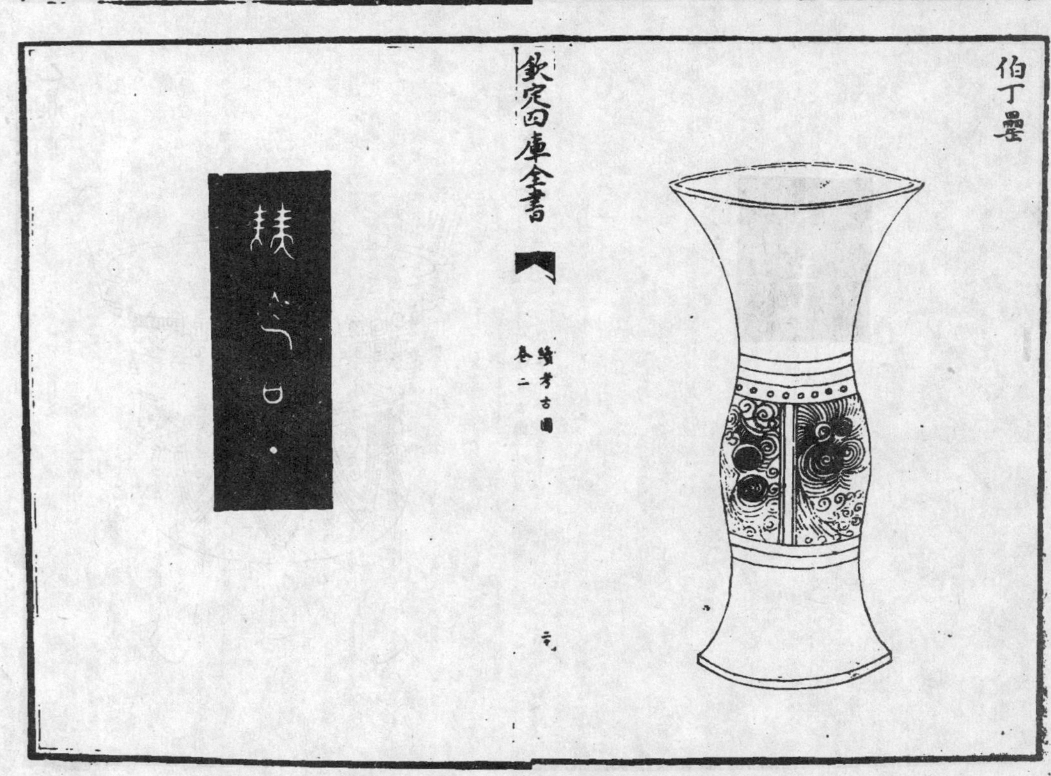

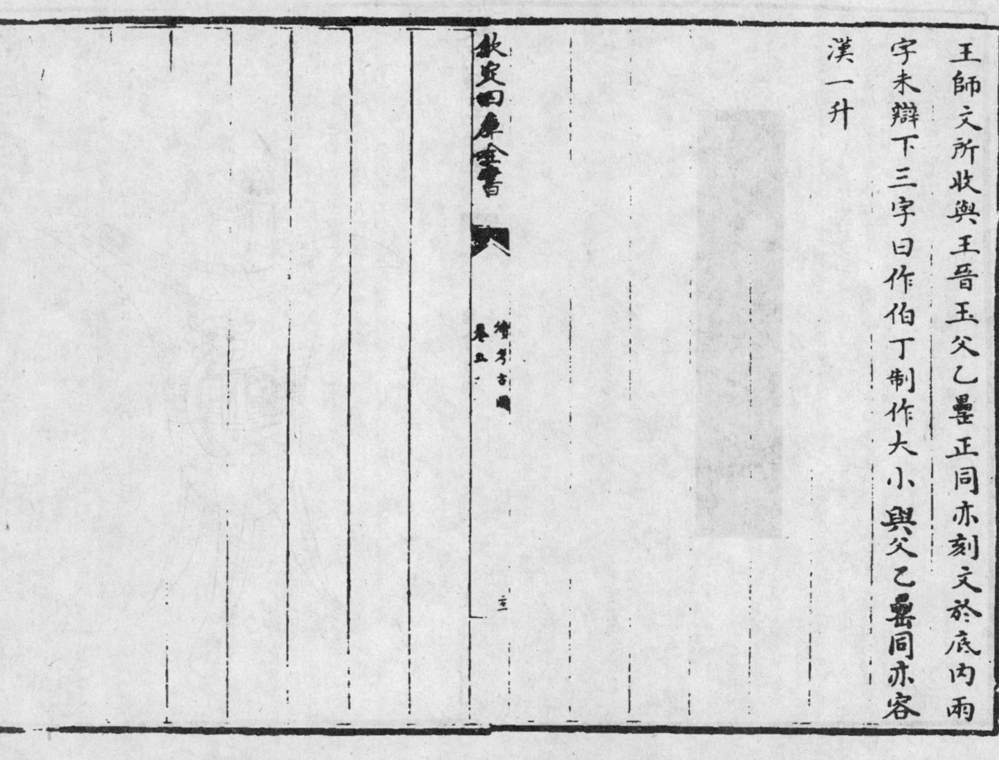

王師文所收與王晉玉父乙罍正同亦刻文於底內兩字未辯下三字曰作伯丁制作大小與父乙罍同亦容漢一升

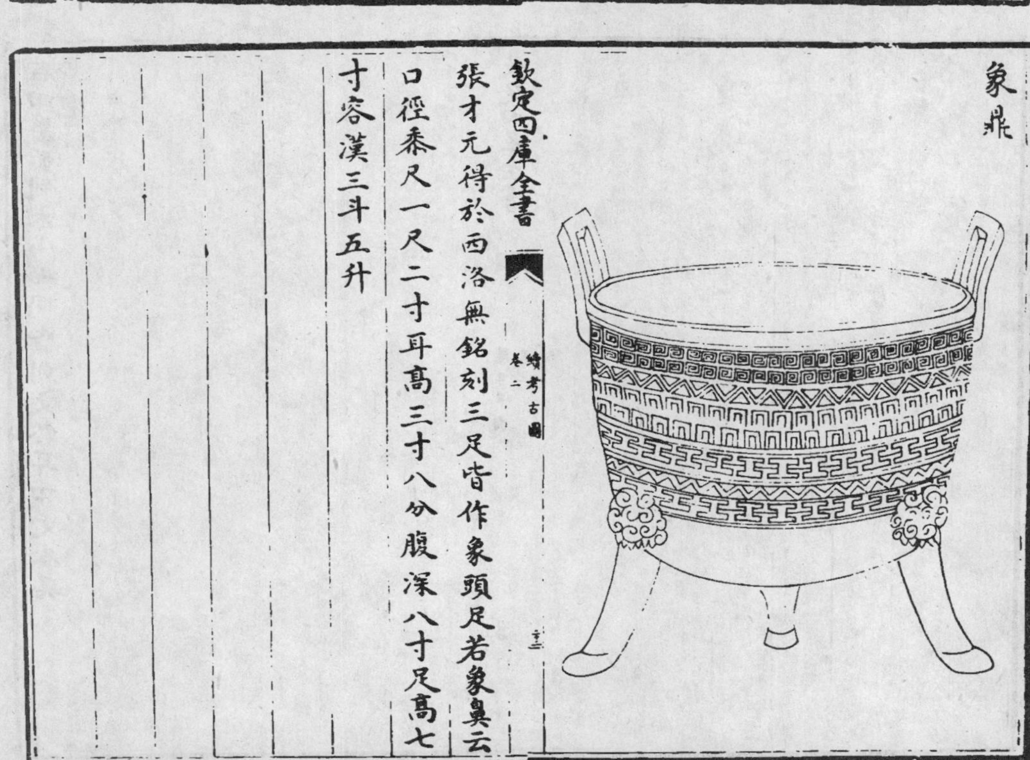

象鼎

張才元得於西洛無銘刻三足皆作象頭足若象鼻云口徑黍尺一尺二寸耳高三寸八分腹深八寸足高七寸容漢三斗五升

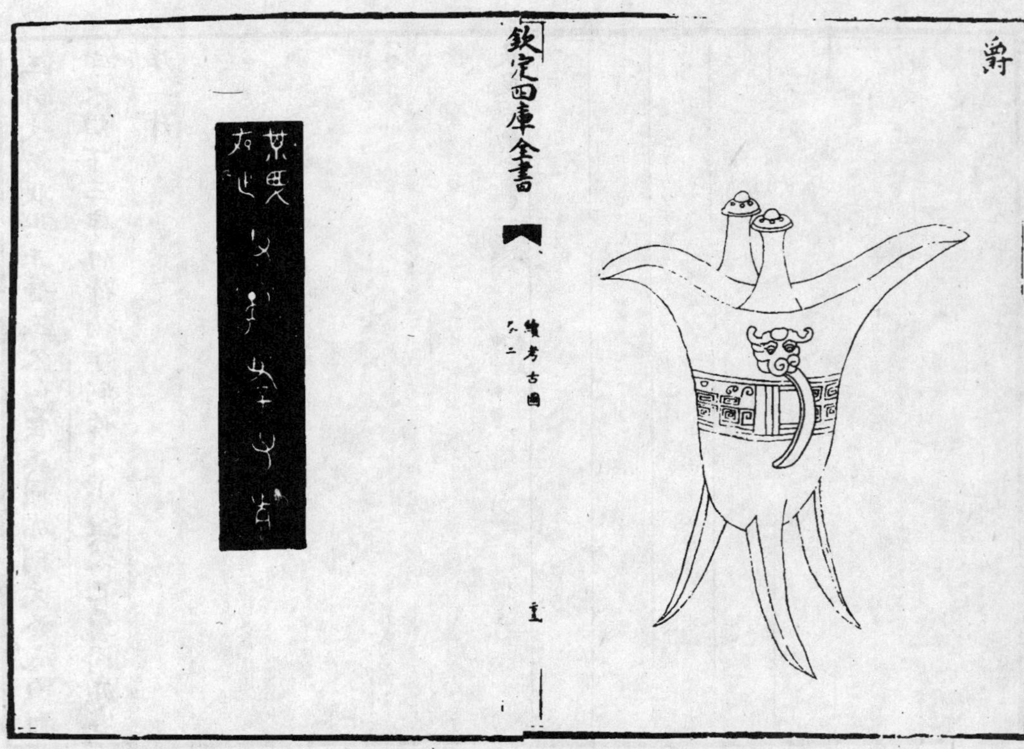

右四爵形制大小略同皆刻文於耳下文各異

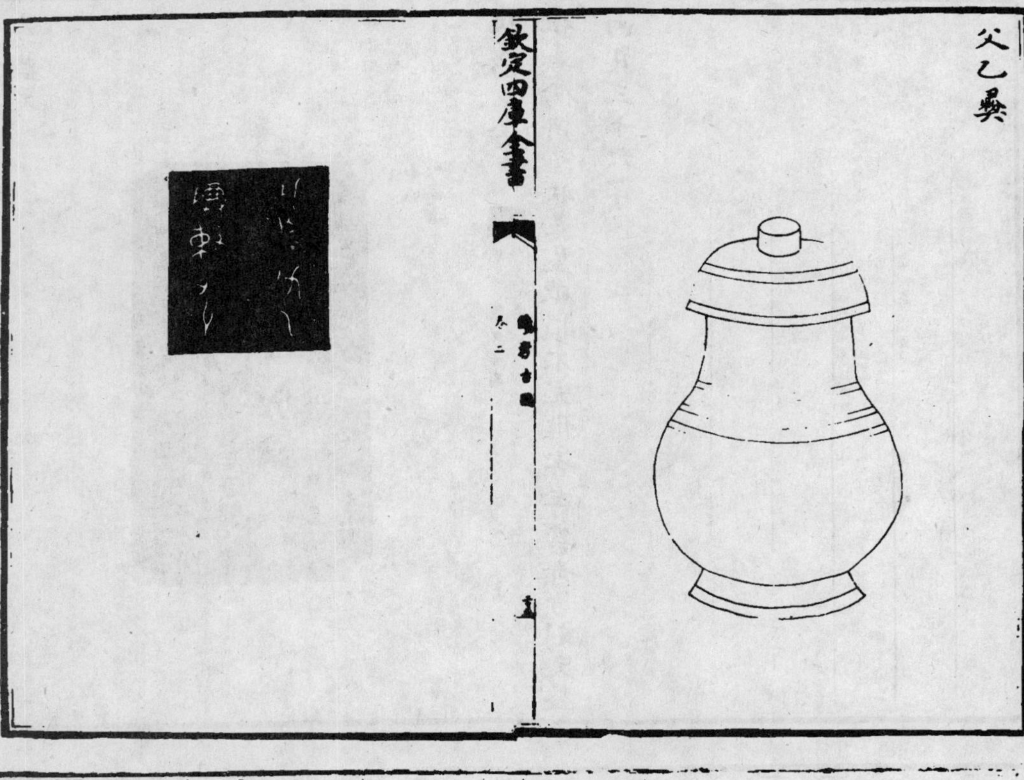

右不知所從得蓋商器也刻文於底凡七字

奡益文

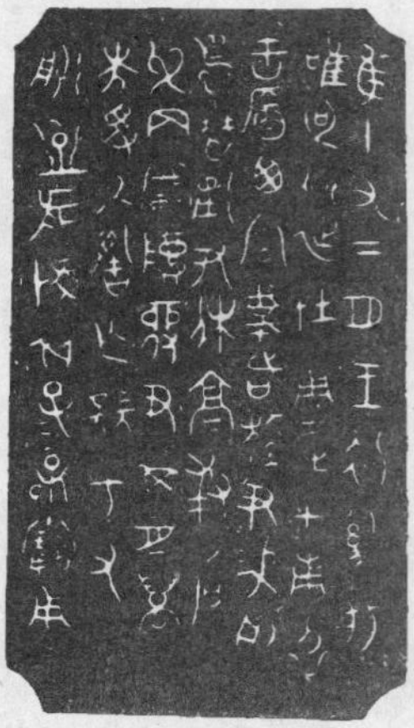

祖孟廣博所收奡益破損不完惟字存甚奇古刻文蓋内凡三十六字

螭首平底斗

張伯均所收與京兆吕氏所收正同但吕斗䝉足作獸面此斗足端作卧獸為異口徑黍尺之六寸五分深三寸五分柄作螭首無文刻容漢四升

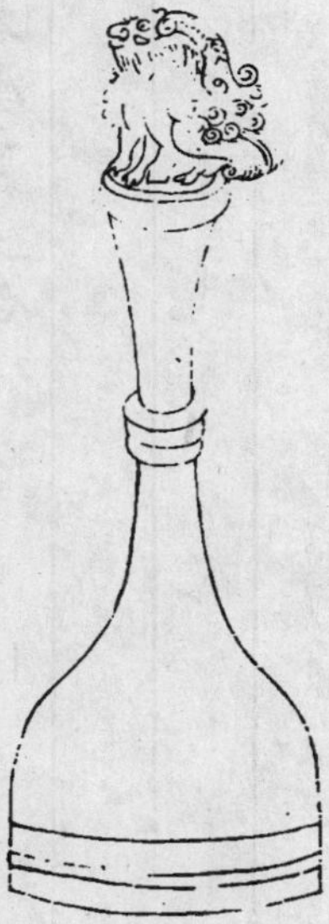

張伯均所收無文刻

通高黍尺二尺三寸其端作獅子形高三寸莖高一尺六寸底高四寸中空底口徑一尺五分莖端兩竅相當叩之其音清響

瓦鼎

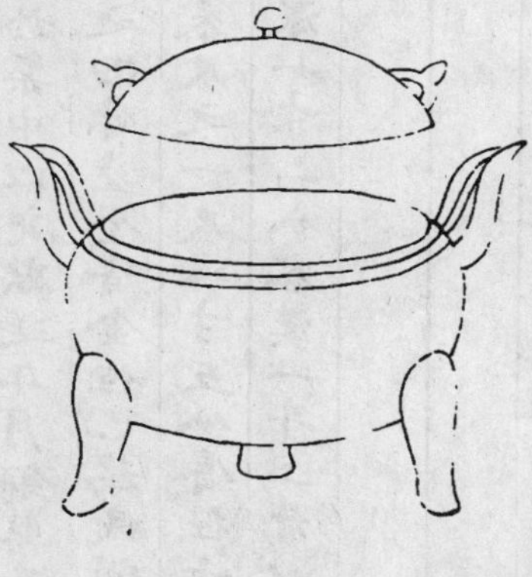

得之於咸陽鼎葢皆瓦中作銅隔通高八寸腹徑九寸深四寸其足各高三寸隔容二升鼎口徑七寸

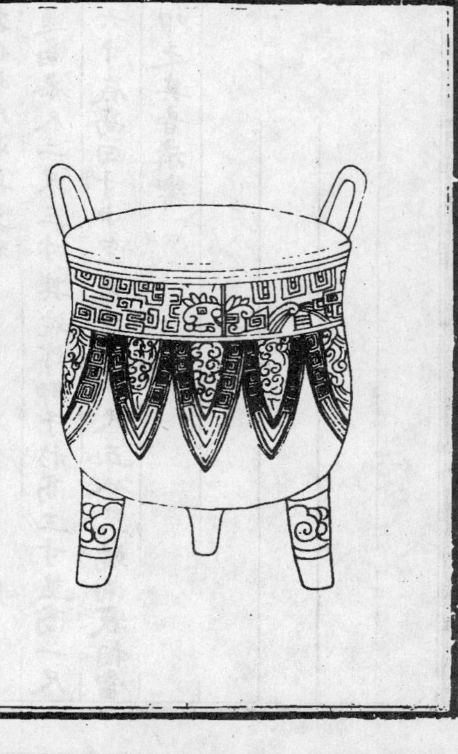

李元君宰所刻二字於内篆口足腹皆作蟬文與乙鼎相似口徑黍尺之四寸七分耳高一寸腹深三寸足高二寸容漢二升二合

熊足盤

崇寧元年秦州甘谷新邊民耕得之獻於定西高廟為擲掛盤又刻鏨於盤中以記獻送年月銅盤甚雄壯平底下作三熊負之内外塗金皆金但已為民間刻壞甚可惜也盤面徑黍尺之一尺八寸五分唇徑十分半足熊高二寸二分深一寸二分容漢一斗二升以金秤秤之重一十八斤

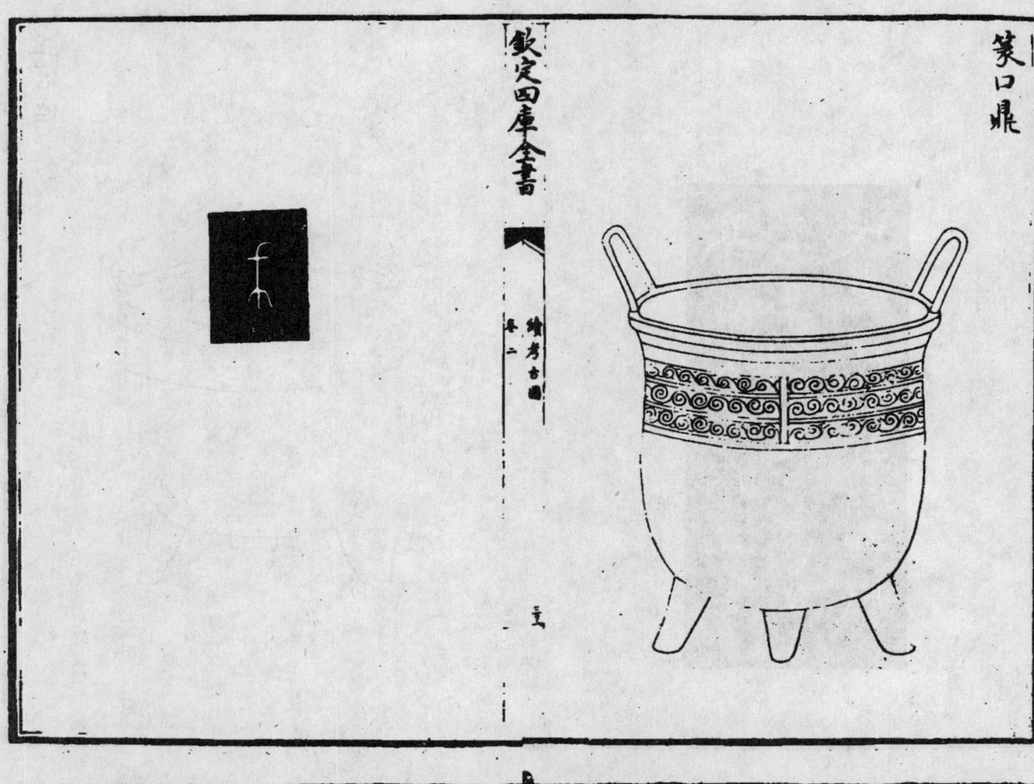

呂子功姪得此鼎於岐下與王師文篆口小鼎略相似腹内口下刻一字口徑黍尺之七寸耳高一寸二分腹深五寸足高三寸半容漢八升

王宮匜

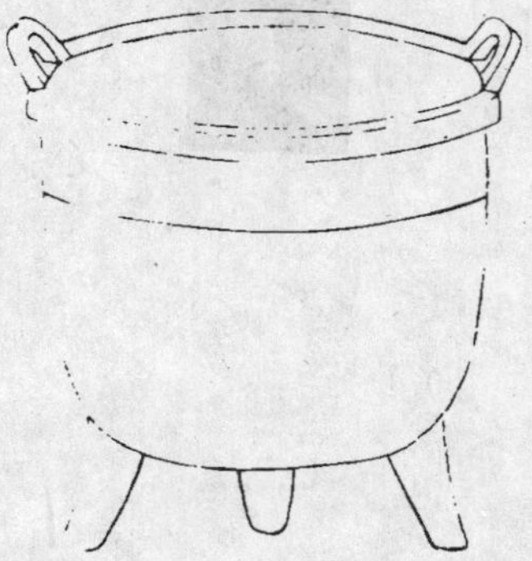

右克中姪所收刻文二十字於口圖轉讀之

續考古圖卷二

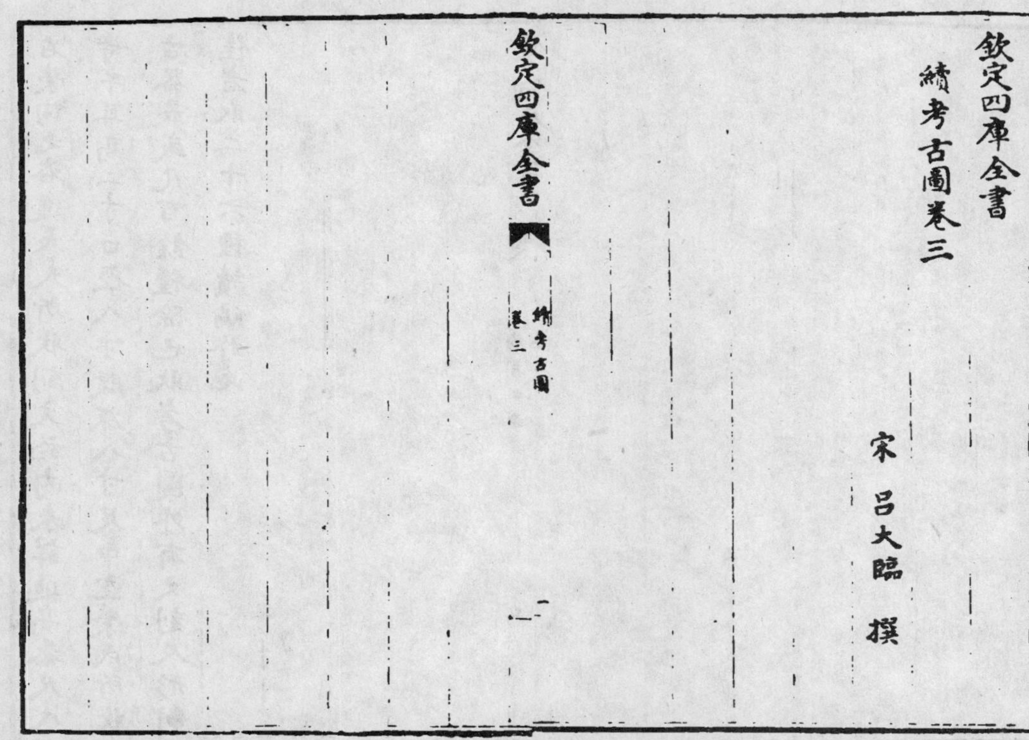
欽定四庫全書

續考古圖卷三

宋 呂大臨 撰

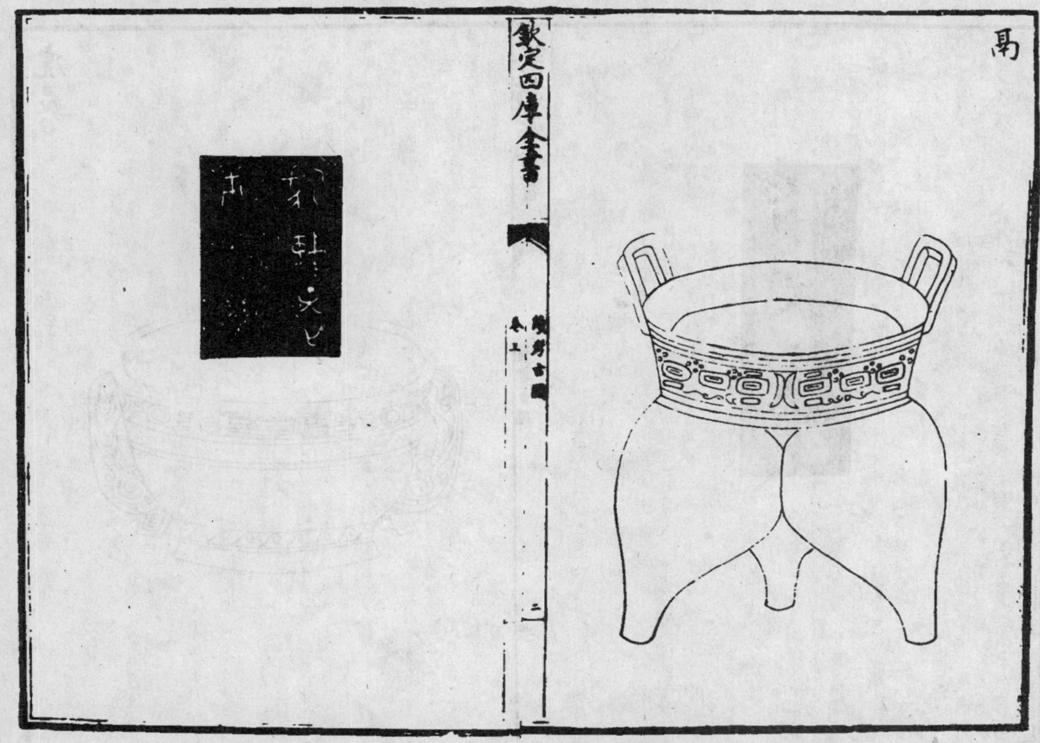
鬲

右榮詢之洛道大夫所收刻文於内未詳通高叁尺八寸半耳高二寸口徑八寸腹深八寸足中空榮氏所收古器最盛凡百餘種除已收考古圖外有文刻及形制佳者取二十六種續編於此

虎彝

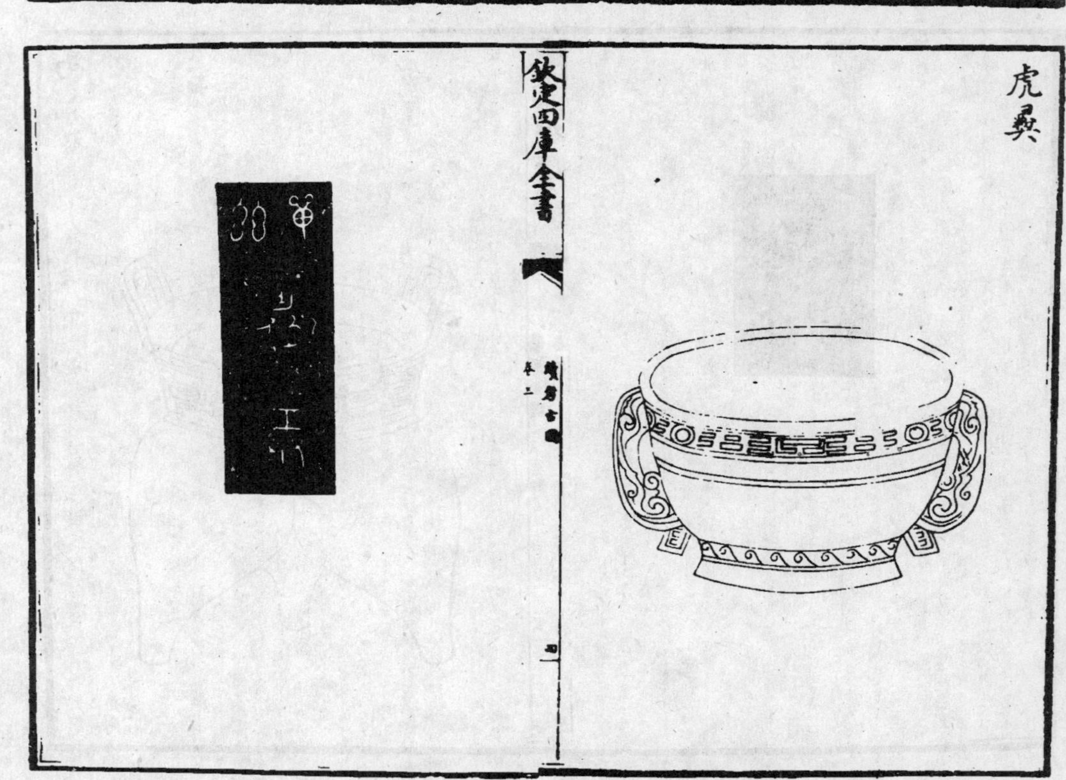

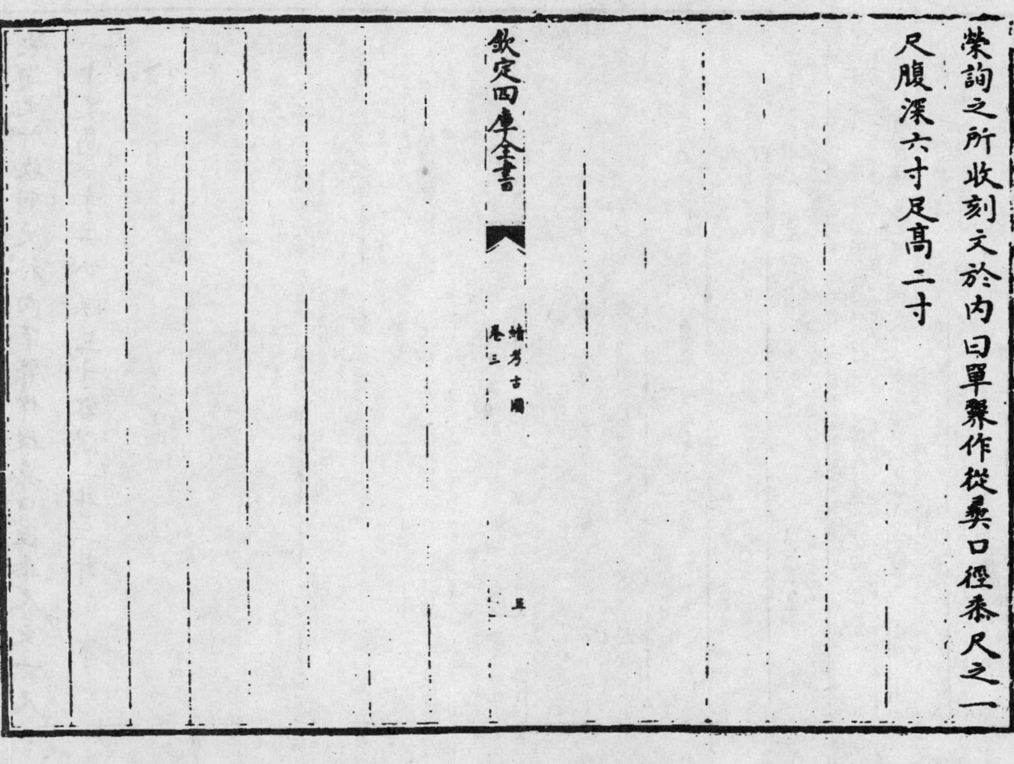
榮詢之所收刻文於内曰單槃作從彜口徑黍尺之一尺腹深六寸足高二寸

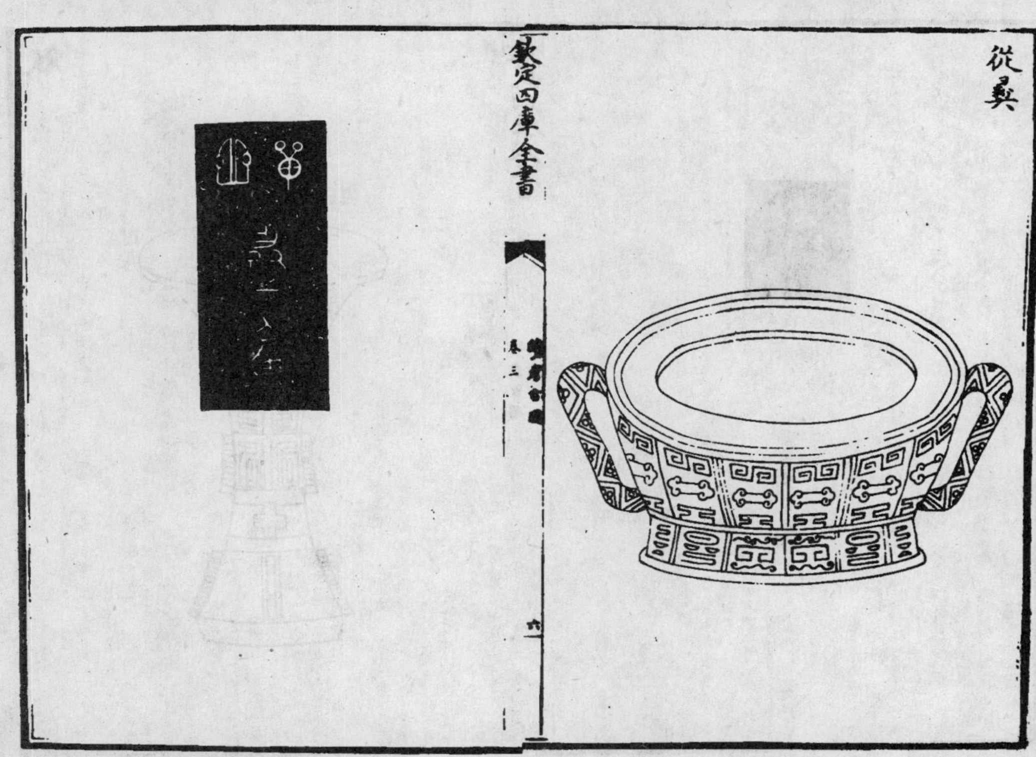
從彜

榮詢之所收刻文於內單𦉢作從㚇口徑黍尺之一尺二寸足高一寸二分深三寸容漢一斗二升

觚

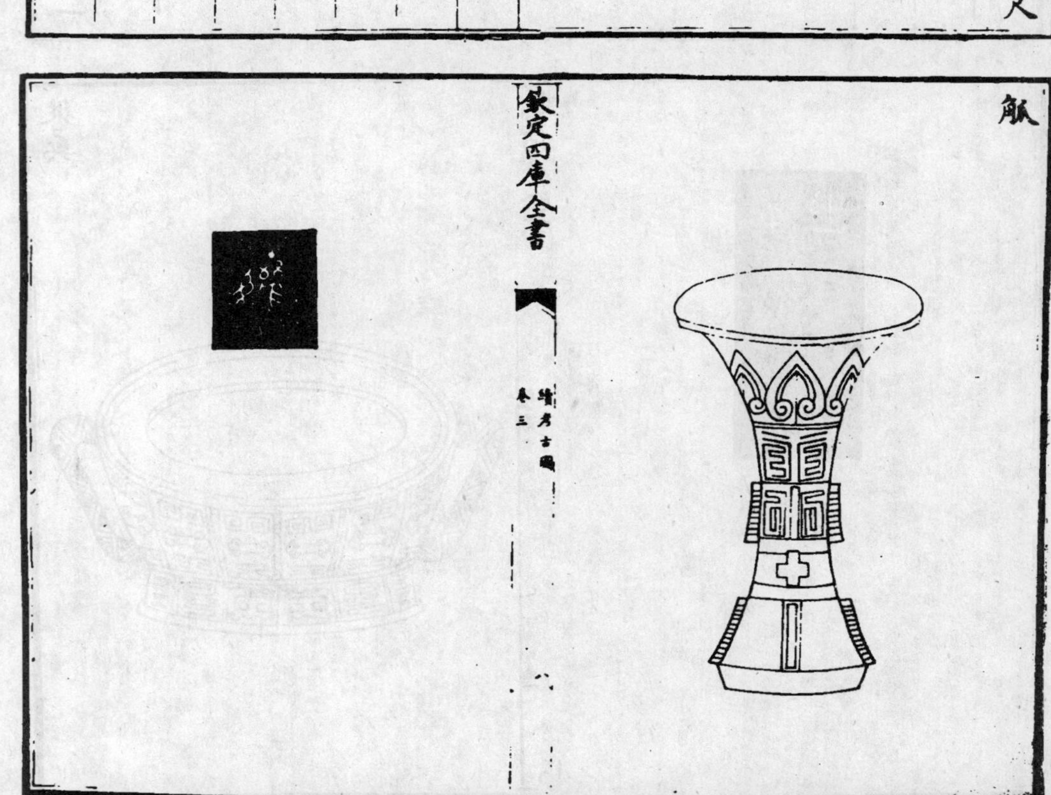

容二升身高尺二寸口徑六寸半身徑一寸半形制與
前所載同刻字三

爵

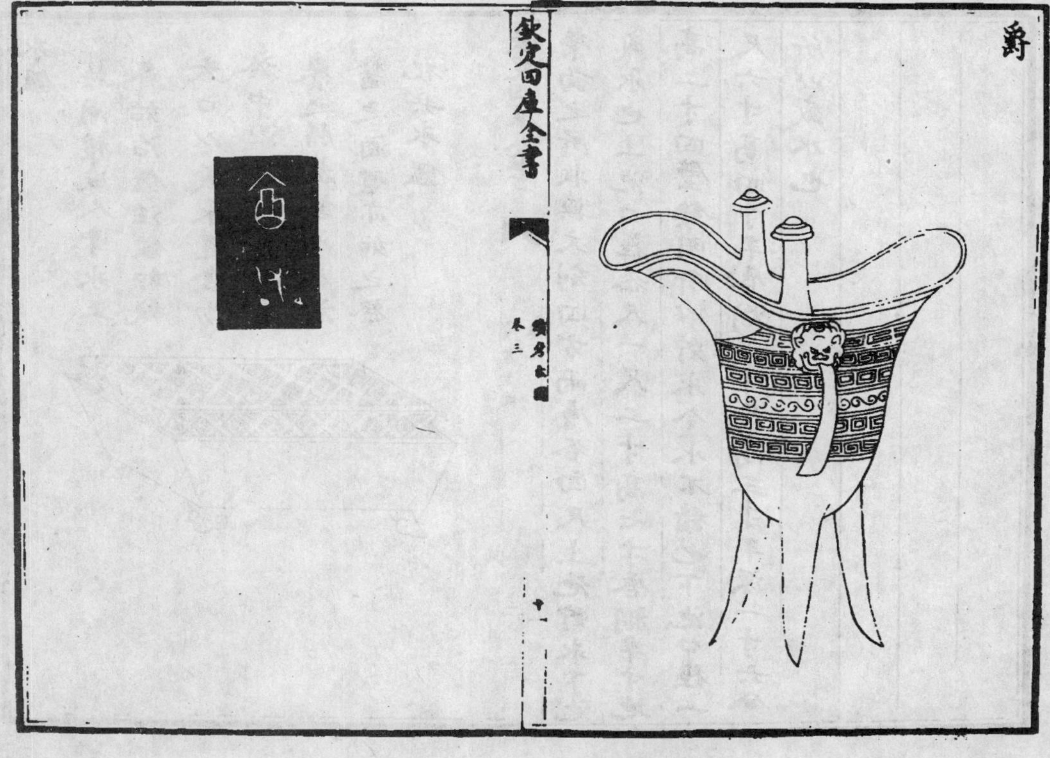

形制與前所載同刻字三

冰鑑

按周禮淩人掌冰正春始治鑑注鑑如甀大口以盛冰置食物於中以禦溫氣內外饔之膳羞鑑焉凡酒漿之酒醴亦如之祭祀共冰鑑

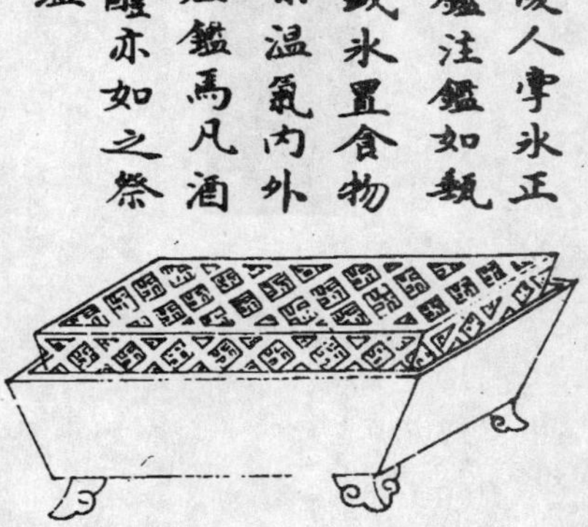

榮詢之所收無文刻四方兩層各四尺上池貯冰下池盛水也上池口徑叅尺一尺二寸高七寸脣濶半寸地高二寸四壁鏤明所以貯冰令水不積也下池口徑一尺六寸高四寸半脣濶一寸足高三寸半深一寸六分所以盛水也

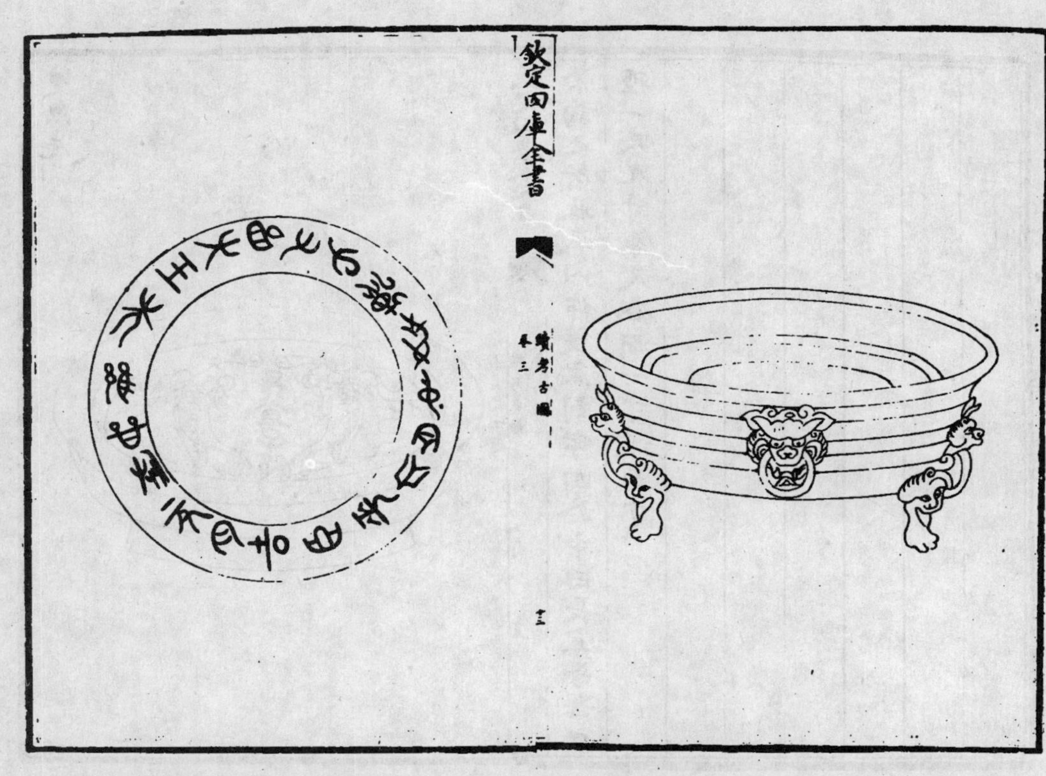

棨詢之所收無文刻作獸面銜環凡四環三足底下刻文凡十九字口徑黍尺一尺三寸通高六寸深四寸足高二寸容漢四斗

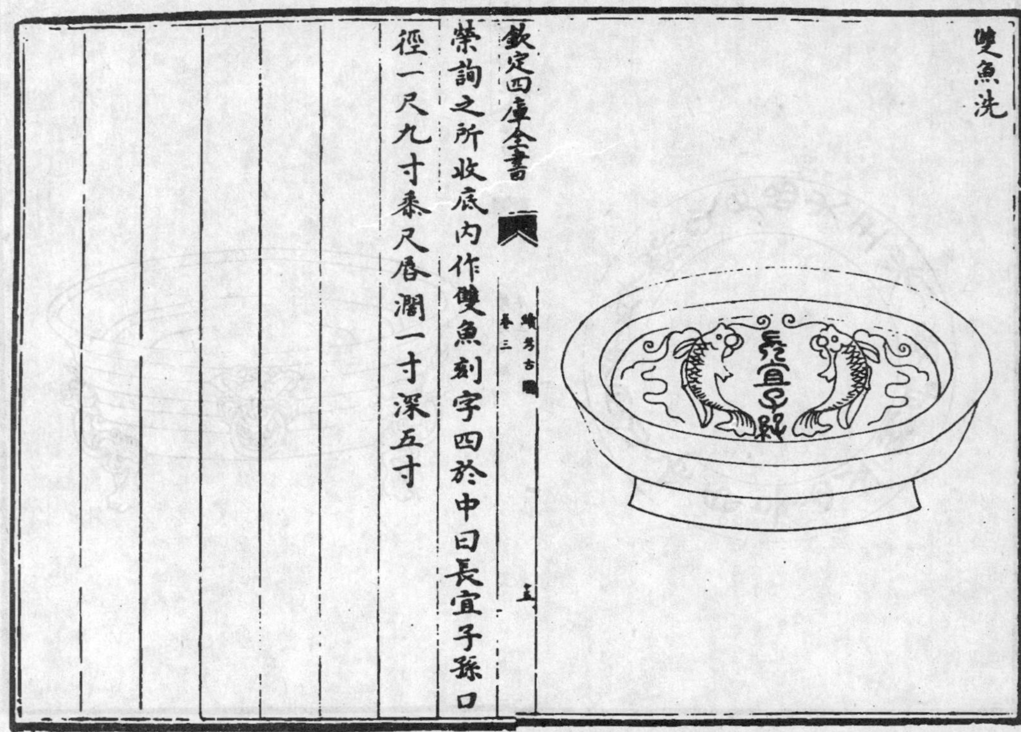

雙魚洗

榮詢之所收底内作雙魚刻字四於中曰長宜子孫口徑一尺九寸黍尺脣濶一寸深五寸

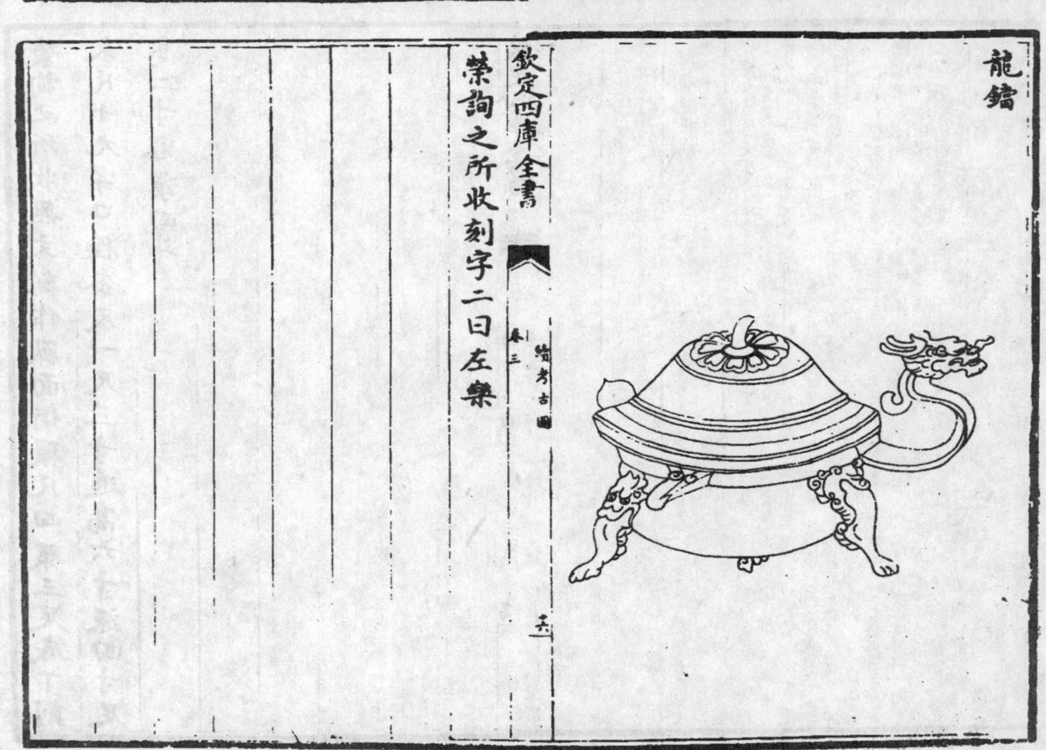

龍鐎

榮詢之所收刻字二曰左樂

九鶵鳳爐

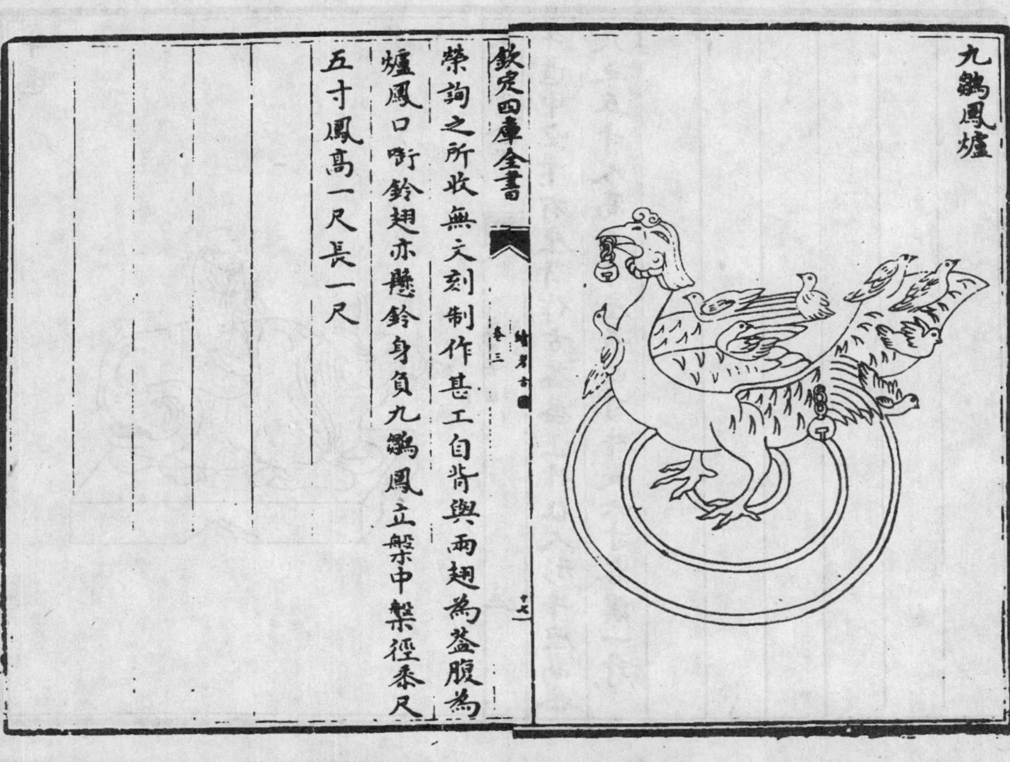

榮詢之所收無文刻制作甚工自背與兩翅為蓋腹為爐鳳口啣鈴翅亦懸鈴身負九鶵鳳立槃中槃徑叁尺五寸鳳高一尺長一尺

香毬

榮詢之所收槃徑叁尺六寸高五寸爐徑四寸凡燻香先著湯於槃中使衣有潤氣即燒香煙著毆而不散故博山之類皆然

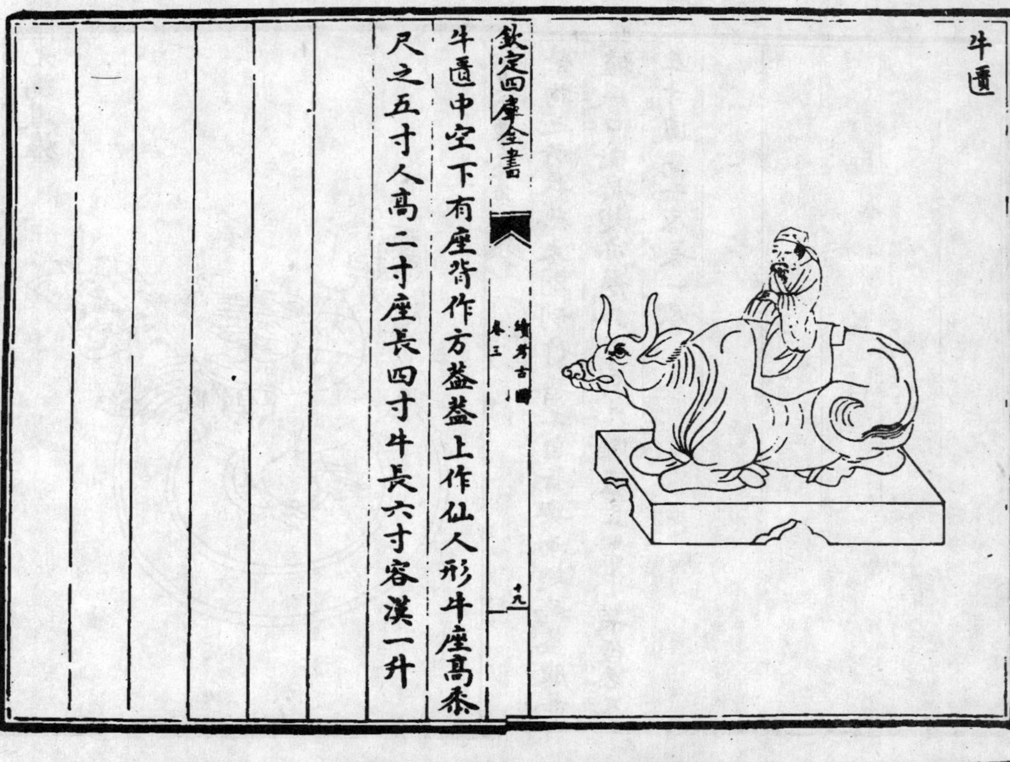

牛匵

牛匵中空下有座背作方蓋蓋上作仙人形牛座高黍尺之五寸人高二寸座長四寸牛長六寸容漢一升

龜匵

龜匵中空背作方蓋上作獅子形身長黍尺三寸半身高二寸頭長一寸半濶二寸獅子高一寸半容四合

二匵並榮詢之所收

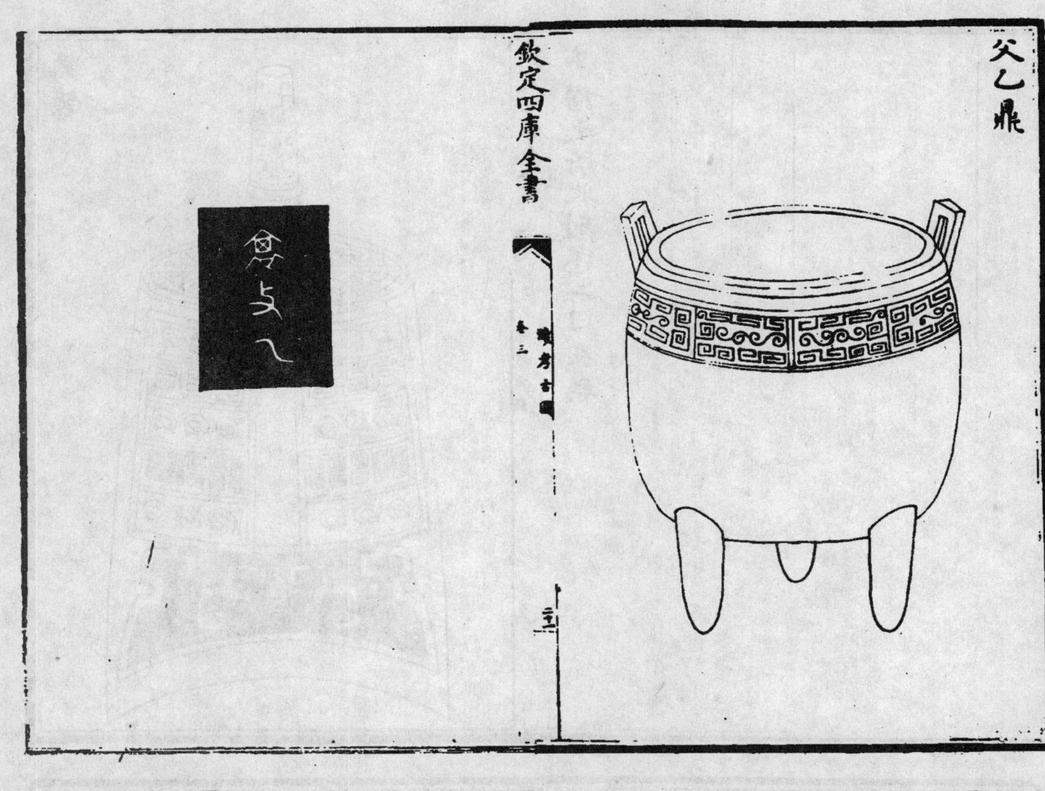

欽定四庫全書

榮詢之所收刻字二於内鼎高八寸半黍尺耳高二尺口徑八寸深七寸容漢一斗五升

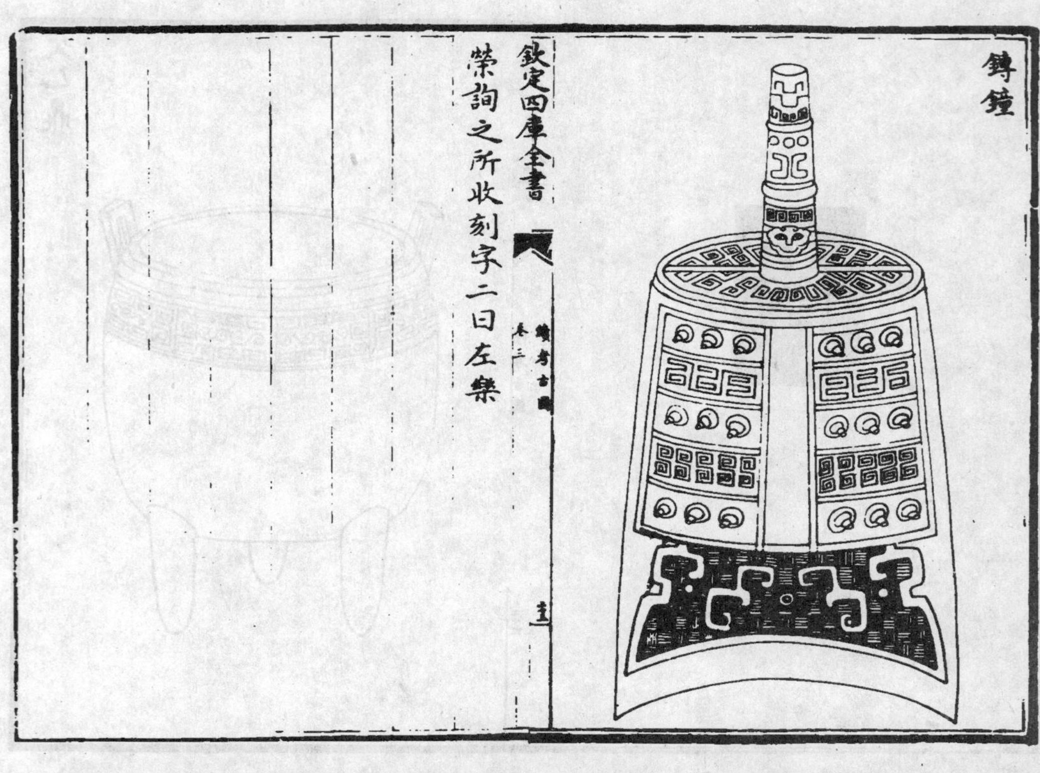

榮詢之所收刻字二曰左樂

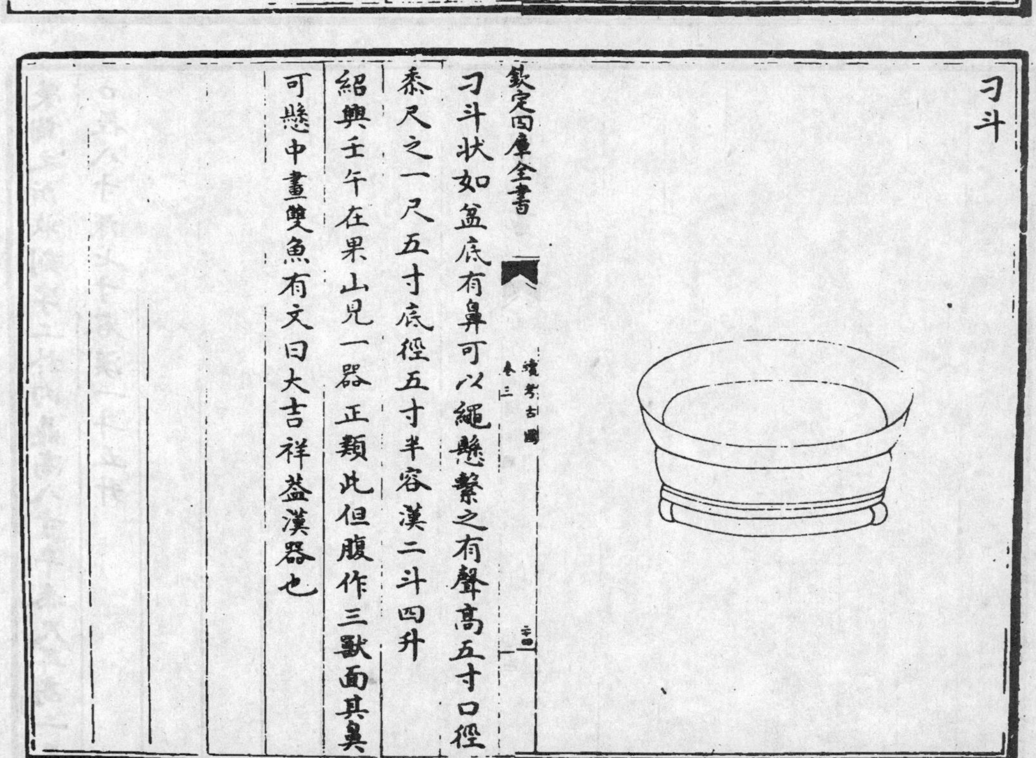

刁斗狀如盆底有鼻可以繩懸繫之有聲高五寸口徑黍尺之一尺五寸底徑五寸半容漢二斗四升紹興壬午在果山見一器正類此但腹作三獸面其鼻可懸中畫雙魚有文曰大吉祥益漢器也

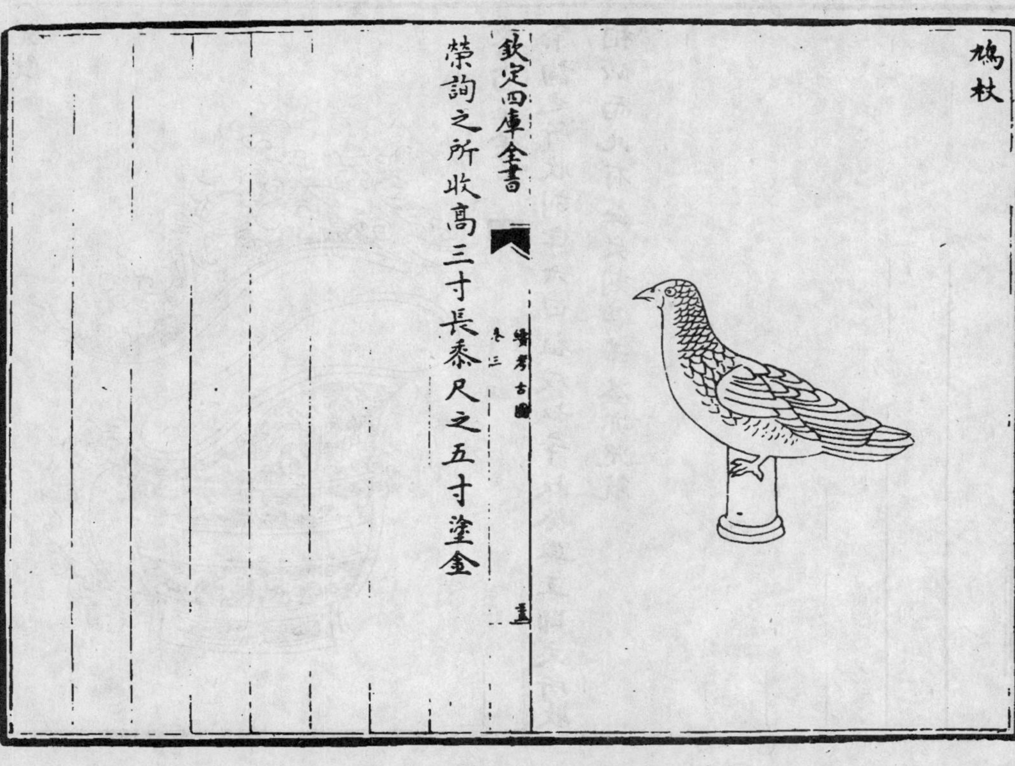

鳩杖

榮詢之所收高三寸長黍尺之五寸塗金

龍虎洗

榮詢之所收無文刻洗底刻作龍虎猴象鹿五獸狀中又作寶瓶之狀口徑黍尺之一尺五寸高三尺容漢一斗七升

兕觥

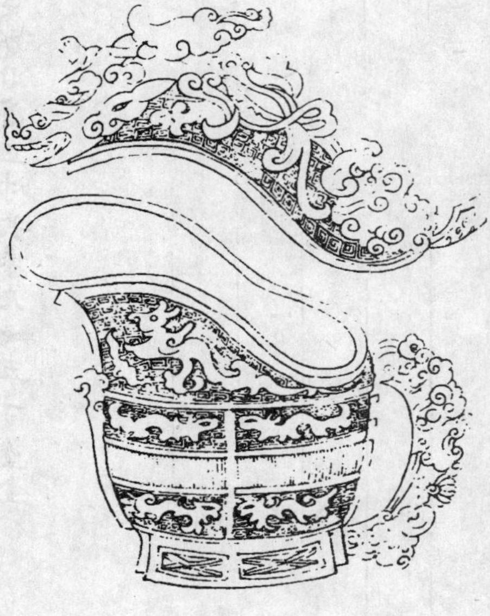

榮詢之所收刻字六曰祖戊叔辛叔癸與王師文所收相似而此有葢文刻甚華葢亦兕觥

燈槃

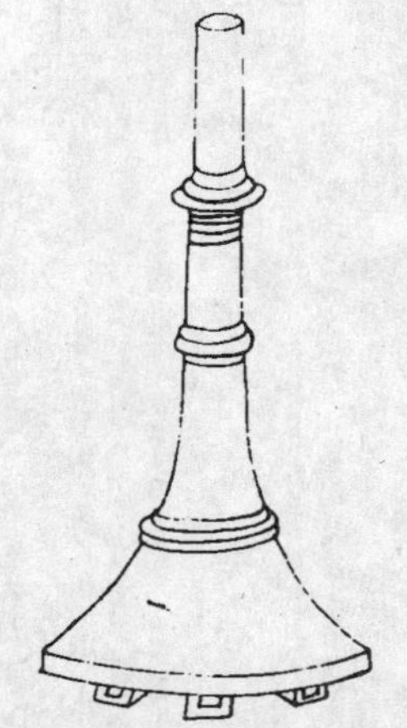

榮詢之所收槃脣刻蘭席二字燭臺上中兩股并槃凡三上中空可以立燭三足立於槃中槃口徑𥝱尺之一尺高二寸半中高四寸下口徑七寸上高一尺口徑二寸半深三寸半

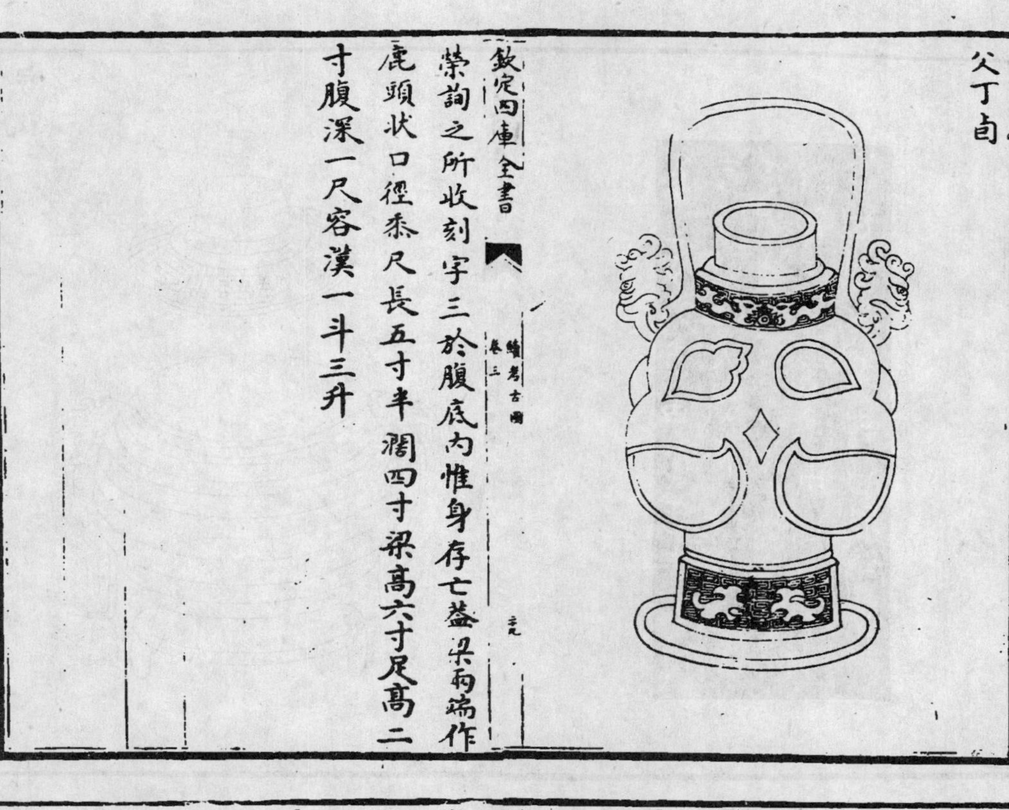

榮詢之所收刻字三於腹底内惟身存亡蓋梁兩端作鹿頭狀口徑黍尺長五寸半濶四寸梁高六寸足高二寸腹深一尺容漢一斗三升

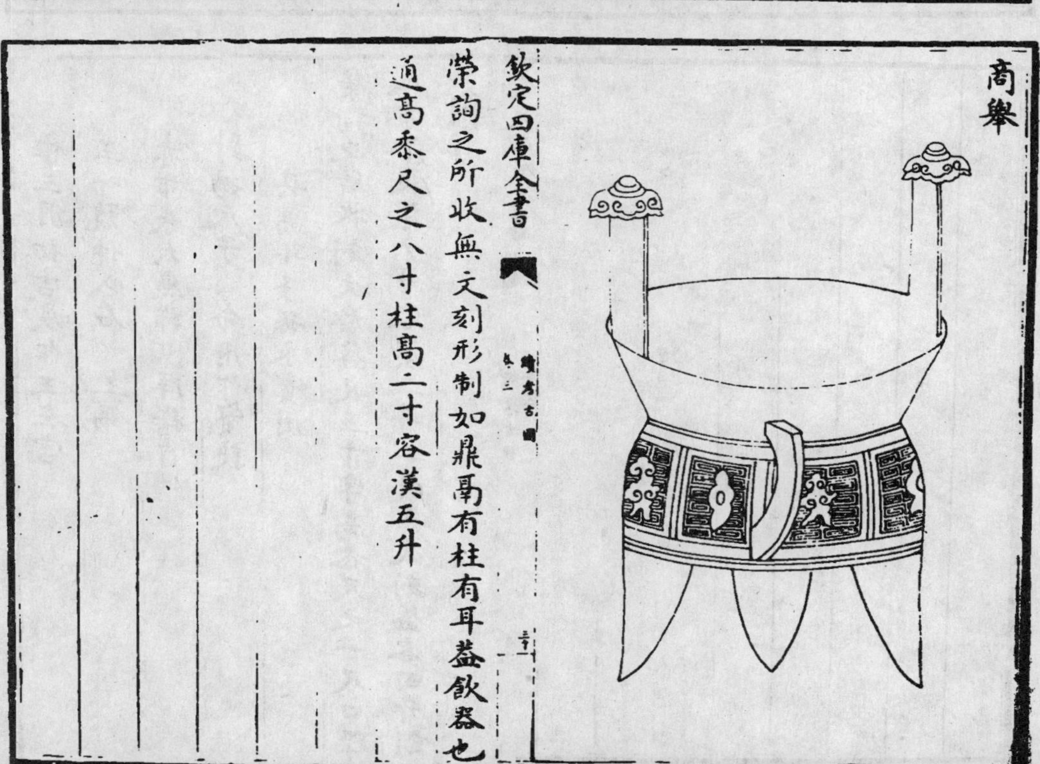

榮詢之所收無文刻形制如鼎鬲有柱有耳蓋飲器也通高黍尺之八寸柱高二寸容漢五升

寶敦

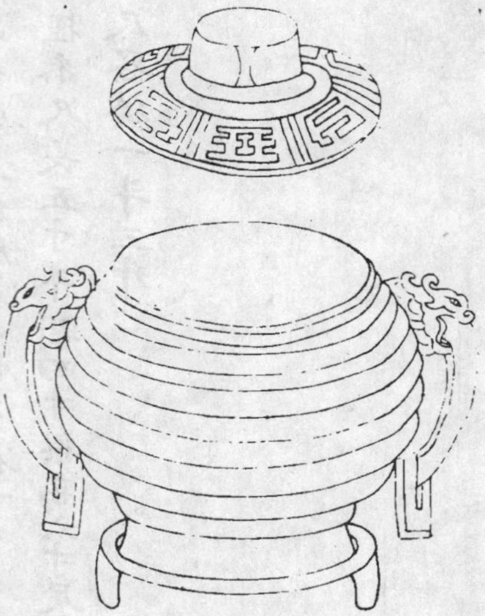

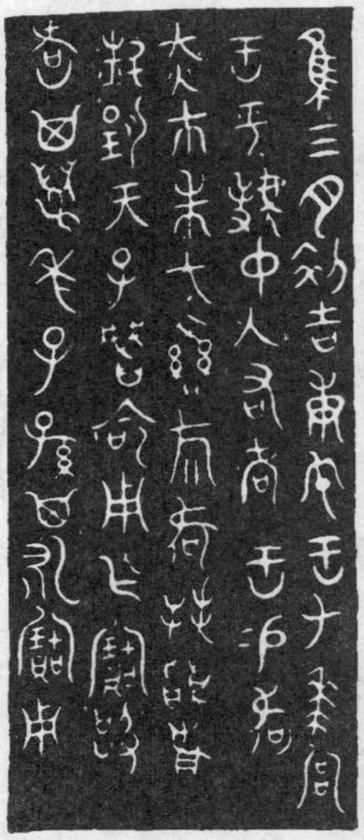

惟三月初吉庚午王在宮
王呼虢仲入右　王錫
赤市朱太鳥旂　拜稽首
對揚天子　命用作寶敦
其萬年子孫永寶用

榮詢之所收刻文於葢凡五十字高柰尺之一尺口徑八寸半腹深六寸容漢二斗二升無文刻葢容四升刻文於内

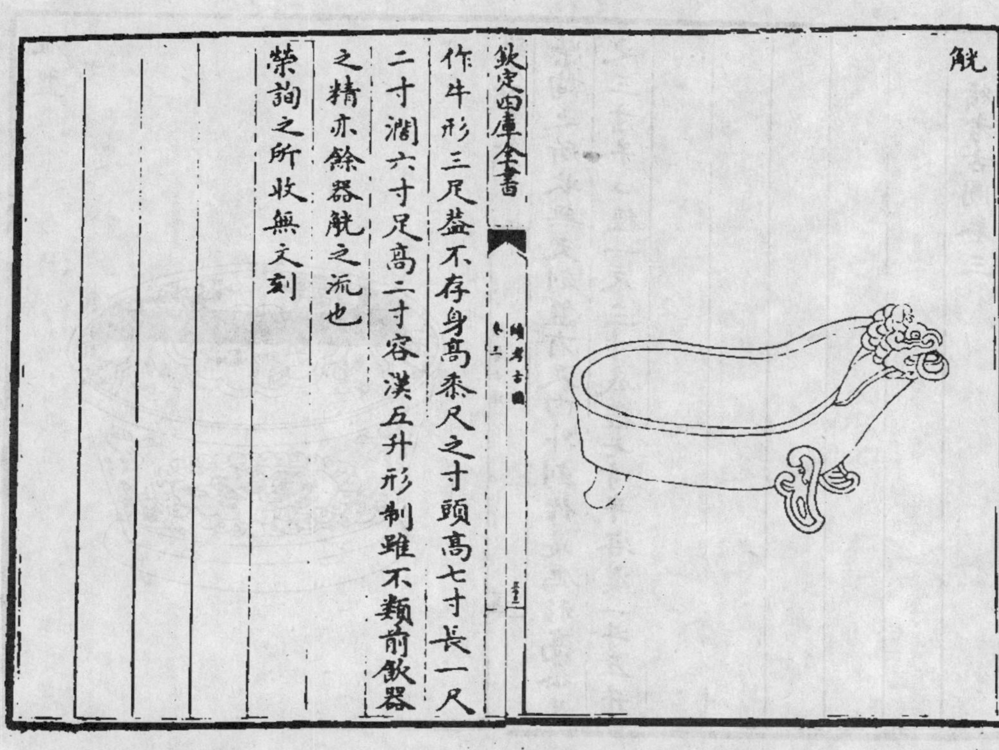

觥

作牛形三足葢不存身高黍尺之寸頭高七寸長一尺二寸濶六寸足高二寸容漢五升形制雖不類前飲器之精亦餘器觥之流也

榮詢之所收無文刻

盎

榮詢之所收高黍尺之一寸口徑二尺六寸容漢二斗八升許並無文飾之類惟刻昆字

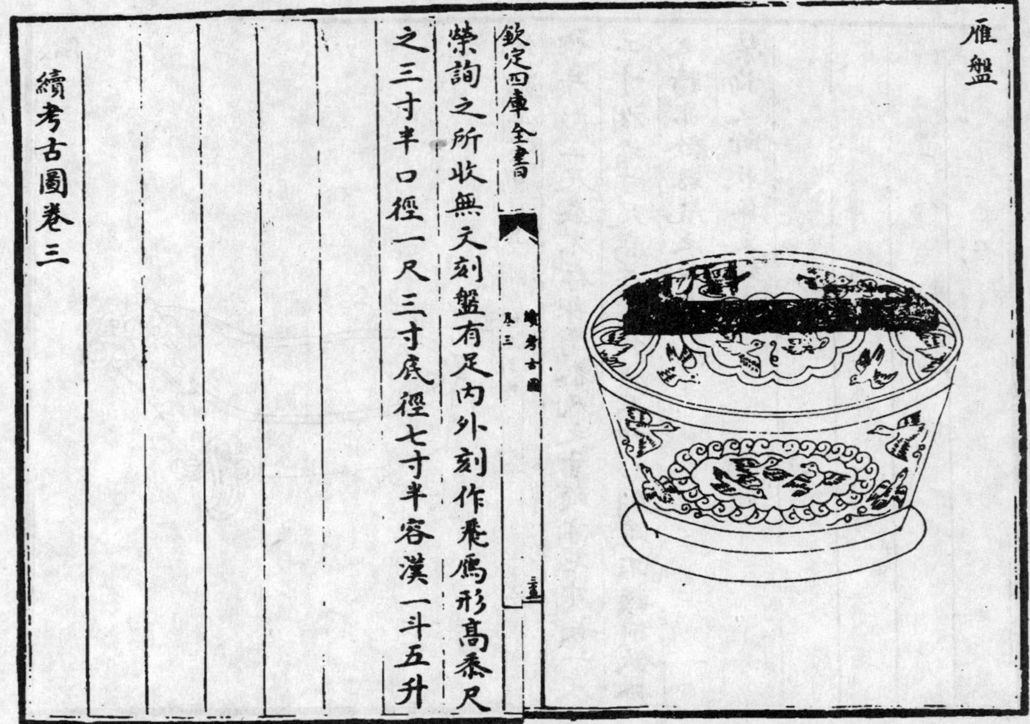
雁盤

欽定四庫全書

續考古圖　卷三　三五

榮詢之所收無文刻盤有足內外刻作飛鴈形高黍尺之三寸半口徑一尺三寸底徑七寸半容漢一斗五升

續考古圖卷三

欽定四庫全書

續考古圖卷四

欽定四庫全書　續考古圖 卷四　一

公諲鐘

欽定四庫全書　續考古圖 卷四　二

崇寧三年甲申歲孟冬月應天府崇福院掘地得古鐘六枚以宋公鐘又獲於宋地宜為朝廷符瑞尋上進焉

刻文六字

六鐘形制文飾皆同形扁而銳下垂六鐘各殺至一寸為差每鐘皆刻曰宋公成之諲鐘字形漫滅僅可識焉

按宋自微子開二十六世平公成立平公鐘此鐘故刻曰宋公成之諲鐘六諲自是帝顓頊之樂也第一鐘以黍尺校之鐘體高二尺懸高五寸舞間經一尺四寸銑

間徑一寸七寸第二鐘體高一尺九寸懸高五寸舞間徑一尺二寸銑間徑一尺五寸第三鐘體高一尺八寸懸高五寸舞間徑一尺二寸銑間徑一尺四寸第四鐘體高一尺七寸懸高五寸舞間徑一尺一寸銑間徑一尺四寸第五鐘體高一尺六寸懸高五寸舞間徑一尺三寸第六鐘體高一尺五寸懸高五寸舞間徑九寸銑間徑一尺二寸按周備六代之樂惟闕六詔

五英惟歆武然則周德既衰諸侯各備古樂既有歆武則宋宜有六莖也

趙承規所收刻文四十七字於内以秦尺量校之總高八寸三分口廣七寸四分深四寸六分耳高一寸五分足高二寸一分容一斗一升五合

大夫始鼎

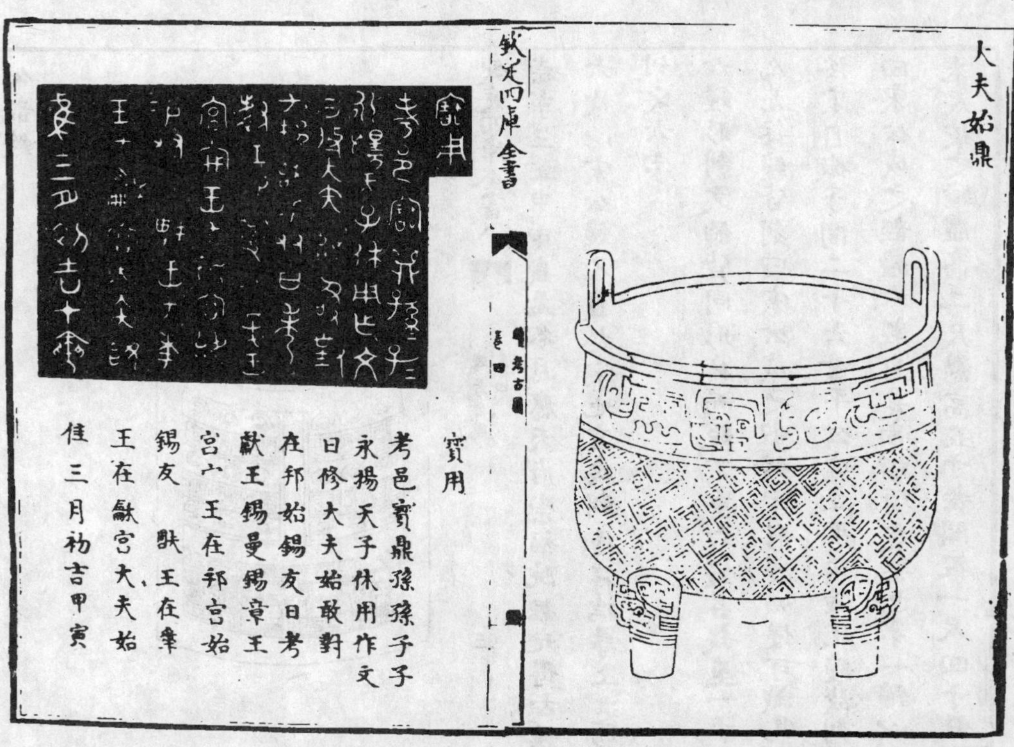

隹三月初吉甲寅
王在獻宮大夫始
錫友　猷王在雍
宮宀王在邦宮始
獻王錫曼錫章王
在邦始錫友日考
日修大夫始敢對
永揚天子休用作文
考邑寶鼎孫孫子子
寶用

趙承規茂曾所收刻文於内凡六十五字得於永興醴泉之甘北以黍尺之總高二尺口廣一尺四寸七分耳高四寸足高六寸腹深一尺五寸容一石四斗

周處敦

張才元所收刻六字於内文曰舟虡作旅車敦以泰尺校之高寸半口徑七寸腹徑一尺足徑六寸半深四寸半容一斗五升

父子盉

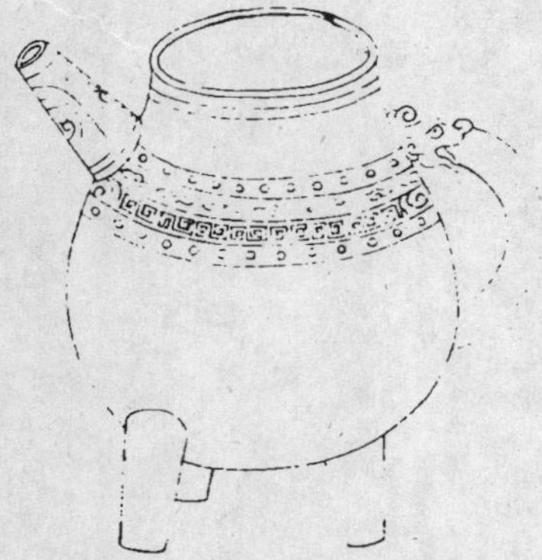

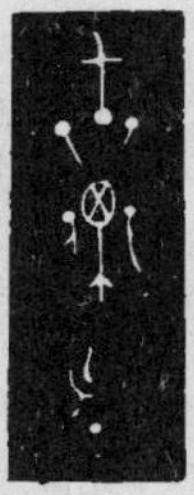

趙承規所收刻文於內以黍尺校之總高一尺二分口廣四寸八分流長三寸三分腹圍二尺三寸六分足高三寸七分深七寸容漢二斗二升五合

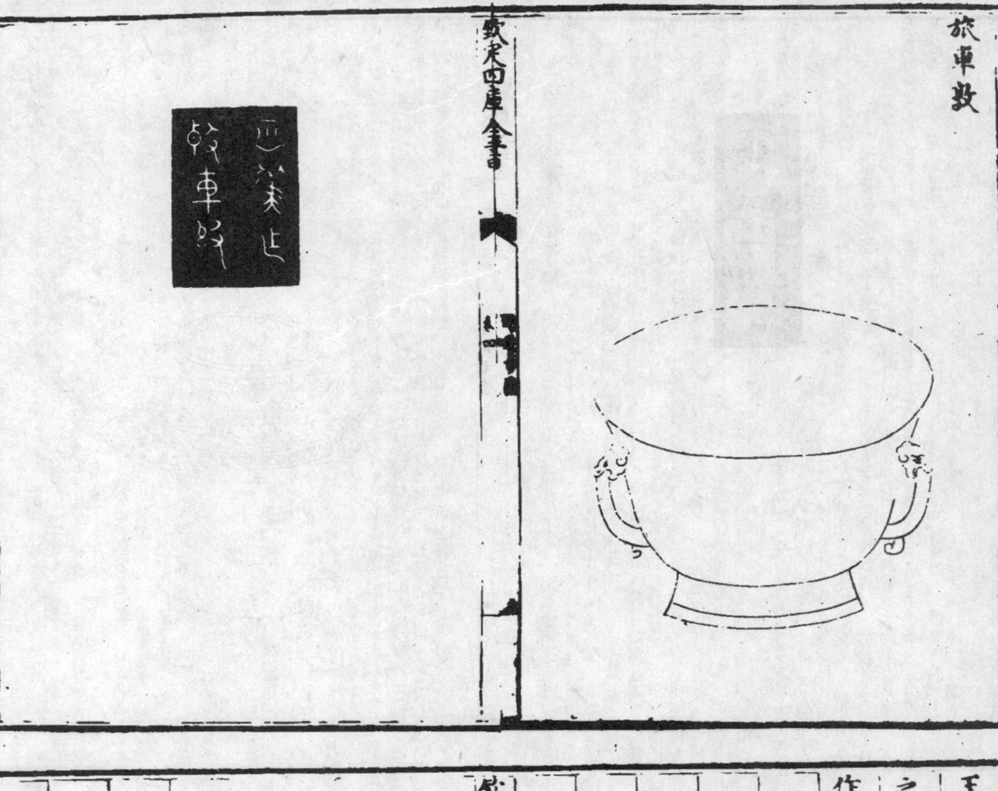

旅車敦

王晉玉所收刻字六於內曰舟虔作旅車敦以黍尺量之口徑六寸深五寸容一斗三升兩耳作牛頭接刻文作舟虔盨舟通周爲周字當是周家爾

王伯鼎

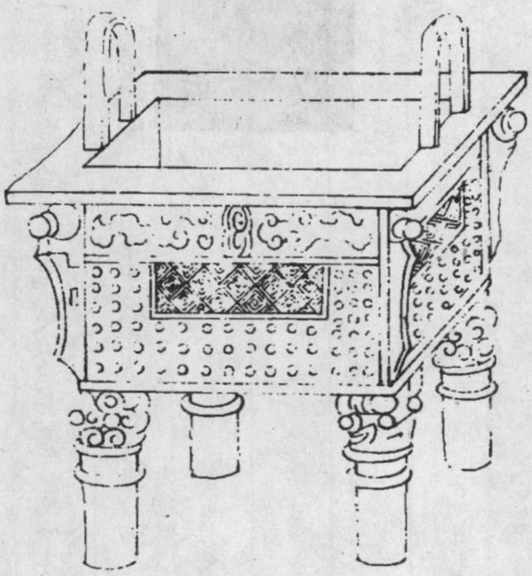

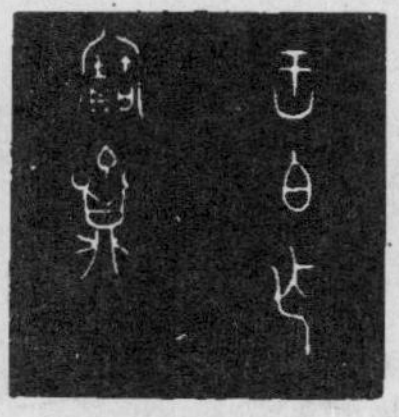

王白乍寶鼎

松島吳氏行所收刻文於內曰王伯作寶鼎五字以黍尺校之高八寸半口從廣五寸横廣七寸深三寸半容七升

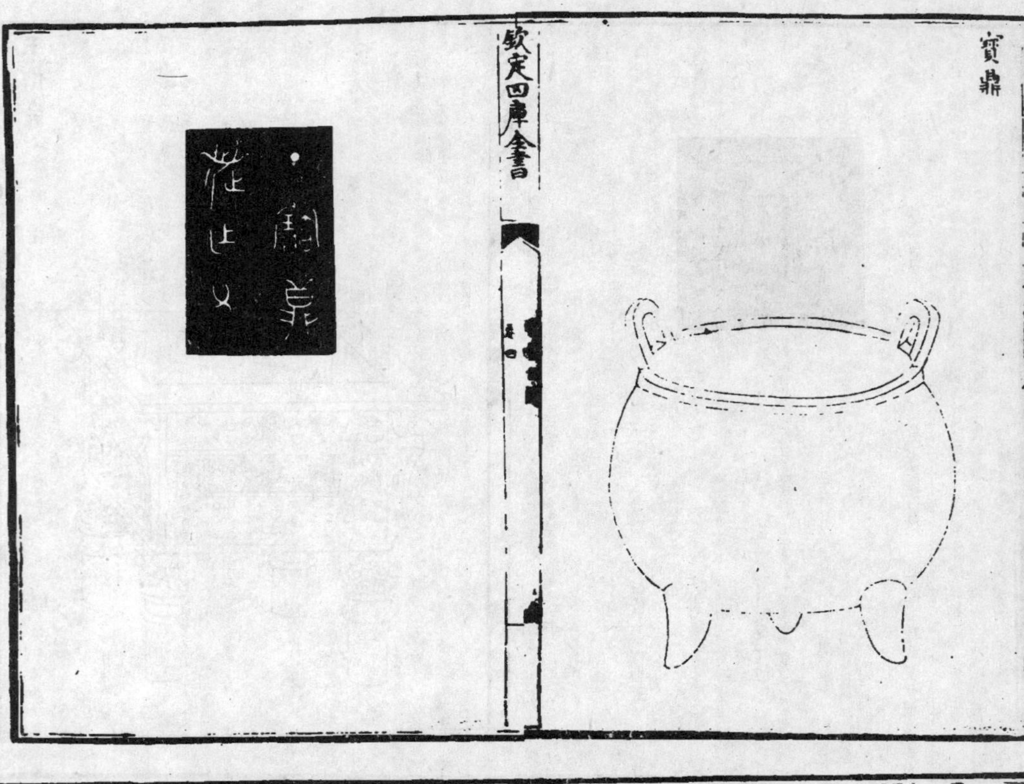

張才元所收刻文六字於口内曰作父丁寶鼎其形三角不圜以黍尺量校之口徑五寸半高五寸半耳高一寸腹深四容五升半

丁伯容所收刻字二十於底内以黍尺校之總高三寸半口徑一尺六寸耳高二寸足口徑尺二寸腹深二寸容二升

丁伯容云所收刻文四於内舟虔旅鼎以秦尺校之高七寸口徑六寸一分深三寸五分已上張才元王晋玉丁伯容三器皆周虔所作器得於洛

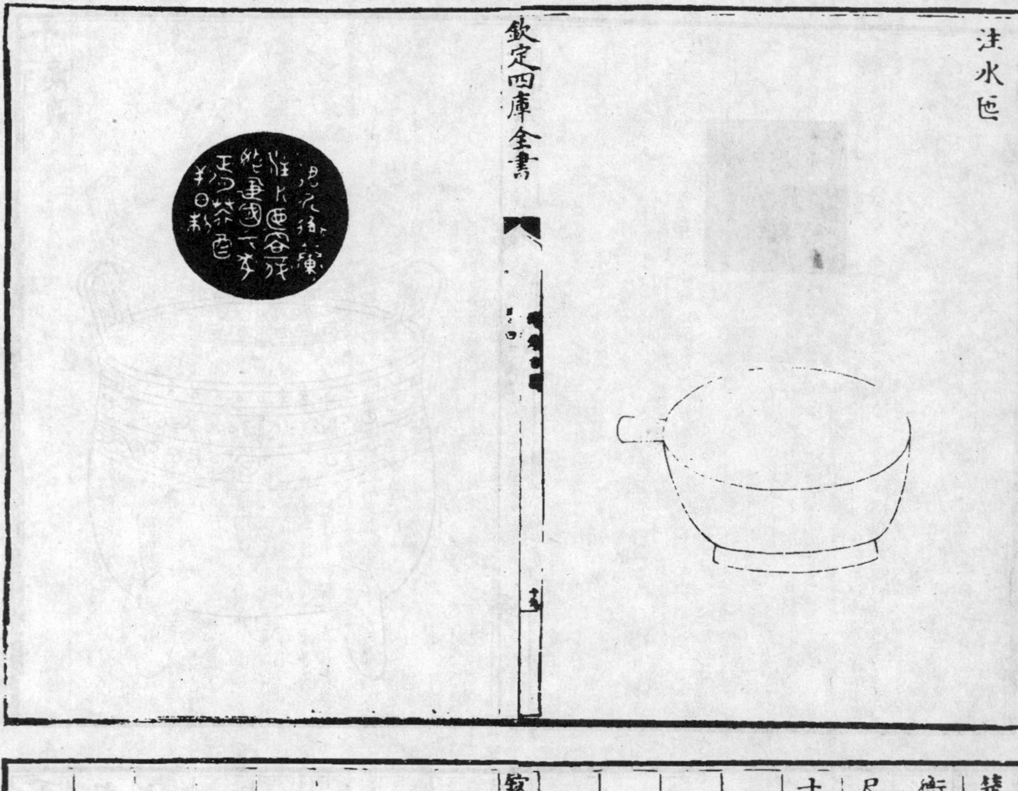

欽定四庫全書　續考古圖　卷四　二十

楚氏 朝宗 所收刻文底外足間凡二十二字文曰律斤衡蘭注水匜容一升建國元年正月癸酉朔日制以黍尺量校之口徑四寸足徑二寸三分深一寸五分流一寸半容一升

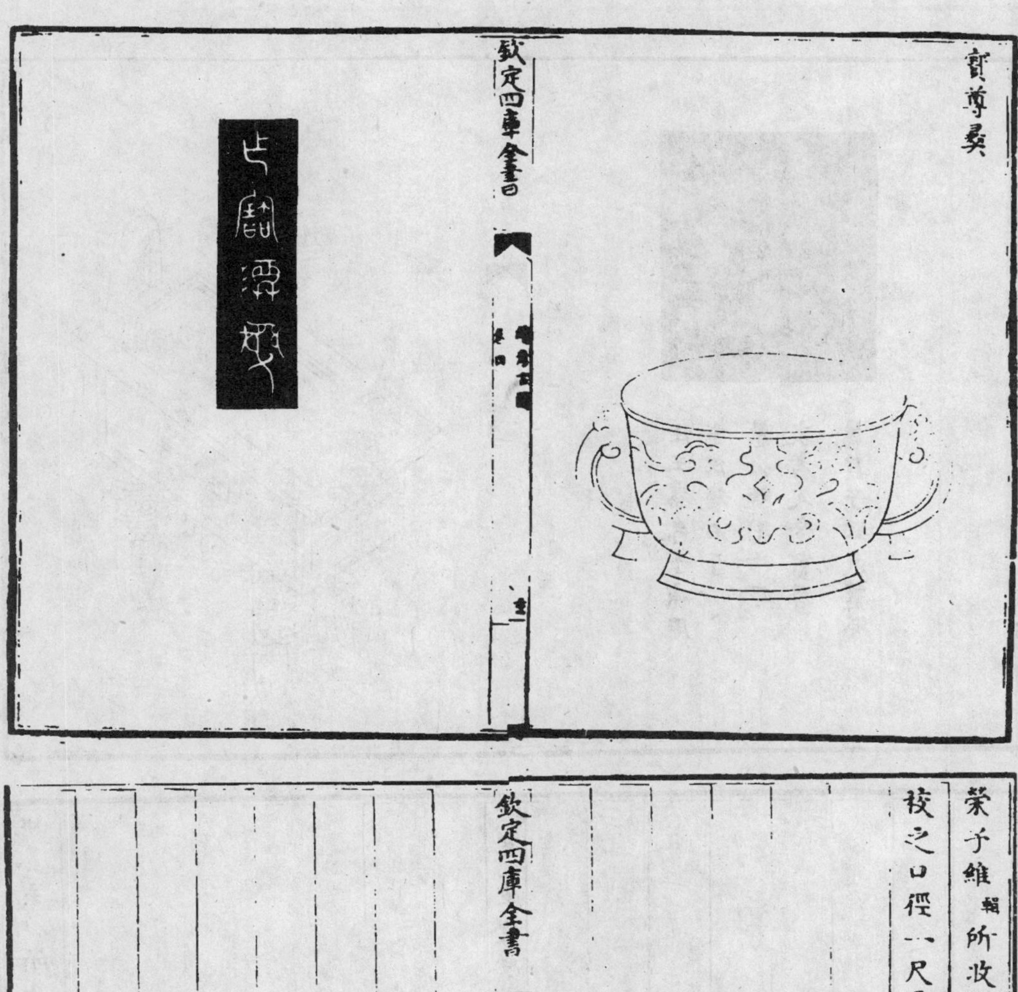

榮子維輯所收刻文四字於内曰作寶尊彝以黍尺量校之口徑一尺通高八寸深六寸半容二斗

父辛鼎

隹王睿各于成周
叓居趙右予
慧公趙用作乃
文考父辛寶尊
彝其子孫永寶癸

姚義夫雄所收刻文三十二字於內制度尺量未詳

[illegible]鼎

佳王廿有三年九月王

在宗周王令敓[illegible]荆司

九陂[illegible]作朕皇考𢫬薦

尊鼎[illegible]用享考于朕皇

考用錫康豫魯休毛右

眉壽永命霊廾其萬年

無疆[illegible]子子猻永寶用享

崇寧初商州得古鼎刻文甚完凡六十三字乃周鼎也

制度未考

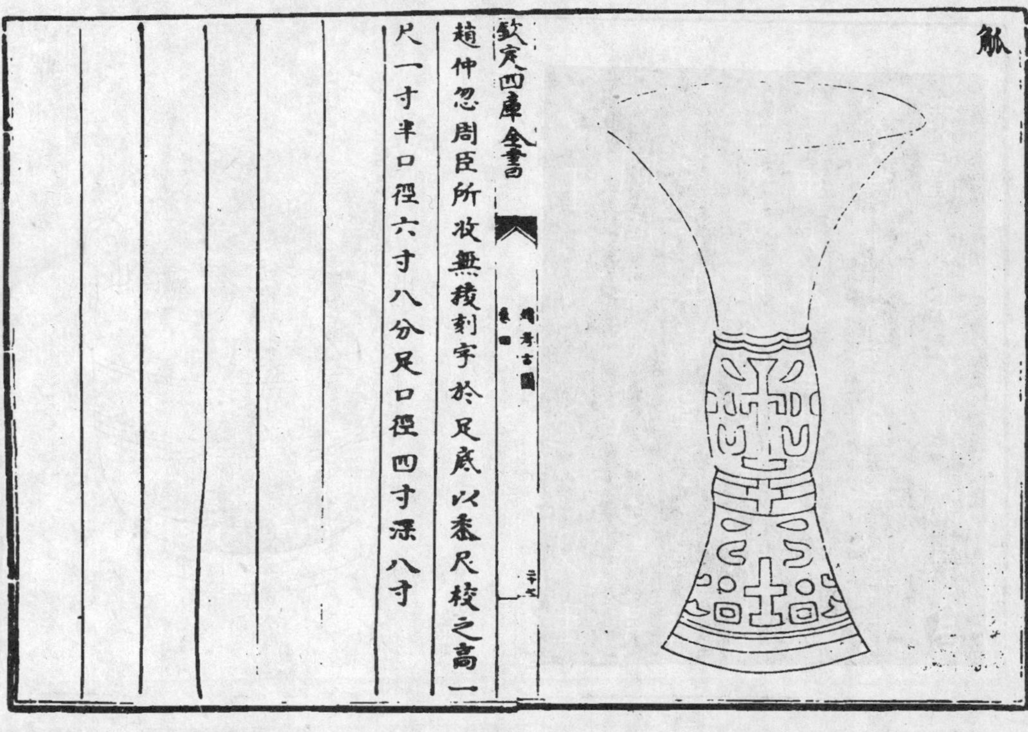

觚

欽定四庫全書　續考古圖　卷四　二十六

趙仲忽周臣所收無稜刻字於足底以黍尺校之高一尺一寸半口徑六寸八分足口徑四寸深八寸

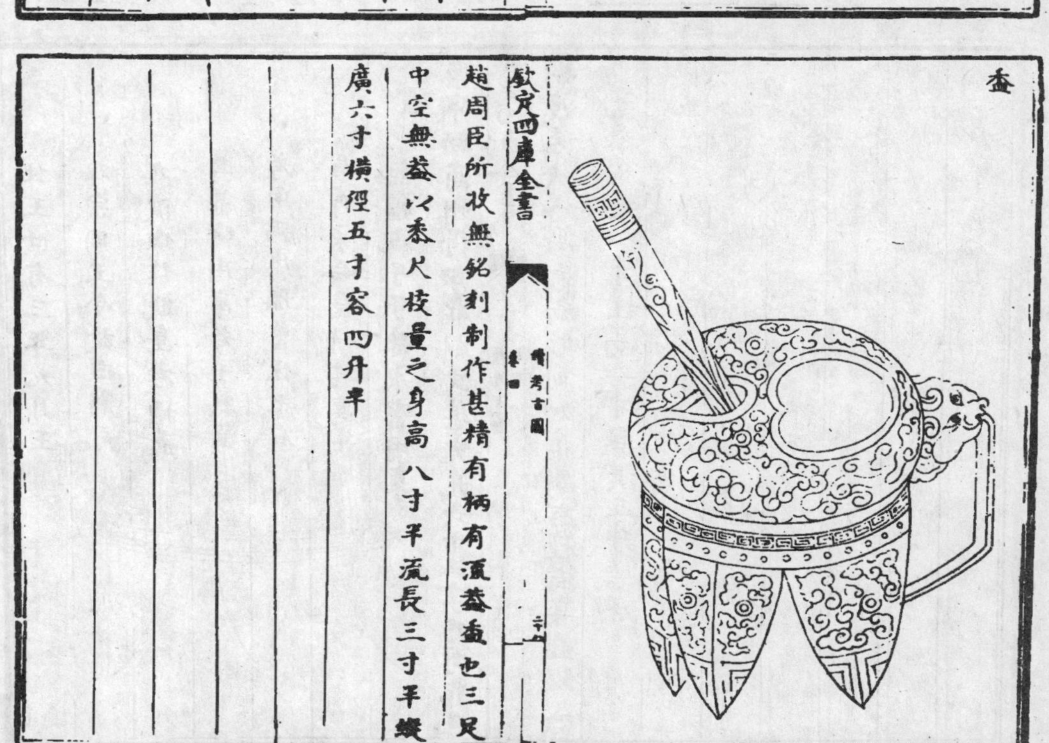

盉

欽定四庫全書　續考古圖　卷四　二十七

趙周臣所收無銘刻制作甚精有柄有流蓋盉也三足中空無蓋以黍尺校量之身高八寸半流長三寸半幾廣六寸横徑五寸容四升半

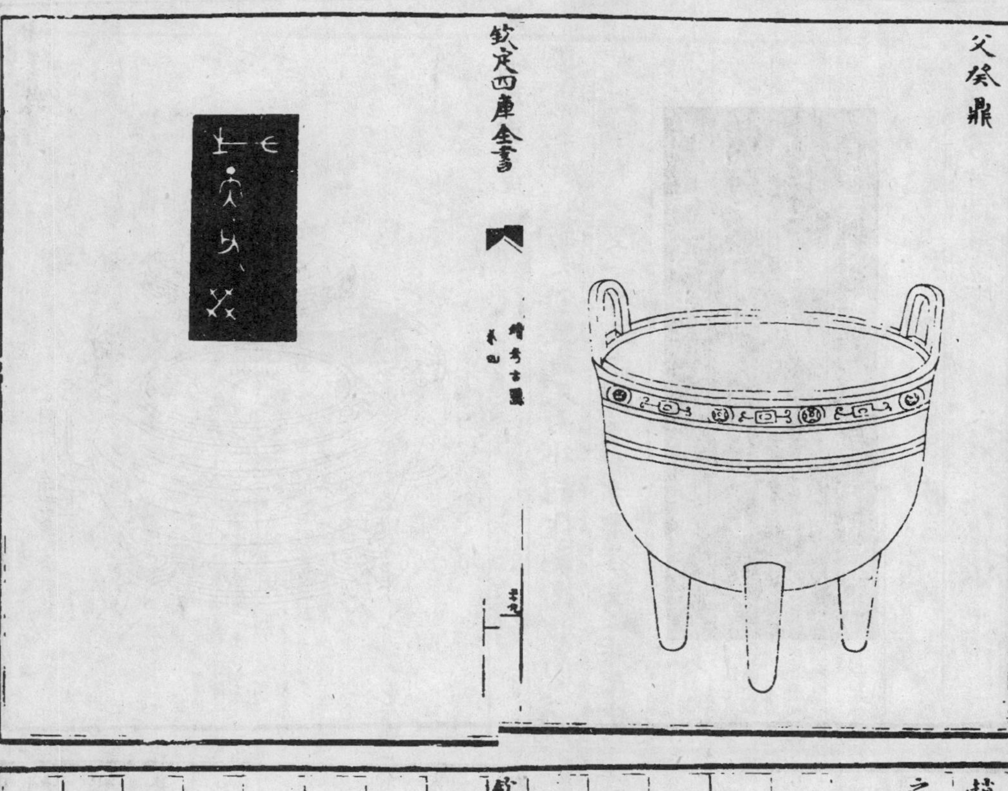

趙周臣所收刻文四於口内惟父癸可辨以黍尺量校之高八寸半耳高一寸八分口徑八寸腹深六寸

中姜敦

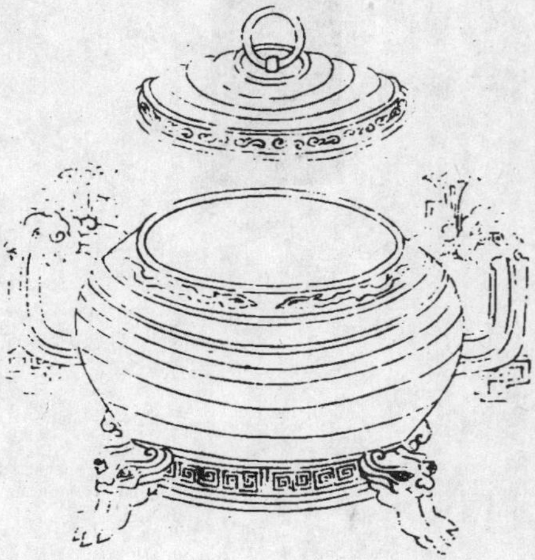

趙周臣所收底蓋各刻十六字文同但蓋文皆左刻疑悞刻文曰家穷中𩦎父作中姜敦子子孫孫永寶用享孝以桼尺校之身高九寸蓋三寸半口徑八寸半腹徑尺三寸腹深六寸

父丁爵

趙周臣所收刻文三於耳下

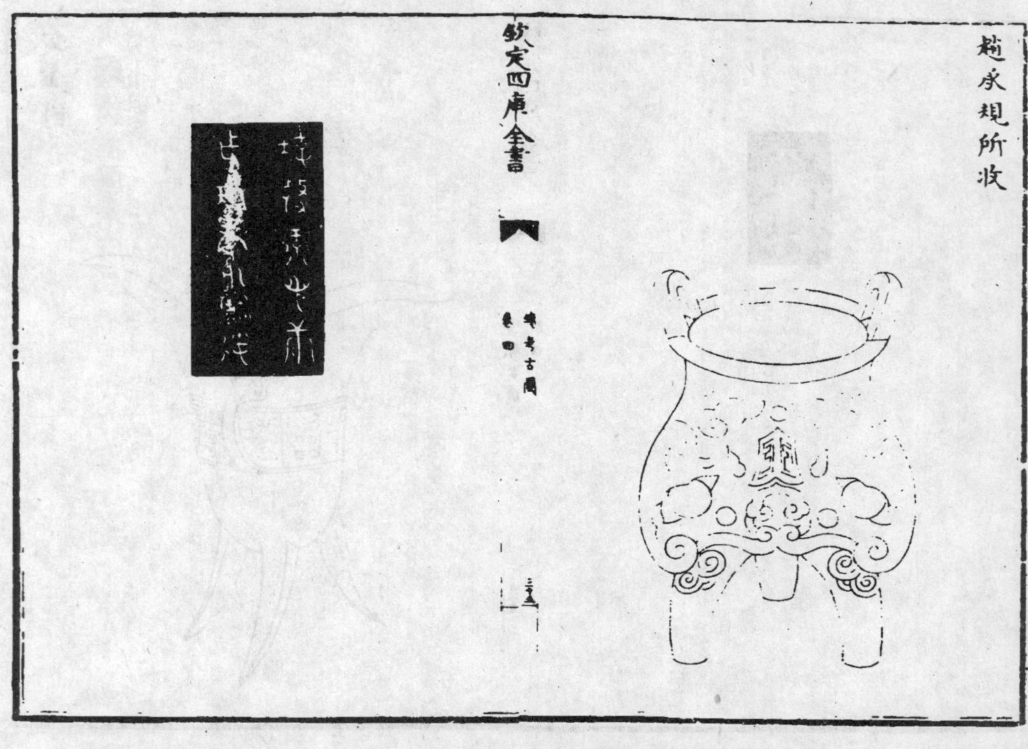

趙承規所收刻十二字於內以泰尺量校之總高八寸九分口廣六寸四分耳高一寸六分足高二寸七分深四寸容六升七合

續考古圖卷四

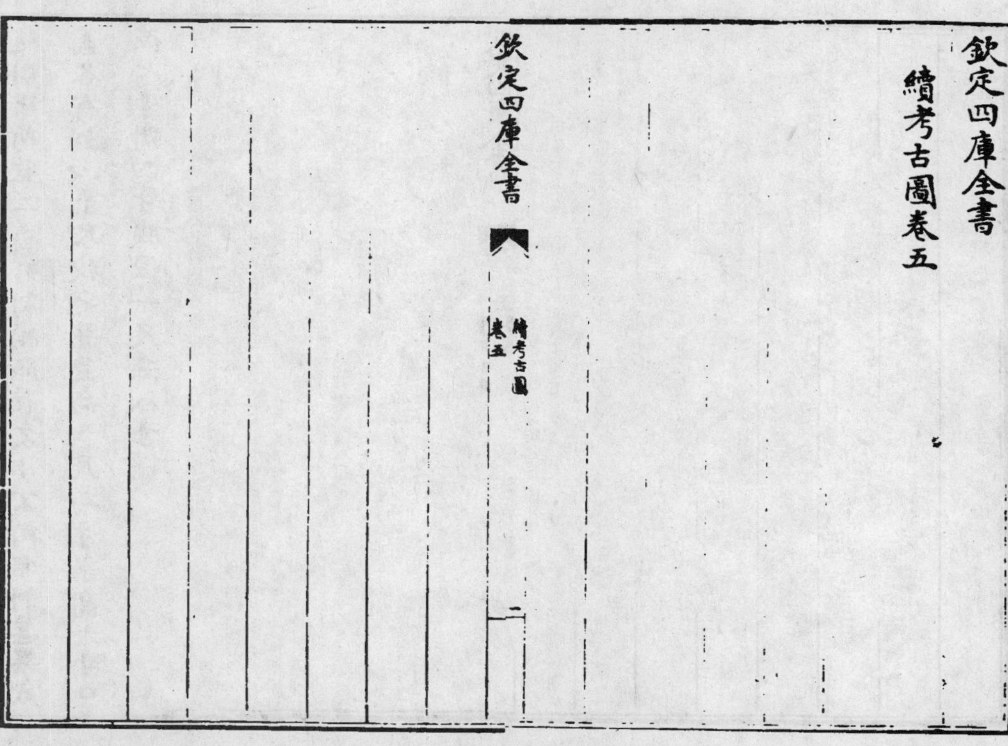
欽定四庫全書

續考古圖卷五

欽定四庫全書　續考古圖　卷五　一

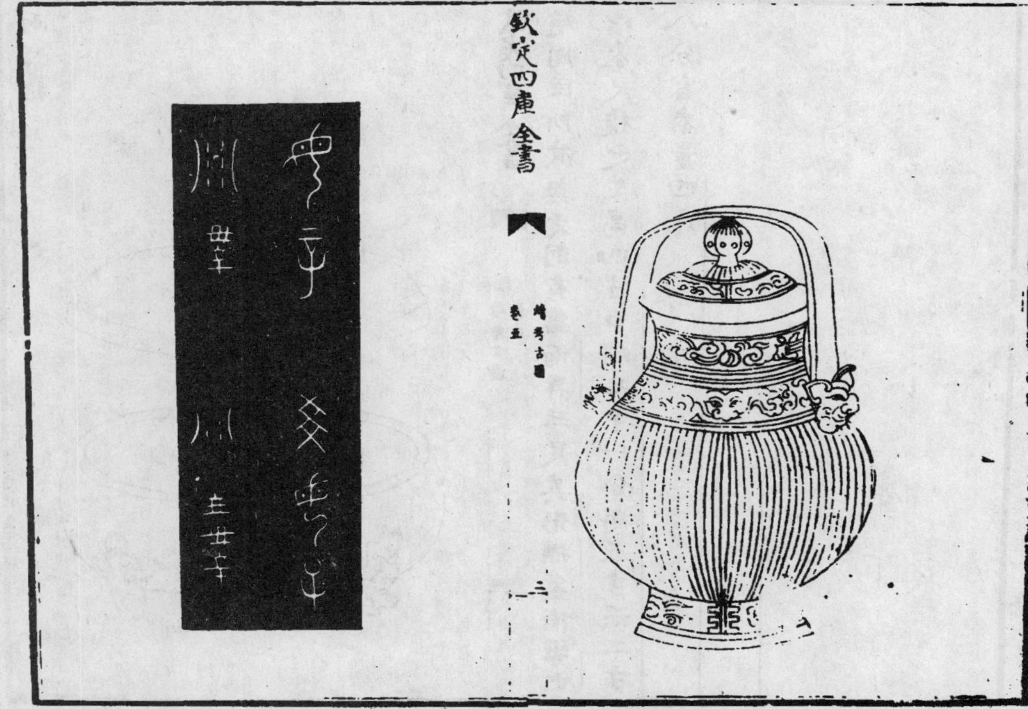
欽定四庫全書　續考古圖　卷五　三

趙周臣所收二卣形制相似花文小不同字刻甚異底蓋各有刻以黍尺校之并蓋高一尺二寸梁高六寸口徑七寸闊四寸腹徑一尺深八寸

兩耳杯

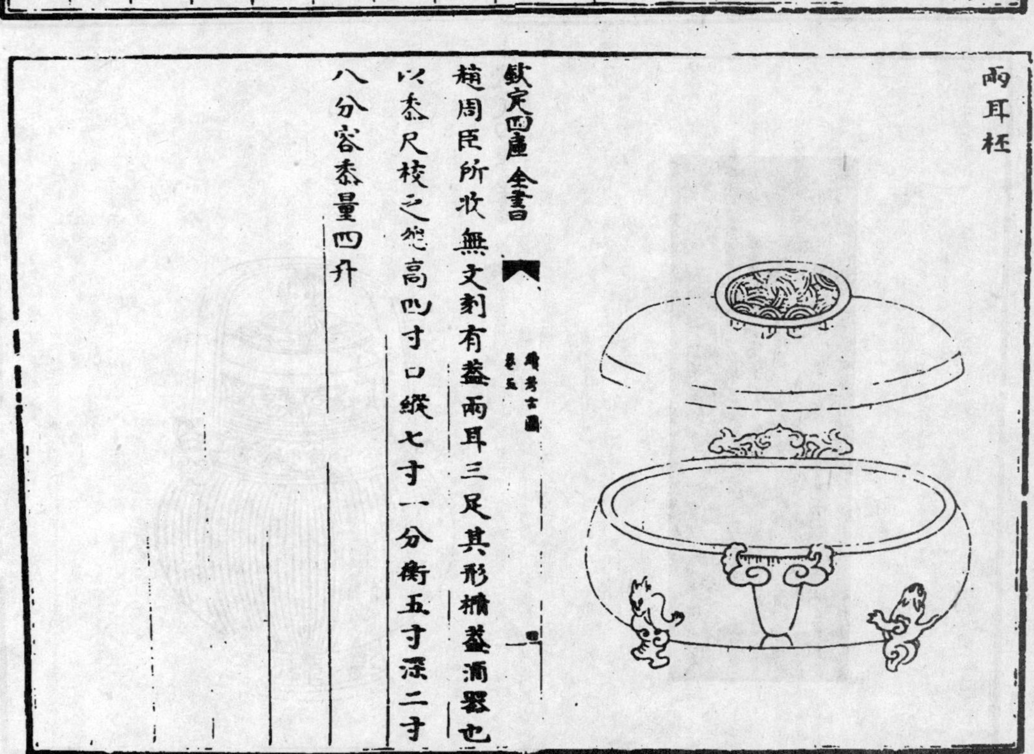

趙周臣所收無文刻有蓋兩耳三足其形橢蓋涌器也以黍尺校之總高四寸口縱七寸一分衡五寸深二寸八分容黍量四升

羊鐙

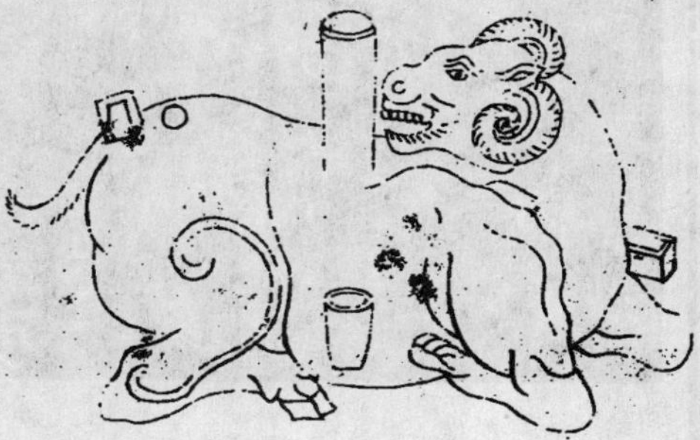

趙周臣所收無文刻以黍尺校之高三寸八分長五寸

羊負筩高二寸重今秤十兩當漢二十七兩

非鬲

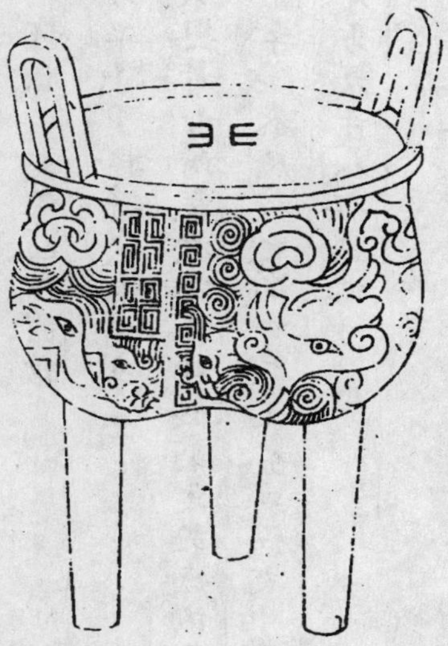

趙周臣所收刻字一以黍尺校之高八寸五分深四寸

五分口徑六寸五分容黍量七升七合

伯𩵦父敦

佳王元年正月初吉丁亥
伯𩵦父若曰師𣪘乃祖考
又于上　汝右佳小子
余命汝
東　僕馭其工特　旻
東敕内外汝敢否善　汝
文哉　十五叅
鍾　五金𢿘乃　用事
拜稽首敢對揚皇后
休用作朕　文考乙中將敦
其万年子子孫孫永寶用享

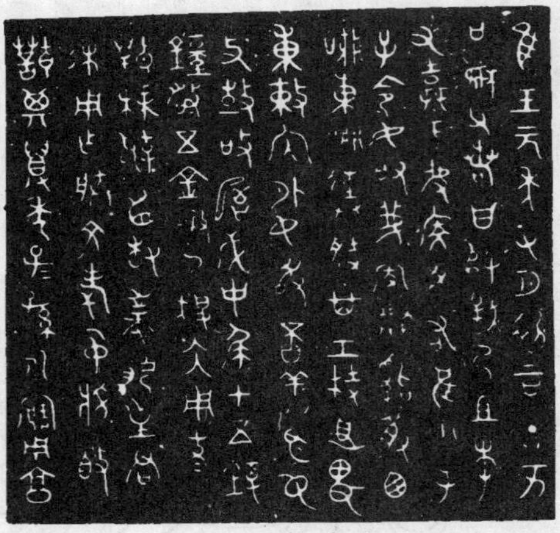

趙周臣所收與考古所載收敦正相似刻文於底内凡一百一十三字以黍尺校之高一尺三分口徑九寸半深五寸半足方九寸八分高四寸

父辛父已二罍

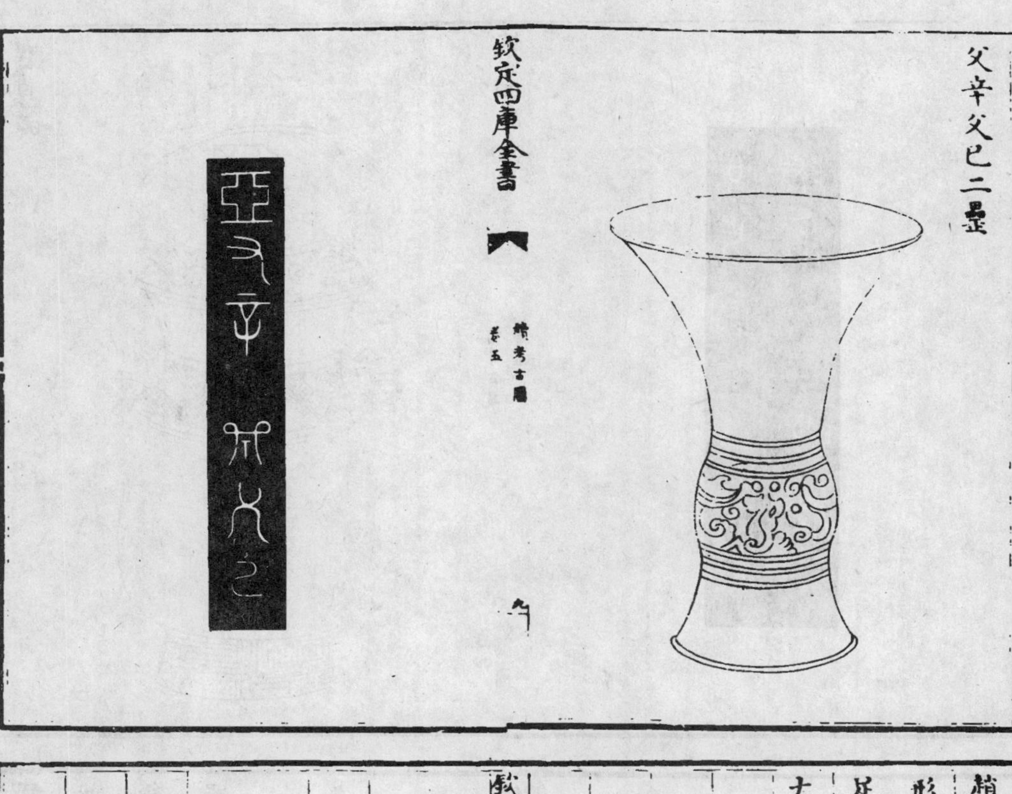

趙周臣所收與考古癸舉相似而大刻文於底内二罍形制畧同刻文各異高黍尺校之一尺一寸腹深九寸足深二寸口徑九寸容黍量一斗一升與一罍伯丁罍大小形制畧同

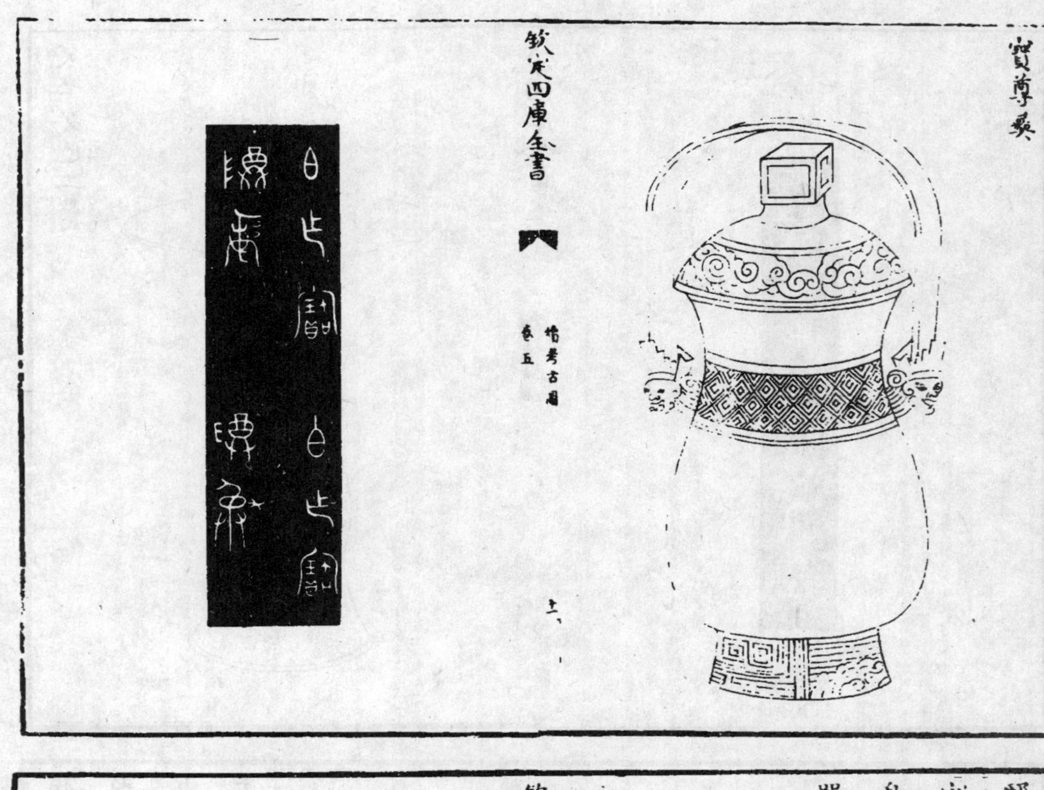

邢和叔恕所收蓋底各有刻文曰伯作寶尊彝然刑制寶卣也而謂之彝未詳身蓋足通高一尺一寸有提梁身深泰尺六寸容泰量八升蓋徑四寸爾雅云彝卣罍器也注皆盛酒尊彝揔名也又云卣中尊也

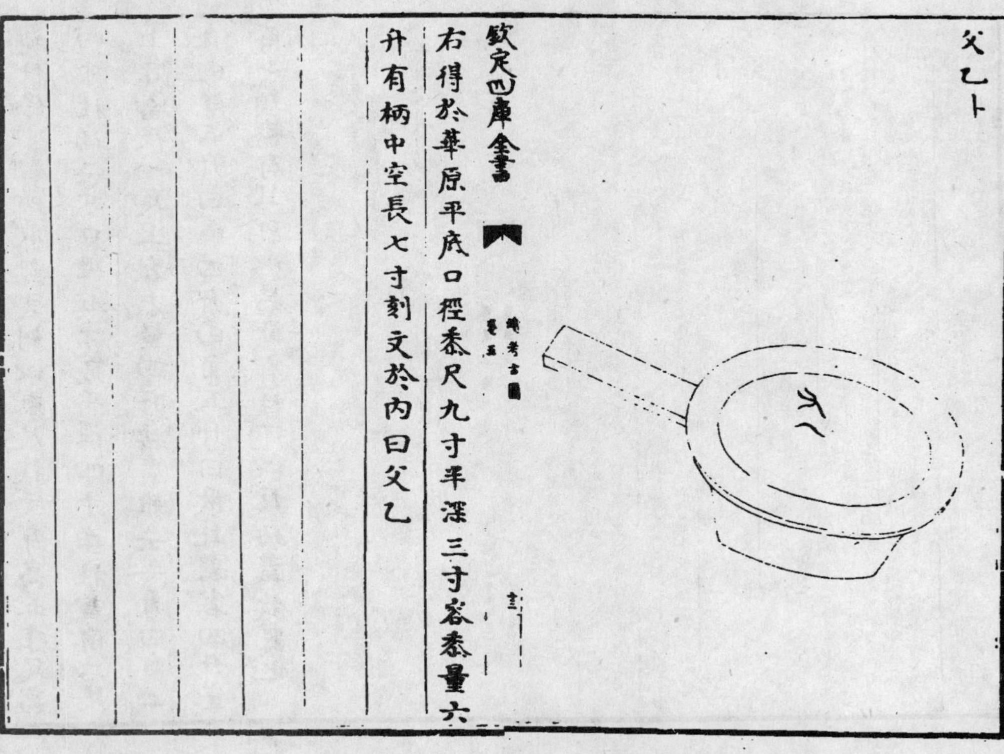
父乙卜
欽定四庫全書
續考古圖
卷五
右得於華原平底口徑黍尺九寸半深三寸容黍量六
升有柄中空長七寸刻文於内曰父乙

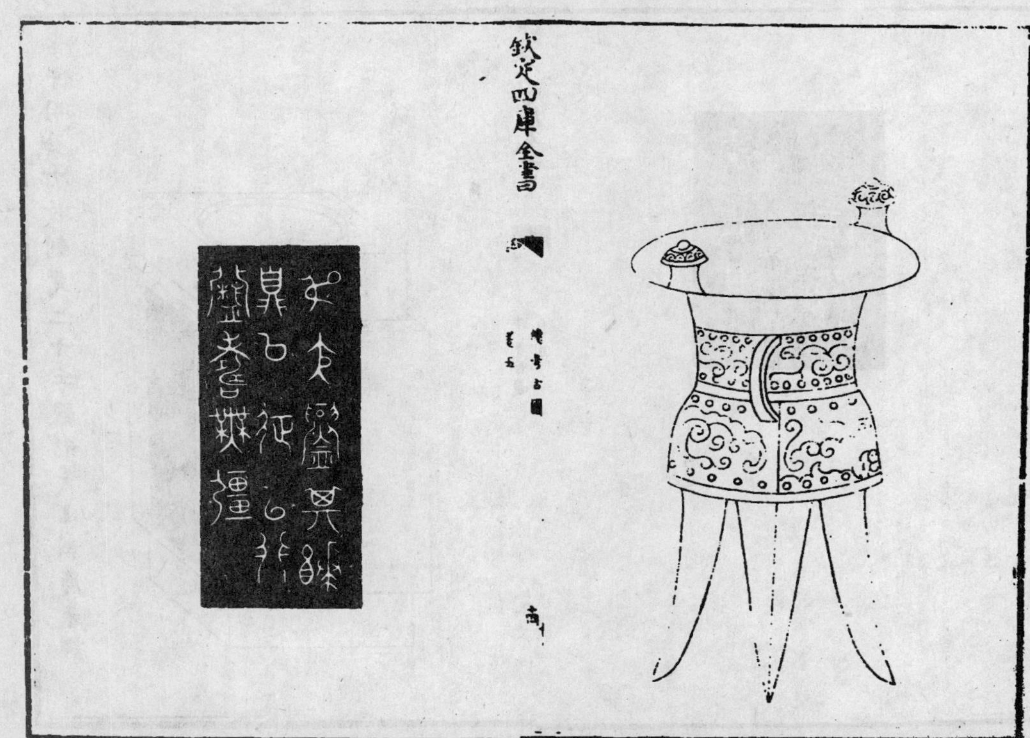
欽定四庫全書
續考古圖
卷五

觚仲修大年所收無文刻以秦尺校之身高五寸足高四寸柱高二寸口徑五寸底平徑四寸二柱當前二足上耳當後一足上容黍量四升按廣雅云一升曰爵二升曰觚三升曰觶四升曰角五升曰散此器容四升豈角之類歟有耳可以持飲有柱可以反坫蓋飲器也

李仲明岳所收刻文二十字器形大小制度未詳

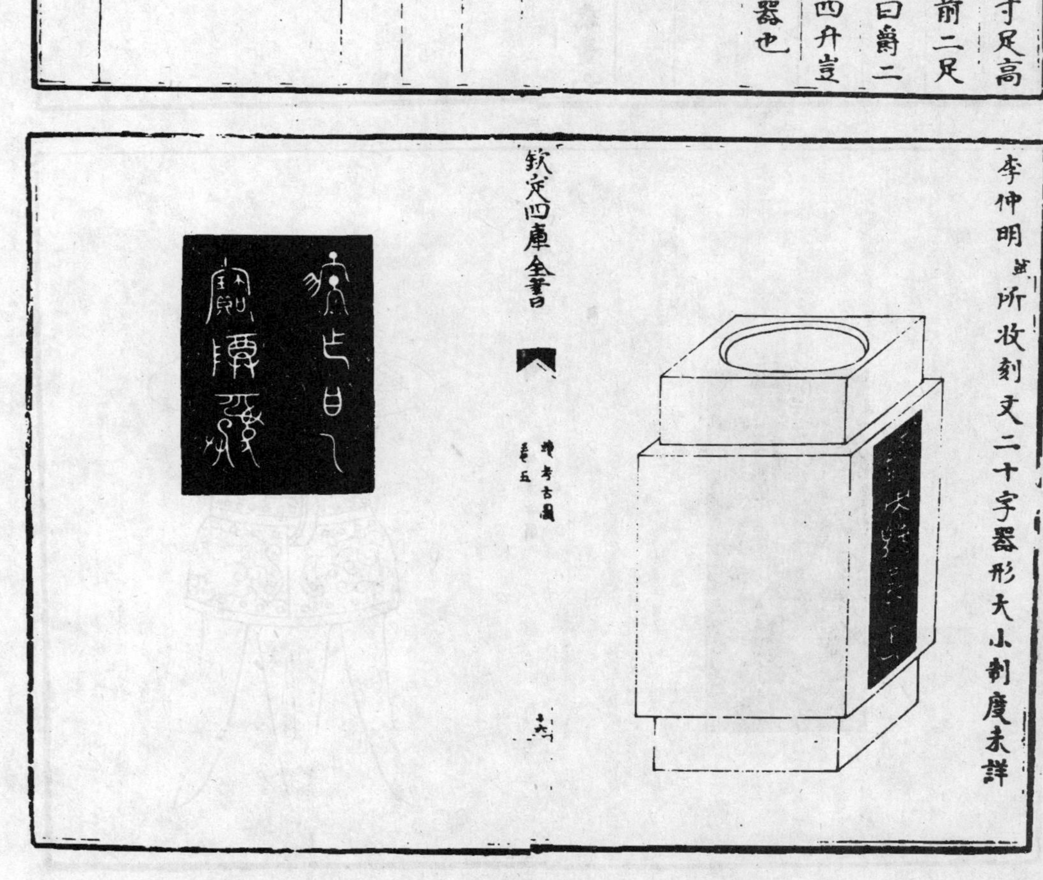

程之奇得於西洛刻文五或曰飲嵩馳尊玉而玉色不純以曾經火以黍尺校之通長六寸中方長四寸徑三寸上下圓口各出一寸徑三寸外方內圓

宋公餗鼎

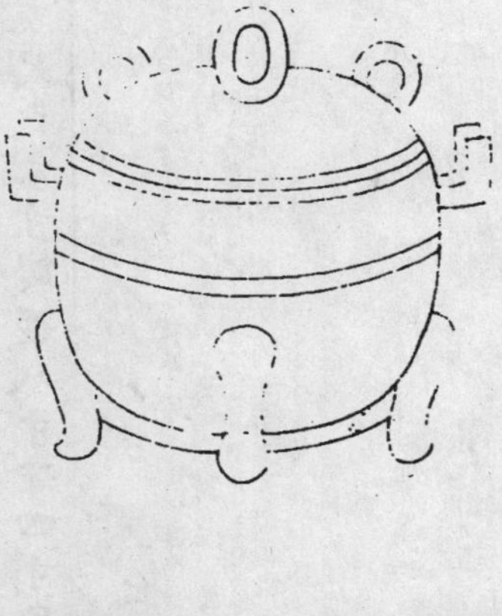

克一姪得之南京刻文曰宋公欒之餗鼎南京即宋地上以黍尺校之高一尺一寸口徑八寸按宋世家二十四君中無欒者惟哀公載記不記名得非有更名者未可考也

環耳鼎

張伯玢𩑺所收無文刻兩耳如刀環繞腹如蚕按爾雅鼎斂上謂之鼒口徑黍尺之六寸腹徑八寸深四寸足高三寸容漢九升

續考古圖卷五

考古圖釋文

〔宋〕呂大臨 撰

考古圖釋文述評

容庚

此書前有序，略云：以今所圖古器銘識考其文義，不獨與小篆有異，而有同是一器，同是一字，而筆畫多寡，偏旁位置左右、上下不一者。其異器者，如彝、尊、壽、萬等字，器器筆畫皆有小異，乃知古字未必同文。至秦既有省改以就一律，故古文筆畫，非小篆所能該也。然則古文有傳於今者，既可考其三、四，其餘或以象形得之，或以義類得之，或筆畫省於小篆，或筆畫多於小篆，或左右、反正、上下不同，在部居可别而音讀無存者，又可考其大、七，餘皆文奇義密，不可强釋，姑存其舊，以待知者。序後未署作者姓名，故對於作者未能碻定。《四庫》著錄此書，附於《續考古圖》後，署「宋呂大臨撰」五字於書名之下。翁方綱跋據《猶史》有「趙九成著呂氏《考古圖釋》」之語，遂謂「《釋文》一卷，是趙九成撰，其卷前題詞，蓋九成所爲也」。陸氏刻此書，遂沿其説，故於卷端删去「宋呂大臨撰」五字。

余取《考古圖》較之，《考古》所收除同銘及秦、漢朝玉、石、兵器外，計銅器之有銘者九十六。《釋文》採用銅器八十五，銘文之要者盡備於是。計卷一東宮方鼎、公緘鼎、晉鼎（《考古》做晉姜鼎）、孔文父鼎、王子吳鼎、宋君夫人鼎、辛鼎、媜氏鼎、父癸方鼎（《考古》作彝）、伯姬鼎（《考古》未收）、庚鼎、癸鼎、蠆鼎十三器，卷二叔殷毃鬲、父己鬲、某父鬲、虢叔鬲、卜鬲、中信父甗、伯勛父甗七器，卷三郝敦、虢姜敦、周敦、曓敦、牧敦、散季敦、應侯敦、伯百父敦、戠敦、伯庶父敦（又作丹姜敦）、五敦（《考古》作彝）、中信敦、寅簋、師服簋（《考古》作小子師簋）、叔高父簋、師寏父簋、叔中医、史黎缶、太公缶、杜嬬鋪二十器，卷四單䪞癸彝（又作單癸彝、單䪞彝、癸彝）、父丁彝（又誤作父鼎彝）、商兄癸彝（又作商癸彝）、單从彝二、單從彝四、父辛彝、呂伯彝、師艅彝、㾏彝、虎彝、父癸方彝（又作父癸彝）、象帶彝、主父己彝、祖丁彝、父己人形彝（又作父乙彝）、虢叔彝、樂司徒卣、田卣、木父己卣、父乙卣、立戈卣（《考古》作立戈父己卣）、持戈卣（《考古》作持戈父癸卣）、朝事尊（又誤作朝尊，《考古》作中朝事後中尊）、仲丁父壺（《考古》作召中考父壺）二十四器，卷五中爵、言父爵、單爵、己爵（《考古》作己舉爵）、主人舉爵、篆帶爵、癸舉、齊豆、伯盉（又作敦盉，《考古》作伯玉敦盉）、伯戔饋盦十器，卷六伯戔瓶盤、弡伯匜、中姞匜，季姬匜、季姜盉五器，卷七甹鐘、走鐘、鄦子鐘、秦鐘（又作秦銘勛鐘又誤作素鐘）六器。八十五器中，爲《考古》所未收者，僅《伯姬鼎》琱、敢、穆三字而已。楊鉤《增廣鐘鼎篆韻》（七：五）亦有「呂氏《考古釋文》之語，器之名稱十九相同」，則其爲《考古圖》而作，蓋無可疑者。《郡齋讀書誌》於《廣鐘鼎篆韻》云：「皇朝薛尚功集。元祐中，呂大臨所載僅數百字」。此書所收八百二十一字，與《讀書志》所云合，并可知其作於元祐中。意此書原載於《考古圖》之後，其後《考古圖》與《續考古圖》合刻，載於《續考古圖》之後，皆以爲呂大臨撰。北宋刻本如是，錢曾影宋鈔本後歸於清内府，見於《天禄琳瑯書目》（四：一九）者亦如是。翁方綱跋初以爲「當是大臨原本」，後據《籀史》以爲趙九成撰，蓋考之未審也。

此書據《廣韻》韻目分上平、下平、上、去、入四聲隸字，後列疑字、象形、無所從三部分，各字間有音釋。雖云釋文，其用等於字典，故與《續考古圖》分列以爲《鐘鼎篆韻》等書之前驅焉。刻本缺誤甚多，銘文校以《考古圖》，亦多未合。其《說文》作某之某篆，往往空格。翁方綱跋云：「此書僅得見館寫副本，或謄録手寫多誤，抑或錢氏影寫原本有誤，皆爲可知也」。

欽定四庫全書

考古圖釋文

宋 呂大臨 撰

古文三代之書名也書名所起將記言於簡策象物形而畫之故厥初以象形為主不取筆畫之均正又有無形可象之言然後會意假借形聲指事轉注之文生焉至周之興尚文書必同文其筆畫稍稍均正據今所傳商周器可見周衰益盛寫意周宣王太史籀所作大篆已有修正故與古文多異至秦李斯程邈之徒又有省改謂之小篆即今許氏說文是也小篆興而古文亡至漢魯恭王壞孔子宅得壁中書及張蒼獻古春秋左氏傳魯三老獻古孝經及郡國於山川得鼎彝之銘然後古文復出

孔安國以伏生口傳之書訓釋壁中書以隸古定文然後古文稍能訓讀其傳於今者有古尚書孝經陳倉石鼓及郭氏汗簡夏氏集韻等書尚可參考然以今所圖古器銘識考其文義不獨與小篆有異而有同是一器同是一字而筆畫多寡偏傍位置左右上下不一者如伯百父敦之百字一作□一作□寶字一作□一作□齡字一作□一作□叔高父簋蓋底皆有銘其簋字一作□一作□晉姜鼎之作字一作□一作□其異器者如彝尊壽萬等字器器筆畫皆有小異乃知古字未必同文至秦既有省改以就一律故古文筆畫非小篆所能該也然則古文有傳于今者既可考其三四其餘或以

形象得之如　為射　●　為丁　為壺
為鬲　為車之類或以義類得之如
為鬲　為孄之類或筆畫省於小篆如　作
作惟　作位之類或筆畫多於小篆如　作
萬小篆乃邁字　作受　作秦　作鄉之類或
左右反正上下不同如　皆作永　福

皆作福　皆作姜
皆作姬之類有部居可別而音讀無傳者如　作
盨　作盨之類又可考其六七餘皆文奇義密不
可强釋姑存其舊以待知者　凡與說文同者訓以隸字及加反切其不同者略以類例文義解于下所從部居可別而音讀無傳者各隨所部收之以備考證

上平聲

東部東德紅反　東宮方鼎　同徒紅反　鄉敦說文作同　中陟弓反又音伯仲之仲　朝事尊說文作中　鄉敦史作　略相似　中信父甗說文為史古文從口者多作口　朝事尊古文作　中爵　句中正以為中音仲

𡨦鐘牧敦寅簋皆有　等四字　宮居中反　一作　乃知　二字與　中同

鄉敦　東宮方鼎　熊胡弓反　張中匜說文　作　小異　豐敷馮反

豐　單癸彝古文作豐　父癸彝亦古豆字　公古紅反　公緘鼎說文作
公　通它紅反　虢姜敦　晉鼎說文作　同上音
冬部彤徒冬反　周敦說文作彤　宗作冬反　虞敦
鍾部鍾職茸反　走鍾　鄦子鐘　秦鐘
卭中鏞鐘說文鐘從金從童童從辛從重以上鐘銘童皆從龍者從㞢秦鐘又從東省皆戢諧聲與說文小異　𡨦鐘此文從龍字尤省　遲父鐘說文樂器從童酒器從重此

亦從重古文弍互用 串 寅簋說文鐘一作鏞古文省 雝於容反 秦鐘古文

邕作 公緘鼎 晉鼎上二文從疾容反 有省有加

寅簋卭渠容反 江 伯盞饋盒說文作功 龔俱容反 虔敦說文從龍

井聲也此文龍省 邾敦 秦鐘二文皆從龍省又從未詳 龍

盧鐘反 遲父鐘象龍首形說文作龍

江部 邦博江反 晉鼎 秦鐘

支部 匜余支反 叵伯匜 中姞匜 季姬匜說

文匜從匚從也叵伯中姞二匜止作也字音匜 宜魚羈反

說文也作筆畫小異中姞匜全異蓋從辵

秦鐘古文作

脂部 彝延知反 虔敦 商癸彝 同上

單癸彝 單從彝二 單從彝四 父辛彝 伯

彝 師艅彝 鬳彝 虎彝 父癸彝

篆帶彝 父丁彝 師服簋說文彝從糸从廾持米从几 以上古器文彝字

十有五雖筆畫小異而大同亦有漫滅傳摹不完者然

其首為者彑也作敎點者米也者糸也則皆

有之許氏以互為聲義恐未然先儒解衣章宗彝止以

虎蜼為文蓋之類象虎首夕之類象蜼尾也糸言其

文米言其實廾則師霸夷切 牧敦

持之也比義近之切 綏儒佳切

晉鼎說文作綏妥字追切 中癸 公緘鼎 遲陳危切

从禾比文从禾小異

遲父鐘 佳 宋鼎古文借作惟夷佳切 晉鼎 公緘鼎 散季敦

同上 孔文父鼎 父丁彝 唯 寅簋 雖宣佳

切 雖 秦鐘 丕攀悲切 牧敦 秦鐘說文丕从不从一此文省作不

俯九反古文借為丕 眉旻悲切 晉鼎 公緘鼎 邾敦

王子吳尉 虢姜敦 秦鐘 朝事尊

樂司徒卣 鄦子鐘 伯盞頮盤 伯盞饋盒 齊豆

說文眉作象目上毛古文皆从目亦象目上毛也从

象鼻从首義與目同又有从大从分从恐象須

恐象娛卩田未詳亦有傳摹筆畫易轉也

祁渠脂反　紕房脂反　敦

陳　樂司徒卣　爲于嬀反　說文作　晉鼎古道德經作　又作𦫖與此小異　周敦　說文

之部　之止而反　宋君夫人鼎　糸新兹反　絲省作糸

司一音作司嗣　晉鼎　辝詳兹反　晉鼎　牧敦

周敦籀文从𤔲从司古文从右司　右筆畫疑相似亂其義亦當作嗣

釐陵之反

秦盄之反　洍又讀爲江有汜之汜江水決復入爲洍　鍾　齊敦說文作　諆近其反欺也

一云謀也　王子吳　姬居之反　雁侯敦　遲父鐘說文作

其渠之反　中信父甗　弭中簠　斳渠之反

晉鼎　伯百父敦　同上敦　虢姜　伯戔　𩛥盤

說文作𣃔艸也从艸从斳聲徐鉉云說文無斳字他書亦無渠支反今據古文當从旂从單未知何義爾雅薜

山斳茷牛斳音芹莊子云死者不悔其始之斳生乎音祈求也諸器多云斳万壽則義與祈同說文無從旂者

蓋从艸者當云芹从旂者當音祈旂旗所以招物亦有祈求之意也

微部　非匪微反　寅簋　說文作非古道德經妃字如此古文借非爲妃

畏於非反與威同　說文畏從由虎省古文作𢼄由从爪此文从甲从𠂆小異威畏同音　晉鼎

衣於希反　周敦　旂渠希反　邾敦　戠敦

魚部　車斤於反　牧敦古文象輪軸輈衡與說文異　初楚居反　王子

諸專於反　吳彝　周敦諸字說文从言从者古尚書作此文从於　余羊諸反

秦鍾　艅　晉鼎　艅艎吳舟名　師艅

虞部　于雲俱反　鼎　公緘　雩　牧敦　寅簋又音鄠

盂　孝姜盂　尃芳無反　秦鍾　夫風無反　宋君夫人

無微夫反　鼎　晉鼎　公緘鼎　王子吳鼎

弭中簠　朝事尊　伯盂盨　母　牧敦古文母與毋同　朱

鍾　輸　从　周敦　嬬汝朱反　博雅妻謂之嬬　說文作嬬从女从需此文从嫥

蓋古需字多作𩂋故需不从雨　古大夫妻曰孺人聲轉爲嬬

模部

徒 同都反 戠敦說文徒从辵从止此文从止義當作徒與說文異 樂司徒自此文乃徒字義亦當為徒二字皆與說文異未可考

乎 洪孤反 郘敦亦音呼

吳 訛胡反 王子吳鼎

姑 攻乎反 晉鼎

唬 荒胡反 秦鐘

匍 蓬逋反 秦鐘說文作匍手行也楊南仲云从乃不知何義求其義云匍有四方當借讀為溥

齊部

齊 前西反 遲父鐘說文作

彛 同上 郘敦

黎 憐題反 史黎敦說文作

皆部

褱 乎乖反 晉鼎

灰部

崔 倉回反 父丁彝

真部

申 升人反 商癸彝 牧敦

辛 斯人反 父辛彝 辛鼎

秦 慈鄰反 秦鐘古尚書有此文說文从一禾

人 而鄰反 宋君夫人鼎

賓 畢民反 鄦子鐘古尚書有此文說文作賓

民 彌鄰反 秦鐘 晉鼎 牧敦

寅 夷真反 寅簋說文作 古文作 伯庶父敦 秦鐘

屯 株倫反 秦鐘

諄部

顐 於倫反 晉鼎說文作顐大頭也

文部

文 無分反 孔文父鼎 晉鼎 商癸彝

饙 方文反 師餘彝 饙滫飯也餴亦作饙 伯戔饙盦

妘 于分反 祝融之後姓亦作[illegible] 敃氏鼎古文貝即鼎省二文互用如則為鼎之類此鼎字當為[illegible]與妘同

勛 許云反 弡中医文云其丨其玄當作纁字古文假借用之與勛字亦不同而从火从月从个考其文當音勛

君 拘云反 晉鼎 寅簋

欣部

殷 於今反 叔般勅甬

元部

元 愚袁反 鄦子鐘

邍 愚袁反 歷侯敦說文作與此小異

言 魚軒反 中信父敦 父癸方鼎 言父爵以上三字皆古言字古文言一為

趄 于元反與叐同說文田易居也 秦銘勳鐘 說文作

黿部 温 烏昆反 伯勳父甗按楊南仲釋此字為勳求之古文皆不近似不知何所據今考其文从水从皿又从目與囚字相近當為温字其上又有𠂆不知謂何古文比說文有所加也

門 謨奔反 鄦敦

尊 祖昆反 晉彝 公緘彝 雁侯敦 杜嬬鋪 單癸彝 父癸方彝 翰事尊 按說文尊字作𢍜古文多从戶或阜又若阜字不知何義屬字亦有作𨺅者恐取其高大之義其筆畫小有損益古文多然内有酉者就而為廾字省文也

孫 蘇昆反 晉彝 太公缶古文戚左戚

右互同

寒部 戔 財千反 伯戔饋盦

丹 多寒反 丹姜敦

單 亦音善邑名 單𦗟癸彝 單爵文省如此

匽 鄦子鐘

桓部 官 沽丸反 周敦

盤 蒲官反 伯戔顈盤 張中医

䜌 盧丸反亦呂員反 鄦敦 同上 𢦏敦

秦銘勳鐘音鑾按四字皆為䜌上三字皆曰䜌旂當與鑾同下一字曰䜌夏當與鑾同

山部 山 師閒反 朝事尊

下平聲

先部 先 蕭前反 晉鼎 鄦敦

千 倉先反 晉鼎

天 他年反 鄦敦 秦鐘

田 亭年反 田卣

年 寧顛反 晉鼎 雁侯敦 中信父甗 散季敦

玄 胡涓反 張中医古文作

臤 胡千反與賢同又輕煙反堅也 晉鼎

縣 胡涓反 鄦子鐘 說文作縣从系从𥄉此文即𥄉字古之軍行斬獲縣首於旗周書縣於太白小白之旗故从中與說文異

㒨部 宣 荀緣反 晉鼎

叀 朱遄反小謹也 鄦敦 晉鼎

虔 渠焉反 晉鼎 秦鐘

蕭部 琱 丁聊反治玉也 周敦 伯姬鼎

𨰲 田聊反又以周反 寅簋鑾首垂銅也

宵部 訞 餘招反 說文隨從也 寅簋 說文作要 或作 要 伊消反 身中也

彝說文作 朝 陟遥反 朝事尊 說文作古文皆省文

豪部 高 居勞反 叔高父簋 同上 毛 謨袍反 卿敦

戈部 戈 古禾反 周敦 龢 胡戈反 走鍾 盉 調味器也

伯盉 多 當何反 牧敦

麻部 䶥 莊加反 又取也 寅簋 鄦子鍾古尚書作與且同音 華 胡瓜反

周敦 寅簋

陽部 陽 余章反 師艅彝說文作陽古文者 楊 晉鼎 朝事尊說文楊作暘古文多从

卿敦 周敦 截敦 牧敦

易从易又有王者但或左右繁省不一 鄦子鍾 亡 武方反 遲父鍾 音無

将 資良反 鄦子鍾此籀文將字借為將字用 商 尸羊反 父丁彝

同上說文作 昌 尺良反 商兄癸彝說文作昌籀文作 彊 居良反

晉鼎 弡中匿 秦姜 晉鼎

散季敦 同上古文或左或右或省 王 于方反 晉鼎 戠敦

父丁彝

唐部 湯 他郎反 晉鼎 喪 蘇郎反 寅簋說文作 康 丘岡反

晉鼎說文作光 光 姑黃反 晉鼎 遲父鍾 黃 胡光反

卿敦 弡中匿 皇 公緘鼎說文作 慶敦

虢姜敦 鄦子鍾 秦鍾 煌 秦鍾

庚部 庚 居行反 伯戔饋盦 庚鼎說文作象秋時萬物庚庚有實以

說文求之未見此象而此鼎之文乃有垂實之象 行 何庚反 寅簋 明 眉兵反

晉鼎 明 牧敦 鳴 鄦子鍾說文作 兄 呼榮反

商癸彝 京 舉卿反 晉鼎 牧敦說文作京籀文作說文

云京絶高丘也晉鼎文从二高牧敦文則上高下京皆有重高之義說文省

耕部爭留莖反 晉鼎說文作 古孝經作事

清部名彌并反 秦鐘 征諸盈反 晉鼎

青部丁當經反 公緘鼎 散季敦說文作个象 夏時萬物皆丁實殊

不近似此· 字有其象 王子吳歆鉶及伯戔顏盞皆曰初 吉日亥此字與甘字相似然非十

日之名求之乙巳辛癸皆不 似似惟丁字近之當讀爲丁 庭唐丁反 鄦敦

戠敦 秦鐘說文作庭古文作此諸器文 多云立中庭與古文相近當作庭字 靈郎丁反

欽定四庫全書 考古圖釋文 十五

康鈴敦 鄦子鐘說文作 寧囊丁反 晉鼎 巠堅靈

反 晉鼎 形乎經反 秦鐘說文作形 刑 牧敦說文作

鉶 王子吳歆鉶 宋君夫人餗釪鼎說文作鉶 此二器一從鼎屬也說文宋

鉶復从干與 开字差異

登部朋蒲登反 牧敦說文作 弘胡肱反 晉鼎說文作弘

尤部休虛尤反 鄦敦 攸夷周反 周敦一音倏 說文作攸

晉鼎說文作 壽張流反 周敦籀文疇作 古文者作壽 劉力求反

杜嬬鋪說文 周之由反 作古文者 鄦敦 周敦 伯冏父敦

侯部侯 晉鼎

侵部心息林反 寅簋 單癸彝說文作 林犁針反

遲父鍾 音於金反 叀鐘 匜 歫中 今居吟反 鄦敦說文

作今古文金 作陰乃从此今字 金 晉鼎 牧敦 歫中匜

欽定四庫全書 考古圖釋文 十六

覃部覃徒南反 晉鼎說文作 南那含反 邛仲嬸鐘 盦烏含

反 伯盞饋盦說文作盦覆蓋也此器名饋盦 餴飯也蓋此器盛飯貴溫覆之不失氣也古

文从金與音者互用故此字从 音省與說文少異則古文西字

談部三蘇甘反 晉鼎

嚴部嚴魚杴反 秦鐘

咸部咸胡讒反 秦鐘 緘居咸反 八緘鼎說文作 緘此器文从戊

从系从言與說文頗同但古文言與口互用反左右為異爾

鹽部炎于廉反 牧敦

上聲

董部孔康董反 孔文父飲鼎 鄦子鐘

腫部巩 父丁彝說文作

紙部是上紙反 秦鐘 晉鼎 中丁父壺說文作𡍧籀文作是

氏 寅簋 媍氏鼎 忍氏反癸彝說文作𠀋古文省

旨部氐軫視反 同敦說文作 死相姊反 公緘鼎說文作

癸 單癸彝 癸鼎說文作𤼾文从四𡿨癸彝近之癸四𡿨不出癸彝一𡿨而三包之或云癸于丑之間有紐結未達之象三字大體相似 癸舉 簋鉅歸反

叔高父簋 同上 寅簋 師奐父簋 同上說文簋作𥫗从竹从皀从皿古文雖有不同皆从皀从皿而已古之簋或以金此諸簋是也或以瓦韓非所謂飯土簋是也或以木禮圖所傳外圓內方者是也或以竹聘禮竹簋方是也不从竹者不純用竹也說文云白象嘉穀在裹中之形匕所以扱之敦字亦从此恐亦象器形也凡為匕者象氣出也黍稷馨香主於氣臭也如𩠐字从匕亦象氣出也

止部史輿士反 郩敦 子祖似反 晉鼎 公緘鼎

祀象齒反 商癸彝 父丁彝 裏兩止反 寅簋

養里反 單癸彝 晉鼎 喜許已反 鄦子

鐘說文作喜 已苟起反 父已鬲 已爵

語部鄦喜語反與許同 鄦子鐘說文作 舉苟許反 主人舉爵

爵 篆帶 已爵說文舉作𦦙又作 黑黍也歸許反𠀠古文皆𠀠字省文也

或作 寅簋說文作 所爽阻反 晉鼎 楚荆所反

戠敦 女忍與反與汝同 郩敦 旅兩舉反 伯勳父旅甗說文作从於从从

兩人或釋為煮非是 秦鐘古文魯旅同

嚔部

矩 果羽反 師艅彝說文作柩

父 匜父反又秦甬反 又 父已

匜 匜父反 與匶同

匜中匜說文匶字古文作匛从匚 匚讀若方象受物之器籀文作

此器匚中有大字乃古夫字蓋古文夫大止用一字秦嶧山碑御史大夫字止於大字下加以二而已唯大字左右比字未詳蓋古文筆畫多寡不同尔此器既方其文又如是則為匶無疑

鋪 杜嫮鋪按此字本普胡反

其器似豆而卑作本音無義或讀與匶同以金為之故从金亦匶屬也

輔 奉甬反 寅簋 武 因甬反

嚴敦 主 鐘庚反

主父已彝說文丶與主音異而主字从丶古文主字多作丶如人舉丶父已彝之類

姚部

祖 則古反 公緘鼎 屢敦 周敦

祖丁彝 秦鐘說文作祖

土 他古反 戠敦 牧敦

杜 徒古反 杜嫮鋪說文作鹵

鹵 郎古反 晉鼎

虎 呼古反

寅簋 牧敦謂文作鼓古文象形

鼓 公户反 鄦子鐘說文作鼓此文从彐蓋古支字

五 疑古反 爾 五敦

午 伯戔盦

薺部

[illegible] 遣禮反 鄦敦 同上 周敦 戠敦

牧敦 寅簋

嬭 乃禮反又女蟹反廣雅云母也類篇云姊也

邛仲嬭鐘

賄部

辠 粗賄反 牧敦 寅簋

海部

亥 下改反 晉鼎 王子吳䣄 鄦敦

伯戔頫盤 鄦子鐘 邛仲嬭鐘亥說文作亥古文作豕與豕同

宰 子亥反 周敦 芊鐘

在 盡亥作代二反 公緘鼎 鄦敦

說文作从才省

乃 曩亥反 鄦敦 周敦 牧敦

師艅彝說文作迺 周敦

準部

引 以忍反 樂引 徒卣 秦鐘說文作

阮部

遠 雨阮反 晉鼎說文作

冕 忙晚反 牧敦

寅簋說文作古文象形

緩部

㪔 類旱反 散同 㪔季敦

疃 土緩反 鄦敦說文作从田

童聲禽獸所踐處詩曰町疃鹿場陳倉石鼓文云麀鹿
𪊨𪊨與此器文同以是推之當與町疃之疃同以東童
省也从𠷎聲也
潜部綰 鄔板反 晉鼎說文作綰
銑部銑 蘇典反說文金之澤者一云鍾兩欒謂之銑 秦鐘說文作銑此文云銑銑雖
取光澤之義 顯 呼典反 牧敦 寅簋 秦鐘
獮部譱 上演反省作善 寅簋 遣 去演反 晉鼎說文作遣餟雖免

反 同敦說文作古文从𦐇幸从廾楊南仲釋為餟 䩞 寅簋說文作䩞
小部小 思兆反 周敦 肇 直紹反 散季敦 同上
說文作
晧部考 苦晧反 公緘鼎 虘敦 鄦敦
周寶 補堄反 敦 晉姜鼎 某父鬲 中信父甗
𣪕氏鼎 散季敦 伯戚父敦 周敦 咢作彝

師艅彝 麃彝 篆帶彝 伯百
父敦說文作寶諸器寶字雖小 保 晉鼎
有不同然皆从宀从王从缶从貝
公緘鼎 道 杜晧反 寅簋隸作道
哿部我 許可反 晉姜鼎 寅簋
果部妥 吐火反 晉姜鼎
馬部馬 母下反 寅簋 下 亥雅反 公緘鼎 秦鐘說文

作下 夏 秦鐘說文作
養部象 似兩反 晉姜鼎說文作象此象加E爾 兩 里養反 晉鼎
享 許兩反 晉姜鼎 公緘鼎 伯百父敦
秦鐘 㽞 俱往反又俱永反 單㽞彝說文作㽞與此小異者筆畫之轉 网 文紡反
鄦敦
梗部丱 古猛反古礦 父己人形彝此文與丱多二畫 秉 補永反

秦鐘　永于憬反　公緘鼎　媜氏鼎　慶敦

静部　静疾郢反　秦鐘

有部　又云九切與有字同　寅簋　右　鄉敦　友　寅簋

説文作九巳有九反　晉鼎　不俯九反　晉鼎　久舉友反

晉鼎　酉以九反　父丁卣　亦音丑　彝　鄉敦　百　寅簋

同上

缶俯九反　太公缶　楊南仲云匿字雖無傳而凡稱文柩作匶杯作匿箕作匩皆從其聲則匿宜讀為缶　史黎缶　古大寳字从缶多作古字則此器亦缶也但比太公缶從金爾其器形制亦相似

首始九反　鄉敦　周敦　寅敦　首

伯百父敦　同上　是酉受反　虢姜敦説文作受从爫舟　中弫

匽此受字筆畫大省　秦鐘　授　弫中匽説文从手與此小異

厚部　母莫後反　散季敦　同上　父丁彝　戊

伯庶父敦　走子口反　秦鐘

寑部　飲於錦反　孔文父鼎説文作飲此器省文　朕直稔切　晉鼎

並散季敦説文作　品丕錦反　牧敦　伯彝

説文作品二器文三口皆與説文異變體也　按伯百父敦壽字作壽三口乃𠱠字變體也

敢部　敢古覽反　鄉敦　父丁彝　伯姬鼎

琰部　奄衣檢反　秦鐘説文作奄

儼部　㝹悲檢反　傾覆也　周敦説文作㝹古文不省

迥部　鼎都挺反　晉鼎　慶敦

去聲

宋部　宋蘇綜反　宋君夫人餗

用部　用余頌反　晉鼎

絳部　降古巷反　寅簋

寘部寘支義反　中姑匜　距中刺七賜反　秦鍾說文作義或疑作制

宜寄反

至部二而至反　邢郕兵媚敦　晉鼎說文作四郕宰之也

見利反　散季敦　周敦　自疾二反　盉　叩仲

彖直類余辭二反　散季敦　秦鍾說文作利　力至反　晉鼎　季居悸反

散季敦　冀九利反　父辛彝說文冀作𦰩此文無丌而加以文字益繁省

位元備反　牧敦說文作位古文省止作立　秦鍾　疐陟利反

晉鼎　秦鍾說文疐作𠧪古文惠作𢝊益二字皆从叀或作𦉥或作𦣵从止當作

疐

志部事仕吏反　周敦　朝事尊說文事良志切

邢敦　畀渠記反　距中匜

飤祥吏反糧也　王子吳射　距中匜

未部未無沸反　朝事尊　既居氣反　邢敦　牧敦

畏紆胃反　寅簋說文作　與威同用

御部庶商慮反　牧敦

暮部故古慕反　寅簋

霽部帝丁計反　秦鍾說文作帝从上朿聲楊南仲釋此為帝按此文云不家上帝上帝字作上二則一字當讀為帝益古文省與上字同

祭部世始制反　商癸彝說文作　歔俞芮反　秦鍾

太部大徒蓋反　散敦　大公缶　牧敦亦音泰

貝博蓋反　商癸彝說文作　古文寶字从貝有作此字者當讀為貝

怪部戒居拜反　父丁彝　拜布怪反　古拜字

邢敦　散敦　寅簋說文作

夬部蠆丑邁反　蠆鼎說文作古文象形

隊部退吐隊反 内奴對反 鄭敦 牧敦 對都内反

戠敦 小 寅簋 朝尊 敦 散季敦

中信父敦 頮呼内反 伯戔頮盤說文从水从未洒面也古文作𣱱从

頁此器文从頮从水省讀若昧前也無義止諧聲爾

稃部信思晉反 中信父甗又古言字 晉即忍反 晉鼎 進

寅簋 晙祖峻反 秦鐘 晉鼎古文省 胤羊進反

秦鐘

願部鬳牛堰反 鬳鬲 伯勲父甗 中信父甗說文鬳從

虍高屬甗从瓦从鬳甗也說文虍作古文多作益

虎省也古文目與鼎互用如則作劓員作鼎之類如甗

彝从虍从貞貞貝皆鼎省也說文鬳从虍从鬲無从鼎

者而伯勲仲信父二甗皆从鼎則古文鬳亦从鼎也古

文尊字多从巨或臣蓋阜字或取高大之義此字亦从

巨與尊字同意以是考之𤮊即鬳字也鬳字古文既从

鼎又从大而不从瓦益甗字古文與獻字同用故與說文少異 萬無販反 晉鼎

中信父甗 散季敦 鄭敦 虢姜敦 叔高父簋

秦鐘 伯戔盦 鄦子鐘 伯百父敦 㬪於遠反大貌

㬪敦

換部𢍜盧玩反 牧敦 戠敦

諫部雁魚澗反鴈同 雁侯敦

㯥部柬郎甸反與練同 寅簋 煉 牧敦

綫部禪時戰反 虢姜敦 鄦皮變反邑名 鄦敦說文卝弁字作

此文加从从邑即鄦字比古文有省改

笑部卲時照反高也 鄦敦 秦鐘楊南仲釋作昭 召直笑反

弡中匜

效部𢽳後教反 寅簋 孝許教反 虢姜敦

号部月莫報反 㬪敦古文省 虣薄報反 寅簋

禡部射反神夜 邾敦此古射字象手特弓矢形射堂謂之榭古文不從木亦止用射字爾

雅曰無室曰榭射堂無室便于行射故凡堂無室總名曰

榭宣榭者宣王之廟堂其制如榭故曰格于宣射與格于

太廟太室義同春秋書

宣榭火亦重宗廟也

周敦 亞衣駕反 父辛彝

漾部妄無放反 晉敦 丑亮反 寅簋說文作 鄉許亮反

中丁父壺 弡中匜 趣疾亮反行貌 鄦子鐘

映部敬居慶反 秦鐘說文作敬 命眉病反 秦鐘 邾敦 慶卯正

反 秦鐘說文作

勁部正之盛反 邾敦 王子吳鼾 商癸彝 政

牧 令力正反 晉鼎 商癸彝古文令作

證部賸以證反 卬仲媰鐘說文賸物相增加又云送也與媵同

候部後下遘反 朝事尊 遘居候反 父丁彝 豆大透反

齊豆說文作 豆古文作

宥部壽承呪反 晉鼎 公緘鼎 王子吳鼾

父敦 同上 牧敦 弡中匜

入聲

屋部僕步木反 周敦 朝事尊 業蒲沃反瀆也又云業衆多也 闕

之是煩瀆 弡中匜 同上說文作 撲蒲屋反

鄦子鐘說文从業㭬也古文撲擊字亦多从支加㪇即播䈕拘之類故比从菐省从支 木莫卜反

木父己卣 餗桑谷反 宋君夫人鼎 福方六反 虢姜

敦 弡中匜 齊豆 遲鐘 秦鐘 復房六

反 寅簋說服 寅簋說文作 牧莫反 古文作

穆 秦鐘 伯姬鼎 遲父鐘 夙息六反 闕

叔式竹反 虢叔鬲說文作祝之六反古文作 祝 邾敦 畜

昌六反 秦鐘 六力竹反 中信父甗 父丁彝 鹿盧谷

反　闕　文作虞

燭部東輸玉反　牧敦　寅簋　獄虞欲反　寅簋

覺部樂逆角反　樂司徒卣　鄦子鐘

質部室式質反　晨敦　日入質反　父丁彝　帥朔質反

秦鐘　泰戚悉反　牧敦　必壁吉反　弫中匜說文作

匹　寅簋　吉激質反　王子吳鼎　姞極乙反　寅簋乙

欽定四庫全書　考古圖釋文　三十一

億姞反　晉鼎　父乙卣

勿部勿文弗反　晉鼎　寅簋說文作勿　市分物反韍也亦作

市芾　周敦與市同

迄部乞欺訖反　公緘鼎

月部月魚厥反　晉鼎　公緘鼎　王子吳鼎

散季敦　曰王伐反　晉鼎　郝敦　周敦

沒部敦蒲沒反　叔殷敦鬲

黠部八布拔反　散季敦

屑部卩子結反　周敦　缺古穴反　弫中匜　同上

說文作

藥部爵即約反　寅簋說文作爵　若日灼反　牧敦說文作老子

作石　虐逆約反　牧敦　寅簋

欽定四庫全書　考古圖釋文　三十二

鐸部零歷各反　秦鐘　乍即各反與作同　晉鼎　同上

𩫏光鑊反與郭同　齊豆　各則鶴反　邾敦亦音格

陌部霸匹陌反月始生　公緘鼎　霸省　朝事尊　牧敦

伯補陌反　敃氏鼎　百　秦鐘　同上　睪直格反與擇同

鄦子鐘　號古百反　號叔鬲　叔殷敦鬲

虢姜敦　虢叔彝說文作𢘅以支為寸小異

冓部冊 測革反 邾敦 周敦 彝祖丁 責 測革反
革 各核反 周敦 寅簋 畫 胡陌反 寅簋
說文作畫
昔部昔 思積反 邾敦 夕 祥亦反 伯百父敦 㵠 秦精反
戠敦說文作 赤 昌石反 邾敦 益 伊昔反 屖敦說文作益 亦
反 牧敦 奕 師奕文簋說文奕作㚒作亦則首微屈作㚒則少一屮尚可

疑 辟 必益反 周敦 牧敦 寅簋 寅簋說文作 虩 火千
反 秦鐘
錫部錫 先的反 晉邦 周敦 戠敦 寅簋
說文錫从金从易及古文皆無此錫字惟楊南仲為錫諸器多有此文考其義當讀為錫 析 先的反
父乙卣說文作古文作或作析李陽冰云木石為片右為爿音牆說文無爿字牀牆戕之
類皆从爿則此字有析木之象當為析父巳人形彝有非字皆有大小人形不知何義竊意北字或亦字省

文 鬲 狼狄反 某父鬲 父乙鬲 象形
職部戠 質力反 戠敦 即 節力反 牧敦 亟 訖力反
晉邦 或 越逼反 牧敦 敕 蓄力反 秦鐘 偪 筆力反
牧敦 直 逐力反 晉邦說文作古文作互有繁省
德部德 的則反 晉邦 北 必墨反 戠敦 國 骨或反
秦鐘 即得反 與則同 寅簋

緝部執 質入反 秦鐘 入 日執反 戠敦 立 力入反
邾敦 邑 乙及反 邾敦 及 闕
合部帀 作荅反 父丁彝 眔 達合反目相及也 遲父鐘
葉部業 逆怯反 秦鐘說文作業 古文作
洽部夾 訖洽反 遲父鐘說文作夾
之部法 弗之反 晉鼎

帖部 㦔 悉協反 □ 秦鐘古文或从辛或云言省

狎部 甲 古狎反 □ 樂司徒卣說文作□古文作□从木帶学甲之象但筆畫小不同爾

疑字

百部 □ 晉禹 □ 秦鐘

圭部 □ 晉禹

瓜部 闕

厂部 □ 尉敦

又部 □ 虢姜敦 □ 戠敦 □ 牧敦 □ 寅簋 □

仁 高 □

二部 □ 虢姜敦

貝部 □ 晉禹 □ 戠敦

水部 □ 牧敦

宀部 □ 牧敦 □ 牧敦 □ 寅簋 □ 張中

匜

系部 □ 牧敦 □ 寅簋

皿部 □ 牧敦 □ 大公缶 □ 秦鐘 □ 同上

馬部 □ 寅簋 □ 同上

勹部 □ 寅簋

斤部 □ 寅簋

革部 □ 寅簋

㫃部 □ 寅簋

弓部 □ 張中匜

金部 □ 張中匜 □ 秦鐘

食部 □ 張中匜

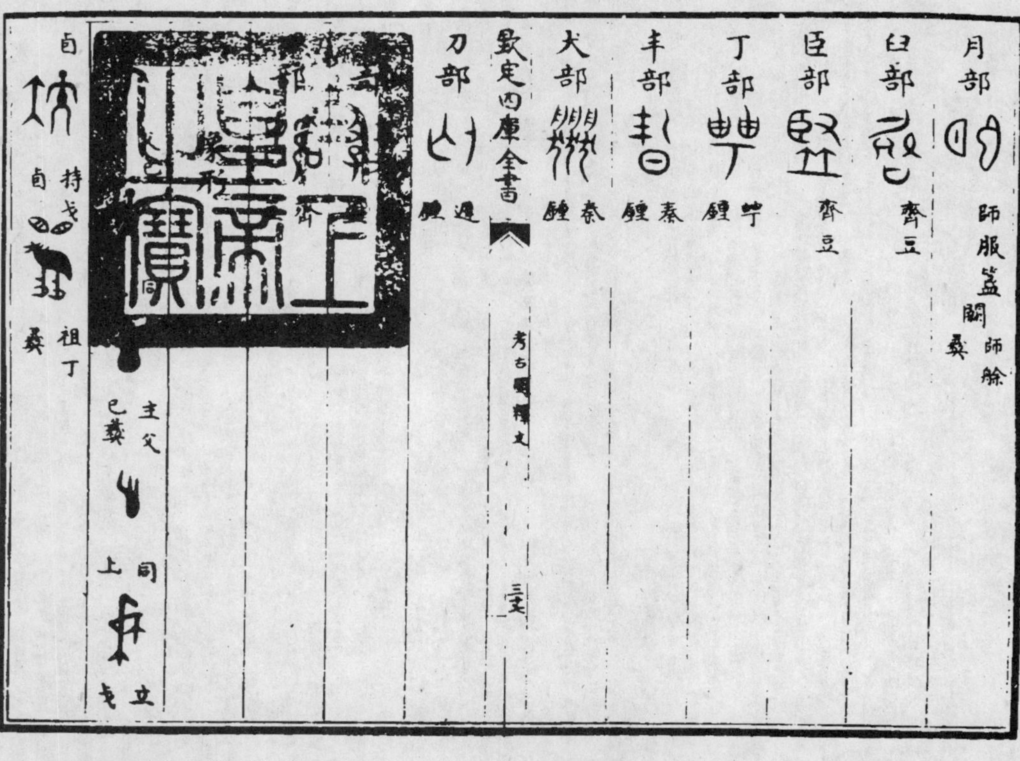
月部 師服盉 關彝 師艅

臼部 齊豆

臣部 齊豆

丁部 屮鐘

丰部 秦鐘

犬部 秦鐘

欽定四庫全書 考古圖釋文 三十七

刀部 遲鐘

卣 持戈 卣 祖丁彝

父乙彝 主 同上 立戈

無所從

晉鼎 敏氏鼎 父己甗 周敦 散敦

牧敦 同上 同上 同上 中𠤳

商癸彝 同上 同上 同上

戟胡

欽定四庫全書

考古圖釋文 三十八

歷代鐘鼎彝器款識法帖

〔宋〕薛尚功 撰

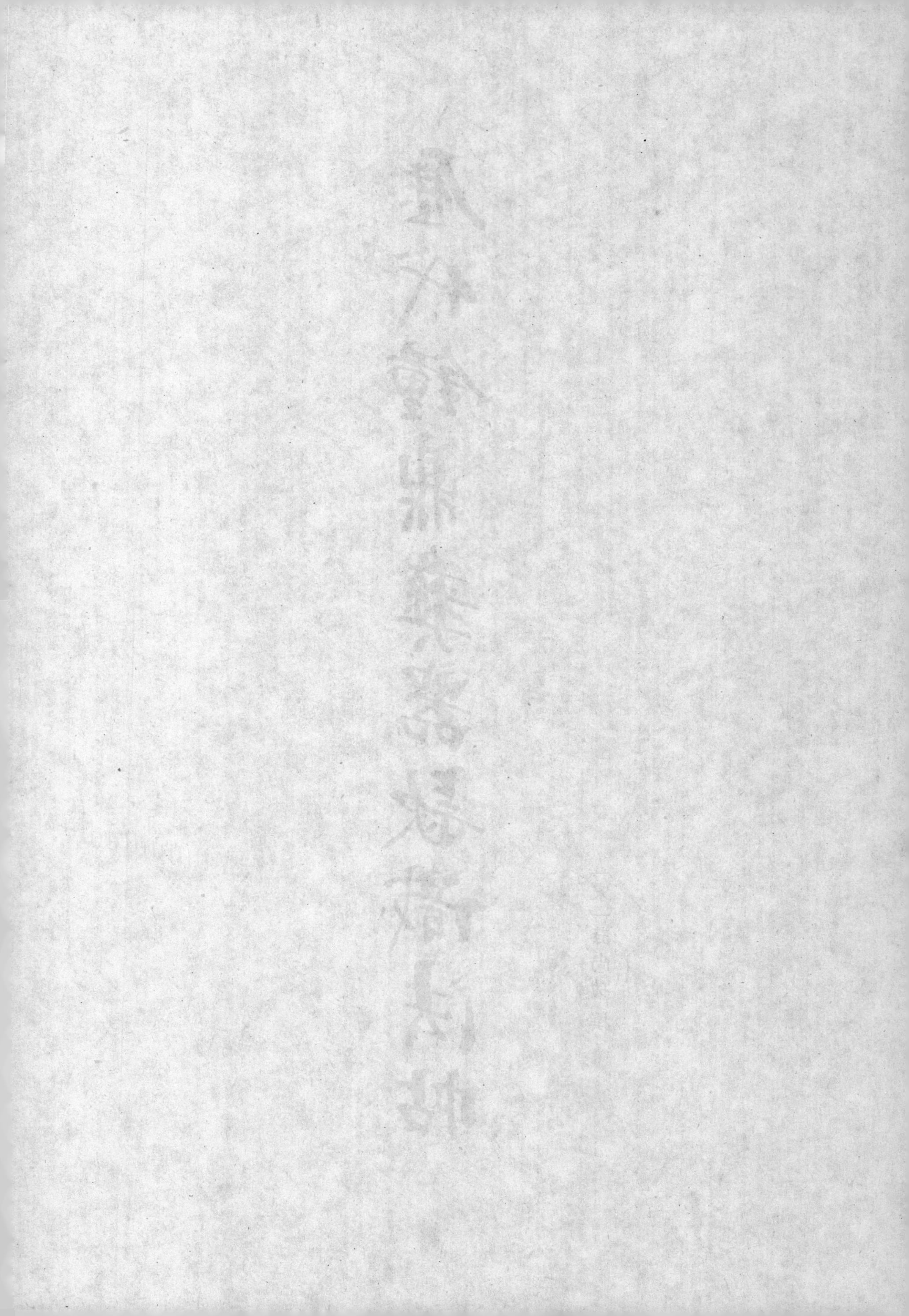

歷代鐘鼎
彝器款識
二十卷

歷代鐘鼎彝器款識法帖述評

容庚

薛尚功字用敏，錢塘人。善古篆。紹興中，以通直郎僉定江軍節度判官廳事。宋代集錄彝器款識以此書爲富，而編次條理亦以此書爲優。卷一夏琱戈、帶鉤、商鐘、鼎四十六器，卷二商尊、彝四十三器，卷三商卣三十四器，卷四商壺、罍、爵四十四器，卷五商觚、舉、觶、敦、甗、鬲、盉、匜、盤、戈四十四器，卷六至八周鐘、磬三十八器，卷九、十周鼎五十七器，卷十一周尊、卣、壺、舟、斝二十二器，卷十二周觶、角、彝、匜三十三器，卷十三、十四周敦三十九器，卷十五周簠、簋、豆、盉二十二器，卷十六周甗、鬲、槃、盂、盦二十九器，卷十七周戈、鐸、鼓、琥十三器，卷十八秦璽、權、斤、漢鐘、角、鈁、鼎、鼒十八器，卷十九漢鑪、壺、巵、律管、洗、鉦、匜十四器，卷二十漢鐙、錠、燭槃、甗、釜、甑、鋗、弩機十五器，凡五百一十一器。其所定夏器、商鐘當屬之周，而商周二代，雖大較近是，而周器有當入之於商者。磬一、鼓十乃石器，琥一、璽三乃玉器，非盡銅器也。

其評此書之得者，《郡齋讀書志》（四：十三，王氏本）稱其詳備。《四庫總目》（四一：二八）云：「尚功嗜古好奇，又深通篆籀之學，能集諸家所長而比其同異，頗有訂譌刊誤之功，非鈔撮蹈襲者比也」。其言誠是。若所舉「其箋釋名義，考據尤精」者五條，以《鬲鼎》爲商鼎，說尚可從。以《夔鼎》上一字爲夔字，《父乙鼎》末一字爲彝字，《召夫鼎》釋家刊二字（案此乃《册命鼎》文，誤以爲上一器《召夫鼎》），說均未確。以《父甲鼎》立戈爲子，則以不誤爲誤矣。

其舉此書之失者，《四庫總目》云：「其中如十六卷中載《比干墓銅盤銘》之類，未免真僞雜糅」。翁方綱《跋鐘鼎款識殘拓本》云：

《好畤鼎》一跋，詳引《漢郊祀志》秦、漢祠五畤事，然以愚詳之，此鼎所謂好畤者，特右扶風之邑名耳，奚必援五畤祠乎。……又此殘拓内《武安侯鈁》跋，楚思王子慢，以元壽元始（原誤封）再封武安侯。考《王子侯表》，思王子慢以建平四年（紀元前三年）初封武安侯，其元壽年乃其失侯之歲，薛誤讀史表而謁耳。半卷之殘帖，已有參差若此者，安得見其石本全帙，詳爲校正，庶有益乎（《復初齋文集》二八：十七）。

張澍《書鐘鼎款識後》云：

《鐘鼎款識》云「《漢書言府弩機》銘二十有七字，延光三年閏三（款識無三字）月，書言府作」。澍案書言府或疑是人姓名，而他書無言及者。獨《朱博傳》云：「姑幕縣有群輩八人報仇廷中，皆不得。長吏自系書言府」。據此是拘繫罪人之所也。書言云者，鞫訊犯人，書兩造之供辭耳。而薛尚功乃云：「書言府者，所謂言則左史書之義，天祿、石渠之屬，蓋漢之武庫，隨府有之，若盾省是也」。其說非。既云書言，何得又云武庫耶（《養素堂文集》一八：一）。

孫詒讓著《古籀拾遺》，序謂：「薛氏之旨，在於鑒别書法，蓋猶未刊集帖之陋，故其書摹勒頗精，而詳釋多謬」，乃爲之校正商鐘、己酉戌命尊、許子鐘、聘鐘、盄和鐘、齊侯鎛鐘、寋磬、晉姜鼎、師艅尊、單癸卣、孟姜匜、宰辟父敦、敔敦、寅簋等十四器。郭沫若著《兩周金文辭大系》，採用中齋三器、中觶、中甗、厚趠鼎、穆卣、牧敦、師毛父敦、走鐘、蔡敦、戍鼎、敔敦、伯克壺、師毁敦、微䜌鼎、寰鼎、師訇敦、盄盨、𢦏敦、鄦敦二器、楚公逆鎛、楚王鐘、楚王酓章鐘二器、伯戔盤、伯戔盦、郘公諴鼎、許子鐘二器、宋公戌鐘六器、宋公䜌鼎、䣄公壺、慶叔匜、叔夷鎛、叔夷鐘七器、晉姜鼎、伯郄父鼎、虢姜敦、秦公鐘等五十二器，重爲考釋，其餘有待校正者尚多也。以今日尚存之趙鼎及岐陽石鼓十器較之，可知其傳寫失真。若秦璽三，可確定爲宋哲宗時偶造，因而改元元符。趙彥衛《雲麓漫鈔》（十五：一）已辨之。

其刻本曾宏父《石刻鋪叙》謂「二十卷，定江僉幕錢唐薛尚功編次並釋，……紹興十四年（公元一一四四年）甲子六月，郡守林師説爲鐫置公庫。石以計者二十有四」。其石刻本流傳者，如黄丕烈藏十二卷（缺一至六及十七、十八共八卷），見於《蕘圃藏書題識》；翁方綱見第十八卷殘拓本《谷口甬》以下凡十段，《谷口甬》篆已失去，見於《復初齋文集》（二八：十七），皆未得見。歷史語言研究所整理明清内閣大庫檔案，得殘葉三紙，又購得殘葉十六紙，適相銜接，屬第十三卷仲駒敦、簠父敦，第十四卷散季敦、尨敦、邢敦、凡五器。《直齋書録解題》云：「尚功有《鐘鼎法帖》十卷」。《學古編》云：「薛尚功《款識法帖》十卷，碑在江州，蜀中亦有翻刻者，字加肥」。元靈武斡玉倫徒跋云：「予讀薛尚功集古金石文常嘆其博，及見謝長源所收尚功寫本，乃知今石刻僅得其半」（見朱刻本）。項元汴《蕉窗九録》（頁二十）云：「宋薛尚功編次鐘鼎彝古銅器銘二十卷，刻於九江府庫，臨摹極工，甚有古意，今多取便鈔録，作十卷以示於人」。似是二十卷本之外又有十卷本。孫詒讓云：「蓋定江石本，南宋中葉已缺其半，陳直齋所見即不全本，實無二刻也」（《籀高述林》六：十）。明孫楨《金石評考》則謂「宋刻本有木、石二種」（見下文）。又《金石評考》（頁十四）云：「余三次得三册，雖属殘斷，喜皆舊搨，既刻手固似三種，又不知何地再摸也」。又云：「此帖余得之於崑山沈大中，共十五幅，幅長五尺有奇，剪黏潰烂，装爲二册，校之摸本裁得四之一耳。曾宏父乃曰石以片計者二十有四，豈兩面皆刻者歟」（《跋薛尚功鐘鼎款識石刻》）。

石本在明代已少流傳，然頗傳真跡尚存於世。都穆《寓意編》云：

史文（吴江史鑒）復有薛尚功摹《鐘鼎款識》真跡二十卷，後題云「嘉熙三年（公元一二三九年）冬十有一月望後十一日外孫朝請（原作奉）郎新知臨江軍事楊伯嵒拜觀於廿四叔外翁書室」。後二十年弁陽周密得之外舅泳齋書房」。趙孟頫鑒定。白野不花、周伯琦題名。張伯雨、柯九思跋。此帖舊爲吾鄉沈雄仲藏。雄仲名洪，元巨室號萬三後，善草隸，老而貧，故史氏得之。成化戊申（公元一四八八年），余館授史氏。九月，其家火作，書畫多付煨燼，惟此帖及歐、褚、趙楷書數卷獨存。

朱存理《鐵网珊瑚·書品》（一：二十）並記録柯九思、張天雨等人題跋、觀款。《金石評考》（頁十五）云：

薛尚功《鐘鼎款識》二十卷，余所藏宋刻本有木、石二種，惜皆殘缺，未覩其全。聞真跡在吴江史氏，前缺數葉，元俞紫芝書以補之，共用絹素百二十翻。屢欲扁舟往訪，多難未遑也。

朱謀垔所刻，即此真跡本。後歸范氏天一閣，最後有豐坊題。全祖望云：「范氏書帖大半萬卷樓故物，而是本獨不知得之何人」（《鮚埼亭集外編》三五：四）。然均不言俞和補書之事，豈孫氏所記，得之傳聞，不足信耶？

傳世木刻傳寫之本有五：

（一）明萬曆十六年，萬岳山人木刻朱印本，前有萬岳山人序，略云：

《款識》一集，有鈔本無刻本。予深憫其傳之不博也，意欲梓焉。謀諸數年，因艱於摹寫之手而竟不果，然梓行之興遂自索然。邇年偶偶松石姜君，亦博物之士，能兼諸家書法，又工篆隸。予以是集而謀諸姜君，彼固唯然，試一爲之。予觀其摹寫之際，運筆精熟，若素所習者，不半月而就，於是遂得而梓焉。初愿始畢。其間多錯亂缺文者，悉皆校仇釐正，則魯魚、亥豕之訛，庶乎其免矣。

萬岳山人不知何許人，序末有「宣公後裔」印，故《天祿琳瑯書目》（七：三二）定爲陸氏。考證删節不全，每遇略長之考證，輒删去其末段，或並删其前段，且多誤字，幾於文義不通。如《癸鼎》云：「右癸有紐從而朿連之象。萬物之出也，草昧而已。草者至巽而齊，昧者至離而明，癸正北方而冬也，故一草。《河圖》、《洛書》，三代傳寶，而夏、商爲近，故書畫未分耳」。讀者試取它本校之，便可知其謬誤之狀。

（二）崇禎六年，朱謀垔刻本。謀垔字隱之，號厖原山人，寧藩支裔。好苦吟，爲《山居百咏》。善書畫。筑寒玉館，藝竹萬竿，軒楹之間，泠碧蕭然，列古彝鼎圖史，吟嘯不倦。著有《畫史會要》五卷、《續書史會要》一卷（朱寶符《畫史會要·序》）。

此書前有謀垔序，略云：

南宋薛尚功集《鐘鼎彝器款識》二十卷，《鐘鼎韵》七卷。前有刻本，傳世《款識》則尚功手書爲山陰錢德平秘藏。神物流傳，不專一氏。庚午（公元一六三五年）夏月，客有持以視余。余喜出殊異，不惜重貲購之，而不欲私爲己寶也，爰授梓人，公諸同好。……篆文一卷至八卷，臨川帥志摹；九卷至廿卷，則族侄統鉫繼之；小楷家侄統鍳書。書成，搜其亥豕之譌，則有族侄寶符、統鉆。至於命意運指，不失古人遺法，自柔翰以至鐵史，咨不佞垔一一指授，愿爲薛氏忠臣者。

（三）嘉慶二年，阮元刻本。阮元序略云：

朱氏所得是吳江史氏本，是否薛氏手書未可必，其於原石本則未見也。

薛尚功《鐘鼎款識》宋時爲石刻本，故有法帖之名。明萬曆間，朱印刊本，訛舛最多，跋語亦删節不全。唯崇禎間，朱謀垔所刻尚功原本，較爲可據。然板本並佚，傳寫滋誤。今據吳門袁氏廷檮影鈔舊本，及元所藏舊鈔宋時石刻本，互相校勘，更就文瀾閣寫本補正之，似可還薛氏舊觀。錢唐吳氏文健明於小學，審定文字，以付梓人；陳氏豫鐘精篆刻，爲摹款識；高氏垲善書，爲録釋跋，皆一時之能事也。

然刻本無石本「錢唐薛尚功編次並釋音」一行，則其自藏必非舊鈔宋時石刻本。文瀾閣寫本從朱氏刻本出，阮氏就文瀾閣寫本補正，則其未見朱刻可知。

（四）嘉慶十二年（公元一八〇七年）平津館臨宋寫本。孫星衍序略云：

曩客中州時，見薛氏《鐘鼎款識》石刻本於歸河丞朝煦處，未及細閱。後至京師，得明刻佳本，旋爲友人取去。阮中丞開府浙中，既以宋刻板本校梓行世，視舊本精善，及余再官東省，得見舊寫本多元、明人印章，或題爲繭紙薛尚功手書者，未知是非，然紙色舊而篆文極工，核之阮氏刻本及近時本篆體，審正釋文，字句增多，可以訂別本誤改篆文及脱落釋文共若干處。記所見法帖本式樣正與此相似，雖不敢定爲薛氏手跡，其爲宋寫本無疑矣。亟屬嚴孝廉可均影臨古篆，蔣茂才嗣曾寫附釋文。或有原書筆誤，皆仍其舊。

孫氏欲將寫本付劂未果。光緒三十三年（公元一九〇七年），貴池劉世珩校刊於武昌，並取阮印本細勘，舉阮本誤脱共一百二十八處，爲《札記》一卷附於後。劉氏未見朱本，祗以孫本校阮本，而阮本之同於朱本者，劉氏不知也。余嘗以朱本校孫本：如《秉仲鼎》、《休爵》、《丁舉爵》、《父己舉》《蓮勺爐》，孫本皆奪其目。《岐陽石鼓》之後，孫本缺考説兩行五十八字。阮本皆有之，劉氏未嘗舉出。其餘錯缺之字，朱、孫兩本互有優劣。孫本爲繆荃孫舊藏，見於《藝風藏書記》（五：一）。劉氏《札記》頗有誤字，如《齊侯鎛鐘》云：「肇霸於戎，按參《説文》霸重文，阮本作敏誤」。《齊侯鐘一》云：「余錫汝釐都霸爵，霸不釋胤」。《齊侯鐘八》云：「都霸，阮作都胤」。按朱本、阮本均釋肇敏不誤，孫本、繆本均釋肇霸。霸乃下一行「余錫汝釐都霸爵」之文，朱本、阮本、孫本、繆本均釋爲胤。《齊侯鐘二》肇敏，胤爵之釋，四本均同。《齊侯鐘十》肇敏改余敏，四本均同；胤惟孫本釋作霸。可知敏與胤乃舊釋，後人有釋胤爲霸者，注改霸於篆文之右；劉氏《校記》遂認敏爲霸，引《説文》

爲證，而不知其張冠李戴，《鐘二》、《鐘十》尚存舊釋，未嘗盡改也。校記《齊侯鐘三》有《鐘二》至《六》之文，《鐘八》有《鐘十》之文，殊嫌鹵莽。《齊侯鐘八》云「膚肅義政，阮作殷殷」。余所見阮本並不誤。

（五）古書流通處石印繆荃孫藏本，前有朱謀垔叙，田林記，後有康熙五十八年（公元一七一九年），虞山陸亮（友桐）記，阮元、孫星衍序。陸亮記略云：

吾虞湖南毛氏素稱藏書家，此寫本《鐘鼎款識》廿卷，前後皆有汲古閣及黼季印章，其爲毛氏家藏本無疑。客持以售，索價甚昂。余貧不能致，復愛甚不忍舍去，因與暉山侄篝燈抄錄，凡十晝夜而成帙。惟是亥豕、魯魚，句多舛缺，且無叙識款題，不知何人輯錄。繙閱之下，每用慨然。己亥（公元一七一九年）秋，館於石城清河公第，得交冀翁田志山先生，見其案有焚餘舊本，爲先生填補而成者，因乞假校勘。先生學深貌古，性誠愨爽朗，絶無幾微吝色。復與暉山侄校其譌謬，並錄叙跋，始知爲南宋薛尚功所集，而是書竟成完璧矣。

此本前有參校書目云：陸校三種：田志山校補程氏焚餘本，明萬岳山人刻朱印本，明朱謀垔刻本。繆校六種：宋石刻祖本，阮氏文選樓刻本，黄蕘圃校補顧云美鈔本，倪闇公舊藏景鈔本，周櫟園舊藏景鈔本，平津館抄本。「爲藝風老人銘心絶品」。案陸氏《後記》云：「因與暉山侄篝燈抄錄」，又云：「復與暉山侄校其譌謬，並錄叙跋」。今此本出於一手，復無校改痕跡。且田林《前記》「子孫」誤「予孫」，「復醬甗」誤「復甗」，此乃後人傳鈔本，其非陸氏叔侄手寫可知。此書《藝風藏書記》（五：二）著錄，祇云：「摹寫極精，康熙己亥陸友桐手寫本」，並錄田氏、陸氏兩人手跋而已。至謂陸校三種，繆校六種，何以均無一言及之？《岐陽十鼓》，阮氏屬江德地據天一閣本校注其誤於字旁，此書同之，是否出於繆氏手筆未可知，可知者書末有繆氏手書：「藝風校，癸丑（公元一九一三年）十一月又校，小珊」，十二字而已，乃謂：「藝風嘗徧假南北各藏書家舊鈔精刻之本以彙校此本，實爲畢生精力之所寄。友桐鈔之於前，藝風校之於後，允推此書第一善本」。書估欺人，可恨可笑！實則朱刻本之不如也。

五本並觀，校以原刻石本殘葉及《嘯堂》宋刻，萬岳山人本銘文訛舛，考證刪節，其劣不待言。其餘四本，出於朱本，而均未見朱本，雖小有異同，由於各人之校改。朱本較佳；孫本差近朱本，而款識筆畫琣肥，橫畫與直畫每不相接，如《乙酉父丁彝》之酉字貝字。繆本在孫本與阮本之間，銘文有與阮本同誤者，如《夔鼎》。阮本爲下。若以《彖尊》言，校以《博古》、《嘯堂》，薛氏五本均無一是處，且知阮本、繆本實出於萬岳本。石刻本每卷之首，有「錢唐薛尚功編次並釋音」一行，五本均無之。其考證，石刻殘本每行十七字至二十字，萬岳本每行二十八、九字，朱本每行三十字至三十一字，阮本每行十九字至二十一字，孫本每行二十四字至三十一字，繆本每行二十七字至三十字。《岐陽石鼓》朱、阮、繆三本均始於「而師弓庶」，獨孫本始於「吾車既工」。石刻、萬岳、朱、阮、孫五本均無板心書名，獨繆本版心有《歷代鐘鼎彝器款識》卷幾」一行。

觀於下表（表見下頁），石本雖僅得三器，然與各木本、石印本之同異，大略可見矣。茲將各本異同較大者記錄數條於下：

（一）朱本卷三《貝父辛卣》：「亦有文（及之誤）於貝者也」（也字衍）。下缺「書言大貝在西房，蓋國之所寶也。以貝銘之卣間，是亦象矢之義也。父辛則指其人而已」三十四字，與萬岳本同。阮本、孫本、繆本均不缺，惟「大貝」阮本作「赤貝」，繆本作「亦貝」。《書·顧命》「胤之舞衣，大貝鼖鼓在西房」，故知阮本、繆本均誤也。

（二）朱本卷七《盄和鐘》「按本紀」下缺「自襄公爲始，則桓公爲十二公，而銘鐘者爲景公也。按秦本紀」二十四字，與阮本同。孫本、繆本均不缺。校以《集古錄跋尾》，則應有此二十四字。

（三）朱本卷二十《軹家釜》銘文「軹家容四斗五升，重十斤一兩九朱，三年工丙造，第五」，二十一字；《軹家甗》銘文「軹家容三斗，重四斤廿朱，三年工丙造，第五」，十七字，證之《考古圖》（九：三一）正合。乃阮本移《軹家釜》於《館陶釜》之後，銘文十七字，與《軹家甗》相同。《軹家甗》銘文祇得前段十字，缺去後段「三年工丙造，第五」七字。孫本《軹家釜》與《軹家甗》銘文互易，《軹家甗》缺去後段銘文七字。繆本先《軹家釜》，次《館陶釜》，次《軹家甗》，次序與朱本、孫本同，而釜、甗銘文則同於阮本。其餘可參觀劉氏《校記》，不復備舉。

器名	石本	朱本	阮本	孫本	繆本
仲駒敦蓋	不見於口注	不見於傳注	不見經傳	同朱本	同阮本
	眇邈	同石本	渺邈	同石本	同阮本
	所得斷簡遺編補緝詁訓	所以斷簡遺編補緝詁訓	斷簡遺編補緝訓詁	所簡遺編補緝詁訓	所簡遺編補緝訓詁
	無所指歸	無所歸止	同石本	同石本	同石本
	製作之旨	製作之有	同石本	同石本	同石本
	小補之哉	小補哉	同石本	同石本	同石本
器名前	周敦	缺	同朱本	同石本	同石本
散季敦	考其銘	考其名	同朱本	同朱本	同朱本
	饗乎人	享乎人	同石本	同石本	同石本
	以爲之輔	以之爲輔	同石本	同石本	同石本
龙敦	龙	同石本	皆作龙	同石本	同石本
	令余惟	同石本	令余惟	同石本	同石本
	命汝泊曰	同石本	命汝家曰	同阮本	命汝伯曰
	八姜氏命	同石本	人姜氏命	同石本	同阮本
	敢有侯止	同石本	敢有侯止	同石本	同石本
	文侯顧命齊侯鏄鐘	同石本	文侯顧命齊侯鐘銘	同石本	同阮本
	故古人	同石本	于古人	同石本	于古人

叙

南宋薛尚功集鐘鼎彝
器款識二十卷鐘鼎韻
七卷韻有刻本傳世款
識則尚功手書爲山陰
錢德平秘藏神物流傳
不專一氏庚午夏月家
君持以視余余喜出殊
異不惜重貲購之而不
以私爲己寶也爰授梓

人公諸同好而叙之曰
或謂世數綿邈字體代
變古人遺跡止見峋嶁
之碑岐陽之鼓及李斯
碑璽而已詎知古人紀
功銘德迺有鐘鼎廟堂
重器必屬國能則佚播
二史遺跡在焉秦權量
識者以爲程邈書矣在
兩漢又必蕭相國李書

師之徒凡此數人皆能上沿頡誦自成變化其號曰古文曰大篆曰小篆曰秦隸曰徒隸其法曰鶴頭曰蚊脚曰倒薤

序　三

曰芝英曰柳葉曰玉箸上下千載變態各出一披覽間了無遁情信書家之原系考古之徽鑑矣其鐘鼎款識析此帖

而成以考單字可耳若夫作號結搆自成篇章小大款正不律而合或函三而爲一或附體於字趺不覩全文曷窺精

序　四

意且其注釋詳覈博物之能茂先所遜蓋聞天地萬物之理具在六書六書之蹟又在此帖有識者當六經奉之不徒

序 五

曰臨池之皐祖而已篆文一卷至八卷臨川師志摹九卷至廿卷則旌侄統鈿繼之小楷家姬統奢書〻成搜其奕家之謬則有旌姬寶符統鑽至於命意運指不失古人遺法自柔翰以至鐫夬皆不讓亞一〻指授願為薛氏忠臣者

序 六

崇禎癸酉孟夏南州朱謀垔隱之甫書

孟頫鑒定

嘉熙三年冬十有一月望後十一日外孫朝請
郎新知臨江軍事楊伯嵒拜觀於
廿四孫外翁書室

後二十年弁陽周密
得之外舅泳齋書房

集金石錄者多矣尚功所編尤
為精詣況其墨跡乎余舊於山
陰錢德平家屢閱之誠奇書
也至正元年十二月甲子鑑書
博士柯九思書於吳氏遜學齋

番昜周伯溫觀
于中吳寓舍

鄞豐坊借觀于金陵兼隱館綠
園觀心治上悠然舫對鍾山題

大清乾隆己卯上元日
宗室永忠觀
於延芬書室

永忠字良甫乾隆廿四年己卯時年廿五年友侯端為之
識年滿癸酉立秋達海于書識

歷代鐘鼎彝器款識法帖目錄卷第一

夏器款識

琱戈
鉤帶

商器款識

歷代鐘鼎彝器款識法帖目錄卷第二

商器款識

尊
彝

歷代鐘鼎彝器款識法帖目錄卷第三

商器款識

卣

歷代鐘鼎彝器款識法帖目錄卷第四

商器款識

壺　罍　爵

歷代鐘鼎彝器款識法帖目錄卷第五

商器款識

觚　舉　觶　敦　甗　鬲　盉　匜　盤　戈

歷代鐘鼎彝器款識法帖目錄卷第六

周器款識

鐘

歷代鐘鼎彝器款識法帖目錄卷第七

周器款識

鐘

歷代鐘鼎彝器款識法帖目錄卷第八

周器款識

鐘磬

歷代鐘鼎彝器款識法帖目錄卷第九

周器款識

鼎

歷代鐘鼎彝器款識法帖目錄卷第十

周器款識

鼎

甲七

歷代鐘鼎彝器款識法帖目錄卷第十一

周器款識

尊　卣　壺　舟　斝

歷代鐘鼎彝器款識法帖目錄卷第十二

周器款識

觶　角　彝　匜

甲八

歷代鐘鼎彝器款識法帖目錄卷第十三

周器款識

敦

歷代鐘鼎彝器款識法帖目錄卷第十四

周器款識

敦

歷代鐘鼎彝器款識法帖目錄卷第十五

周器款識

簠　簋　豆　盉

歷代鐘鼎彝器款識法帖目錄卷第十六

周器款識

甗　萬　槃　盂　盦

歷代鐘鼎彝器款識法帖目錄卷第十七

周器款識

戈鐸鼓琥

歷代鐘鼎彝器款識法帖目錄第十八

秦器款識

量權斤

漢器款識

鐘甬鈁鼎鐎

歷代鐘鼎彝器款識法帖目錄卷第十九

漢器款識

鐘　壺　卮　律管　洗　鋗　匜

歷代鐘鼎彝器款識法帖目錄卷第二十

漢器款識

鐙　錠　燭槃　甗　釜　甑　銷　弩

歷代鐘鼎彝器款識法帖目錄二十卷終

歷代鐘鼎彝器款識法帖卷第一

夏器款識

琱戈　鉤帶

夏琱戈

主

作琱戈

右琱戈銘六字舊藏龍眠李伯時家細嵌金為文不可盡識江西漕使蔣宣卿云後三字乃作琱戈王仲廉以琱為用誤矣然第一字圭字無疑下二字未詳昔夏禹以九牧之金鑄鼎吾運巧思以鑄鐘之書以象形庚肩吾書品論曰蚊腳旁舒鵠首仰立正此書也

夏鉤帶

尾四字

彖一字

鉤腹二十六字

冊命

寮敏往

利產

左右不

祭

則賓相

右鉤帶銘三十五字細嵌金為文不可盡識龍虎蟲鳥書也庚肩吾書品論曰魚猶捨鳳鳥已分蟲仁義起於麒麟威刑發于龍虎蓋此類也肩吾雖稽古而為此說乃未之見也細金為篆實出遂古張懷瓘書錄云往在翰林見古銅鐘二枚高二尺許有古文三百餘字紀夏禹功績字皆紫金鈿似大篆神采驚人蓋夏之時乃有此字也

商器款識

商鐘一　出維揚石本

商鐘二 出古器物銘 考圖有

惟正月王
春吉日丁
喜而
賓客其怡

亥虎望
兮台紀
鬖擇乃
吉金自
欣和其
安以樂
鼓之風
暮不忘
焉余子子
孫孫萬葉
無疆用
之協相

商鐘三 出博古録

惟正月王
春吉日丁
亥既望兮

三

名純鑾擇
乃吉金自
欣和其安
以樂
喜而賓客
其怡鼓之
夙暮不忘
烏余子孫
萬葉無疆
用之協相

以上鍾銘識音並同皆細紫金爲篆博古録云惟正月仲春吉日者蓋正月之吉適得仲春之節故謀其時而言之猶漢麟鳳銘言秋十月也然以 考之當是王春不必讀作仲

商鐘四

四

惟王夾鐘春吉月子
昭鈴鼓之敷乘繼命
九州喜悅隆擇吉金
用名和欣怡樂賓客
於荼絕衆俟望能全
之格韻孔協萬年之
後世　自安鳥余同
汝之利　玄孫以永眉壽

右銘藏董武子家一字未詳

商鼎

庚鼎

庚

右按李氏古器錄云說文庚位西方象秋時萬物庚庚有實此庚乃有垂實之象　五
許慎記古語雖著其義今商器多象其形信漢儒著書自有原本由科斗法行意
漸与古書相失況隸詁至今但點畫而已無復本初之意也

辛鼎

辛

右辛鼎銘亦止一字按陶隱君刀劍錄云夏孔甲在位四十年以八年九月歲
次甲辰采牛首山鐵鑄劍一銘曰甲銘止一字器銘一字者多夏商之器也

癸鼎

癸

右按說文癸之字象其四出而此鼎之癸則一出三已蓋癸与丑相次物至

是有紐結而未引達之象萬物之出也草昧而已草者至巽而齊昧者至離而明
癸正北方而冬也故一出河圖洛書三代傳寶而夏商爲近故書畫之法未分至
篆法既立乃本其意而具四出焉自漢楊雄許慎博群書窮訓詁而智不及知微
此鼎則造書之精義豈孰得而窺之哉

子鼎一

子

子鼎二

子作立戈形

右二銘同而後一鼎作立戈形蓋子爲父作鼎以銘其有武功耳

公非鼎

非

按史記有公劉五世孫公非者考其時正與祖甲相近則作此鼎者當爲公非矣　六

蠆鼎

蠆

按此鼎銘蠆象形篆也博古錄云蠆雖微物而善毒人亦君子所以思患而預防
之故其銘之於鼎也宜焉又石公弼云按春秋左氏傳曰公孫蠆鄭子蟜名也或
者遂言子蟜所作詎知非古人欲爲厚味之戒猶饕餮之象歟

饕餮鼎

饕餮形

按博古錄云此鼎款識純古髣髴饕餮之形使人觀象立名故取以爲號至周監
二代文物大備凡爲鼎者悉以此爲飾遂使呂氏春秋獨謂周鼎著饕餮而不
知其原實啓于古也春秋左氏傳曰縉雲氏有不才子貪于飲食冒于貨賄天下
之人謂之饕餮古者鑄鼎象物以知神姦鼎有此象蓋示飲食之戒云

象形鼎

鼎

按鼎之字上从二一而口之下从析木一陰一陽之謂道鼎者器也而道寓焉一則成象一則効法故从二一以木巽火烹飪也故从析木此鼎其文雖異而不背左右虎有析木之意深得古書之體蓋此銘者古人所以正名也以易考之革去故鼎取新又見其新新不窮之義

濟南鼎一　古器物銘

濟南鼎二　向滿傳本

右二銘字畫奇怪未容訓釋以鼎出濟南姑以名之本以一器緣傳寫不同未詳孰是聊並存之

箕鼎

箕

右鼎銘古器物并維揚石刻並考作箕字箕疑人名

七

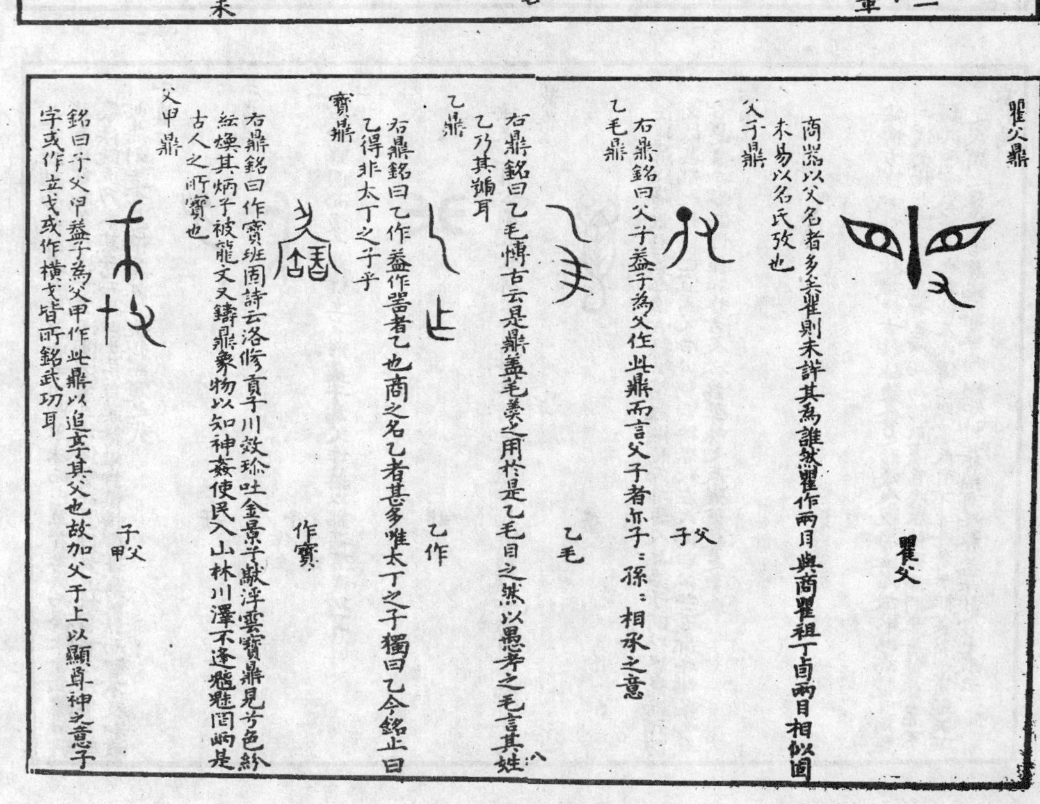

瞿父鼎

瞿父

商器以父名者多矣瞿則未詳其為誰然瞿作兩目與商瞿祖丁卣兩目相似固未易以名氏攷也

父子鼎

父子

右鼎銘曰父子蓋子為父作此鼎而言父子者亦子子孫孫相承之意

乙毛鼎

乙毛

右鼎銘曰乙毛博古云是鼎蓋毛萇之用於是乙毛目之然以愚考之毛言其姓乙乃其號耳

八

乙鼎

乙作

右鼎銘曰乙作蓋作器者乙也商之名乙者甚多唯太丁之子獨曰乙今銘止曰乙得非太丁之子乎

寶鼎

作寶

右鼎銘曰作寶班固詩云洛脩貢兮川效珍吐金景兮歊浮雲寶鼎見兮色紛紜煥其炳兮被龍文又鑄鼎象物以知神姦使民入山林川澤不逢魑魅罔兩是古人之所寶也

父甲鼎

子父甲

銘曰子父甲蓋子為父甲作此鼎以追享其父也故加父于上以顯尊神之意子字或作立戈或作橫戈皆所銘武功耳

彝父乙鼎

銘曰彝父乙蓋彝國名也歷考商書雖不聞有國之名彝者然歸亳之際諸侯所會者至于三千安知其無彝耶大抵為史者非因事以見之則亦不能具載矣

彝父乙

子父丁鼎

銘曰子父丁蓋子為父丁作此鼎耳

子父丁

子父己鼎

子父己

按三代之間惟商為尊神凡於祭祀必致其盡故其鼎間作子象以持刀非持鼎也尊之與卣悉着此焉蓋供子職者不如是不足以見其竭力從事之意是以先王之事親于羞鑊則執鸞刀入彝則執干戚至於籍田則秉耒焉必躬必親每每如此又況尊神之世乎近其商之世曰父己者雍己也鼎彝用享其父則必識以其子繼雍己者乃其弟太戊則所謂子果誰耶豈非繼其後者乃為之子耶

禾父己鼎

銘曰禾父己禾則象禾之形後世傳習之謬而以竿𥝌薑禾稱其上雖一時俗學之陋蓋亦有自來矣

禾父己

子父癸鼎

銘曰干父癸蓋干為父癸作此鼎以享其父也而子作立戈之狀凡祭享之器著弓刀戈戟者皆銘其有武功也

立戈形
父癸

月魚彝鼎

月魚彝

虎父丁鼎

按重脩博古圖録云古者祭祀之名不一祭天於圜丘祭地于方澤祭日於王宮祭月於夜明祭星于幽禜各以其類求之既求其類又求其類於物耳如詩所謂季冬薦魚春獻鮪者以其時為之薦獻也彝者無所經見惟說文以為薦物之器象形也

亞形中 虎 父丁

子孫父丁鼎一

右鼎銘亞形内著虎象凡如此者皆為亞室而亞室者廟室也廟之有室如左氏所謂宗祏而杜預以為宗廟中藏主石室者是也父丁者商君之號也

孫執刀 子父丁

子孫父丁鼎二

析孫 子父丁

右二銘前一器上一字作持刀之狀者孫也蓋子與孫同為父丁作此祭享之器耳後一器上一字曰析有貽厥子孫之意

兕父癸鼎

銘作子執弓者謂其有武功也旁作象形兕者昔人嘗取兕角以為觥郭璞山海圖贊曰皮充武備角助文德古人取于兕者如此

兕 子執弓 父癸

子孫父癸鼎

子孫父癸

右銘子之作横戈亦與立戈之義同蓋子孫為父癸作此祭享之器明其有武功耳

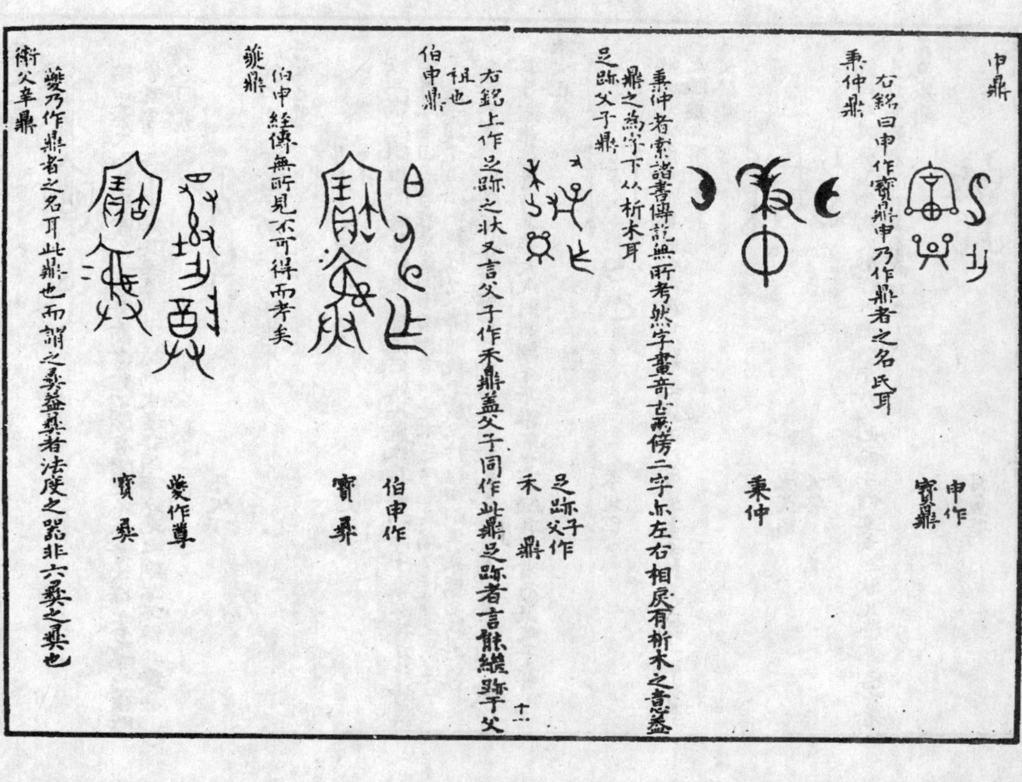

中鼎

申作寶鼎

右銘曰申作寶鼎申乃作鼎者之名氏耳

秉仲鼎

秉仲

秉仲者索諸書傳記無所考然字畫奇古兩傍二字亦左右相反有析木之畫蓋鼎之為字下从析木耳

乙跡父子鼎

乙跡父子作禾鼎

右銘上作乙跡之狀又言父子作禾鼎蓋父子同作此鼎乙跡者言能繼跡于父祖也

伯申鼎

伯申作寶彝

伯申經傳無所見不可得而考矣

夔鼎

夔作尊寶彝

夔乃作鼎者之名耳此鼎也而謂之彝蓋彝者法度之器非六彝之彝也

十二

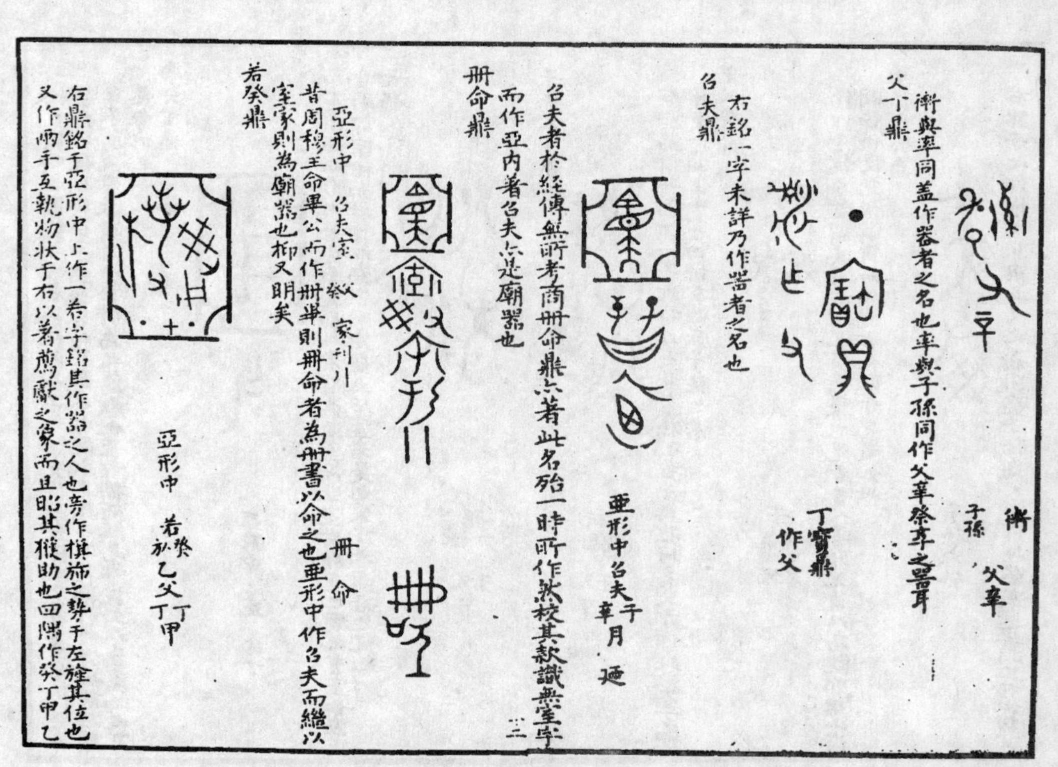

衛父辛鼎

衛子孫父辛

衛與辛同蓋作器者之名也辛與子孫同作父辛祭享之器耳

父丁鼎

丁寶鼎作父

右銘一字未詳乃作器者之名也

召夫鼎

亞形中召夫子辛月廼

召夫者於經傳無所考商冊命鼎亦著此名殆一時所作然校其款識與室中而作亞內著召夫亦是廟器也

冊命鼎

冊命

亞形中 召夫室 家刊八

昔周穆王命畢公而作冊畢則冊命者為冊書以命之也亞形中作召夫而繼以室家則為廟器也抑又明矣

若癸鼎

亞形中 若癸 乙父 丁丁 甲

右鼎銘于亞形中上作一若字銘其作器之人也旁作棋旆之勢于左旋其位也又作兩手互執物狀于右以著薦獻之象而且昭其祼助也四隅作癸丁甲乙

十三

雖然陳布者紀其日也

父乙鼎

庚午王命寢廟辰見北田四品十二月作冊友史錫賴貝用作父乙尊彝冊

按博古録云友史者太史也曰友者如成王稱太史友之類昕以尊之也古者太史順時覛土蓋農官耳說文房星為辰田候也令曰辰見則農當舉趾故命以北田四品昕以棲民時也昔者貨貝而寶龜而曰錫賴貝者說文以賴為羸言錫貝之多也此商人作之以享父乙於寢廟而言乃及此蓋寢廟宗廟也書曰用命賞於祖在宗廟之間作冊以錫有功是亦賞于祖之意乙之號在商也有天乙有祖乙有小乙有武乙而惟太丁之子止曰乙蓋不知其為何乙也

十三

歷代鐘鼎彝器款識法帖卷第二

商器款識

尊 彝

象尊

象

右尊銘全作象形頭目尾足皆具象形象也周官司尊彝春祠夏禴其再獻用兩象尊〻以象飾蓋其宜矣

父丁尊

父丁

右尊銘父丁蓋子為父丁作此尊耳父丁者商君之號也

萬父己尊

萬父己

右銘作萬象形篆也蓋作器者之名耳

亞人辛尊

亞人辛

右銘曰亞人辛亞者次也亦宗廟之器也商之君以辛名者多矣曰祖辛曰小辛曰廩辛而此言人辛者乃商君之稱辛者耳且此君也而謂之人蓋二帝而上體天以治人故謂之帝三代而下修人以奉天故謂之王〻者人道也故記禮者称商則曰商人称周則曰周人焉

父癸尊

父癸

右銘上一字未詳必作器者之名也

執刀父癸尊

子執刀 父癸

右銘上一字乃子執二刀蓋子為父作此彝器耳執刀者如羞嚌則執鸞刀以見其竭力從事於祭祀之間也下父言父則知其執刀者為子焉

十四

從單尊

作從單

右銘曰作從者謂從器也猶品之有從彝姓也至周家為大族知其原有出於此

兄丁尊

益 兄丁大雞 器

同前

右銘曰兄丁大下一字作鷄形當是其弟爲兄丁作此尊也按商有沃丁仲丁武丁庚丁太丁之别然則兄弟傳國者獨有太庚外壬而太庚之兄曰沃丁外壬之兄曰仲丁蓋不知其太庚與外壬所作也銘鷄者周官司尊彝六彝有鷄六尊無雞此尊也而以鷄銘之恐商之世其制未分耳周之禮樂庶事備則於是尊彝析而爲二焉

人癸尊

立戈 人
口 癸

右銘上一字作立戈形字書云戈从一不得已而用欲一而止今尊乃酒器而作立戈之狀不特如鼎之節飲食又欲一而止之不至於流湎也故凡酒器制字之義必示其戒曰人癸則謂商之主癸也主癸子天乙是爲成湯乃知是尊爲湯宗廟享之器明矣於癸曰人癸猶享尊曰人享同意

寶尊

作寶尊彝

右銘云作寶尊彝與商寶卣相似而字畫不同形制未傳但得其款識於古器物銘耳

十五

子冊父乙尊

子冊
冊父乙

凡人君錫有功必爲冊書以命之此子爲父作而亦曰冊者蓋爲其有勳王之功然後得作彝器而銘之此所以言冊命也

文戊祖丁尊

文戊作祖丁

右銘乃孫之號文戊者爲祖丁作此尊耳

祖戊尊

作祖戊
尊彝

此尊爲太戊作不書名尊其祖也太戊之廟在商稱中宗蓋九世君也是器字畫不拘於偏旁位置或左而右或右而左點畫繁簡亦不較耳蓋純質未鑿於世俗之習渾厚端雅若有道之士焉

子父巳尊

子執刀作父巳
寶尊彝

子執刀者以其有定武功而後世享於宗廟者必銘諸器如樂之武舞也父巳者雍巳也雍巳之子是爲太戊也

十六

蜼尊

五
周作父乙
尊彝蜼

按博古録云周官謂四時之間祀追享朝享祼用虎蜼彝皆有舟其朝踐用兩大尊今尊也而以蜼豈非商之蜼彝所祀之尊耶今考禮圖蜼彝之制蜼尾長數尺似獮尾末有岐是器款識刻獸形其尾長而末有岐正蜼也蓋銘曰五紀其器之數曰周作父乙者蓋商有太史周任乙則商之君名乙者也豈非作之者周任耶

諫尊

亞 諫作
父巳尊彝

右銘匜下一字未詳言諫則作器者之名為父己作尊彝以薦于考廟也

辛未父癸尊

辛未作父癸

寶尊彝

右銘辛未為父癸作寶尊彝後一字未詳必作器者之名耳

甚父戊尊

甚戊

丙子

甚作父戊

寶尊丙子

右一銘同一器甚則其名耳後一字似雨而非未詳

十七

丁亥父乙尊

丁亥壽子虎

小 用作

父乙尊彝亞

右銘字畫奇古不容款識乃丁亥壽子為父乙作此尊耳

商彝

己舉彝

己舉

己者在商八世君有雍己疑謂是也昔李公麟得古爵於壽陽紫金山腹有一字曰己舉王玠獲古爵于洛亦有二字曰丁舉字體正與此同

主孫彝

主孫

右銘曰主孫明其主祭者為孫也

虎方彝

虎方

右銘上一字象虎皮之形乃虎字也銘曰虎方博古云虎方猶鬼方也周南宮中鼎兩器皆云伐虎方之年豈謂是歟

父乙彝

父乙

按乙之號在商也有天乙有祖乙有小乙有武乙而惟太丁之子止曰乙且此言父乙者葢不知其為何乙也

父甲彝

子父甲

商之君十有七世以甲稱者五若沃丁祖乙南庚之類皆甲之子也言父甲則子為父設之矣但不知為何甲而設也子字乃作立戈之形亦所以銘武功耳

十八

父乙彝

父乙

父丁彝

父丁

右二銘皆上一字未詳必作器者之名氏也

子孫彝

子孫

右銘前二字曰子孫後一字未詳

鷹父癸彝

右銘前一字正作鷹之狀象形篆也乃作器者之名氏耳

鷹 父癸

虎首彝

是器不書名而曰作寶彝然耳作虎首得非所謂虎彝者耶

作寶彝

子孫拱日彝

是器銘曰子孫而孫作兩手拱戴日之狀蓋取日以象君道也尊君道則知盡臣子之禮銘辭甚簡商人尚質於此可見

子孫

十九

孟祖辛彝

孟言名或氏也乃孫為祖辛作此器耳

孟祖辛

隲彝

銘曰隲者莫知其名與氏也

隲作寶尊彝

單父丁彝

單其姓也上作立戈之狀者子也挾腹兩旁者孫也單氏子孫為父丁作此器耳

子單孫父丁

孟孫父丁彝

孟孫為父丁作此彝又言邦者未詳其義

邦 孟 孫 父丁

主父己足跡彝

考古云若足跡者如左右手之形此右足也李伯時又有一器為左足疑古之左右字如此

蓋

器形中空 足父己

器

同前上

二十

子孫父己彝

蓋

析孫子 父己

器

同上

按呂氏攷古云銘文純作畫象蓋造書之始其象形如此後世彌文漸更筆畫以便於書其文有若大小人形者蓋謂孫與子也小者孫大者子非博古錄云是析字言析子孫乃貽厥子孫之意

言父癸彝

言作父癸 尊彝

右銘按考古云藏京兆呂氏上一字曰言者名氏也為父癸作此尊彝然彝字極古王楚云彝以虎蜼為文中象虎首此彝中如此正虎首耳

子孫父辛彝

作父辛彝

析孫子

博古錄云凡商器以此銘者多以言父辛則若祖辛之類是也

父乙彝

作父乙彝

諸

右銘二字未詳父乙者商君之號也

古夕丁彝

古作父

丁寶尊

彝

古者銘其氏也商以丁為號者六此曰父丁未知其為誰也

伊彝

六月初吉癸卯

伊徙于辛事

伊㢆辛事永禾

金用作父尊彝山

右銘文二字未辨後云用作父尊彝山山作三峰象形篆也又一字三禾恐是象形禾字如禾父己鼎作二禾同意

廿一

乙酉父丁彝

乙酉商貝　市錫

工毋不戒遘旅武

乙四日惟王六祀四日

雀內　㢆豐

用作父丁尊彝市子

右銘文甚古曰惟王六祀四日又曰作父丁尊彝為商器無疑也

巳酉戍命彝

巳酉戍命尊宜于

招瀫廢　九律

商貝朋方夜用室

圖宗彝十九月惟王

主祀世呂五惟禾東

右銘三十有七字博古第為用器然銘文全類商兄癸卣殆一時器也姑列于商彝之末曰巳酉者紀其歲也曰戍者守也以地而有所守如春秋齊侯使迷称管至父戍葵丘之謂宜於昭數二者以言其别故旌以别之如衮衣取藻米黼黻之類商貝朋方者五貝為朋如詩錫我百朋言其祿之多用室圖宗彝者彝宗廟之常器如周官所載六彝之類也

廿二

歷代鍾鼎彝器款識法帖卷第三

商器款識

卣

兕卣

益 兕 罍 兕

蓋器皆有銘作兕形語曰虎兕出於柙則兕非馴獸有害於人者故昔人用以為罰爵曰称彼兕觥是也則宜卣亦有兕焉

冊卣

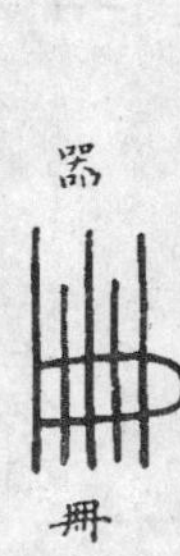

蓋 冊 器 冊

蓋器皆有銘曰冊者所以承君之錫然後享於祖廟之器故必言冊以紀君之命商人辭略故一言而意足

廿三

田卣

蓋 田 器 田

按博古錄云田者稼穡之所自出而卣之為器中尊也詩所謂秬鬯者正一秬二米之謂焉銘田者豈非追本而為言耶

立戈卣

立戈

右銘一字作立戈博古錄云書稱四人綦弁執戈又曰兑之戈在東房則戈於五兵為利器字書云戈从一不得已而用欲一而止以此銘器蓋亦示戒之義

史卣

史

曰史者史言其官有以史為氏族者因官而受氏焉

卦象卣

蓋

器

按重脩博古圖錄云蓋器二銘皆作卦象觀古人畫卦奇以象乎陽偶以象乎陰一奇一偶而陰陽之道全一虛一實而消息之理備然易始八卦而文王重之為六十四卦夏曰連山商曰歸藏周曰易是卦也上下爻皆陽有氣之象中二爻皆陰有神之象豈其中亦取象於器所謂黃流在中者義或在焉雖不見於書惟漢揚雄作太玄八十一首擬易曰方州部家今爭首一方三州一家與此卣卦象亟同雖於漢㝡號博聞殆亦有自而作耶

執匕父丁卣

蓋

器

手執匕父丁

按重脩博古圖錄云銘曰父丁又作手執匕形於其上祭祀之義以養為主而匕所以示其養也於禮有見之夫饔人掌割亨之事也而曰概鼎匕俎於饔爨則匕所以載鼎實耳又廩人掌米入之藏也而曰概匕與敦於廩爨則亦以匕黍稷焉詩曰有饛簋飧有捄棘匕則敦與簋皆盛黍稷器其為用於食也明矣然則匕於飲食無所不用宜其以養為主也卣之為器豈非以養為先焉

廿四

執爵父丁卣

手執爵父丁

右銘三字上一字如手執爵形博古攷之狀口引如流下列三足有爵之狀旁畫以又說文謂右手也按禮記孝子如執玉如捧盈洞洞屬屬然如將失之則以手附爵蓋見於如將失之意非盡其飲而飲者孰能臻此商之君以丁為號者六曰父丁則未詳其為何丁也

執干父癸卣

子執干父癸

博古錄云上為人形兩手各持干按周官司干掌舞器祭祀舞者既陳則授武器既舞則受之賓饗亦如之然則祭於廟用於賓設於饗禮莫不皆有干舞焉有

是功斯有是彝以稱之銘曰父癸則明爲子以享其父者商之時號報癸者成湯之父也湯以武得天下其所舞朱干玉戚也亦取夫干以自衛不事乎兵之道歟

世母辛卣

益 母辛

器 世母辛

博古録云益器皆有銘共五字上一字作三乂按説文世字從三十故以此爲世字以世爲銘者益欲世世傳之子孫不絶而已且三乂又意其爲五字从二一而交之象陰陽交午之義天數窮於九地數終於六九六之數爲十五而天地之數備三乂者十五也古之聖人極其數遂定天下之象故以之制器而天地之數寓焉是則制字之妙未易以一理推也且辛爲商號而曰母辛則商史所謂辛母者是也蓋古人命器或上或下其變易類多如此

祖庚史卣

祖庚 史

銘曰祖庚史則祖庚時史之卣也人臣之享宗廟非君錫彝器則不可得而專有故以祖庚史銘之

辛父舉卣

辛父舉

博古録云銘三字曰辛父舉按周有天下立二王後乃封紂子武庚於宋以續商祀武庚被誅又命微子啓代商後俾得周天子禮樂故凡器用服飾一遵商制詩所謂有白其馬以商尚白而不從周之尚赤也然則宗廟祭祀其亦遵商明矣自微子至於僖公舉實爲八世則其得用商禮可知是卣商卣也而曰父舉則是僖公舉也

立戈父巳卣

子立戈 父巳

廿五

子之字正作立戈形前爲已屢釋之矣所以銘武功也按商之十世君曰雍巳此曰父巳則是其子銘其父之祀器也故雍巳之子是爲小甲是器當小甲之世爲之耳

內言卣

益 內言

器 同上

益器各有銘三字雖大小之不同其字畫不少異惟中一字未詳

子父癸卣

子執戈 父癸

按考古云此器藏廬江李氏子執戈者子爲父癸作此器以銘其有武功耳

木父巳卣

益 木父巳

器 同上

攷古云木者恐其氏族耳益子爲父巳作此卣耳

亞父乙卣

益 亞形中父乙

器 同上

此銘亞形中作父乙益子爲父乙作廟器也言亞者廟室也

子孫父癸卣

益 子孫 父癸

器同上

按王楚集韻以立戈横戈並釋爲子孫字呂氏考古又云大者爲子小者爲孫欲其承之非一世也父癸者商君之號也

寶卣一

廿六

寶卣

作寶

尊彝

盉

上下同前

右二器皆卣後一器盉器皆有銘不書作者之名耳

貝父辛卣

蓋

三矢在格上　貝父辛

器

同前

按博古録云盉器皆有銘：：皆四字上一字象三矢之形而以一格立之曰貝父辛者按書文侯之命以言平王錫晉文侯也曰用賚爾秬鬯一卣彤弓一彤矢百盧弓一盧矢百則卣之銘三矢者得不紀君之恩耶一生二：：生三：：生萬物則三者總數耳又詩言菁菁者莪此育材之詩也而曰既見君子錫我百朋而釋者謂古者貨貝五貝為朋則人君之錫臣下亦有文於貝者也

足跡父己卣

足跡父巳

右銘藏廬江李氏上為足跡中一字未詳

舉冊父癸卣

舉冊　父癸

前所載冊卣盉器皆有一冊字言承君之錫然後享於祖廟以紀君之命也此卣作冊而闕東之又作兩人四手共舉之狀尤見其戩欽之義焉

母乙卣

作母乙　子立戈

子為母乙作卣而子亦作立戈之形耳

子孫父己卣

析孫子父乙

李伯時所藏子孫父乙卣作非而此作卝皆析字也博古云析子孫有貽厥子孫之意

父丙卣

盉

手執二矢　朱　弓　干　父丙

器

手執二矢　朱　弓　子　父丙

銘為弓形并手執二矢飾以弓矢者意其平日所嗜好而子孫之所以享祖考當以是求之也

祖乙卣

盉

孫執刀　作祖乙　寶　尊　彝

器　同前

祖乙者河亶甲之子也孫象形而手執刀於祭饗未嘗不竭力從事以職其勞耳禮記云祖而割亨必義取諸此

瞿祖丁卣

蓋

瞿　犧牛　冊冊　祖丁

器　同上

按博古録云瞿者攷諸經傳無所見而商有瞿父鼎亦作兩目相並正與此卣同實一時之制曰祖丁者商十四世君祖辛之子也中為犧形下為兩冊皆取象於物而書畫未分至周官司尊彝有曰犧尊者飾以犧牛蓋所因者商之遺意耳畫以兩冊所以為冊命也亦猶康王命畢公而曰冊畢制器尚象其義如此

廿九

祖辛卣

孫左執戟右執木　祖辛

作彝　寶尊

博古録云銘七字曰祖辛作寶尊彝又象人形右執木左執戟者孫也按商十四代君曰祖辛蓋祖乙之子沃甲之兄祖丁之父也孫執木執戟者殆是其武舞也未嘗見朱干戚當是兵舞昔舜之時舞干羽于兩階以格有苗則五帝之前其武舞亦所不廢武王之樂曰大武而舞如之則三王之後其用以濟時者又所不敢忘武也豈商之時獨不然耶攷商有天下至祖乙而政復興祖辛繼之而善述其事則干以自衛戚以禦敵者於祖辛有之也宜銘是器以旌之又嘗求其用武之由周有文舞有武舞凡山川之祀社稷之祀四方之祀與其持盈守文之君皆以羽髦之舞而文舞是也若以武得天下故於是有干舞爲武舞是也祖辛之跡不見於書傳而特有此武舞固可以類求矣

子父已卣

蓋

器　同前

子執刀　作父已

寶尊彝

銘言父已者商君也子象形而右手持刀按商祖乙卣銘文皆類此蓋欲示孝子親職其勞以明割牲之義也詩云執其鸞刀以啓其毛取其血膋凡以是也

三十

冀父辛卣

蓋

器　同上

冀　作父辛

旅　彝　亞

冀者國名也昔人受封於此則後世食菜於所封之地遂以為氏焉父辛商號也曰旅彝者昔人嘗謂有田一成有衆一旅則旅舉其衆也考諸銘識簋曰旅簋敦曰旅敦匜曰旅匜簠曰旅簠義率如此其後作亞形者又以象其廟主石室之制蓋宗廟之器也

丙寅卣　一名毋乙卣

丙寅　王錫賓

朋用作毋乙彝

[illegible]

音釋

同前

按古[illegible]丙寅[illegible]以中丁推[illegible]始於庚戌[illegible]十七年而有丙寅正在仲丁[illegible]王錫[illegible]王之錫[illegible]之器如[illegible]之卣[illegible]王之所錫也故[illegible]然後[illegible]知此器非臣下之所得有[illegible]作冊乙[illegible]者如[illegible]及商周之時有子生商者有娀也故玄[illegible]之禘及之厥初生民者姜嫄也故禘之禘及之是皆率親之義耳益知是卣乃王錫臣工以追享其世氏歟以是知宗廟未嘗無合食者也

婦庚卣

東子孫

婦甲庚丁

銘七字其一字泯滅不可考餘曰子孫婦甲庚丁其泯滅者髣髴一束字未詳其義按博古錄云夫彝器以子孫銘之以其承祖宗之祀者有在於是若乃中饋之職從其夫以相祀事此人婦之於姑舅禮所不廢益以人道而事神則宗廟致歡之義婦宜預焉詩言君婦莫莫為豆孔庶是也關雎之美后妃采蘩之詠夫人采蘋之語大夫妻莫不皆以供祭祀為先耳然古者婦之預祭惟宗廟則從至于外祀則莫從也故必言子孫婦以則其宗廟之祀歟曰甲庚丁者祭之日也夫外事用剛日內事用柔日宗廟之祀當用柔日而此兼甲庚何哉蓋春秋言辛巳有事於太廟壬午繹則宗廟正祭必用柔日而至于繹祭則無害其用剛日也天有十日地有十二辰日辰未嘗不相配而言如辛巳壬午之類是辰日此獨言日而不言辰者以言日則辰從之昔人言簡而意足故其銘如此 三十一

兄癸卣

丁子王錫嵩兩

八丙申貝在寒用

作兄癸彝十九月

惟王九祀世昌

商器款識

器

丁子王錫嵩兩八申

貝在寒用作兄癸

彝十九月惟

王九祀世昌爾

銘曰丁子疑陰陽剛柔不相配或云商人尚質如言甲子丁丑也又下文云丙申未詳其義按博古云兄癸者則兄弟相承之辭故祀其先王或稱祖若祖丁卣之類或稱父若父丁爵之類或稱兄若此卣之類又王九祀爾雅云唐虞曰載夏曰歲商曰祀周曰年言其祀則知此卣之出於商也其末曰世昌者蘄世世昌盛有如此銘也如他器有曰子子孫孫萬年無疆之辭也

弓壺

壺 彝 爵

弓

三十二

此器以弓銘之壺酒之下尊也商之酒器間有以弓銘者蓋射者未嘗不繼之以飲其禮雖以強世者也故必寓於人情之所易此記禮者之於鄉飲以謂吾觀于鄉則知王道之易易者其在是歟

蚊篆壺

月

右壺銘一字鵲首蚊足全類夏琱戈銘中藏一字髣髴如月

啟姬壺

啟姬作

寶彝

飲姬者蓋其氏族也古之氏族或以王父字或以世系所封之地於是後世子孫以之女子皆得以稱之君曰有娀氏之君蓋以娀國為言也若曰孟姜者蓋以姜姓為言也若曰欒女者蓋以欒公之謚為言也此曰飲姬凡此類耳是器則壺也制樣與古略不加雕鏤之飾而曰作寶彝真所謂法度之器也

足跡壘

亞中 足跡

攷古錄云此器在洹水之濱亶甲墓旁得之銘作亞形中有左足跡與主父己足跡自相似語在本篇

龍爵

龍

銘一字象龍形即龍字也政和丙申北海縣民遺經臨朐見峄岏出數器此其一 三十三

焉以龍銘爵蓋取夫亢而有悔以示其飲不可過過則有悔之義

雷篆爵

爵

右銘乃象形爵字博古又云文鏤回轉若古雷文故謂之為雷篆爵

素爵

素

右銘象人拱物形近類子字

中爵

中

右銘一字極古博古云乃中字古作中中之為義上以交手下下以交手上左以交手右右以交手左則以禮為飲者其上下左右見於勸酬交舉無過不及之狀也蓋其語簡則義微耳

斧爵

斧

右銘一字作斧形博古錄云按天子之服十二章而黼作斧形蓋斧之為意取其有斷則足以立我而不流於沉湎亦飲者之戒也且禮始於飲食之初故汙尊抔飲而禮已在焉今斧作畫形書體未易蓋禮之所藏器已備矣宜在夫曲禮三千而後見諸鋪筵設几之塵文哉

車爵

車

右銘一字曰車先王之時凡諸戒於酒無所不致其嚴爵銘車者以示其有覆車之戒爾

辛爵

辛

右銘一字曰辛字蓋奇古器藏盧公裔家今不存矣銘止一字如李氏所藏商康鼎辛鼎癸鼎銘亦一字云

休爵

休

右銘一字曰休字畫極古得於向巨源傳本休者美也善也息也爵名曰休未詳 三十四

何義

單爵

單

銘一字曰單考古云單姓也王楚云是觶爾

父乙爵

父乙

父乙爵二

父乙

父乙爵三

父乙

父乙爵四

父乙

父乙爵五

父乙

父乙爵六

父乙

父乙

六爵皆名父乙博古云商之君稱乙者六曰報乙者成湯四世祖也曰天乙者成湯也於後則又有祖乙小乙武乙太乙此諸爵皆曰父乙未知果何乙也

祖乙爵

祖乙

商之君以乙名者不一而祖乙與一焉然前諸爵有曰父乙蓋謂報乙天乙小乙武乙之君也其子銘之故云父乙此獨曰祖乙則謂成湯以來十四世之君曰祖乙者是也

祖己爵

祖己

三十五

銘二字曰祖己按商之君有雍己而無祖己此曰祖己以見其孫之所作也

己舉爵一

己舉

己舉爵二

己舉

二銘皆曰己舉者商之雍己也舉者曰獻酬而舉之故名其器曰舉至於尊彝鼎彝通謂之彝者蓋此類耳

父壬爵

父壬

銘曰父壬按商之君有曰仲壬其子曰太甲有曰外壬其子曰祖乙是器必太甲祖乙爲其父而銘之然二君未知其孰是也

父庚爵

父庚

按商紀有太庚盤庚祖庚而此謂父庚必其子爲父而銘之庚之字說文謂象秋時萬物庚庚有實而商之庚鼎作𢆶乃有垂實之象而此庚則字形已變而與許慎所記不合蓋世之相去有先後故字畫亦因時而爲損益也

父癸爵

父癸

父癸者即商成湯之父蓋子爲父作祭享燕饗之間著癸以名也

丁舉爵

丁舉

博古云王珎得古爵於洛而銘之曰丁舉正杜蕢洗而揚觶以飲平公因謂之杜舉之義也丁亦商君之號耳

三十六

尊癸爵

尊癸

銘曰尊癸癸者成湯之父此商器也宜以是識之然又以尊銘之者王氏解六尊所謂尊居其所而爵從之也蓋舉彼而知此焉

言父爵

言父

銘二字曰言父如瞿父碩父信父之類考古錄云此爵有足無文蓋足之爵也

象形父乙爵

爵父乙

商有六乙此言父乙不知果何乙也上一字作象形爵字有象形鼎象形鬲前亦有象形爵蓋商器之制多如此耳

父戊丁爵

父戊丁

戊者謂太戊也丁則紀其日耳先王之時外事用剛日內事用柔日所謂剛日則

甲丙戊庚壬是也所謂柔日則乙丁己辛癸是也宗廟之祀內事也此所以用丁日歟

守父丁爵

守父丁

飲父丁爵

飲父丁

按博古錄云右二器一曰守父丁言子之為父丁作也曰守者又示其持盈守成善繼志述事之義易所謂守器者莫若長子是也一曰飲父丁若所謂飲平公者是歟器以載銘銘以立義視其器而求其義則知古人所以制作豈徒然哉

子父壬爵

子

父壬

博古錄嘗攷諸姓夏后氏曰姒商曰子周曰姬皆以其祖賜姓於君故子孫得而乘之然則論三代之祖則一出於黃帝夏之祖昌意商之祖契周之祖稷皆黃帝之子孫也黃帝四世而禹始有夏又十世而湯始有商又十九世而武王始有周其三代未有天下之初則皆始封為諸侯於是賜姓所以有姒子姬之異姓也商之器大抵多銘一子字者著國姓也曰壬則商之君有仲壬外壬此名父壬故知為商爵無疑

三十七

秉仲爵

辛秉仲

辛者紀其日也秉仲無所經見而秉者疑其為名仲則伯仲之稱也商有秉仲鼎亦曰秉仲正一類耳

子父丁爵

子

父丁

右銘一字在左柱曰子一字在腹當耳蓋子為父丁作也

舟父己爵

舟父己

右銘上一字作橫舟蓋示洗滌之戒

父辛爵

子左執田右執戈

父

辛

上一字當作子左執田而右執戈有且耕且戰之義又疑立戈者子戚孫也大者為子小者為孫耳

主人舉爵

舉

主人

考古云謂之舉者舉亦爵觶之名曰獻酬而舉之故銘其器曰舉如杜蕢洗而揚觶以飲平公因謂之杜舉是也主人舉者主人所舉獻賓之爵也

祖丙爵

矢

祖

孫丙

博古云銘上作矢形旁為一孫字其下著祖丙焉商之君類以十日銘其器而配以乃祖乃父則此爵亦其一耳古之訟者入束矢以自明其直則矢有直之義況為之孫者固當直己以從祀事於乃祖茲取以寓其器也

三十八

象形子爵

爵

作

子

上一字作象形爵下曰子作博古云子商姓也語在子父壬爵篇二字未詳

子父己爵

析子孫己

上一字博古云是析字爵以飲福貽之子孫者故曰析子孫析之義蓋取夫欲之在我析之則在下曰己者商之君號有曰雍己也夫為人後之道能享其祖考是乃所以來其福蝦耳銘之宗廟之器宜哉

招父丁爵

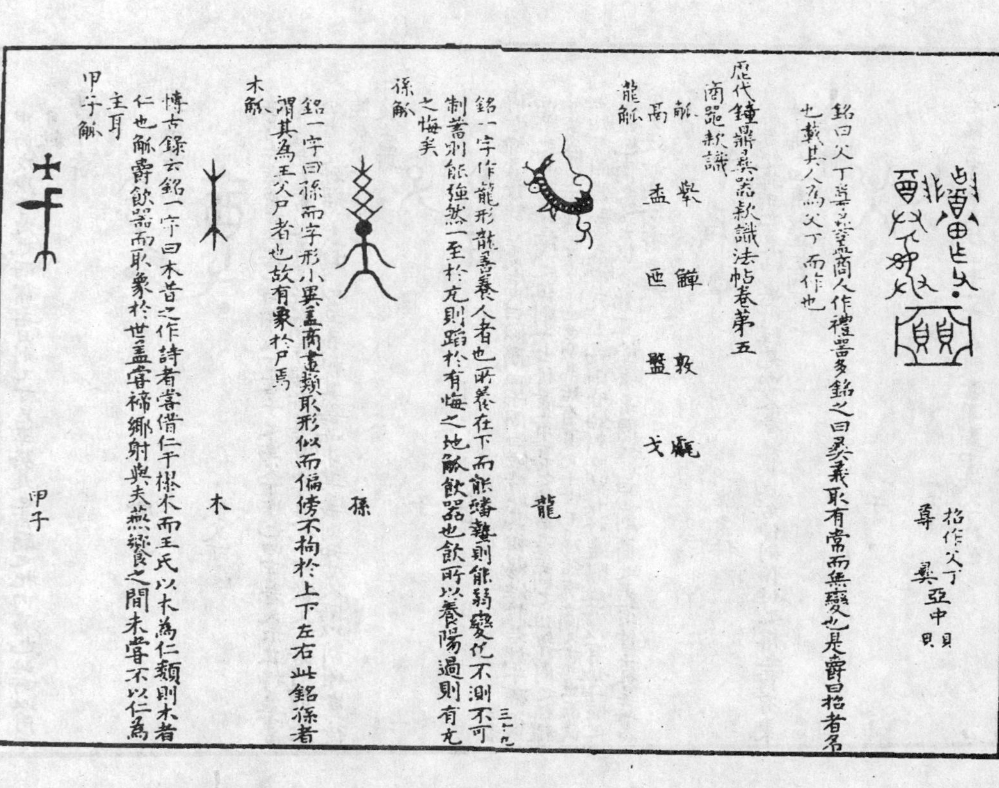
銘曰父丁尊彝亞中貝商人作禮器多銘之曰彝義取有常而無廢也是爵曰格者名
也載其人為父丁而作也

歷代鍾鼎彝器款識法帖卷第五

商器款識

鼎 彝 觶 敦 甗

鬲 盉 匜 盤 戈

龍觚

龍

銘一字作龍形龍善養人者也所養在下而能蟠蟄則能變化不測不可
制畜馴能強然一至於亢則蹈於有悔之地觚飲器也飲所以養陽過則有亢
之悔矣

三十九

孫觚

孫

銘一字曰孫而字形小異蓋商畫類取形似而偏傍不拘於上下左右此銘孫者
謂其為王父尸者也故有象於尸焉

木觚

木

博古録云銘一字曰木昔之作詩者嘗借仁于樛木而王氏以木為仁類則木者
仁也觚爵飲器而取象於世蓋嘗禘鄉射與夫燕饗之間未嘗不以仁為
主耳

甲子觚

甲子

甲子者非甲子乙丑也甲者商君之號耳商有小甲河亶甲沃甲陽甲祖甲
五君不知為何甲耳蓋子為父甲作此觚而子之字正作立戈之狀所以銘武功
也

奚車觚

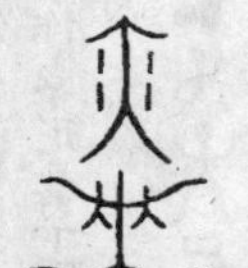

奚車

銘上一字曰奚古無以奚爲氏者始亦作器者之名耳下一字作挽車之形蓋車
軼則致敗而酒至於沉足以敗德亦示飲之戒云

父庚觚

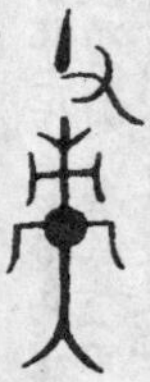

父庚

按商紀有太庚南庚盤庚祖庚而此曰父庚宜出於是商父庚爵與此銘同皆一
時之制也但字畫稍異[illegible]垂實之象故知先王取象命意各有攸當耳
說文云庚象秋時萬物庚庚有實今此[illegible]仿

四十

父舟觚

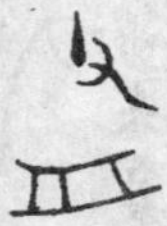

父舟

此觚也而謂之舟蓋水能載舟亦能覆舟觚飲器也酒能成禮亦能敗德有舟
之義焉

亞形觚

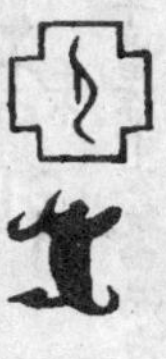

亞中節

亞形內一字曰節以示節飲之戒下一字近如畫像不可辨銘文多作圖如亞
形者皆廟器也蓋亞形所以象廟室耳

亞父乙觚

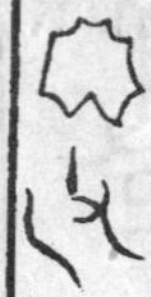

亞父乙

商有五乙此曰父乙莫知為何乙亞次也又亞乃葢主后室是亦宗廟之器耳

合孫祖丁卣

孫孫祖丁

銘作兩孫相向故曰合孫亦子子孫孫之義又恐二孫同為祖丁作此器耳商人尚質雖簡義存

子乙父丁觶

子乙父丁

商之君共號丁則有曰沃丁祖丁武丁庚丁太丁共號乙則有曰祖乙小乙武乙惟太丁之子獨曰乙則知父丁子乙者正太丁之子耳昔之銘彝器者或言其父以明其子或名其子以昭其考惟此器既言其父又言其子與他器不同蓋昔人不相沿襲自為一家之語也

女乙觶一

帚𢆶女乙

女乙觶二

同前

二器銘皆曰帚女乙𢆶曰乙者商君之號𢆶女者蓋女子之作是器以享於考詩曰誰其尸之有齊季女蓋女亦預祀事也帚者許慎云箕帚也昔呂公息女願為高祖箕帚妾曲禮有曰納女於天子曰備百姓於國君曰備酒漿於大夫曰備埽灑鄭康成以謂酒漿埽灑婦人之職也古人之觀圖畫報本反始以致孝享而於器用之間必著所職者蓋亦不忘父祖之教而謹其有所事故也

孫舉

四十一

癸

癸

銘一字曰癸小篆癸具四出癸鼎乘則一出三包此則皆無出意豈所謂癸作北方葬蘖未萌者耶

辛舉

辛舉

銘曰辛舉亦杜蕢洗而揚觶以飲平公而曰杜舉同意

父辛舉一

父辛

父辛舉二

舉父辛

父辛舉三

同前

右三銘政和丙申歲北海縣民道經臨朐見岸圮得之銘曰父辛後一器又曰舉父辛殆一人所作言舉則觚觶而舉之

父巳舉

舉父巳

舉字按集韻云𦦨音舉文舄也與乃舉者耳或言父辛或言父巳皆商器也

立戈觶

子立戈

右銘作立戈王楚云是子字子者商之國姓也立戈所以銘武功耳

子父辛觶一

四十二

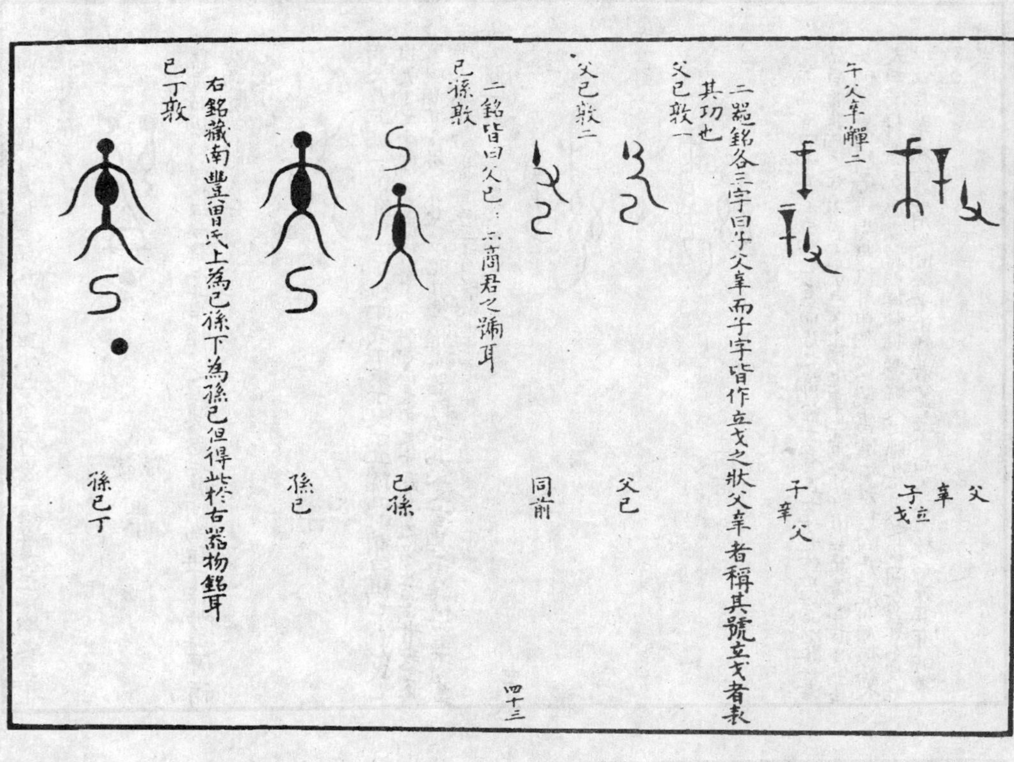

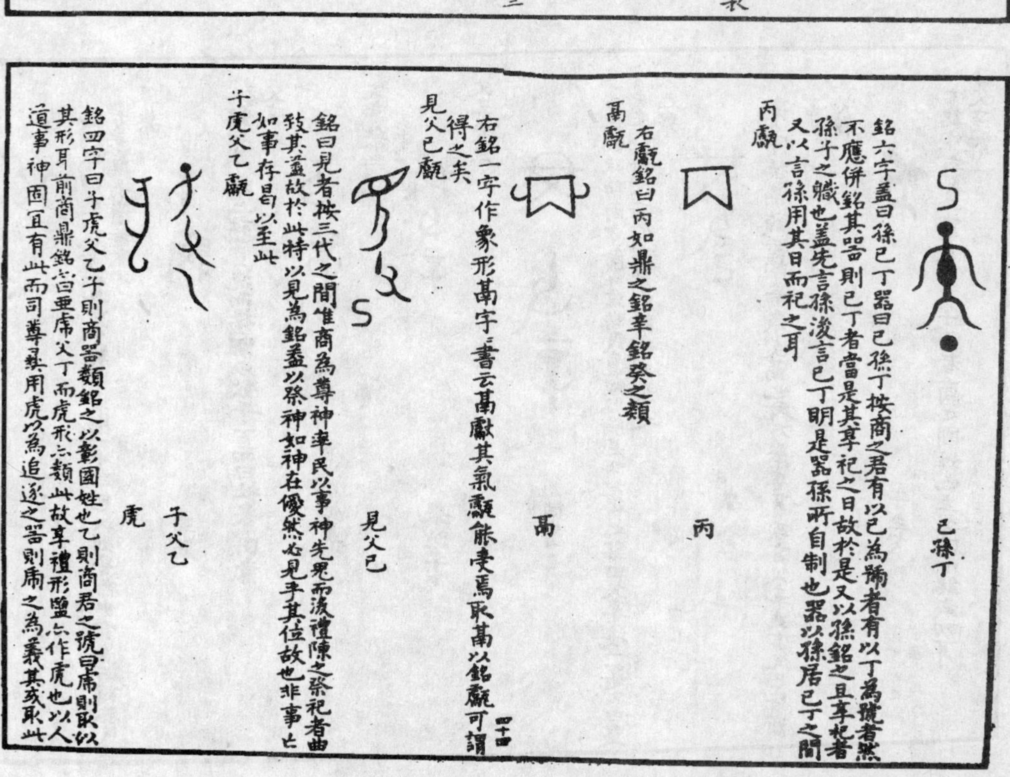

祖己甗

作祖己
尊彝癸

博古録云或以商高宗朝有臣嘗作高宗肜日以訓王曰祖己祖己者疑商之臣乎然按彝器間以祖乙祖丁祖戊祖辛為銘則凡称祖者孫之所作也乙丁戊辛云者乃其號耳以是考之祖己者其惟商之雍己歟言癸者商有天癸天癸為己作祭器也而此癸字亦作一斗三包與商癸鼎之字同

父己甗

亞無儔作
父己彝

右銘曰亞者廟室之形也曰無儔者作器者之名也曰父己者商君之號也

庚甗

庚玄

按考古云此器藏開封劉氏銘文極古唯辨庚玄二字

卜鬲

析

銘作卜者李氏所藏父己卣有非字此乃其半耳蓋析字也析有貽厥子孫之義旁一字奇古未可考

敳鬲

亞敳父戊

父己鬲一

鬲父己

上為亞者廟室也中作敳者名氏也為父戊作此祭享之器耳

父己鬲二

同前

二銘上一字作象形鬲字曰父己者明其子為父己作此器耳

母乙鬲

亞中子執戟
母乙

右銘亞形中作執戟形曰母則知其執戟者為子也母乙者按天有十日以甲乙第其次商自報丁以來始以是為號至於天乙是為成湯由成湯傳二十八王至於帝辛未有不以是為稱者其間有祖乙小乙武乙帝乙則母乙者疑為乙稱之后而後世子孫名之也商祖於契契之生實自有娀氏之女而詩於長發嘗及之則知其母道者乃得廟食也故周繼商之後亦有姜嫄之廟而後世人以為禖神焉然則此鬲豈非用於宗廟之器耶

旱父丁盉

旱父丁

同前

商有六丁而此曰丁不知何丁也上一字曰旱如詩所謂如山如阜取其高大富盛之意

父癸盉

子執戈父癸

上一字作人形左執戈者子也蓋子為父癸作此器下文云父則知其主祭者為

子執戈以銘武功耳

敀匜

敀作寶彝

同前

按商太丁之子曰乙乙之子曰啓此名啓者乃乙之子也

祖戊也

辛 祖戊 父

銘六字曰祖戊餘未詳

父辛盤

辛 父彝

此銘極古商盤銘也下一字曰彝甄豊校文字部一曰古文二曰奇字此真是也

鳥篆戈

戈

銘一字曰戈如飛鳥之形蓋商初接虞夏之器也

歷代鐘鼎彝器款識法帖卷第六

周器款識

鐘

宋公䪫鐘一

宋公䪫鐘二

宋公䪫鐘三

宋公䪫鐘四

宋公䪫鐘五

宋公䪫鐘六

宋公戌之䪫鐘

右六器銘略無小異皆曰宋公戌之䪫鐘按博古録云夫歷代之樂顓帝曰六莖帝嚳曰五英黄帝曰雲門堯曰大章舜曰大韶禹曰大夏商曰大濩周曰大武夫䪫字與莖通用則莖鐘者是為顓帝之樂宋者商之系二王之後得用天

于禮樂則歷代之樂章故當有之蓋此鐘特其一代之名耳宋自微子有國二十世而有共公固成又一世而有平公成又七世而有剔公成則所謂宋公成者不知其為誰也

寶和鐘一

寶和鐘二

寶和鐘三

寶和鐘四

寶和鐘五

走作朕皇祖文考寶和鐘走其萬年子子孫孫永寶用享　以上同前

按博古錄云皆銘曰走夫走自卑之辞如司馬遷所謂牛馬走是也且孫寶

四十九

不敎侯王自稱之耳曰文考者如曹楚晉衛成侯戎王皆以文稱蓋以德立國者必曰文以功立國者必曰武是則稱文特不一也然此鐘制樣皆周物豈以追享文王而作歟在周之時於后稷曰思文於文王曰文考於大姒曰文母是皆称其德今曰皇祖文考則宜在成康之後而作樂以承祖宗時耳

許子鍾一

惟正月初吉丁亥　許子將以擇其吉　金自作鈴　鐘中縣虡　揚元鳴孔　煌穆和鐘　用匽以喜用樂嘉　賓大夫及我朋友　數數越越萬年　無諆眉壽　毋已子子孫孫　永保鼓之

五十

許子鍾二

惟正月初吉丁亥　許子將以擇其　吉金自作鈴　鐘中縣虡　揚元鳴孔　煌穆和鐘

用匽以喜用樂

友敦=雝=萬年

無諆眉壽

毋已子孫

嘉賓大夫及我朋

永保鼓之

考古録云按史記鄭悼公元年鄦公惡鄭於楚徐廣曰音許=公即許靈也左氏傳魯成公五年許靈公愬鄭伯於楚鄭悼公如楚訟不勝以是推之許靈公即鄦公許鄦文異而音同

楚邛仲南和鐘

五十一

唯正月初吉丁亥楚王賸邛仲嬭南和鐘其眉壽無疆子孫永保用之

考古圖云按類篇云賸送女也嬭妳也蓋楚女送女也器謂之南和鐘者樂縣在南也儀禮大射儀云阼階東笙磬西面其南笙鐘西階之西頌磬東面其南鍾

楚公鐘

唯夜　雨　八雷　月　金丁　已　楚夬　公　十　木　自八　作乾

市　公　孫　其　萬子　其　年永　寶壽

五十二

古器物銘云政和三年獲于鄂州嘉魚縣以獻字盡奇怪銘文云楚公下一字不可辨必其名也自作按楚自周成王時封熊繹以子男田居楚至熊渠立其三子爲王後復去其王號至熊通始自立爲楚武王則是楚之未嘗稱公此鐘不知何人所作然要之爲楚武王以前器無疑也

曾侯鐘一 方城范氏

惟王五十有六祀徙自西陽楚王韻章作曾侯乙宗彝寘之于西陽其永時用享

商 穆 商

五十三

曾侯鐘二

作曾侯乙宗彝寘之于西陽其永時用享

卜翚反 宮反

右二鐘前一器藏方城范氏皆得之安陸古器物銘云惟王五十六祀楚王韻章按楚惟惠王在位五十七年又其名爲章然則此鐘爲惠王作無疑也方是時王室衰弱六國爭雄楚亢强大遂不用周之正朔嗚呼可謂僭矣前一鐘背又有一穆字兩商字後一鐘背有卜翚反宮反五字其義未曉然恐宮商乃二鐘所中之聲律耳

聘鐘

五十四

宮令宰僕錫聘鐘十有二聘敢拜稽首

博古云在昔人臣有功於國者必昭其功而勒諸金石故若魏絳之和戎而獲五利則賜之樂而始具金石之奏是也夫編鐘之數十六而聘之所錫十有二是知其為分方應月律者如此耳若夫名氏所出典籍缺泯蓋無得而考焉

歷代鐘鼎彝器款識法帖卷第七

周器款識

鐘

遲父鐘一 維揚石本

遲父鐘二 博古録

遲父鐘三 考古圖

五十五

遲父鐘四 古器物銘

遲父作姬齊姜和㱃鐘
用昭乃穆不顯龍光乃
用祈匄多福侯父眔齊
萬年眉壽子子孫孫無疆寶 以上並同

是鐘遲父為齊姜作也曰用昭乃穆穆不顯龍光則穆穆以言其欽和不顯以言其甚顯而龍光又言其承天子之寵光也詩言為龍為光是矣蓋鐘樂之大者樂所以示其和而銘之所載又以形容其和之之德福以類應故祈匄多福亦永福不回之謂也是其所以為子孫無疆之寶焉

盄和鐘

秦公曰不顯
朕皇祖受天
命奄有下國
十有二公不
㒸上帝嚴恭
寅天命保業

五十六

故秦虩事蠻
夏曰余雖孚
穆〻師秉明德
叡敷明刑虔
敬朕祀以受
多福協和萬
民呼夙夕刺〻 五十七
趄〻萬生是敕
咸畜百辟胤
士彬〻文武鎮
靜不廷虩變
百辟於秦執
事作盄和
故名曰昔邦

其音鉠〻雝〻孔
煌以昭格孝
享以受純魯
多釐眉壽無
疆畯疐在位
高弘有慶溥
及男永寶宜 五十八

右鐘銘按古器物銘云丕顯朕皇祖受天命奄有下國十有二公歐陽文忠公集古錄以為太史公史記於秦本紀云襄公始列為諸侯而諸侯年表則以秦仲為始今據年表始秦仲則至康公為十二公此鐘為共公時作也據本紀自非子為周附庸邑于秦至秦仲始為大夫仲死于莊公伐破西戎於是子之秦仲後及其先大駱地犬丘并有之為西垂大夫莊公卒子襄公代立犬戎之難襄公有功周室於是平王始封襄公為諸侯賜之岐以西之地曰戎無道侵奪我岐豐之地秦遂能攻戎即有其地與誓封爵之襄公於是始國与諸侯通使聘享之禮而詩美襄公亦以能取周地始為諸侯受顯服蓋秦仲初未嘗稱公莊公雖稱公然猶為西垂大夫未立國也至襄公始國為諸侯矣則銘所謂奄有下國十有二公者當自襄公始然則銘斯鐘者其景公歟此鐘銘一百四十二字藏在御府皇祐間嘗模其文以賜公卿楊南仲為圖刻石者也

齊侯鎛鐘

惟王五月辰在戊寅師

于淄陲公曰汝及余經
乃先祖余既敷乃心汝
心婐忌汝不墜夙夜宦
執而政事余猒乃心
余命汝政于朕三軍緻

五十九

成朕師旟之政聽諫罰
朕庶民左右毋諱及不
敢弗敬戒虔卹故死事
穆和三軍徒衛雩故行
師眞中故罰公曰及汝

敵恭韓命汝應格公家
汝恐恪朕行師汝肇敏
于戎攻余錫汝釐都衞
壽其縣音余命汝司辝
釐造國徒幸為汝敵寮

六十

乃敢用拜稽首弗敢不
對楊朕辟皇君之錫休
命公曰及汝康乃有
事率乃敵寮余用登純
厚乃命汝及毋曰余小

汝敷余于艱卹虔卹不
易左右余又余命汝緘
差饗為大事繼命于外
內之事中數温刑汝以
敷戒公家應卹余于温
卹汝以卹余朕身余錫
汝車馬戎兵釐僕百有
卒家汝以戒戎作及用
或敢再拜稽首應受君
公之錫光余弗敢廢乃

六十一

命及典其先舊及其高
祖虩虩成唐又敢在帝所
敷受天命刺伐履同貫
乃靈師伊小臣唯輔咸
有九州處禹之堵不顯
穆公之孫其配襄公之
妣而餀公之女雩生尗及
是辟于齊侯之所是心
龔齋靈力若虎謹恪其
政事有恭于公所穀擇

六十二

吉金鈇鎬錛銘用作鑄
其寶鎛用享于其皇祖
皇妣皇母皇考用祈眉
壽令命難老不顯皇祖
其作福元孫其萬福純
魯和協而有事俾若鐘
鼓外内闢闢都俞〻造而
朋剸毋或永類汝考
壽萬年永保其身俾
百斯男而埶斯字綴

六十三

義政齊侯左右毋夬
毋已至于葉曰武靈
成子孫永保用享

四六

右銘文有曰師于淄陲拔太公望封於爽鳩之墟營丘之地是爲齊郡今臨淄是也曰命汝政于朕三軍繳成朕師旟之政則申以告戒之辭也曰咸有九州則齊之封域有所謂臨淄東萊北海高密膠東太山樂安濟南平原蓋九州也曰靈爲之都者齊四岳之後四岳佐禹有功封於申呂故言靈爲之都也曰不顯穆公之孫其配𢤱恐是夔字公之妣字書無從出恐是姪字音乏女好貌而誠公之女者蓋古之彝器不獨銘其功業而又及其配偶之事是猶詩言齊侯之子衛侯之妻東宮之妹邢侯之姨皆紀其當時婚姻異姓之國也曰敕擇吉金用作鑄其寶鎛者字說以謂厚以厚物爲大薄以薄物爲小鎛从薄訓小故也國語曰細鈞有鐘無鎛尚大故也大鈞有鎛無鐘尚細故也以此推之則鎛鐘比特鐘爲小以編鐘爲大今此鐘銘曰鎛考其形制乃大於特鐘蓋春秋之時禮樂征伐自諸侯出而等威制度無復先王之法而妄有侈大耳以周官制器則首言鐘師而以鎛師次之是其自異而此制器之時蓋齊之中世其實周鐘也詳其銘文受錫者三一曰錫汝釐都其縣二百國徒三千二曰錫汝車馬戎兵釐僕二百有五十家三曰錫乃吉金鈇鎬玄鏐錛鋁用作鑄其寶鎛齊侯以勳庸顯著其錫蕃庶如此其銘之鋪張又如此〻臧武仲所謂作彝器銘功烈以示子孫以昭明德也齊之中世桓公之業替焉文字之傳尚復粲然可觀若此周監於二代郁〻乎文哉信矣

歷代鐘鼎彝器款識法帖卷第八
周器款識
鐘磬

齊侯鐘一

惟王五月辰在
戊寅師于淄陲
公曰汝及余經
乃先祖余既敷
乃心汝怂媿忌
汝不墜夙夜官
執而政事余弘
獻乃心余命汝
政于朕三軍綴
成朕師旟之政

六十五

齊侯鐘二

聽諫罰朕庶民
左右毋諱及不
敢弗敬戒虔卹
故死事穆和三
軍徒衡粤故行
師慎中乃罰公
曰及汝敬恭辭
命汝應格公家
汝恐格朕行師
汝肇敏于戎攻

六十六

余錫汝釐都衜
爵共縣三百余命
汝司辝釐造國
徒三千為汝敵寮
及敢用拜稽首
弗敢不對揚朕
辟皇君之

齊侯鐘三

錫休命公曰及
汝康能乃有事
率乃敵寮余用

六十七

登純厚乃命汝
及毋曰余小子
汝敷余于艱卹
虔卹不易左右
余又余命汝緘
差正響繼命于
外內之事中敷
溫刑以敷戒公
家應卹余于

齊侯鐘四

溫卹汝以卹余朕

六十八

身余錫汝馬車
戎兵鑒僕音有
弆家汝以戒戎
作及用或敢再
拜稽首應受君
公之錫光余弗
敢癈乃命及典
其先舊及其高
祖纏=成唐又敢
在帝所敷受天

六十九

齊侯鐘五

命刺伐履司敗
乃靈師伿小臣
惟輔咸有九州
豪禹之都不顯
穆公之孫其配
蘷公之妣而餓
公之女粵生料
及是辟于齊侯
之所是小心龔
齊靈力若虎謹

七十

齊侯鐘六

恪其政事有恭
于桓武靈公之
所桓武靈公錫
及吉金
鈇鎬玄鏐鏞鋁
及用作鑄其寶
鐘用享于其皇
祖皇妣皇母皇
孝用祈眉壽令
命難老不顯皇

七十二

齊侯鐘七

祖其作福元孫
其萬福純魯和
協而九事俾若
鐘鼓外內開闢
都=俞=造而明剌
毋或承類
汝考壽萬年永
保其身俾百斯
男而執斯字綏=
義政齊侯左右

七十三

毋夬毋已至于
葉日武靈成子
孫永保用享

齊侯鐘八

斯男而執斯字綴〻
義政齊侯左右毋
公之孫其配虁公
之妣而餓公之女

齊侯鐘九

政聽諫罰朕庶民
左右毋諱及不敢

齊侯鐘十

執而政事余
弘厭乃心余
敏于戎攻余
錫汝釐都脩

齊侯鐘十一

汝敦余于艱
卹虔卹不易
敢再拜稽首
應受君公之

齊矦鐘十二

齊侯鐘十三

九州處禹
之堵不顯
若虎謹恪
其政事有

俾若鐘
鼓外內
其皇祖皇
妣皇母皇

右鐘銘凡十有三乃齊侯鐘銘分以銘之其文辭比齊侯鎛鐘銘亦有詳略不同者愽古録言是鐘齊物也齊自太公望得國而周天子使召康公命之曰五侯九伯汝實征之以夾輔王室東至於海西至于河南至于穆陵北至於無棣皆得而正之故自太公流澤之久迄于桓公凡兵車之會三乘車之會六而終以覇焉是器必首稱于桓公者以其此也至於言封域之出處世次之先後錫賚之多寡此不復論蓋已具於齊侯鎛鐘矣

寋磬

此銘五十七字擇其吉石乃用潤澤之澤古人用字固不拘耳

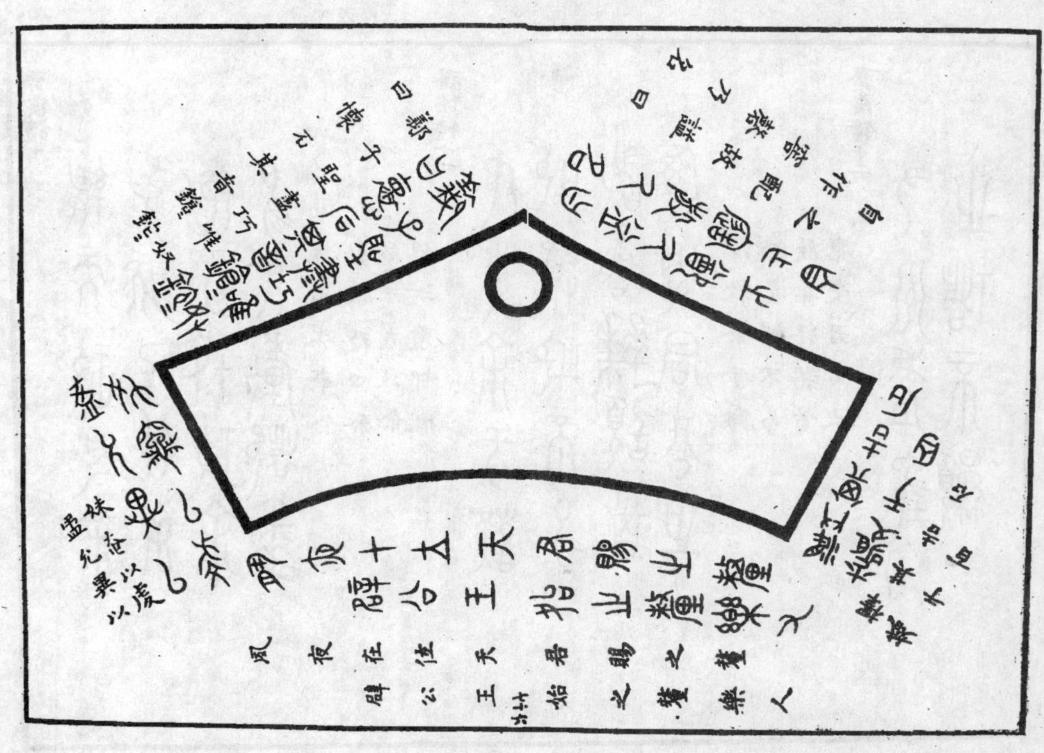

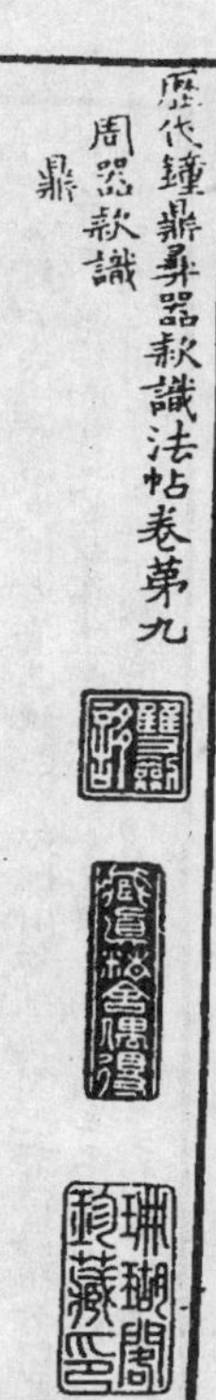

歷代鐘鼎彝器款識法帖卷第九

周器款識

鼎

象鼎

象

右銘一字作象形周官司尊彝有象尊是器鼎也而銘之以象何哉博古錄云易之六十四卦皆象也而於鼎獨言象蓋鼎之為卦☲上離下巽以木巽火有鼎之體此書一象形其亦準易而着之耶

七十七

鮮鼎

鮮

右銘一字作魚形博古云按詩言誰能亨魚溉之釜鬵與夫混元所謂治大國若亨小鮮蓋亨鮮之術止於殺水火之齊無所用力是鼎主亨飪奉薦享則亨鮮有職於此故因其魚形而以鮮名之且商之鼎彝多取象于物此鼎周器款識簡古不加文鏤為一魚形豈周因於商禮去商未遠餘風猶存耶不然何以純素如此

節鼎

節

右銘一字曰節未詳其為誰必作器者之名也

舉鼎

舉

右銘一字曰舉李公麟得鼎於壽陽而銘曰己舉王玠得鼎於洛下而銘曰丁舉正杜蕢洗而揚觶以飲平公因謂之杜舉則又見於獻酬之制耳此銘曰舉義亦在於是歟

緐女鼎

緐女

按緐於經傳無所見緐與欒同周有微欒鼎宋公欒鼎又南欒乃縣名欒即名氏也女者欒之女也王楚釋作子字恐未然

得鼎

得鼎

右銘二字曰得鼎按太公望子曰丁公伋伋之子曰乙公得此言得鼎乃乙公之鼎耳

七十八

東宮鼎

東宮

右銘曰東宮得非太子所用乎不然即其姓也

子父舉鼎

子父舉

右銘曰子父按古者父為大夫子為士則葬以大夫祭以士父為士子為大夫則葬以士祭以大夫是父皆從其子而鼎者祭所用之器又以銘表著其祖考之美故祭統曰鼎有名自名者也是鼎也銘雖無文而特以子父識之其下又為子字舉蓋取其以手致而與人之意則知用之於父盡力以致享而不敢虛美其先者也

益鼎

益作寶鼎

右銘四字曰益作寶鼎曰益者春秋文公六年有梁氏益昭公六年復有文公益

未知孰是盉作鼎彝者必有大勳德而後有之梁氏文公正其人耳

大犾鼎

大犾作鼎

博古録云按春秋隱公元年書鄭伯克段于鄢蓋鄭伯者鄭莊公也莊公弟有曰共叔段者嘗請京使居之曰謂之京城大叔則大叔者莊公之弟耳大犾彊踐遠繕甲兵以襲鄭而公伐京焉大犾入於鄢公又伐鄢故春秋書其惡以為君弟之戒而詩人有曰大犾于田以刺其多才而好勇者是也然則是器乃大犾居京而作之耳其為周器無疑

中鼎

中作寶鼎

中謂南宮中耳後有數鼎皆一時之制而銘刻詳略之不同也

伯鼎

伯作䑹鼎

右銘云伯作䑹鼎伯者伯仲之次也

七十九

單冏父乙鼎

旂單冏父乙

博古録云昔叔向嘗謂單靖公曰吾聞一姓不再興今周其興乎其子單子也又曰單子朝夕不忘成王之德以佐王室則單者周之族而為周之卿士者也曰旂者穆公旗也而此鼎銘乃曰父乙蓋乙非獨為商之號如齊有乙公之類不獨商之世也

王伯㽅 一名王伯盞

王伯作寶盞

博古録云左傳有曰史伯者著其姓也有曰鄭伯者舉其國也有曰僖伯者稱其謚也今此伯而謂之王以為謚則王不可以為謚以為國則王未嘗名國以為姓則三代之閒未見王姓而顯者惟武王初定商以九鼎寶玉封諸侯而書序克商之後亦曰分寶玉于伯叔之國然則王伯者豈其為王之伯父也曰寶盞者考諸周禮雖有掌玉齍盞之官然形製訖無所考以其方而有四足與諸方彝悉類故附之於鼎云

單從鼎

單冏作從彝

右銘曰單冏作從彝周有單子歷世不絕有襄公頃公靖公獻公穆公凡數世特冏者不見諸經傳是器鼎也而曰彝蓋彝言其常曰從則猶品之有從亦有所謂陪鼎者是也

伯貞鼎

伯貞作旅鼎

右鼎乃伯貞所作言旅者昔人謂有田一成有衆一旅則舉其衆也言非一鼎耳

八十

尹考鼎

尹考錫季姬

右銘云尹考錫季姬蓋父錫此鼎於其季女耳

豐鼎

豐用作將鼎彝

右銘云豐用作玖將鼎彝豐名也凡彝器不得而專有必賜于君然後敢制焉謹君命而銘之故於是書其名也

宋公欒鼎

宋公欒

之餗鼎

右銘六字曰宋公欒之餗鼎且春秋帝乙之後微子爲宋公都商丘大辰之墟自微子至景公蓋三十六年獲麟之歲景公者名欒是所以爲宋公欒也餗盛食器也易曰鼎折足覆公餗則銘以餗亦以爲飲食之節而已今所錄鼎銘一名曰微欒一名曰欒女皆一時物也

伯咸鼎

伯咸父
作寶鼎

右銘藏于樹吳氏曰伯咸父作寶鼎而師𩛥敦亦云朕剌祖乙伯咸益姬寶敦與此銘文稍合殆一時器也

魯公鼎

魯公作文
王尊彝

按㫃字許慎說文云从西省象盉形即曾字也古之文字形聲假借如鄦作許谷作𠔀綠作𥻆之類是也魯公者周公也文王者周文王也按史記魯世家云武王徧封功臣同姓戚者封周公旦于少昊之墟曲阜是爲魯公周公不就封留佐武王今考其銘識文畫尚類于商則知周公之時去商未遠故篆體未有變者以是推之則此爲周公作祭文王之器無疑

咸君鼎

之飼鼎
咸汎君光

咸汎君考諸經傳無所見然飼鼎者實之鼎彝有曰餗鼎取易覆公餗之義有曰饋鼎以爲滫飯之器此曰飼者蓋飼糧也王舒公以謂行食爲糧是鼎得非用之于行食耶

宋右君田鼎

宋　右君
教自作田鼎

按古器物銘云田鼎得於青之臨朐其曰田鼎者疑田獵所用也右君不知爲何人教則其名也

師寏鼎

師寏父作
季姞尊鼎

師寏父於經傳無所見惟周有簠蓋銘曰姬寏母而此曰師寏父豈非作簠蓋者寏之母而作鼎者寏之父耶姬言其姓師舉其官耳姞姓也見左氏外傳有曰伯姞有曰仲姞此曰季姞殆其族耶

宋君夫人鼎

宋君夫
人之餗
鉶鼎

銘八字曰宋君夫人之餗鉶鼎古者邦君之妻曰夫人夫人自稱曰小童邦人稱之曰君夫人此言宋君夫人邦人稱之也餗鼎實也猶易卦之言公餗也考其銘識有曰宋公欒之餗鼎者而此謂之宋君夫人其字畫又切相類殆同時所造也

絲駒父鼎

絲駒父作
旅鼎永寶用

絲字頗漫滅未詳曰駒父則仲駒父敎左傳則有駒伯爲郤克軍佐駒其姓也有公子騑奔衛則駒其名也此曰駒父其同駒伯爲姓耶曰旅鼎則燕禮所

謂士旅食左傳所謂庭實旅百之旅也

言肇鼎

其永保用享

言肇作尊鼎

言肇作尊鼎而周有司徒言曰肇則言其始也言始作此鼎耳

乙公鼎

乙公作
尊鼎子子
孫孫永保

按史記齊世家太公卒百有餘年乃有乙公得立則所謂乙公者太公之後而君于齊者也

媿氏鼎

専作微伯
媿氏鼎
永保用冊冊

按說文云媿通作妘祝融之後姓也富辰有曰牂妘而韋昭以妘為妘姓之女今微伯雖於經傳無所見蓋亦祝融後姓而牂妘之族歟下作二冊與商父乙鼎相類許慎謂冊象其禮一長一短中有二編之形符命也諸侯受命于王者故尊彝之間類多作此

尨生鼎

尨生室作
其鼎子子孫孫
萬年永保用

按左傳后羿有臣曰尨圉鄭有大夫曰公子尨此鼎雖古而銘識曰年已非夏商之制則尨不可為尨圉殆所謂公子尨耶謂之生亦猶齡敦曰屈生之類是也

伯郄父鼎

晉司徒伯郄父
作周姬寶尊鼎
其萬年永寶用

按晉以僖侯諱司徒故廢司徒為中軍稽之周曆晉僖侯之元年實周共和之二年至周平王之四十八年魯隱公始居攝蓋百有餘年矣孔子作春秋斷自魯隱始則前乎此列國雖有名卿大夫往往無復考按是以伯郄父之名不見于經傳也

惟尗鼎

唯叔從王南
征唯歸惟八
月在皕位誨
作寶鬲鼎

右銘前曰惟尗從王南征後曰誨作寶鬲誨其名也惟尗其字也形制未傳但得其銘于古器物銘耳言鬲鼎則謂鼎足中空爾雅所謂款足曰鬲也

君季鼎

孫永寶用之
作其鼎子
君季

按古器物銘云此鼎藏李成季舍人家然字畫湯滅銘有君季二字姑以名之其詳未可考也

圜寶鼎一

圓寶鼎二

惟十有三月用吉金
自作寶鼎其
子=孫=永用享

同前

右二銘一同得于安陸之孝感上一字乃十有三月合成一字不顯其名而曰用吉金自作寶鼎者乃周之君自作此鼎而用之耳

八十五

孔文父飲鼎

惟三月孔文父作
飼鼎子孫寶用

銘云惟三月孔文父作○飼鼎子孫寶用一字未詳考古云此器銘謂之鼎而制度乃類尊壺之屬皆未可考也

叔液鼎

惟五月庚申
対液自作饋
鼎用祈眉
壽萬年無疆
永壽用之

対液之名考諸前代於經傳無所見惟語記周有八士則有対夜焉豈其族歟

叔夜鼎

叔夜鑄其饋
鼎以征以行用
饘用羹用祈
眉壽無疆

対夜蓋周之八士也銘曰鑄其饋鼎以征以行太公作簋亦曰鑄寶簋対邦父作簋亦曰用征用行与此銘文頗相合殆一時物耶

八十六

齊莽史鼎

齊莽史喜作
寶鼎其眉
壽萬年子=
孫=永寶用

齊莽史喜則古者太史順時覛土是為農官曰莽則薙氏掌殺草春始生而萌之夏日至而夷之秋則繩而芟之冬日至而耜之故知莽為史之職也喜疑其為名若詩所謂田畯至喜則畯亦農之官喜或以為田畯至喜之喜商父乙鼎曰辰見北田作冊友史亦史以田言之故知為莽史明矣

仲偁父鼎

惟王五月初吉丁亥
周伯邊及仲偁父
伐南淮夷孚金
用作寶鼎其萬
年子子孫孫永寶用

博古云天下有道則禮樂征伐自天子出故凡彝器名物非下可得而專若召虎之平淮夷宣王用以昭其功則於是釐爾圭瓚秬鬯一卣伯邊及仲偁父有伐南淮之勲則賜作寶鼎乃其宜也曰伯仲父吉其昆弟也詩曰伯氏吹塤仲氏吹篪昆弟耳其弟皆知移孝以事其君于是有南淮之烈周室之作人其盛有見于斯耶 八七

趠鼎 一名趠盉

惟王來格于成周
年鎬趠父 于
慧公趠用作 乃
文考父辛寶尊
盉其子孫永寶癸

銘文云惟王來格于成周年鎬言鎬則王在鎬京之義也趠其名也而曰作乃文考父辛寶盉而後一字曰癸亦與商祖己甗癸字相似恐商末周初器也

歷代鍾鼎彝器款識法帖卷第十

周器款識

鼎

王子吳鼎

惟正月初吉
丁亥王子吳
擇其吉金自
作飤鼎其眉
壽無諆子子孫孫
永保用之

考古云鼾字字書所不見然以愚觀之鼎旁作干干乃鉶省言作飤鉶鼎耳古人銘識多以三兩字合作一字者如晉姜鼎之西夏[illegible]國寶鼎之十有三月[illegible]之類是也

文王命癘鼎

惟三年四月庚午
王在豐王呼號叔
召癘錫駒兩拜稽 八八
用作皇祖文考盂
鼎癘萬年永寶用

銘文言王在豐呼號叔召癘錫駒兩豐其地也王使號叔召癘而賜之以駒兩又曰拜稽用作皇祖文考盂鼎盂形制不傳故考之未詳耳

癸亥父己鬲鼎

癸亥王徒刊作冊
般新宗王賚作冊
豐貝太子錫練大
貝用作父己寶鬲

觀其銘文乃周鼎也而曰父己寶鬲蓋商末周初之器耳銘後一字乃鬲蓋

古文作鏖燕鼎之大而空臣圖雅所謂款足曰鬲也曰作冊者因君有練大貝之
錫然後享于祖廟故言作冊以紀君之命也

大夫始鼎

寶 用

考日己寶彝孫孫子子永
揚天子休用作文
曰鑾大夫始敢對
在邦始錫友曰考
獻工錫 錫章王
宮宅王在邦宮始
八九
錫友 琱王在華
王在和宮大夫始
惟三月初吉甲寅

大夫官也始則其名耳既曰王在和宮又曰王在華宮宅又曰王在邦宮後又曰王在邦文意叢雜未詳其義大意因王有錫賚而始乃對揚休命而作鼎耳此鼎曰文考日己師淮父卣曰文考日乙單癸卣曰文考日癸日己日乙日癸者銘其作器之日也

南宮中鼎一

惟十有三月庚寅
王在寒師王命太
史祐褱土王曰中
㺇褱人內史錫于

珷王作臣令枯男
汝褱土作乃采中
對王休命𩰫父乙尊
惟臣尚中臣恭赫

南宮中鼎二

惟王命南宮伐反
虎方之年王命中
先台南國貫行埶
王位在射圃真
山中呼歸生原
九十
刊王埶刊寶彝

南宮中鼎三

惟王命南宮伐反
虎方之年王命中
先台南國貫行埶
王位在射圃真山
中呼歸生原刊王
埶刊寶彝

右三器皆南宫中所作南宫其氏也中其名也南宫爲氏在周有之如書所謂南宫括南宫毛是也前一鼎曰錫于珷王集韻云玉珷小杯也又言作乃采者蓋言其采事也命以采事故因爲此鼎而刻之銘也此鼎也而謂之彝父乙尊彝者大名也曰父乙者周初接商之器也後云惟臣尚中臣𡡉𡡉者如赫赫師尹之義第二第三器曰伐虎方者虎方猶鬼方也虎西方之獸是必因西征而昭其功以銘之耳大王位在射圃而射字極古如牽碑又㪅射字毋正作挽弓之形而此鼎射作𢎳如今之世俗所謂射字者豈三代之遺法耶

季娟鼎

正月王在成周

王徙于楚麓命

肖陵先見楚居

王至于徙居廡

遣肖陵錫貝錫

馬兩陵拜稽首

對揚王休用作

季婦寶尊彝

九一

博古録云昔康王命作册畢曰分居里成周郊則成周者西周也麓説文以爲山林吏又曰林屬于山爲麓則徙于楚麓者謂其山之林麓蓋如書言大麓之類王欲徙楚先命小臣陵往見以相其居王至于居也從遣錫貝錫馬及兩所以賞之曰季娟者説文云㛰通作妘以謂祝融之後姓也富辰嘗舉妘而彰昭亦以妘爲妘姓之女則娟乃其妃也曰季者又特言其序耳詩所謂彼美孟姜仲氏任只有齊季女皆指其序也

公緘鼎

惟十有四月既死

魄王在下保雝公

緘作尊鼎用追享

孝于皇祖考用乞

眉壽萬年無疆

子子孫孫永寶用

惟十有四月古器多有是文𢿱寶彝云十有三月己酉戊命尊云十九月方寶甗亦云十有三月疑嗣王居喪雖踰年未改元故以月數也既死魄者記其日也王在下保雝者疑宫名如西雝之類

師秦宫鼎

惟五月既望王

于師秦宫王格

于享廟王錫

九二

敢對揚天子不顯

休用作尊鼎其

萬年永寶用

按博古録云銘四十七字磨滅不可考者十有二字曰惟五月既望者猶書哉生明生魄以紀時紀日也其曰師秦宫則師秦之宫以名其人猶師禮師也敔王格于享廟而有錫焉則錫命而賞于祖也臣受命于君則當有以對揚之詩曰對揚王休書曰對揚天子之休命此言敢對揚天子不顯休蓋亦如是夫然後可以作彝寶用而祀之以萬年爲詞云

伯碩父鼎

惟六年八月初吉己
子史伯碩父追孝于
朕皇考釐仲王母乳
母尊鼎用祈匄百祿
眉壽綰綽永命萬年
無疆子子孫孫永寶用享

博古錄云銘曰惟六年八月初吉己者以年繫月以月繫日也曰子史伯碩者伯碩父雖不見于經傳然周有太史內史之官謂之子史則稱于父曰子舉其官曰史而伯碩父則又其名也曰追孝于朕皇考釐仲王母乳母者用昭孝享于其考妣也釐謚也而曰釐仲者蓋古人以字為謚因以為族則仲疑其族也若王母乳母則追孝皇考而并及之其曰綰綽則祝以優裕之辭耳

九三

史頊父鼎

史頊作朕皇考釐仲
王母乳母尊鼎用追享
考用祈匄眉壽永命
令終頊其萬年多福
無疆子孫永寶用享

史頊者雖不見于經傳蓋史則言其官頊則疑其名是器與前伯碩父鼎言其考妣謚號大率相類然此鼎差小特不紀其歲月雖詞有詳略器有小大不害其為同寔一時之物也

九四

微欒鼎

惟王廿有三年九月王
在宗周王命微欒總治
九服欒作朕皇考𤔲彝
尊鼎欒用享考于朕皇
考用錫康勵魯休純祐

眉壽永命令終其萬年
無疆欒子孫永保用享

右器有宋公欒簠欒女及此鼎凡三器皆稱欒博古云名欒者宋景公也此曰王命徽欒繼治九服欒作朕皇考𣪘鼎𣪘尊鼎欒用享于朕皇考又曰用錫康𩰫魯休純用祐眉壽永命令終善頌之辭如此其多後曰萬年無疆子子孫永寶用享銘文與號姜敦相類皆一時物也

伯姬鼎

惟廿有八年五月既望庚寅王在周康穆宮旦王格大室即立宰頵右寰入門立中廷北鄉史菾受王命書王呼史減冊錫寰玄衣黹純赤市朱黃鑾旂鋚勒

戈琱戟緱䩛彤矢寰拜稽首敢對揚天子不顯魯休命用作朕皇考鄭伯姬尊鼎寰其萬年子孫永寶用

右鼎銘與前徽欒鼎銘相類欒鼎曰惟王廿有三年九月王在宗周此鼎曰惟王廿有八年五月既望庚寅王在周康穆宮寰即其名也寰入門立中廷北鄉史菾受王命書王呼史戓冊減乃史之名也錫寰玄衣黹純赤市朱黃鑾旂鋚勒戈琱戟緱䩛彤矢便蕃如此寰所以拜稽首對揚天子不顯魯休命而為其皇考鄭伯姬作此鼎尊也文詞典雅字畫絕妙使人觀之盡日不厭去

晉姜鼎

惟王九月乙亥晉姜曰余惟嗣朕先姑君晉邦余不叚妄寧經雝明德宣邲我猷用紹匹辥辟妥揚乃光烈虔不㒸諧覃京以乂我萬民嘉遣我錫鹵責千兩勿廢文侯顯命畀貫通弘征綏湯原取乃吉金用作寶尊鼎用康頣妥懷遠延君子晉姜用祈綽綰眉壽作惠為亟萬年無疆用享用德畯保其孫子三壽是利

謹按重脩博古圖錄云晉姜齊侯宗女姜氏以其妻晉文侯故曰晉姜觀其始言君晉邦取其寘小君之稱以正其名中叙文侯咸貫通弘征綏湯原以顯己之有助迨其末也又言保其子孫三壽是利則三壽者與詩人言三壽作朋同意盖晉姜作此鼎非特保我子孫而外之三卿亦冀壽考也款識條理有周書誥誓之辭而又字畫妙絕可以為一時之冠又按劉原父先秦古器記云此鼎得於韓城韓者古建國有晉姜有文侯殆曲沃宗廟器也復作贊曰文侯冀周乃錫彤弓姜氏載德既祐武公并國享晉維政之隆師服刺仇非議之中

成曰丕顯走皇祖穆公克
夾召先王曰左方穆成公
亦、　歷望　自考幽大
対繼　命成允　祖考政
于邢邦弘　大　賜
朕股右　作命臣一衣戠用
天降亦、喪于上或亦唯器
厔　方率南　節東廣
南域東域至于歷寒〻王
命廼六以　八以日冕
成恭侯　方　眉壽　佑
㠯　客欲　每克我爵
武公乃　我率公朱軒百
恭　百徒　作王
楊六以　八以
侯　勿　壽率寧
至于　京我
方　成
用作
寶其萬〻子〻孫〻寶用

謹按宣和重脩博古圖錄云銘二百一十二字湮滅不可辨者八十二字是鼎得于華陰澠豪故地曰丕顯走者詩言有周不顯乃所以甚言其顯也走者如太史公以謂牛馬走則走乃自卑之稱皇祖穆公者考秦世次先武公次成公而穆公又其次今銘復先穆公次言成公後言武公者質諸經傳莫不有意義昔商之禘祀自上推之下尊〻之義故長發之詩曰有娀方將又曰元王桓撥相土烈〻而終之以實維阿衡實左右商王此先言有娀以及商至于相土成湯而下然後及于阿衡也周之禘祀自下而推之上親〻之義故雝之詩曰既右烈考亦右文母

蓋自烈考以上遠于文母也自上及下則原其始而知王業之所由興自下及上則舉其近而昭王業之所成當時各有所主而此鼎之文世次亦有所法也其餘以歷歲既久類多缺泐無從考〻姑就其可以意得者如此

歷代鐘鼎彝器款識法帖卷第十終

歷代鐘鼎彝器款識法帖卷第十一

周器款識

彝 卣 壺 舟 斝

月季尊 一名月星尊

月 季

月季者月見日以為明臣道也季疑其為名氏盖季字上从禾而下从子月或云是月星上下為禾稼之形月有幽明之道星有拱北之理禾有養人之實凡取以為飾者當以是為戒焉盖銘之斯所以戒之也

乙舉尊

乙舉

按字書云舉从手从與以手致而與人之意獻酬之義也記禮者言杜蕢洗而揚觶以飲晉平公而公曰毋廢斯爵至于今謂之杜舉然則觶亦謂之舉寔基於此昔蔡出龜而謂之蔡冀出馬而謂之驥皆因而得名也是知舉之為器其義亦爾

百一

器市尊

器市 作寶尊

器其姓氏也市則其名尔中一字未詳楚有大夫器左

伯克尊

鬳伯克 作尊彝

鬳不知其為名與氏也商有鬳彝故加白字曰伯克者伯其序也克其名也

師艅尊

王汝上侯師艅從王夜功錫師艅金艅則對揚乃德用作乃文考寶彝孫孫子子寶

曰汝上侯者上侯猶上公曰上公以言其官曰師艅以言其人師艅既有王功於是王乃錫艅金而俾作器以薦宗廟故又曰錫師艅金艅則對揚乃德用作乃文考寶彝其言文考與詩言文人同書德字从彳而此器从悳盖德出于道从悳亦篆籀之本意由此于金石遺文每得以考正其字畫之謬云

召夫尊

王大名公族于庚辰旅王錫中馬自貴侯四駜南宮括王曰用先中執王休用作父乙寶尊彝

百二

盉

同前

按博古錄云召公奭在成王時作保封于燕其國僻小不通諸夏至簡公已二十九世乃通諸侯又十一世而燕始亡此器乃周王褒大召公之族至于廟之器也又旅陳其王所錫之馬駜駜衆多也錫馬蕃庶駜于南宮南宮亦廟也此所謂褒大

之也乙者公之名王褱大其廟為其父作此寶器乃周家召公子孫之酒器也愚嘗從容此尊況非謂周之召公也政和八年安陸之孝感縣出古器有鼎有甗皆南宮中所作而此尊亦曰錫中馬中謂其名無疑也南宮中鼎云嚮父乙尊南宮中甗云作父乙寶彝此言父乙寶尊彝父乙之字亦不少異安陸所獲皆曰南宮此尊亦曰南宮又中鼎云王命太史括括字作昆此尊亦曰南宮括昆亦如之中鼎皆云先相南國相字作㫃此尊言大相公族而相字作㫃字體亦同蓋前人撰器此為緣然古尚書乃召六卿而召作𠡊恐此字音直笑切乃召命之召非周召之召也如此則中鼎云先召南國此尊言大召公族文意稍通中鼎曰王執而此尊曰凡王中鼎云錫于珽土而此尊云錫中馬自貫侯四駿又此尊言自貫侯而中鼎言貫行執此尊言先中而中鼎言中先無一不合者大意謂中有伐虎方之功而因君錫命作父乙之廟器耳同吾所好者更為詳究之

高克尊

惟十有六年十月既生霸乙未伯大師錫伯克僕山夫伯克敢對揚天佑王伯友用作朕穆考後仲尊高克用丏眉壽無疆克克其子子孫孫永寶用享

博古云銘五十八字曰克敢對揚天祐用作朕穆考後仲尊高克用丏眉壽高克者不見于他傳惟周末衛文公時有高克將兵後卒奔于陳疑克者迺斯人歟若然則是器蓋衛物也其曰作朕穆考則又言宗廟之制也蓋天子有三昭三穆與太祖之廟而七諸侯有二昭二穆与太祖之廟而五至于言考則不特止其父而已故謂其大父曰王考謂其曾祖曰皇考謂其高祖曰顯考此言其穆考之法周室至于春秋諸侯分裂之時其世雖衰而至于典刑文物者尚在于是亦言有如此者

孫卣

孫

右銘一字曰孫狀尸形蓋孫可以為王父尸而神依人而行託物而見則其視聽食息有是以形容此古人所以事死如事生事亡如事存其尸而祝之者蓋不逃乎此理是器特其人形以銘之豈不欲其神之有依託歟

伯寶卣一

蓋

伯作寶尊彝

器

同前

伯寶卣二

蓋

同前

伯寶卣三

器

同前

蓋

同前

器

伯作寶 尊彝

右三器銘文皆曰伯作寶尊彝當是一時物且古之以官稱伯者有二焉曰侯伯此五等之爵也曰方伯連率則在五等之外所以率諸侯者蓋其為伯則官有以作是器以告于前人如作寶彝之類是也或以伯仲稱者或以其字称者必有一於是也然是器卣也而曰寶彝蓋彝者常也法度之器也先王之于器用未有不以常法為貴者

五百

州卣

蓋

州作父乙寶彝

器

同前

右卣蓋器皆有銘文同曰州者不知其為名與氏也卣非庶人可有必當時公侯卿士世祿之家所用耳

大中卣

大中作 父丁尊

大中當是父丁之子言丁者商君之號配以十干恐周初接商末器耳

師淮父卣

蓋

穆從師淮父戍于 古阜蔑歷錫貝山 孚穆拜稽首對揚 師淮父休用作文 考日乙寶尊彝 其子孫永寶

器

同前

博古錄云其曰穆從師淮父戍則如詩言遣戍役之戍謂穆從淮父以戍役于古阜也曲禮生曰父曰母死曰考曰妣此言文考蓋後世追享之器耳曰日乙者舉其日之吉也亦猶大夫始鼎曰日己寶鼎文考尊曰日癸尊彝之類舉日之吉者可以嚴其事也

百六

尹卣

亞形中

惟十有二月王初祭旁 唯還在周辰在庚申 王飲西宮烝咸釐尹錫臣 雉棘揚尹休高對作 父丙寶尊彝尹其亘萬 季壽乃永魯無競在 服祀長侯其子孫寶用

是器蓋尹休高對揚君命而作父丙寶尊彝也昔人作器未嘗不尊君命而謹其時日故曰惟十有二月王初祭旁又曰辰在庚申言旁者如書之言哉生

朏朔死魄之類也言庚申則又指其日辰矣消日之說不獨用于祀事至于錫命造器罔不先此而況卣所以格有廟昭功德以示臣子之孝可不謹其始耶又曰尹其亘萬年受乃永褱則受當讀作壽古人用字或如此亦其理之所在也

單癸卣

蓋

冏〇選單冏
癸夙夕饗爾
宗尊彝其以父
子豊作父癸旅車
文考日癸乃方

器

同前

銘曰夙夕饗爾宗則是饗禮所用之卣宗者如禮記所言大宗小宗之類非旁之傳姓者也是器乃單冏作父癸卣然先曰饗爾宗則癸于單族蓋是其宗

百七

樂司徒卣 耳

樂大司徒
子象之子
弘作旅卣
其眉壽子〻

孫〻永寶用

周官有天地四時之職是為六卿惟大司徒實掌地事曰樂大司徒則樂者姓氏也宋戴公四世之孫有曰樂莒而後世子孫因以為氏又曰司徒子象之子弘作旅卣蓋言司徒之孫作是器也言旅者舉其衆耳非一器也有旅進旅退非一之狀

名仲考父壺

惟六月初吉丁亥
名仲考父自作壺
用祀用饗多福滂
用祈眉壽萬
年無疆子〻孫〻
永寶是尚

百八

小篆壺作壷上為蓋中為耳下為足象形篆也而此壺文更奇古體類大篆平已加于周宣以後物也名仲考父雖於經傳無所見然有周有名伯召虎竄為閒家令姓豈其功臣之世賢者之類耶而文曰用祀用饗多福滂語極與古周禮朝踐用兩壺尊用祀之謂也左傳周景王燕晉文伯尊以魯壺用享之謂也許慎曰渥行沛滂言多福與渥澤也

黃季舟

黃季之季

右銘云黄季之季用其吉金自作舟其永用之舟亦酒器以著沉湎之義

用其吉金自作
舟其永用之

子乙爵一

子乙

子乙爵二

同前

右二銘惟子乙字稍異前器乙向左後器乙向右當是同用之器若旅簋列鼎之類也子者五等之爵也乙蓋其氏周有乙公得者則乙恐其裔耳

父丁爵

矢
父丁
宁

百九

右銘曰宁父丁者其作器者之名也周封丁公伋于齊宣伋之子若孫有以宁為名者歟旁一字乃象形矢字得非東矢以表其直之義乎

歷代鐘鼎彝器款識法帖卷第十二

周器款識

觶　角　彝　匜

父貝觶

何作子
執木
亞中貝
父丁辛
尊彝

右銘何作子父貝丁辛尊彝而子作執木形稽之爵內亦以父舉或以父庚為號此云父貝書其名也而是觶則設之祭祀宴享之間所不可癈者此書名所以示其謹耳

雙弓角

冊
弓弓
冊
作
祖
乙
亞中
子立
戈
執艸

右銘中作雙弓者弜字也玉篇音渠良切彊也作器者之名也益弜為祖乙作此器耳旁作兩冊亦著人君冊命之意亞者如商器所謂廟室也亞形中作立戈之象者子執艸也亦宗廟祭享之器耳銘識與古全類商器

五彝

五

百十

右銘一字曰五者乃其次序耳

伯宋彝

伯宋

右銘二字曰伯宋伯者伯仲之次宋即其姓氏耳

雲雷彝

作寶彝

右銘三字曰作寶彝是器以雲雷為飾故愽古名之曰雲雷彝

雷文彝

作寶彝

銘三字亦曰作寶彝字畫高古而不書名豈諱賢也歟

雞單彝

棋雞單

右銘三字曰棋雞單曰單者叔向所謂周其再興乎其有單子也故知單所以為姓曰棋則穆公棋也單自襄公至穆公凡六世而世有明德今所載單父乙鼎銘曰棋單而大鏤亦相似耳

虢叔彝

虢叔作

周器言虢叔甚多有所謂虢叔作尊鬲者有所謂虢叔作叔殷鬲者虢言其姓也叔言其序也

篆帶彝

作寶尊彝

右銘云作寶尊彝不著名氏器類敦盉而名曰彝彝者法度之器也

百十一

冏從彝

單從彝一

冏作從彝

單從彝二

單彝冏作從

單從彝三

單冏作從彝

單從彝四

同前

單從彝五

同前

叔向曰周其再興乎其有單子也單在周為盛族單自襄公至六世而世有明德冏則其名也從言其次耳

司空彝

司空作寶彝

右銘云司空作寶彝空則借用工字蓋三代之時未必字字皆有必依聲託事假借而用之耳

百十二

召父彝

召父作乃寶彝

召父則召公奭也凡周器彝有六而因形以為用見于銘載者類書錫命享饗此曰作乃寶彝銘簡篆古真周初之物也上一字磨滅未詳以余觀之即身字訛缺耳寔孝享之器也

叔寶彝

叔作寶尊彝

銘云叔作寶尊彝且尊用以酌彝用以祼是故尊彝之所用也不同此統言尊彝者蓋先王之時用器不中度不鬻于市戒在于作為淫巧以法度為繩約要使其器可尊可法而後已是以沇子作盉而銘曰寶尊盉金作敦而銘曰尊敦父已

作彝而銘曰尊彝虢尗作鬲而銘曰尊鬲此曰尊彝者非六尊之謂也曰尗則周之以尗名者如虢叔榮尗祭尗之類也上一字磨滅故不可考其爲誰也

品伯彝

品伯作

寶尊彝

銘曰品伯作寶尊彝品作三口而一覆其下古人作字左右反正不拘偏旁之位置耳品伯不知何人也

伯映彝

古伯映 作宥作

寶 尊 彝

伯映于經傳無見大槩與周尗彝相似則知伯映爲周人無疑伯恐其字耳而字畫尤更髙古可愛 百十三

叔匜

尗作旅匜

右銘云尗作旅匜如伯作寶鬲特以伯仲第其序耳旅匜說在伯温父甗篇

父癸匜

壽方父癸

按博古錄云周之君臣其有癸號者惟齊之四世癸公慈母也太公呂望實封于齊其子曰丁公伋伋之子曰乙公得得之子曰癸公慈母慈母之子曰哀公臣然則作是器也其在哀公之時歟故銘父癸者此也昔之匜通用於人神此銘父癸則其祭祀宗廟之器耶此匜也而銘有曰壽者豈詩所謂洗爵奠斝之意歟方事洗盥則不可無匜爾

季姬匜

季姬作匜

昔晉文公重耳母曰季姬齊悼公娶季康子之妹亦曰季姬而文公母乃翟狐氏女太史公嘗以狐季姬稱之則此曰季姬者必有一於斯焉是匜盥器也易謂盥而不薦則潔至誠而以奉祭祀者夫人之職此以季姬自銘蓋其職歟

孟皇父匜

孟 皇 父

作 旅 匜

博古錄云昔魯桓公之後析爲三族有仲孫叔孫季孫焉仲孫於三桓氏爲長乃曰孟氏此孟族所由出也是則孟乃仲孫之氏而姓則姬也詩十月之交曰皇父卿士而釋者謂皇父字也然則此皇父亦其孟之字歟曰作旅匜則又言非此一器所以御賓客供盥灌者宜非一耳

張伯匜

張伯作旅匜

其子孫永寶用

按劉原父先秦古器記云按其銘曰張伯作旅匜張伯不知何世人似亦張仲昆弟矣匜者盥器其形制可以杝可以寫是以效其用贊曰伯也何人不見詩書仲友其兄此之謂與鑴鑴寶臣龍角虎軀禮之象類可得求諸 百十四

寒戊匜

寒戊作寶匜

其子孫永用

右銘云寒戊作寶匜寒戊必作器者之名也未詳其爲誰耳

司寇匜

作司寇彝用遣

用歸維之百寮粤
之四方永作祜福

右銘三字未傳按周官大司寇之職掌邦之六典以佐王刑邦國詰四方小司寇之職掌外朝之政以致萬民而詢焉則司寇在周官者蓋有小大之異是器銘文曰維之百寮則非大司寇不足以當是語也

文姬匜

器

丙寅子錫　貝
用作文姬己寶
彝十一月有三

蓋

析子孫

右銘二十一字初曰丙寅紀其時也次曰錫龜貝作文姬寶著其名也蓋作析子孫者貽厥子孫之義 百十五

義母匜

仲姞義母作
旅匜其萬年
子孫永寶用

博古錄云按國語晉公子重耳過秦穆公歸女五人懷嬴與焉奉匜沃盥既而揮之韋昭以謂嫡入于室媵御奉匜盥是器銘曰仲姞義母作旅匜者蓋晉文公重耳娶齊女姜為正嫡次杜祁次偪姞次季隗然杜祁以姞生襄公故躋而上之居第二是為仲姞以隗在狄所娶故躋而已次之是為季隗而祁自居第四昔趙孟嘗曰母義子愛是以威名則義母者杜祁也禮曰銘者自名以稱揚其先祖之美則所謂仲姞者自名也義母者襄公謂杜祁也按通禮義纂以謂媵御交盥蓋媵送女之從者御壻之從者夫婦禮始相接廉恥有間故媵御交相為洗以通其志彼其婚姻獻此稱義母則非初嫁之時其子職在焉故也稱旅匜則非交盥

所用特其匜之不一耳

齊侯匜

齊侯作楚姬
寶匜其萬年
子孫永保用

按楚與齊從親在齊湣王之時所謂齊侯則湣王也周室之末諸侯自王久矣銘其器以侯稱之尚知止乎禮義蓋彝器者法度所自出故其銘如此

杞公匜

杞公作為子
叔姜盥匜 百十六
眉壽萬年永
保其身迺越
受福無謀子
孫永保用之

銘曰杞公作為子叔姜盥匜按杞者古國名衛宏云與杞同雖形制未傳而字畫奇古文詞典雅極為可寶

孟姜匜

叔作朕子
孟姜盥匜其
眉壽萬年永

保其身洍越越

男女無諆子子

孫孫永保用之

右銘杙上一字未詳云益姜盤匜古器物銘云此銘得于淄之淄川初得杙匜銘而匜字从亼从匜今此銘从金从匜从皿古書不必同文蓋一時所傳如此尔銘文字畫与杞公匜絕相類蓋一時物也

田季加匜

脣

惟田季加自作寶匜其萬年無疆子孫永寶用享

器

子孫孫永寶用享

匜其萬年無疆

惟田季加自作寶

此匜脣與器各有銘二十一字曰田季加者田姓也季序也加即其名耳

歷代鐘鼎彝器款識法帖卷第十三

周器款識

兕敦一

兕敦二

兕敦三

兕 兕 兕 兕 兕

右三器制作一律蓋底皆有銘銘各一字上為屋室之狀下一字曰巳當讀曰兕古人用字或如此博古錄云此器蓋上有犀兕之形故以兕名之作屋室之狀者薦之宗廟之器也前二器舊藏 御府後一器宣和間獲于長安水中其制度款識悉同惟闕其蓋耳

周虔敦一

周虔作

旅車敦

周虔敦二

同前

博古録云師之出征則有宜社造禰之事而奉齋車以行是敦銘之以旅車則必旅之所用含奠于齋者且師行一軍而為旅者已衆故其敦不一則三以數之此特得其二而已其曰虔者必當時主將之名蓋不可得而考矣王楚釋虔為虔字

仲酉父敦

仲酉父作旅敦

仲酉父經傳無所見而曰旅敦者與周虔作旅車敦同蓋旅取其衆如張伯作旅匜糾作旅匜之類明其非一器耳

百五

達敦

達作寶敦其萬年子孫永寶用

右敦銘得于王炎公明家藏墨本其器舊藏永興軍駐泊都監曹佺家治平改元二月十五日河南趙君童晦炳曾為釋其字云某作寶敦其萬年子孫永寶用上一字不可讀後于元豐八年七月廿五日湖州文安國于吳興倅廳與燕文炳于彥楚同觀文安國云是達字達從辵而此从走疑古文辵与走通用是為達字無疑矣

叔旦敦

叔旦作寶敦其萬年子孫永寶用

右銘十五字得于蘭亭法帖中形制未傳不可得而考矣

伯庶父敦

惟二月戊寅伯庶父作王姑周姜尊敦其永寶用

歐陽文忠公集古録云此器嘉祐中劉原父得于扶風曰伯庶父作周姜尊敦伯庶不知為何人考古云王姑周姜称姑婦辭也王姑夫之王母也作器者伯庶父也或謂王姑者王父之姊妹然王父姊妹當從之否則有歸宗及殤附祭可也亦不容制器以祭

百卅

伯冏父敦

同前

伯冏父作周姜寶敦用夙夕享用祈萬壽

按歐陽文忠公集古録云尚書冏命序曰穆王命伯冏為周大僕正則此敦周穆王時器也按史記云年表自厲王以上有世次而無年數共和以後接乎春秋年數乃詳蓋自穆王傳共孝懿夷厲五王而至于共和自共和至今蓋千有九百餘年斯敦之作在共和前五世而遠也古之人欲存乎久遠者必託之金石而後傳其湮沉埋沒顯晦出入不可知其可知者久而不朽也然岐陽十鼓今皆在而文

字剝缺者十三四惟古器銘在者皆全是以古之君子器必用銅取其不為燥濕寒暑所變為可貴以此也古之賢臣名見詩書者常為後世想望矧得其器讀其文器古而文奇自可寶而藏之耶又按劉原父先秦古器記曰此敦得于藍田敦者有虞氏之器周禮有金敦有玉敦王敦以盛血天子以盟諸侯金敦以盛黍稷大夫主婦以事宗廟此金敦也其銘曰伯冏父作周姜寶敦用夙夕享用祈萬壽益穆王大僕正周畿內諸侯食菜於周者皆周家之後然則伯冏周之裔孫也復作贊曰穆滿耗荒周迷天下祭公作括實正王過冏亦正僕其僚遵度銘器貽世以續姚祖載祀二千示我懿矩

史張父敦

史張父作
尊敦其萬
年永寶用

右銘曰史張父者史者其官也張稱其氏也曰父則又見其尊焉

蒯仲敦

蒯仲箕父作
尊敦其萬年
子孫永寶用

右銘曰蒯仲箕父作尊敦言蒯者春秋之時魯有南蒯鄭有孫蒯晉有邢蒯齊有中蒯衛有屠蒯此曰蒯者不知其為誰也曰仲箕父者乃其字耳

師望敦

大師小子師
望作㸑彝

愽古錄云史記齊世家太公望呂尚東海人其先祖嘗為四岳佐禹平水土有功或封于申或封於呂本姓姜氏從其封姓故曰呂尚尚年老窮困以漁釣干周西伯西伯將出獵卜之曰所獲非龍非彲非虎非羆所獲霸王之輔獵至渭陽得尚与語大悅曰自吾先君太公望子久矣故號太公望載与俱歸遂立為師其名曰太師者蓋紀其官也望則稱其號耳是器與周師望簋銘文政同殆一時物耶

雁侯敦

雁侯作姬原
母尊敦其萬
年永寶用

同前

愽古云按周室武王第四子曰雁侯其後乃有雁姓則雁者周武王之子曰姬邍母尊敦於是又言邍者武王之姬雁侯之母也邍與原同蓋古之姓氏耳

剌公敦一

伯據虘肇作
皇考剌公尊
敦用享用孝萬
年眉壽畯在

刺公敦二

位于〻孫〻永寶

同前

此敦曰皇考刺公𠙶敦亦曰刺祖乙伯按太公望子丁公伋〻子乙公得是知刺公乃乙公族也二器銘款悉同亦一時宗廟之器皆曰用享用孝也

屈生敦

屈生齡作

寶敦子孫

其萬君年

用享如在

屈其姓也齡其名也曰生如龍鼎稱龍生之類後言用享如在乃宗廟之器有祭神如神在之義

叔猶敦

炸猶生作尹

姞尊敦其萬

年無疆子孫

永寶用享孝

仲駒敦一

炸猶生者叔伯仲之序也猶則其名耳曰生則如龍生屈生之類

寶用享孝

敦子孫〻永

父作仲姜

祿旁仲駒

祿旁仲駒

父作仲姜

敦子孫永

寶用享孝

蓋

同前

器

同前

仲駒敦蓋

寶用享孝

敦子孫永

父作仲姜

禄旁仲駒

三器皆曰仲駒父其國氏及世次皆未詳功臣表有騏侯駒左傳有駒伯為郤克軍佐則駒其姓也若曰齊景公卒冬十月公子駒奔衛則駒其名也豈非公子駒以伯仲而曰仲駒父耶檀弓云幼名冠字五十以伯仲稱周道也子生三月父名之二十而冠敬其名而立其字五十為大夫則尊其字而呼以伯仲也仲姜者蓋仲駒父之母或祖也或以為仲駒父妻則禮曰夫不祭妻是以知其為母或祖也按春秋凡婦人皆以字配姓伯姬仲子季姜之類是也仲姜亦字配姓也齊許申呂皆姜姓此則未詳其何國女夫器有用器有祭器凡銘有享孝追孝祀禋者皆祭器也九嬪職云凡祭祀贊玉齍而玉齍之制不見於傳注今宗廟中乃與瑚璉是為瑚器蓋鄭元所謂敦瑚璉簠皆黍稷之器者歟噫兩漢去聖未遠煨燼之餘禮樂殘缺所泯絕者眇邈已不可追當是時綴學之士所以斷簡遺編補緝詁訓斷以臆說故三代禮文雜以漢儒之學由是後世祖述者異端紛糾無所歸止今復見三王之完器乃可以知聖人制作之有俾有志于古者有所考信豈小補哉

肈父敦

肇父作姬甗

媵敦其萬年

眉壽永寶用

肈父作姬甗媵敦肈从聿而此從子既曰姬甗又曰媵敦形制未傳故未可考也

百五

歷代鐘鼎彝器款識法帖卷第十四

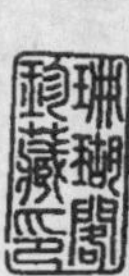

周器款識

敦

散季敦

惟王四季八月

初吉丁亥散季

肈作朕王母𡚱

姜寶敦散季其

萬年子孫永寶

同前

博古録云考其名乃散季為王母𡚱姜作也昔之人神祀饗之禮其彝器食飲每通用之既以人道事乎神又以神道享乎人此家廟中與夫平日燕居之器皆得銘而用之初無別也散季之銘𡚱姜敦必有一於是矣當商之末世閔之盛德文王在下遵養時晦於四方之賢者盡歸乎來如太公望散宜生之徒莫不咸在文王者得此數臣以之為輔故丕顯之謨足以貽於初丕承之烈得以繼于終迨夫天之曆數有歸於周武王作太誓以誥于衆則太公望有鷹揚之從散宜生有執劍之衛事業昭昭載之史冊蓋彼皆以文王舊臣受顧命之托而成此功焉今觀是敦考諸銘識在惟王四年八月也且文王之世散季已為之輔而歷數猶未歸則知所紀之四年肈而作此者蓋武王時明矣又按考古録云

百六

以太初歷推之文王受命歲在庚午九年而終歲在己卯書曰惟九年大統未集武王以明年改元十三年伐紂乃壬午歲實武王即位之四年敦文曰惟王四年王盖武王也是年一月辛卯朔書曰惟一月壬辰旁死魄旁死魄二月也是歲二月後有閏自一月至八月小盡者四故八月丁亥朔与敦文合武王之時散氏惟閎散宜生季平輕其字也

屢敦

屢作皇祖益公
文公武伯皇考
龔伯𩰫彝屢其
洍萬年無疆令
終令命其子孫
永寶用享于宗室

百廿七

博古録云按此器乃敦而銘謂之彝者槩器之總名故不言敦屢必諸侯也故祭及四世蓋以古之諸侯有五廟大夫有三廟而傳言學士大夫則知尊祖謂遇祖則無及矣武伯龔伯以謚配字爲言如文仲穆伯之類益公文公則言其爵益不沒其實也如周有天下至于不窋古公亦或不以爵称又況於諸侯哉

師毛父敦

惟六月既生霸戊
戌旦王格于大室
師毛父既立邢伯佑
內史冊命錫赤市
對揚王休用作寶敦

其万年子孫其永寶

大室者廟中之室言大以别其次者如魯有世室是也戴敦云王格于太室牧敦云格大室盖周之時受四方諸侯之朝必於其廟示不敢專耳詩言嗣王朝于廟者此也是廟皆謂之室也曰毛父則史称武王克商毛叔奉明水盖史称叔者字也春秋書毛伯者爵也邢敦亦云伯毛內門立中廷佑則毛父其人歟以古者始字之曰仲伯及其德卲則又言其父焉若夫言內史冊命者以內史凡命諸侯及孤卿大夫則冊命之耳

孟姜敦

𣏌孫父作孟
姜尊敦綰綽
眉壽永命彌厥
生萬年無疆子
孫孫永寶用享

百廿八

曰𣏌孫者蓋𣏌孫氏出于桓公之後曰父者尊之也曰作孟姜尊敦姜齊姓也齊曾婚姻之國孟則長矣以别於仲季之称与詩所謂孟姜同意

虢姜敦

虢姜作寶尊敦用
禪追孝于皇考惠
仲祈匄康𩛥純佑
通祿永命虢姜其
萬年眉壽受福無

萬年子孫永寶用享

右銘曰用禪追孝于皇考惠仲者宗廟祭享之器也祈匄康嗣純佑通祿永命文意與微欒鼎相類殆一時器耳

[illegible]敦

惟正月乙子王格于大室穆公入佑𢦏立中廷北鄉王曰𢦏命汝作司土官司耤田錫汝𢦏衣赤𤕌市鑾旂楚徒馬服五服用𢦏拜稽首對揚王休用作朕文考寶敦其子子孫孫永用

按考古圖云其銘與䣄敦相似銘文云正月乙子及商兄癸彝亦曰丁子日辰剛柔不相配疑乙子即甲子丁子即丙子世質人淳取其同類未甚區別不然殆不可名狀博士黎肇云晉文城濮之戰獻楚俘於周駟介百乘徒兵千兩數矣有曰楚徒者乃以楚之徒兵錫之禮諸侯不相遺俘天子得以錫侯國

宰辟父敦一

百九

惟四月初吉王在辟宮宰辟父佑周立王冊命周曰錫汝華朱芾玄衣束帶旂鋚革錫戈琱戟彤矢用鍱乃祖考事官司節僕小射底敷周稽首對揚王休命用作文考寶敦其子子孫孫永寶用

宰辟父敦二

釋音同前

百十

惟四月初吉王在辟宮𡨦
辟父佑周立王冊命周曰
錫汝華朱芾玄衣束帶旂
鋚革錫戈琱戟彤矢用𩚁乃
祖考事官司節僕小射底
敷周稽首對揚王休命用作
文考寶敦其子孫永寶用

釋音同前

寏辟父敦三

惟四月初吉王在辟宮𡨦
辟父佑周立王冊命𡨦曰
錫汝華朱芾玄衣束帶旂
鋚革錫戈琱戟彤矢用𩚁乃
祖考事官司節僕小射
底敷周稽首對揚王休命
用作文考寶敦其子孫永寶用

三器形制款識悉同乃一時物也其銘曰周者晉公子周悼公也悼公文襄之後故有用作文考寶敦之辭古者錫有功則必有彝器以紀其事且以告于家廟焉如秬鬯一卣告于文人是也卣飲器敦食器其爲銘一也是敦之銘亦曰用𩚁乃祖考者謂此

右敦

惟元年既望丁亥王在雝位曰王格
廟即立宰曶入佑厄立中廷王
呼史大冊命厄王若曰厄昔先
王既命汝作宰司王家今余惟䌛
京乃命汝洎曰纘乃對格從司王
家外內毋敢有不敬司百工入
善氏命乃有衆有即命乃非先告厄
毋敢侯有入告汝=弗善效善氏
人勿事敢有侯止從獄錫汝玄
衮衣赤舄敬夙夕勿灋朕命厄
拜手稽首敢對揚天子不
顯魯休用作寶尊敦厄
其萬年眉壽子=孫=永寶用

厄乃其名也鄭有大夫公子厄者嘗為大夫而此敦冊命厄作宰司王家而錫之以玄衮衣赤舄想非所謂公子厄也此言夙夕勿灋朕命寶簋亦曰夙夕勿灋朕命晋姜鼎云勿灋文侯顯命齊侯鎛鐘云弗敢灋乃命而灋皆用法蓋法有時而廢故古人通作灋字猶治亂謂之亂也

帀敦一 先秦古器記 劉原父所藏

百廿三

惟二年正月初吉王在周邵
宮丁亥王格于宣榭毛伯內
門立中廷佑祝郱王呼內
史冊命郱王曰郱昔先王既
命汝作邑纘五邑祝今余惟䌛
京乃命錫汝赤芾彤冕齊黃
鑾旂用事郱拜稽首敢對
揚天子休命郱用作朕皇
考龔伯尊敦郱其眉壽萬
年無疆子=孫=永寶用享

郱敦二 考古云藏 京兆孫氏

百廿四

盖

器

郱敦三　古器物銘

百廿五

按歐陽文忠公集古録云此銘嘉祐中劉原父以翰林侍讀學士出為永興路安撫使其治在長安原父博學好古多藏古奇器物能讀古文銘識考知其人事蹟而長安秦漢故都時時發掘所得原父悉褱而藏之以余集古文故每有所得必摹其銘文以見遺此敦得其蓋於扶風而有此銘原父為余攷按其事云史記武王克商尚父牽牲毛叔鄭奉明水則此銘謂鄭者毛叔鄭也銘稱伯者爵也稱叔者字也敦乃文武時器以愚考之此字從弁从邑弁字史籀作𢍏而此敦曰郱則謂之郱無疑呂氏考古亦作郱字而劉原父謂之鄭者非也呂氏又曰此三敦同制同文則知古人作器勒銘非一物器皆有是銘也郱周大夫也有功錫命為其考作祭器也宣榭蓋宣王之廟也榭射堂之制也其文作𠭯古射字執弓矢以射之象因名其室曰射音謝後从木其堂無室以便射事故凡無室者謂之榭爾雅云宣王之廟如榭故謂之宣榭春秋記成周宣榭火以宗廟之重而書之如桓僖宮之比二傳云藏禮樂之器非也又有戠敦云王格于大室亦廟也古者爵有德而祿有功必賜于太廟示不敢專也祭之日一獻君降立阼階之南南鄉所命北面史由君右執策命之再拜稽首受書以歸而舍奠於其廟毛伯內門立中庭右祝郱者毛伯執政之上卿也入廟門中其庭立祝與郱皆在其右也士呼內史策命郱者內史掌諸侯孤卿大夫之策也王曰者史執策贊王命以告郱也赤市彤冕齊黃鑾旂所錫車服齊黃者馬齊色也郱拜稽首用作皇考龔伯寶尊

百廿六

敦者所謂受書以歸舍奠於其廟也此策命之禮古器多有是彝故詳釋之

師訇敦

王若曰師訇不顯文武應受天命亦
則於汝乃聖祖考克　佑先王作乃
冂求亦乃辟寬大命盭和雩政
皇帝亡昊臨保我乃周雩四方
無不康靜王曰師訇哀哉今日天疾
畀隆喪首德不克盡古無承于先王

百廿七

鄉汝　郇周邦妥立余小子𢦏乃
事惟壽鎬　今余惟𤴬京乃命〻女
惠雝我邦小大猷邦佑潢辥敬明乃
心率以乃友于　王身谷　汝弗以乃
辟　于艱錫汝秬鬯一卣圭一面鄧邑
三百人訇稽首敢對揚天子休用作
朕剌祖乙伯咸益姬寶敦訇其萬思
年子〻孫〻永寶用作世宫寳惟元年二
月既望庚寅王格于太室艾内右廷

銘文二百一十二字曰師者官也訇則其名耳乃嗣王命訇惠雝我邦錫以秬鬯
一卣圭一面鄧邑三百人訇乃對揚天子休用作朕剌祖乙伯咸益姬寶敦又云
其萬斯年而斯乃用思古人用字或如此耳此敦言剌祖乙伯剌公敦云皇考剌
公而皆言剌又博古錄云太公望子丁公伋〻子乙公得以此知剌公乃乙公之
族也

師毀敦

惟王元年正月初吉丁亥

百卅八

伯和父若曰師毀乃祖考
有婚于我家汝佑惟小子
令命汝死我家纘治我西
偏東偏僕馭百工牧臣妾
東栽内外無敢不善錫汝
戈琱戟緱韍彤矢十五鍾
鍾一磬五金敬乃夙夜用事
毀拜稽首敢對揚皇君
休用作朕文考乙仲𪓈敦
毀其萬年子孫永寶用享

博古録云此銘伯和父者和衛武公也衛自康叔有國至武公已三世矣武公能
循康叔之政乎式有功故周平王命之爲公令觀文著伯和父稱若曰則知代王
而言者也其謂師毀乃祖考婚于我家則知爲周室之姻婭舊族耳方茲時師毀
治其東偏爲有功焉故銘厥功而錫是敦以章其善且復見戈矛鎛鍾之物不一等
可謂盛矣然世系所出則前史既闕無所考證不得其傳焉

牧敦

百卅九

惟王十年十有三月既生魄甲
寅王在周在師保父宮格太
室即立公令　入佑牧立中
廷王呼内史吳冊命牧王若
曰牧昔先王既命汝作司土
令余唯或廏改命汝辟百寮
有同事　乃多辭不用先
王作刑亦多虐庶民及僕庶
右不刑不中乃侯之耤
以今繇司匐乃罪自故王曰
牧汝毋敢　先王作明刑
用奉乃僕庶右毋敢不明不
中不刑乃申政事毋敢不尹其不
中不刑今余惟𠭯京乃命錫
汝秬鬯一卣金車桼車畫軒

百四十

朱䩍白　虎冟練裡旂余
三所服　乎敬夙夕勿
𤼷朕命敔拜稽首敢對揚王
丕顯休用作朕皇文考益
伯寶尊敦敔其萬年壽考
子子孫孫永寶用

考古録云此敔銘與郝敔敦相似所錫有秬鬯一卣皮虎冟練裹之類与寅簋相似司服所掌五冕無虎冕先儒釋毳冕之章宗彝為首宗彝有扁蜼故謂之毳以是考之虎冕即毳冕也如荀卿云天子山冕山冕即龍衮也有山龍之文或曰山冕或曰龍衮皆舉一物以名其服

敔敦

百四一

惟王十月王在成周南淮節
遱及内伐浪昴参怴裕敏
陰陽洛王命敔追迎于上洛
烝谷至於伊班馬榜戠首百
執係曰雜孚人三百鄙于父
伯之断于烝衣怖復付乃
君惟王十有一月王格于成周
太廟武公入佑敔告禽馘
百係曰王蔑敔曆事尹氏
受釐敔圭萬鬯貝五十朋錫
田于欲五十田于早五十田敔
敢對揚天子休作尊㪔
敔其萬年子子孫孫永寶用

博古録云銘一百四十字首曰惟王十月猶春秋之言春王正月之意蓋言王所以尊主言月所以謹時又曰王在成周者猶詩之言王居鎬京周公既成洛邑明天下知所歸往也曰及内伐浪昴猶詩之所謂薄伐玁狁至于太原者矣曰王命敔追迎于上洛猶詩之出車以勞還杕杜以勤歸者矣執係曰雜孚人三百洋宮之執訊獲醜之意也曰十有一月格于成周大廟告歌成功于廟之意也曰敔告禽馘百係曰者有同乎獻馘曰尹氏受釐有若乎告廟之終並受其福曰圭萬鬯貝五十朋者蓋錫以圭瓚以作宗寶彝以鼎彝以著其功與之鬯帛以將其意而其數之多至五十朋是矣而又錫以土田之衍則受錫者豈得傲然自居其寵耶宜乎對揚天子之休命而歸美以報其上焉亦猶詩所謂虎拜稽首天子萬年之意歟是敔也不惟制作精工而又字畫奇古其間辭意与商周之書雅頌之文相為表裏楊雄言周書噩噩爾殆有見於茲也

百四二

歷代鐘鼎彝器款識法帖卷第十五

周器款識

簠　簋　豆　盉　匜　鋪　同

史黎簠一　古器物銘

史黎簠二　考古云藏扶風乞伏氏

史黎作簠

同前

二器銘文同而字畫小異史其官也黎其氏也　二字皆籀文耳

鄀子斯簠一　向滿本

鄀于子斯自作旅簠

鄀子斯簠二　古器物銘云藏宗室仲爰家

鄀于子斯父自作旅簠子孫孫永用

右二器銘文詳略不同皆稱鄀于子斯鄀者國名左氏傳曰秦楚界小國也子斯若名或字耳

百四三

劉公簠　一名杜嬬鋪藏李伯時家

劉公作杜嬬尊鋪永寶用

按周靈王時有劉定公景王時有劉獻公此曰劉公未審其誰也然言公而不言謚以其劉公自作是器追享杜嬬宜乎不言其謚也劉字从卯金刀而說文止有鐂字从卯金田此以又易田乃近刀意而許慎解金字今聲也下从土左右注而象金生於土中此去其聲單取生金意其省文如此曰杜嬬者無見於書傳以愚考之簠作鋪者鋪非器用之名簠之字小篆作簠籀文作𥫱蓋小篆从甫而籀文從金今鋪字从金从甫則為簠字無疑也

太公簠

太公作籑簠子孫寶永寶用享

考古云按蘓圖云咸平三年同州民湯善德獲于河濱以獻此器與張仲及史黎二器形制全類張仲簠作𥫱史黎簠作𥫱此簠作𥫱張仲从夫史黎從古此从𠂆者皆𠂆字从夫即古簠字𠂆與簠聲相近故古人皆同為簠字尓

百四四

𤉲邦父簠

𤉲邦父作簠用征用行用從君王子孫孫其萬年無疆

𤉲邦父莫知其為誰特春秋轅氏名邦益季皆之子也寅簋銘亦曰叔邦父豈非一種器耶曰用征用行則𤉲夜鼎亦銘以征以行按字書云征正行也凡言征者皆以正行銘之臣有從君之義故又繼之曰用從君王也

張仲簠一

張仲作寶簠𢍰之金
鉄銑鉄鐈其熏其玄其
黃用盛諸受樵米用

饗大正音王賓饌具
白飼張仲受無疆福必
友饌飼鼎寶張仲昇壽

張仲簠二　考古圖

釋音同前

張仲簠三　蘭亭帖

亖七

釋音同前

張仲簠四　古器物銘

亖八

釋音同前

劉原父先秦古器記云右二簋得于驪山白鹿原簋者稻粱器也銘曰張仲見于小雅宣王臣也所謂張仲孝友者矣贊曰宣治中興方甫董征張仲孝友秉德輔成外是經內是承文武師〻安有不寧歐陽文忠公集古錄云張仲器銘四其文皆同而轉注偏旁左右或異蓋古人用字如此耳嘉祐中原父在長安獲二古器於藍田形制皆同有蓋而上下有銘甚矣古之人爲慮遠也知夫物必有弊而百世之後將沒於叢莽其一在尚兾或傳不然何丁寧重複若此之煩也詩六月之卒章曰侯誰在矣張仲孝友蓋周宣王時人也距今實有千九百餘年而二器復出原父識其器今錄其文蓋仲與吾二人者相期於二千歲之間可謂遠矣方仲之作斯器也豈必期吾二人者哉蓋久而必有相得者物之常理耳是以君子之於道不汲〻而志常在乎遠大原父在長安得古器數十作先秦古器記而張仲之器銘文五十有二其可識者四十一具之如右其餘以俟博學之君子

師寏父簋一　河南張氏

師寏父
作旅簋

百四十九

師寏父簋二　開封劉氏

同前

右銘云師寏父作旅簋師言其官如師旄師毀師毛之類是也寏即其名耳父則尊之也言旅簋者器不止此一器也

京叔簋

京叔作饗
簋其萬
壽永寶用

按春秋隱公元年經書鄭伯克段于鄢左傳言鄭武公娶于申曰武姜生莊公及共叔段姜氏愛叔段請京邑使居之因謂之京城大叔者疑出於是也諸簋銘款有言旅簋有言寶簋而此曰饗簋者因饗食禮以錫其器若彤弓言一朝饗之者是也

師望簋

太師半師
望作䵼彝

同前

銘曰太師半師望作䵼彝按齊世譜太公出於姜姓而呂其氏也故曰呂尚西伯獵於渭陽得尚與語說之曰自吾先君太公云當有聖人適周〻以興子真是耶吾太公望子久矣故號曰太公望載與俱歸立爲師銘曰太師者語其官也曰望者語其號也曰小子者則孤寡不穀侯王自稱之義也今簋也而謂之䵼彝蓋䵼訓煑熟食簋盛黍稷惟熟然後可食耳

百五十

叔高父簋

蓋

叔高父作旅
簋其萬年子
孫〻永寶用

器

同前

銘曰敔禹父叔伯碩父姞邦之類是也旅簋言不一也王楚云貝冡嘉敕之實
舍不及鼎字之氣

□簋

右

有進退學邦人正人師氏
人有罪有故廼敍朋即汝
廼繇宕威淺虐從故君故
師廼作余一人服王曰寅敬
明乃心用辟我一人善效及
友大辟勿事虩虐從獄受
雜獻行道故非正命廼敢矢
傒人則唯輔天降喪不廷
唯死錫汝秬鬯一卣及斧市
赤𤔲駒韐華軒朱虢卣新
虎冕練裏盡革畫韐齊金
鏞馬旂鋚勒敬夙夕勿癈
朕命寅拜稽首對揚天子
丕顯曾休用作寶簋対邦
文対姞萬年子孫=永寶用

單疑生豆

單疑生作養豆用享

銘曰單疑生作養豆用享單疑生考之傳記無見唯周有單穆公獨為盛族然所謂疑生者蓋指其名若左氏言寤生書言寘生皆言其名也

姬寏豆

姬寏母作太公郭公 公魯
仲䁅伯孝公靜公豆用祈
眉壽永命多福永寶用

考古云蔡博士肇言按齊世家言太公之卒百有餘年子丁公呂伋始立郭公以下三世至孝公始見於史自呂伋十四世矣餘文不可考然知為齊豆無疑

單從盉

單
冏作從彝

單從彝
冏

博古錄云周有單子歷世不絶為賢卿士其族有襄頃靖獻穆公之類所謂景公者豈斯人之族耶然單氏之器得之有數種有舟有鼎有彝與此盉其形雖不同而其銘則皆曰從彝也葢彝以言其有常從以言其有繼是器特與盉為一類耳

百五三

伯王盉

伯王敦作寶盉
其萬年子子孫孫
其永寶用

銘云伯王敦作寶盉考古云按盉不見于經說文云調味也葢盉和五味以共調也伯者尊稱之王其姓也敦乃名耳

嘉仲盉

嘉仲求諸經傳無見考其款識已非夏商但製作有類乎周其曰諸友則知非獨擅乃與朋友共之之器也且五常之道言君臣之尊尊父子之親親而朋友亦列於其間則未有不須友以成者彝器者法度之所在其於尊君事親之彝未嘗不載則於朋友之義宜有以及之茲器是也

百五四

歷代鐘鼎彝器款識法帖卷第十六

周器款識

甗　萬　孫　盉　盦

伯温父甗

伯温父

作旅甗

按考古録云文曰旅甗者旅食所用燕禮司宫尊于東楹之西兩方壺公尊瓦大兩有豐士旅食于門西兩圜壺言旅者以别公尊與堂上尊也餘器皆然故此圖所載有旅彝旅甗旅簋旅匜皆此義也

仲酉父甗

仲酉父

肇作甗

一三五

仲酉父不見于經傳但周有敦蓋亦曰仲酉父作旅敦皆一時物也肇作甗者肇言始作此器耳

方寶甗

享子子孫孫永用

自作寶甗其

惟十有三月（合作一字）用吉金

此銘與前二圖將同出於安陸之孝感銘識悉同惟十有三月合作一字甗字在極奇古左右上下不拘過儞位置耳

仲信父方甗

惟六月初吉

仲信父作旅

甗其萬年子

孫孫永寶用

考古録云按儀圖云戊平三年好畤令黄鄆獲是器詣闕以獻詔白中丞杜鎬詮其文惟史守楊南仲謂不必讀爲史當作中音仲然以愚考之恐只是史字史信者如史頌史黎之類史言其官信言其名父則尊稱之耳

父乙甗

一三六

王命中先省南國貫行埶
位在曾史兒至以王命曰
余命汝史小大邦乃有舍
汝𨛭量至于汝庸小多
中呂自方長　𨛭
以師有寮故　故人在
漢中州曰叚曰　故人君
曰夫乃　言曰　貝
月對揚王　休名父對
余　承用作父乙寶彝

右銘重和戊戌歲出於安陸之孝感縣耕地得之自言于州州以獻諸朝凡方鼎三圓鼎二甗一共六器皆南宮中所作也形制精妙款識奇古曰父乙者蓋商末周初之器耳　百五二

慧季鬲

慧季作

按惠與慧通號姜敦款識有惠仲春秋有惠伯惠叔而此鬲銘之爲惠季豈非惠爲氏而伯仲叔季者乃其序耶

丁父鬲

孫　丁父

按博古云夫世人但知十干爲商凡遇款識有十干者皆歸之商故或以丁父鬲爲商蓋誤矣按商之銘於甲曰父甲丁曰父丁辛曰父辛乙曰父乙皆尊其父而上之未見有列於下者無商鬲皆以父丁爲銘若謂丁父亦爲商器則是古人於名號間有變易矣將何以示後世乎蓋周之太公望再世而有丁公其後世以丁爲氏是鬲周物豈其丁氏之子孫爲其家廟而作耶曰孫則又言孝孫作之以奉其祖也

伯鬲

伯作　寶彝

按古器以伯爲銘者多矣尊敦彝舟爵皆有伯作之銘觀古人或以伯爲謚或以伯爲名或以伯仲第其序或以侯伯列其爵所稱非一而此曰伯者殆未可以私智決也

帛女鬲

帛女作齊鬲

帛女疑官女之有職者然攷周官自九嬪世婦之餘所可見者司服縫人而已初無此名也豈非自周之末典禮不存因其職而命之歟不然則諸侯不敢擬於天子而有是職歟漢廣川王以陶望卿主繒帛疑亦祖述周人之意其曰作齊鬲蓋於祭祀之齊而所用之器也

師鬲

師作寶鬲

昔師稱其官則有若尹氏大師者是也以師稱其姓則有若師曠師丹者是也此器銘曰師疑以師言其姓或言其官耳制作簡古雖周之物殆有商之遺意　百五六

虢叔鬲一　古器物銘

虢叔作尊鬲

虢叔鬲二　考古圖

虢叔作叔殷穀尊鬲

右二銘皆虢叔所作後一器曰穀與宋田鼎同殆一時器也

聿遂鬲

聿遼作尊鬲永寶用

右銘云聿遼乃作鬲者之人也

亦鬲

亦　作尊鬲永寶用

右銘亦下一字湯滅未攷

蔑敖鬲

蔑敖祿光康
玖孝永寶德

百五九

右銘十有一字所可辯者九字而已敖上縣縣若蔑字按楚之君有霄敖若敖杜敖郏敖而其官名亦曰莫敖所謂蔑敖殆出於斯耶楚周諸侯國故其器作周之形制曰光康者古人銘器之意蓋未可以臆論也

仲父鬲

仲父作尊鬲子孫孫其萬年永寶用

右銘十有六字仲下一字不可辯昔有仲山父仲慶父仲考父仲仁父此曰仲父者蓋未知其為誰矣其制作乃與聿遼鬲相近耳且諸器款識有曰孫子有曰子孫孫有曰子孫蓋孫可以為王父尸子不可以為王父尸故言孫子而以孫為先言之不足至於重複故言子子孫孫而不嫌其煩或疊言或單舉以互見故言子孫而不嫌其略若此再言子子孫孫人從而系之是為孫孫之義蓋孫亦子屬不待指而後著矣噫古人制器允在於遺後世且欲傳守不失故以子孫為丁寧若乃漢器銘子孫者十無二三此所以不能乎古也

京姜鬲

京姜庚仲作尊鬲其永寶用

百六十

按詩之思齊曰思齊太任文王之母思媚周姜京室之婦太姒嗣徽音則百斯男蓋太王之妃曰大姜王季之妃曰太任文王之妃曰太姒曰京姜者京室之婦也周有天下在武王時及其追尊祖考則以古公為大王季歷為王季於是國以京名之故謂之京姜

其父鬲

父作尊鬲
子子孫孫永寶用

右銘父上兩字未詳子子孫孫語見仲父鬲篇中

諸旅鬲

諸 旅 作 尊 鬲 其 子= 孫= 永 寶 用

右銘曰諸旅下繼之以作尊鬲者諸旅必其名氏也其子子孫孫永寶用而下有

一敕字得非人君所賜而著其敕命耶然敕自唐朝方用此周器也而謂之敕不可得而考矣

仲斯鬲

右銘曰仲斯必作器者之名也

史孫觶

史 孫 𣪕 作 觶

右銘云史孫𣪕作觶而𣪕則未詳其音讀觶作○者象形篆也猶言觶圓則

水閣丌

封比干墓　銅觶

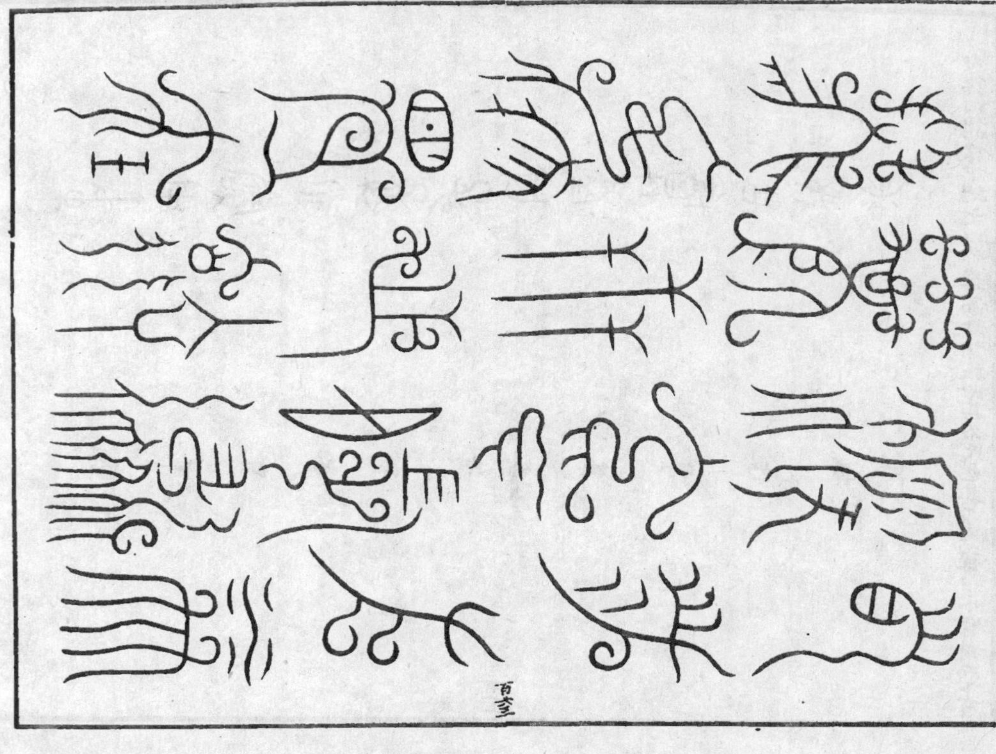

百六三

右林左泉　後岡前道（或云前岡後道）
萬世之寧（或云莫字）茲焉是寶

右開元四年游子武之奇於偃師耕耘獲一銅片盤形四尺六寸上鏤文深二分其左右前後岡道與泉並存唯林無矣考諸圖籍即比干之墓

魯正叔鎜

魯正叔之
窆作鎜其
御子孫
永壽用之

按魯周公所封自伯禽之國而蕃衍盛大爲天下顯諸侯且號禮義之邦者以周公之聖風化所本餘膏賸馥澤後世而不竭故其世業與周相爲盛衰至戰國時而仲叔季之氏族遂分其國然所謂正叔雖不見於經傳必魯之公族也

百六四

卭仲鎜

惟王月初吉日丁亥卭
仲之孫伯戔自作頮
鎜用祈眉壽萬年
無疆子子孫孫永寶用之

王月者正月也如所謂王春也言王所以尊主也頮䍙者盥洗之器耳邛仲之孫伯戔又作饋盦與此銘合字畫各為一體皆奇古可愛

齊侯䍙一 博古錄

齊侯作楚
姬寶䍙其
萬年子孫
永保用

齊侯盤二 古器物銘

同前

百六五

右二銘字畫稍異而文則同皆云齊侯作楚姬寶䍙與齊侯匜銘識相類古器物銘云政和丙申歲皆安丘縣民發地得之正一時物也驗其銘文蓋齊侯為楚女作

頌師䍙

福無疆
䍙用孝用享

其吉金自作寶
冀師季移用

右銘云冀師季移用其吉金自作寶䍙按商有冀父辛卣博古云冀者國名昔人受封於此則後世食菜於所封之地後以為氏冀乃其旅商耳師言其官也季言其序也移則其名耳曰用孝用享蓋祭享之器也後云福無疆謂祈福之無疆也福上一字磨滅未攷吉字从士从口言士之口常吉也而此止从士从口常吉之意乎字畫奇古文詞典雅但形制未傳耳

伯索盂

伯索史作季
姜寶盂其萬
年子孫永用

百六六

博古云夫季姜之稱於書傳多指婦人言之如詩所謂孟姜是也彼曰孟姜而此曰季姜者乃其序耳伯索史作季姜盂則知為季姜而作也

邛仲盦

邛仲之孫
伯戔自作
饋盦永保
用之

器

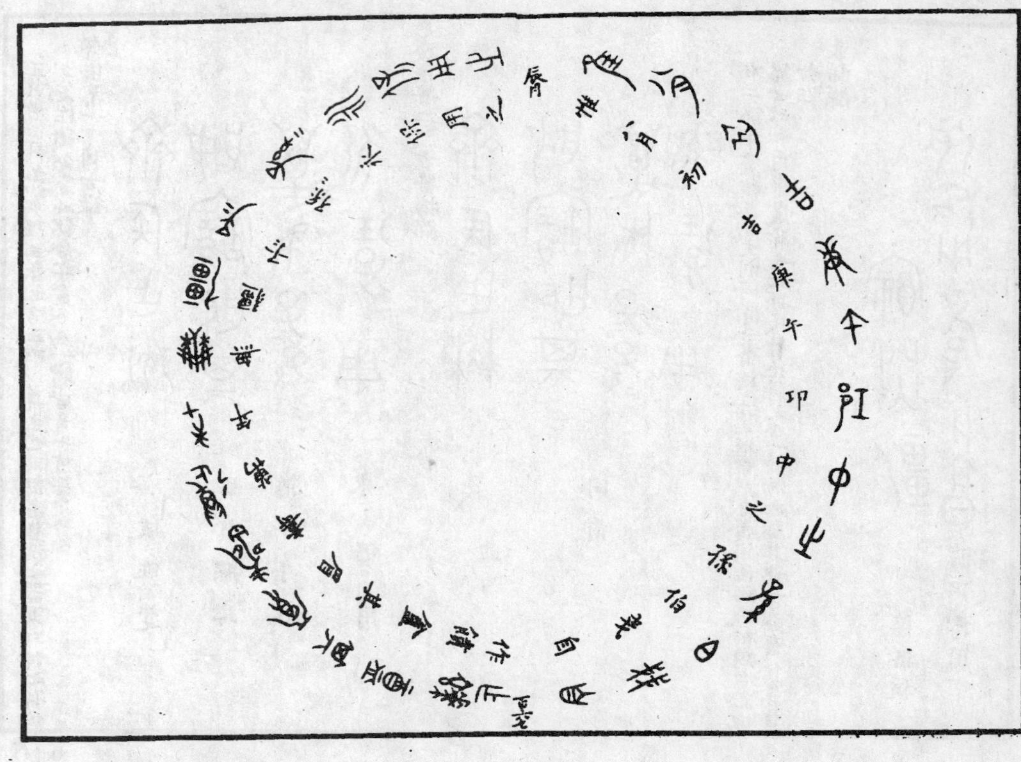

右銘云卬仲之孫伯戔自作饙盦說文云卬在濟陰玉篇云卬在山陽卬仲之孫伯戔嘗作醎盤今曰饙盦者饙滫飯也盦說文云覆盖也呂氏考古云饙盦者以捧連湯飯而加覆盖耳

歷代鐘鼎彝器款識法帖卷第十七

周器款識

戈 鐸 鼓 琥

平陸戈

平陸

右戈銘曰平陸古器物銘云藏淄川民間

鳳棲鐸

右銘一字作鳳棲之狀是器鐸也周官鼓人以金鐸通鼓凡樂舞必振鐸以為之節此銘以鳳亦取其鳳皇來儀之象而為棲木形者詩所謂鳳皇鳴矣于彼高崗梧桐生矣于彼朝陽蓋鐸者樂之節取其樂調而物以類應之也

岐陽石鼓一

岐陽石鼓二

而師庶
左滄〻是
不具後
具肝来其
寫尖具来
樂天子来
騆王始古
我来

百卅九

百卌

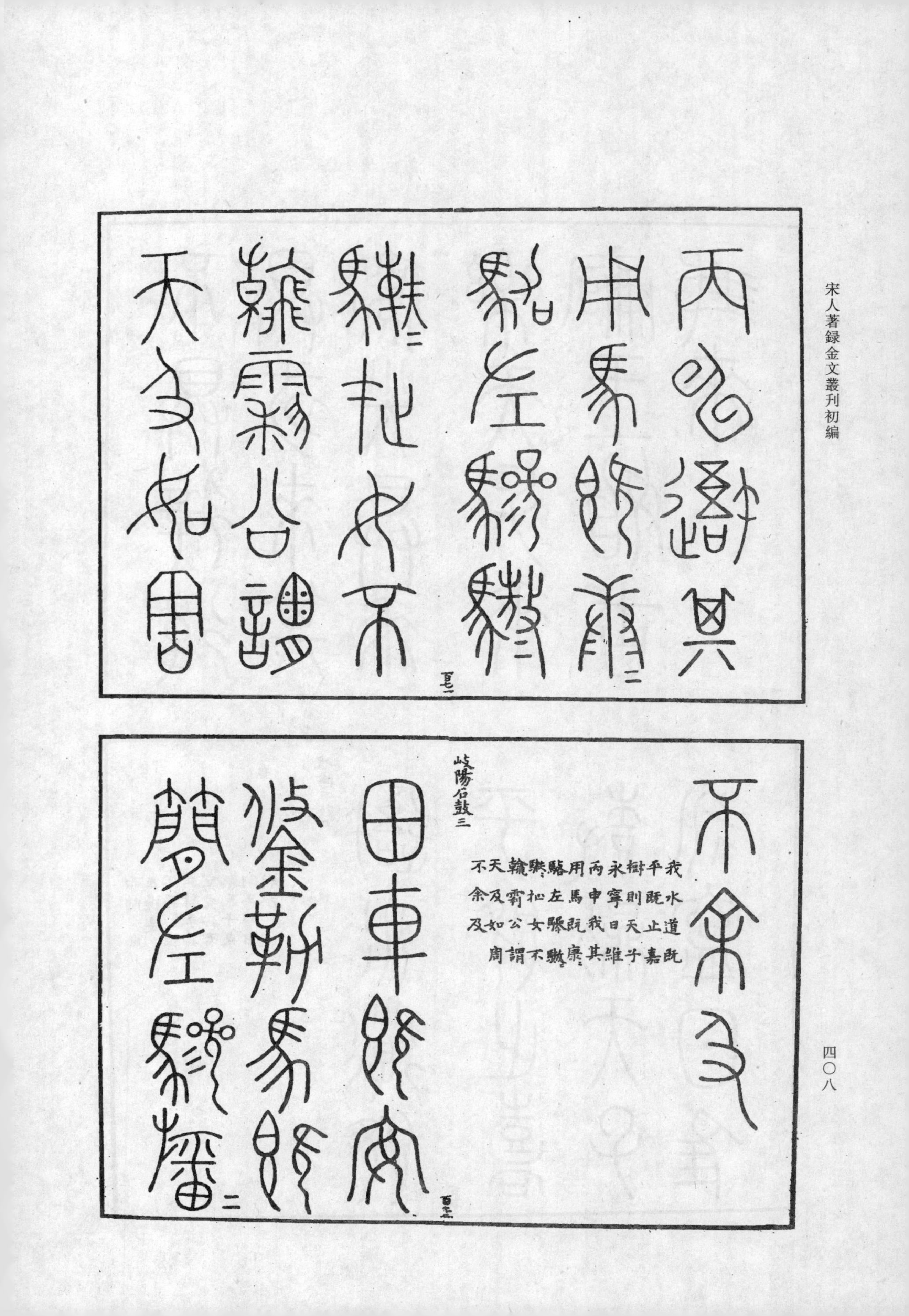

百七一

岐陽石鼓三

不天韓騶騎用丙永樹平我
余及霸杻左馬申寧則既水
及如公女騄既我日天止道
周謂不驂康其維子嘉既

百七二

百七三

百七四

岐陽石鼓四

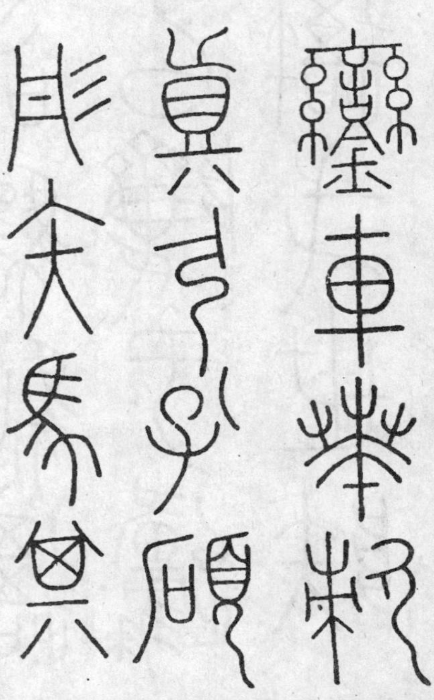

田車旣安
鋚勒馬旣
簡左駱旛
右驂騝我
以驕于原
我戎世陕
宮車其寫
秀弓寺射
麋豕子庶
庵康雉兔
其又旃其
　大出各
亞畀執而
勿射庶遊
君子逋樂

百七五

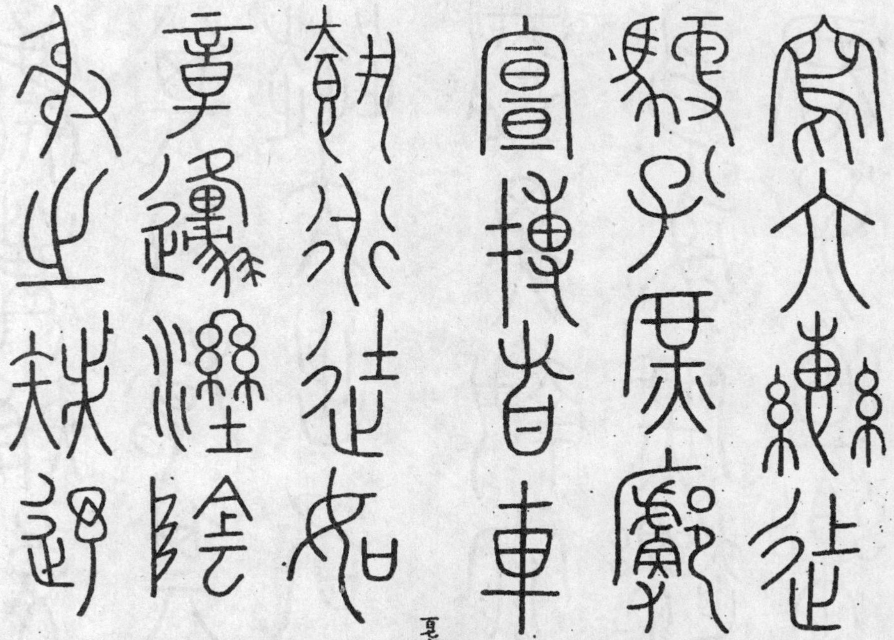

百七六

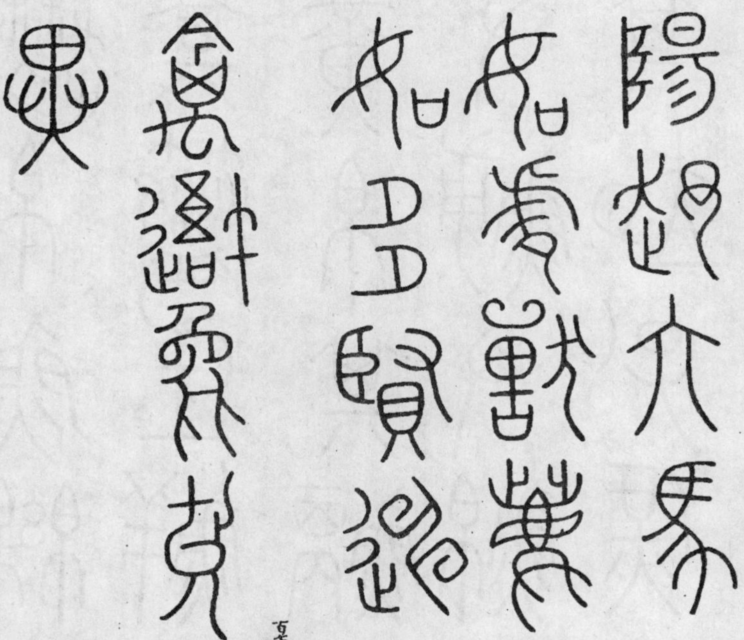

鑾車華敕
真　孔碩
彤矢馬其
寫六轡徒
駛孔庶鄜
宣博首車

百七七

岐陽石鼓五

載道迼如
章原湮陰
射之麱趍
陽趍六馬
如虎獸庸
如多賢
禽我庸允
異

百七八

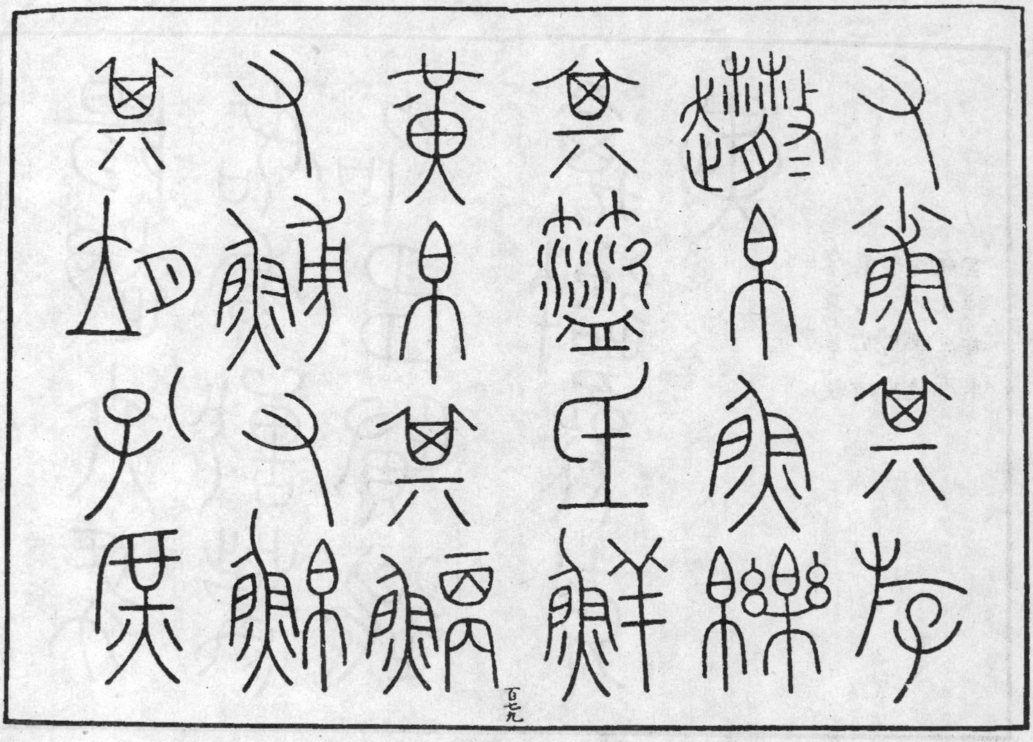

百七九

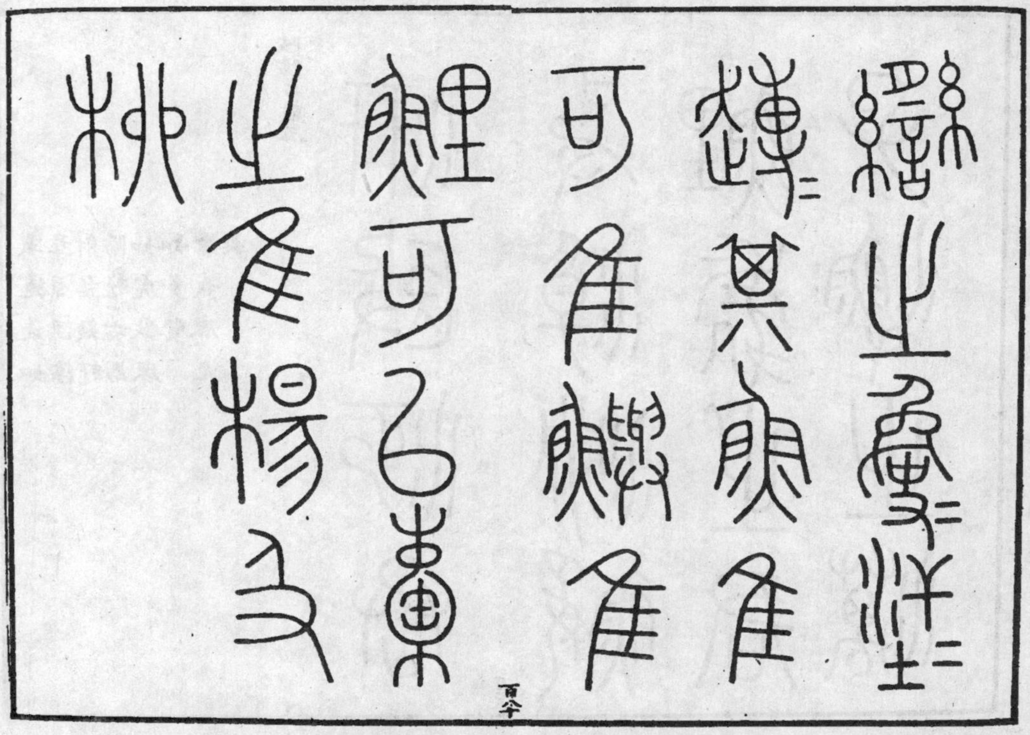

百八十

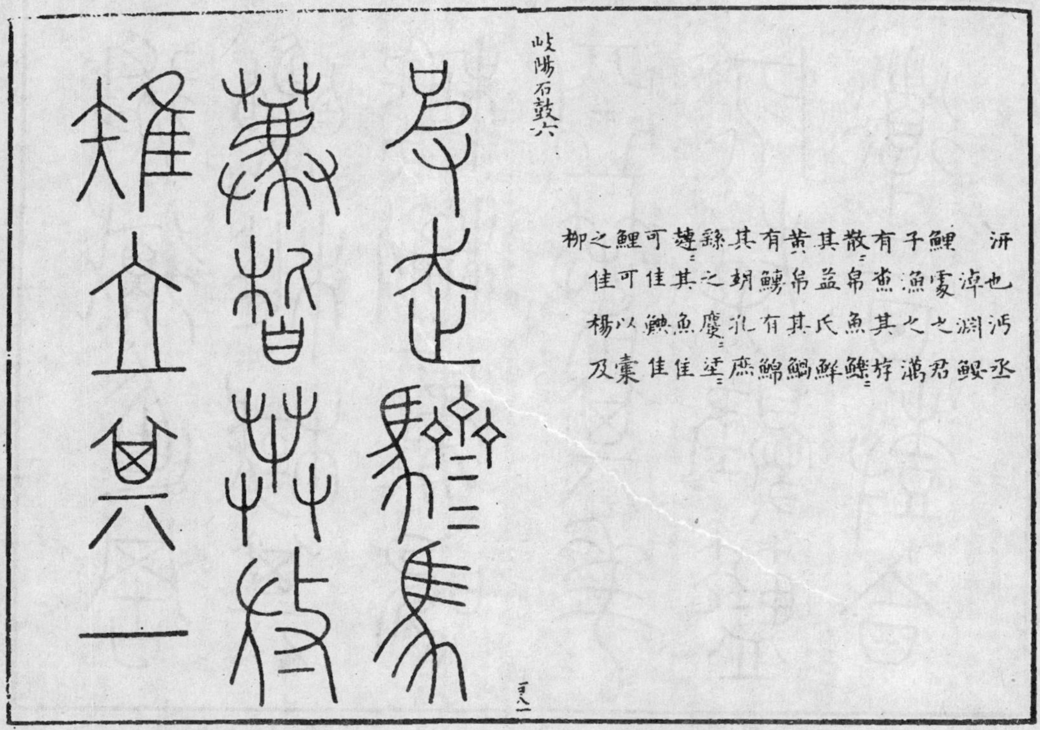

岐陽石鼓六

汧也沔丞
淖淵鰋
鯉豦之君
子漁之滿
有煮其斿
散=帛魚鱳=
其益氏鮮
黃帛其鰏
有鱄有鮊
其胡孔庶
鯀之慶=逐=
逋=其魚佳
可佳鱮佳
鯉可以橐
之佳楊及
柳

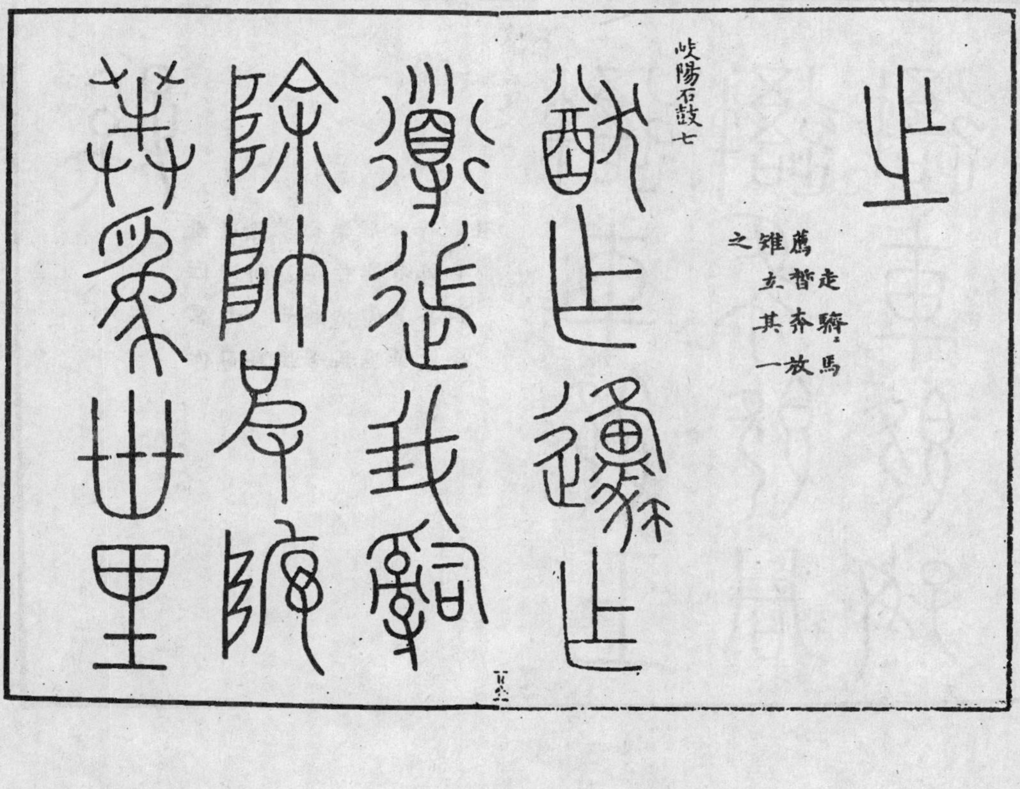

岐陽石鼓七

薦走騎=馬
雉晢奔放
之立其一

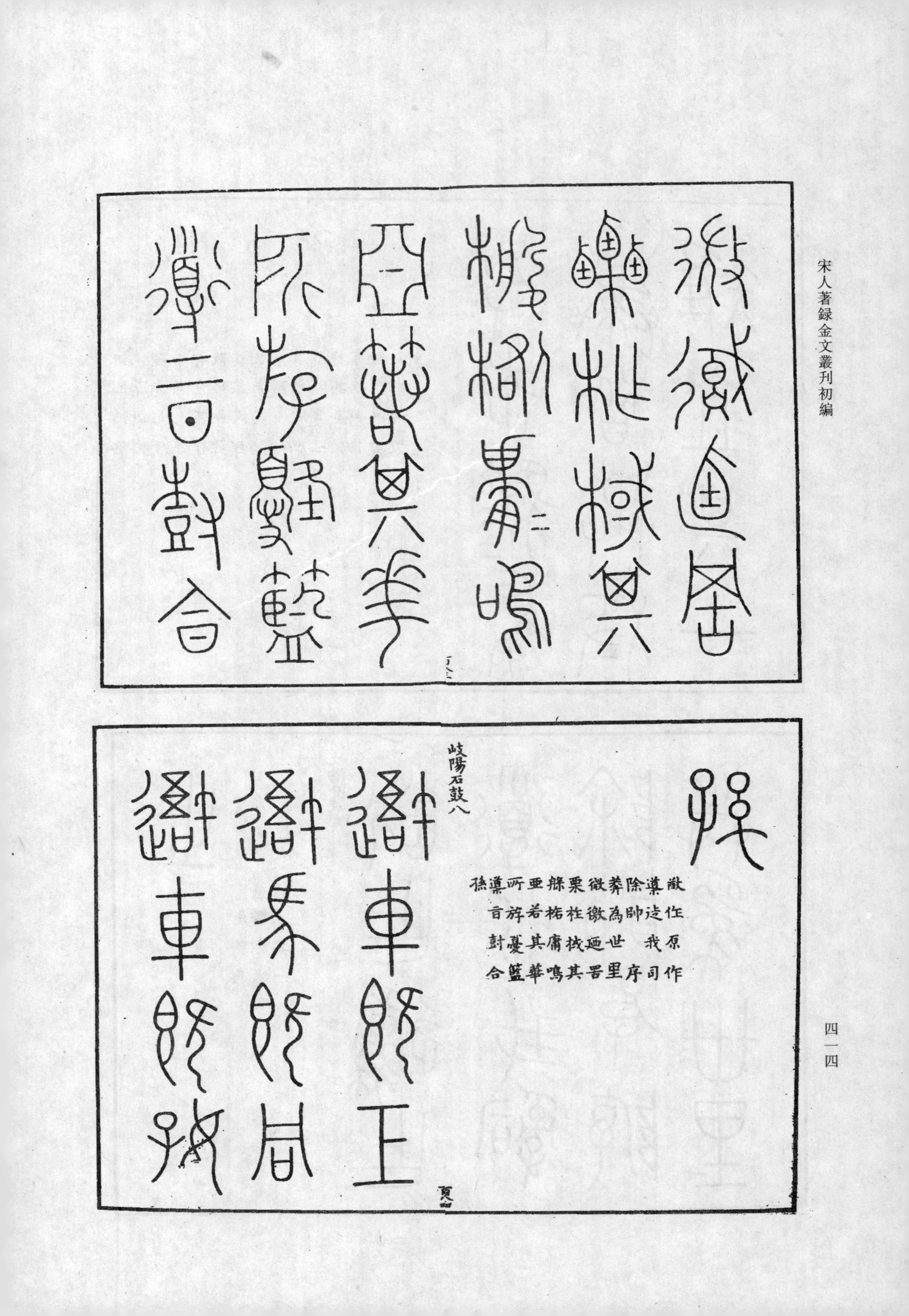

岐陽石鼓八

獻作原作
導逌我司
除帥　庢
彝為世里
徵徹迺罟
栗柞棫其
鯀椐庸鳴
亜若其華
所斿憂籃
導言尌合
孫

百八五

百八六

岐陽石鼓九

我車既工
我馬既同
我車既好
我馬既驅
君子員=獵=
員旂麀麀
速=君子之
求首及兹
以時我其
孫其来遷
趮奠即我
即時我麀
麀趦敺其
樸其射其
来首既我
其蜀

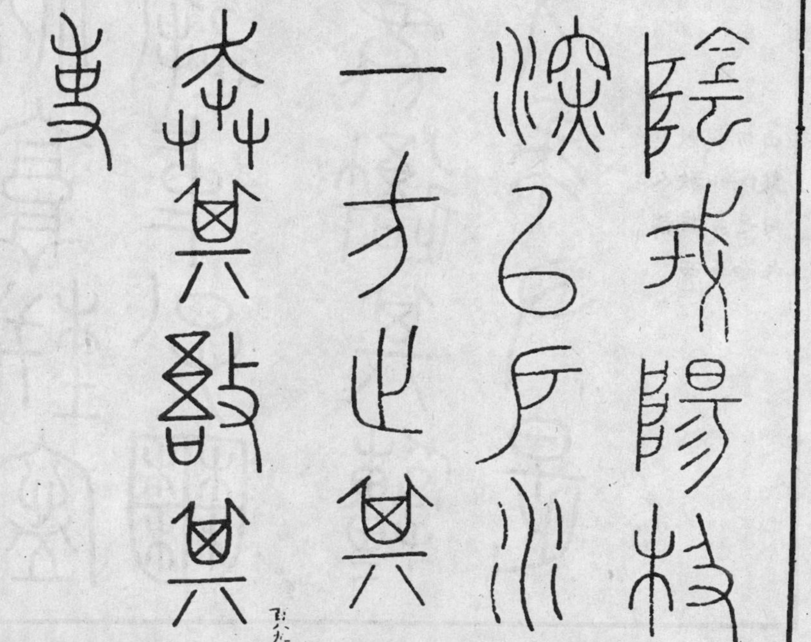

天令雨流迄湧盈渫滋君子即涉馬流汧也洎〻淒舫舟思婦自鄜徒馭佳

百八九

岐陽石鼓十

舟以道我陰我陽枝深以戶水一方止其奔其敔其事

百九十

出勿載教吳
獻伐北敬人
用之勿載憐
大而奄西

百九一

祝高埶寧
逢中礼圓
康我其疃
天求有是

右岐陽十鼓周宣王太史籀所書歲月深遠剝泐殆盡前人嘗以其可辨者刻之於石以甲乙第其次雖不成文然典刑尚在姑勒于此与好事者共之

周琥

人十十三

午十三

右銘云午十三按呂氏考古圖云大宗伯以玉作六器以白琥禮西方覲禮諸侯覲于天子天子為壇祀方明加文　其上設六玉西方琥小行人合六幣以和諸侯之好琥以繡禮器云珪璋特琥璜爵蓋珪璋璧琮琥璜之六器以象天地四方天子以是禮神諸侯以是享天子而已說文曰琥發兵瑞王為虎文不見于經不知許慎何所據然漢用虎符發兵雖以銅為之其原疑出於此文曰午十三者亦兵符之次第午字蓋以日辰為號歟以午與五同發兵遣將皆藏以待此器虎形則然魯昭公疾賜子家子雙琥一璜而為二物是亦可以為符矣

百九二

歷代鐘鼎彝器款識法帖卷第十八

秦器款識

璽　權　斤

漢器款識

鍾　甬　鈁　鼎　鐎

秦璽一

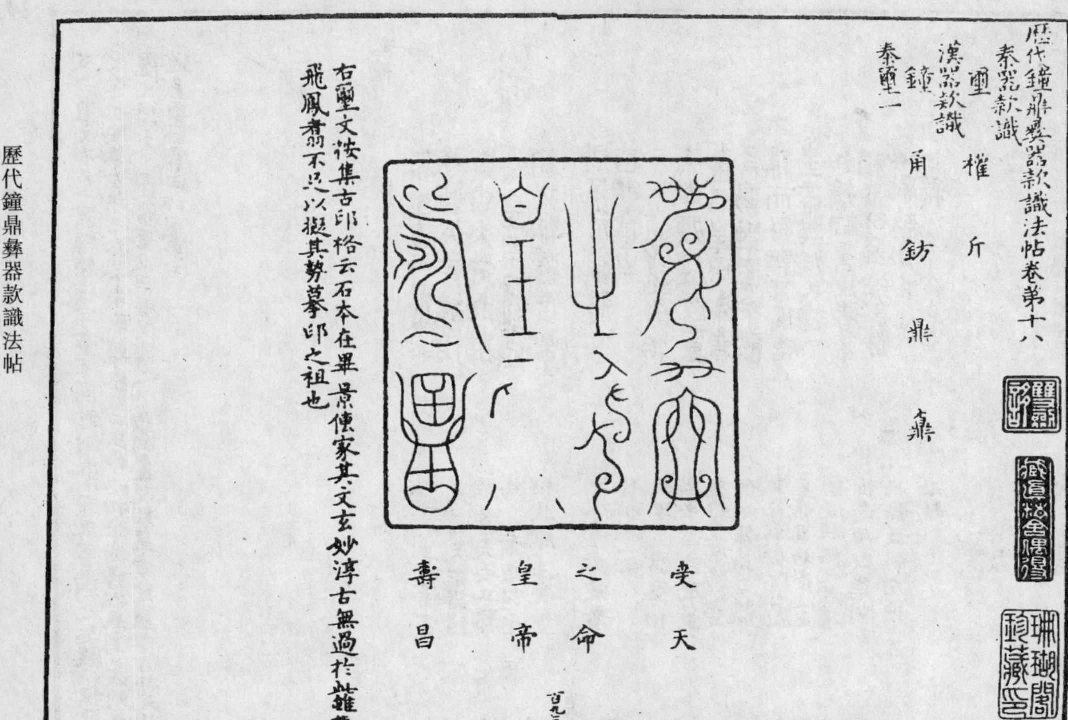

右璽文按集古印格云石本在畢景儒家其文玄妙淳古無過於雝龍飛鳳翥不足以擬其勢摹印之祖也

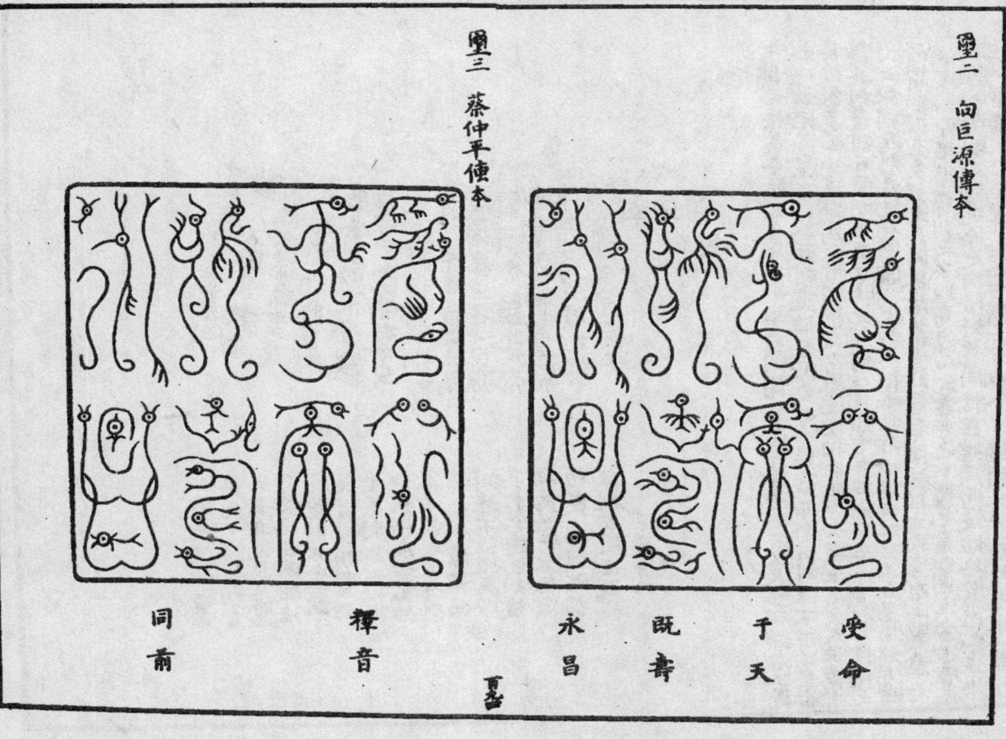

右二璽文本只一器緣傳模字畫不同形制大小有異因並刻之亦疑以傳疑之意也按集古郭梅序云秦取趙氏藍田玉命丞相李斯書作魚鳥之狀刻為璽文曰受命于天既壽永昌歷代傳之以為國寶及始皇帝惡璽之音與死同遂易璽曰寶曰印曰章云

秦權

二十六年皇帝盡并兼天下諸侯黔首大安立號為皇帝乃詔丞相狀綰法度量則不壹歉疑者皆明壹之

元年詔丞相斯去疾法度量盡始皇帝為之皆有刻辭焉今襲號而刻辭不稱始皇帝其於久遠也如後嗣為之者不稱成功盛德刻此詔故刻左使毋疑

百九五

平陽斤

廿六年皇帝盡并兼天下諸侯黔首大安立號為皇帝乃詔丞相狀綰法度量則不壹歉疑者皆明壹之元年制詔丞相斯去疾法度量盡始皇帝為之者有刻辭焉今襲號而刻辭不稱始皇帝其於久遠也如後嗣為之者不稱成功盛德刻之詔故刻左使毋疑

平陽斤

百九六

考古云按秦本紀始皇廿六年平六國號皇帝一法度衡石丈尺丞相綰者王綰也二世元年皇帝曰金石刻盡始皇所為也今襲號而金石刻辭不稱始皇帝其於久遠也如後嗣為之者不稱成功盛德丞相臣斯臣去疾御史大夫臣德言請具刻書刻石因明白矣臣昧死請制曰可始言金石刻而卒止言刻石據權之文云故刻左則史記石字當為左也丞相去疾者徐廣曰姓馮又古器物銘云世所謂秦權至多銘文悉同歐陽集古録載秘閣校理文同家有二銘其一乃銅環上有銘循環列之不知為何器余嘗考之亦權也案班固漢書律曆志五權之制圜而環之令之肉倍好者周旋無端周而復始無窮已也孟康注以謂錘之形如鐶也然古權亦有如今稱錘相似者蓋形製不一各從

其使耳

漢

周陽侯鍾

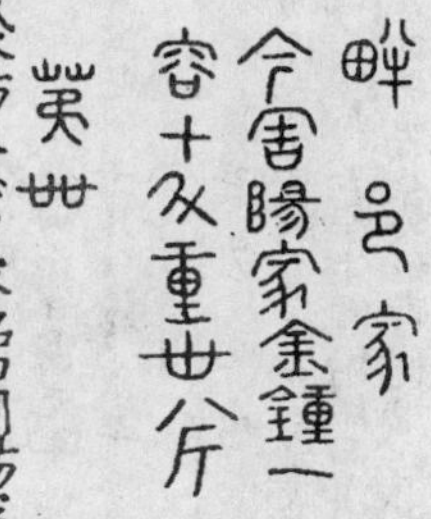

畔邑家

今周陽侯家金鍾一

容十升重卌八斤

第卌

百九七

右銘藏歐陽文忠公家銘曰周陽家金鍾漢器亦有周陽侯甗蓋一時器也

谷口甬

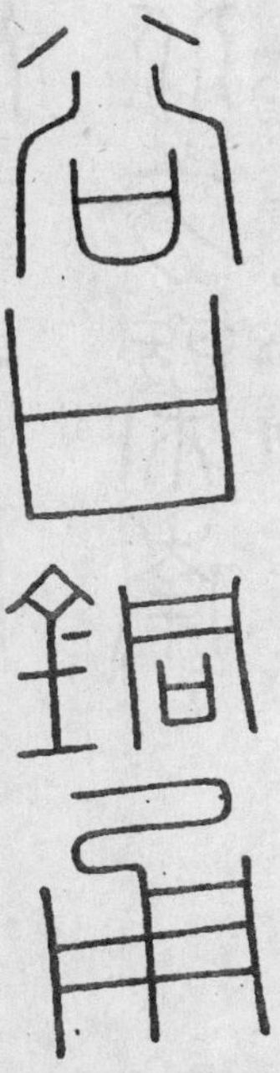

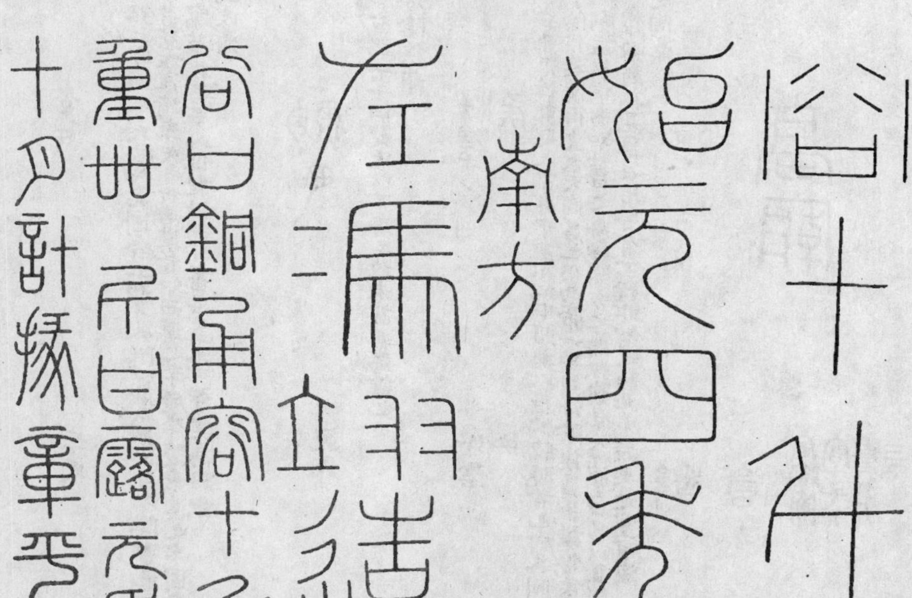

谷口銅甬

谷十升

始元四年

[illegible]

左馮翊造

谷口銅甬容十斗

重卌斤甘露元年

十月計掾章平

百九八

谷口銅甬 容十升 始元四年 南方 左馮翊造

谷口銅甬容十升 重卌斤甘露元年 十月計掾章平

左馮翊府 北方梡南

右古器物銘云谷口銅甬舊藏劉原父家一器而再刻銘始歐陽公集古録金石遺文自三代以來法書皆備獨無西漢文字求之累年不獲會原父守長安長安故都多古物奇器原父好奇博識皆求而藏去歲後得斯器及行鐙博山香爐模其銘文以遺歐陽公於是西漢之書始傳于世矣蓋收藏古物實始於原父而集録前代遺文亦自歐陽公發之後來學者稍稍知搜抉奇古皆二公之力也

武安侯鈁

武安侯家銅鈁一容一石二斗重四十二斤第一

右武安侯鈁銘不知所從得按漢書景帝後三年田蚡封武安侯又楚之思王子慢元始中亦封武安侯器銘無年月未知果誰所作又按帝紀楚懷王嘗封高祖為武安侯然驗其刻畫疑非高祖時器

李氏鼎

李氏

銘二字曰李氏按此器圜脅上而耳外附質素無文與汾陰寶鼎相類其字畫亦在漢隸李氏顯於兩漢者如西漢之李廣李陵東漢之李固李膺皆聞家華族甚多此但紀姓而不書名蓋未可考其為誰歟

鮑氏鼎

鮑氏

右銘二字曰鮑氏以不著名故未詳其為誰也

汾陰侯鼎

汾陰 侯

右鼎得於鄠縣民家井中鼎小似古陪鼎以羞膷臐膮者也刻其側曰汾陰侯汾陰侯蓋漢御史大夫周昌也以高帝六年封汾陰侯昌卒謚悼侯其子開方嗣謚哀侯未知此昌之鼎與開方之鼎歟劉原父作贊曰昌以直聞判生桀紂權摧趙孫見尊母后勢有不行非智之陋兄弟競爽是宜有後

定陶鼎

蓋

器

高廟

都宮定陶廟容一斗并重九斤二兩

按漢十二年孝惠帝即位始詔郡國諸侯王各立高廟而是鼎於蓋間有高廟二字其字畫復有變篆爲隸之體是其爲高廟祀器無疑也又曰定陶廟者蓋漢初有天下旌功臣以定陶之地封彭越而王之是爲梁王而其國則定陶也越旣叛命乃削其地更以封高祖之子恢是爲定陶共王恢其在惠帝即位之初許立高廟則正恢之世也

汾陰宮鼎

蓋 汾陰共官銅鼎蓋十十枚重三斤八兩

汾陰供官銅鼎蓋二十枚重三斤八兩

汾陰共官銅鼎十十枚容一斗重十斤

器 汾陰宮銅鼎容一斗重十斤

平陽一斗鼎重十斤

第廿三

汾陰供官銅鼎二十枚容斗重十斤

汾陰宮銅鼎一容一斗重十斤

平陽一斗鼎重十斤

第　廿　三

按前漢地里志河南郡屬縣有汾陰有平陽而平陽有鐵官此曰汾陰宮則宮之在汾陰者也考其銘識既曰汾陰供官銅鼎二十枚又曰汾陰宮銅鼎一者二十所以紀供官之數而一者紀其隸于宮者也又曰平陽一斗鼎蓋平陽有鐵官此乃紀所鑄之地耳曰第二十三者總其器之在汾陰者爲之次不必言鼎也按西漢郊祀志云孝武皇帝始建上下之祀營泰畤于甘泉定后土於汾陰而神祇安之則作宮于汾陰者以祀后土之所是宜有列鼎之薦而此特其一器耳銘文稱供官銅鼎亦又明朝廷祀典之物非私亨也

孝成鼎

長安廚孝成廟銅三斗鼎蓋一合第一

長安廚孝成廟銅三斗鼎蓋一合第一

長安廚孝成廟銅鼎容三斗并重廿六斤建平三年十月工王褒造左丞輔掾譚守令史永省第一

長安廚孝成廟銅鼎容三斗合并重廿六斤建平三年十月工王褒造左丞輔掾譚守令史永省第一

按孝宗帝乃孝元之子西漢第九帝也是鼎雖孝成廟器乃造于孝哀即位之三年其銘又有曰建平三年十月工王襃造蓋孝哀即位改號建平而孝哀又嗣服孝成也

好時鼎

長樂戴宮二斤　十一斤　四百三十五

大官中丞令第八百六十

令好時供廚金一斗鼎蓋重二斤十兩第百卅

好時
供廚
銅鼎
容九
升重
九斤
一兩
山

博古録云按時封土也冢而祀之在昔秦襄以攻西戎始祠少昊作西時秦文夢黄蛇口止于鄜又為鄜時秦宣於渭南祠青帝曰密時秦靈於吳陽祠黄帝曰上時祠炎帝曰下時此時之所由興也及始皇東游歷祀名山大川遂祠八神一曰天主二曰地主三曰兵主四曰陰主五曰陽主六曰月主七曰日主八曰時主而地主之祠蓋在泰山之下梁父之地以天好陰祠之必于高山之下故又謂之好時漢祖有天下覩雜之四時曰吾聞天有五帝而四何也蓋是秦襄有白帝之時秦文有黄帝之時秦宣有青帝之時秦靈復有黄帝炎帝之時而獨無黑帝之時也又曰吾知之矣待我而具五也乃祠黑帝於是後世成有五時之祠至武帝時幸五時因獲白麟以昭神休而遂其年為元狩則好時起于秦而事於漢也是鼎乃好時供廚之器而形制則漢物也又其名長樂飤宮則知漢物明矣蓋長樂者漢宫也昔杜里于蓮渭南其治時語於人曰吾葬後百歲當有天子之宫夾其左右後漢興而長樂宫乃在其墓東則長樂飤宫乃漢官名置官以祠神於古實不廢也又按呂氏攷古云此鼎有銘十有五字在腹廿二字在蓋器文云好時供廚鼎蓋文曰好時第百三十又曰長樂第四百廿五大四中第八百六十好時在雍東秦以來郊上帝長樂未央建章皆在長安四中言在洴三輔黄圖云大官從帝行幸移用其器而次第不一皆刺以記之備淆錯也

上林鼎

上林供官銅鼎
具蓋重八斤十二
兩工史褕造監
工黄佐李負芻

右銘不知所從得銘有監工李負芻按後漢絕無二名者此鼎盖西漢器也

侈耳鼎

厶方
司正

右銘藏新平張氏銘云厶方司正不知何謂

高
奴

右銘二字曰高奴高奴者上郡地名也

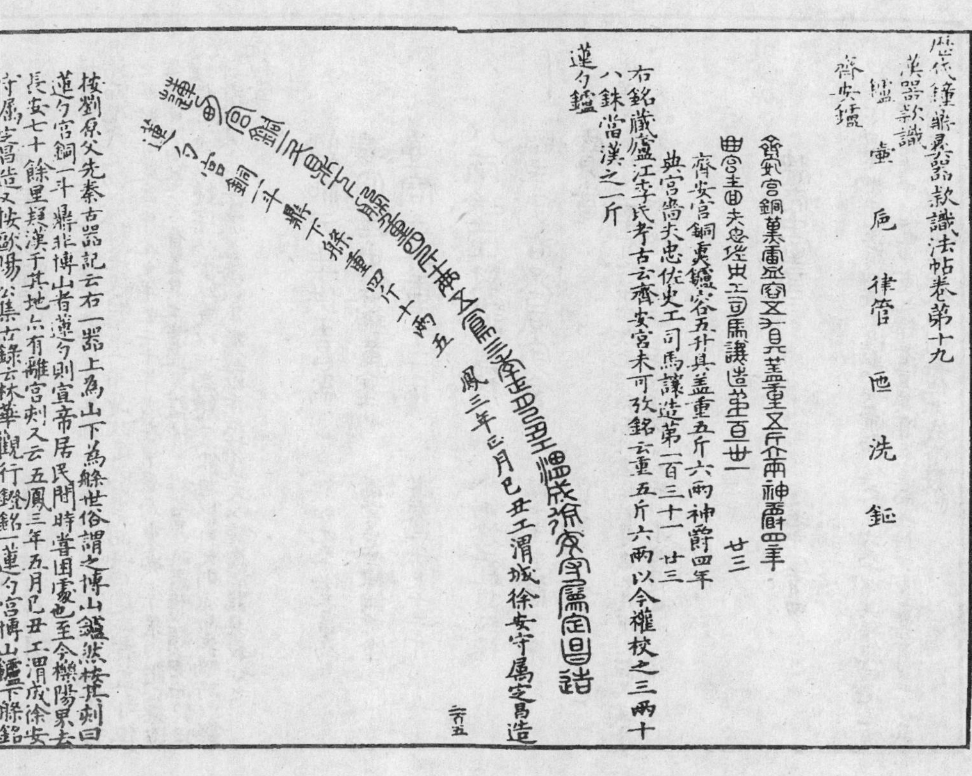

歷代鐘鼎彝器款識法帖卷第十九

漢器款識

鐙 壺 卮 律管 匜 洗 鉦

齊安鐙

廿三

齊安宮銅鐙容五升具蓋重五斤六兩神爵四年

典宮嗇夫忠佐史工司馬譔造第一百三十一 廿三

右銘藏廬江李氏考古云齊安宮未可攷銘云重五斤六兩以今稱校之三兩十八銖當漢之一斤

蓮勺鐙

鳳三年五月己丑工渭城徐安守屬宏昌造

二六五

按劉原父先秦古器記云右一器上為山下為槃世俗謂之博山鑪然按其刻曰蓮勺宮銅一斗鼎非博山者蓮勺則宣帝居民間時嘗困處也至今櫟陽界去長安七十餘里疑漢于其地亦有離宮刻又云五鳳三年五月己丑工渭城徐安守屬宏造又按歐陽公集古錄云林華觀行鐙銘一蓮勺宮博山鑪下槃銘一皆漢五鳳年中造華觀漢書不載宣帝本紀云用於蓮勺鹵中註云縣也亦不云有宮蓋秦漢離宮別館不可勝數非因事見之則史家不能備載也余所集錄古文自周穆王以來莫不有之而獨無前漢時字求之久而不獲每以為恨嘉祐中友人劉原父出為永興守長安秦漢故都多古物奇器埋沒于荒基敗冢往往為耕夫牧豎得之遂復傳于人間而原父又雅喜藏古器由此所獲頗多而以余方集古文故每以其銘刻為遺既獲此二銘其後又得谷口銅甬乃甘露中造由是始有前漢時字以足余之所闕而大償其素願為余所集錄既博而為日滋久求之亦勞得于人者頗多而最後成余之志者原父也故特誌之

博山鑪

天興子孫

富貴昌宜

右銘藏廬江李氏考古云　宮太子山重一斤七兩中間行葉有文曰天興子孫又曰富貴昌宜按漢故事曰太子服用則有銅博山香鑪晉東宮舊事曰太子服用則有銅博山香鑪二　鑪象海中博山下槃貯湯使潤氣蒸香以象海之回環此器世間亦有之形制大同而不一曰天興子孫又曰富貴昌宜者善頌之辭也

二六六

丞相府漏壺

二十一斤十二兩六年三月己亥年史神工譚正丞相府

考古云銘二十有一字按此器制度其蓋有長方孔而壺底之上有流筩以為漏壺也

太官壺

太官銅鍾容一斛建

武二十年二伍興造

考工令史由丞或令

通主太僕監掾蒼省

博古錄云銘三十二字按建武者漢之年號也東漢之盛惟建武永平號為極治而光武之初歲称建武歷三十一年復改建武中元而此曰建武者蓋即位之正號非建武中元之年也二十年歲在甲辰乃東夷率衆內附正稱治之時自伍興至蒼省蓋其工造與夫監掾之姓名耳此器體類壺而銘曰鍾者字書以鍾字从金从重以凶為體蓋飲無以節之則流而生禍所以銘鍾者欲其止而不流蓋壺以取形鍾以示戒故說文以鍾為酒器其義如之

綏和壺

綏和元年供工昌為

湯官造卅鍊銅黃塗

壺容二斗重十二斤

八兩塗工乳護級掾

臨主守右丞同守令

寶省

按漢成帝即位二十有六年始改元綏和而此壺作於是歲也凡漢器謹其歲月与夫造器之官如曰護級掾臨主守右丞同守令寶省者是也

建光巵

建光中室有四

銘六字曰建光中室有四按東漢孝安帝即位之十六年名其年紀曰建光是器蓋于建光中造也中室之稱者宜其有五室而此特中室之器耳蓋漢武立帳則有甲乙言中室有四則其他亦或有數也

律管

六呂始建國元年正月

癸酉朔日制

右銘識晁無咎學士家云始建國元年正月癸酉朔日制按漢書律曆志古以竹為玉為之平帝時王莽始易以銅又漢書莽以十二月朔癸酉為建國元年正月之朔二說皆合也

陽嘉洗

陽嘉四年朔令

銘云陽嘉四年朔令按孝順帝即位之十年改年紀曰陽嘉凡四季兹器曰陽嘉四年蓋謹其所造之歲也曰朔者朔月也曰令者時令也字之右狀魚之形字之左復作鷺以鷺習水而捕魚其猶習於禮而得民之肄也洗盥手之器于此以奉祭祀交神人非苟然者謹其歲時且象而視之蓋不能無微意耳

長宜子孫洗

長宜子孫

宜子孫洗

宜子孫

呂榮

考古云按舊禮圖云洗承槃棄水之器其外畫水紋菱花及魚以飾之唐會要云上元二年高宗命韋弘機營東都上陽宮於曲澗疏建陰殿掘得古銅似盆而淺中有蠹款雙鯉之狀魚間有四篆字長宜子孫與此器同皆漢洗也

雙魚四錢大洗

富貴昌宜毋樂

富貴昌宜　毋樂

銘曰富貴昌宜者示善頌之辭也

平周鉦

平周金銅鉦　重六斤八兩

平定五年受圜陰

平周金銅鉦重六斤八兩

平定五年受圜陰　二百九

按古器物銘云右銅鉦云平周金銅鉦重十六斤八兩背文云平定五年受圜陰士大夫頗疑前代紀年無為平定者余嘗考之蓋非年號也按西漢書地里志平周平定圜陰三縣皆屬西河郡圜陰漢惠帝五年置此蓋鉦先藏平周後歸圜陰後以櫟平定故再刻銘耳所謂五年者當是景帝以前未有年號時也前世既無平定年號而三縣皆隸西河故知其如此又圜陰王莽改曰方陰顏師古曰圜字本作圁縣在圁水之陰因以為名王莽改為方陰則當時已誤為圜今有銀州銀水即是舊名猶存但字變耳其說出於酈道元注水經今按茲器當時所刻乃為圜字然則師古何所依據遂以為圁乎恐亦臆說也

注水匜

律斤衡蘭　注水匜容一斗　始建國元年　正月癸酉　朔日制

律斤衡蘭

注水匜容一斗

始建國元年

正月癸酉

朔日制

銘二十有二字曰始建國元年正月癸酉朔日制按漢新室當孺子嬰初始元年戊辰十二月改為建國此言元年正月則是明年己巳歲制此器也此器形製如盂而淺且其旁徒出一流与匜略不相類迨見其識文乃知匜也然所容二合其器特小恐几格間所用者耳

歷代鐘鼎彝器款識法帖卷第二十

漢器款識

鐙　錠　燭槃　甗　釜　甑　銷　琴機

上林榮宮鐙

上林榮宮銅鴈足鐙下有槃并重六斤黃龍元年民工李常造第四

第二　百卌

上林榮宮銅鴈足鐙下有槃并重六斤黃龍元年民工李常造第四　二百十

第二　百卌

銘云上林榮宮鴈足鐙下有槃并重六斤黃龍元年民工李常造第四言槃宮未孜

首山宮鐙

蒲反首山宮銅鴈足八寸蓋重六斤永始四年二月工賈慶造

蒲反首山宮銅鴈足八寸蓋重六斤永始四年二月工賈慶造

考古云藏京兆李氏銘云蒲反首山宮銅雁足蓋重六斤永始四年二月工賈慶造孜古漢宣帝時器地里志蒲反有首山祠其宮即祠宮也

甘泉上林宮行鐙

河東為甘泉上林宮造行鐙重六斤十兩五鳳二年五回夫山工

詛作第二　曾長

河東為甘泉上林宮造行鐙重六斤十兩五鳳二年五回夫山二

詛作第二　曾○

右銘藏京兆呂氏惟永縣存銘三十有一字

林華觀行鐙

林華觀行鐙重一斤十四兩五鳳二年造第一

林華觀行鐙重一斤十四兩五鳳二年造第一

林華觀漢書六載曰五鳳二年乃前漢時物耳字畫極佳乃劉原父得之于長安模其銘文以遺歐陽公者說在蓮勺鑪篇

三百二

甘泉內者鐙

甘泉

內者

甘泉

內者

內者元康二年三月河東安邑守者宣王軒造重廿五斤十一兩

內者元康二年三月河東安邑守者宣王軒造重廿五斤十一兩

右銘藏京兆陳氏云甘泉內者下脫又云內者元康二年三月河東安邑守者宣王軒造重廿五斤十一兩考古云甘泉上林皆水衡所掌內者有令丞少府之屬掌中布張諸衣奄人職也

龍虎鹿盧鐙

宜子孫吉

宜子孫吉

右銘云宜子孫吉上有龍虎為之飾藏廬江李氏

耿氏鐙

延光四年二月耿氏作鐙比二工張哀造

延光四年二月耿氏作鐙比二工張哀造

銘云延光四年二月耿氏作鐙比二工張哀造全作漢隸極奇文云比二者言如此比者有二月漢人大抵爾雅可愛

虹燭錠 一名王氏錠

王氏銅虹燭錠

兩辟并重廿三斤四兩

第一

王氏銅虹燭錠

兩辟并重廿三斤四兩

第一

三百三

博古錄云銘一十八字自三代至秦器無斤兩之識此器顯其斤重又字畫與漢五鳳鐙款識相類定漢物也說文以鐙為鐙〻則登而有用者銘曰虹燭者取其氣運如虹之義殆為燕食之器但關其蓋而下全曰王氏者未審其為誰也曰第一則知為虹燭者數不特此耳

東宮承燭槃

東宮銅承燭槃重三斤八兩五鳳四年造　扶

東宮銅承燭槃重三斤八兩五鳳四年造　扶

考古云東宮不知何所右銘云東宮承燭槃重三斤八兩五鳳四年造下又有一扶字扶乃官其號耳漢器有扶字者甚多

周陽侯甗

周陽侯家銅三習雖甗鍑一容五斗重十八斤六兩師治國五年五月國輸第四

周陽侯家銅三習雖甗鍑一容五斗重十
八斤六兩師治國五年五月國輸第四

二百三

考古云銘三十有三字按說文鍑丕釜也鍑上有甗故曰甗鍑言三習雖者習重也其制三重漢恩澤侯表有周陽侯二淮南王長舅趙兼孝文元年封六年免孝景太后弟田勝孝景後三年封侯子祖元狩三年免又曰師治國五年自以侯家封嗣位之年數也文字類宣帝時器皆未可考

館陶釜一次
軹家釜一

軹家釜

軹家容四斗五升重十斤一兩九銖
三年工丙造第五

軹家容四斗五升重十斤一兩九銖
三年工丙造第五

軹家宮不可攷藏京兆孫氏

館陶釜

河東所造
三斗銅慶
釜重十二斤
長信賜
館陶家
第二

河東所造
三斗銅慶
釜重十二斤
長信賜
館陶家
第二

古器物銘云銘云長信賜館陶家按漢書外戚傳文帝竇皇后女則封館陶長主又百官公卿表長信詹事掌皇太后宮景帝中六年更名長信少府張晏注曰以太后所居宮為名也居長信則曰長信少府居長樂則曰長樂少府長則景帝時官名長信則竇太后居是宮無疑銘雖無年月然知其為竇太后賜館陶公主亦無疑也

二百十四

軹家甗

軹家容三斗重四斤廿銖
三年工丙造第五

軹家容三斗重四斤廿銖
三年工丙造第五

銘曰軹家与軹家釜銘文同亦藏京兆

梁山鋗二十

鋗重十斤元康元年造扶

二十五

博古亦有銘在脊曰梁山鋗重十斤元康元年造外復有一扶字按漢孝宣帝即位之十年乃改元康元年是器乃此年造也其扶字乃號耳如好畤鼎用山字是也梁山銅者紀其貢金之地梁山於漢初為孝王之封梁王依山鼓鑄為國之富故在孝王時有罍尊直千金戒後世寶之則梁山之銅有自來矣其後梁之子孫分其國為五則在孝宣時亦不替貢金之職耳

書言府弩機

延光三年閏月書言府作六石鐵郭工𢿱賢令磨守丞躬秉鉅史訓主

延光三年閏月書言
府作六石鐵郭工𢿱
賢令磨守丞躬秉
鉅史訓主

右銘二十有七字曰延光三年閏月書言府作按延光三年盖後漢孝安皇帝即位之十九年也是年歲在甲子閏在十月不言十月而言閏月舉閏則知十月也書言府作所謂言則左史書之之義天祿石渠之屬　盖漢之武庫隨府有如盾省是也又若工若令若丞若史皆銘之於機則知除戎器戒不虞昔人尤在所慎者其制作或錯以銀而文鏤細若絲綰結則知所謂咸精其能非特於前漢孝宣之際為然也

歷代鐘鼎款識法帖卷第二十終

二十八

予讀薛尚功集古金石文
常歎其博及見謝長源所
收尚功寫本乃知今石刻
僅得其半而寫本字畫爲
精夫學至於博而精豈特
論藝文而已至正元年後
五月廿二日靈武幹玉倫
徒克莊在武林驛書是日
以潘雲谷墨試張椒劉伯
温所遺黄羊尾毛筆

至正七年秋八月十二日瞿秀才攜觀 姑蘇王行觀

紹興內府古器評

〔宋〕張掄 撰

紹興內府古器評述評

容庚

張掄字材甫，雲間人，官知閣。乾道三年（公元一一六七年）及淳熙六年（公元一一七九年）間。以《柳梢青》、《壺中天》、《臨江仙》等詞進御，賞賜甚渥。曾見汴都之盛，故多感慨（《武林舊事》卷七）。上卷九十八器，下卷九十七器，凡一百九十五器。除梁博山罏外皆漢以前物。《四庫提要》（一一六：七八）謂：

> 其爲明代妄人剽《博古圖》而僞作，更無疑義。毛晉刻入《津逮秘書》，蓋未詳考其文也。

余謂提要正「未詳考其文」，茲爲辨正如下。

（一）《提要》謂：

> 其中如上卷之周文王鼎、商若癸鼎、父辛卣（《提要》誤作鼎）、商持刀祖乙卣、周召父彝、商人辛尊（《提要》人誤作父）、商父癸尊（《博古》作卣）、商父庚觚、商持刀父己鼎、周淮父卣、周虎斝、周季婦鼎（婦乃媍之誤，《提要》誤作父）、周南宮中鼎、商癸鼎、商瞿父鼎（《提要》奪父字）、商貫耳弓壺、商亞虎父丁鼎、商祖戊尊、商兄癸卣、周己酉方彝、周觚稜壺、周嬴女鼎、商子孫父辛彝、周叔液鼎、商父己鼎、周宰辟父敦、周剌公敦、周孟皇父匜（《提要》誤作彝）；下卷如商冀父辛卣、周舉己尊、商父丁尊、周仲丁壺、商父己尊、商象形饕餮鼎、商龍鳳方尊、周犧尊、商伯申鼎（《提要》申作伸）、商夔龍饕餮鼎、周節鼎、周中鼎、周婦氏鼎（婦乃媍之誤）、商提梁田鳳卣、漢鱗瓶、周虬紐鐘、周樂司徒卣、漢獸耳圜壺、漢提梁小扁壺、商祖丙爵、商子孫己爵、周仲偁父鼎，皆即《博古圖》之文，剽剟點竄，詞義往往不通；其他諸器，亦皆《博古圖》所載。

案此書之多沿《博古》之舊，無可諱言。《提要》列舉其周文王鼎以下五十器，剽剟點竄，豈皆如《提要》所言。與《博古》略同之周文王鼎，商若癸鼎等器，姑不必辨。其商人辛尊、商父癸尊、周虎斝、商貫耳弓壺、商兄癸卣、周己酉方彝、周觚棱壺、周癣女鼎、商父己尊、商象形饕餮鼎、商伯申鼎、周中鼎、漢麟瓶、商子孫己爵，皆與《博古》大異；周舉己尊，《博古》且未著錄。茲各錄《商人辛尊》一段于下：

亞形者，廟室之象。辛者，商君之號，見於他器者，不過曰祖辛、父辛而已，而此獨曰人辛，何也？商器銘文簡略淳古，有難以理義推者。士大夫於考正前代遺事，其失常在於好奇，故使學者難信。如曰人辛之類，又豈可以臆論穿鑿哉（《古器評》上八）。

曰亞者，次也。或主於獻，或主於器，蓋未可以定論也。商之君以辛名者多矣，曰祖辛，曰小辛，曰廩辛，而此言人辛者。按《商立戈癸尊》其銘亦稱曰人，則人辛者，乃商君之號辛者耳。且此君也，而謂之人。蓋二帝而上，體天以治人，故謂之帝。帝也者，天道也。三代而下，修人以奉天，故謂之王。王也者，人道也。故記禮者，稱商曰商人，周曰周人者，蓋如此。觀是器，不銘功，不載誓，宜其後世泯滅而無聞矣。今也千萬世而下，人得而想見之，此所謂其人亡而其政存者類矣。且夫政存猶得而考之，矧乃托之金石。而禮之所藏，正在於是，則考之固不謬矣（《博古圖》六：十四）。

試一校之，其果鑿穿而成乎！人辛乃妣辛之誤釋，宋人尚未之知也。

（二）《提要》謂：

惟上卷商乇乳彝、周言鼎、周尹鼎、周獸足鼎；下卷商祖癸鼎、周乙父鼎、周公命鼎、周方鼎、商立乇父辛鼎、商父辛鼎，爲《博古圖》所不收而已。

考此書之爲《博古圖》所不收者，除所舉十器外，如周父戊甗、周公卣、商父乙敦蓋、商祖庚爵、商父丁舉卣、周亞乳彝、周山雷爵、周龐尊、商山花尊、商尊、周鐘、周寶鬲、周季姬鬲，商祖辛尊、此皆在商乳乇彝之前，上卷猶未及半，已如此之多，不知作《提要》者之如何校讎也，周尹鼎乃卣之誤，《博古》已收之。一百三十三字之伯吉父匜盤，其器至今尚存，爲濰縣陳氏所藏，宋人皆未著錄，僅見於元陸友《研北雜志》，豈明代妄人所能剽竊而成者耶？

（三）《提要》謂：

考《館閣續錄》所載南渡後古器儲藏秘省者，凡四百十八事；淳熙以後續降付四十事，別有不知名者二十三事；嘉定以後續降付八十三事，與此書所錄數既不符。而此書所載商㠱父辛卣、父辛鼎、周南宫中鼎、周𢑴女鼎，皆嘉定十八年十一月所續降付，何以先著錄於紹興中。案據《館閣續錄》器數以疑《古器評》，猶據《鐵圍山叢談》所云「政和間，尚方所貯至六千餘數百器」以疑《博古圖錄》。《㠱父辛卣》等四器，《博古》已著於錄，苟藏之内府，豈待續降付而後知。皇祐三館古器，《博古》未錄其全；《齊侯鎛鐘》，各家不一其數，古器流轉，有非私意所能臆測者。《古器評》既不圖器形，復不摹款識，惟考釋銘文，品評形色，沿譌襲謬，誠非佳著，則不及見於宋以來諸家書目，事無足奇。若必以爲僞作，則誠冤耳。

汲古閣本乃毛晋據范景文所藏於奕正鈔本校刻。一九三九年四月，余得見翁同龢所藏乾隆三十八年（公元一七七三年）浙江巡撫三寶送四庫館鈔本，以校汲古閣刻本，刻本缺誤甚多，兹舉如下：

上卷一　婦康鬲　「康」作「庚」。

三　公卣　「但紀其壽」，「壽」作「爵」。

四　祖庚爵　空一格乃「鼎庚」二字。

五　辛父辛爵　「辛」作「周」；「賚一秬鬯」，「一」作「爾」。

六　祖丁盉　「器數」作「器故」，「備其」作「備具」。

七　召父彝　空五格乃「故是器銘載尚」六字。

八　山花尊　空二格乃「雲雷」二字。

九　父癸尊　「舞樂」作「武樂」。

十一　横戈父癸鼎　「常有戈氏」，「氏」作「父」。

十二　淮公卣　與「戈」字皆作「戍」。

十三　木觚　「鑄」下有「一名」兩字。

虎斝　「襲周」作「襲用」。

十四　季婦鼎　「婦」作「婦」，下三「婦」字同。「任則」作「任祇」。

十五　今孫比彝　「兩生」作「兩孫」。

十六　癸鼎　三「卅」字皆作「廾」，「蓋癸」作「蓋癸」。

十七　舉己卣　上「杜舉」作「杜簧」。

淵卣　「乾之象也」下脱「内爻皆偶，坤之象也」八字。

十八　貫耳弓壺　「大夫」下脱「士」字。

九　祖戊尊　「白馬祖」作「且馬祖」。

二十　父己角　「矢亦」作「矢六」。

二五　提梁兕卣　「角照」作「角昭」，「綢紐」作「綯紐」。

尹鼎　兩「受」字皆作「受」。

二六　秦鐘　「角比」作「甬比」，「按周」下脱「官」字，「所有」作「所用」。

商彝　「黯沙」作「黯沁」。

二八　叔液鼎　「索書諸經傳」，「書」字衍。「當形」作「雷形」。

二九　父己鼎　「物形似」，「形」下脱「相」字。

三十　貫耳壺　「掣」作「挈」。

三三　孟皇父匜　「折馬」作「析馬」。

下卷二　父乙敦　「非耶」作「作耶」。

乙父鼎　「與父乙」作「與天乙」。

四　父丁尊　「純足」作「體足」。

六　史卣　「殊類」作「殆類」。

七　父己尊　「雍也」作「雍己也」。

八　象形饕餮鼎　兩「饕」字皆作「饕」。「書法」下脱「未分而純質未拘世俗之習故耳夫饕」十五字，

九　周簠　「加」作「嘉」。

十　伯吉父匜盤　「旁死魄」上脱「哉生魄」三字。墨釘乃「折」字。

十二 立戈父辛鼎 「戒示」作「示戒」。
父辛鼎 空一格乃「作上有癸字蓋」六字。「彝器款」下脱「識」字。
十四 婦氏鼎 「婦」作「娟」，下一「婦」字同。「〇」作「敉」。
父己爵 「子者」作「父者」，「桑觚」作「桑弧」。
十五 牛頭爵 「物用」作「器用」。
十七 乳鐘 「有干」作「有于」，「衡角」作「衡甬」（兩見）。
仲申敦蓋 空一格乃「全」字。
十八 虎盉 「不溺以況」四字，作「不沉不溺，人於飲食亦得其宜而不沉溺焉」十七字。
十九 虬紐鐘 「識衡角」作「設衡甬」。「功」作「工」。
二十 欒司徒卣 「鄦字鐘則似」作「鄦子鐘相似」。
二一 羊鐙 「反背於首以承燈」作「反持其首以承燭」。「孰能」、「孰能然」皆作「孰能之」。
辟邪燼 「燼」作「爐」，「折」作「析」。
二二 揩鐙 「之反」作「反之」。
敦蓋 「邢」作「邾」。
二三 持刀寶彝 「親識」作「親執」，「盡」作「誠」。
二五 獸耳方壺 「惟用」作「爲用」，「制」下缺「度」字。
博山爐 「具」作「有」。
二六 雲螭奩 「屯雲」作「春雲」，「香氣」作「香器」。
素巵 「酒巵」作「巵酒」。
二七 提梁小扁壺 「杯飲」作「壞飲」。
二八 金銀錯弩机 「宣」下缺「帝」字。
熨斗 「慰」作「熨」，下同。「銷鍋」無「鍋」字。
二九 子孫己爵 「折」作「析」，「事」作「祀」，「如」作「於」。

三十　儀仗劍「亦堇」作「赤堇」。

又其器名每多錯誤，如婦康鬲，《博古》作婦庚卣；欽姬鬲，《博古》作欽姬壺。若取《博古》與其考釋而細校之，所得當更多也。

都穆《鐵網珊瑚》卷十、卷十一轉録《古器評》二卷，題作「雲間張掄才甫著評」。曾校一過，錯誤更多於毛本。惟據此得知掄爲雲間人。

紹興內府古器評卷之上

張掄　才甫

商婦康鬲 銘七字

束者莫知其爲誰曰子孫婦則言承祖考之祀者固在乎子孫而婦之從夫亦當相其祀事耳故采蘩之美夫人采蘋之詠大夫妻皆莫不以祭祀爲先焉甲庚丁者紀其日也商之辭略故止言日而不言辰至周則見于銘載者如尊曰丁丑彝曰巳

酉葢又兼辰而言之矣

周文王鼎 銘七字

古文多以形聲假借如鄉作許咎作皐繆作穆之類不可槩舉知此則以鹵爲魯葢無可疑魯公者周公也文王者周文王也按史記魯世家云武王克商徧封功臣同姓戚者封周公旦於少昊之虛曲阜是爲魯公魯公不就封留佐武王以是推之則此器乃周公所作以祭文王者也此鼎也而謂之尊彝舉禮器之總名而已

漢鳧尊 無銘

詩人以水辟禮謂水玩之則溺犯之則濡而鳧之爲物出入于水而不溺以況則習於禮者也飲酒者苟能以禮自防豈有沉湎敗德之患乎鳧尊之設其意如此

周單癸卣 葢與器銘共五十八字

周有單子歷世不絕爲賢卿士其族有襄公頃公

靖公獻公穆公凡數世特景者不見於經傳豈亦斯人之族與宣和博古圖載單從舟單從盉之類皆有單景字必一時物也

商飲姬鬲 銘五字

古之氏族或以王父字或以謚或以世系所封之地此曰飲姬者葢其氏族也如以緣公之謚爲言則曰緣女以娀國爲言則曰有娀氏之女以姜姓爲言則曰孟姜皆其類也

周父戊甗 銘八字

前三字漫滅不可復辯後曰作父戊尊彝世人但知十干爲商之號故凡彝器有曰父甲父乙之類者皆爲商器誤矣要在識其製作則雖無銘載三代固已判然是器旣曰父戊疑若商君之號且純素無文鬱有尚質之風儻不以製作攷安知其爲周物也

周公卣 蓋與器銘共十字

古之彝器銘載不一或但紀其壽而不言氏族姓名者如周窋卣曰伯作窋尊彝此器曰公作窋尊彝是也觀其紋縷舉縟爛然溢目非成周文備之時疇能臻此精妙耶

商立戈鼎 銘一字

戈有傷物之意商人作器多著此象或立之或橫之皆所以存乎戒也

商父乙敦蓋 銘五字

上爲孫形中畫爲兩冊下言父乙古者人君錫有功彰有德必有冊命以書之故商之彝器凡著此象者皆所以紀君命也

商祖庚爵 銘二字

祖庚商號也博古圖載庚□之字作㒼又有庚爵作芇與此庚字形皆不同蓋世之相去先後故字畫亦因時而爲損益耳

商若癸鼎 銘八字

若者作器之人也旁畫旗旆書功太常之義也兩手執物著薦獻也布癸丁甲乙於四隅紀其日也中作子字明子職也商人制字類取諸物以爲形象蓋書法未備故耳

商父丁舉卣 蓋與器銘共六字

器之名舉者多矣類皆取獻酬而舉之之義若父丁則商號也是器文鏤簡古有尚質之風其商人之爲乎

商子鼎 銘一字

歷考諸器欵識有曰子有曰孫有曰子子孫孫者雖詳略不同然要之皆欲傳之後世相承寳用俾無失墜之意也

商持刀父癸彝

父癸者成湯之父號也于父癸而言孫者葢孫可以爲王父尸耳兩手持刀以明割牲之意詩云執其鸞刀以啟其毛取彼血膋凡以此

辛父辛卣 葢與器銘共八字

凡諸侯賜弓矢然後專征伐故平王錫晉文侯曰用賚一秬鬯一卣繼之以彤弓一彤矢百盧弓十盧矢千今此器銘象三矢之形而以一格立之者豈非紀君賜耶古者貨貝五貝爲朋復以貝銘之者是非象矢之義也商父乙鼎曰賜賚貝殆與此同意父辛則指其人而已

周亞乳彝 銘二字

古之彝器凡作亞形者皆廟器也葢亞形所以象藏主之石室耳

周山雷爵 無銘

是器兩面作饕餮而間以雲雷上爲山形以牛首爲□三足純素柱上復以雲氣爲飾雖無銘載眞周物也

周祖巳爵 銘二字

按商之君有所謂雍巳者故凡曰父巳祖巳者皆

商器也是器文鏤制作皆出於周而銘曰祖巳何耶既不載於經傳殆有不可得而考者

商祖丁盉 葢與器銘共十二字

瞿不見于經傳而商有瞿父鼎亦作兩目相竝商祖丁卣銘載與此毫髮無異豈皆一時所作耶祖丁者商君之號也中爲犧形取犧牲享食之義葢盉爲調味之器數耳下爲兩册所以言册命也古者人君錫有功必爲册書以命之故康王命畢公

㐬曰册畢周人有内史册命之臣然册之爲字說文作𠕁雖册意備其要之終不若商畫爲純古也

周䨼尊 葢與器銘共十二字

按宣和博古圖有䨼敦其銘款與此無異惟彼曰王既命汝而此曰王尊命汝彼曰寚尊敦此曰寚尊彝所不同者二字耳爲一時所作無疑其間辭意與商周雅頌之文相爲表裏揚雄所謂周書噩噩耳殆有見於此也其詳已具䨼敦兹不復云

商持刀祖乙卣 葢與器銘共十四字

先王之事親於羞嚌則執鸞刀於舞則執干戚凡於祭祀未嘗不親執其勞以示孝子竭力從事之意此商之彝器所以多作子與以持刀者殆謂是歟祖乙則河亶甲之子也

周召父彝 銘七字

召父則召公奭也召公奭時去商爲未遠□□□□□簡設飾不繁制作有商之餘風焉

商山花尊

是尊狀頗類觚上作山形通體爲□□饕餮宛轉相間設飾甚華而氣韻極古真商盛時物也

商尊 銘一字

銘一字不可識商人制字大抵多取諸物以爲形故間有不能以偏旁辯者葢書法尚未備耳若此之類皆闕疑以待博識君子云

商人辛尊 銘三字

亞形者廟室之象辛者商君之號見於他器者不過曰祖辛父辛而已而此獨曰人辛何也商器銘文簡略淳古有難以理義推者士大夫於考正前代遺事其失常在於好奇故使學者難信如曰人辛之類又豈可以臆論穿鑿哉

周犧尊

犧象之制尚矣或著紋鏤或形於葢耳未有若此比者是器兩牛首相背屈角偃蹇徧體如鱗其狀

可駭髀間各蟠一虺口拱起於兩牛首之間積歲土蝕幾無銅色而脆缺不任手觸是必宗廟之器所謂犧尊者絛文縟采粲然如此宜歸之周也

商父癸尊 銘三字

干者武舞所執也干盾也能爲人扞難而不使害人故聖人以爲舞樂在商之時號癸者惟成湯之父故商物銘癸者皆歸之主癸然則用武於癸廟宜以其子之所有而薦之也

商子爵 銘五字

商之彝器以子銘之者爲多然其說不過有二一則傳子孫之義一則著國也二者必居一於此矣

周鐘 銘二十字

欵識字形頗類博古圖所載周蛟篆鍾而此又奇怪不可識然考其制作當是周物無疑

商父庚甗 銘二字

按商有大庚南庚盤庚祖庚而此謂之庚必出于是說文云庚位西方象秋時萬物庚庚有實今此尙字與商庚鼎尙字筆法小異然皆彷彿有垂實之形古篆取象命意之妙如此

周單從盉 銘二字

昔叔向嘗謂單靖公曰吾聞一姓不再興今周其興乎其有單子也故知單所以爲姓單自襄公至穆公凡六世世有明德所謂景者豈其族類哉

商父乙甗 銘三字

亞之爲義或主於獻或主於器又曰凡器之有亞形者皆爲廟器蓋亞形所以象廟室耳父乙則商君之號商人以此銘器者多矣固可以類推也

周窰鬲 銘十三字

是器不著名氏但紀歲月設飾無華藻唯作直紋上下通貫而已制作純古有商之餘風焉

商持刀父巳鼎 銘三字

商器銘載多持五兵非著伐功則明子職著伐功

則如樂之武舞是也明子職則如羞嚌則執鸞刀是也父巳則雍巳耳

周四山饕餮甗 二

右二器純緣之下拱以四山而兩面則爲饕餮間以雷紋中又爲四夔制作無小異但一則色幾渥赭一則黳如鉛色爲不同耳

周彝 二

右二器一則純緣與足皆爲雷紋饕餮一則偏體

作雷紋盤夔設飾雖不同然其爲戒貪則一也

商橫戈父癸鼎 銘四字

按父癸商號也而或者以爲禹後常有戈氏遂以戈爲姓今考斯器飾以橫戈銘以父癸則所謂戈者非禹後之戈氏明矣葢商人作器多著此象故於爵有立戈爵甗有立戈甗於尊有立戈癸尊於卣則有執戈父癸卣然則飾以戈者皆商物也王安石字說謂戈戟者刺之兵至於用戈爲取小矣其取爲小故當飾飲食其用在刺故必戒有害古人託意茲亦深矣

周季姬鬲 銘六字

昔晉文公重耳母曰季姬齊悼公娶季康子之妹亦曰季姬而文公母乃翟狐氏之女太史公嘗以狐季姬稱之則此曰季姬者必有一於斯焉夫鬲之於鼎雖致用則同然祀天地禮鬼神交賓客修異饌必以鼎至於烹常飪則以鬲是以語夫食之

盛則必曰鼎盛語夫事之革則必曰鼎新而鬲特言其器而無斯義焉奉祭祀者夫人之職此以季姬自銘葢其職歟

周淮父卣 器與蓋銘共八十二字

索諸經傳悉無穆與淮父戈則如詩言遣戈役之戈謂穆從淮父以戈役於古也按曲禮生曰父曰母死曰考曰妣此曰文考者葢追享之器耳夫卣非燕享之物惟祀宗廟之神則用之其所盛則秬

卣也且君錫臣以秬鬯之祼其始則盛於卣其終則祼於彝所以求神於陰也曰日乙者舉其日之吉也亦猶大夫始鼎曰日巳𡨦鼎文考尊曰日癸尊彝之類舉日之吉者所以嚴其事也

商木觚 銘一字

昔之作詩者嘗借仁於樛木而王安石以木爲仁類則木者仁也觚爵飲器而取象如此蓋嘗禘與鄉射與夫燕享之間未嘗不以仁爲主耳先王創

一器必有名指必有戒以爲敗德者莫若酒而觚有孤義故制觚者所以戒其敗德而孤歟

周虎斝

是器鎣端有虎首之狀三足若鬲而銳雷紋飾其兩柱三面著以饕餮鼎彝之屬致飾無所不用而此用虎者虎於五德爲義於五行爲金金與義皆主乎剛而有斷所以制於酒也或曰斝爲商器而周亦謂之斝何也蓋成周之時禮樂庶事襲周四代之制則又豈特用商一代之器而已耶

商祖辛尊 銘十一字

商家生子以日爲名自微始至十四代君曰祖辛蓋祖乙之子沃甲之兄祖丁之父也在商之世以質爲尚而法度之所在故器之所載皆曰彝此器文鏤純簡沁暈黯漬而間以赭花斕斑知其所以爲商物又豈待考其銘欵而後辯邪

商虎乳彝 銘一字亞形內著虎象

是器銘一字亞形內著虎象周身皆飾以乳乳有見於致養虎所以取其義如司尊彝用虎彝以爲追享之器蓋亦取其義之至耳亞形所以象廟室宗廟之有室如左氏所謂宗祏而杜預以爲廟中藏主石室是也故作圖若亞形者皆廟器也古人尚象豈無意哉

周季婦鼎 銘四十九字

昔康王命作册畢分居里成周郊則成周者西周

也説文以林屬於山爲麓則從於楚麓者豈謂其山之林麓耶王欲徙楚先命小臣夌往見以相其居王至於居復遣錫貝錫馬及兩所以賞之曰季婦者按説文婦通作妘祝融之後姓也富辰有曰叔妘而韋昭以妘爲妘姓之女則婦乃其妃也曰季者則又如詩所謂彼美孟姜仲氏任則有齊季女皆指其序而言之爾

商合孫比爵

是器銘著形爲兩生子子孫孫詩人必重言之者示所傳無窮之意也古人制器尤在於遺後世而傳守不失合孫之意良有以哉

商父庚爵 銘二字

按商紀有大庚南庚盤庚祖庚而此謂之庚者必出於是又曰父者以明子爲父作於祭祀燕享之間著庚以正其名耳

周南中宮鼎 銘三十九字二器

三鼎款識後二器皆同前一器則異而形模製作大略相似以南宮爲氏者在周有之如書所謂南宮括南宮毛是也其曰中者恐其名耳

商癸鼎 銘一字

按今篆法癸之字從四艸而此癸則一艸而三包蓋祭於方爲北於時爲冬與丑相次萬物至此紐而未達艸者少而包者多所以爲癸焉此河圖洛書之遺意而書畫之法猶未分也歷觀商周之器

或古色凝綠或綠花萍綴或赭暈斕斑或土漬黯沁而此鼎獨燦然若精金紋作龍虎姝爲美觀是商以前物豈班固所謂洛脩貢兮川効珍吐金景兮歊浮雲寶鼎現兮色紛紜煥其炳兮被龍文者耶

商舉已卣 器與蓋銘共四字

以舉銘器者多矣在彝則有已舉而尊之銘則有中舉李公麟得古爵於壽陽銘亦曰已舉以是知

舉者非特是卣葢舉之字從手從與以手致而與人之義彝也尊也爵也卣也因獻酬而舉之故皆銘曰舉如杜舉洗而揚觶以飲平公因謂之杜舉是也巳則商之雍巳焉

商瞿父鼎 銘三字

商器以父銘者多矣而瞿者質諸經傳訖無所見固未易以名氏考也然與商瞿祖丁卣皆作兩目相並正與此同當是一時之制也

商淵卣

是卣文飾銘載與商卦象卣無異所別者器之大小銘之從橫無耳與提梁耳當是一時所作也聖人觀變于陰陽而立卦發揮於剛柔而生爻故奇以象乎陽偶以象乎陰一陰一陽而乾坤之道備矣是銘也外爻皆奇乾之象也實其外而虛其中器之象也凡奇偶之畫其數皆八揚雄所謂一方三州三部一家者豈出於此乎

商貫耳弓壺 銘一字作弓形

按射義云古者諸侯之射也必先行燕禮卿大夫之射也必先行鄉飲酒之禮則知古之射也未嘗不飲而壺者酒之下尊也非特爲宗廟之器凡燕射昏聘無適而不用焉銘之以弓意謂是歟觀其兩耳通貫可繫以挈制作渾厚而文飾精緻葢商盛時物耶

商亞虎父丁鼎 銘四字亞形內著虎象

商以丁爲號者六而此曰父丁者未知其爲何丁也亞者廟室之象故凡著此象者皆廟器曰虎取其義而巳矣如司尊彝用虎以爲追享之器則虎之爲義其或取於此歟

周伯尊 銘六字

按寶器以伯爲名者多矣尊敦彝舟爵卣皆有伯作之銘觀古人或以伯爲謚或以伯爲名或以伯仲第其叙或以侯伯列其爵所稱非一而此曰伯

者殆未可以私智決也然是器乃尊而識曰作寳彝何也葢先王之於器用未有不以常法爲貴者耳

商卣

是器蓋於純緣及足皆作夔龍而以雷紋間之制作典古與商物也夔一足山林之異獸一名神魖古人作字以象其手足葢所以防其爲害也提梁作綯紐狀則又有縶維之意取象設飾良有以哉

商祖戊尊 銘五字

按商九世君曰大戊葢雍巳之弟仲丁之父也雍巳時商道已衰至大戊復興諸侯歸之故稱中宗此尊爲大戊作祖者因其孫而言之也商之銘識未鑿于世俗之習故位置或左或右點畫或緐或省如以白爲祖翻爲尊之類殆非書家八法所可議也

周車轝 銘一字爲挽車形

車軼則致敗而酒之流足以敗德器以載銘銘以立義視其器而求其義則知古人所以制作豈徒然哉是器以犧首爲耳爲鼻腹著饕餮下作垂花蟲鏤隱起間錯雲雷與宣和博古所載犧首罍大略相似實周器也

弡生敦 銘十八字

弡者恐其姓也如曰弡仲作寳簠弡伯作旅匜則又知其爲一族耳皆周物也稱生者亦猶幹敦曰

屈生龍生鼎曰龍生之類歟

商父巳角 銘三字父巳上爲人形持弓

按商十世之君曰雍巳此曰父巳者則是子銘其父之祀器也然繼雍巳者弟大戊也而曰父者豈非繼其後者乃爲之子耶夫男子生桑弧蓬矢亦以射天地四方葢以示先有志於其所事大戊之世商道復興諸侯歸之號稱中宗則器之設飾良有以哉

周言鼎銘一字

作易之頤曰君子以謹言語節飲食夫事之至近而所繫至大者莫過於言語飲食蓋言語之出也可以興邦又可以喪邦不可不謹飲食之入也能養人又能害人不可不節也古人觀象玩辭舉斯二者併寓意於烹飪之器既已形諸饕餮又復銘之曰言則所以戒之之意可謂至矣

商兄癸卣器與蓋銘共五十字

按癸者成湯父號而此曰兄癸者當是其弟爲兄作也取兄弟相承之義故曰兄癸商之銘款或稱祖若祖戊尊祖丙爵之類或稱父若父癸鼎父丁爵之類或稱兄若兄丁尊與此卣之類辭之雖不同要之皆祀其先王之器也畫作鬲形者鬲空三足氣由是通上下則用鬲識氣凡欲交通而無間耳鬲之取象於父巳尊作亞而此則作亞是皆河圖洛書之遺意非書家八法所可議也

商父巳觚銘三字

按商十世之君曰雍巳此曰父巳則是其子銘其父之器也又曰見者豈記禮者所謂祭之日入室僾然必有見乎其位者耶商人號爲尊神於祭祀曲致其盡而銘者所以立義考其銘而求其義則事死如事生祭神如神在不待較而後可知矣

周巳酉方彝銘三十七字

按爾雅云唐虞曰載夏曰歲商曰祀周曰年此周

器而曰祀何也武王克商箕子作洪範亦曰惟十有三祀王訪於箕子說者以爲不忘本今觀是器形模方正文鏤華好而中藏簡古意尚有商之遺風豈去商未遠而作銘者亦知所謂不忘本者耶

商巳孫敦銘二字

按商十世君曰雍巳故凡言巳者皆雍巳也此曰巳孫者有以見其孫之所作耳孫可以爲王父尸

則又知其爲祭享之用商之銘文言簡而易備大率如此是器足與純緣周以夔龍又著兩螭以聳其耳通腹列饕餮之形文鏤形質悉與丁巳敦同但款識欠一丁字耳當是一時物也

商父乙甗 銘三字

按商以乙爲號者六曰報乙曰天乙曰祖乙曰小乙曰武乙曰太乙而此曰父乙者未知其決爲何乙也然必子爲父作以追享之耳舉則取其以手

致而與人之義蓋亦示用之於父盡力以致享而不敢虛美其先者也是器製作文鏤與商父巳甗殊相類其爲商無疑

周瓠棱壺

古者用壺亞於尊彝爲用雖一而其制則有方圓之異此方壺者蓋燕禮與大射卿大夫所用之器以示爲臣者有直方之義故耳觀其古色凝碧瓠稜四出腹著饕餮間巳夔龍郁郁之文粲然溢目

眞周物也

周䜌女鼎 銘二字

按䜌索諸經傳訖無可考獨於䜌鼎蓋有銘曰宋公䜌作餗鼎以是推之其爲周物無疑而曰女者蓋言䜌之女作是器以享於考如商女乙瓠之類是也詩云誰其尸之有齊季女則知女亦預祀事也

周尊

是器純緣皆素腹足被饕餮之飾與雷紋相間錯形製文鏤頗類周饕餮大尊而又銅色漬染如藍田古玉非久於潛壤者不能如此宜乎爲周物也

商亞父癸觶 銘四字

主則商之主癸也主癸子天乙是爲成湯亞乃藏主廟室之形以是推之此觶爲湯宗廟孝享之器明矣夫觶在飲器中雖所取最寡而昔人于此防其沉湎猶以饕餮示其訓則知列鼎盛饌未嘗不

有戒心此亦防微之意焉

商提梁兕卣 器與蓋銘其六字一字未詳餘作兩兕形

昔人嘗取兕角以爲觥曰兕觥郭璞有山海經圖贊曰皮克武備角照文德古人取於兕者如此是器提梁爲綱紐蓋與純緣之外飾以雷紋環以連珠規模文鏤頗類商父舉卣而又通體皆作赭色綴以綠花在商器尤爲美觀者也

周尹鼎 銘六十四字

是器乃尹休高對揚君命而作父丙寶尊彝也昔人作器未嘗不尊君命而謹其時日故曰惟十有二月王初祭旁又曰辰在庚申言旁者如書所謂旁死魄是也庚申則又指其日辰矣又曰尹其亙萬年受乃永則受當讀作壽古人借用字或如此觀其銅色黝黑間以赭暈斕斑古意可愛非三代無此物也

秦鍾 銘十六字

是器字畫皆作鸞鵠蛟螭之形頗類周蛟篆鍾銘多有不可辯識角比周制短而無旋且無鉦鼓枚篆之飾形製若鐸而絕小按周鳧氏所鑄有所謂大鍾有所謂小鍾爾雅謂大鍾曰鏞中曰剽小曰棧而不言其量數樂律所有之數由是觀之此鍾豈棧之屬歟

商彝

是器純緣圈足皆作雷紋與夔龍相蹂躪夫夔龍

之起蟄必以雷而雷之興苟非其時則爲害矣彝者法也著之於文飾亦法之所在焉觀其銅色黝泌文鏤簡古雖無銘識可考要之非商人不能辨也

商夔龍彝

是器純緣間及圈足皆作夔龍相環若循走之狀說文謂夔神魖也如龍一足蓋殘物之獸著之於器將以防患耳觀其文飾甚簡而制作典古渾厚

固不待較其銘載然後知其爲商物也

周彝

是器純麗之質朴而不雕土花沁暈紅綠相間殊爲美觀雖曰周器尚有商之遺風焉

商乳彝

是器通體皆作雷紋純緣及足飾以夔龍而腹間有乳環之制作精妙文質彬彬眞商盛時物也夫乳所以養人者也過則失所養矣故又著夔龍以

戒其貪而則取其動作以時而已舉一器而衆理備古人取象於物之意豈不美哉

周蟠夔彝

是器兩旁作四夔蟠屈之狀間以雷紋足間亦作夔龍飾之制作奇古土花青紫斕斑非周全盛時不能有此夫夔獸之殘物者也今蟠而不伸則所謂禽獸可係羈而遊蓋盛德之事也彝之爲器所以享神于宗廟非盛德成功無以享也由是觀之

先王取象命意豈徒爲文飾而已哉

商子孫父辛彝 銘七字

商之君以辛名者多矣曰祖辛曰小辛曰廩辛而此言父辛者未必其決爲何辛也曰祈子孫則貽厥子孫之義歷觀古之彝器多以子孫名之豈以其承祖考之祀者有在於是乎

周獸足鼎

是器耳腹純素緣與足皆作獸形素以示其朴獸

以戒其貪鼎之爲象盡於此矣觀其制作頗與周獸緣素腹鼎相類其爲周物無疑

周鼎 銘八字

是器銘載雖未詳然觀其制作渾厚略不加文鏤之飾雖曰周器頗有商之遺法豈去商未遠餘風尚未泯耶不然何以純素如此

周叔液鼎 銘二十二字

叔液者案書諸經傳訖無可考惟周之八士有叔

改焉豈其族歟曰饋鼎者如飼鼎餗鼎之類古人於器用所寓各有攸當饋則取將飯之意焉是器耳作當形純絛飾以立螭首作蹄狀形制篆鏤皆周物也

商父巳鼎 銘三字

是器銘三字一字作禾形一字作父巳歷觀商器類取諸物形似以為銘識蓋書法未備而篆籀未分故耳禾有養人之實凡取以為飾者當以是為

義父則商之雍巳也

商象形饕餮鼎 銘一字

商之器銘多取象於物故有為萬形魚形之類於鼎者為犧形兕形之類於卣者為龍形之類於甗者為蜼形之類於尊者雖曰書畫未分固應如此然古人取象命意莫不有理非徒為也

周南宮鬲 銘十二字

古之器銘以萬年子子孫孫永寶用為辭者比比皆是也蓋昔人制器尤在於遺後世且欲傳守不失故以子孫為丁寧耳是鬲也而曰尊者與尊鼎尊彝尊敦同意觀其制作文鏤殆與周仲父鬲相似其為周物無疑

商齊鬲 銘八字

古者殆字則曰伯仲叔季及其德劭則又稱父焉其曰作齊鬲者蓋於祭祀之齊而用之耳周帛女鬲亦曰齊鬲豈效法于此乎

周貫耳壺

是器脰足飾以雲雷饕餮紋鏤簡古色若蒼玉兩耳通貫上下可繫以挈考其制作非周人不能為也

周饕餮立戈壺 銘二字上為立戈形下作鳥形

上古彝器著以五兵者往往有之其意固可以類推也鳥性至孝而反哺之德豈用宗廟之器所以致孝享歟觀其文鏤精緻通體作雷紋饕餮實為

周物而規模制作頗類商弓壺殆有所祖述耳

周方壺

古者用壺亞於尊彝爲用則一而其制則有方圓之異是器銅色紅綠間錯蟲鏤如古玉劒璏郁郁之文粲然滿目必周之精工所爲也

周壺

是器色幾渥赭而綠花滓綴純緣及足皆作雷紋文飾簡易鬱有古風周初器也

周虢叔鬲

按春秋左氏傳虢叔王季之穆也爲文王卿士勳在王室藏於盟府然則虢叔葢王季之子文王之母弟也虢以言其國叔以言其字耳

周宰辟父敦 銘七十五字

按晉有公子周是爲悼公此曰周者必悼公也悼公文襄之後故有用作文考之辭古者錫有功則必祀於彝器且以告於家廟如秬鬯一卣告於文人是也故敦之銘亦曰用養乃祖考者謂此

周父癸尊 銘六字

按太公呂望實封於齊其子曰丁公伋伋之子曰乙公得得之子曰癸公慈母慈母之子曰哀公臣然則是器之作其在哀公之時歟且銘者自銘以稱揚其先祖之美而明著後世者也故於父癸而言子者亦自名之而已

周季姬敦 銘十一字

按晉文公重耳母曰季姬齊悼公娶季康子妹亦曰季姬而文母乃翟狐氏女太史公嘗以狐季姬稱之則此曰季姬者必有一於斯也

周犧首罍二

二器皆以犧首爲耳爲鼻制作亦略相類唯大小色澤有異耳葢周物也

周刺公敦 銘二十八字

刺公雖不載於經傳然考諸彝器則有刺祖乙伯

見於卮敦之銘按太公望子丁公伋伋子乙公得以是推之剌公必乙公族也曰用享用孝則又知其爲宗廟之器耳

周獸耳罍

是器形方而微匾與他罍異文鏤簡古制作去商未遠必周初物也

周寶敦 銘三字

是器敦也而識曰作寶彝葢先王之於器用未有

不以常法爲貴耳觀其制作精巧文鏤精華非周盛時不能有此也

周孟皇父匜 銘六字

昔曾威公之後折爲三族曰仲孫叔孫季孫仲孫於三威氏爲長乃曰孟氏此孟族所由出也故春秋每書仲孫則傳必謂之孟如昭公九年仲孫貜如齊而傳謂之孟僖子如齊之類是也是則孟乃仲孫之氏而姓則姬也十月之交詩曰皇父卿士而釋者謂皇父字也此曰皇父亦豈孟之字歟

紹興內府古器評卷之上終

紹興内府古器評卷之下　　張掄　才甫

商祖癸鼎 銘七字

按癸者成湯之父號此曰祖癸有以見其孫之所作耳是器口圓而體方四稜屹然制度與他尊特異皆商盛時物也

周雷紋饕餮甗 二

二器腹與足皆飾以雷紋饕餮所異者前一器古

色凝綠後一器土花黯漬耳甗之爲器戒心已默寓其名復以饕餮爲飾則又欲懲其貪婪而將之以德也

周蔑敦鬲 銘九字

按宣和博古所載銘十有一字敦上彷彿是蔑字今此器乃少於前兩字何也楚之君有霄敖若敖杜敖而其名官亦曰莫敖所謂蔑敖者殆出於此耶

周父乙敦 銘六字

世人但知十干爲商號遇款識有十干者皆歸之商誤矣如周召公尊曰王大召公之族作父乙寶尊彝而謂之商器可乎蓋父者所以尊稱乙者乃其名耳而太公望再世有乙公得得之子曰癸公慈母然則此言父乙者豈癸公爲其家廟而非耶

周乙父鼎 銘五字

按成湯字天乙後世以乙爲氏鼎是周器也而謂

之乙父者豈其苗裔尚存爲家廟而作耶然則乙其氏也父則德劭之稱也與父乙異矣

商冀父辛卣 銘七字

冀者國名唐虞之都也昔人受封于此後世采食於所封之地故復以爲氏父辛商君之號也旅彝者旅以言其衆實其非一器耳如弡伯旅匜叔作旅匜之類是也作圖若亞形者所以象廟室則又知其爲宗廟之器矣

周饕餮敦

夫敦之名見於虞氏之時而特無其制至周兼用四代之禮而敦亦不廢然而時不相襲故器形類皆不一此器圈足而下連方座通體飾以饕餮足有蓍以夔龍考其制作皆周物也

周舉巳尊 銘一字

器之銘舉者多矣蓋取其以手致而與人之意則知用之於宗廟盡力以致享而不敢虛美其先者

也是器脰拱四山自腹而下飾以雷紋饕餮其周器也

商父巳觶 銘五字

父巳者商之雍巳也在昔彝器之銘有止言父以明其子者而止言子以昭其皇考者唯此器既言其父又言其子又言其孫特與他器不類何哉蓋古人不相沿襲自爲一家之語雖詳略不同然究其義則一耳

商父丁尊

父丁商號也商尚簡嚴故其文一二言而足是器純足皆素當其中爲從理兩端飾以夔龍土花紅綠點綴古意可愛非商無此物也

商父辛彝 銘五字

辛者商君之號也亞者廟室之形也既曰父辛有以見致孝享于廟明子職矣而又曰子孫者蓋欲貽厥子孫俾傳守不失耳古人制作豈徒然哉是

器色備衆彩爛若古錦非智巧所能到在商器中特爲觀美者也

周弡生敦 二銘一十八字

弡生者恐其姓也如曰弡仲作寶簠弡伯作旅匜則又知其爲一族耳皆周物也稱生者亦猶軨敦曰屆生龍生鼎曰龍生之類考二器銘載制度文鏤略無少異當是一時所作也

周仲丁壺 二器一器銘八字一器銘三十七字

按周有召伯召虎最爲著姓此曰召仲丁父豈其苗裔乎壺字小篆作壺上爲蓋中爲耳下爲足皆象形也今此壺字作𡔷體類大篆文省而意足尤爲奇古二器雖形制圜匾或異銘識詳略之不同然作器之人則一也

商雷紋觚

此器純緑不加文鏤腹足間飾以雷紋饕餮觚爲飲器故取象制義皆存乎戒雖無銘款以考世代

然制作淳古非商無此物也

商旗孫觚 銘二字

是器銘三字爲二孫聯比之狀前一孫則執旗焉夫銘之以二孫者葢與所謂子子孫孫同意示所傳無窮也周禮司勳凡有功則書於王之太常此作旗者豈亦取太常之義以昭其功耶

周蟠虬瓿

是器肩腹之間爲綯紐糾結之狀間以蟠虬形模典雅可愛雖無銘識可求要之非周文物盛時不能有也

周束𢍁 銘二字亞形內作束字

夫亞者乃藏主石室之形束則有所未喻然商婦庚卣曰束子孫婦甲庚丁周乙酉方彝亦有束字見於銘識之末豈皆其氏耶是器純素典古緑花可愛雖曰周物而有商之遺風焉

周父乙甗 銘七字

父乙則言其父名乙以明子爲父作耳曰彝則謂其器可法非六彝之謂彝也是器文飾制作與商甗相類加以銅色黯漬間以紅緑殊爲觀美必周初物也

周史卣 銘一字

史者言其官也有以史爲氏族者因官而受氏也商卣亦有銘之曰史者其意殊類是邪是器通體作饕餮雷紋設飾甚華而色若蒼玉葢晚周精工

所製也

商父巳尊 銘三字

父巳則商之雍也上一字作鬲形者蓋欲如鬲之炊氣上下交通而已古之酒器多取此以爲識者皆此意也然字畫形象則有[illegible][illegible][illegible][illegible]之異唯其純質未鑿於世俗之習故或繁或簡乃所以爲古耳

商虺觶

是器制作朴質唯以虺飾其腰文鏤甚簡其商人之爲乎

商夔龍觶

是器腰足皆飾以夔夔貪獸也觶在飲器中所取最寡昔人猶以示戒蓋亦防微之意耳

商父巳觶 銘六字

父巳則商之雍巳也凡人君錫有功必爲冊書以命之故康王命畢曰作冊畢周有內史冊命之臣此銘作兩冊者蓋所以紀君命耳商之彝器類多作此

商象形饕餮鼎 銘一字彷彿象饕餮形

商畫多取諸物以爲形似如魚鼎以貝爲魚蠆鼎以蠆爲蠆之類皆是書法

饕餮貪獸也自商至周凡爲彝器者往往取以爲飾所以示飲食之戒而呂氏春秋獨謂周鼎著饕餮何哉

商龍鳳方尊

是器尊也而形模近類方壺制作純古其上爲龍肉虬然下卷四稜作鳳形徧以黃目饕餮雲雷爲飾在商器中文鏤增華蓋其盛時所作也

商執戈父癸觶 銘四字上作孫形手執戈

商人作器多著戈象或立之或橫之至此乃執焉蓋戈者所以刺而傷物銘之於器旣以戒其過而執之於手則又有持久不忘之意焉古人垂訓玆

亦在癸父癸則商號也

周虢叔鬲 銘八字

按春秋左氏傳虢叔王季之穆爲文王卿士勳在王室藏於盟府葢文王之母弟而武王之叔父也封於西虢今之弘農陝縣東南之虢城是也然則是器爲周物可知

周父巳觶 銘四字

巳則獨見於商之帝號葢商以十干爲名故耳至

周則有丁公伋乙公得癸公慈母於巳則未之見焉是器素質純古雖曰周物而商之遺風猶未殄也

周簠 銘一字

簠盛加膳葢熟食用匕之器也今禮圖所載則內方而外圓穴其中以實稻粱又刻木爲之上作龜葢制作之異乃如是耶以是考之然後知禮家之學多出於漢儒臆度非古制也

周伯匜 銘四字

古之彝器多有伯作之銘所謂伯者名耶謚耶伯仲之序耶侯伯之爵耶葢未可執一而論之也是器足與純緣之下皆著饕餮文鏤簡古其爲周物無疑

周伯吉父匜盤 銘一百三十三字

曰惟五年三月既死霸庚寅以年繫月以月繫日也既死霸則如書所謂旁死魄者是也曰從王

首書勳績也曰錫馬駒軒紀君惠也曰敢不用命則即刑載誓詞也伯吉父雖不見於傳記然考其銘識頗有周書誓誥之風豈周家有功之人賜作此器以昭其功耶

周犧尊

是器規橅甚大制作純古其上作兩犧突然而起通體飾以雷雲饕餮眞周物也自漢儒釋犧爲莎制器者遂至刻以鳳皇之象其形婆娑然曲從臆

斷還就其義今觀此器知漢儒爲陋矣

周公命鼎 銘二十五字

昔人作器未嘗不尊君命而謹其時日故曰既死霸又曰公命既死霸者如書所謂哉生魄旁死魄之類是也曰叔則如虢叔榮叔之類曰姜則如京姜孟姜之類是也雖字有不可識者然考其銘載參以制作其爲周物無疑

周方鼎

是器通體作夔龍饕餮之象間以雷紋足有垂花制作形模全與商亞父虎丁鼎相類但無款識耳殆亦周監商而有作焉

商伯申鼎 銘五字

伯申索諸經傳訖無可考然觀其通體純素不加文鏤之飾制作朴古商世尚質其商人之爲乎而又二器銘識皆同形模大率相似惟前器銅色凝綠後器土花斑漬爲小異耳必一時所作之器也

商立戈父辛鼎 銘三字上一字作立戈形

戈於五兵爲利器有傷物之意焉商之彝器多著此象者蓋所以戒示也故於是有立戈爵立戈甗有立戈癸尊有立戈父癸卣之類皆與此同意父辛則商君之號也以是推之其爲商物明矣

商父辛鼎

商之君以辛名者不一此曰父辛者蓋子爲父口燕享之間著癸以正其名耳歷觀三代彝器款惟愈簡則愈古此夏商周之辨也是器銘款既簡世次可推加以文鏤精純色備衆彩非周以前無此物也

商夔龍饕餮鼎

夫夔龍害物饕餮性貪併著於鼎所以示戒者至矣昔禹之治水非惟水之爲治凡爲民害者莫不去之及其已事則貢金九牧鑄鼎象物以知神姦使民入川澤山林不逢不若故雖有魑魅魍魎莫

能侵之今此鼎三面皆為夔龍饕餮之形豈倣此乎

周乳紋鼎二

一器形模制作皆無少異通體不加雕鏤惟飾以乳而已鼎烹飪之器乳所以養人者也制器尚象厥有旨哉

周節鼎 銘一字 日節

鼎烹飪之器銘之曰節者豈非示飲食之戒乎是

鼎耳足純素純緑之下起六觚稜為三獸面以蟠夔雷紋為飾腹間又作垂花中著蟬紋蟲鏤精巧後世極鑄冶之功不能彷彿寔晚周良工所制也

周冊爵 銘一字 日冊

說文謂象其扎一長一短中有二編之形諸侯進受於王者也古之器多著此象豈皆當時受賜於君以昭其功者耶

周中鼎 銘四字曰 中作寶鼎

中不知其為誰然按所藏彝器有曰南宮中鼎制作典古不加文飾與此鼎若出一手特形模方圓欵識繁簡有異耳以是考之所謂中者必南宮中也

周婦氏鼎 銘十三字

婦說文通作妘以謂祝融之後姓也今〇伯雖不載於傳記豈亦祝融之後姓歟畫以兩冊葢冊命也亦猶康王命畢曰冊畢制器尚象其義如此

周孫父丁爵 銘三字曰 孫父丁

夫世人但知十干為商君之號凡遇欵識有十干者皆歸之商謬矣按周之太公望再世而有丁公後世以為丁氏是爵周物也豈丁氏子孫為其家廟而作耶曰孫則又以言孝孫作之以奉其祖者耶

商父巳爵 銘五字舉父巳其下象二矢之形而以一格立之

父巳者雍巳也凡鼎彝用享其父則必識以其子

繼雍已者弟大戊也而謂之子者豈非繼其後者乃為之子耶夫男子之生以桑弧蓬矢射天地四方今著以矢意其在茲乎

商父乙爵 銘七字

商周之器類以尊彝銘之何哉蓋先王之意戒在於作淫巧要使其器可尊可法耳非六彝之謂也乙者商君之號又言父者所以明子職歟

商牛頭爵

是器以牛首為鑒夫牛之為物能典民功致民力出作入息而服畎畆之事先王之於物用所寓莫不有理瞿祖丁卣銘識作兩牛形亦此意也

周立戈爵 銘一字作戈立形

戈為兵器戡戮戰伐皆從之蓋有傷物之意爵雖於飲器為特小然主飲必自爵始故古爵悉為此狀者示酒戒也今又銘以著之則昔人謹微防患之意可謂切至矣

商孫爵 銘一字曰孫

夫名者自名以稱揚其祖考之美而明著之後世者也此特言孫以見意者蓋孫可以為王父尸則又知其為祭祀之用耳是器通體純素不加文飾與商子孫巳爵商巳舉爵大略相似以類考之必商物也

商伯爵 銘三字

夫所謂伯者其類不一分等之爵則有侯伯之伯

建諸侯之國則有方伯連率之伯而又于謚于名于字于序皆可稱之古之彝器多銘以伯者必有一於此也

商提梁田鳳卣 蓋與器銘共二字曰田

昔成王寧周公之功而賜之以秬鬯二卣平王命文侯之德而錫之以秬鬯一卣詩書所謂秬鬯者蓋取其一秠二米芬香條達而田者粢盛之所自出是卣銘之曰田豈追本而言耶

周蒯仲奠父敦 銘十七字

蒯仲奠父不載於史至晉始有大夫蒯得漢有齊辯士蒯徹豈其苗裔乎

周乳鍾

考之周官鳧氏所以鎔範者有兩欒而爲銑銑間則有干而鼓鉦舞與之相似次其上爲衡角旋蟲以屬於簴而體備枚篆攡隧之飾此飾爲瓌紐不作衡角較之周官制度固已小異矣然究其形模

參以宣和博古所載知其爲周物也

周仲申敦蓋 二銘皆十三字

仲申經傳無所見而曰旅者蓋取其旅衆之義以明非一器也考諸彝器如甗曰旅甗匜曰旅匜簋曰旅簋彝曰旅彝義率如此但惜乎二器皆不見其口耳

漢麟瓶

此古僕御供給之器也左提右挈奔走奉承無滿溢之失古人制器良有旨哉麟之爲物昔人取以爲聖時之瑞以此飾器殆不徒設宣和博古圖云吏部尚書蘊頌言頃使虜於帳中嘗見之亦類此然則當時所鑄必非一器也

周帛女奩 器與蓋銘共六字

帛女疑宮女之主繒帛者然考之周官自九嬪世婦之外所可見者司服縫人而已初無此名豈非自周之東典禮不存因其職而命之歟況奩者粧

奩之具宜乎以帛女自銘也

周兕匜盤 銘一字

是器銘文上爲屋宇之狀而下作兕形與周兕敦款識略無少異蓋宗廟之器也

周鳧盉 銘一字作象形鳧字

是器銘一字作象形鳧字蓋之上亦以鳧爲飾蓋鳧出入於水而不溺以況則習于禮者也著之于調味之器所以示飲食必由於禮古人即器以寓

意卽意以見禮卽禮以示戒者乃如是耶

周甗

甗之爲器其上則甑而無底其下則隔以通氣葢炊物之具也此甗而銘之曰彝者非周官六彝之謂特以法度之所寓而有常耳

周虬紐鐘

是器銘文磨滅不可識故作旋螺之狀間以蝌紋糾結交錯隧㒇與舞之上亦如之不識衡角以虬

爲紐變古制也究其形模鑄冶之功非秦漢所能及其爲周物又何疑焉

龍勺

按禮圖龍勺用挹六彝之鬱鬯以注於圭瓚者也柄長二尺四寸受五升士大夫漆赤中諸侯以白金飾天子以黄金飾又明堂位曰夏后氏以龍勺註云爲龍頭今此勺漢物也考其制度與夫尺寸容量視禮圖所載逈出兩途豈去古既遠無所考

証諸儒各起臆説寖失其傳耶良可慨歎

周樂司徒卣銘二十二字

周官六卿之職分總天地四時曰大司徒者實掌地事葢六卿之一也此曰樂司徒則樂者姓也按樂出子姓宋戴公生公子衎字樂父後世子孫因以爲氏又曰司徒子之衆之子作旅卣則作是器者必司徒之孫也考其規模有鼻無足特異他卣當是卣之別耳

周官有司徒之名列子方氏其爲大司兵者卽其所事也亙年之一也此曰鄭司兵則兵者姓也按此器銘云作卧剿軒字字書所不載其形制則鼎也字體與鄦字鍾則似葢周末接戰國之物高尺有三分深八寸有半徑尺有三寸半容四十三升○此一段見秦太守家藏抄本似與周樂司徒卣不合恐是別條姑存之簡端俟考

漢羊鐙

按說文鐙謂之鐙張敞東宮舊事載銅鴨頭鐙之類則知漢人之鐙往往取象於物是器爲羊形腦後作轉軸反背於首以承燈腹虛可以貯水創作巧妙非智者孰能眞漢物也

熙寧中得於鳳翔盩厔高三寸八分深三寸二分徑五寸六分容二升銘十有二字曰仲父作尊高子子孫孫永寶用蓋仰以承燭羊鐙同制即羊鐙也其巧妙非漢氏孰能然哉奇物 亦秦本所載

漢宜子孫鐙

嘗見漢鑑多以宜君公宜侯王宜子孫爲銘正與詩所謂宜君宜王宜民宜人宜爾室家之類同意皆善頌之辭也是器彷彿龜形上設關紐反其背屹立以爲鐙虛其腹容水以沃燼制作銘載眞漢物也

漢辟邪爐

此薰爐也通體爲辟邪形折其半爲蓋反覆開闔之口鼻目皆通氣香之所從出也規模甚小可以置諸懷袖漢人制作之妙有足稱焉

漢摺鐙

是器形質純素無所取象分其蓋之半作轉軸之反於上以爲燃膏之所其下則虛而有容可受以水漢人作鐙制度大率如此

周敦蓋 銘九字

彝器銘載凡曰寶鼎寶尊寶彝寶敦之類而不銘

功不載擔者皆自寶用之器耳此器既自寶用又欲遺之後世使子孫傳守之不失然則古人制器豈徒爲觀美而已哉

按此敦與卣同制同文則知古人作器勒銘非一物器皆有是銘也邢周大夫也有功錫命爲古考作祭器也宣榭者蓋宣王之廟也

周持刀寶彝 銘五字

是器銘作孫象形而手執刀孫又疑爲子字古之

彝器多著此象蓋欲示孝子親職其勞以明割牲之意云耳詩云執其鸞刀以啟其毛取其血膋凡以是也古人之於祭祀致其盡者如此

漢小方壺

是器與宣和博古圖所載漢獸耳方壺相類惟大小不同無連環耳亦漢物也夫見於鼎之屬者則大曰鼐中曰鼎小曰鼒此壺也比他器爲最小豈亦如鼐鼒之有別耶

商父舟爵 銘二字

爵於飲器爲特小然主飲必自爵始故曰在禮實大先王之時凡誥戒於酒者無所不致其嚴蓋銘之以舟則豈無其義焉水能載舟亦能覆舟譬之酒能成禮亦能敗德取象垂訓顧不美哉

漢六環獸耳壺

是器既以兩獸銜環以爲耳又附四小環於腹與它器特異賁飾繁縟精麗可觀然氣韻非古殆漢工所造也

漢鳳壺

按熹平漢靈帝時年號也鳳之爲物有其時則見非其時則隱故孔子嘗興嘆曰鳳鳥不至吾已矣夫方是時漢祚已衰宜無此瑞而乃以此飾之於器則其思治可知矣

漢魚壺

魚麗之詩美萬物之盛多能備禮而魚之爲物潛

逃深眇難及於政至於盛多則王者之政成而薦享之禮備此器以魚爲飾意其在是歟

漢獸耳圓壺 八

八器雖形模大小有所不同然皆以獸爲耳體圓而純素不設賁飾比商則質有餘比周則文不勝蓋亦體古而僅能形似焉漢去古未遠故也

漢獸耳方壺 五

五器規模制度大抵相似惟精觕差不同耳古者

用壺亞於尊彝雖惟用則一而其制乃有方圓之異此方壺者蓋卿大夫所用以其有直方之理故耳

漢提梁壺

是器通體純素不加文飾耳作獸口銜環復以連環爲提色若碧玉氣韻甚古殆漢精工所爲也

梁博山爐

按中大通二年太歲庚戌梁武帝時也王仲達於

史無傳莫能考其世系博山爐不聞于前代惟張敞東宮故事云皇太子納妃具博山香爐二豈始於此乎是器葢爲山形通氣於上下作螭虎仰首以承之復載以盤雖若甚巧然較之古制殆未可彷彿也

漢牛鼎研滴

是器爲一牛形腹虛可以納水背出兩管爲止水之具葢研席間物也復有作龜形與蟾形之類者

制度雖不同其爲用則一而已

漢雲雷壺

凡壺之制其別有二曰方曰圓也是器乃作十二稜與他壺特異大抵後人制器出於臆見務爲新奇故不純乎古耳

漢雲螭奩

是器奩也徧體以螭爲飾而葢作屯雲之狀仍間以螭穴其末可以通氣豈非香煙之所從出乎昔

人以奩爲香氣者意有得於是也

漢素巵

巵之爲器雖不載於六經然玉巵無當之語見于韓子而戰國策亦有画蛇賭酒巵之喻則知巵之所從來久矣

漢唾壺

唾壺不聞於前古獨世說載王敦每酒後輒詠魏武帝樂府以如意打唾壺壺口盡缺而此乃漢器

也豈晉以前已嘗有之但湮沒無傳耶

漢盤

按湯盤之銘曰德日新則知盤之爲器其來尚矣古人用盤或以承觴或以授物雖爲用不一然皆率鑄銅爲之故見于史者若毛遂與楚定從奉銅盤歃血漢武作承露銅盤之類是也是器體圓而質素不加文飾考其制度其爲漢物無疑

漢提梁小匾壺

是器設飾不一姝無三代制度大抵去古愈遠則愈爲奇怪正如汙尊杯飲之後而繼之以大巧也

周淮父彝 銘四十字

穆與淮父之名不載於經傳戍則詩言遣戍役之戍謂穆從淮父戍役于古古必地名也父死曰考此曰文考則追享之器耳曰乙則舉其日之吉所以嚴其事也

商父巳爵 銘二字

父巳商君之號也是器銅色黯黑如鉛可見其埋瘞之久而花紋明白如印印泥非後世畢精覃思所能到也

商單從尊 銘三字

單姓也周有單子歷世不絕爲賢卿士其族有襄頃獻靖穆公之類則知單者有出於此作從謂從器如品之有從也與所謂陪鼎者同意

周單父乙彝 銘亞形中爲單父乙字

單則叔向所謂周其再興乎其有單子也故知單所以爲姓乙不特爲商君之號而齊亦有乙公此曰乙者豈單氏之父祖乎

漢金銀錯弩機

是物金銀間錯細若絲縷漢宣帝贊以爲至於技巧工匠器械自元成間鮮能及之此弩機也不苟簡如此豈宣時物耶

漢尉斗

或曰刁斗非也刁斗受一斗晝炊飲食夜持以行如銗鍋而無緣此器頗與今之所謂熨斗者無異蓋伸帛之器耳故以熨斗名之

周壺一

是器設飾緐縟蓋作四獸對峙蟲鏤精致非周人孰能爲之

商祖丙爵

丙者商君之號而商人銘器則又往往配以乃祖

乃父如父丁父乙與此祖丙之類是也弧矢者男子之事此爲矢形於孫字之旁豈無意乎

商子孫巳爵 銘四字曰析子孫巳

商君之號曰雍巳凡銘曰巳者皆雍巳也折子孫乃貽厥子孫之義古之彝器多以子孫銘之豈以其承祖考之事者其在如是耶

商立戈父辛爵 銘三字

商人銘器爲立戈之形者多矣辛則商君之號也

按士虞禮主婦洗足爵釋者謂有足無文是器純素略不加飾豈所謂足爵者歟

漢儀仗劍

釋名曰劍檢也所以防檢非常也儀杖設劍意謂是歟薛燭論歐冶子之劍曰赤堇之山破而出錫若耶之溪涸而出銅乃知古劍通以銅錫爲之其來尚矣

漢鎗

古之兵器不特以鐵爲之蓋亦有銅錫者爲此鎗也精緻乃如許大抵古人凡作一器未嘗苟且故能傳之久遠使後人歎仰不可得而企及也

周仲偁父鼎

凡彝器不可得而專有必賜於君然後敢制焉謹君命而銘之故於是書其名伯皐及仲偁父有伐淮南之勳則賜作寶鼎乃其宜也

紹興內府古器評卷之下 終

大司馬范質翁好藏異書出張掄紹興古器評上下二卷示余云是于司直抄本因概論司直介行績學未介上壽著述罕傳其手抄眼正祕書數種凡我同好爭弄而珍焉余亟梓之附于宣和書画譜之後案張掄字材甫南渡故老好填詞應制極其華艷每進一詞上即命宮人演入絲竹譜中嘗同曾覿吴琚輩進柳梢青西江月壷中天酹江月諸篇上極稱賞賜賚甚渥曾見汴都之盛故多感慨草堂花庵諸選惜不多録虞山毛晉識

古器評　跋　汲古閣

鐘鼎款識

〔宋〕王厚之 輯

鐘鼎款識述評

容庚

王厚之字順伯，號復齋，浙江諸暨人。宋乾道二年（公元一一六六年）進士，歷官淮南通判，改江東提刑，直顯謨閣致仕。（徐象梅《兩浙名賢錄》，《館閣續錄》八：七）。博雅好古，蓄石刻千計，單騎賦歸，行李亦數篋。家藏可知也。評論字法，旁求篆隸，上下數千載，衮衮不能自休，而一語不輕發（陸友《硯北雜志》頁十五，得月簃本）。著有《復齋碑錄》，據陳思《寶刻叢編》所引共四百三十二種。據影宋鈔本《寶刻叢編》，殘本復可增補四種（楊殿珣說）。又有《石鼓音釋》，章樵《古文苑》曾引之。

畢良史字少董，蔡州人。紹興十二年六月，由金放還。以古器書畫之說得幸，月入二百千，食客滿門，號窮孟嘗。十五年九月，知盱眙軍，加直秘閣。搜求京城亂後遺棄骨董。命所居曰死軒。凡所服用如玉含蟬之類，皆上古壙中之物（《三朝北盟會編》卷二〇八，《建炎以來系年要錄》一五四：七，《硯北雜志》頁四三）。

案此書首篆書題「鐘鼎款識」四字，曹溶、錢大昕、阮元均定爲趙孟頫所書。所收爲戎趠鐘（原無名）、商鹿鐘（乃花紋非字）、商鐘、商子父癸鼎、商兕父癸鼎、商伯申鼎、商飲（對銘疑卣）、商父丁爵、商亞父丁爵。商穆父丁鼎、商母乙鬲、商舉己卣、商子父己爵、商父辛爵、商父癸爵、周正考父鼎、周叔姬鼎、周師旦鼎、周季娟鼎、周麻城鼎二器、周楚公鐘、周癸亥父己鼎（二銘）、周得鼎、周蘇女鼎、周仲偁父鼎、周虢姜鼎、周師艅鼎、周師淮父卣蓋、周鷄單卣、周四年虢姜敦、周弡仲簠、周司彝瓶、周帛女鬲、周京姜鬲、後漢延光壺、後漢元嘉刀、漢器、漢槃、漢啓封鐙、晉尺、晉漆盤、夏壺、商秉仲鼎、商冊卣、商父辛敦（原作卣）、商父己卣、商父丁卣、周伯冏敦、周伯據敦、宋平公鐘周孟申鼎、周唯叔高鼎、周南宮方鼎、周禾爵、周毁、後漢建武鼎、曾侯鐘、楚公鐘、共三十頁，阮元以爲五十九器是也。朱彝尊以爲六十四器，翁方綱以爲六十二種，皆非。

每器之前有厚之所題器名，並記出土之地，收藏之人，釋其文字，而鈐以「復齋珍玩」「厚之私印」兩印。其在宋代，《楚公鐘》有紹興四年榮芑跋，《虢姜鼎》有曾大中跋。其流傳之跡，朱彝尊謂從王氏轉入趙孟頫家，孟頫復用「大雅」章兼書薛尚功考證於《曾侯鐘》後。案《曾侯鐘》考證見於《金石錄》（十二：三），薛氏引之，略有修改。此書復引自薛氏，未有署名。朱彝尊謂爲趙書，未能確定。明隆慶六年（公元一五七二年）二月，檇李項元汴得於吳門徐氏，以篆書題籤。經歷其孫項聖謨世守。清康熙初年，歸於秀水曹溶。七年，溶出示朱彝尊，屬跋未果。二十四年，曹氏逝世，所藏書畫多散失。三十二年，此册歸於朱氏。四十四年，朱氏以贈馬思贊，並爲之跋，在馬氏時，有查慎行、胡開泰、查嗣瑮、龔翔麟、翁嵩年、沈元滄、金農諸人題跋。乾隆十一年八月，馬氏以贈桐鄉汪森。六十年十二月，錢唐黃易携所藏《武梁祠石室畫像》來吳縣，因假此册並觀，有錢泳題識。同月李品芳携示錢大昕，有錢氏跋。嘉慶初，歸於陸恭松下清齋，有翁方綱跋。七年，歸於儀徵阮元，詳加考釋，書以隸體，以別於厚之之筆，摹刻成書。

阮元定此册爲王厚之所輯。自夏壺至建武鼎十五器，皆畢良史以進秦熺之物，以青牋親題其目，末書「良史拜呈」四字。翁方綱謂此書銘文皆就原器拓得者，余意不然。季娟鼎「錫貝錫馬兩」，貝錫二字誤書作鼎，與《嘯堂集古錄》同，與《博古》薛氏《款識》異，釋文皆不誤，一也。《癸亥父己鼎》、《楚公鐘》兩本微有異同，《癸亥父己鼎》商字缺下口，或一真一復，或兩者俱復，二也。《仲偁父鼎銘》八行，他書皆作五行，三也。《虢姜敦》銘一行直下，《虢姜鼎》銘十二字分作五行，《曾侯鐘銘》在鼓上，他器無若是者，非翻刻變易其位置，則屬僞作之器，四也。惟畢良史青牋十五種似是原拓。原本阮元刊行以後，道光二十三年（公元一八四三年）春，文選樓火灾，册毀於火，版片亦燼。安得目覩以證吾說乎！

道光二十八年四月，葉志詵就養南行，道出揚州，阮元以原刻初印本矚爲重刻。是年冬，刻成於廣東撫署，有葉氏跋。

版心人名翻刻本四十頁中之十五頁，版心署有黃林秋、徐福卿、蔣謨卿、楊正宏、蔣作霖五人姓名。間有錯字，如第二頁阮元跋云「曹倦圃定爲松雪書」，徐福卿翻刻，誤「定」爲「一之」。翻刻尚佳，今所流傳，多此本也。

鐘鼎款識

積古

宋拓鐘鼎款識原冊計三十葉宋復齋王氏所集計五十九器内有青牋者十五器爲畢良史所收宋葉楚公兔雨雷鐘重見玩其題識皆復齋之筆也揚州阮氏積古齋所藏

嘉慶七年秋摹勒成冊

阮元

周良謹摹

鐘

宋王復齋鐘鼎款識

二 黄石[illegible]

此四篆字舊因曾經松雪盦鑒賞定爲松雪之筆竹垞先生亦云曾僕圓定爲松雪書錢竹汀先生跋亦云與所見松雪大道詩石刻相類以僕圓之言爲然元昔編定內府書畫時見松雪大篆字墨蹟甚多此四字實爲松雪筆無疑

識

趙孟頫

康熙癸酉秋日

甌舫叔藏

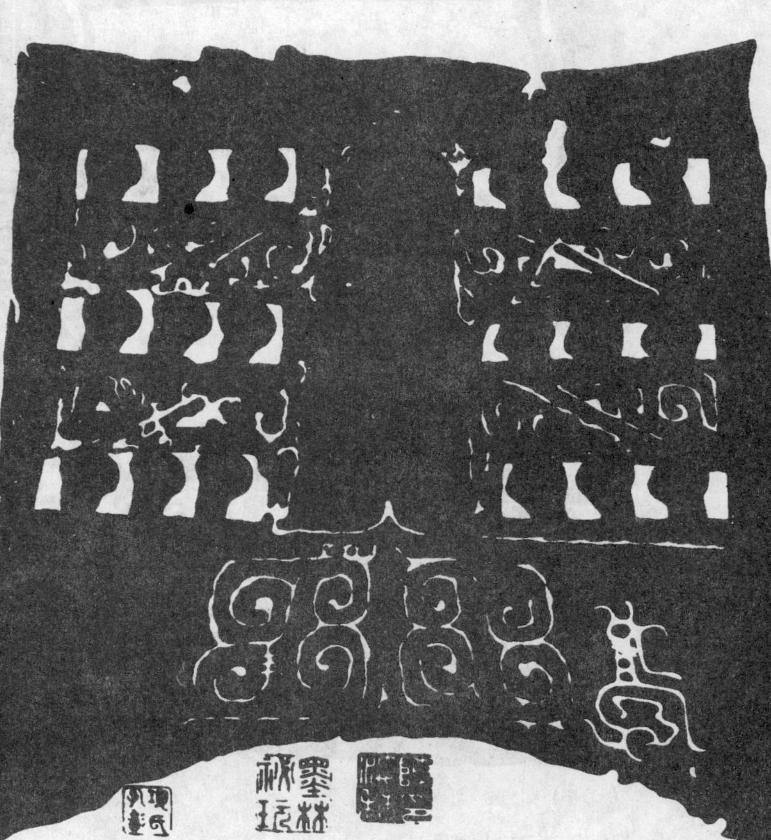

商鹿鐘

水晶宫

舒州太湖縣取土得之歸王崧壽家只一字鹿象形

元謂此等款顯識釋文皆宋復齋王氏之筆元今所識以隸體别之

元謂右二鐘其一為董武鐘鐘之鉦間兩行六字其弟二為武字弟五為吳字弟六為彊字吳與虞古通借海鹽吳東發云弟一字為董字周禮春官九拜四曰振動鄭大夫注動讀為董書亦或為董春秋昭三年左傳余髮如此種種釋文徐本作董董此鐘文作動佀古董字春秋昭十三年左傳董之以武師是也弟三字或云數字或云鎛字弟四字或云用字然未可定當闕疑鐘之兩欒各二字左欒弟二為起字弟一字錢獻之坫云是戎字古戎從甲秦繹山碑戎從十本古文甲字此銘字中作一點亦其義也右欒弟二為赤字弟一字不可識其弟二鐘宋人舊題為齊鹿鐘然其字形亦未可遽定姑仍其舊名之

第二

松雪齋 商鍾

。父作旅

商子父癸鼎

孝宗皇帝賜洪遵　宣和博古圖一　薛尚功鐘鼎法帖一

立戈形

父癸

吳東發云㭊古文成字林準之象也平也丨繩之象也直也()所以權之也權之而得其直即得其平也攷工記所謂可水可縣之象也凡物平則成故左傳引書地平天成注云成亦平也是也㭊後省為朩為朩為成為成為成詩毛傳成平也凡二見鄭注周禮成平也凡六見爾雅釋詁平成也穀梁傳平者成也凡三見不觀此文莫窺其象而漢儒平成轉注有此詁訓可知經師相傳之義所由來者遠矣

商兕父癸鼎

復齋珍玩

兕 父癸

子執弓 博古作 [illegible]

商伯中鼎 博古一 法帖一

復齋珍玩

伯中作

寶彝

商飲

元謂傳古圖有飲爵文作㱃飲本從㱃作㱃者省此丫向上又有不同

飲

商亞木父丁爵中有亞字此後各本有亞者尚多宋以來皆謂亞形象廟近嘉定錢獻之以爲亞乃古黻字兩己相背取黻冕相繼之義元謂黻與黼同爲畫繢之形黼形象斧明矣兩己相背己何物耶蓋弜乃兩弓相背之形言兩己者訛也漢書韋賢傳師古注曰紱畫爲亞文亞古弗字也師古此說必有師傳經傳中㢸佛弗每相通假音亦近轉說文㢸解曰輔也重也輔者以輔庚弓之不正者卽考工記弓人之茭鄭注所謂弓

商父丁爵

復齋珍玩

父丁

商亞父丁爵

復齋珍玩

木亞父丁

棐是也重者二弓也說文弗字攷于丿部解曰弗撟也從丿從乀從韋省元謂弗字明是從弓之字若從車則不知所省無以下兼必有後人刪改之訓弗字明是兩弓相背左右手相庚之義此會意之怡也凡鐘鼎文佐亞者乃以輔庚二弓之象亞是古猶字亦即是弗字黻字佐器遺子孫當銘之以武佐二弓在輔形者與執弓執戈平族上立矢皆同一義若黻字乃繡亞于裳故從黹義文屬後起錢氏云黻旻相繼尚非初義也

商穆父丁鼎

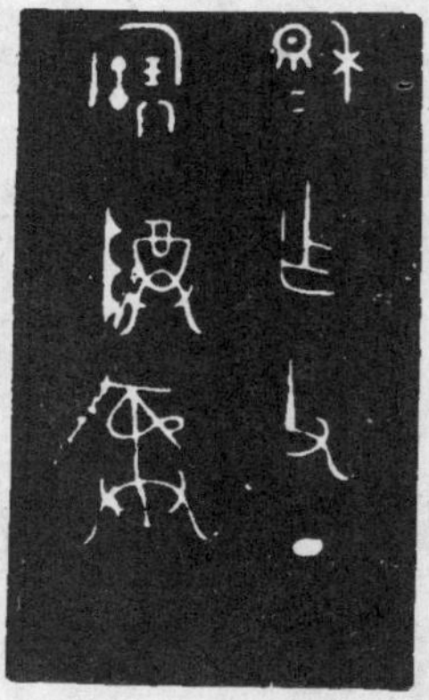

穆作父丁

寶尊彝

吳侃叔東發云穆非人名禮祭義君牽牲穆荅君注穆子姓也

商母乙鬲

博古十九　法帖五

亞形中子執戟

母

乙

鐘鼎款識之云舊釋子執戟當是子執刄元案汗簡收古文刄字亚如是

商舉己卣二

舉

己

平湖朱右甫爲弼云舉飲酒也訓見儀禮特牲饋食禮注故古人爵觶卣等器每以舉字銘之古文舉形象鬲辥氏款識父己舉釋云棜集韻䰞音舉支鬲也林乃舉省耳說文䰞所以枝鬲者从爨省鬲省徐音渠容切六書故引說文仛支鬲二支訓爲持義與舉同䰞舉二字形亦相近致亦廣鎛鐘銘格字丌佀鬲字爾雅釋訓格格舉也知丁度此音乂有師說古舉字丌從䰞但形有鯀省耳

商子父己爵

子父己

雙矢有架

商父辛爵

父辛

吴侃叔云雙矢有架竊謂栖矢之器稽諸六書象形族字即其形𣪘即其器之名南宫中鼎族作冏亼即二矢形㫃所以幹矢其用當與口同㫃旌旗之幹也族屬也从其爲矢鏃所聯屬故謂之族亦讀如泰蔟之蔟說文族束矢族族也元謂格上三矢或二矢古人銘器用旌武功吴說迵可補釋名釋器之闕

商父癸爵

父癸。

周正考父鼎 岳甫家

惟三月初吉
正考父作文
王寶尊鼎其
萬年無疆子
孫永寶用享

錢獻之吴侃叔並云春秋傳蔡宣公名考父正長也周禮太宰建其正注正冢宰司徒宗伯司馬司寇司空也蔡文之昭也時或爲王卿士故稱官曰正元謂以正考父爲孔子七世祖則不當作文王尊鼎定爲蔡侯器良是

周叔姬鼎　梁伯謨家

金父作叔姬寶尊鼎其萬子孫永寶用

愼行按第一缺文篆乾當是唯字

竊按首三字是人名當闕以俟攷者欲以爲父系體唯字恐未然耳

第七

周師旦鼎

翟耆年伯壽籀史作太姒鼎款文四十一字此器後為秦檜會之取去

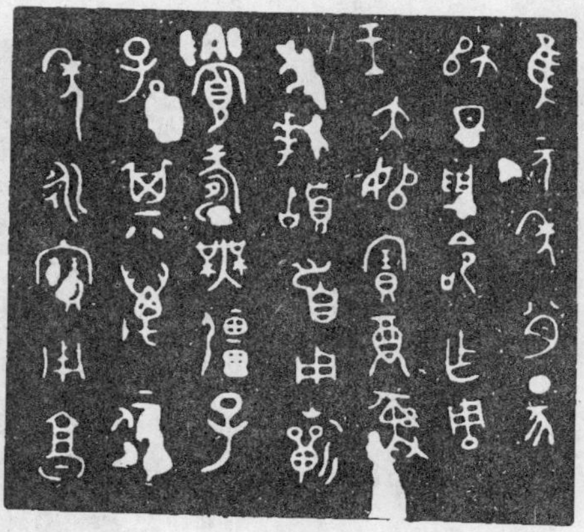

惟元年八月丁亥
師旦受命作周
王太姒寶尊彝
敢拜稽首用祈
眉壽無疆子子
孫孫其萬億
年永寶用享

元謂師旦周公也書君奭序周公為師詩節南山赫赫師尹傳師太師周之三公或疑周公不當祭文王考魯有文王廟鄭有厲王廟並見左傳又周禮春官都宗人注王子弟則立其祖王之廟其祭祀王皆賜禽焉夏官祭僕凡祭祀王之所不與則賜之禽注王所不與同姓有先王之廟賈疏云魯衛之屬也據此則周公會采于周魯公封于魯並立文王廟禮也書洛誥明有禋文王武王之文薛氏款識有魯公作文王鼎 內府所藏有魯公作太任鼎周公作周王太姒鼎無可疑矣此器後並注云後為秦檜取去元購得秦檜家廟銅豆一器其銘詞自稱師臣檜奸妄不臣即此可見及覩此用知所本在此正如魏晉上擬禪受耳

朱右甫為鄉云周師旦鼎元年八月丁亥元年當是成王之元年何以言之武王克殷不改元故書洪範曰惟十有三祀且其時太公為師故詩大明云維師尚父周公為師當在武王既殁之年攷漢志成王元年乃周公攝政七年之明年書洛誥王在新邑烝祭歲鄭本王在新邑烝句祭歲句注云歲成王元年正月朔日也亦以攝政七年之明年為成王元年與漢志合特是召誥之作在周公攝政七年見于漢志鄭注云是時周公居攝五年非也召誥曰維二月既望越六日乙未王朝步自周則至于豐竊意王新即政故至豐祭告先王且告將營東都史臣特書之猶虞書月正元日舜格文祖之例詩周頌嗣王朝廟訪落求助正在此時故召公之言曰王乃初服又曰知今我初服初服初即政也洛誥周公曰朕復子明辟復還也又曰其基作民明辟基始也言成王始為民君也史記周本紀云周公行政七年成王長周公反政成王北面就羣臣之位成王在豐使召公復營洛邑如武王之意周公復卜申視卒營築居九鼎焉据此則反政在營洛之前周公攝政之七年即成王親政之元年也漢志成王在位三十年竹書紀年成王在位三十七年以周公攝政之一年為元年知不然者時九鼎未定四方未靖武王之志未竟周公踐阼倍依朝諸侯稱成王為王示天下以有統抗世子之法教成王不為成王改元示天下以居攝之權亦示成王以世子之道竹書以居攝一年為元年史記魯世家成王七

年皆保後世追書也然則當時史臣紀事當何如書曰周公嘗自書之矣予乃允保大相東土允繼繼武王以出政或繼武王之年以紀年如武王即位繼文王受命之年之例或直書攝政一年攝政二年亦未可知也竹書云七年周公復政于王春二月王如豐則成王親政必在是年正月矣此鼎元年當是攝政之七年是時周公禮于文武祭器作薦曰受命受成王留己治洛之命也弼不敢臆斷屬江都焦里堂循推算之里堂曰周公攝政七年洛誥惟二月既望越六日乙未是為廿一日三月丙午朏是年為三月三日三統歷推得二月乙亥朔三月甲辰朔十有二月戊辰晦明年為成王元年命伯禽俾侯于魯之歲正月己巳朔以是推之攝政七年有閏月在九月十月間成王元年無閏八月當得乙未朔無丁亥日若謂依竹書紀年以成王元年即周公攝政元年則自周公攝政五年正月丁巳朔見于三統歷者上推至元年得四年又自七年閏九月上推至元年十月誤有二閏共得五十八月元年正月約得壬午朔八月約得戊申朔亦無丁亥惟周公攝政七年八月壬申朔是月既望為丁亥里堂之見亦與弼合愈知此鼎為周公作灼然無疑以古證古疑義冰釋今其器雖佚其銘僅存義山詩所謂湯盤孔鼎有述作今無其器存其詞也王復齋云此鼎為秦檜所得乃流傳數百年拓本尚完好如故非東坡所謂神物義不汙秦垢乎金石之學有裨經史莫大乎是故特為之說

周季娟鼎

博古二　法帖十

正月王有成周

王徙于楚麓命

小臣陵先相楚居

王至于徙居無

遣小臣陵錫貝錫

馬兩陵拜稽首

對揚王休用作

季娟寶尊彝

慎行按第一行第四字古文

在字釋有者謂觀陳侯伯據

敦乃惟非兩鼎二銘文可考而知

又按薛尚功款識法帖及

宣和博古圖皆作在

元謂博古圖薛氏款識皆釋作錫貝錫馬兩王復丝所釋從彼釋也今攷此銘文不重錫字按周王無徙居楚麓事朱右甫云王疑是王子朝子朝僭亂時號西王將亂衆變命臣通使理或然也說文妘祝融之後姓也又鄶籀文國語祝融後八姓妘姓之國鄔鄶路偪陽也此季嬇者莫詳何國

周麻城二鼎

阮元私印

父作寶鼎
永命曰有女多
兄母又遺女惟
女司我共以事

慎行按末行第二字當是廟字譌作司者
思詠

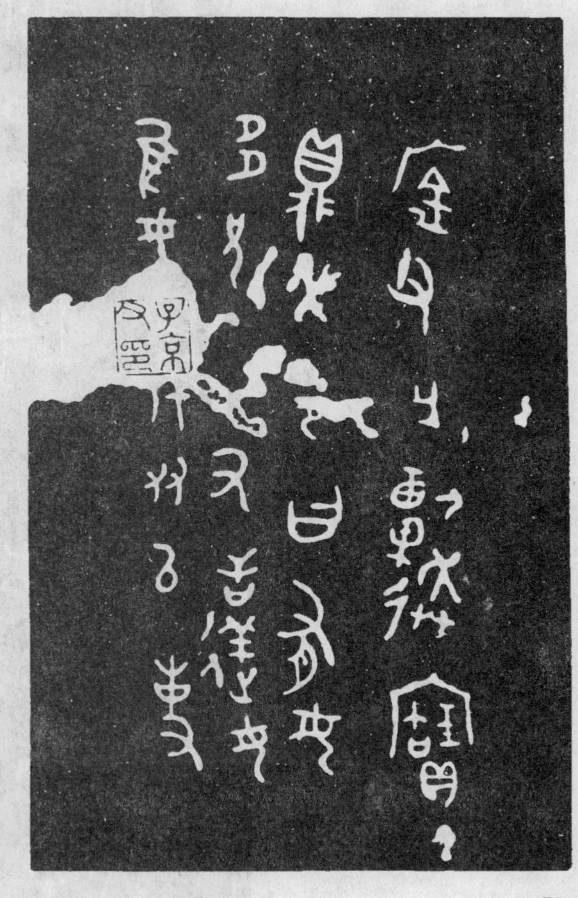

吳侃叔云左隱元年傳費伯帥師城郎二年司空無駭入極費本又滕之屋父殺即本又元謂金今二字古多通作下一字乃連字胡連之連亦作輦〻黼也鼎作黼形為黼寶鼎猶之高鼎盂鼎也戰功曰多兄古況字通既母通毋司當作率共當作友蓋君錫命之彝遺當闕疑

第九

周楚公鐘

法帖六　趙明誠古器物銘

石公弼云政和三年武昌太平湖所進

石有此銘摹搨不及此之工

趙子昂

惟八月丁巳楚公自作

夜雨雷金

木曰八克

公其萬十季木壽

市孫子其永寶

宋王復齋鐘鼎款識

吳侃叔云丁巳當作甲巳十古甲字甲辰乙己兩日成此鐘也與伯頑父鼎款敦之乙子兄癸卣之丁子同例元謂亞下一字是楚公名當關毀錢款之云金下當是故名曰三字千古故字秦盡和鐘亦有此文可以互證元謂釪毀即鑄字其右上鈇鑄字本未完全並非拓本不緻且此行似有土范未精對彝此鐘文字雄奇不類齋魯可覘前南霸氣元謂論斷雷壺蕭云圖雷之狀纍纍如連鼓又圖一人若力士之容謂之雷公接此鐘雷字即古連鼓之形裸鬼即王充所謂若力士者也

紹興十四五年間茂世先兄自成都運判除倉部外郎總領淮東軍餉邵澤民見屬云我有雷鍾藏之久矣兩得秦會之書見取度不可留為我達之會之償以三千緡鍾高二尺有畸紐上坐一躶鬼盖雷神也五色相宣銘在鍾裏今諸處所刊咸其雲仍對之可見後四十八年當紹熙四年東州榮芑記

次新

十三　第十

周癸亥父己鬲鼎 博古二作周父己鼎 帖十 婺州大器 張詔家 趙

癸亥王徙刊作冊
𢼸新宗王廙作冊
豐貝太子錫𤔲大
貝用作父己寶鬲

慎行按第二行第三字宗
拓誤作室應改正
又按薛氏亦誤作室
博古圖作宗當從
博古

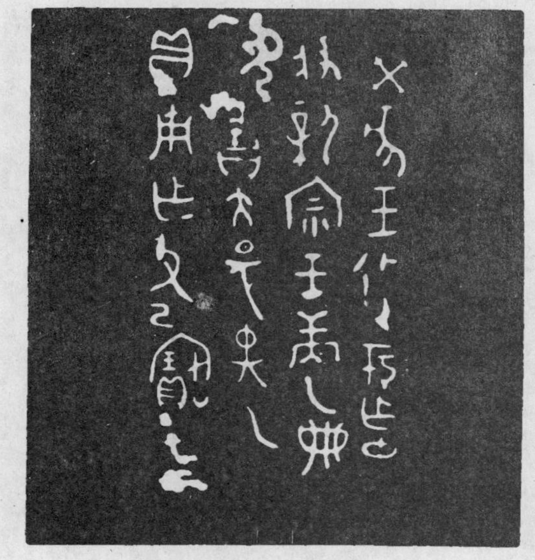

錢獻之云首行末一字泐決非冊字元謂賡爾雅釋詁云續也後刊二字釋亦未確錫練大三字校之銘文全不類當闕疑

周得鼎 法帖九

得鼎

周䜌女鼎 博古二 法帖九

䜌女

元謂䜌女疑欒氏女或齊或晉不可攷

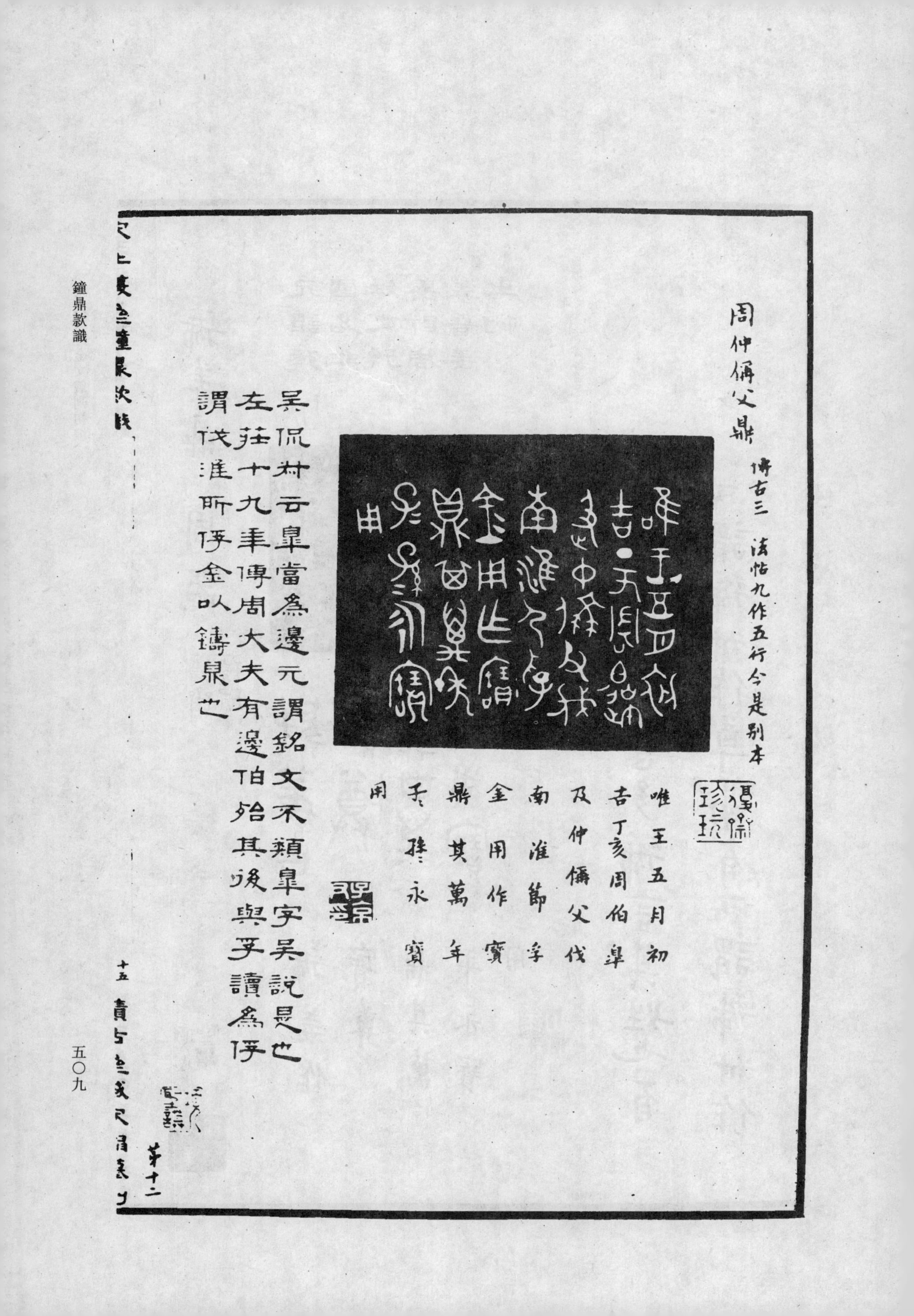

周仲偁父鼎

博古三　法帖九作五行今是别本

唯王五月初
吉丁亥周伯臯
及仲偁父伐
南淮節孚
金用作寶
鼎其萬年
子孫永寶
用

吴侃叔云臯當為邊元謂銘文不類臯字吴説是也左莊十九年傳周大夫有邊伯殆其後與孚讀為俘謂伐淮所俘金以鑄鼎也

猇姜鼎 周器

元謂猇國名非姓也猇姜即周姜晉姜之例

猇姜作寶尊鼎其萬年永寶用

周器言猇者甚多猇言其姓也有所謂猇妝作尊鬲有所謂猇妝作

十六

叔朕鬲有所謂彝叔作鼎今言彝

姜作寶尊鼎按博古諸集所銘彝

姜用禪追孝于皇考惠仲祈匃康

嗣純佑通祿永命也 彝姜敦曰彝

姜作寶尊敦其萬年眉壽受福

無疆子=孫=永寶用享 今彝姜

鼎曰彝姜作寶尊鼎其萬年=永

寶用盉與叔姜敦相類也

叔姜之為名如遲父作姬之齊姜

齊侯宗女之晉姜　伯庶父王姑之

周姜　京室婦之京姜　叔孫父作

之孟姜　散季作朕王母之叔姜之類

是也

商周鼎彝款識多以樽字兼言

之如商之夔鼎曰作尊寶彝 古父丁彝曰作父丁寶尊彝 如周之言肇鼎曰言肇作尊鼎 乙公鼎曰乙公作尊鼎 季娟鼎曰作季娟寶尊彝 晉姜鼎曰作寶尊鼎之類是也

臣檜皇恐百拜上呈

周師艅鼎

王汝上侯師艅從王
夜功錫師艅金艅則
對揚乃德其作乃文
考寶鼎孫子子寶用

博古大涖作十二有師艅尊作大行改其作
為用作厥寶鼎爲寶彝二字不同當別是
一器

錢獻之吳侃叔並云上當釋作工女工糜者言女工于射
糜也夜通射左文六年傳狐射姑穀梁作夜姑功當釋作
琱矢二字古器兩字合文如秉仐西夏之類甚多大夫始
鼎銘云王在和宮大夫始錫友獻亦琱矢二字攷工記玉
柳雕矢磬注故書雕或爲舟舟周古通鼎銘作周諧聲也
爾雅玉謂之雕此作王指事也

周師淮父卣蓋

博古十　法帖十一　博文有此銘作卣

穆從師淮父戍于
古阜蔑歷錫貝山
朋穆拜稽首對揚
師淮父休用作文
考日乙寶尊彝
其子孫永寶

錢獻之吳侃叔並云穆字當釋爲𥝩說文𥝩積也從禾從又句聲又者從丑省元謂經傳人名無此𥝩字文選宋玉風賦枳句來巢枳句曲木當是積𥝩二字省文知經傳𥝩字皆省作句矣山當作卅古三十字石鼓文作卅省鼎作卅埒當作寽鍰之省書呂刑其罰百鍰鄭注鍰六兩攷工記冶氏重三鋝注引說文云鋝鍰也

十八

第十五

周雞單卣蓋器二銘

蓋

器

旂雞單

寶儲珍玩

博古八法帖十二今館中皆作彝然是一器

此卣藏番陽洪遂景裴家精甚有提梁

錢少詹大昕云此洪邁當是容齋昆弟行

吳侃叔云雞當作爵說文爵禮器也象爵之形中有鬯酒又持之也此作爵形從又正與說文合周景王時單穆公名旗荀子壽于旗翼即其翼其其本字也

周四年號姜敦

維王四年號姜作寶敦其永用享

此一款識得之於禮部郎官朱敦儒所藏者

第六

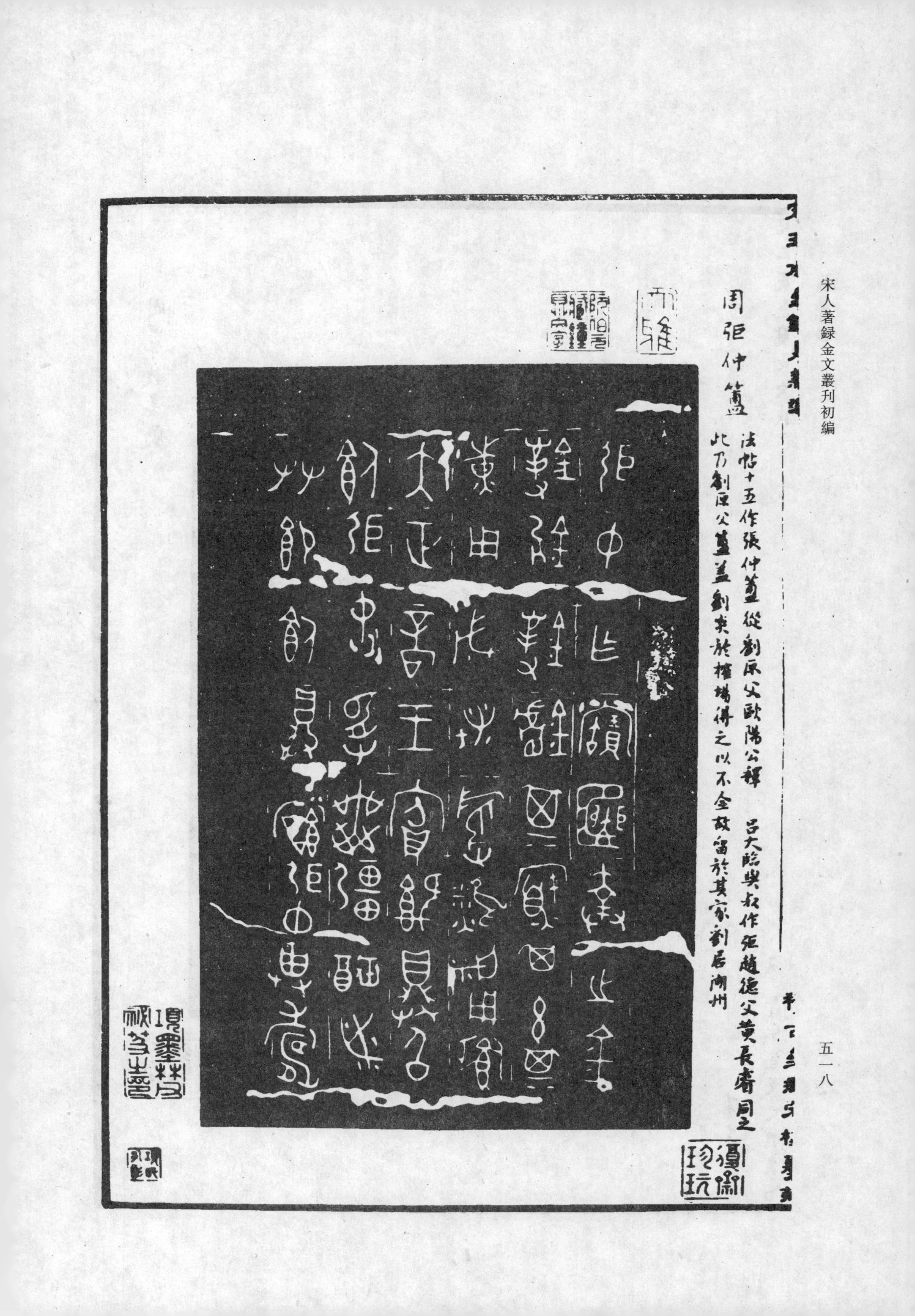

周弡仲簠

法帖十五作張仲簠從劉原父歐陽公釋　呂大臨與叔作弡趙德父黃長睿同之

此乃劉原父簠蓋劉奕於榷場得之以不全故留於其家劉居湖州

弡（其勿反。呂趙黃同。劉歐薛作張）仲作寶簠（音簠。瑚與匠同）擇（黃釋作擇。擇亦作睪，今作睪，乃睪省之。呂作庸。薛作業）之金

鎜（呂釋作鎜。悲驕反。帖作鈥翟。乙六反）鈗（黃同。帖作銳。音允。翟作銳，弋伸反）鎜（帖作鈥）鑪（黃釋作鑪，與爐同。帖作鐃，翟作鐃。羊反）其勛（帖釋作熏。借作纁字）其玄其

黃用盛諸受（旋即粱字）䅠（側角反。早取穀也）朮用饗

大正音（或作商）王賓（支義反。置也。帖釋作賓）餧（徒兮反。餘餬。寄食也。帖釋作餼）具（呂釋作鼎）召

飤（帖作飼。通用。音祀）弡（帖作張。下同）仲受無疆福以

共（帖作友）饔（蘇昆反）飤（帖飼）具（帖釋作鼎）䭃（䭃與飽飫通。帖釋作寶）弡仲畀（帖釋作畀。歐翟在萬。黃作眉）壽

元謂歐陽氏集古錄云張仲器銘四其文皆同而偏旁左右或異今以薛氏摹本及此拓本校之又互有不同吳侃叔朱右甫並云弡字當釋作張擇之金下四字皆從金或金名或治治異不可強釋惟鐪字可辨鐪古通鑪說文云錯銅鐵也纁元黃即攷工㮚氏消鍊金錫之狀動纁古通用見左傳釋文盛下一字釋諸非是禮內則桃諸梅諸王肅云諸菹也菹非薑實竊意當是秫字說文秫或作朮下三字乃稷穫粢古稷字有從節者稷訓為即見詩楚茨鄭箋故此作䅠節形稷說文云早收穀即內則之稻稷粢字薛氏本甚明此有剝落音係歆字之省歆義為饗周語王歆太牢左襄廿七年傳能歆神人則不特作祭祀解矣饗大亞歆王賓文亞相對餧當為餼字之省必當作諸辭書第四器諸字甚明共當作友餧當作飽說文古文飽從采古采通寶鼎當作鼎說文鼎舉也與鼎與之鼎音義迥別周禮宰夫掌賓客膳獻飲食張仲始居其職故詩六月云飲御諸友炰鱉膾鯉侯誰在矣張仲孝友此銘亦曰諸友與詩合謂諸大夫也張仲為獻主故曰舉壽也

宋王復齋鐘鼎款識

二十 積古齋鐘鼎款識 第十七

周司彝款上下二銘

司彝

亞形中畫兕形

錢獻之云彝字泐兕形當作犧形

周帛女鬲

博古十九　法帖十六

帛女作齊鬲

元謂帛女即伯女左隱二年傳紀子帛公羊穀梁作子伯史記伍子胥傳伯嚭論衡作帛喜齋讀為齋

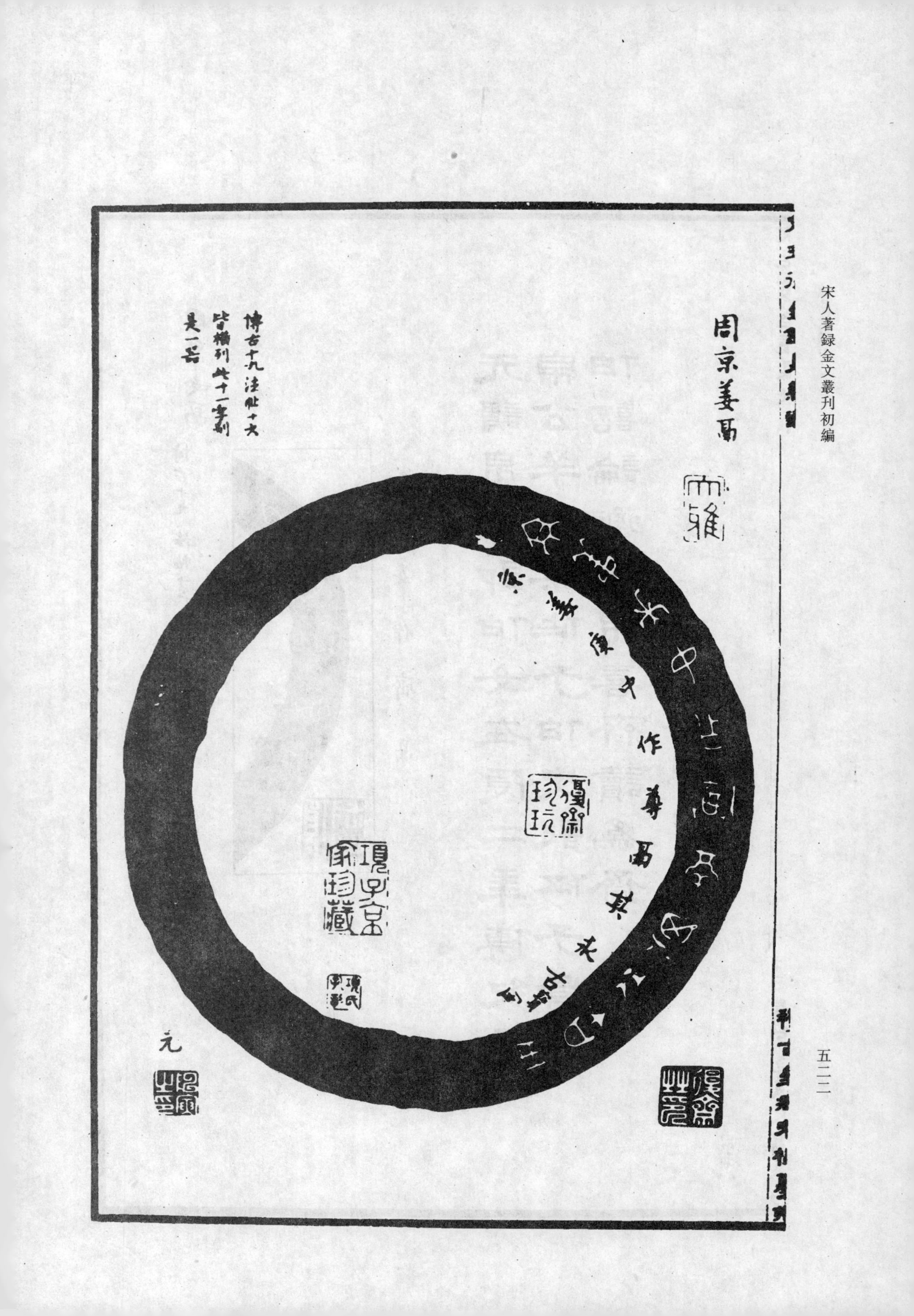

周京姜鬲

博古十九 法帖十六
皆横列 此十一字别
是一器

京姜庚中作尊鬲其永古寶用

元

元謂京京師也証思齊云京室之婦中當作女兼女者猶母乙婦秉出例古女子亦有以十干爲字者寶作古古文省歙程易疇瑶田云齊刀之杏字豐潤文廟半泉出㕣字皆古寶字省文也

第十九

後漢延光壺

斤直錢萬二千
延光四年銅二百

斤直錢萬二千
延光四年銅二百

元謂延光四年乃後漢安帝十九年令銅百斤約直錢萬五千古斤權輕小也

後漢元嘉刀

元嘉三年五月丙午日造此。官刀長四尺二。宜侯王大吉羊

朱右甫云元嘉後漢桓帝號是年四月改元永興是刀必作于四月以前而曰五月丙午者鑄陽燧必于五月丙午日中火時見王充論衡每見銅鏡帶鉤款識有此年五月並無丙午而曰丙午者可知此刀實非五月丙午所造銘文特取其月日火德之盛耳

漢器

。。五年三月廿日造

漢槃

元謂此拓本京繳宋人亦
舊無釋文今隱々可辨者
僅一月倉嗇史守六字

漢啓封鐙

啓封一斤十
二兩十二朱
容一斗

錢獻之吴侃叔並云啟封當即開封史記功臣侯表陶舍
以高祖十一年封開封侯史記啟從開避景帝諱後漢不
諱故說文啟徹字下不注上諱漢碑立于延熹後者皆書
啓字知啟封即開封也元謂開封續漢志屬河南尹

晉尺

周尺漢志鎦歆銅尺後漢建武銅尺
晉前尺並同

元謂建下一字篆文戈旁可辨蓋武字也桉晉志荀勗尺銘曰晉泰始十年中書攷古器揆校今尺長四分半所校古法有七品其七曰建武銅尺志又云魏景元四年劉徽注九章云王莽時劉歆斛尺弱於今尺四分五釐比魏尺其斛深九寸五分五釐即荀勗所謂今尺長四分半是也又桉隋志列十五尺一周尺即劉歆銅尺建武銅尺祖沖之出銅尺荀勗令劉恭所造之尺謂之晉前尺者是也出銅尺建武之銅尺祖沖之出吳江沈冠雲彤著周官祿田攷繪古尺圖即此尺併錄此銘云右圖摹宋秦熺鐘鼎款識冊所載所摹銘文建下一字亞佀武惟首多一字係誤衍程易疇云江慎齋永攷定諸家之說周尺得開元錢八枚以較此晉尺短一寸一分漢尺得大泉十枚以較此晉尺長二寸三分又桉曲阜孔氏所藏慮俿銅尺進於建初六年以

較此晉尺長二分強皆不相合惟瑶田據王莽所造貨布貨泉及大小泉流傳於今擇其邊郭完好者互相比較定為莽時造錢布之尺與此晉尺豪髮不爽劉歆莽國師也然則尺背所謂劉歆銅尺者即余今所定之莽尺於此可見莽所造錢布無不精美也元謂慮俿建初尺獨長二分考建初六年乃後漢章帝即位之六年辛已距建武五十餘年矣時代既殊尺有贏羨不害其為同也

晉滌槃

泰始九年○月七日右尚方治將作府故二斗五升銅滌槃重九斤八兩　第二

元謂泰始晉武帝年號將字下府字甚明實無作字宋人舊釋云將作府非也按晉志少府統材官校尉中左右三尚方又曰將作大匠有事則置無事則罷此云右尚方治將府故知無事時少府兼領將作也將作府曰將府省文耳滌槃古謂之盥盤亦謂之類盤樂纂云晉人有銅滌盤自鳴張茂先以為與洛陽鐘聲諧即此類也

鐘鼎款識

畢良史少董得古器於盱眙榷場凡十五種點以青牋親題其目以納秦熺伯陽

元謂此青牋及後良史拜呈青簡皆良史之筆

夏壺

法帖四作商蛟篆壺銘一字彷彿如月 趙氏古器物銘 石國佐

月

元謂此篆不可識

商秉仲鼎

博古一 法帖一題

元謂秉仲左右之文薛氏款識以爲析木形也

秉仲

商冊卣

冊

博古九 法帖三蓋器皆有銘此銘器也 今在秘書省

商父辛卣

博古八法帖十二並作子孫父辛彝

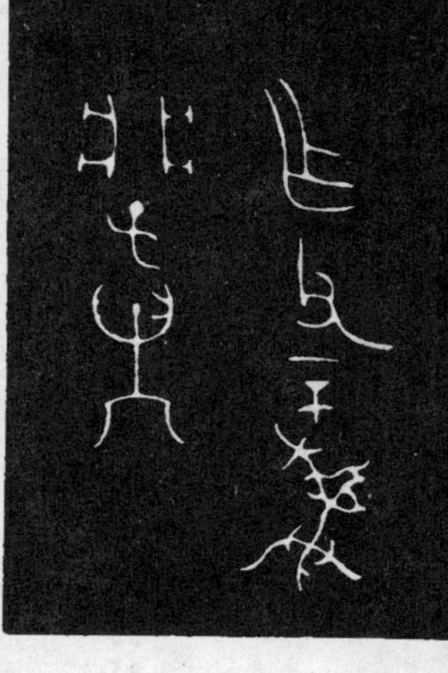

作父辛彝

析子孫

元謂彝器每作析木形說文解鼎字云易卦巽木於下者為鼎象析木以炊也明以目下爿字為析木形矣又解片字云判木也從半木而無爿部壯牀等字皆從爿聲京應無此部戴氏六書故云爿在叀切李陽冰曰右為片左為爿徐鍇曰說文無爿字李妄也按唐本說文有爿部張參五經文字亦有之李氏未可厚非據此知說文有爿字義與片同合文為爿鼎字從之今本佀有闕字矣金壇段茂堂玉裁云著書者但當云反片為爿不得直于片部下鼎部上云有闕文此殼事毋質之哉

商父己卣

卣象盛酒之器如今之瓶上乃嘴口中提梁也

酉字亦象酉形卣則酉之本象形二字[illegible]

合作八月建酉之酉與酉字相對乃天地門戶

商父丁卣

作父丁

尊彝

孫承乎足跡

錢獻之云古器有作足跡形者說文云止下基也象艸木出有址故以止為足取子孫基址相承之義耳

父己

錢獻之云首一字文與酉相近當釋為卣吳侃叔云卣為中尊尊字也八酉說文云酉就也八月黍成可以釀酒象古文酉之形元謂此亞古提梁卣象形

閣本說文以酉為八月黍成可以造酒誤矣

周伯囧敦

銘見博古十六帖十三　劉敞家有此款識　今此冊為本小異
而此冊內有劉原父舊款識

伯囧父作周姜
寶敦用夙夕
享用祈萬壽

周伯㯱敦

博古十七 帖十三作剌公敦有二銘此類第一 石氏冊內類第二

二十八字

伯㯱盧肇作
皇考剌公尊
敦用享用孝萬
年眉壽畯在
位子二孫二永寶

元謂伯下一字木旁虎余藏商父丁角亦有此文按說文木部有㯱字無㯱字然古文明有是字不得釋爲據也㯱下一字乃盧字說文云虎不柔不伸也又木部樝字从盧聲此盧乃樝省竊意㯱樝乃作器者名字蓋始也剌公薛氏款識據造敦銘剌祖乙伯之文定爲齊丁公族殊未確史記秦始皇本紀悼公子曰剌龔公秦本紀作厲共公厲剌古通轉此厲公未詳何國

二十八

第廿五

宋平公鐘

博古廿二 法帖六皆作宋公䪒鐘有六

宋公成之䪒鐘

吳侃叔云左昭十年傳宋公成公羊作戍史記亦作成今觀是銘當以公羊爲正是平公器也頌壺銘甲戌豐姑敦丙戌文皆作戍與此同又按左昭二十年傳公子城杜注平公子成與城同若平公名成其子不得名城也

周呆皿鼎

畢少董分盂字爲二未然當作盂申鼎

孟申作鼎彝

錢獻之云鼎當作鬺說文作鬺從鬲羊聲煑也玉篇有鬺字訓同亦作鬺同鬺說采蘋于以湘之韓說作鬺史記封禪書云鑄九鼎皆嘗亨鬺

周唯叔鬲鼎

法帖九作周唯叔鼎　古器物銘

唯叔從王南征唯歸惟八月在皕位誨作寶鬲鼎

元謂皕即說文所訓二百也

周南宫方鼎

博古二 法帖十作南宫中鼎有三銘此第三 安州六器 趙

惟王命南宫伐反虎方之年王命中先召南國貫行埶王位在射圃眞山中呼歸生原刊王埶刊寶彝

元謂射圃眞原四字釋未確當闕疑錢獻之云原字當釋𠈹對陽二字

周禾爵

器今在秘書省

禾子工癸

元謂禾當作木木工官名禮王制天子六工之一也

周敦

博古十七法帖十三作周兕敦帖有三器五銘此類第二器蓋

秘書省與此不同

兕

元謂舊釋兕字非是博古圖云此器蓋上各有一犀兕之形故以兕名之薛氏款識亦云上爲屋室之形今按其文明是宗廟重屋之形吳侃叔云下一字薛氏書一器作ㄖ與此同四器並作㠯即己字己古通祀易己事遄往虞本己作祀祀己也訓見釋名此廟中祀器也

後漢建武彔

元謂可辨者有東昷盖重宫

一斗七字

元謂此青牋即良史呈于秦伯陽者也三朝北盟會編云畢良史字少董以買賣書畫古器得悅于思陵食客滿堂號貧孟嘗又號畢骨董研北雜志謂少董凡所服用如玉含蟬之類皆古壙中物命所居曰死軒亦殊異也

良史拜呈

據此曾藏柯丹邱家

柯氏秘玩

三十一

第廿八

方城范氏

古鐘銘

曾侯鐘

法帖六有二銘此其一也

誤作楚鐘

惟王五
十有六
祀徙自
西陽楚
王酓章
作曾侯
之宗彝
寘之于
西陽其永時用享

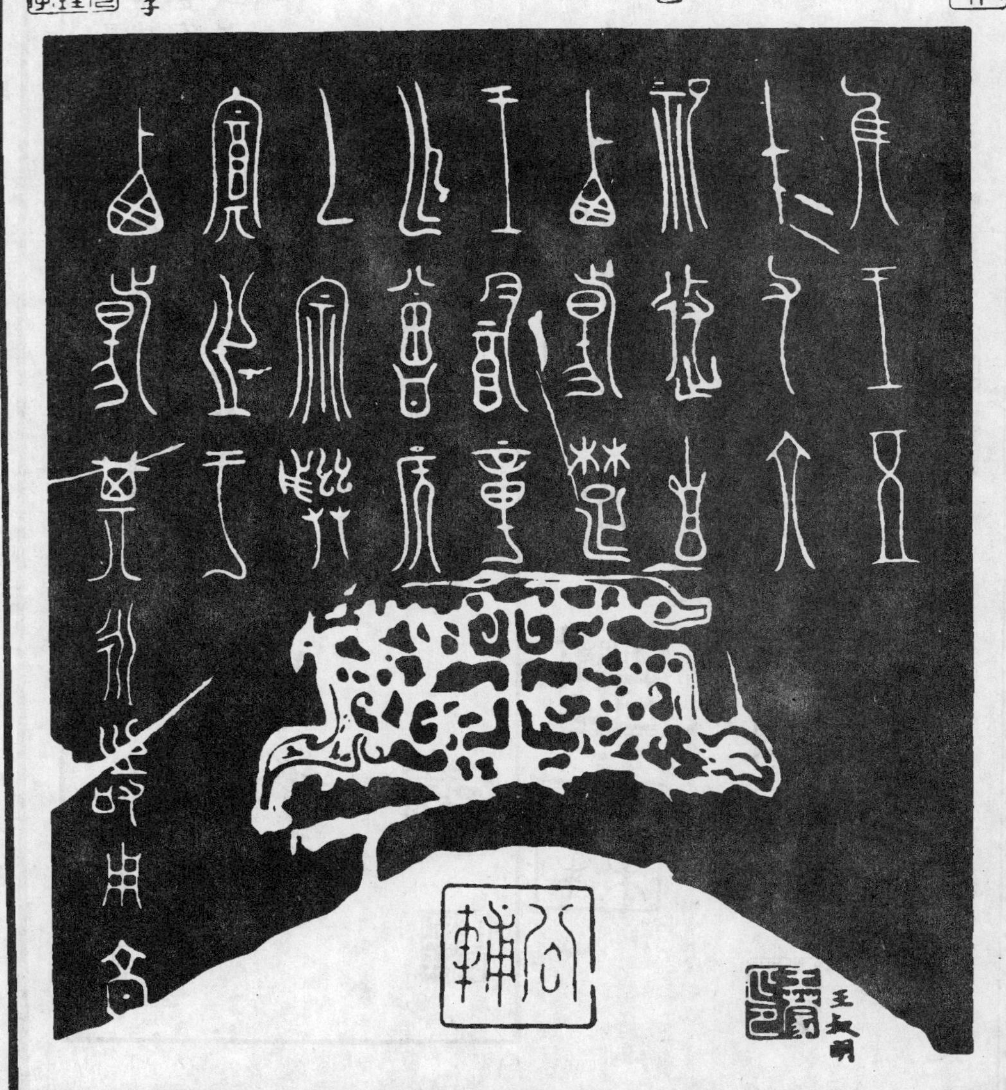

元謂此二葉有石氏公輔水硃印攷石公輔乃北宋歙州新昌人字國佐初名公輔徽宗以與楊公輔同名改公弼見宋史本傳然則冊內所識方城范氏七字及政和三年十三字皆公輔之筆此二葉乃北宋拓本淩亝得之續于冊後君亡

三夏亝龍泉文跋

三十二　積古亝鐘鼎彝器款識

右曾侯鐘藏方城范氏皆得之安陸古器物銘云惟王五十六祀楚王韻章按楚惟惠王在位五十七年又其名爲章然則此鐘爲惠王作無疑也方是時王室衰弱六國爭雄楚尤強大遂不用周之正朔嗚呼可謂僭矣前一鐘有一穆字兩商字其義未曉然恐此鐘所中之聲律耳

政和三年武昌太平湖所進古鐘

楚公鐘 法帖六 趙州論古器物銘云獲于鄂州嘉魚縣

市孫子其永寶

公其萬年壽

木四十木八克

逆雨雷金

惟八月丁己楚公自作

白陽山中 其值貳百金

款識共計叁拾葉

明隆慶壬申歲令月朔墨林山人項元汴 吳門徐氏藏于天籟閣

元謂范氏古鍾爲楚惠王器校其紀年確然無疑惠王名章左傳及史記並同章上一字不可識錢獻之以爲古熊字通勝此字爲能字之省變考左傳楚昭王於魯定公六年遷鄀漢志若屬南郡注云楚昭王畏吳自郢徙此後復還郢師古曰春秋傳作鄀其音同此云徙自西陽者當即自鄀還郢之時是時越已滅吳楚東侵廣地至泗上無所畏懼故還舊鄀西陽漢志屬江夏郡去鄀甚近其不曰徙自鄀而曰徙自西陽者西陽有先君廟觀下文作曾庚宗彝寘于西陽其義可見徙都大事告于祖廟而後行禮也楚之僭號久矣此曾庚其遠祖曾義爲重亦爲高凡先祖皆

可稱曾祖曾矦猶先公也穆者廟之序商者

鐘之音也

元謂楚公鐘逆字不可識朱右甫云上體古文王下體古文辵說文迋往也春秋左氏傳往勞之往皆作迋字亦作𨓏漢書楊雄傳注𨓏古往字往與狂通書微子我其發出狂史記作發出往是也史記楚世家鬻熊之子曰熊麗熊麗生熊狂熊狂生熊繹左氏傳言熊繹事康王熊狂當在成王時鐘其所作然史記言熊繹始封于楚此己稱楚公者按大戴記陸終氏六子其六曰季連季連者楚氏也則楚固舊封至熊繹乃加地耳

宋紹興中秦相當國其子熺伯陽居賜第十九年日治書画碑刻鼎鬲殆其所集如楚公鐘師旦鼎皆一德格天閣中物也餘或得之畢少董或得之朱希真或得之曾大中蓋希真晚爲伯陽客而少董視盱眙榷場因摹款識一十五種標以青箋朱書惠史拜呈以納伯陽至今裝池冊内秦氏既敗冊題王厚之每款鈐以復齋珍翫厚之私印且釋其文疏其藏弆之所後轉入趙子昂家子昂復用大雅章纂書薛尚功攷證於曾侯鐘後於時錢德平柯敬仲王叔明陳維寅均有賞鑒印記隆慶閒項子京獲之近歸倦圃曹先生康熙戊申先生出示余余愛玩不忍釋手先生屬余跋之未果也辛酉冬余留吴下先生寓書及冊再命余跋余仍不果改歲乃

封定寄焉先生既逝所儲書画多散失久之是冊竟歸於余
嚴之前十載家人寒中嗜古成癖見而愛玩之猶余之累日也
因以畀之每嘆書画金石文銘心絕品恒納諸錄手可熱之人
如秦會之賈師憲嚴惟中輩物尤者悉歸之然千人所指其
亡可立而待曾不如山林寂寞之鄉儲藏可久則余記之寒中
應其字而勿失也夫冊中所拓鐘七彝二十有一敦二爵六鬲四
卣九敦四盞一甗二壺二刀一槃二鐙一尺一漢器一中有榮次
新手書及書林義叟公輔諸圖記小長蘆金風亭長七十七
翁彝尊識于海上之紅藥山房時乙酉月正立春後二日
頁首出篆字係圃先生
云是趙王孫書 竹垞又識

古器之傳世者恒金石所壽古文二類以丞傳世考歐趙呂薛諸録所載今之存者蓋寡不有樹本三代以來法物後人曷可得見此冊自南宋至今凡六易主乃歸衎齋馬氏展玩之餘覺古色古香流矑解奧不無好古生晚之嘆至于考證詳明鑒賞精當之处朱竹垞跋不宜多贅一詞矣丁亥除夕前四日查慎行識

戊戌二月長洲何焯陸東鋆同觀

吳門徐葆穎翔同觀

是日何堂後至上海與觀

明日细閲爲衎正詮釋字義

九四叟慎行再茂

己丑四月語溪胡開泰過衎齋得觀是冊鍾梅鑒藏諸印有元時錢氏德平保

山陰人薛尚功手摹款識法帖二十卷藏其家曾見之柯博士跋中文諦審

周京姜高以前鈐縫先有白文臨川王厚之伯順父印而上以緩金珠玩鑒之非神

開氣定殆未易辨也

戊戌閏八月陳襄觀

是日長洲蔣杲同觀

癸巳冬携冊都門出示人山語館中皆是冊和語曰余譜思雖恐不能窮此禮物奈何余昔言題焚閱今壬寅春以諒往來崖腹所論□重入此中語別圖書先慧此冊仍摘凡款上得真不負朴坤翁所記六持主乃慶幸可勝言乎因數直言往書而識之者況兄此所習兼乎命書其事於長槐幼樑皆造謝得觀臨余校元瀧

宋王復齋鐘鼎款識

古人於物不可得見書而款識
之存其神氣猶可彷彿此册自紹
興傳留到今寶光爽然筆古韻
其重小虛也衎齋以余
無倦圃竹垞藏書既同其緒
不淺遂彙以題余頃仰五十餘年
故友遺玩每摩挲一過歎悦無輒
書案中臨餘舊法帖所用號
異字異表句讀用無用字別
是一覽無疑
載壬寅八月小方壺汪森後

玩龔敦題識語氣以出伯陽蓋敦儒乃
秦門下士但筆力清拔或非伯陽辨耳畢少董
呈剌用青側理亦見爾時汝後可雜别色箋不
著後代猶多忌諱專尚殷紅也己丑五月望後
二日查嗣瑮識

乾隆六十年嘉
平朔錢唐黃易
攜所藏唐搨武
梁祠石室畫象
來吳因假此册
並觀之千年舊
物如延津雙劍
雖離而復合非偶
然也是日同觀
者爲張復純潘
奕雋陸恭陸貴
元錢泳識

寒中先生出游及通書畫金石墨拓自隨連艑巨舸
捆束塞望先生凝然摩挲十指刃釋陶硯三月之載
不安數矣丁酉清明節發騎平望所藏鐘鼎款
識精絕神王頓還舊觀平生俗眼陋懷蓋可一雪
同觀者語水袁棠及令子以復浙河後生金司農謹
跋

辛丑九月陳倬觀

三十六

予年十六七時竹垞太史館於予家見行篋中
携此冊自隨愛護甚至初不知其為倦圃家
藏物也今覩跋語始識源流且知已歸馬子
衎齋〻〻賞奇好古成癖真能守而勿失者可
謂得所歸矣癸巳中春四日坐衎齋寓樓摩
挲展玩如逢故人再觀唐搨武梁祠像黄荃
草蟲花卉簇子曾太尉迎鑾賦序仇山村手

書詩卷皆希世之寶也田居龔翔麟記

癸巳四月立夏前三日與唐楊武梁祠像同觀於

湖上之瑪瑙山莊翁嵩年敬識

康熙乙未八月望後四日楊嗣震楊㽦正楊□施謙同觀

嘉慶七年子元既訂此冊呈覽復與徐璧堂聯奎史韡堂森林嘯雲蘇門庚泉道源

周秬卣瓚任右林于廣孫六硯拈臧拜經鏞堂焦里堂循許楚生珩何夢華元錫

王實齋聘珍張秋水鑑陳恭甫壽祺顧千里廣圻顧鄭鄉廷綸陳更生鴻壽李尚之銳

程竹盦邦憲王秋塘文潮賈少虎啟龍林小溪述曾仲雲慰曾朱右甫為弼林小桐報曾

方鐵珊廷瑚同觀湘圃老人承信識兒之子亨孫長生凱福從孫蔭曾侍

乾隆乙卯嘉平月春皋攜此冊相示古色古香允爲希世之寶竹垞前輩攷之悉矣李心傳繫年要錄云紹興十五年七月右宣義郎幹辦行在糧料院畢良史知盱眙軍良史入辭詔加直祕閣其納古器於秦伯陽必在斯時矣此冊當是王厚之順伯所彙稡順伯好金石精於賞鑒與番陽三洪善所撰復齋碑錄最爲容齋所稱此冊有名邃字景裴者當是容齋昆弟行也方城范氏鐘以下兩葉恐是松雪翁增入其雷鐘已見前幅復齋不應複出也予嘗見松雪翁篆書大道歌石刻筆意與冊首四字相似知倦圃之言可信竹汀居士錢大昕題於春風亭之左偏是日天寒筆凍不能成字

欵識一冊卅葉凡六十二種其第廿三葉夏壺以下有宋人青牋紙書鐘鼎款識之題目故其冊前亦以此四字篆首也薛尚功鐘鼎欵識法帖廿卷名与此同而薛石集是摹本此則皆就原器拓得者何啻親對齊桓柏寢之陳矣此冊昔嘗与宋拓武梁祠冊同在馬衎齋處前人屢有題記今武梁祠冊歸黃秋盦而此冊歸之吳门陸氏松下清齋予前歲於沛上訪武梁祠闕得借觀其冊今復得借此冊摩挲二旬之久古器精靈森然來會信乎有墨緣邪

嘉慶六年歲在辛酉春二月廿有四日北平翁方綱書於石墨書樓之後軒

庚申冬十月海鹽張燕昌觀於松下清齋

黄秋盦屢為予言此冊之妙今始得借觀於蘇齋之後軒每晨起展翫數四与日在吾齋何異辛酉春二月廿二日，翁方綱記

男樹培樹崐侍

嘉慶八年五月六日錢唐黄易再觀於濟寧河廨州人李東琪同觀

此冊款識五十九種為王順伯復齋所輯內畢良史牋識十五器皆秦熺之物此外朱敦儒一器牋識數行以詞意推之亦佀熺物蓋敦儒子為熺所用宋史本傳所譏舐犢畏逐而節不終者此外周師旦鼎楚公鐘號姜鼎為一德格天閣中之物其

餘數十種乃劉炎張詒洪邁等人所藏皆非秦氏之物王復齋所輯褒成冊而釋之者也兩浙名賢錄云復齋名厚之字順伯諸暨人乾道三年進士歷官淮西通判改江東提刑直顯謨閣致仕洪容齋四筆云趙明誠金石錄三十卷在王順伯家順伯別有復齋碑錄已散佚宋陳思寶刻叢編引之又慶元黨禁中興編年皆載復齋與朱子同列僞學之籍其人之行誼學術可以槩見三代法物自足萬古不以遇秦氏爲辱不已歸王氏爲幸周孔之書爲趙忠定朱子所讀又何嘗不爲秦檜韓侂胄所讀哉嘉慶七年予得此冊于吳門陸氏加以攷釋摹刻成書更因諸跋所未及者略識之揚州阮元識

嘯堂集古録

〔宋〕王俅 撰

嘯堂集古録述評

容庚

案李邴序云：

一日，予故人開國長孺之子王俅子弁見過，出書二巨編，名《嘯堂集古錄》。且謂余曰：「俅不揆，留意於此久矣，自幼至今，每得一器款識，必摹本而投之篋，積三十餘年，凡得數篋，則又芟夷剪截獨留善者編次之，其志猶以謂未足也，他日再獲古文奇字，即續於卷末」。

此書所收：卷上鼎六十八，尊十八，彝十四，卣三十八，壺五，爵二十九，斝三，觚十三，卮一，觶三；卷下甬一，敦二十六，簠一，簋二，豆一，鋪一，甗六，虹燭錠一，印三十七，銅盤銘一，帶鉤一，墓銘一，匜九，盤二，洗一，鋗一，杅一，鐸一，鐘十七，鑑十四，洗一，銚鑑一，鼎一，鐘二，鼎三，彝五，鐘一，匜一，尊一，鼎一，爵一，敦二，鼎一，彝二，槃一，匜一，甬一，鼎一，權一，凡三百四十五器。自洗以下二十八器，排列失次，即李氏所云再獲續於卷末者也。全書祇有釋文而無考證。續錄銘文釋文間有删節、缺釋。如《齊侯盤》銘文十七字，祇錄七字，釋文祇有四字。《齊侯匜》銘文十七字，祇錄六字，釋文祇有三字。《谷口甬》銘文四十五字，祇錄三十二字，又無釋文。鏡鑒銘文删節尤多。吾丘衍《學古編》辨夏禹印係漢巫厭水災法印；孔夫印乃孫菽之音誤；謂《滕公墓銘》縶縶作兩字書，且妄爲剝落狀，然考之古法，疊字祇作二小畫附其下，其僞無疑。

李序不記成書年月，考李邴字漢老，濟州任城人。崇寧五年（公元一一〇六年）進士，官至資政殿學士。紹興五年（公元一一三五年），詔問宰執方略。邴條上戰陣、守備、措畫、綏懷各五事，不報。閒居十一（史誤作七）年。紹興十六年（公元一一四六年），卒於泉州，年六十三（《宋史》卷三七五）。邴與俅之父長孺同師、同舍、同鄉關，又爲同年進士，其作序約在閒居之時。淳熙三年，曾機「得其鋟板」，復爲作跋。李序又云：「晚見《宣和博古圖》……然流傳人間者，纔一二見而已。近年好事者亦刊鼎文於石，從而辨識，字既失真，而立說疏略，殊可怪笑」。此書之成雖在《博古》之後，而非襲取《博古》之銘文，取校《博古》（蔣暘翻至大本），互有優劣；其《齊侯鐘》五器銘文略大於《博古》。李序所云「好事者刊鼎文於石」，不知所指。錢塘胡重序醉經堂校本，謂李序之言，指薛氏之《法帖》。然薛氏編次考證視此書爲勝，何來立說疏略之譏。趙明誠《石本古器物銘跋尾》亦言：「近士大夫，間有以古器銘入石者，往往十得一二」（《金石録》十三．四），則必別有其書。《齊侯鎛鐘》著録五器，與《博古》相同。政和六年（公元一一一六年）安丘出土之齊侯盤匜二器（見《金石録》十二：四），續於卷末，皆有删節，《博古》有盤無匜。

傳本以蕭山朱氏藏宋本爲至佳，涵芬樓影印於《續古逸叢書》中，前有翁方綱、阮元題識，後有元人書淳熙三年曾機跋，元元統元年（公元一三三三年）於文傳書跋，明滕用亨觀款，翁方綱、阮元、徐乃昌、黃紹箕、鄭孝胥題識。嘉慶六年（公元一八〇一年），宋葆淳得之，寄求翁方綱題識；八年（公元一八〇三年）曲阜顏衡齋以贈阮元；光緒三十年（公元一九〇四年）徐乃昌以贈端方；後歸蕭山朱文鈞。與明翻本較，肥瘦迥異，明本錯誤時見，然有宋本誤字而明本改正者，如《季娟鼎》「錫貝錫馬兩」，宋本誤篆文「貝錫」兩字爲一鼎字；《齊侯鎛鐘》「不敢懃戒」，宋本誤釋「欽戎」。有宋本闕釋而明本補之者，如《虹燭錠》、《注水匜》、《梁山錡》、《聘鐘》、《楚鐘》、《大夫始鼎》、《叔夜鼎》、《父乙彝》、《谷口銅甬》、《汾陰侯鼎》是。《言肈鼎》「永寶用享」，宋本奪永字篆文，《叔邦父簠》「萬年無疆」，宋本奪疆字篆文。此則明本之善而亦明本之妄改失本來面目者也。

明翻本與宋本次序相同。惟宋本敦字不缺末筆，而明翻本缺，疑明翻所據之本，乃光宗諱惇以後刻本，而非淳熙以前刻本。張氏醉經堂校本，顛倒零亂，不知所據何本。張氏於李邴序後按語云：「按原刻本無毫髮差句，差誤作善；失真句，失誤作夫；疏略句，疏誤作流；殊可句，殊誤作朱；壞敝誤作懷散（原本作散不誤），王俅誤作王求，今改正。又後人依仿句，原作士人；出意增損句，原作生意；芟夷剪截句，原作剪裁；皆依盧氏文弨本改」。可知其錯誤之多，乃在明翻本之下。張氏跋云：

蔡鏡既重刻《嘯堂集古録》，病其舛譌，復借鮑丈淥飲（廷博），戴子松門（彝）藏帙對勘一過，惟仿宋槧本訛字較少，次第亦善，而闕文仍所不免，因商之妹婿金子小山，取呂氏《考古圖》、《宣和博古圖録》、薛氏《鐘鼎款識法帖》、王氏《鐘鼎款識》模勒本，細爲仇校，緣鐫板已竣，未易全改，故別爲《考異》二卷附於後，並補編目次，以備檢查，庶幾復見古人之真面目。案《考異》二卷，祗取《考古》、《博古》、《薛氏》、《復齋》四書略校器名與釋文之同異，未能訂正其是非，無足取者。惟《漢孝成鼎》引胡重曰：「漢鼎之容三斗一合，宋宣和時容七升三合，至若漢之一斗，抵宋之二升六合，今之一升五合二勺半强而已。諸鼎之數相似。至若漢之三斤，抵宋之一斤，諸鼎所差，每斤約二、三兩不等也」。據宋之量、衡以推算漢之量、衡，此吾人所當研究者。但由漢至北宋，已逾千年。中經銹蝕，甚難準確，不過略知大概而已。又周父乙鼎據胡重《秀州金石考略》附載宋沈揆《州學古鼎記》，足資異聞。今《秀州金石考略》已佚。

嘉慶辛酉之春得見王厚之鐘鼎款識趙承旨題籤者是冬復得見此而題之多幸多幸

是冊今已歸余且摹刻

積古王厚之物是其值百金今又多元人一幅何啻倍之

秦李斯以新意變古科斗書後世相沿益復精好自漢唐以來能者不可槩舉唯鍾鼎文間見於士大夫家謂如洗玉池銘讀書堂帖字既不多後人依倣爲之殆無古意青社趙公東平劉公廬陵歐陽公三家收金石遺文最號詳備獨鼎器款識絶少字畫復多湮滅不可考證及得呂大臨趙九成二家考古圖雖略有與

刑辯釋不容無舛晚見宣和博古圖然後愛玩不能釋手蓋其款識悉自鼎器移為墨本無毫髮差然流傳人間者纔一二見而已近年好事者亦刊鼎文於石從而辯識字既失真而妄說疎略殊可怪笑予方恨近時字學不修秦漢書法尤為壞敝人皆出意增損取美一時略無古人渾厚之氣一日予故人開國

長孺之子王俅子弁見過出書二巨編皆類鐘鼎字甚富名嘯堂集古録且謂予曰俅不撥留意於此久矣自幼至今每得一器款識必摸本而披之篋積三千餘年凡得數篋則又芟夷剪截獨留善者編次之其志猶以謂未足也他日再獲古文奇字即續於卷末將示子孫永爲家寶予與長孺同師同舍同鄉開

又為同年進士兩家契故甚密子弁幼警悟不類常兒長年好學工文鄉先生皆稱異之又精於古字四方人士以緗素相求者門無虛日予既盡故人之有子復懃觀此二編大慰平昔所願欲而不得者子弁欲予文傳信將來予欣然為敘卷首而歸其書云雲龕小隱李邴漢老序

嘯堂集古録上

商父乙鼎

庚午王命寢廟辰

見北田四品十二月作

冊友史錫賴貝

用作父乙尊〇冊冊

商召夫鼎

亞形召夫子月〇廼

中辛

商亞虎父丁鼎

亞形中
虎父丁

商素腹寶鼎

○作尊
寶彝

商若癸鼎

亞形 中

若

癸 兩手互執物形 丁

父甲

立旗形 乙

商瞿父鼎

瞿

父

商子鼎

子

商庚鼎

庚

商癸鼎

癸

商乙毛鼎

乙毛

商父己鼎

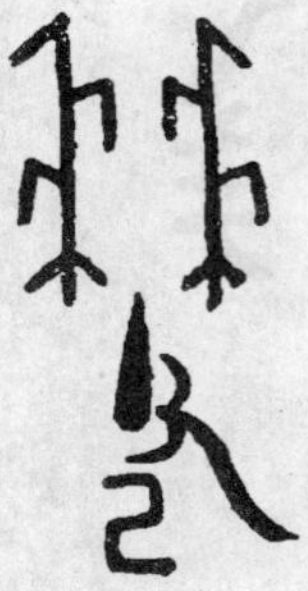

禾父己

商持刀父己鼎

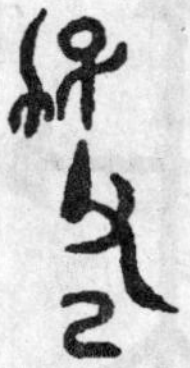

子持刀形父己

商父癸鼎

戈
穿
貝
父
癸

商父癸鼎

兕
形
孫
執
父
弓
癸

商蠆鼎

蠆形

商秉仲鼎

秉仲

商象形饕餮鼎

饕餮獸形

商魚鼎

月奐基

商伯申鼎

伯申作寶彝

商立戈鼎

立戈形

商立戈父甲鼎

立戈形 父甲

商橫戈父癸鼎

橫戈形 孫父癸

商㚔鼎

[金文]

㚔父乙

商象形鼎

[金文]

鼎

商公非鼎

非

周文王鼎

魯公作文王尊彝

周王伯鼎

王伯作
寶彝鼎

周中鼎

中作寶鼎

周晉姜鼎

惟王九月乙亥晉姜曰余惟嗣朕先姑君晉邦余不叚妄寧經雝明德宣邲我猷用招所辟辟妄揚乃光直虔不墜譖覃亭以薛我萬民嘉遣我錫鹵責千兩勿法文侯顯令威貫通洪征綏湯原取乃吉金用作

寶尊鼎用康
夏妥懷遠。
君子晉姜用
蘄綽綰眉壽
作惠為亟萬
年無疆用享
用德畯保其
孫子三壽是利

周象鼎

象

周伯碩父鼎

惟六年八月初吉己
子史伯碩父追孝于
朕皇考釐仲王母乳
母尊鼎用祈丐百禄
眉壽綰綽永命萬年
無疆子〻孫〻永寶用享

周史頌鼎

史頌作朕皇考釐仲
王母乳母尊鼎用追享
孝用蘄丐眉壽永命
令終頌其萬年多福
無疆子=孫=永寶用享

周季娟鼎

正月王在成周
王徙于楚麓命
小臣夌先見楚居
王至于徙居廡
遺小臣夌錫貝錫
馬兩夌拜稽首
對揚王休用作
季娟寶尊彝

周南宫中鼎

惟十有三月庚寅
王在寒師王命太
史括福土王曰中
茲福人入史錫于
武王作臣今括里
汝福土作乃采中
對王休命䵼父乙尊
惟臣尚中臣十八大夫八大夫

周南宮中鼎

惟王命南宮伐反
虎方之年王命中
先相南國貫行埶
王居在射圃真
山中呼歸生〇
刋王埶刋寶彝

周南宫中鼎

惟王命南宫伐反
虎方之年王命中
先相南國貫行蓺
王居在射圃其山
中呼歸生○刊王
蓺刊寶彝

周言肇鼎

其永寶用享
言肇作尊鼎

周䜌鼎

䜌女

周單父乙鼎

旗單景
父乙

周益鼎

益作
寶鼎

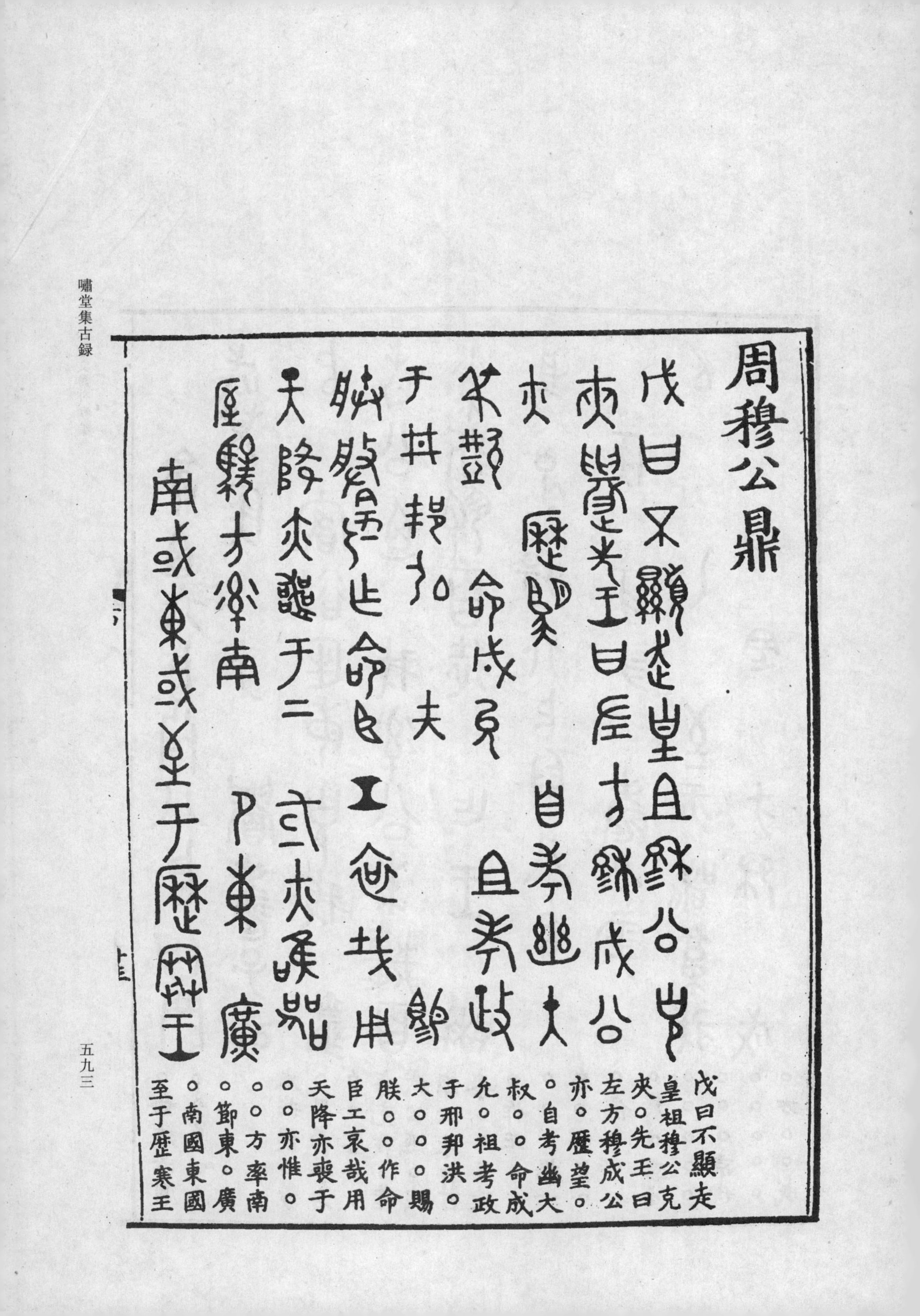

周穆公鼎

戊曰不顯走皇祖穆公克夾○先王曰左方穆成公亦○歷望○○自考幽大叔○○命成允○祖考政于邢邦洪○大○○○賜朕○○作命臣工哀哉用天降亦喪于○○亦惟○○○方率南○節東○廣○南國東國至于歷寒王

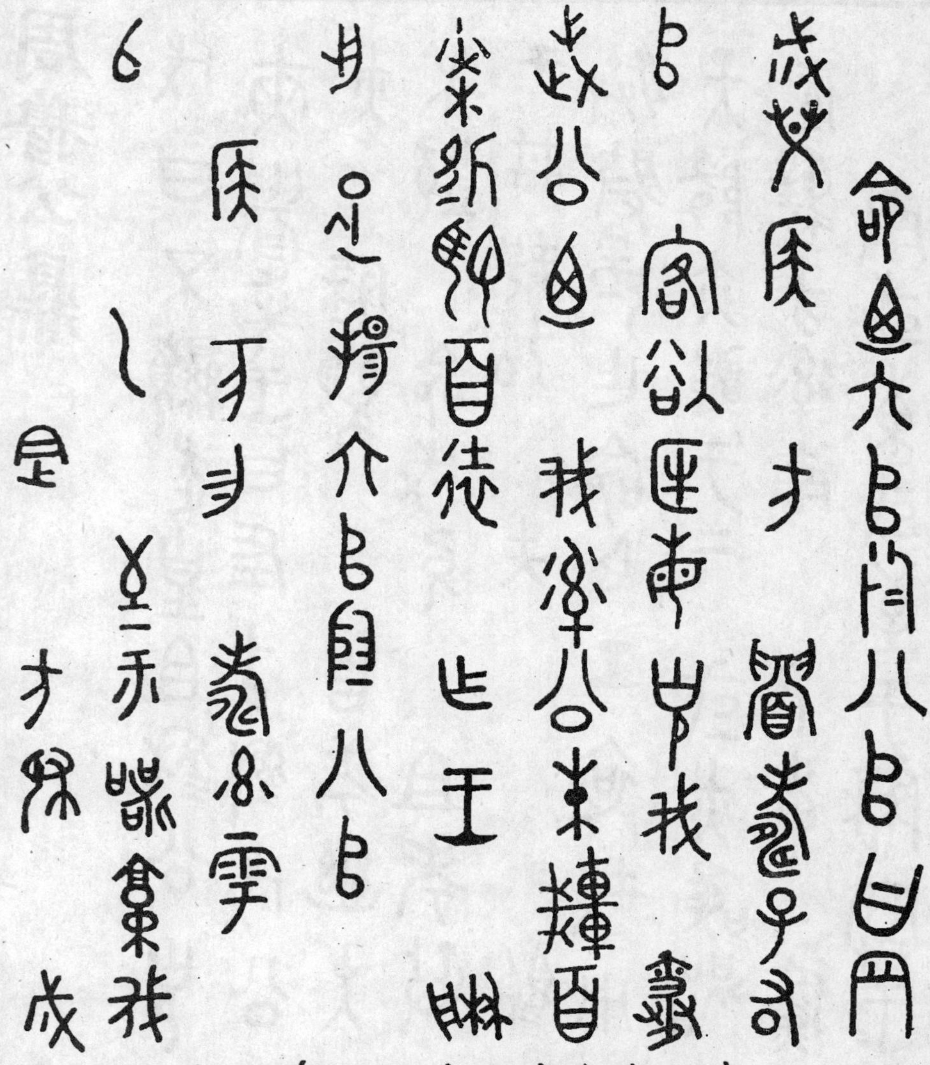

○命廼六自
○八自曰○
成共侯○方
○眉壽于右
自○客款○
每克我○雀
武公廼○我
率公朱軒百
桼○○百徒
○作王○○
○○○揚六
自○八自○
○侯○○勿
○壽○雩○
○○○○○
○○○京伐
○○○○○
○方○○成

○○○○○
○○用作○
寶○○其萬二
子二孫二寶用

周雝公緘鼎

惟十有四月既死
霸王在下保雝公
緘作尊鼎用追享
孝于皇祖考用乞
眉壽萬年無疆
子二孫二永寶用

周父己鼎

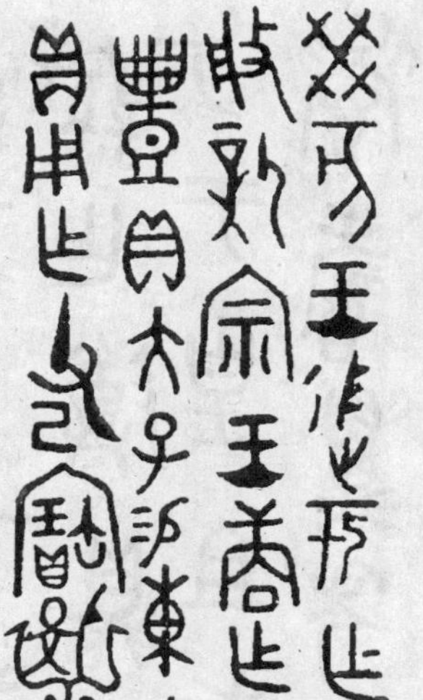

癸亥王徙刋作冊
般新宗王賷作冊
豐貝太子錫練大
貝用作父己寶○

周叔液鼎

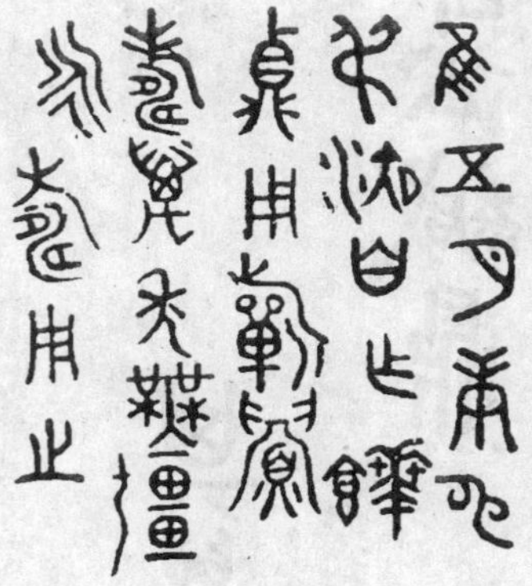

惟五月庚申
叔液自作饙
鼎用蘄眉
壽萬年無疆
永壽用之

周單從鼎

單作從彝
景

周伯䣄父鼎

晉司徒伯䣄父
作周姬寶尊鼎
其萬年永寶用

周舉鼎

舉

周仲偁父鼎

唯王五月初吉丁亥
周伯阜及仲偁父
伐南淮節孚金
用作寶鼎其萬
年子=孫=永寶用

周威君鼎

之銅鼎
威汈君光

周乙公鼎

乙公作
尊鼎子二
孫二永寶

周鮮鼎

鮮

周齊莽史鼎

齊莽史喜作
寶鼎其眉
壽萬年子二
孫二永寶
用

周節鼎

節

周嬇氏鼎

惠作歔伯

嬇氏○鼎

永寶用○冊冊

周大叔鼎

大叔作鼎

周寏父鼎

師寏父作

季女吉尊鼎

周尨生鼎

○尨生室作
其鼎子=孫=
萬年永寶用

周絲駒父鼎

絲駒父作
旅鼎永寶用

周豐鼎

豐用作致

䵼彝

周子父舉鼎

子父舉

周師秦宮鼎

惟五月既望王○
○于師秦宮王格
于享廟王○錫○
○○○○○○
敢對揚天子丕顯
休用作尊鼎○其
萬年永寶用

周緐鼎盖

宋公緐作餗鼎

周宋夫人鼎盖

宋君夫人之餗釪鼎

漢孝成鼎

長安廚孝成廟銅三斗鼎蓋一合第一

長安廚孝成廟銅鼎容三斗一合并

重廿九斤建平三年四月工王襃造護

輔掾譚守令史永省第一

年　十　襃

漢定陶鼎

高廟

都

倉

定陶廟宮十斗

并重九斤二兩

漢李氏鼎

李氏

李氏

漢好時供厨鼎

長樂飤官二斤十兩四百卅五

飼

官中丞令蔑八百介十

官丞

令好時共厨金一斗鼎蓋重二斤十兩第百卅

蓋

好時共厨銅鼎容一斗重九斤一兩 山

升山

漢汾陰宮鼎

汾陰共官銅鼎蓋二十枚重三斤八兩

汾陰共官銅鼎二十枚宮名重十斤

汾陰宮銅鼎一容一斗重十斤

平陽一名見重十斤

第廿三

汾陰供　二十枚

汾陰供

汾陰鼎一斗

陽鼎十斤

商持刀父癸尊

孫形　持刀　父癸

商祖戊尊

作祖戊

尊彝

商雉尊

器

周作父乙

尊彝

形雉

蓋

五

商父巳尊

象形 父巳

𠕋字

商辛尊

亞人辛

商父乙尊

孫冊冊父乙

商父丁尊

父丁

商立戈癸尊

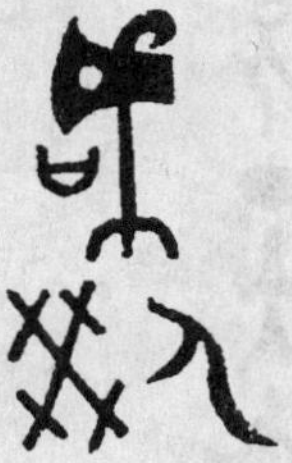

立戈形人
口癸

商從尊

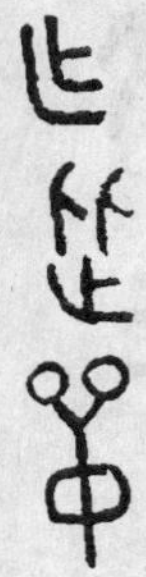

作從單

商祖丁尊

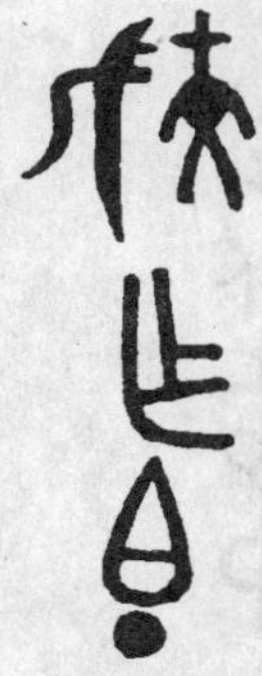

孫立旗作祖丁

商兄丁尊

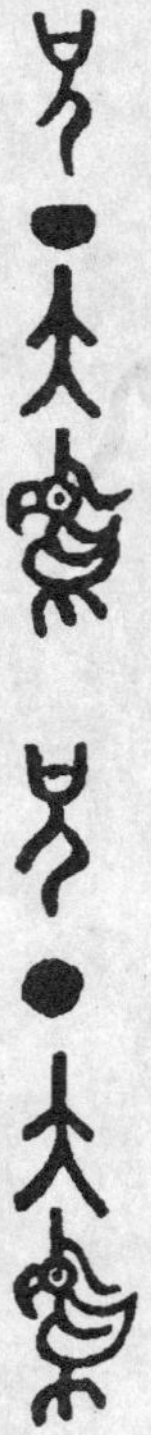

兄丁大雞

商持刀父已尊

子持刀作父已寶尊彝

商諫尊

○諫作父已尊彝

周月星尊

月
○星○

周乙舉尊

乙舉

周召公尊

蓋

王大召公族于庚辰
旅王錫中馬自貫
矦四駣南宮。王曰
用先中蓺王休用
作父乙寶尊彝

器

同前

周高克尊

唯十有六年
十月既生霸
乙未伯太師
錫伯克僕山
夫伯克敢對
揚天佑王伯
友用作朕穆
考後仲尊高
克用丏眉壽
無疆克克其
子=孫=永寶用享

周師艅尊

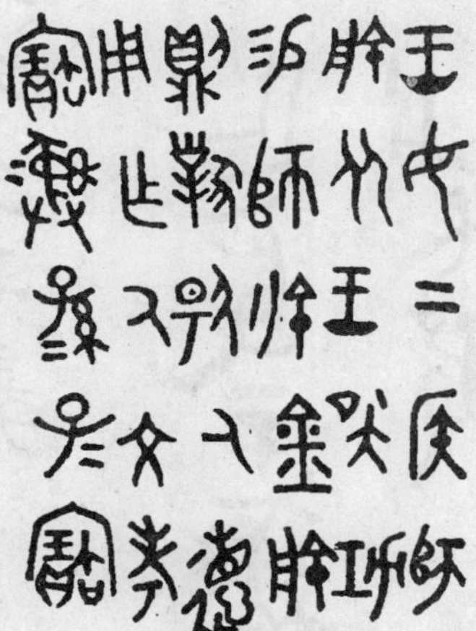

王汝上矦師
艅從王夜功
錫師艅金艅
則對揚乃德
用作乃文考
寶彝孫=子=寶

商[illegible]彝

[illegible]作寶
尊彝

二六

商己舉彝

己舉

商子孫父辛彝

作父辛彝

析子孫

商父丁彝

古作父丁寶尊彝

商立戈父甲彝

立戈父甲形

商帚首彝

作寶彝

周子孫彝

子孫

孫作兩手拱日之狀

周己酉方彝

己酉戍命尊宜于
招黻庚○九律
○商貝朋方○用室
圜宗彝在九月惟王
一祀世昌五惟○東

周單彝

旗雞單

周召父彝

召父作乃〇寶彝

周叔彝

○叔作寶

尊彝

周伯映彝

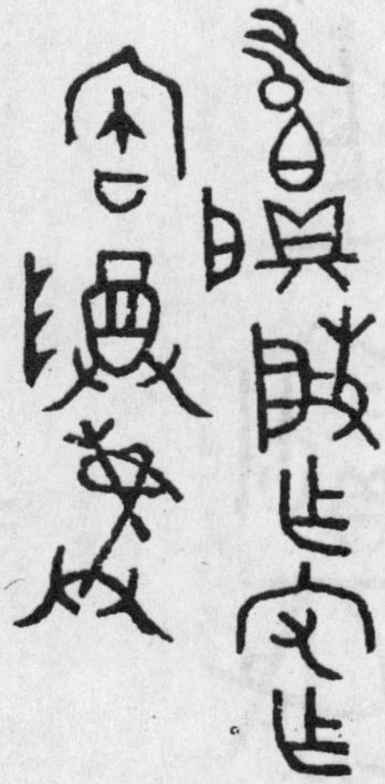

右伯映○作宥作

寶尊彝

周雲雷寶彝

作寶彝

周雷紋寶彝

作寶彝

商持刀祖乙卣

盖

器

孫持刀形作祖乙

寶尊彝

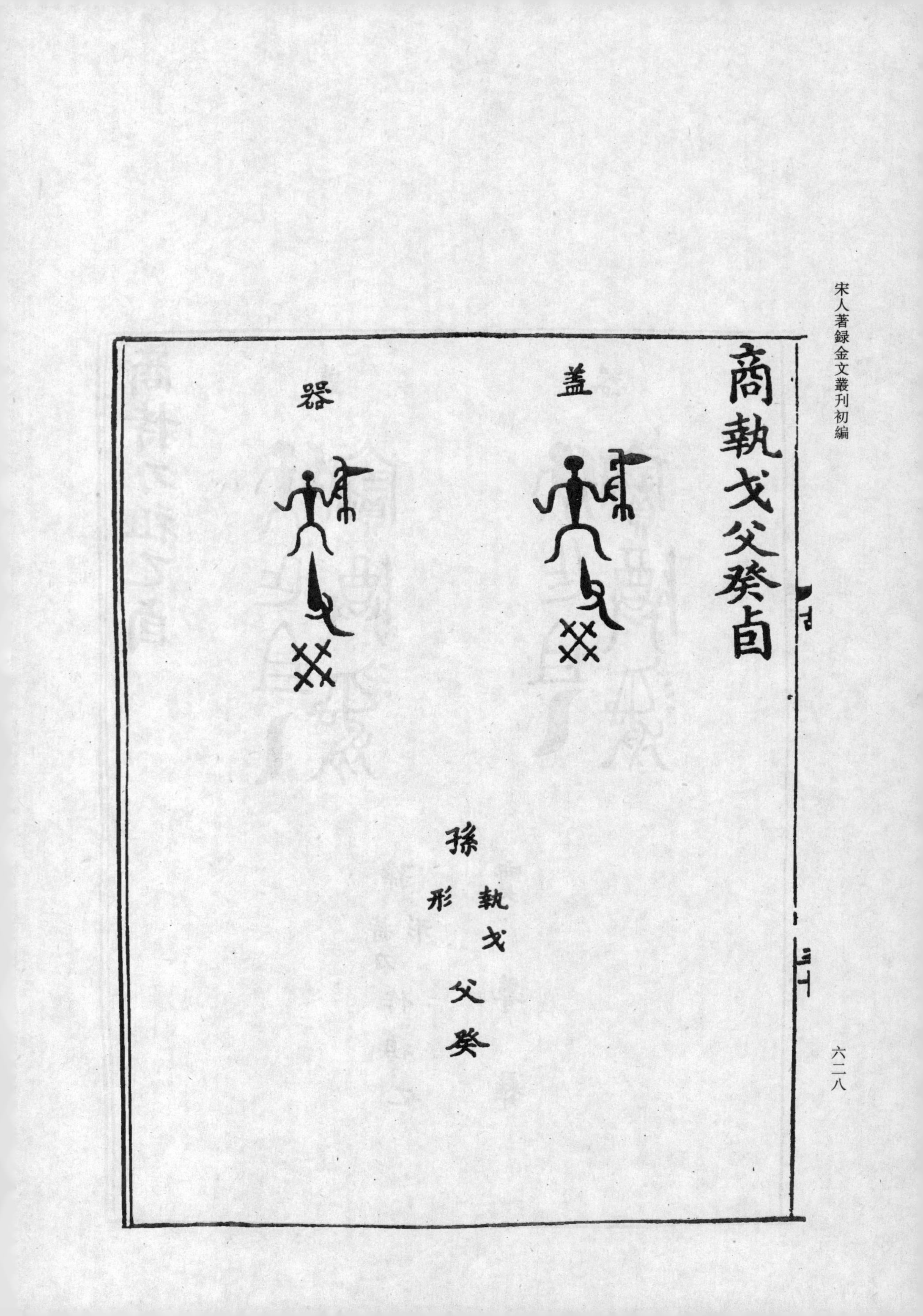

商執戈父癸卣

蓋

器

孫

形　執

戈

父

癸

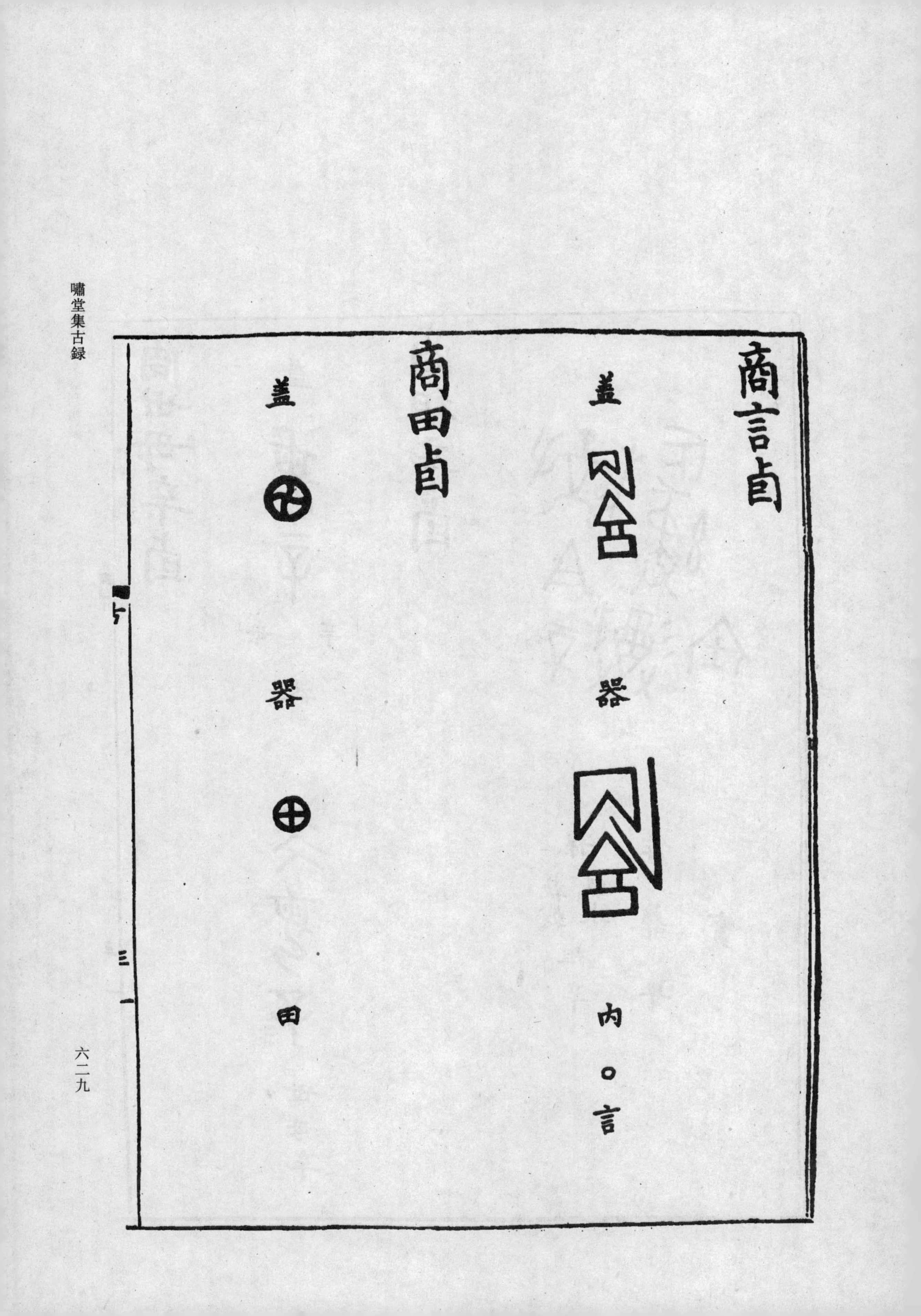

商言卣

蓋

器

内口言

商田卣

蓋

器

田

商毋辛卣

蓋

母辛

器

毋母辛

商祖辛卣

孫 執戟 執木 祖辛

作彝尊

寶

商卦象卣

蓋

器

卦象

商立戈卣

立戈形

商兕卣

蓋

器

兕

商執爵父丁卣

象手執

父丁

爵形

商寶卣

作寶尊彝

商寶卣

蓋

器

作寶尊彝

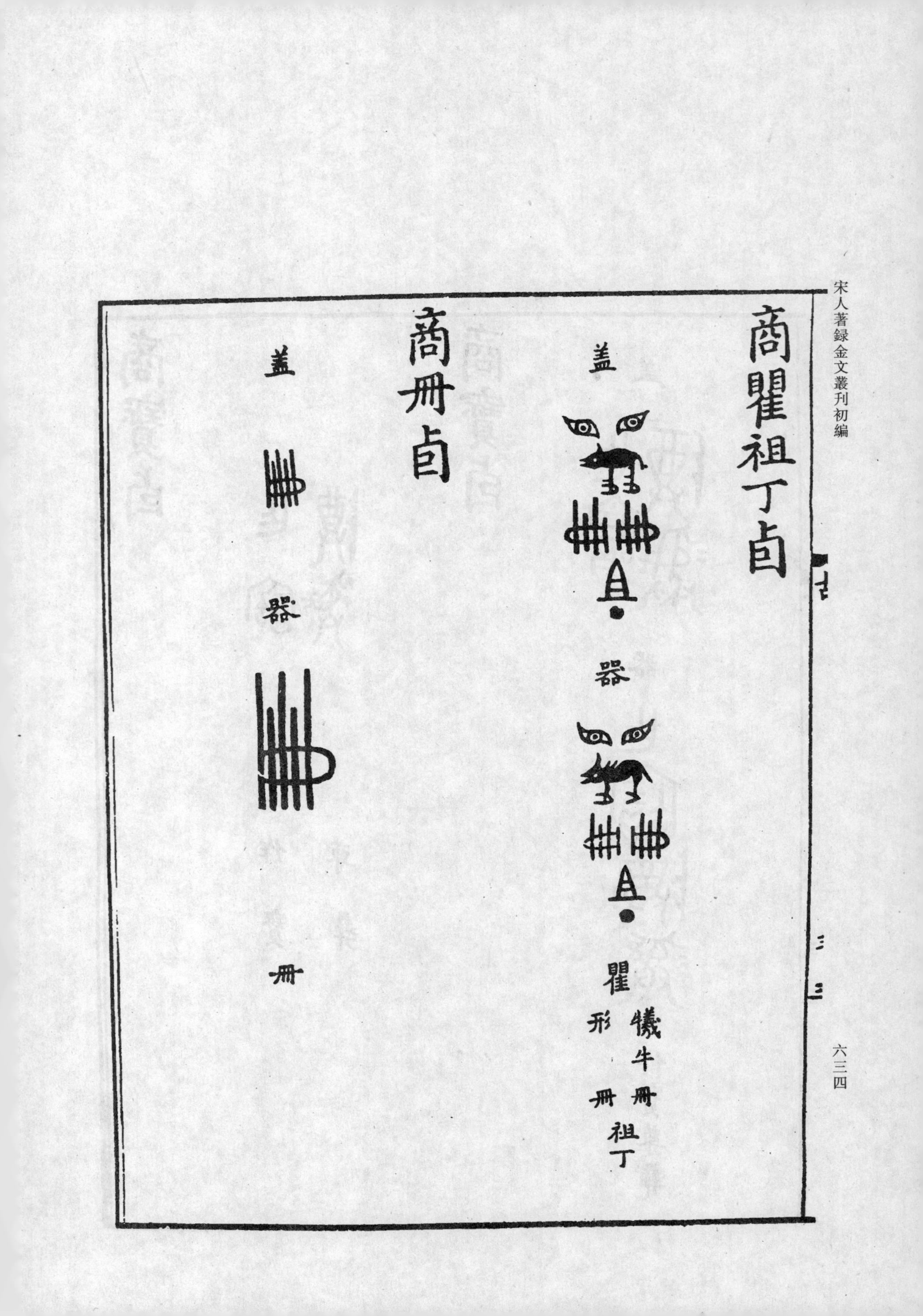

商瞿祖丁卣

蓋

器

瞿

形 犧牛 冊 冊 祖丁

商冊卣

蓋

器

冊

商兄癸卣

蓋

器

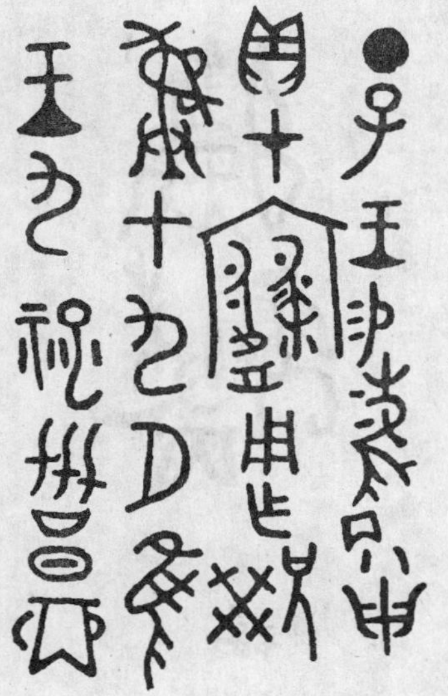

丁子王錫爵丙
申象形萬字貝在寒用
作兄癸彝十九夕
惟王九祀世昌

丁子王錫爵丙申
貝在寒用作兄癸
彝十九夕惟
王九祀世昌象形萬字

商父丙卣

蓋

器

手執禾
二矢 父丙
弓 孫

商父己卣

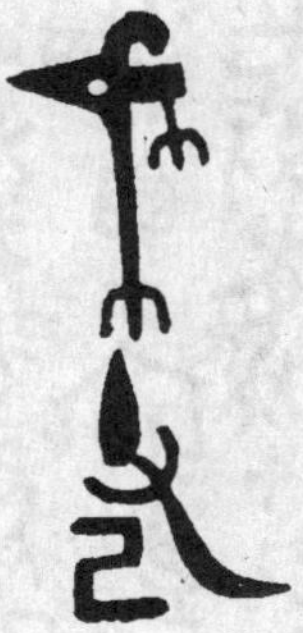

立戈 父己
形

商父辛卣

三矢形 貝父辛

商父舉卣

辛父舉

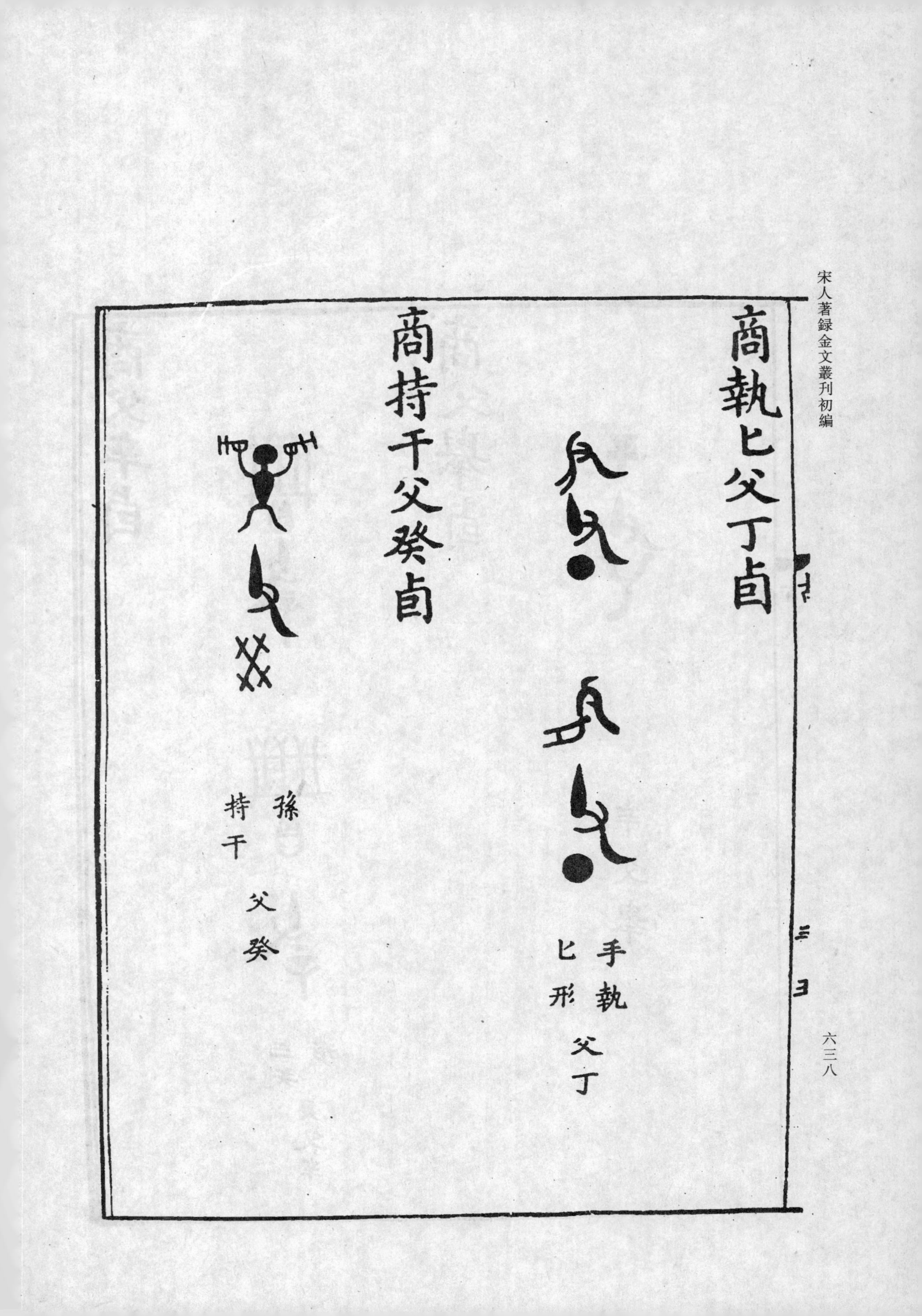

商執匕父丁卣

手執匕形 父丁

商持干父癸卣

孫持干 父癸

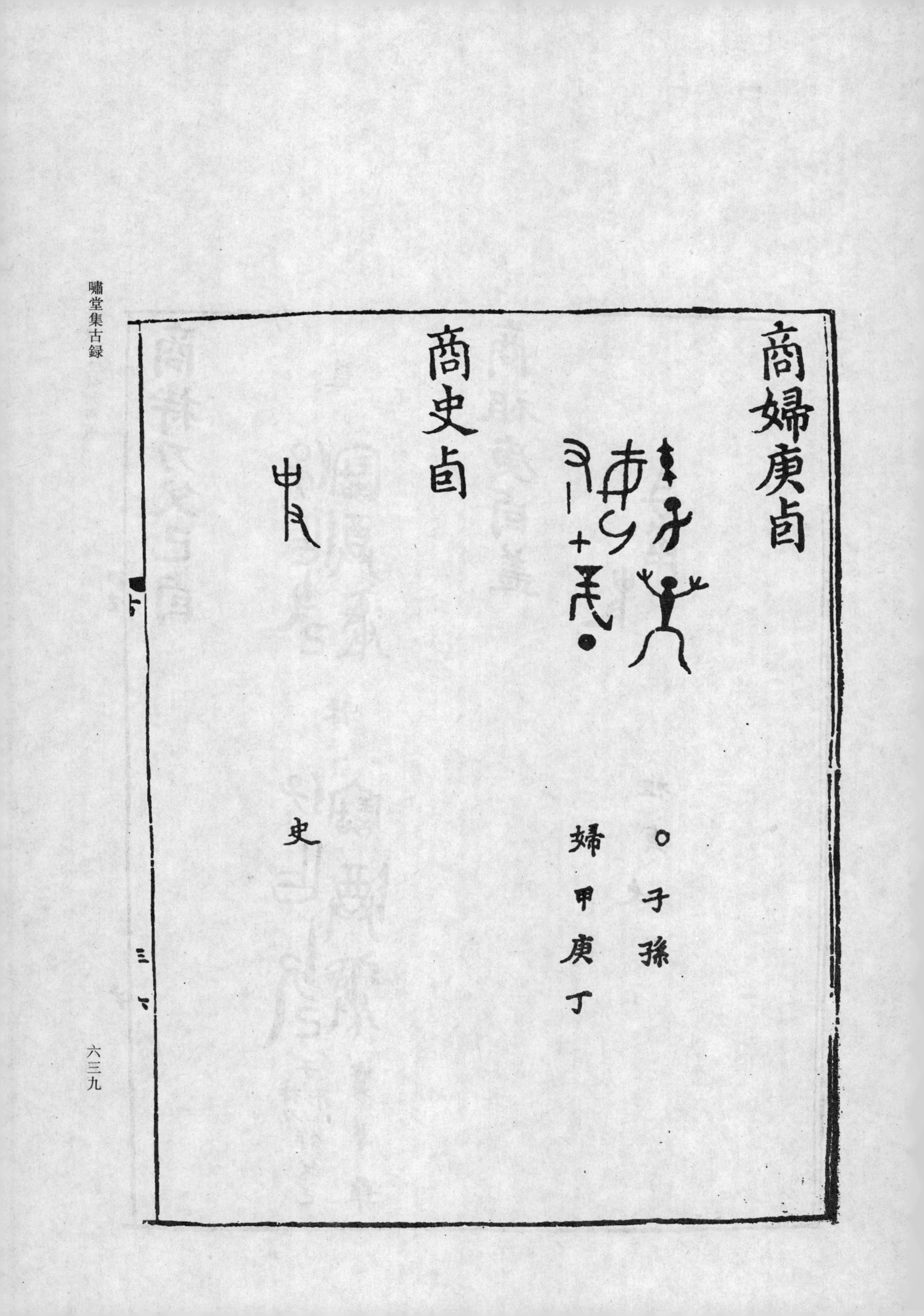

商婦庚卣

○子孫

婦甲庚丁

商史卣

史

三下

商持刀父己卣

蓋

器

子形持刀作父己寶尊彝

商祖庚卣蓋

祖庚史

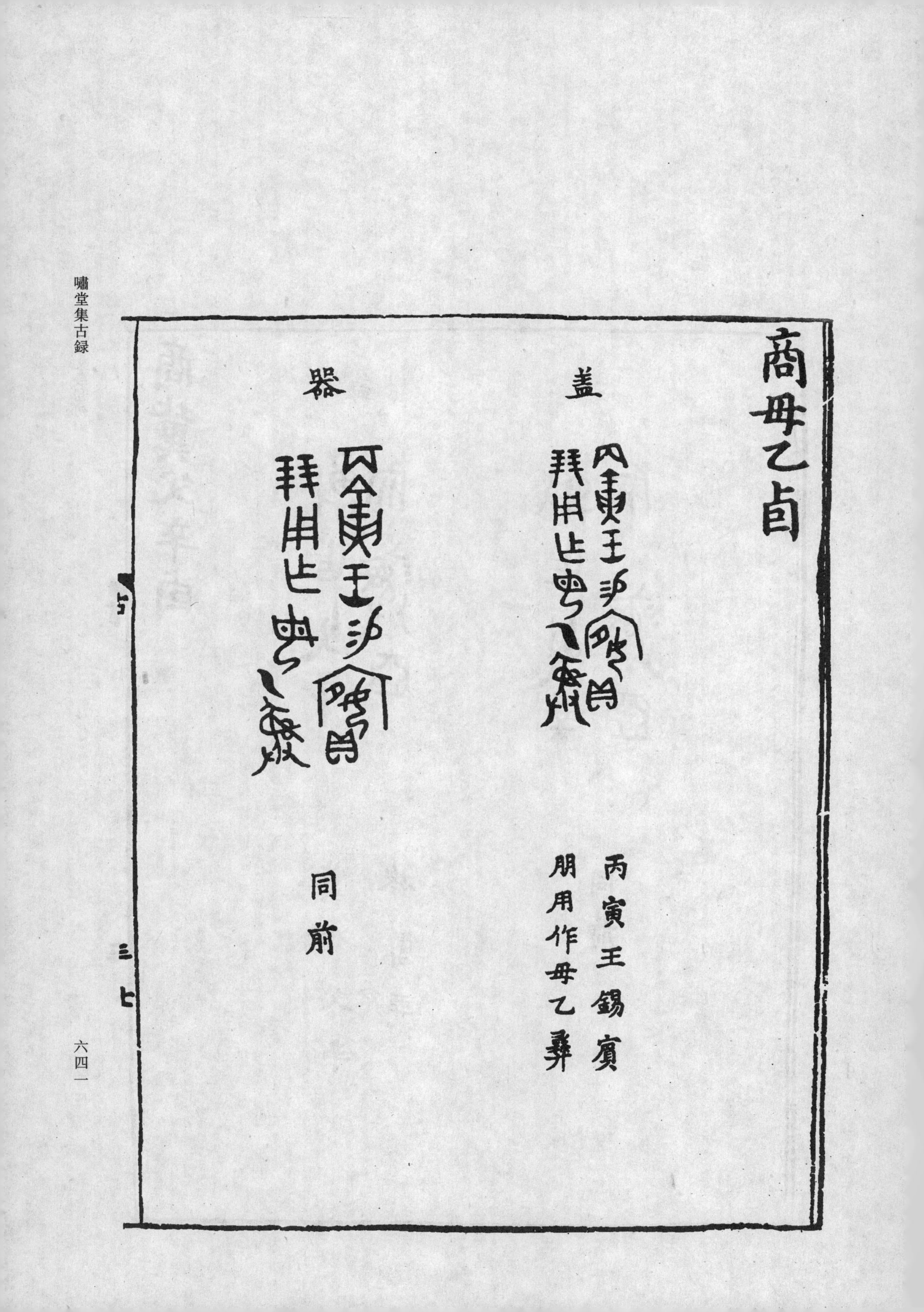

商毋乙卣

盖

丙寅王錫寅朋用作毋乙彝

器

同前

商𩵦父辛卣

蓋

[銘文]

𩵦作父辛
旅彝亞

器

[銘文]

同前

周淮父卣

盖

器

穆從師淮父戍于
古阜蔑曆錫貝山
鋝穆拜稽首對揚
師淮父休用作文
考曰乙寶尊彝
其子二孫二永福
立戈形

同前

周單癸卣

蓋

器

明○選單景
癸夙夕饗爾
宗尊彝其巳父
子壴作父癸旅車
文考日癸乃方

同前

周樂司徒卣

樂大司徒
子象之子
洪作旅卣
其眉壽子=
孫=永寶用

周伯寶卣

蓋

器

伯作寶
尊彝

周伯寶卣

蓋

器

伯作寶
尊彝

周伯寶卣

蓋

器

伯作寶
尊彝

周父乙卣

蓋

器

亞形中父乙

周州卣

蓋

器

州作父乙寶彝

周孫卣

[illegible]

孫

周大中卣

[illegible]

大中作
父丁尊

周尹卣蓋

亞形中

惟十有二月王初祭旁
唯還在周辰在庚申
王飲西宮禧咸釐尹錫臣
雉僰陽尹休高對作
父丙寶尊彝尹其亘萬
年受乃永魯無競在○
服祀長疾其子＝孫＝寶用

商貫耳弓壺

弓

周仲丁壺

惟六月初吉丁亥
召仲丁父自作壺
用祀用饗多福滂
用蘄眉壽萬
年無疆子孫
永寶是尚

商敔姬壺

敔姬作

寶彝

漢太官壺

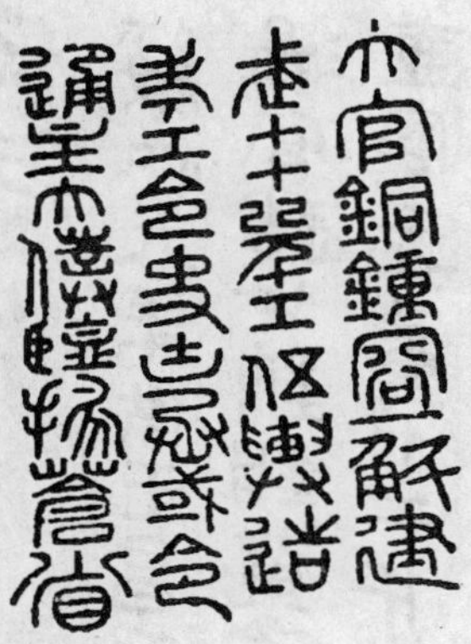

解

二十年

凷

太

監掾

漢綏和壺

綏和元年供王昌爲
湯官詰丗鍊錯黄塗
壺容二斗重十二斤
八兩塗工乳護級掾
臨主守右丞同守令
寶省

年
造
斗
乳
省

商父乙爵

父乙

商父乙爵

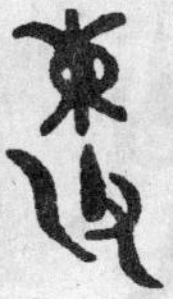

象形爵

父乙

商父乙爵

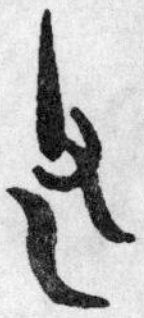

父乙

商父乙爵

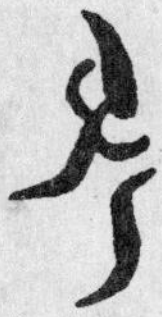

父乙

商父乙爵

[銘文]

父乙

商父乙爵

[銘文]

父乙

商父乙爵

[銘文]

父乙

商祖乙爵

祖乙

商祖丙爵

矢祖
孫丙

商父戊爵

父戊丁

商祖己爵

祖己

商守父丁爵

守父丁

商飲父丁爵

飲父丁

商斧爵

象形斧字

商子爵

○○子

○作

商子爵

子

父壬

商巳舉爵

巳舉

商巳舉爵

巳舉

商子孫巳爵

析子孫巳

商車爵

車

商秉仲爵

辛秉仲

商父壬爵

父壬

商庚爵

父庚

商癸爵

父癸

商中爵

中

商尊癸爵

尊癸

商雷纂爵

象形爵字

商素爵

象人拱物形

商招父丁爵

招作父丁亞形。

尊彝中。

周子乙爵

子乙

周子乙爵

子乙

周父丁斝

中 父丁

商合孫祖丁觚

合孫 祖丁

商子乙觚

父丁 子乙

商女乙觚

帚
女 兹
乙

商女乙觚

帚
女 兹
乙

商父乙觚

亞
父 乙

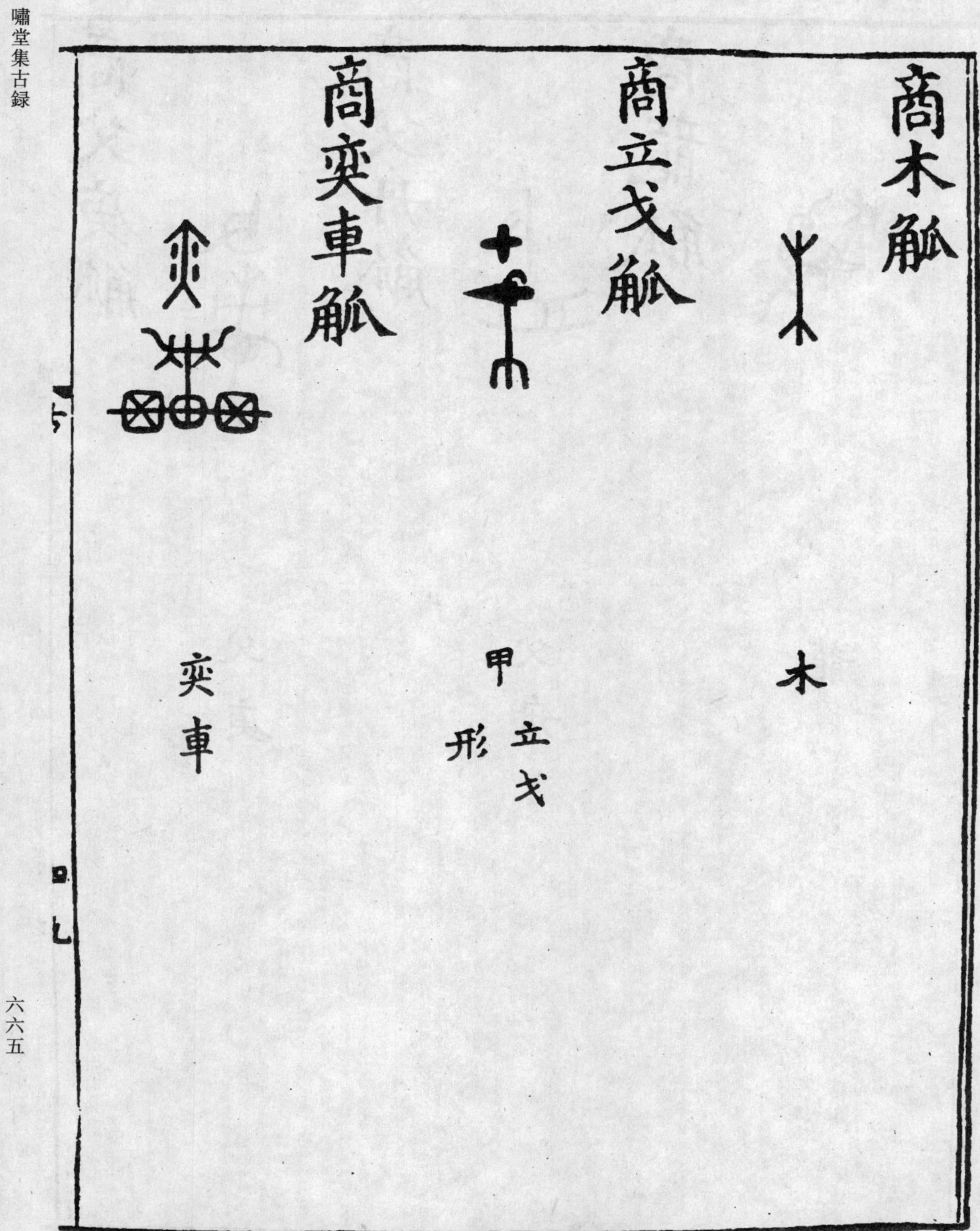

商木觚

木

商立戈觚

立戈

甲形

商奕車觚

奕車

商父庚觚

父庚

商父舟觚

父舟

商龍觚

龍

商亞形觚

亞　形

二字未詳

商孫觚

孫

漢建光卮

有四

商立戈父辛觶

立戈形　辛　父

商立戈觶

立戈形

商父貝觶

何作人執木形

亞形

嘯堂集古録下

周雙弓角

器

冊祖
雙弓作
冊乙

鑒

亞形
中倒戈

商巳丁敦

五一

蓋

器

孫己丁

周曩敦

曩作皇祖益公
文公武伯皇考
龔伯𩰫彝曩其
涇=萬年無疆令
終令命共子=孫
永寶用享于宗室

周散季敦

蓋

惟王四年八月
初吉丁亥散季
肈作朕王母叔
姜寶敦散季其
萬=年子=孫=永寶

器

同前

周毛父敦

惟六月既生霸戊
戌旦王格于太室
師毛父即位邢伯佑
内史冊命錫赤芾
對揚王休用作寶敦
其萬年子=孫其永寶用

周毁敦

惟王元年正月初吉丁亥
伯龢父若曰師毁乃祖考
有婚于我家汝又惟小子
余命汝死我家繼治我西
偏東偏僕馭百工牧臣妾
東裁内外毋敢不善錫汝
戈矛戟縞必彤矦矢十五鎛
鐘一。五金欽乃夙夜用事
毁拜稽首敢對揚皇君
休用作朕文考乙仲將鼎敦
毁其萬年子子孫孫永寶用享

周仲駒父敦盖

寶用享孝
敦子=孫=永
父作仲姜
录旁仲駒

周姜敦

伯景父作周姜
寶敦用夙夕
享用蘄萬壽

周仲駒父敦

盖

寶用享孝
敦子=孫=永
父作仲姜
彔旁仲駒

器

彔旁仲駒
父作仲姜
敦子=孫=永
寶用享孝

周仲駒父敦

蓋

寶用享孝
敦子二孫永
父作仲姜
录旁仲駒

器

录旁仲駒
父作仲姜
敦子二孫二永
寶用享孝

周敔敦

惟王十月王在
成周南淮節
趩及内伐浪
昴參怡裕敏
陰陽洛王命
敔追迎于上洛
愻谷至于伊班
長榜戩首百
執傒回雜孚
人三百鄙于艾
伯之晰于愻
衣諦復付乃
君維王十有一
月王格于成周
太廟武公入
佑敔告禽馘
百傒田王蔑
敔曆事尹氏
受釐敔圭萬
幣貝五十朋錫

田于斂五十田
于早五十田敔
敢對揚天子
休用作尊敦
敔其萬年子=
孫=永寶用

周孟姜敦

叔孫父作孟
姜尊敦綰綽
眉壽永命彌
生萬年無疆子=
孫=永寶用享

周宰辟父敦

蓋

惟四月初吉王在辟宫宰
辟父佑周位王冊命周曰
錫汝華朱芾元衣束帶於
鋚革錫戈琱戟彤矢用養乃
祖考事官嗣鄮僕小射底敷
周稽首對揚王休命用作
文考寶敦其孫〻子〻永寶用

器

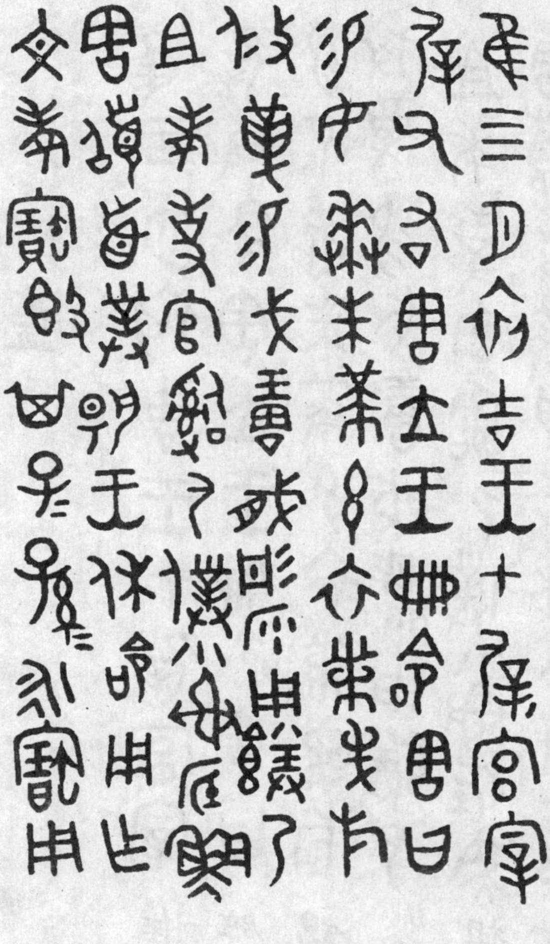

同前

周宰辟父敦

蓋

惟四月初吉王在辟宫宰
辟父佑周位王册命周曰
錫汝華朱芾元衣束帶於
鋚革錫戈琱戟彤矢用養乃
祖考事官嗣節僕小射底
敦周稽首對揚王休命用作
文考寶敦其子〻孫〻永寶用

器

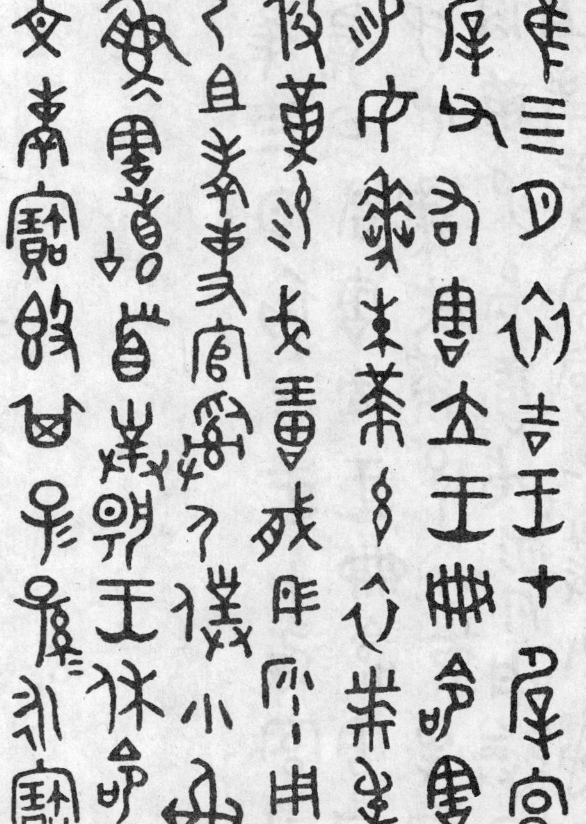

同前

周宰辟父敦

惟四月初吉王在辟宮宰
辟父佑周位王冊命周曰
錫汝華朱芾元衣束帶於
鋚革錫戈琱戟彤矢肩養旁
祖考事官嗣御僕小射
底敷周稽首對揚王休命用
作文考寶敦其子〻孫〻永寶用

周兕敦

蓋

兕

器

同上

周兕敦

蓋

兕

器

同上

周兕敦

兕

周剌公敦

伯據祖肇作
皇考剌公尊
敦用享用孝萬
年眉壽畯在
位子=孫=永寶

周剌公敦

[金文銘文摹本]

同前

周雁矦敦

盖

器

雁矦作姬邍母尊敦其萬年永寶用

同前

周師望敦

太師小子師
望作䵼彝

周仲奠父敦

蒯仲奠父作
尊敦其萬年
子子孫孫永寶用

周庱敦

周庱作旅車敦

周庱敦

同前

古 六一

周史張父敦蓋

史張父作
尊敦其萬
年永寶用

周仲酉父敦蓋

仲酉父
作旅敦

周叔邦父簠

叔邦父作簠
用征用行用
從君王子=孫=
其萬年無疆

周太師望簋

蓋

太師小子師
望作䵼彝

器

同前

周京叔簋

京叔作餮
簋其萬
壽永寶用

周疑生豆

單疑生作
養豆用享

周劉公鋪

劉公作杜嬬
尊鋪永寶用

商父己甗

見父己

商父己甗

亞無儔作

父己彝

商父乙甗

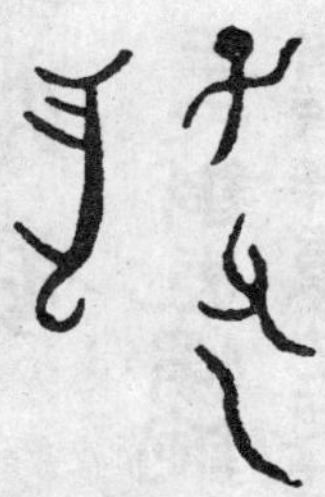

子乙

虎

商祖己甗

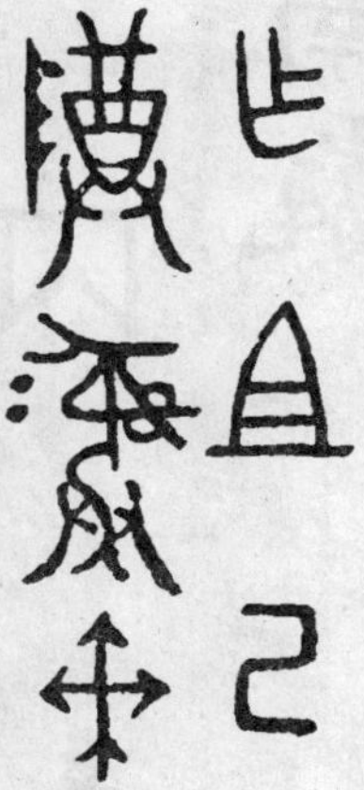

作祖己

尊彝癸

商鬲甗

象萬形

商鬲甗

象萬形

漢虹燭錠

王氏銅虹燭錠

兩辟并重廿三斤四兩

虹

辟

第一

孔夫

軍假司馬

平尹丞印

○當司馬

農前丞印

偏將軍印

軍曲侯印

軍司馬印

晉率善胡秋長

臣敫

門將印章

大將軍印章

王開光

李咨言事

吴歸之

咨言疏

李咨

長宜子孫

吴

功子

王則私印

周柱之印

夏禹

王之印

李廣

張宏

傳當

楊少翁印

比干墓銅盤銘

右林左泉

後岡前道

萬世之寧

玆焉是寶

帶鈎

識闕

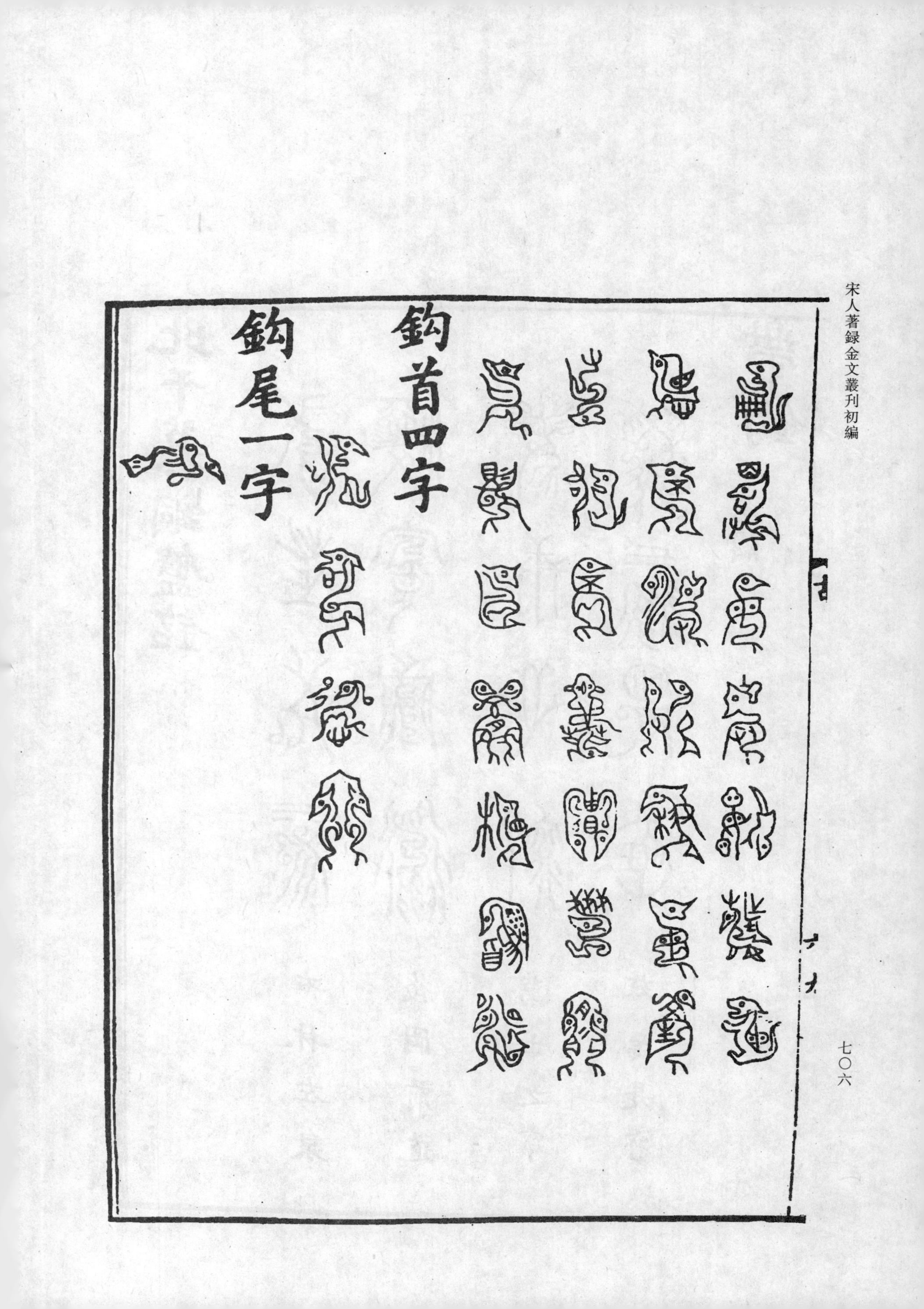

鈎首四字

鈎尾一字

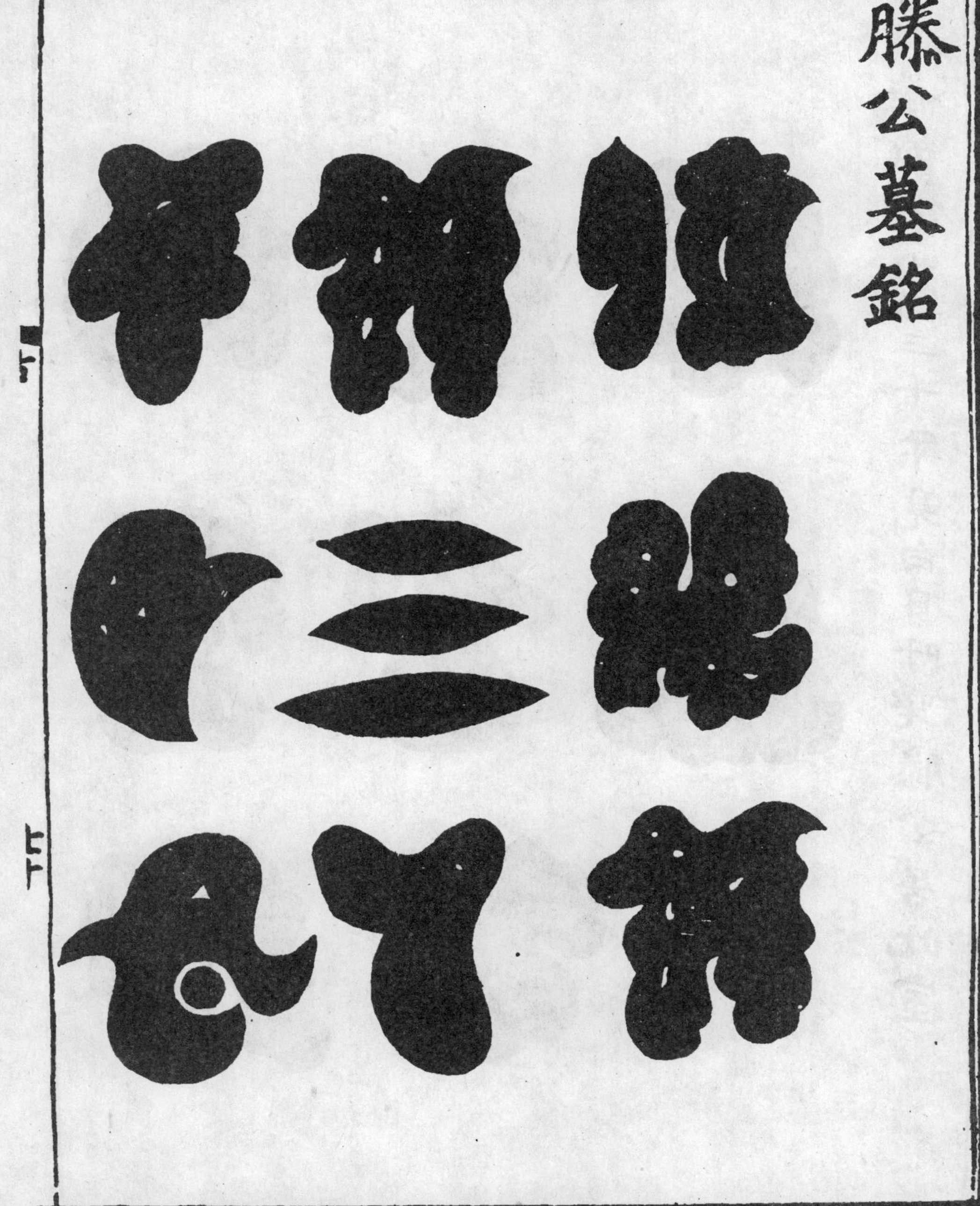

滕公墓銘

佳城鬱鬱三千年見白日吁嗟滕公居此室

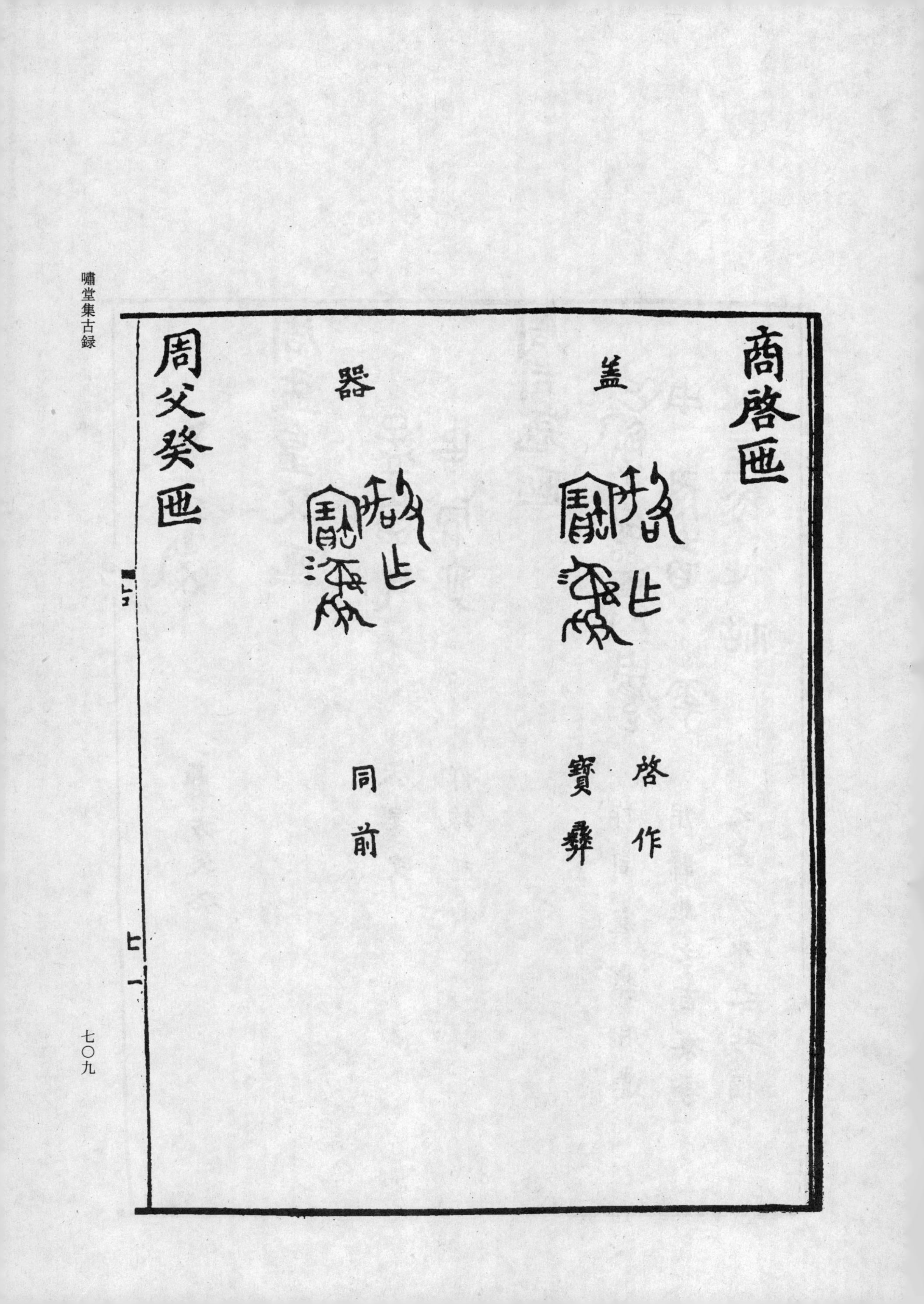

商啓匜

蓋

啓作寶彝

器

同前

周父癸匜

彛方父癸

周孟皇父匜

孟皇父
作旅匜

周司寇匜

作司寇彝用遣
用歸維之百寮雩
之四方永之祜福

周文姬匜

丙寅子錫龜貝用作文姬己寶彝十一月有三器鍪析子孫

周義毋匜

仲女吉義毋作
旅匜其萬年
子=孫=永寶用

周張伯匜

張伯作旅匜
其子=孫=永寶用

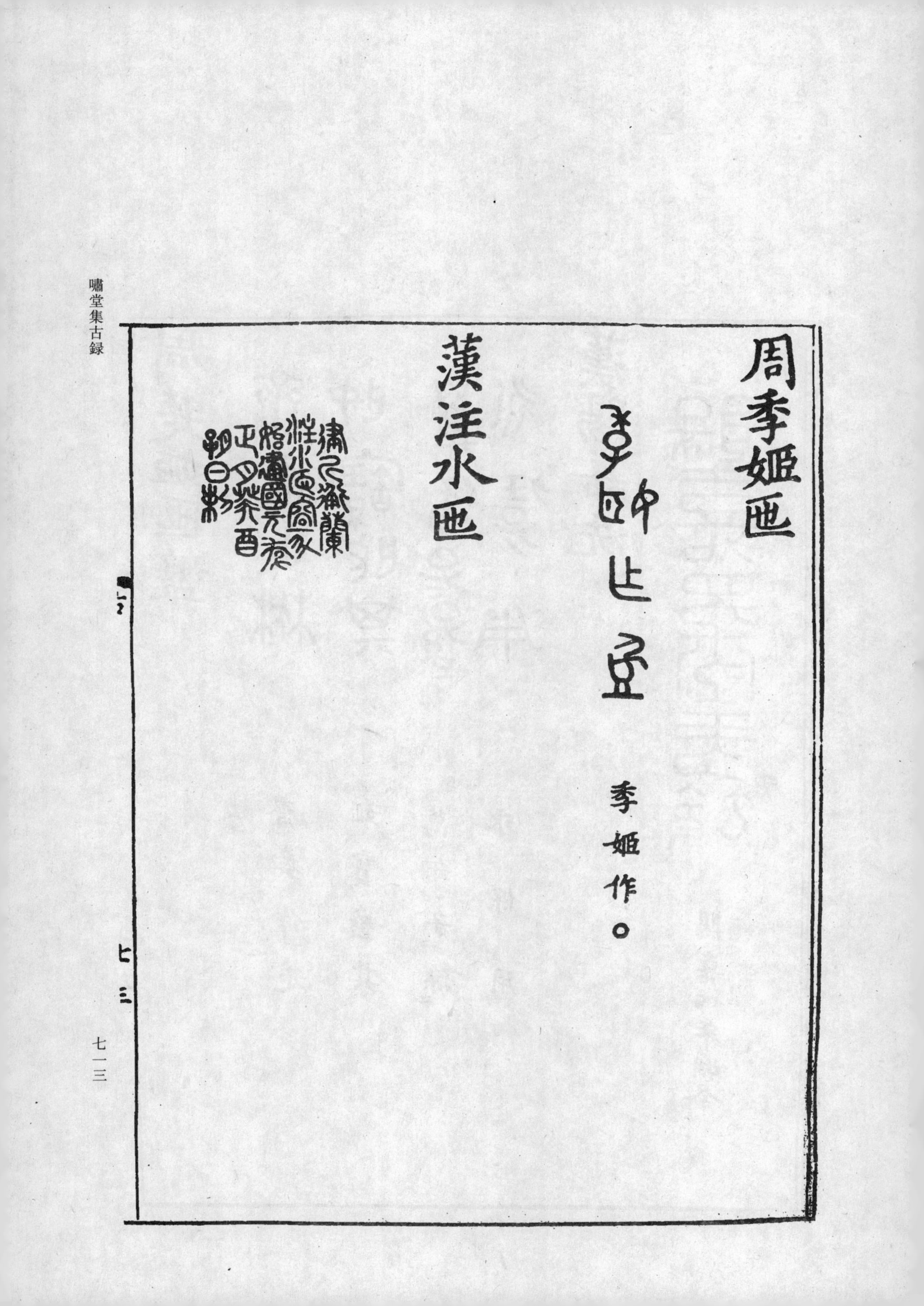

周季姬匜

季姬作○

漢注水匜

周楚姬匜盤

齊侯作楚
姬寶盤其
萬年子=孫=
永保用

漢陽嘉洗

陽嘉四年朔令

周魯正叔匜盤

魯正叔之
穴作盤其
○○子孫
永壽用之

漢梁山銷

梁山銅二斗銷重十

周季姜杅

伯索史作季
姜寶盂其萬
年子₌孫₌永
用

周栖鳳鐸

鳳
栖
木
形

周齊矦鎛鐘

惟王五月辰在
戊寅師于淄陲
公曰汝及余經
乃先祖余既敷
乃心汝恐畏忌
汝不佞夙夜宦
執而政事余弘
猒乃心余命汝
政于朕三軍綴

成朕師旟之政
德諫罰朕庶民
左右毋諱及不
敢弗欽戒度卹
乃死事戮和三
軍徒○雩乃行
師慎中乃罰公
曰及汝欽共辭
命汝應鬲公家
汝恐恪朕行師

汝肈敏于戎攻
余錫汝釐都脒
蓩其糸言余命
汝治辭釐陶國
徒罕為汝敵寮
乃敢用拜稽首
弗敢不對揚朕
辟皇君之錫休
命公曰及汝康
能乃九事率乃

敵寮余用登純
厚乃命汝及母
曰余小子汝敷余
于艱卹虔卹不
錫左右余乂余
命汝織差饗為
大事繼命于外
内之事中敷明
刑汝以敷戒公
家應卹余于明

卹汝以卹余朕
身余錫汝車馬
戎兵釐僕言有
五十家汝以戒戎
作及用或敢再
拜稽首應受君
公之錫光余弗
敢廢乃命及典
其先舊及其高
祖虩成唐又敢

在帝所敷受天
命删伐夏司敗
乃靈師凡少臣
惟輔咸有九州
處禹之都不顯
穆公之孫其配
壦公之妣而𩛩
公之女雩生叔及
是辟于齊侯之
所是忩龔濟靈

力若虎謹恪其
政事有共于公
所敎擇吉金鈇
鎬鑟鋁用作鑄
其寶鎛用享于
其皇祖皇妣皇
毋皇考用祈眉
壽令命難老不
顯皇祖其作福
元孫其萬福純

魯和協而九事
俾若鐘鼓外内
開闢都俞＝造而
朋劓毋或承類
汝考壽萬年永
保其身俾百斯
男而埶斯字綴
義政齊矦左右
毋央毋已至于
枼曰武靈成子＝
孫＝永保用享

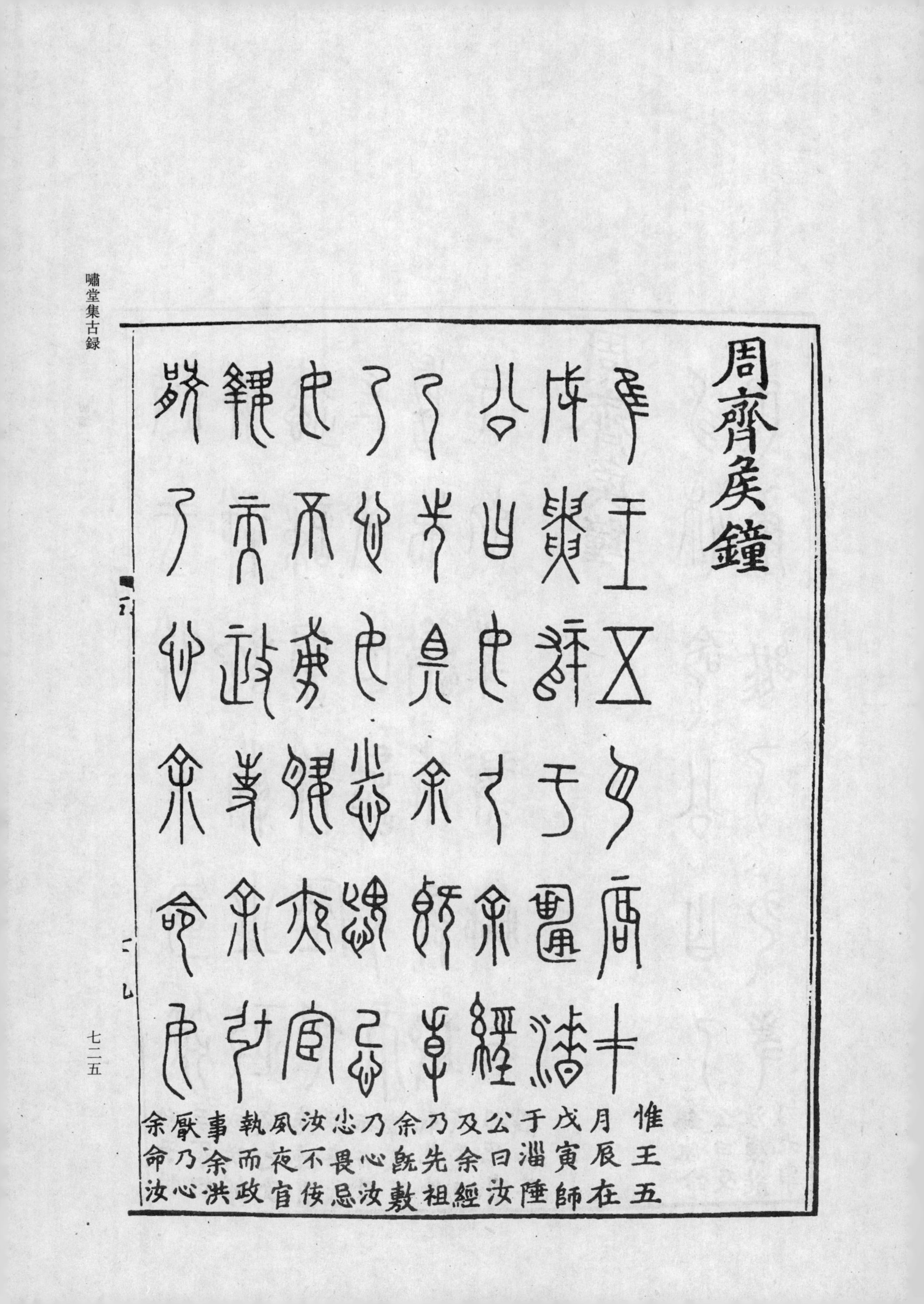

周齊矦鐘

惟王五
月辰在
戊寅師
于淄陲
公曰汝
及余經
乃先祖
余既敷
乃心汝
忠畏忌
汝不倿
夙夜宦
執而政
事余洪
厭乃心
余命汝

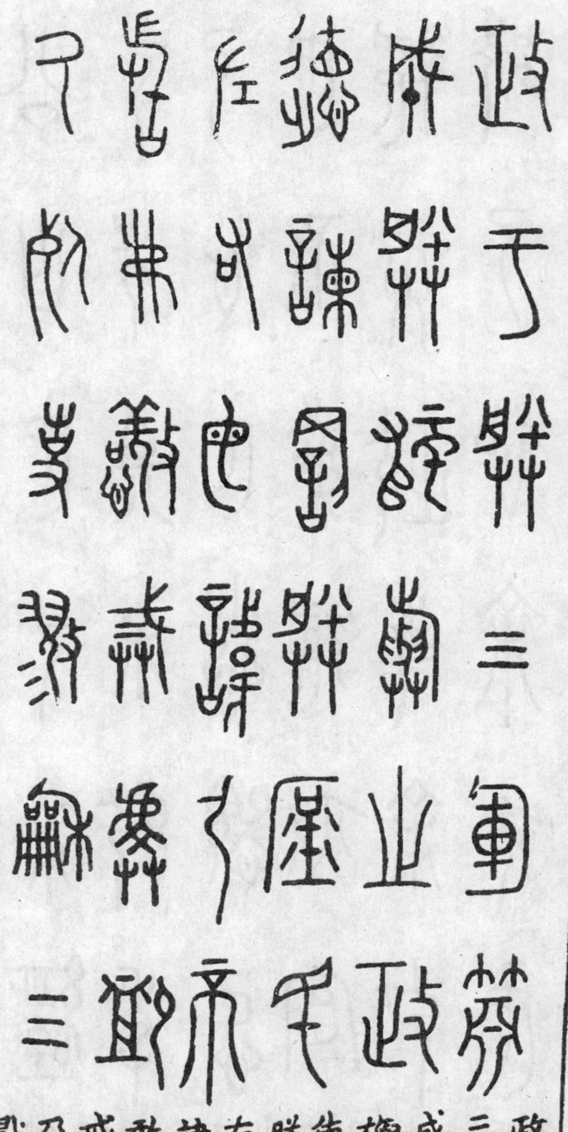

政于朕三軍綴成朕師旟之政德諫罰朕庶民左右毋諱及不敢弗欽戒虔卹乃死事戮和三

周齊侯鐘

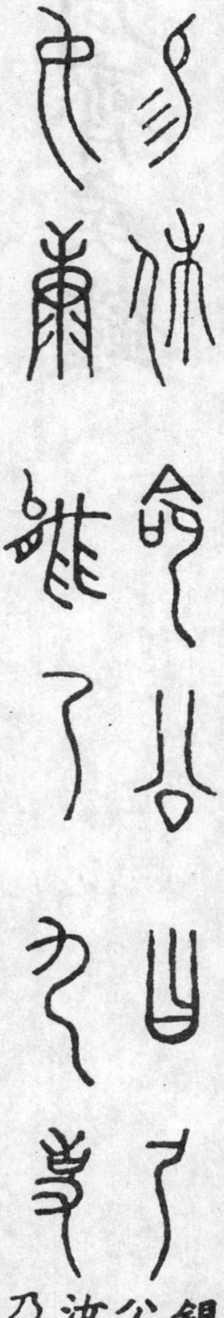

錫休命公曰及汝康能乃九事

十九

率乃敵
寮余用
登純厚
乃命汝
及毋曰
余小子
汝數余
于艱卹
憂卹不
錫左右
余一人余
命汝緘
差正饗
繼命于
外内之
事中數
温刑汝
以數戒
公家應
卹余于

周齊侯鐘

命刪伐
徦司敗
乃靈師
凡少臣
惟輔咸
有九州
處禹之
都不顯
穆公之
孫其配
墩公之
妣而鍼
公之女
雩生叔
及是辟
于齊侯

之所是
忠龔濟
靈力若
虎謹恪
其政事
有共于
桓武靈
公之所
桓武靈
公錫乃
吉金

周齊侯鐘

鈇鎬元
鏐鐐鋁
乃用作
鑄其寶

鐘用享于其皇祖皇妣皇母皇考用祈眉壽令命難老不顯皇祖其作福元孫其萬福純魯和協而九事俾若鐘鼓外内開闢都=俞=造而朋剁

毋或承類

周蛟篆鐘

惟正月仲春吉日丁亥〇〇〇噱召〇〇〇擇乃吉金樂欣禾其〇台樂〇〇喜而賓客

○台鼓之
夙暮辛○
烏余子孫
萬葉無疆
用之協相

周聘鐘

周遲父鐘

遲父作姬齊
姜和林夾鐘
用昭乃穆=
不顯龍光乃
用蘄丏多福
矦父洎齊
萬年眉壽子=
孫=無疆寶

周寶和鐘

走作朕皇祖文考寶龢鐘
走其萬年子=孫=永寶用享

周寶和鐘

走作朕皇祖文考寶龢鐘
走其萬年子=孫=永寶用享

周寶和鐘

走作朕皇祖
文考寶龢鐘
走其萬年子=
孫=永寶用享

周宋公誙鐘

宋公成
之誙鐘

周宋公䪫鐘

宋公成之䪫鐘

周宋公䪫鐘

宋公成之䪫鐘

周宋公䪫鐘

宋公成之䪫鐘

周宋公䪫鐘

宋公成之䪫鐘

周宋公䜌鐘

宋公成之䜌鐘

漢十二辰鑑

金西母來始有

其滓

宜葆利

衆典祀

漢十二辰鑑

之里青帝

前武君

漢十二辰鑑

子丑

巳

漢四神鑑

宜高　官高

富壽　冨壽

漢服羌鑑

詔平　韻平

宮貌仟　容貌好

漢始青鑑

長存

出

漢清白鑑

願兆思無志

承説

漢宜君公鑑

吾凥　長君

𡈼　至

漢宜官鑑

音　億

漢長宜子孫鑑

長宜

子孫

漢長宜子孫鑑

長宜

子孫

漢長宜子孫鑑

長宜

子孫

長宜

子孫

漢十六花鑑

長宜子孫

三至留公

長宜子孫

三至留公

唐長宜子孫鑑

長宜子孫

長宜

子孫

漢雙魚洗

長宜子孫

長宜子孫

蜀嘉王鐵鑑

識闕

鮑氏鼎

鮑氏

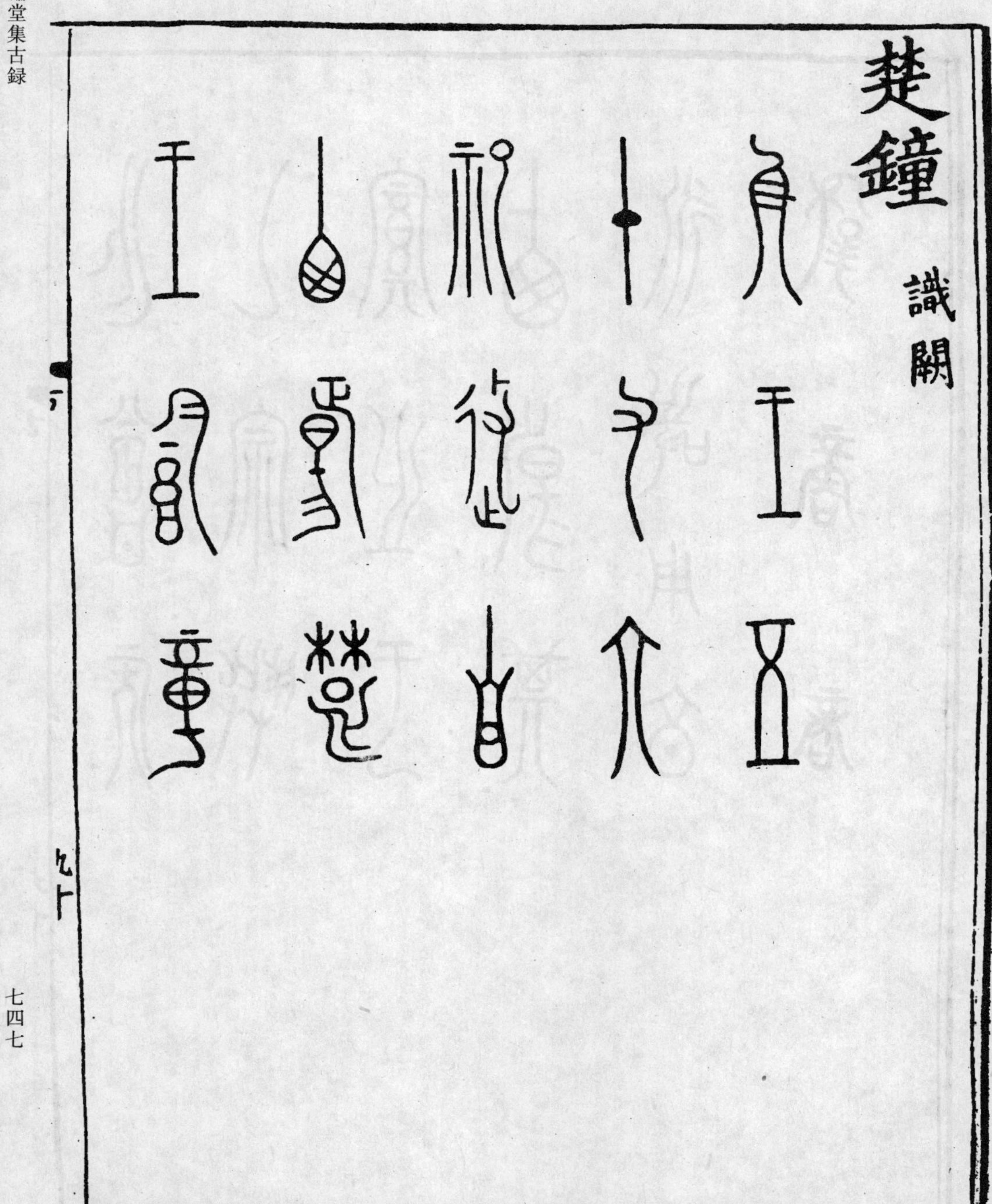
楚鐘
識闕

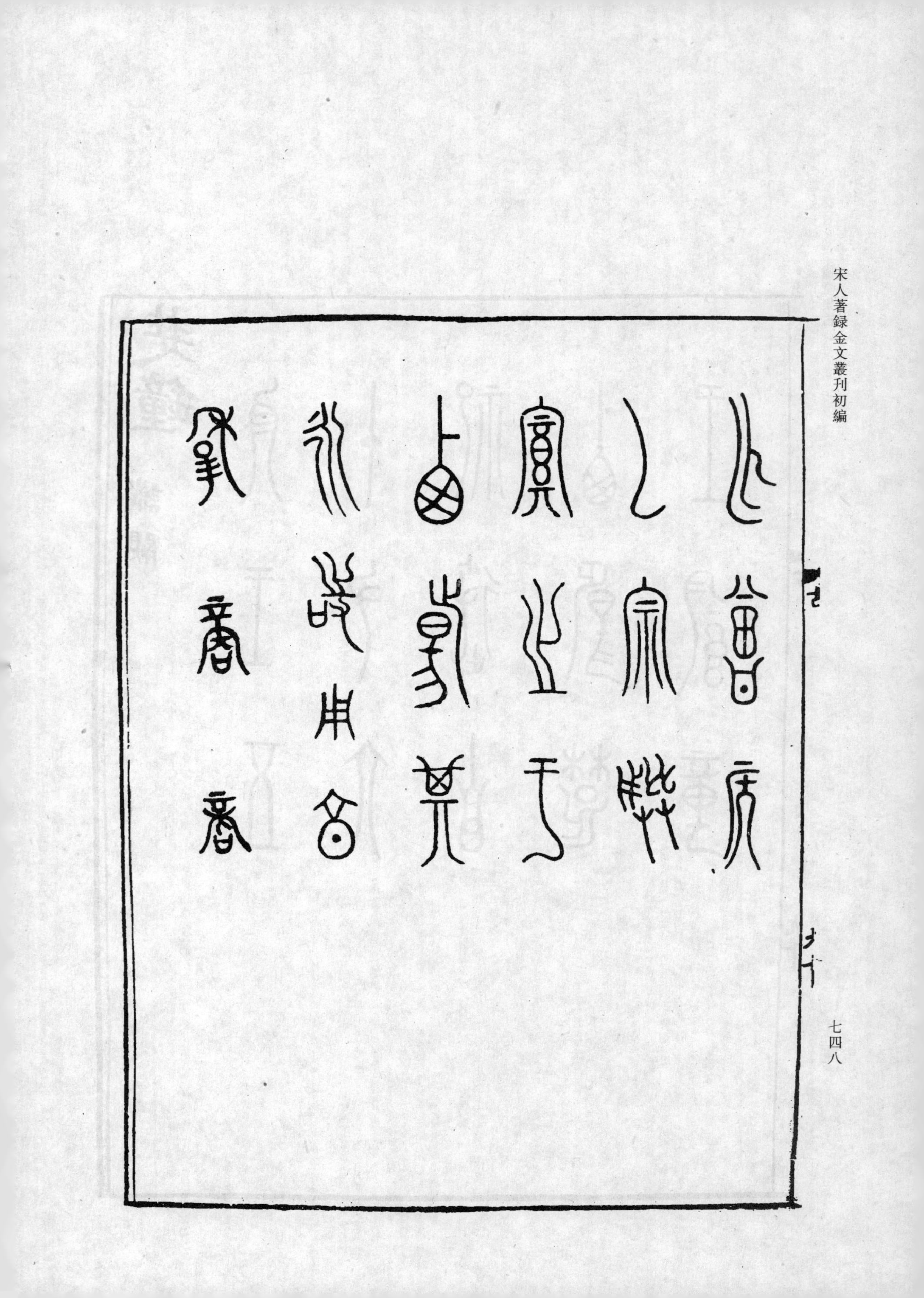

楚鐘

識闕

伯咸父鼎

白咸父
作寶鼎

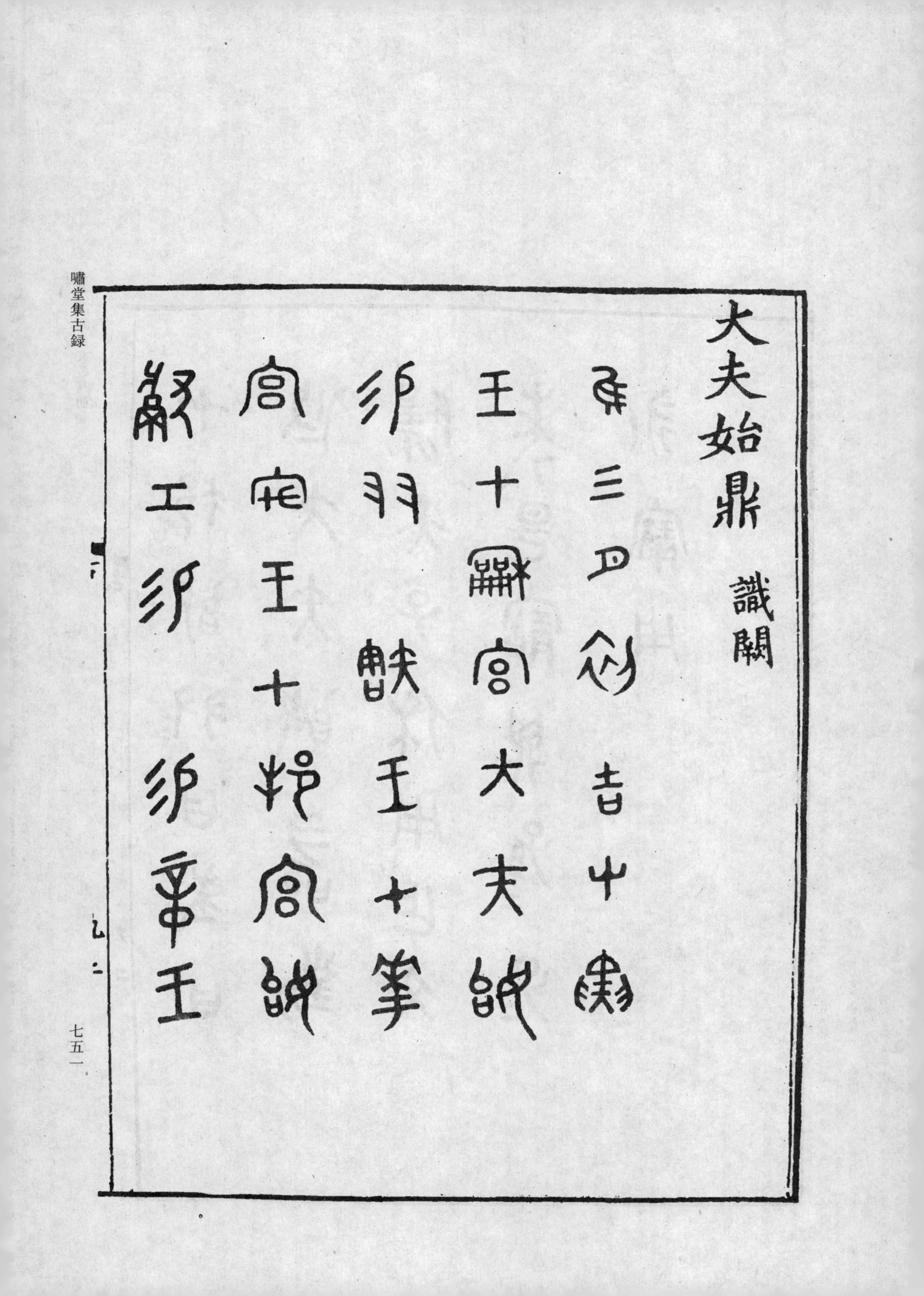

大夫始鼎 識闕

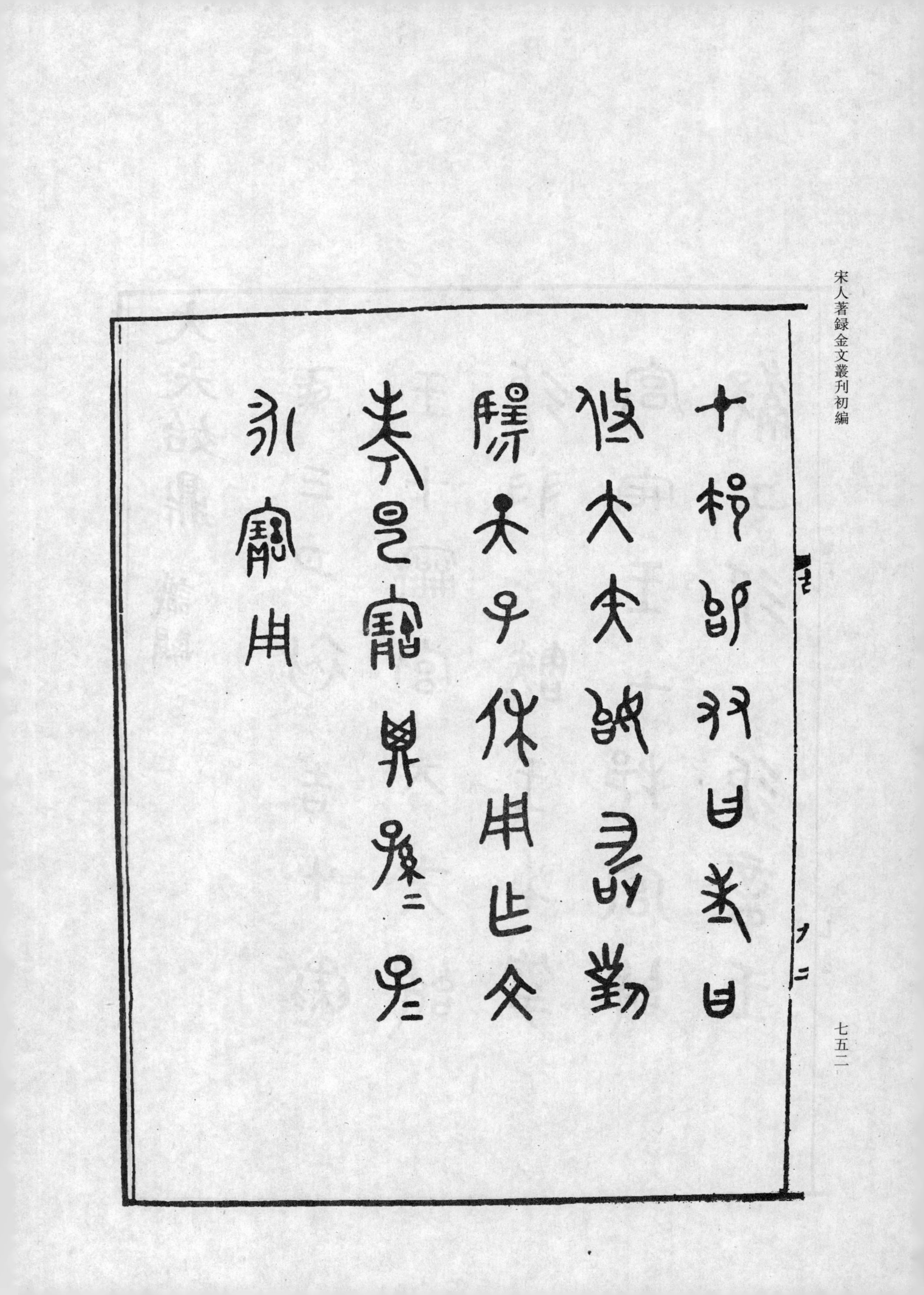

叔夜鼎

識闕

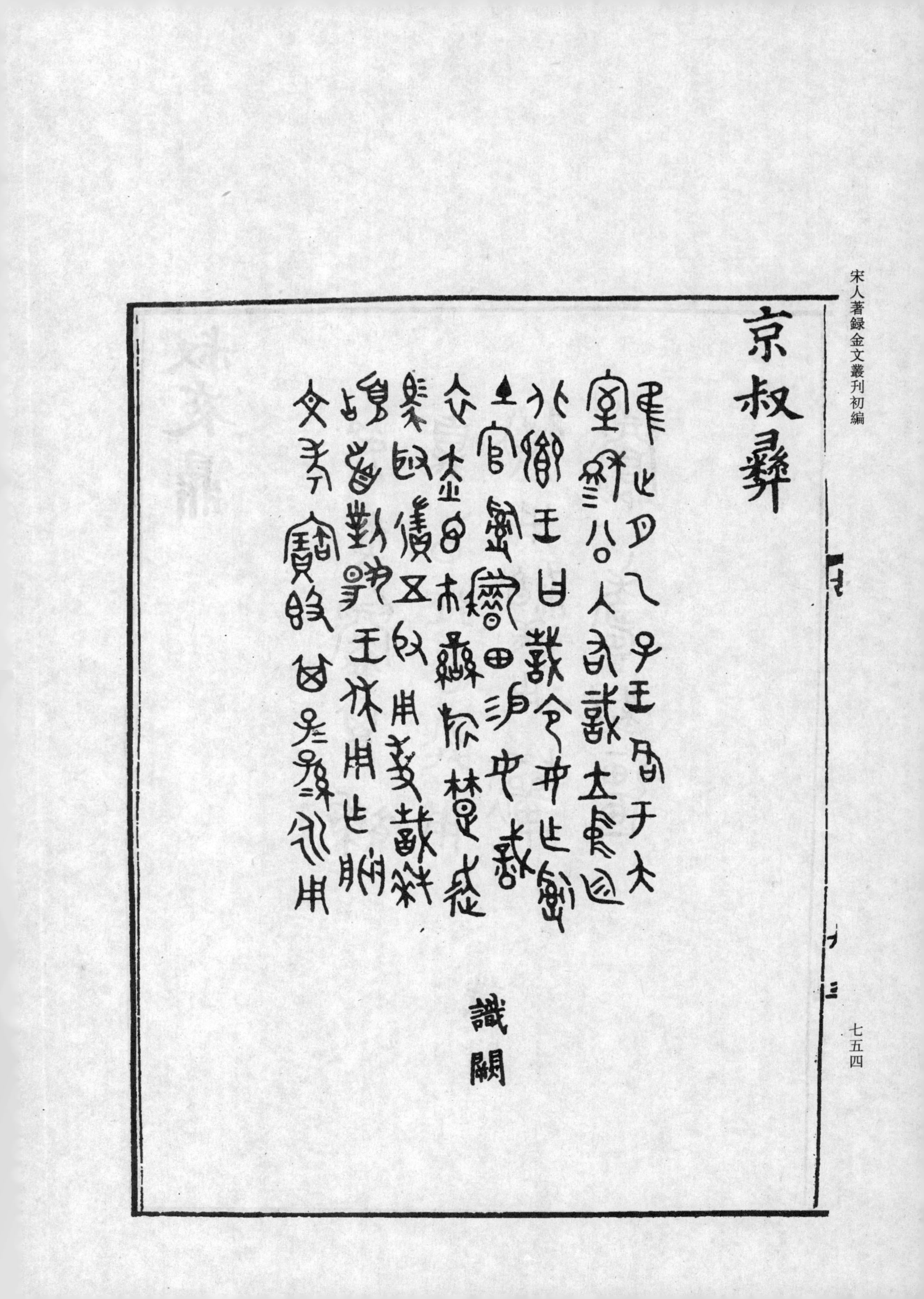

京叔彝

識闕

司空彝

司工作寶彝

寶彝

作寶彝

敦旅彝

作父辛

旅彝亞

賡彝

賡作文考日癸

寶尊彝韋子

商鐘

喜上○○○
○日暮辛○○
喙召○○余子
○○○人孫萬
年○金樂無疆

用○○和其上
協相○○台自
惟延仲○○○
○○庸喜大○
春貢揚○○○
賓○○台

弡伯旅匜

弡伯作旅匜

其子孫永寶用

父戊尊

是作父戊

寶尊沈子

商申鼎

伯申作

寶彝

商休爵

休

何敦

惟三月初吉庚
午王在○宮王
呼○中入右○
王錫何赤芾朱
○○○何拜稽

首對揚天子魯

命用作寶敦何

其萬年子=孫=其

永寶用

叔𠑹敦

叔𠑹生作尹

姞尊敦其萬

年無疆子=孫=

永寶用享考

周文王命癘鼎

隹三年三月庚午
王才豐王乎虢叔
召癘易駒兩拜稽首
用乍皇且文考盂
鼎癘萬年永寶用

識闕

父乙彝

識闕

鹿彝

作

寶彝

齊侯槃

齊侯作

寶

齊侯匜

齊匜

侯

谷口銅甬

谷口銅甬容十斗重
卌斤甘露元秊十月
計掾章平左馮翊府
東方从方繇南面方

汾陰侯鼎

汾陰侯

秦權

廿六年皇帝盡并
兼天下諸侯黔首
大安立號爲皇帝
乃詔丞相狀綰法
度量則不壹歉
疑者皆明壹之

元年制詔丞相斯去疾法度量盡
始皇帝爲之皆有刻辭焉
今襲號而刻辭不稱始皇帝其於久遠也
如後嗣爲之者不稱成功盛德
刻此詔故刻左使毋疑

武王戒書鑑矛等銘凡十有四覘警備至成書具在廼知古人一械一物必有款識非特文字刻畫之爲諒也呂劉相嬗日趨便簡器用淪圮更千百載如嶧

山火泐石鼓泥蟠何可勝紀先正歐陽文忠先生始集名碑遺篆而録之盖精力斯盡而所著無幾元祐以後地不愛寶類堤巖墓壙鼎彝敦所觸呈露由

是考古博古之書生焉盖
盈編鱗秩而包羅莫究王
君子伃嘯堂集古冣爲後
出然而奇文名蹟自商迄
秦絫絫凡數百章尤爲精
夥初不曉其前晦而今見

意者天地之氣運必有與
立於此否則中原故物將
有不得捐讓其閒之歎者
此尤君子之所深感也余
因得其鏝板試摘所藏郘
康節泰權篆銘校之豪髮

不外益信予併裒類之不
妄敬書于後且掇古人所
爲觸物存哉之意以拜之
庶幾不徒字畫之泥而古
意之未亡也淳熙丙申六
月既望廬陵曾機伯虞謹

跋

此淳熙曾伯虞序亦元人所書并後元統跋皆古澤可觀亦何減款識之珎耶　辛酉十二月　方綱識

此二册乃宋槧本二跋乃元人墨蹟致可寶也嘉慶八年曲阜顔衡齋以此贈元收入琅嬛仙館与宋王復齋鐘鼎款識共藏之阮元識

景春沈君居樂圃坊與余同里閈且嘗同游可村賀先生之門一日過景春所居出嘯堂集古録見示嘗試觀之由秦以前三代之器著敦槃尊彝鼎鐘甬權之屬無所不有每列一器必模其款識而以楷書辨之刻畫甚精殆不

類刊本讀之者文從字順如游商周之庭而寓目焉可謂奇矣坐客皆嗟嗟稱歎余謂景春平生寡嗜慾唯酷好收書有别業在閶門西去城僅數里景春昔嘗居之人有挾書求售者至必勞来之飲食之鼎之善賈於是奇書多

歸沈氏集古録其一也昔人有以千金市馬者得駿骨予五百金逾年而千里馬至者三今景春嗜書與昔之嗜馬者何以異哉吴中多好古博雅君子將見載酒殽問奇字者踵門而來景春不寂寞矣客曰然請書之元統改元

十一月廿又六日吳郡千文傳題

王子弁浦堂集古錄宋槧原本復有元人手書蘇林至寶也安邑宋芝山得之寄求題識辛酉冬十二月廿有四日北平翁方綱

是日適於篋中影宋寫本以海寧陳仲魚手校諸條核對信為真宋槧無疑又以兒子樹培手拓家藏鐘鼎文一冊同展翫正不謂今昔愧於古也今日適為兒樹崐娶婦文字之祥與我几研深幸〻〻 綱試寒碧研書

後學滕用亨獲觀

嘯堂集古錄二册藏余邸有年矣乙巳冬午橋端帥見即驚絶午橋嗜金石尤精於鑒賞遂舉以爲贈趙松雪所謂結一重翰墨緣也午橋其何以報我耶 隨盦彝識

余舊得嘯堂集古錄係明覆宋本藏家不多見頗自珍秘今觀此册始如裴將軍之見真虎矣册末又有元人手蹟二跋

蓋當時已矜貴若此宜儀真北平兩先生詫為至寶也惜明復本在故鄉異日歸來當借此本詳勘匋齋尚書其許我乎光緒乙巳十一月黃紹箕記

光緒丁未十二月廿四日閱仲弢卒於武昌翌日匋齋尚書出示此冊見其遺墨痛惜久之孝胥記